Oracle Applikationen
für PC-Arbeitsgruppen

Christoph Kersten

Oracle Applikationen für PC-Arbeitsgruppen

Datenbankzugriffe mit ODBC-Treibern,
Oracle Objects for OLE und dem Oracle WebServer

An imprint of Addison Wesley Longman, Inc.
Bonn • Reading, Massachusetts • Menlo Park, California • New York • Harlow, England
Don Mills, Ontario • Sydney • Mexico City • Madrid • Amsterdam

Die Deutsche Bibliothek – CIP-Einheitsaufnahme

Oracle Applikationen für PC-Arbeitsgruppen: Datenbankzugriffe mit ODBC-Treibern, Oracle Objects for OLE und dem Oracle WebServer / Christoph Kersten. – Bonn : Addison-Wesley-Longman, 1997
ISBN 3-89319-971-3

© 1997 Addison Wesley Longman Verlag GmbH
1. Auflage 1997

Satz: Reemers EDV-Satz, Krefeld. Gesetzt aus der Palatino 9 pt.
Belichtung, Druck und Bindung: Bercker, Kevelaer
Lektorat: Barbara Lauer
Korrektur: Friederike Daenecke und Gesa Clausen
Produktion: Petra Strauch
Umschlaggestaltung: Hommer DesignProduction, Haar bei München

Das verwendete Papier ist aus chlorfrei gebleichten Rohstoffen hergestellt und alterungsbeständig. Die Produktion erfolgt mit Hilfe umweltschonender Technologien und unter strengsten Auflagen in einem geschlossenen Wasserkreislauf unter Wiederverwertung unbedruckter, zurückgeführter Papiere.

Text, Abbildungen und Programme wurden mit größter Sorgfalt erarbeitet. Verlag, Übersetzer und Autoren können jedoch für eventuell verbliebene fehlerhafte Angaben und deren Folgen weder eine juristische Verantwortung noch irgendeine Haftung übernehmen.
Die vorliegende Publikation ist urheberrechtlich geschützt. Alle Rechte vorbehalten. Kein Teil dieses Buches darf ohne schriftliche Genehmigung des Verlages in irgendeiner Form durch Fotokopie, Mikrofilm oder andere Verfahren reproduziert oder in eine für Maschinen, insbesondere Datenverarbeitungsanlagen, verwendbare Sprache übertragen werden. Auch die Rechte der Wiedergabe durch Vortrag, Funk und Fernsehen sind vorbehalten.
Die in diesem Buch erwähnten Software- und Hardwarebezeichnungen sind in den meisten Fällen auch eingetragene Warenzeichen und unterliegen als solche den gesetzlichen Bestimmungen.

ConText, Express, Oracle, Oracle Financials, Oracle Media Objects, Oracle Transparent Gateway, SQL*Forms, SQL*Loader, SQL*Net, und SQL*Plus sind eingetragene Warenzeichen der Oracle Corporation. Advanced Replication Option, Designer/2000, Developer/2000, Discoverer/2000, Enabling the Information Age, Oracle7, Oracle7 Workgroup Server, Oracle Applications, Oracle Assets, Oracle Forms, Oracle GEMMS, Oracle Government Financials, Oracle General Ledger, Oracle Graphics, Oracle InterOffice, Oracle Manufacturing, Oracle Mobile Agents, Oracle Office, Oracle Parallel Server, Oracle Payables, Oracle Power Objects, Oracle Purchasing, Oracle Rdb, Oracle Sales Analyzer, Oracle TextServer3, Oracle Video Server, Oracle WebServer, Personal Oracle7, and Personal Oracle Lite sind Warenzeichen der Oracle Corporation.

Inhaltsverzeichnis

Vorwort   **13**

Einleitung   **15**

    Was sind Oracle-Applikationen für PC-Arbeitsgruppen?   15

    Welche Technologien und Produkte werden im Buch vorgestellt?   18

    Ist eine ausführliche Erörterung der Applikationsentwicklung mit ODBC wirklich notwendig?   21

    Ist das PL/SQL Web Toolkit für PC-Arbeitsgruppen geeignet?   22

    An wen wendet sich das Buch?   23

    Welche zusätzliche Unterstützung bekommt der Leser?   25

Schreibweisen   **27**

1 Architektur und Einsatzgebiete von Middlewareprodukten   **29**

    1.1 Was ist Middleware?   31
        1.1.1 Die Struktur der Oracle-Software   31
        1.1.2 Die Notwendigkeit von Middleware   34

    1.2 ODBC und die ODBC-Treiber für den Zugriff auf Oracle-Datenbanken   38
        1.2.1 Grundlagen   38
        1.2.2 Auswahl des ODBC-Treibers   41
        1.2.3 Nutzungsmöglichkeiten der ODBC-Schnittstelle   48

    1.3 OLE2 und Oracle Objects for OLE   49
        1.3.1 Grundlagen   49
        1.3.2 Architektur und Nutzungsmöglichkciten von Oracle Objects for OLE   52

2 Nutzung der ODBC-Schnittstelle mit Standard-Software — 55

- 2.1 Konfiguration von ODBC-Datenquellen — 57
  - 2.1.1 Das ODBC-Administrator-Programm — 57
  - 2.1.2 Konfiguration einer Datenquelle — 58
  - 2.1.3 Die Speicherung der Konfigurationsdaten — 61
- 2.2 Zugriff auf ODBC-Datenquellen mit Standard-Software — 63
  - 2.2.1 Microsoft Query — 63
  - 2.2.2 Microsoft Excel — 69
  - 2.2.3 Microsoft Access — 72
  - 2.2.4 Microsoft Word — 76

3 Applikationsentwicklung mit den Data Access Objects (DAO) und den Oracle Objects for OLE (OO4O) — 83

- 3.1 Vorbemerkung zur Auswahl der Beispiele — 85
- 3.2 Überblick über die Objektverwaltung — 87
- 3.3 Implizite Objektverwaltung — 89
  - 3.3.1 Access — 89
  - 3.3.2 Visual Basic — 92
  - 3.3.3 Gebundene Steuerelemente — 98
- 3.4 Explizite Objektverwaltung — 99
  - 3.4.1 Data Access Objects — 99
  - 3.4.2 Oracle Objects for OLE — 106
  - 3.4.3 Laufzeitvergleich — 112
  - 3.4.4 Anwendungsbeispiele — 115
- 3.5 Methoden für die Datenmanipulation — 127
  - 3.5.1 Manipulation von RecordSets — 127
  - 3.5.2 Transaktionsverwaltung — 128
  - 3.5.3 Locking — 130
- 3.6 Fehlerbehandlung — 131
  - 3.6.1 Data Access Objects — 131
  - 3.6.2 Oracle Objects for OLE — 134

4 Kontrolle und Optimierung der Performance — 137

- 4.1 Performancerelevante Faktoren im Überblick — 139
- 4.2 Hilfsmittel — 142
  - 4.2.1 Testprogramme — 142
  - 4.2.2 ODBC-Tracing — 144
  - 4.2.3 Oracle-Server-Tracing — 147
- 4.3 Verwendung von Variablen in SQL-Anweisungen — 151
  - 4.3.1 Hintergründe — 151
  - 4.3.2 Oracle Objects for OLE — 156

		4.3.3 Data Access Objects	168
		4.3.4 Darstellungsformen von Master-Detail-Beziehungen	178

- 4.4 Nutzung von PL/SQL-Prozeduren — 182
  - 4.4.1 Hintergründe — 182
  - 4.4.2 Vorgehensweise: Data Access Objects — 184
  - 4.4.3 Vorgehensweise: Oracle Objects for OLE — 190
- 4.5 Verteilung der Datenbestände und Caching — 196
  - 4.5.1 Verwendung lokaler Tabellenkopien — 196
  - 4.5.2 Fetch-Strategie und Caching — 197

5 Verwaltung des Oracle WebServers — 205

- 5.1 Die Architektur des Oracle WebServers — 207
  - 5.1.1 Version 1: Der Oracle Web Agent — 207
  - 5.1.2 Version 2: Der Web Request Broker — 210
  - 5.1.3 Version 3: Eine Plattform für Applikationen — 211
- 5.2 Installation der WebServer-Software — 215
- 5.3 Erstkonfiguration — 219
  - 5.3.1 WebListener für den Benutzerzugriff — 220
  - 5.3.2 DCD für privilegierte Datenbankzugriffe — 222
  - 5.3.3 DCD für nicht privilegierte Datenbankzugriffe — 225
  - 5.3.4 Überprüfung der Erstkonfiguration — 225
- 5.4 Spätere Erweiterungen der Konfiguration — 228
  - 5.4.1 Der WebServer Manager — 228
  - 5.4.2 Aufbau der virtuellen Verzeichnisstruktur — 228
  - 5.4.3 Definition zusätzlicher MIME-Typen — 232
  - 5.4.4 Einrichten zusätzlicher DCDs — 234
  - 5.4.5 Einrichten der PL/SQL-Web-Toolkit-Packages für mehrere Benutzer — 236
  - 5.4.6 Weitere Konfigurationstätigkeiten — 238
- 5.5 Konfigurations- und Protokolldateien — 238
  - 5.5.1 Konfigurationsdateien — 238
  - 5.5.2 Protokolldateien — 239
- 5.6 Integration mit WebServern anderer Hersteller — 240

6 Die Basisfunktionalität des PL/SQL Web Toolkit — 245

- 6.1 Einführung — 247
  - 6.1.1 Struktur des PL/SQL Web Toolkit — 247
  - 6.1.2 Werkzeuge für die Erstellung der PL/SQL-Prozeduren — 249
- 6.2 Die Print-Prozeduren — 251
- 6.3 Grundstruktur einer Seite — 254
- 6.4 Textgestaltung — 255

6.5	Tabellen	261
6.6	Trenn- und Aufzählungszeichen	266
6.7	Links	269
6.8	Frames	277
6.9	Bilder	284
6.10	Formulare	289

7 Einbindung von Datenbankzugriffen — 301

7.1	Das Grundproblem der Integration von WebServer und Datenbank	303
7.2	Fehlerbehandlung	305
7.3	Datenbankabfragen	310
7.3.1	Implizite Abfrage und Formatierung	310
7.3.2	Schrittweises Anzeigen der Ergebnismenge	313
7.3.3	Explizite Abfrage und Formatierung	316
7.3.4	Dynamische SQL-Anweisungen in PL/SQL-Prozeduren	324
7.4	Datenmanipulation	329
7.4.1	Das Einfügen von Datensätzen und die Validierung der Eingabe	330
7.4.2	Das Ändern von Datensätzen und die Simulation von Sperren	335
7.4.3	Das Löschen von Datensätzen	339
7.4.4	Zusammenfassung	340
7.5	Sicherheit und Zustandsverwaltung	342
7.5.1	Sicherheitsprobleme in der Beispielapplikation	342
7.5.2	Maßnahmen im Rahmen des Datenbank- und Applikationsdesigns	343
7.5.3	Einschränkung des Zugriffs auf Web-Seiten	346
7.5.4	Zustandsverwaltung I: Mechanismen	350
7.5.5	Zustandsverwaltung II: Beispiele	353

8 Erweiterungen der Basisfunktionalität — 359

8.1	Prozeduren aus OWA_UTIL	361
8.1.1	Statische und dynamische Seiten	362
8.1.2	Informationen über die Umgebung	365
8.2	Die Erweiterung des PL/SQL Web Toolkit und die Einbindung von Applets	367
8.2.1	Grundlagen	367
8.2.2	Beispiel 1: LEDSign	368
8.2.3	Beispiel 2: PieChart	372

8.3	Das Einbinden zusätzlicher Cartridges und die Bildverwaltung	376
	8.3.1 Einbinden von OWAREPL	376
	8.3.2 Bildverarbeitung ohne OWAREPL	382
	8.3.3 Bildverwaltung mit OWAREPL	383
8.4	Die Nutzung von Skriptsprachen	386

9 Hilfsmittel für die Entwicklung von Applikationen mit dem PL/SQL Web Toolkit — **389**

9.1	Überblick	391
9.2	WebAlchemy	395
	9.2.1 Die Quelle	395
	9.2.2 Die Arbeitsweise	397
	9.2.3 Die Grenzen	403
9.3	Das Package DynaDML und der Web Application Wizard	404
	9.3.1 Der Status	404
	9.3.2 Das Konzept	404
	9.3.3 Die Installation	408
	9.3.4 Die Datenbanktabellen	409
	9.3.5 Die Seiten einer einzelnen Applikation	410
	9.3.6 Die Konfiguration einer einzelnen Applikation	413
	9.3.7 Der Aufbau komplexerer Applikationen	421
	9.3.8 Die Modifikation der vorgegebenen Seiteninhalte	424
	9.3.9 Die Generatorkomponente des Web Application Wizard	426

A Beispieltabellen und Beispielapplikationen — **429**

A.1	Die Beispieltabellen	431
	A.1.1 Das Datenmodell	431
	A.1.2 Das Anlegen der Beispieltabellen	435
A.2	Die Beispielapplikation	436
	A.2.1 Allgemeine Applikationsstruktur	436
	A.2.2 Besonderheiten der Implementierung mit ODBC und Oracle Objects for OLE	438
	A.2.3 Besonderheiten der Implementierung mit dem PL/SQL Web Toolkit	439

B Einführung in SQL — **443**

B.1	Grundlagen	445
	B.1.1 Was ist SQL?	445
	B.1.2 Verwendung von SQL	446
	B.1.3 Was ist eine Tabelle?	448
	B.1.4 Hinweise für die Ausführung von SQL-Anweisungen	449
B.2	Datenabfrage (Data Query Language)	450
	B.2.1 Die SELECT-Anweisung	450

	B.2.2	Operatoren und Funktionen	453
	B.2.3	Null Values	458
B.3	Datenmanipulation (Data Manipulation Language)		460
	B.3.1	Die SQL-Anweisungen	460
	B.3.2	Das Transaktionskonzept	462
	B.3.3	Sicherung der Datenkonsistenz in Multi-User-Systemen	464
B.4	Datenbeschreibung (Data Definition Language)		466
	B.4.1	Das Verwalten von Tabellen	466
	B.4.2	Weitere Datenbankobjekte	469
B.5	Datenverwaltung (Data Control Language)		473
B.6	Anmerkungen zur Performance von SQL-Anweisungen		474

C Einführung in PL/SQL   479

C.1	Grundlagen		481
	C.1.1	Was ist PL/SQL?	481
	C.1.2	Wie werden PL/SQL-Programmeinheiten erstellt?	483
C.2	PL/SQL-Blöcke		484
	C.2.1	Einteilung	484
	C.2.2	Unbenannte Blöcke	485
	C.2.3	Prozeduren und Funktionen	487
	C.2.4	Packages	489
C.3	Der Vereinbarungsteil		492
	C.3.1	Unstrukturierte Objekte	492
	C.3.2	Strukturierte Objekte	493
C.4	Der Anweisungsteil		495
	C.4.1	Wertzuweisungen, Ein- und Ausgabe	495
	C.4.2	Programmablaufkontrolle	495
	C.4.3	Einbindung von Datenbankabfragen	499
	C.4.4	Einbindung anderer SQL-Anweisungen	506
C.5	Der Fehlerbehandlungsteil		507
	C.5.1	Exceptions	507
	C.5.2	Block-Schachtelung	509
C.6	Aufruf von Programmeinheiten		512
	C.6.1	Aufbau von Parameterlisten	512
	C.6.2	Allgemein zugängliche und private Programmeinheiten	514
	C.6.3	Vergabe von Ausführungsrechten an andere Benutzer	515

D Einführung in die Konfiguration von SQL*Net V2   517

D.1	Die Oracle-Netzwerkprodukte		519
	D.1.1	Software-Struktur	519
	D.1.2	Prozeß-Struktur	521

D.2 Konfiguration und Administration im Überblick 522
    D.2.1 Konfigurationsdateien 522
    D.2.2 Konfigurationswerkzeuge 523
    D.2.3 Administrationswerkzeuge 525

D.3 Erstellung und Nutzung von Konfigurationsdateien 525
    D.3.1 Verwalten von Konfigurationsdateien
          mit SQL*Net Easy Configuration 525
    D.3.2 Nutzung der Konfigurationsdateien 529

Stichwortverzeichnis **533**

Vorwort

Ein Vorwort hat für den Leser und den Autor sehr verschiedenartige Bedeutungen. Für den Leser ist es ein Anfang. Seine Lektüre bildet den ersten Schritt des vor ihm liegenden Weges durch einen mehr oder minder großen Teil des Buches. Für den Autor dagegen ist es ein Abschluß. Es stellt für ihn den letzten Schritt auf dem Weg von der Konzeption bis zur Fertigstellung dar und gibt Anlaß für einen Rückblick auf den zurückgelegten Weg.

Ich habe in der Einleitung versucht, den Ausgangspunkt, das Ziel und die Route, der das vorliegende Buch folgt, zu beschreiben. Zwar lag mir diese Route nicht von Anfang an so klar und übersichtlich vor Augen, wie ich sie hoffentlich in der Einleitung darstelle. Doch besteht der Gewinn, den der Leser aus einem Buch ziehen kann, ja gerade darin, daß er nicht alle vom Autor beschrittenen Um- und Holzwege noch einmal beschreiten, nicht in alle Sackgassen noch einmal geraten und nicht allen falschen Fährten noch einmal folgen muß, daß er dafür aber einige vom Autor ausgekundschaftete Abkürzungen und Schleichwege kennenlernt.

Neben dem Blick auf die Route ist freilich auch ein Blick auf diejenigen erforderlich, die mich auf dem zurückgelegten Weg begleitet und unterstützt haben, denn glücklicherweise muß man den Weg eines Autors nicht als so einsamer Wanderer beschreiben, wie dies die Titelblätter der Bücher vermuten lassen.

An erster Stelle möchte ich die Kunden und Partner der Oracle Deutschland GmbH nennen, die ich in der Vergangenheit betreut habe. Die Arbeit, die das Schreiben eines Buches erfordert, lohnt sich ja nur dann, wenn das Ziel, das der Autor erreichen möchte, auch anderen wichtig erscheint. Sollte es mir gelungen sein, in diesem Buch Themen von allgemeinerem Interesse aufzugreifen und sie in verständlicher Weise zu behandeln, so wäre dies das Verdienst all derjenigen, die mir durch ihre Fragen nicht nur gezeigt haben, welche Themen sie beschäftigten, sondern auch, an welchen Stellen meine Erklärungen und Vorschläge sie noch nicht befriedigten.

Fragen selbst zu haben und Fragen anderer aufzugreifen ist eine Sache, all diese Fragen auch beantworten zu können, eine andere. Mein Dank gebührt deshalb allen Kollegen, die mir bei der Suche nach den Antworten geholfen haben. Stellvertretend für sie seien Volker Zell und Wolfgang Peters genannt. So manche Seite in diesem Buch ist im Kern das Protokoll eines mit ihnen geführten Gesprächs, so daß sie mit Fug und Recht als Mitautoren bezeichnet werden können.

Viele Mitarbeiter des Addison Wesley Longman Verlages und der von ihm beauftragten Firmen haben dabei mitgeholfen, aus einer Idee ein Buch zu machen. Sie alle zu nennen, wäre angemessen, würde jedoch ein eigenes Kapitel erfordern. Besonders zu danken habe ich jedoch Frau Barbara Lauer, die als Lektorin das Projekt trotz mehrfacher Änderungen des Konzeptes mit viel Geduld, Vertrauen und Verständnis für die Wünsche des Autors begleitet hat.

Trotz so vielfältiger Hilfe erfordert die Arbeit an einem Buch, daß man sich für lange Zeit an Abenden und Wochenenden, die eigentlich für das Zusammensein mit Freunden und mit der Familie bestimmt wären, an seinen Schreibtisch zurückzieht. Ihnen allen, an erster Stelle jedoch meiner Frau Barbara sowie meinen Söhnen Albrecht und Simon, sei dafür gedankt, daß sie nicht nur schweren Herzens meine Abwesenheit ertragen, sondern mich darüber hinaus, wo immer dies möglich war, von Verpflichtungen befreit haben. Ohne diese Unterstützung hätte das Buch nicht entstehen können.

Ratingen, im September 1997   Christoph Kersten

Einleitung

Was sind Oracle-Applikationen für PC-Arbeitsgruppen?

Der *Oracle Server* ist ein Relationales Datenbankverwaltungssystem (RDBMS), dessen größte Stärke sicherlich in der aus seiner offenen Architektur resultierenden vielseitigen Einsetzbarkeit besteht. Diese dokumentiert sich nicht nur in der Unterstützung einer großen Zahl von Betriebssystemen und Netzwerkprotokollen, sondern auch in der Unterstützung verschiedenartiger Anwenderprofile: Obwohl der Funktionsumfang sich an den Anforderungen großer bis sehr großer Benutzerzahlen orientiert, eignet der Oracle Server sich auch als Datenbank-Server für kleinere Arbeitsgruppen oder als persönliches Datenbanksystem auf einem Einzelplatzrechner.

Mit den unterschiedlichen Anwenderprofilen sind unterschiedliche Arten von Applikationen und unterschiedliche Anforderungen an Werkzeuge für die Applikationsentwicklung verbunden. Sie lassen sich, wenn auch etwas schematisch, in zwei Gruppen einteilen:

- Dem Oracle-Server als firmenweitem Datenbank-Server entsprechen *firmenweit eingesetzte Applikationen*, die wesentliche Teile des Geschäftsprozesses abbilden. Sofern zu diesem Zweck nicht Standardsoftware eingesetzt wird, verfügt die Firma über professionelle Softwareentwickler und erwartet Entwicklungswerkzeuge, die mit dem Oracle Server optimal integriert sind, seinen gesamten Funktionsumfang zugänglich machen und Hilfsmittel für die Abwicklung komplexer Projekte beinhalten. Führen diese Eigenschaften zu der Notwendigkeit umfangreicherer Ausbildungsmaßnahmen, die die Entwickler mit den Werkzeugen und die Endanwender mit der fertigen Applikation vertraut machen sollen, so wird das als durchaus angemessen und zweckdienlich empfunden.

- Dem Oracle Server für einzelne Abteilungen oder Arbeitsgruppen entsprechen dagegen kleinere *Applikationen für einzelne Arbeitsgruppen*. Ihre Notwendigkeit kann sich daraus ergeben, daß die Abteilung oder Arbeitsgruppe Daten zu verwalten hat, die nicht von firmenweitem Interesse sind, daher über einen eigenen Datenbank-Server verfügt und auch die Entwicklung entsprechender Applikationen selbst durchführen muß. Sie ergibt sich jedoch oft auch als Folge der Einführung firmenweiter Softwaresysteme, die trotz ihrer Komplexität meist mehr oder weniger große Randbereiche und Spezialanforderungen nicht abdecken, so daß kleinere Applikationen als Ergänzung der großen Systeme benötigt werden. Aus der geringen Komplexität und der Tatsache, daß die Entwicklung solcher Applikationen oft von anderweitig tätigen Mitarbeitern »nebenbei« durchgeführt wird, ergibt sich als wichtigste Anforderung, daß die Werkzeuge von den Entwicklern und die fertigen Applikationen von den Endanwendern keine nennenswerte Einarbeitungszeit verlangen dürfen. Die vollständige Integration mit dem Oracle Server ist dagegen von untergeordneter Bedeutung, da kleinere Applikationen meist ohnehin nur einen Teil von dessen umfangreicher Funktionalität nutzen.

Die Entwicklung komplexer, auf einem Datenbank-Server basierender Softwaresysteme ist immer wieder Gegenstand von Veröffentlichungen, Seminaren und Kongressen. Sie wird von speziellen Analyse- und Designmethoden sowie auf diesen Methoden basierenden Werkzeugen unterstützt. Im Gegensatz dazu ist festzustellen, daß die Entwicklung einfacherer, für kleinere Arbeitsgruppen bestimmter Applikationen zwar nicht am Mangel geeigneter Produkte, wohl aber am Mangel von Dokumentationen und Fachbüchern leidet, die den Entwicklern die erforderlichen Hilfestellungen geben würde.

Der wichtigste Grund für diese Situation scheint mir in dem Umstand zu liegen, daß die Entwicklung von Applikationen für Arbeitsgruppen besonders häufig zu einer *Verbindung ursprünglich nicht zusammengehöriger Produkte und Technologien* führt. Zwar ist es denkbar, daß die hauptamtlich mit der Softwareentwicklung betrauten Mitarbeiter einer Firma neben den großen Softwaresystemen auch die kleineren, ergänzenden Applikationen für einzelne Arbeitsgruppen implementieren und für beide Aufgaben die gleichen Werkzeuge benutzen. In den meisten Fällen werden diese Applikationen jedoch »nebenbei« von Mitgliedern der Arbeitsgruppen selbst erstellt, die mit dem Sachgebiet, auf das sich die Applikation bezieht, bestens vertraut sind, auch einige EDV- und Programmierkenntnisse besitzen, die Werkzeuge, die die hauptamtlich arbeitenden Entwickler einsetzen, aber selten kennen und, da sie nur nebenbei für Softwareentwicklung zuständig sind, auch selten die für die Benutzung dieser Werkzeuge erforderliche Ausbildung erhalten. Somit bleibt ihnen nur der Ausweg, ein Werkzeug, das ihnen und den Anwendern aus anderen Zusammenhängen bekannt ist, für die Applikationsentwicklung zu benutzen, auch wenn dies nicht vom Hersteller des verwendeten Datenbanksystems stammt oder auf einer für den Zugriff auf einen Datenbank-Server nicht besonders geeigneten Technologie basiert und infolgessen allerlei Probleme bei der Verwendung in diesem Zusammenhang verspricht.

Nun haben viele Hersteller erkannt, daß die Kombinierbarkeit mit anderen Produkten den Wert ihres eigenen Produktes in den Augen der Anwender steigert, und deshalb in den vergangenen Jahren unter Bezeichnungen wie *Treiber, Adapter, Router, Gateway* oder *Agent* mehr oder weniger aufwendige *Middleware* auf den Markt gebracht, die zwischen ursprünglich nicht auf einander abgestimmten Produkten vermittelt und ihre Zusammenarbeit ermöglicht. Insbesondere hat es der Marktanteil des Oracle Servers mit sich gebracht, daß nahezu alle Hersteller von Entwicklungswerkzeugen, die in irgendeiner Weise für den Datenbankzugriff geeignet sind, auch den Zugriff

Was sind Oracle-Applikationen für PC-Arbeitsgruppen?

auf eine Oracle-Datenbank unterstützen wollen. Darüber hinaus hat sich eine nicht geringe Zahl von Firmen auf die Herstellung von Middlewareprodukten spezialisiert. Gleichwohl fehlen den Entwicklern von Applikationen für kleinere Arbeitsgruppen in der Regel weiterhin die Informationen, die ihnen helfen würden, empfehlenswerte von nicht empfehlenswerten Produktkombinationen zu unterscheiden und die während des Entwicklungsvorganges auftretenden Fragen zu beantworten.

Das ist nur zu verständlich: Der Hersteller eines großen Datenbanksystems wird weder willens noch in der Lage sein, die speziellen Schwierigkeiten, die beim Zugriff unterschiedlichster, von ihm gar nicht entwickelter Werkzeuge auf sein Datenbanksystem auftreten, zu überblicken und Lösungen dafür anzubieten. Der Hersteller eines Entwicklungswerkzeugs wiederum wird wenig Neigung zeigen, sich auf einzelne Datenbanksysteme einzulassen, sondern statt dessen lieber allgemein davon sprechen, wie viele Datenbanksysteme er unterstützt. Der Hersteller eines Middlewareprodukts wird versuchen, dem Kunden zu erklären, sein Produkt sei so leistungsfähig, daß er sich mit den Unterschieden zwischen den einzelnen Datenbanksystemen gar nicht mehr zu beschäftigen brauche. Und der Autor eines Fachbuchs über ein Entwicklungswerkzeug oder ein Datenbanksystem wird sich hüten, seinen sauber abgegrenzten Themenbereich mutwillig zu verlassen, um allerlei grenzüberschreitende Streifzüge durchzuführen, von denen er kaum absehen kann, wo sie beginnen, geschweige denn, wo sie enden werden.

Die Schwierigkeit, daß wirklich leistungsfähige Middleware vielfältige Produktkombinationen zuläßt und daß man deshalb als Autor entweder nur einen sehr allgemeinen Überblick geben kann oder sich auf einige wenige Kombinationen beschränken muß, gilt natürlich nicht nur für die Bücher anderer Autoren, sondern auch für das vorliegende Buch. Angesichts der kurzen Produktzyklen, die für die heutige Softwareindustrie typisch sind, schien es mir wenig sinnvoll, einen Überblick über die verfügbaren Technologien und Produkte in Buchform herauszugeben. Monatlich oder wöchentlich erscheinende Zeitschriften sowie WebServer sind dafür ein weitaus geeigneteres Medium. Im Gegensatz dazu meine ich, daß es sehr wohl möglich ist, den weiten Bereich der Middlewareprodukte und der durch sie ermöglichten Kombinationen von Entwicklungswerkzeugen und Serversystemen so einzuschränken, daß der sich daraus ergebende Teilbereich in einem einigermaßen handlichen Buch darstellbar und gleichwohl von allgemeinerem Interesse ist, weil es unter den zahllosen Technologien und Produkten einige wenige gibt, denen wegen ihres Marktanteils oder ihrer Aktualität besondere Bedeutung zukommt. Den ersten Teil dieser Einschränkungen können Sie aus dem Titel des Buches und aus diesem Absatz entnehmen: Ich werde mich ausschließlich mit Applikationen beschäftigen, die auf eine Oracle-Datenbank zugreifen, die für Arbeitsgruppen in dem soeben beschriebenen Sinne gedacht sind und für deren Entwicklung Middleware erforderlich ist. Der zweite Teil der Einschränkungen ergibt sich aus dem Untertitel des Buches und wird im folgenden Abschnitt erläutert.

Einleitung

Welche Technologien und Produkte werden im Buch vorgestellt?

Nach den Einschränkungen auf Oracle-Applikationen, auf Applikationen für PC-Arbeitsgruppen und auf Entwicklungsmethoden, die den Einsatz von Middleware erfordern, bleibt immer noch eine so große Anzahl für den Entwickler in Betracht kommender Middlewareprodukte übrig, daß sich nicht alle detailliert in einem Buch vorstellen lassen. Indessen erkennt man bei ihrer Betrachtung doch bald, daß aus der großen Menge der proprietären Middlewaretechnologien, die nur von einem einzigen Werkzeug eines einzigen Herstellers genutzt werden und deshalb auch nur in Büchern über dieses Werkzeug am Platze sind, zwei Technologien herausragen, auf die viele Hersteller und viele Anwender setzen und die deshalb allgemeineres Interesse beanspruchen dürfen:

- ▸ Wo von Middleware für den Datenbankzugriff die Rede ist, da drängt sich das Stichwort *ODBC* auf. Die ODBC-Schnittstelle wurde von Anfang an mit dem Ziel entwickelt, eine sowohl Datenbank- als auch applikationsneutrale Middlewaretechnologie zu schaffen, und wird inzwischen von so vielen Datenbanksystemen, Applikationen und Entwicklungswerkzeugen unterstützt, daß man sie mit Fug und Recht als die klassische Middlewaretechnologie für den Datenbankzugriff bezeichnen darf. Im Oracle-Kontext wird sie sowohl eingesetzt, um mit nicht von Oracle stammenden Werkzeugen auf eine Oracle-Datenbank, als auch, um mit von Oracle stammenden Werkzeugen auf Nicht-Oracle-Datenbanken zuzugreifen. Im Oracle-Kontext wird sie aber auch ergänzt durch das Alternativprodukt *Oracle Objects for OLE (OO4O)*, das etwa in gleicher Weise wie ODBC eingesetzt werden kann, aber die bessere Nutzung einiger Stärken des Oracle Servers ermöglichen soll.

- ▸ Ist ODBC der Klassiker, so ist die *Web-Technologie* der Newcomer, der aber schon in der Gegenwart eine beträchtliche Rolle spielt und – wie allgemein erwartet wird – in der Zukunft den klassischen Middlewareprodukten einen großen Teil ihrer Bedeutung nehmen wird. Die Nutzung der Web-Technologie für den Datenbankzugriff im Intranet – und nur diese steht hier zur Debatte – vereinfacht den Datenbankzugriff zumindest für den Benutzer noch stärker als klassische Middlewareprodukte dies jemals konnten, weil mit der Möglichkeit, aus der Datenbank ermittelte Daten in einem Web-Browser darzustellen, die Unterscheidung zwischen datenbankorientierten und nicht datenbankorientierten Werkzeugen bzw. Applikationen gänzlich entfällt. Alles, was an Vermittlungsarbeit zwischen dem Web-Browser und dem Datenbank-Server erforderlich ist, leistet die Web-Technologie.

Es mag den einen oder anderen Leser überraschen, die ODBC- und die Web-Technologie, die auf den ersten Blick wenig miteinander zu tun haben, derart in eine gemeinsame Schublade mit der Aufschrift »Middleware für den Datenbankzugriff« eingeordnet zu sehen. In der Tat ist die Web-Technologie

Welche Technologien und Produkte werden im Buch vorgestellt?

ursprünglich in gar keiner Weise für den Datenbankzugriff konzipiert worden und bis heute auch nur bedingt dafür geeignet, aber das ändert nichts daran, daß viele Entwickler den Vorteil des derzeit schon Möglichen erkennen und nutzen und daß viele Hersteller – darunter nicht zuletzt Oracle – das ungeheure Potential, das in der Verbindung beider Technologien steckt, sehen und an ihrer Weiterentwicklung arbeiten.

Vor allem aber: Im vorangehenden Abschnitt hatte ich ja gerade die Behandlung von Methoden der Applikationsentwicklung angekündigt, in denen ursprünglich nicht Zusammengehöriges zusammengebracht wird. Im Falle der Verbindung von Web- und Datenbank-Technologie handelt es sich allerdings nicht nur darum, daß im Grunde zufällig – denn Alternativen stünden ja zur Verfügung – von verschiedenen Herstellern stammende, aber doch konzeptionell ähnliche *Produkte* durch den Einsatz einer gemeinsamen Schnittstelle zusammengeführt werden, sondern um das – wie man es wohl nennen muß – Aufeinanderprallen von zwei im Kern verschiedenen und eigentlich gar nicht zusammenpassenden *Technologien* (vgl. Kapitel 7).

Der Plan des Buches besteht also darin, mit der ODBC- und der Web-Technologie die beiden derzeit bedeutsamsten Middlewaretechnologien zu behandeln. Daß diese Technologien zugleich von sehr verschiedener Art sind, weil die eine nur zwischen unterschiedlichen Produkten, die andere dagegen zwischen verschiedenartigen Technologien vermitteln muß, und daß es sich bei der einen um den Klassiker, bei der anderen um den aussichtsreichsten Newcomer handelt, kann den Reiz der zunächst unter praktischen Gesichtspunkten getroffenen Auswahl nur erhöhen.

Nun sind freilich Middlewaretechnologien und Middlewareprodukte für sich allein nicht von großem Interesse. Praktisch relevant ist die Form, in der sie sich dem Entwickler darstellen. Diese aber ist unglücklicherweise nicht unwandelbar, sondern abhängig von dem Werkzeug, von dem aus sie genutzt werden. Dieser Umstand wird in den nachfolgenden Kapiteln ausführlicher dargestellt, braucht hier aber nur angedeutet zu werden:

- Es ist von entscheidender Bedeutung für die Syntax, für den Arbeitsaufwand und für den Umfang der unterstützten Funktionalität, ob ein Entwickler, der sich für den Einsatz der ODBC-Schnittstelle entschieden hat, diese Schnittstelle in ihrer Originalform, in einer als Bestandteil von Visual Basic angebotenen, etwas vereinfachten Form (*Remote Data Objects*) oder in einer als Bestandteil aller Microsoft-Office-Produkte angebotenen, stark vereinfachten Form (*Data Access Objects*) nutzt.

- Es ist in gleicher Weise entscheidend für Syntax, Arbeitsaufwand und Umfang der unterstützten Funktionalität, ob ein Entwickler, der den Benutzern Zugang zu einer Oracle-Datenbank über den Oracle WebServer verschaffen möchte, sich für den Einsatz von PL/SQL, Java oder einer anderen Programmiersprache (z.B. Perl) entscheidet.

Daraus ergibt sich die Notwendigkeit eines letzten einschränkenden Schrittes, in dem festzulegen ist, welche Werkzeuge als Beispiele für die Nutzung der zuvor ausgewählten Middlewaretechnologien dienen sollen. Da es auch in diesem Schritt darum gehen muß, Beispiele von möglichst allgemeinem Interesse zu finden, kann die Wahl nicht schwerfallen:

- Nachdem festgelegt wurde, daß nur Applikationen betrachtet werden sollen, die auf eine Oracle-Datenbank zugreifen, können diejenigen Fälle, in denen die ODBC-Technologie eingesetzt wird, um von Oracle-Werkzeugen aus auf Nicht-Oracle-Datenbanken zuzugreifen, nicht in Betracht kommen, sondern nur diejenigen, in denen nicht von Oracle stammende Werkzeuge für Zugriffe auf eine Oracle-Datenbank benutzt werden sollen. Es dürfte nun nicht schwer sein, Einigkeit darüber zu erzielen, daß in diesem Bereich in erster Linie die *Microsoft-Office-Produkte* und *Visual Basic* als Beispiele in Frage kommen, da sie am häufigsten benutzt werden, um über die ODBC-Schnittstelle auf eine Oracle-Datenbank zuzugreifen.

- Auch wenn vermutlich Java die Programmiersprache der Zukunft ist, so muß doch festgestellt werden, daß gegenwärtig weitaus mehr Entwickler mit HTML vertraut sind als mit Java und daß für einen Entwickler, der keine von beiden Sprachen beherrscht, HTML weitaus leichter und schneller zu erlernen ist. Da von den zahlreichen Zugriffsmöglichkeiten, die der Oracle WebServer anbietet, diejenige über den *PL/SQL Agent* unter Verwendung des *PL/SQL Web Toolkit* als Entwicklungsumgebung HTML am nächsten steht und im Kern nur eine Übersetzung der HTML-Anweisungen in die Datenbanksprache PL/SQL darstellt, liegt die Annahme nahe, daß diese Entwicklungs- und Zugriffsmöglichkeit der Mehrzahl der Entwickler am leichtesten zugänglich sein wird.

Damit ist die Abgrenzung des Themas vollzogen. Es umfaßt Applikationen für Arbeitsgruppen, von denen ich annehme, daß jedes Mitglied über einen eigenen, mit Windows 3.1x, Windows 95 oder Windows NT ausgestatteten PC verfügt und von diesem aus auf einen Oracle-Datenbank-Server zugreifen möchte, wobei einerseits mit Microsoft-Produkten wie Access, Excel oder Visual Basic erstellte Applikationen betrachtet werden sollen, die den Zugriff auf die Oracle-Datenbank über die ODBC-Schnittstelle durchführen, andererseits gezeigt werden soll, wie Applikationen mit dem PL/SQL Web Toolkit des Oracle WebServers erstellt werden können, die vom Benutzer nicht mehr verlangen als die Kenntnis eines Web-Browsers.

In den beiden folgenden Abschnitten möchte ich mich mit zwei möglichen Einwänden auseinandersetzen und diese Einwände zum Anlaß nehmen, das, was ich mit den Darstellungen der ODBC- und der Web-Technologie leisten möchte, etwas genauer zu umreißen.

Ist eine ausführliche Erörterung der Applikationsentwicklung mit ODBC wirklich notwendig?

Der erste mögliche Einwand bezieht sich auf den ODBC-Teil des Buches. Angesichts der Tatsache, daß dieser Teil etwa 170 Seiten umfaßt, könnte die Frage vorgebracht werden, ob das nicht ein etwas übertriebener Aufwand sei für die Darstellung einer Middlewaretechnologie, deren großer Vorteil immerhin darin besteht, daß sie eine einheitliche, datenbankneutrale Schnittstelle bietet, und die überdies, so weit das technisch möglich ist, zwischen den Ansprüchen der Applikation und den Fähigkeiten der Zieldatenbank vermittelt, so daß die Art der Datenquelle für den Entwickler – wie man heute so gern sagt – »transparent« wird.

Ich muß gestehen, daß dieser Einwand für mich nicht überraschend käme, denn ich habe ihn oft genug gehört und hatte ihn vor Augen, während ich die Kapitel über die ODBC-Technologie schrieb. Vor allem hat er die Konzeption der Kapitel 3 und 4 geprägt. Von allen Gefahren, die der Einsatz der ODBC-Technologie mit sich bringt, scheint mir nämlich die Meinung, man brauche sich, wenn man sie einsetze, mit der Arbeitsweise des Middlewareprodukts und den Besonderheiten der einzelnen Datenbanksysteme nicht mehr zu beschäftigen und könne eine Applikation von einem Datenbanksystem an ein anderes anpassen, indem man ihr einen anderen ODBC-Treiber »unterschiebt«, die mit Abstand größte zu sein. Mit dieser Einstellung entwickelte Applikationen werden zwar funktionstüchtig sein, den Datenbank-Server und das Netzwerk aber unnötig stark belasten und deswegen eine nicht zufriedenstellende Performance aufweisen.

Deshalb geht es mir nach der Klärung der Grundlagen in den Kapiteln 1 und 2 in den eigentlich der Applikationsentwicklung gewidmeten Kapiteln 3 und 4 vor allem darum, zu zeigen, was solche unnötigen Belastungen des Datenbank-Servers und des Netzwerks sind. Sie ergeben sich aus der ODBC-Technologie als solcher, den im Einzelfall eingesetzten ODBC-Treibern, der allgemeinen Struktur einer Client/Server-Umgebung, besonderen Eigenschaften des Datenbanksystems und des Entwicklungswerkzeugs sowie speziellen Konstellationen in der Applikation. Der Umfang der Darstellung erklärt sich zum einen daraus, daß nicht nur all diese *performancerelevanten Faktoren* erörtert werden, sondern auch die *Hilfsmittel*, die die ODBC-Software selbst und der Oracle Server für die Analyse von Performanceproblemen bereitstellen, sowie *Strategien*, die es dem Entwickler ermöglichen, unnötige Belastungen zu vermeiden.

Ein Blick auf den Inhalt der Kapitel 1 bis 4 läßt aber erkennen, daß der Umfang der Darstellung nicht allein auf die ausführliche Behandlung der ODBC-Technologie zurückzuführen ist, sondern auch darauf, daß zusätzlich mit den *Oracle Objects for OLE (OO4O)* noch eine zweite Middlewaretechnologie vorgestellt wird. Sie ist nicht, wie ODBC, datenbank-, sehr wohl aber applikationsneutral ist und kommt als Alternative in Frage, wenn es sich bei der Zieldatenbank um eine Oracle-Datenbank handelt.

Für die Entscheidung, den im vorangehenden Abschnitt festgelegten Themenbereich in dieser Weise zu erweitern, war zunächst einmal ausschlaggebend, daß Oracle die *Oracle Objects for OLE* ganz bewußt als Alternative zu ODBC entwickelt hat. Man kann also nicht behaupten, den Leser umfassend über den Themenbereich »ODBC und Oracle Server« zu informieren, wenn man ihm diese Alternative verschweigt. Neben diesem formalen Argument aber gibt es ein sachliches: Auch wenn die ODBC-Schnittstelle selbst sehr leistungsfähig ist, so wird der Umfang, in dem der Entwickler ihre Funktionalität nutzen kann, doch mehr oder weniger stark beschränkt durch ODBC-Treiber, die nur einen Teil des ODBC-Standards implementieren, und Entwicklungswerkzeuge, die die Schnittstelle »vereinfachen«. Diese Einschränkungen können dazu führen, daß der Entwickler nicht in der Lage ist, vom Oracle Server angebotene, für die Performance seiner Applikation aber vorteilhafte Funktionalität zu nutzen. Es schien mir deshalb notwendig, den Hinweis auf die Leistungsunterschiede der von verschiedenen Herstellern angebotenen ODBC-Treiber zu ergänzen durch eine Darstellung dieser zusätzlichen Alternative und eine Erörterung der Frage, wie aufwendig es für einen mit ODBC vertrauten Entwickler ist, sich und seine Applikationen auf OO4O umzustellen.

Ist das PL/SQL Web Toolkit für PC-Arbeitsgruppen geeignet?

Schon seit geraumer Zeit sehe ich die »Kenner der Materie« vor mir: den Kopf schüttelnd, mit zweifelnder Miene und mit der Frage auf den Lippen, ob der Plan, das PL/SQL Web Toolkit als für PC-Arbeitsgruppen geeignete Entwicklungsumgebung vorzustellen, wirklich ernst gemeint sei. Unter diesen »Kennern der Materie« nämlich gilt es als ausgemacht, daß das PL/SQL Web Toolkit zwar theoretisch eine gute Idee, praktisch aber nur von professionellen Programmierern benutzbar sei, da es lediglich eine Programmierschnittstelle enthalte, aber kein Entwicklungswerkzeug, das sich auch nur annähernd mit Access, Visual Basic oder – um nun auf den Web-Bereich zu kommen – Microsoft FrontPage vergleichen lasse. Sie verweisen darauf, daß die genannten Werkzeuge graphische Entwicklungsoberflächen anbieten, die den Entwickler von einem beträchtlichen Teil des Programmieraufwandes befreien, während die Nutzung des PL/SQL Web Toolkit ausschließlich auf dem Wege der traditionellen Programmierung möglich sei und PL/SQL-Kenntnisse erfordere.

Dieser Einwand ist in der Tat nicht an den Haaren herbeigezogen, sondern hat einen wahren Kern. Der Antwort auf die Frage, warum ich gleichwohl glaube, daß sich das PL/SQL Web Toolkit für PC-Arbeitsgruppen eignet, habe ich ein ganzes Kapitel gewidmet (vgl. Kapitel 9), dessen Argumentation ich hier kurz vorab skizzieren möchte:

- Zunächst einmal ist es wahr, daß Oracle zusammen mit dem Oracle WebServer, zu dessen Lieferumfang das PL/SQL Web Toolkit gehört, kein spezielles Entwicklungswerkzeug ausliefert. Es trifft auch zu, daß ein beliebiger Texteditor und traditionelle PL/SQL-Programmierung genügen, um auf dem PL/SQL Web Toolkit basierende Applikationen zu erstellen.

- Aus dem Umstand, daß mit dem PL/SQL Web Toolkit kein eigenes Entwicklungswerkzeug ausgeliefert wird, folgt nun aber nicht, daß es gar kein für dessen Nutzung bestimmtes Entwicklungswerkzeug gäbe. Ganz im Gegenteil: Es gibt nicht nur eines, sondern sogar mehrere. An erster Stelle ist der zur Familie der *Designer/2000*-Produkte gehörende *WebServer Generator* zu nennen, weil es sich dabei um ein offizielles Oracle-Produkt handelt. Allerdings gehören die Designer/2000-Produkte zu denjenigen Werkzeugen, die für die Entwicklung komplexer, firmenweit genutzter Applikationen konzipiert wurden und fallen deshalb nicht in den Themenbereich dieses Buches.

- Da aber die Entwicklung von Applikationen für PC-Arbeitsgruppen, die Datenbestände aus einer Oracle-Datenbank unter Benutzung der WebTechnologie zugänglich machen, in immer stärkerem Umfang gewünscht wird, gibt es mehrere Hilfsmittel, die die Applikationsentwicklung mit dem PL/SQL Web Toolkit so stark vereinfachen, daß sie auch für PC-Arbeitsgruppen zugänglich werden dürfte. Zwei dieser Hilfsmittel stelle ich Ihnen in diesem Buch vor: *WebAlchemy,* das von einem australischen Oracle-Mitarbeiter geschrieben wurde und das seit langer Zeit schon Oracle-Mitarbeitern ebenso wie Oracle-Kunden gute Dienste leistet, sowie den *Web Application Wizard*, den ich speziell für dieses Buch entwickelt habe. Beide Hilfsmittel sind zwar keine offiziellen Oracle-Produkte, aber dennoch für Oracle-Kunden zugänglich.

Indem ich *WebAlchemy* und den *Web Application Wizard* nicht als Entwicklungswerkzeuge, sondern als Hilfsmittel bezeichne, gestehe ich zu, daß sie noch manchen Wunsch unerfüllt lassen. Andererseits meine ich, daß sie durchaus einen Entwicklungsstand erreicht haben, der es rechtfertigt und bei dem es sich lohnt, sie Mitgliedern von PC-Arbeitsgruppen als Alternative zu den herkömmlichen Werkzeugen vorzustellen. Die »Kenner der Materie« mögen also beruhigt sein: Der Vorschlag ist ernst gemeint.

An wen wendet sich das Buch?

Im Kern haben Sie die Antwort auf diese Frage in den vorangehenden Abschnitten bereits erhalten: Das Buch wendet sich an Entwickler von Applikationen für PC-Arbeitsgruppen, die sich entweder bereits dafür entschieden haben, mit ODBC, Oracle Objects for OLE oder dem PL/SQL Web Toolkit zu arbeiten, oder die noch unentschlossen sind und nach Entscheidungshilfen suchen. Wenn ich der Frage dennoch einen eigenen Abschnitt widme, so deshalb, weil noch zu klären ist, welche Kenntnisse ich beim Leser voraussetze, welche der erforderlichen Voraussetzungen er gegebenenfalls in diesem Buch erwerben kann und in welchen Fällen er nach anderen Informationsquellen Ausschau halten muß.

Zunächst einmal hoffe ich, in den beiden vorangehenden Abschnitten deutlich gemacht zu haben, daß ich mich zwar an Entwickler von Applikationen für PC-Arbeitsgruppen wende, daß ich diese Applikationen auch gelegentlich als »einfachere« oder »weniger komplexe« bezeichne, daß ich aber trotzdem nicht die Absicht habe, so zu tun, als sei alles ganz harmlos und ganz einfach. Ich wende mich an Leser, die ein Gespür dafür haben, daß man sich auf das Middlewareprodukt und auf den Datenbank-Server, mit dem man arbeitet, auch dann etwas genauer einlassen sollte, wenn die Applikationen nicht kompliziert zu sein scheinen. Solchen Lesern möchte ich die genauere Bekanntschaft mit drei Middlewareprodukten und der Art, wie sie den Oracle Server und seine Datenbestände zugänglich machen, vermitteln. Ich möchte auf Probleme hinweisen, statt sie unter den Teppich zu kehren, und – sofern möglich – Strategien oder Werkzeuge vorstellen, mit denen sie sich lösen lassen.

Bei einem Leser, der sich für den *ODBC-Teil* (Kapitel 1 bis 4) interessiert, setze ich die Kenntnis von mindestens einem der als Beispiel verwendeten Produkte oder einem vergleichbaren Produkt voraus. Ich habe mich zwar bemüht, alle Vorgänge so zu beschreiben, daß sie auch von einem Leser, der nur eine geringe Vertrautheit mit dem Produkt besitzt, theoretisch und praktisch nachvollzogen werden können, unterstelle aber doch, daß der wichtigste Grund, für den Zugriff auf eine Oracle-Datenbank ein nicht von Oracle stammendes Entwicklungswerkzeug einzusetzen, die Vertrautheit mit diesem Werkzeug ist, und daß der Leser deshalb keine Einführung in den Umgang damit benötigt. Ich glaube, angesichts der inzwischen weitreichenden Ähnlichkeit zwischen den in Frage kommenden Microsoft-Produkten beim Leser auch die Fähigkeit und die Bereitschaft voraussetzen zu dürfen, das von mir am Beispiel eines Produktes Erläuterte selbständig auf ein anderes Produkt zu übertragen.

Die praktische Nutzung einer ODBC-Datenquelle wird in der Regel nur möglich sein, wenn sowohl auf dem Client- als auch auf dem Server-Rechner SQL*Net installiert und konfiguriert wurde. Da die Verwaltung des Oracle Servers nicht Gegenstand dieses Buches ist, setze ich voraus, daß der Leser dafür entweder nicht zuständig ist oder über die erforderlichen Kenntnisse verfügt[1]. Für Leser, deren Datenbank-Server zwar von einem Administrator betreut wird, die aber selbst für die Verwaltung ihres Client-

---

1. Lesern, die Informationen über die Verwaltung eines Oracle-Datenbank-Servers benötigen, sei das ebenfalls im Addison-Wesley Verlag erschienene Buch *Oracle 7.3: verwalten, optimieren, vernetzen* von Uwe Herrmann, Dierk Lenz und Günter Unbescheid empfohlen.

Rechners zuständig sind, bietet Anhang D einige Informationen über die Konfiguration von SQL*Net V2, die ausreichen, um die erforderlichen Konfigurationsdateien aufbauen zu können.

Beim Schreiben des *WebServer-Teiles* (Kapitel 5 bis 9) habe ich mir einen Leser vorgestellt, der bereits selbst statische Web-Seiten – d.h. HTML-Dateien ohne Datenbankzugriffe – aufgebaut hat und daher über einige HTML-Kenntnisse verfügt. Ein solcher Leser erfährt in Kapitel 6, wie die ihm bekannten HTML-Anweisungen in PL/SQL zu übersetzen sind. HTML-Kenntnisse werden jedoch nicht vorausgesetzt. Kapitel 6 wurde so geschrieben, daß es auch für einen Leser geeignet ist, der weder HTML noch PL/SQL kennt und beide Sprachen gleichzeitig lernen möchte.

Ob die Kenntnis bzw. das Erlernen von PL/SQL überhaupt erforderlich ist, hängt von den Erwartungen des Lesers ab. Wie im vorangehenden Abschnitt bereits angedeutet, werden in Kapitel 9 zwei Hilfsmittel beschrieben, die dem Entwickler die Kenntnis von PL/SQL weitgehend ersparen. Wer zunächst einmal die Leistungsfähigkeit des Oracle WebServers erproben will oder nur einfache Applikationen entwickeln möchte, dem bieten vielleicht diese Hilfsmittel schon alles, was er benötigt. Wer aber von Anfang an anspruchsvollere Applikationen benötigt oder später die mit den Hilfsmitteln erzeugten Applikationen modifizieren möchte, der benötigt PL/SQL-Kenntnisse. Aus diesem Grunde bieten die Anhänge B und C Einführungen in SQL und PL/SQL und die Kapitel 6 bis 8 Anleitungen zur selbständigen Programmierung von Web-Applikationen mit zunehmendem Schwierigkeitsgrad.

Die schönsten Applikationen nützen nichts ohne einen WebServer, auf dem man sie testen und gegebenenfalls den Benutzern zur Verfügung stellen kann. Ich setze deshalb voraus, daß der Leser entweder Zugriff auf einen Rechner hat, auf dem sich neben einer Oracle-Datenbank ein funktionstüchtiger Oracle WebServer befindet, oder daß er zumindest auf einem Server-Rechner über die notwendigen Rechte verfügt, um selbst einen WebServer zu installieren und zu konfigurieren. Die für letzteres erforderliche Anleitung enthält Kapitel 5. Sie geht immer dann, wenn Besonderheiten des Betriebssystems zu berücksichtigen sind, davon aus, daß es sich um einen Windows-NT-Server handelt, sollte sich aber nach zusätzlicher Lektüre der von Oracle mitgelieferten Installationsanweisung leicht auf andere Betriebssysteme übertragen lassen.

Welche zusätzliche Unterstützung bekommt der Leser?

Eine erste wichtige Ergänzung zum Text des Buches bietet die beigegebene CD. Auf ihr sind alle kleineren Beispielapplikationen, die im Buch verwendet werden, um einzelne Funktionalitäten vorzustellen, ebenso zu finden wie das »Informations- und Verwaltungsprogramm der Stadtbibliothek

Neustadt«, das im Verlauf des Buches einerseits auf der Basis der ODBC-Technologie, andererseits auf der Basis des PL/SQL Web Toolkit entwickelt wird, um beide Technologien in einer etwas komplexeren Applikation zu zeigen und einen Vergleich ihrer Stärken und Schwächen zu ermöglichen. Genauere Informationen über die zugrundeliegenden Datenbanktabellen, die Struktur dieser Beispielapplikation sowie die Bedeutung der einzelnen Verzeichnisse und Dateien enthält Anhang A.

Die CD enthält auch einige, jedoch nicht alle im Buch vorgestellten Hilfsmittel und Werkzeuge. Befindet sich ein Werkzeug nicht auf der CD, so liegt das in der Regel daran, daß Oracle es zwar zum kostenlosen Herunterladen auf einem öffentlich zugänglichen WebServer bereitstellt, dafür jedoch eine geringe Gegenleistung in Form Ihrer Adresse erwartet. Ich halte das nicht nur für ein übliches, sondern auch für ein faires Geschäft, das Ihnen überdies die Gewißheit bietet, immer auf die aktuellste Version der Software zugreifen zu können. Natürlich nennt das Buch in all diesen Fällen die Quelle, aus der das beschriebene Hilfsmittel zu beziehen ist. Trial-CDs können auch bei Oracle direkt unter der Telefonnummer 0130/820529 bestellt werden.

Insbesondere im Bereich des Oracle WebServers sind in der Zukunft wesentliche Neuerungen zu erwarten. Ich beabsichtige, in dem Maße, in dem meine Zeit dies erlaubt, Hinweise auf solche Neuerungen sowie aktualisierte und gegebenenfalls zusätzliche Beispielapplikationen allgemein zugänglich zu machen. Dies gilt insbesondere für den *Web Application Wizard*, der Ihnen auf der beiliegenden CD in der Version 1.0 zur Verfügung gestellt wird, für den aber weitere Versionen mit zusätzlicher Funktionalität geplant sind. Bitte informieren Sie sich über derartige Neuerungen auf dem WebServer des Addison-Wesley Verlages unter Angabe der URL

http://www.addison-wesley.de/Service/Kersten/home.htm

Schreibweisen

In den nachfolgenden Kapiteln werden neben einfachem Text zwei besondere Schrifttypen verwendet, um Textbestandteile hervorzuheben:

- *Kursive Schreibung* kennzeichnet Fachbegriffe, insbesondere dann, wenn sie erstmals eingeführt werden. In der Regel handelt es sich dabei um englische, gelegentlich aber auch um deutsche Begriffe. Weiterhin wird diese Schreibweise für alle vorgegebenen Elemente – wie Namen von Eigenschaften in einem Eigenschaftsfenster, Aufschriften von Buttons usw. – verwendet.

- Dagegen bezeichnet die `Letter Gothic` alle Elemente, die vom Anwender oder Anwendungsentwickler selbst erstellt werden müssen. Dies reicht von einfachen Benutzereingaben über die Namen von Funktionen und Prozeduren bis zu kompletten Programmbeispielen.

Da Eingaben sehr häufig als Reaktion auf vorgegebene Aufforderungen oder innerhalb von vorgegebenen Formularen erfolgen, kommen beide Schreibweisen oft in enger Nachbarschaft vor (z.B.: Weisen Sie der Eigenschaft *DatabaseName* den Wert `AddWesDB` zu).

Grau hinterlegte Abschnitte, auf die eine Hand weist, enthalten »Wegbeschreibungen«. Sie können sich auf das Buch selbst beziehen und alternative Vorschläge für die Fortsetzung der Lektüre anbieten. Sie können aber auch auf andere Quellen (WebServer, Zeitschriften, Bücher) verweisen und angeben, woher im Buch nicht enthaltene Informationen oder Software zu beziehen sind.

In Syntaxbeschreibungen werden die Bezeichnungen für wechselnde Bestandteile von unveränderlichen Schlüsselworten durch das Einschließen in spitze Klammern unterschieden:

```
SELECT <spaltenliste>
FROM <tabelle>
WHERE <bedingung>;
```

Die spitzen Klammern sind also nicht Bestandteil der Syntax, sondern später wegzulassen:

```
SELECT NAME, VORNAME
FROM AUTOR
WHERE LAND = 1;
```

SQL und PL/SQL unterscheiden nicht zwischen Groß- und Kleinschreibung. Daher sind wechselnde Schreibweisen des gleichen Objektes möglich. So kann etwa der Name einer Tabelle im erläuternden Text groß geschrieben sein, um ihn hervorzuheben, in einer danach abgedruckten PL/SQL-Prozedur aber klein. Diese Wechsel sollen der Hervorhebung des jeweils Wichtigen und somit der leichteren Lesbarkeit dienen, haben aber, wenn nicht ausdrücklich auf das Gegenteil hingewiesen wird, keinerlei funktionale Bedeutung.

1 Architektur und Einsatzgebiete von Middlewareprodukten

1.1 Was ist Middleware? 31
1.2 ODBC und die ODBC-Treiber für den Zugriff auf
    Oracle-Datenbanken 38
1.3 OLE2 und Oracle Objects for OLE 49

1.1 Was ist Middleware?

1.1.1 Die Struktur der Oracle-Software

Oracle-Software hat die Aufgabe, zwischen einem Anwender und einer Oracle-Datenbank zu vermitteln. Eine solche Vermittlung ist notwendig, weil die Effizienz des Datenbanksystems auf komplexen Abspeicherungs- und Zugriffsmechanismen beruht, während der Anwender sich wünscht, seine Aufträge in möglichst einfacher Weise formulieren zu können und sich mit den internen Abläufen nicht auseinandersetzen zu müssen. Aus dieser Aufgabenstellung ergibt sich eine zweiteilige Struktur der Oracle-Software: Sie muß einerseits durch anwenderorientierte Funktionalität eine Schnittstelle zum Anwender, andererseits durch datenbankorientierte Funktionalität eine Schnittstelle zur Datenbank bereitstellen.

Unter *anwenderorientierter Funktionalität* ist all das zu verstehen, was dazu dient, dem Anwender ebenso einfache wie flexible Zugriffsmöglichkeiten auf die Datenbank zu bieten. Dazu gehören die Bildschirmgestaltung (Eingabeaufforderung oder Bildschirmmaske), die Möglichkeiten der Daten- und Kommandoeingabe sowie der Eingabekorrektur, Einflußmöglichkeiten auf das Format der ausgegebenen Daten, die Bereitstellung von Hilfe usw. Als *datenbankorientierte Funktionalität* kann dagegen all das bezeichnet werden, was ein Programm in die Lage versetzt, auf Datenbankdateien zuzugreifen, vom Anwender benötigte Daten oder Platz für neue Daten in ihnen aufzufinden, eine Auswahl zwischen alternativen Zugriffsmöglichkeiten zu treffen, bereitstehende Speicherstrukturen zu nutzen, mit anderen auf die Datenbank zugreifenden Prozessen Informationen auszutauschen, durch die eine gegenseitige Störung vermieden wird usw.

Die Einteilung in anwender- und datenbankorientierte Funktionalität gilt nicht nur für Client/Server-Datenbanken wie den Oracle7 Server, sondern ebenso für PC-Datenbanken wie dBase, FoxPro oder Access. Was aber Client/Server-Datenbanken von herkömmlichen PC-Datenbanken unterscheidet, ist die Tatsache, daß bei ihnen aus der bloßen *Einteilung* der Software in zwei funktionale Bereiche eine *Teilung* in zwei selbständige Software-Pakete und darüber hinaus in den meisten Fällen eine *Verteilung* dieser Software-Pakete auf unterschiedliche Rechner geworden ist.

PC-Datenbanken sind typischerweise persönliche Datenbanken. Sie werden von einem Anwender oder einer sehr kleinen Anwendergruppe genutzt. Alles für die Nutzung Erforderliche – also Datenbankdatei(en) und Programm(e) für den Zugriff – befindet sich auf einem PC, und wer mit den Daten arbeiten möchte, begibt sich zu diesem PC. Im Gegensatz dazu sind Client/Server-Datenbanken für mittlere und große Gruppen von Anwendern konzipiert, die nicht nacheinander, sondern gleichzeitig mit einer gemeinsam genutzten Datenbank arbeiten wollen. In diesem Fall ist es völlig undenkbar, daß nur derjenige Anwender Zugriff auf die Datenbank hat, der direkt vor dem Rechner sitzt, auf dem sich die Datenbank befindet. Vielmehr muß es möglich sein, den Zugriff von unterschiedlichen Arbeitsstationen aus durchzuführen.

Dies wird ermöglicht durch die Teilung der Datenbank-Software in ein eigenständiges Modul, das die anwenderorientierte Funktionalität enthält, und ein weiteres, in dem die datenbankorientierte Funktionalität zusammengefaßt ist. Das zweite, für die Realisierung der Datenbankzugriffe zuständige Modul wird auf demjenigen Rechner installiert, auf dem sich auch die Datenbank befinden soll. Dieser Rechner wird als Datenbank-Server, die Software entsprechend als Datenbank-Server-Software oder einfach *Server-Software* bezeichnet. Ein Beispiel dafür ist der Oracle Server[1]. Das erste, für die Kommunikation mit dem Anwender zuständige Modul wird auf denjenigen Rechnern installiert, mit denen die Anwender arbeiten. Diese Rechner werden als Client-Rechner, die Software wird als *Client-Software* bezeichnet. Die durch Teilung und Verteilung der Software gekennzeichnete Struktur hat den Client/Server-Datenbanken ihren Namen gegeben. Sie ist in der Regel deutlich erkennbar, weil sich die beiden Software-Module auf zwei unterschiedlichen Rechnern befinden, ist aber selbst da noch vorhanden, wo – wie im Falle von Personal Oracle – Client- und Server-Software auf dem gleichen Rechner installiert wurden.

Die Teilung der Software in zwei eigenständige, auf dem gleichen Rechner oder auf zwei verschiedenen Rechnern installierte Software-Module ändert allerdings nichts daran, daß ein Auftrag des Anwenders nur dann entgegengenommen und bearbeitet werden kann, wenn anwender- und datenbankorientierte Funktionalität zusammenarbeiten. Das bedeutet im Falle des Einsatzes von Personal Oracle auf einem Windows-PC, daß zwei Tasks, die auf dem gleichen Rechner gestartet wurden und von denen eine mit der Abarbeitung der Client-Software, die andere mit der Abarbeitung der Server-Software beschäftigt ist, über einen von Windows bereitgestellten Mechanismus miteinander kommunizieren müssen. Es bedeutet im Falle des Einsatzes von Oracle-Software in einer Client/Server-Umgebung, daß zwei Prozesse, die auf unterschiedlichen Rechnern gestartet wurden, unter Nutzung der zur Verfügung stehenden Netzwerkhard- und -software miteinander kommunizieren müssen. Berücksichtigt man, daß Oracle kein eigenes Netzwerkprotokoll anbietet, sondern alle gängigen Netzwerkprotokolle unterstützt, so liegt es auf der Hand, daß die Zweiteilung der Datenbank-Software als nächsten Schritt die Implementierung zusätzlicher Funktionalität erzwingt, durch die das Client- und das Server-Modul in die Lage versetzt werden, miteinander zu kommunizieren und sich dabei dem jeweils – unabhängig von Oracle – zur Verfügung stehenden Kommunikationsmechanismus anzupassen.

---

1. Im offiziellen Namen der von Oracle stammenden Datenbank-Server-Software ist die Versionsnummer mit enthalten. So trägt die Version 7 den Namen *Oracle7 Server*, Version 8 den Namen *Oracle8 Server*. Im vorliegenden Buch wird diese Bezeichnungsweise jedoch nur dann verwendet, wenn von versionsspezifischen Eigenschaften die Rede sein soll, während die Bezeichnung *Oracle Server* eine versionsübergreifende Gültigkeit andeutet.

Was ist Middleware?

Um nun aber die Client- und Server-Software nicht für jeden unterstützten Kommunikationsmechanismus vollständig neu implementieren zu müssen, hat Oracle eigenständige *Kommunikationssoftware* entwickelt. Diese Software ersetzt nicht das im Lieferumfang des Betriebssystems enthaltene oder zusätzlich zu erwerbende Netzwerkprotokoll, sondern stellt das Bindeglied zwischen diesem und der Oracle-Software dar. Aus dieser Aufgabe ergibt sich, daß die Kommunikationssoftware eine Produktfamilie darstellen und daß jedes Mitglied dieser Familie die Nutzung eines speziellen Kommunikationsmechanismus ermöglichen muß. Die Existenz derartiger Kommunikationssoftware wird den Kunden, die Oracle-Software in einer Client/Server-Umgebung einsetzen, dadurch deutlich vor Augen geführt, daß sie mindestens zwei Produkte (nämlich *SQL*Net* und einen oder mehrere *Protokolladapter*) gesondert erwerben und installieren müssen. Wer mit seinen Applikationen lediglich auf eine Personal-Oracle-Datenbank zugreift, benötigt zwar ebenfalls Kommunikationssoftware, doch fällt das den meisten Anwendern nicht auf, weil diese Software automatisch mitinstalliert wird.

Mit der beschriebenen Modularisierung verfolgt Oracle, wie gezeigt wurde, das Ziel, die Software-Module frei kombinierbar und damit flexibel einsetzbar zu machen: Beliebige Client-Module sollen mit dem Oracle-Server-Modul und diese beiden wiederum mit beliebigen Kommunikationsmechanismen kombinierbar sein. Dies Ziel ist jedoch nur zu erreichen, wenn es zwischen den Modulen genau definierte *Schnittstellen* gibt und die Schnittstellendefinitionen bei der Entwicklung sämtlicher Produkte beachtet werden. Den Begriff »Schnittstelle« darf man hier ganz wörtlich nehmen: Es ist die Stelle, an der das ursprünglich einheitliche Programm in zwei Teile zerschnitten wurde.

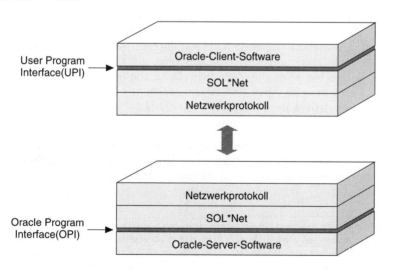

Abbildung 1.1: Die Struktur der Oracle-Software

Die Schnittstelle zwischen dem Client- und dem Server-Modul, die zugleich die Schnittstelle zwischen jedem dieser beiden Module und dem von ihnen verwendeten Kommunikationsmodul darstellt, wird auf der Client-Seite als

User Program Interface (UPI), auf der Server-Seite dagegen als *Oracle Program Interface (OPI)* bezeichnet. Das OPI stellt eine Schnittstelle zwischen Softwareschichten dar, die allesamt von Oracle-Entwicklern implementiert wurden und ist daher nur Oracle-intern von Interesse. Das UPI bildet die Schnittstelle zur Client-Software, die auch von Softwarehäusern oder Oracle-Anwendern entwickelt worden sein kann. Da diese Schnittstelle jedoch sehr komplex und zudem häufigem Wandel unterworfen ist – zwei Eigenschaften, die Softwareentwickler nicht besonders schätzen –, hat Oracle oberhalb des UPI eine weitere Schnittstelle implementiert, die sich durch größere Einfachheit und Stabilität über mehrere Versionen hinweg auszeichnet. Diese als *Oracle Call Interface (OCI)* bezeichnete Schnittstelle ist die einzige, die nach außen hin dokumentiert wurde. Sie kann somit als Programmierschnittstelle für systemnahe Softwareentwicklung – wie etwa diejenige von ODBC-Treibern – dienen.

1.1.2 Die Notwendigkeit von Middleware

Mit der Erörterung von Client-, Oracle-Server- und Kommunikationsmodul(en) sowie der UPI/OPI-Schnittstelle (inklusive OCI) ist die Struktur der Oracle-Software vollständig – wenn auch auf einer sehr allgemeinen Ebene – beschrieben. Allerdings sehen sich heutzutage Applikationsentwickler und Anwender immer häufiger vor der Notwendigkeit, noch eine fünfte Strukturkomponente zu berücksichtigen. Dies ist dann der Fall, wenn für den Datenbankzugriff nicht – wie im vorangegangenen Abschnitt stillschweigend vorausgesetzt wurde – ausschließlich Oracle-Software, sondern auch Software anderer Hersteller eingesetzt werden soll.

Das Zusammenwachsen ursprünglich isolierter »Informationsinseln« zu unternehmensweiten oder gar die Grenzen des Unternehmens überschreitenden Informationssystemen führt seit längerer Zeit schon zu umfangreicher Beschäftigung[2] mit Software eines Typs, der als *Middleware* bezeichnet wird. So machte etwa die Zeitschrift *BYTE* diesen Bereich zum Schwerpunktthema ihrer im April 1996 erschienenen Ausgabe. In einem der darin enthaltenen Artikel, der den schönen Titel *The Muddle in the Middle* trägt, gibt John R. Rhymer folgende Definition:

> *Middleware is software that allows elements of applications to interoperate across network links, despite differences in underlying communications protocols, system architectures, OSes, databases, and other application services.*

---

2. Es könnte den Anschein haben, als stünde diese Feststellung im Gegensatz zu meiner in der Einleitung geäußerten Einschätzung, daß es an ausreichenden Informationsquellen über den Einsatz von Middleware fehle. Indessen stellen diese beiden Aussagen durchaus keinen Widerspruch dar, denn Aufsätze in Zeitschriften können immer nur Überblicksinformationen und Hinweise auf aktuelle Trends geben, Informationen also, die von großem Wert für die Auswahl eines Produktes sind, aber doch technische Anleitungen für diejenigen, die bereits ein Produkt gewählt haben und nun damit arbeiten möchten, nicht ersetzen kann.

Was ist Middleware?

Ganz ähnlich äußert sich Davis S. Linthicum in einem nahezu zeitgleich mit diesem Buch in *DBMS online* erschienen Artikel (*Next-Generation Middleware*):

> In many respects middleware is the glue that holds client/server applications together, as well as a productivity tool that saves developers from having to hassle with the details. It's a layer that exists between the application and the underlying complexities of the network, the host operating system, and any resource servers (such as database servers). Middleware makes vastly different platforms appear the same to an application and, if used correctly, saves time and money in the development of client/server and Internet/intranet systems.[3]

Middleware ist erforderlich, wo zusammenwächst, was ursprünglich gerade nicht zusammengehört, wo es also im strengen Sinne keine verteilte Applikation und kein sauberes Design einer gemeinsamen Schnittstelle gibt, sondern disparate Teile, die nun dennoch zu Teilen einer funktionstüchtigen Applikation werden sollen.

Manche Autoren zählen bereits SQL*Net zu den Middlewareprodukten. Richtig daran ist, daß schon die frühesten SQL*Net-Versionen die darauf aufsetzenden Applikationen unabhängig von den Unterschieden zwischen den Netzwerkprotokollen gemacht haben und daß die neuesten Oracle-Netzwerkprodukte sie unabhängig von herstellerspezifischen Diensten für die Verwaltung von Netzwerkkonfigurationen (*Name Services, Directory Services*) und die Benutzeridentifikation (*Authentication Services*) machen. Gleichwohl bietet SQL*Net eines nicht: die Unabhängigkeit von den verschiedenartigen Datenbanksystemen.

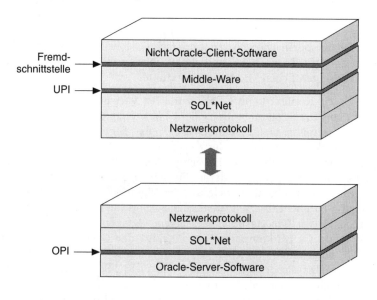

Abbildung 1.2: Die Funktion von Middleware

---

3. http://www.dbmsmag.com/9709d14.html

Der Wunsch nach Unabhängigkeit von den Datenbanksystemen kann im Oracle-Kontext zweierlei bedeuten:

- Zum einen kann der Wunsch auftreten, mit Client-Werkzeugen, die weder von Oracle noch für den Zugriff auf Oracle-Datenbanken entwickelt wurden, in einer Oracle-Datenbank abgespeicherte Daten anzufragen und zu bearbeiten. Beispiele für solche Werkzeuge sind die Microsoft-Office-Produkte. In diesem Fall stammt also *die Server-Software von Oracle, die Client-Software dagegen nicht*.

- Zum anderen kann es wünschenswert sein, mit Client-Werkzeugen, die von Oracle und für den Zugriff auf Oracle-Datenbanken entwickelt wurden, auf andere als Oracle-Datenbanken zuzugreifen. Deren Spektrum ertreckt sich von dBase und Access bis hin zu SQL Server und DB/2. In diesem Fall stammt zwar *die Client-Software von Oracle, nicht aber die Server-Software*.

Die Aufgabe von Middleware besteht in beiden Fällen in der Übersetzung zwischen zwei verschiedenen, herstellerspezifischen Schnittstellendefinitionen, die unter Zuhilfenahme einer dritten, von vielen Herstellern als Standard akzeptierten Schnittstelle vor sich geht. Drei derartige Standardschnittstellen sind derzeit von Bedeutung:

- Die bekannteste Schnittstelle ist – zumindest im PC-Umfeld – sicherlich *ODBC (Open DataBase Connectivity)*. ODBC ist eigentlich selbst kein Produkt, sondern lediglich eine Schnittstellendefinition. Zu ihrer Nutzung ist einerseits eine Applikation erforderlich, die von sich aus oder mit Hilfe zusätzlicher Adapter-Software die ODBC-Schnittstelle unterstützt, andererseits ein datenbankspezifischer ODBC-Treiber, der die Vermittlung zwischen der datenbankunabhängigen ODBC-Schnittstelle und der datenbankspezifischen Programmierschnittstelle (im Falle von Oracle also der UPI- bzw. OCI-Schnittstelle) übernimmt. Diese ODBC-Treiber sind die eigentlichen Middlewareprodukte.

Im Oracle-Kontext kann ODBC zunächst verwendet werden, um mit nicht von Oracle stammenden Client-Werkzeugen auf Oracle-Datenbanken zuzugreifen. Dafür ist ein ODBC-Treiber für den Zugriff auf Oracle-Datenbanken erforderlich, der zwischen der ODBC- und der OCI- bzw. UPI-Schnittstelle übersetzt. Derartige ODBC-Treiber werden von Oracle selbst, aber auch von anderen Firmen angeboten. Oracle nutzt die ODBC-Schnittstelle aber auch, um den eigenen Client-Werkzeugen den Zugang zu Nicht-Oracle-Datenbanken zu ermöglichen. So verfügt etwa Oracle Power Objects über eine eigene Adapter Software, die dieses Werkzeug ODBC-kompatibel macht, und der *Open Client Adapter for ODBC* verschafft zahlreichen Werkzeugen – wie SQL*Plus oder den Developer/2000-Produkten – Zugang zur ODBC-Schnittstelle und damit prinzipiell zu allen Nicht-Oracle-Datenbanken, die über einen eigenen ODBC-Treiber erreichbar sind. Abschnitt 1.2.2 wird zeigen, daß die von der ODBC-Schnittstelle geleistete Übersetzungstätigkeit entweder auf dem Client- oder auf dem Server-Rechner stattfinden kann. Ein Sonderfall der Server-basierten ODBC-Middleware ist die *ODBC Cartridge*, die der Oracle WebServer ab der Version 3.0 beinhaltet.

▶ Die ODBC-Schnittstelle hat den Vorteil, daß sie datenbankunabhängig ist und dadurch den Zugriff einer Applikation auf unterschiedlichste Datenbanken ermöglicht, ohne daß die Applikation deshalb vollständig neu geschrieben werden müßte. Voraussetzung ist lediglich, daß ein ODBC-Treiber für die gewünschte Datenbank verfügbar ist. Die Standardisierung bringt allerdings den Nachteil mit sich, daß datenbankspezifische Mechanismen, die von erheblicher Bedeutung für die Performance einer Applikation sein können, möglicherweise in der datenbankunabhängigen Schnittstellendefinition nicht berücksichtigt worden sind. Mehr noch als von der ODBC-Schnittstelle selbst gilt dies für die oberhalb der eigentlichen ODBC-Schnittstelle implementierten vereinfachten Schnittstellen wie etwa die *Data Access Objects* (vgl. Kapitel 3), die in den meisten Fällen für die Applikationsentwicklung benutzt werden. Steht fest, daß eine Applikation nur auf Datenbanken eines Herstellers zugreifen soll, bietet sich deshalb ein herstellerspezifisches Middlewareprodukt, das solche Mechanismen unterstützt, als Alternative an. Oracle hat zu diesem Zweck *Oracle Objects for OLE (OO4O)* entwickelt – ein Middlewareprodukt, das, wie der Name schon andeutet, auf der *OLE2-Schnittstelle* von Microsoft beruht und deshalb von allen OLE-fähigen Applikationen genutzt werden kann.

Da OLE2 eine inzwischen von zahlreichen Werkzeugen unterstützte Schnittstelle ist, steht die auf der Client-Seite gebotene Vielfalt derjenigen kaum nach, die aus der Entscheidung für ODBC resultiert. Die serverorientierte Seite dieses Middlewareproduktes ist jedoch einzig auf Oracle-Datenbanken ausgerichtet ist, so daß die Nutzungsmöglichkeiten nicht so vielfältig sind wie die von ODBC: Oracle Objects for OLE kommt in Betracht, wenn mit nicht von Oracle stammenden Werkzeugen auf Oracle-Datenbanken zugegriffen werden soll, nicht jedoch für den umgekehrten Fall des Zugriffs von Oracle-Werkzeugen aus auf Nicht-Oracle-Datenbanken.

▶ Als dritte hier in Betracht kommende Schnittstelle ist *CORBA (Common Object Request Broker Architecture)* zu nennen. Im Gegensatz zu OLE handelt es sich bei CORBA derzeit um eine reine Schnittstellendefinition, nicht jedoch um Funktionalität, die von irgendeinem Betriebssystem bereits standardmäßig zur Verfügung gestellt würde. Wer diese Architektur nutzen möchte, muß sie also zunächst einmal implementieren. Dennoch glaubt Oracle, daß es sich dabei um eine Schnittstelle handelt, deren Bedeutung derjenigen von OLE in absehbarer Zeit zumindest gleichkommen wird. Oracle hat sich deshalb mit anderen Herstellern zum Zwecke der Umsetzung der Schnittstellenderfinition in Software zusammengetan und als erstes Produkt die Version 3.0 des Oracle WebServer auf der Basis dieser Schnittstelle implementiert. Damit wird der Oracle WebServer letztlich zu einem einzigen großen Middlewareprodukt – allerdings zu einem sehr anspruchslosen, denn es verlangt vom Client-Rechner nicht mehr als die Verfügbarkeit eines Web-Browsers.

Diese kurzen Andeutungen zeigen, daß Middleware nicht irgendeine Randerscheinung ist, sondern ein ganz zentrales Thema der aktuellen Softwareentwicklung: Middleware soll die Möglichkeit schaffen, beliebige Client-Applikationen auf beliebige Ressourcen – und das sind im Falle von Oracle natürlich primär Daten – zugreifen zu lassen und so dem Anwender die Möglichkeit zu geben, genau das Werkzeug einzusetzen, das für seine Aufgabe am besten geeignet ist.

1.2 ODBC und die ODBC-Treiber für den Zugriff auf Oracle-Datenbanken

1.2.1 Grundlagen

Warum ODBC?

Ende der 80er Jahre begann sich bei zwei Gruppen von Softwareherstellern das Interesse an einer standardisierten Programmierschnittstelle für den Zugriff auf Datenbanken zu regen. Bei der einen Gruppe handelte es sich um die Datenbankhersteller selbst, bei der anderen um die Hersteller von PC-Standardsoftware (insbesondere Microsoft und Lotus). Es kam zu zahlreichen Entwürfen, zu Kooperationen mehrerer Hersteller und zur Bildung offizieller Arbeitsgruppen, von denen insbesondere die *SQL Access Group* zu nennen ist.

Mit der Zeit wurde jedoch immer deutlicher, daß beide Gruppen unterschiedliche Ziele verfolgten. Während den Datenbankherstellern eine Schnittstelle für die Applikationsentwicklung vorschwebte, die von ihrem Umfang her auf die gemeinsam unterstützte Funktionalität reduziert, von ihrem Aufbau her standardisiert, ansonsten aber von den proprietären Schnittstellen nicht grundlegend verschieden sein sollte, wünschten sich die Hersteller von Standardsoftware eine im Hinblick auf die unterstützte Funktionalität umfangreichere und – im Vergleich mit den proprietären – intelligentere Schnittstelle. Während nämlich die Datenbankhersteller an die Entwicklung neuer Applikationen dachten und in diesem Zusammenhang mit Recht davon ausgehen konnten, daß die Applikationen den Eigenschaften der Schnittstelle angepaßt werden würden, beschäftigte die Hersteller von Standardsoftware die Frage, wie eine Schnittstelle beschaffen sein müßte, die es ihnen ermöglichen würde, ihre bereits verfügbaren Produkte ohne umfangreiche Änderungen in jeden beliebigen Datenbankkontext zu integrieren. Man könnte auch sagen: Die Datenbankhersteller dachten an eine weitere Schnittstelle, die Hersteller von Standardsoftware dagegen an Middleware im Sinne der in Abschnitt 1.1.2 gegebenen Definition.

Da eine schnelle Einigung nicht in Sicht war, entschieden sich einige Standardsoftwarehersteller, angeführt von Microsoft, für einen Alleingang. So stellte Microsoft nach einer längeren Entwurfsphase, während der sich der

Name der Spezifikation mehrfach änderte, im Jahre 1992 die Version 1.0 einer als *Open Database Connectivity* (*ODBC*) bezeichneten Spezifikation vor. Ihr folgte 1994 Version 2.0, 1995 die Version 2.5, mit der erstmals die 32-Bit-Betriebssysteme Windows 95 und Windows NT unterstützt wurden, und 1996 Version 3.0.

Das ODBC-Konzept

Kennt man diesen Hintergrund, so verwundert es nicht mehr, daß die Architektur der ODBC-Schnittstelle deutlich komplexer ausgefallen ist als diejenige typischer proprietärer Programmierschnittstellen. Bei Berücksichtigung des gesamten Kontextes lassen sich fünf Komponenten unterscheiden:

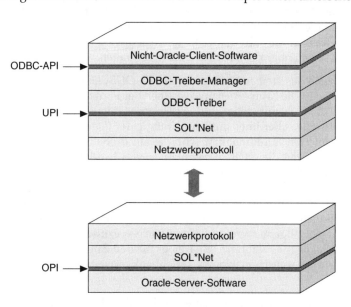

Abbildung 1.3:
Hauptkomponenten der ODBC-Architektur

1. Auf der Seite des Benutzers beginnend, ist an erster Stelle eine *ODBC-fähige Applikation* oder ein ODBC-fähiges Werkzeug[4] für die Applikationsentwicklung zu nennen. Eine Applikation ist ODBC-fähig, wenn sie auf der ODBC-Schnittstelle aufsetzt. Dabei ist es nicht erforderlich, daß sich die Applikation ausschließlich auf diese Schnittstelle stützt. Die meisten heute erhältlichen Applikationen bieten vielmehr den Weg über die ODBC-Schnittstelle hin zur Datenquelle als einen von mehreren möglichen Wegen an. Wie Abschnitt 1.2.3 zeigen wird, ist es auch nicht erforderlich, daß ODBC-fähige Werkzeuge für die Applikationsentwicklung den Entwicklern direkten Zugang zur ODBC-Schnittstelle gewähren.

2. Es folgt die *ODBC-Schnittstelle* selbst. Diese ist zwar Bestandteil des nachfolgend aufgeführten Treiber-Managers, doch verdient sie als Kern

---

4. Im weiteren Verlauf dieses Kapitels steht »Applikation« immer für »Applikation oder Werkzeug«.

der gesamten Architektur eine eigenständige Erwähnung. Hier treffen sich individuelle Applikation und allgemeine ODBC-Software.

3. Der *ODBC-Treiber-Manager* stellt die sowohl applikations- als auch datenbankunabhängige Schicht der ODBC-Architektur dar. Er bietet den Applikationen die eben erwähnte ODBC-Schnittstelle an, nimmt von ihnen den Namen der ODBC-Datenquelle entgegen, zu der eine Verbindung aufgebaut werden soll, lädt den erforderlichen datenbankspezifischen ODBC-Treiber und leitet alle von der Applikation kommenden Anforderungen an ihn weiter. Sofern die Applikation die Datenquelle nicht selbst festlegt, sondern deren Auswahl dem Anwender überläßt, bietet der Treiber-Manager eine standardisierte Oberfläche für die Auswahl an, so daß der Anwendungsentwickler von der Implementierung dieser Funktionalität entlastet wird. Der ODBC-Treiber-Manager kann sowohl nach oben hin mehrere aktive Applikationen bedienen als auch nach unten hin mehrere datenbankspezifische Treiber verwalten.

4. Unterhalb des Treiber-Managers sind die *ODBC-Treiber* angesiedelt. Ihre Aufgabe ist die Konvertierung zwischen der Funktionalität der allgemeinen ODBC-Schnittstelle und derjenigen der datenbankspezifischen Schnittstelle. Allerdings muß der Umfang der in den ODBC-Treibern implementierten Funktionalität schon allein deshalb sehr unterschiedlich ausfallen, weil die ODBC-Spezifikation von Excel-Tabellen und Textdateien über PC-Datenbanken bis hin zu den großen Datenbanksystemen fast alles als Datenquelle zuläßt. Es liegt auf der Hand, daß ein Treiber für den Zugriff auf eine Oracle-Datenbank sich wegen der umfangreichen Funktionalität, die der Oracle Server bietet, auf die Konvertierung zwischen der allgemeinen und der Oracle-spezifischen Schnittstelle beschränken kann, während ein Treiber für den Zugriff auf eine Textdatei im Grunde selbst ein kleines Datenbankverwaltungssystem enthalten muß.

Sieht man von diesen Unterschieden einmal ab, lassen sich folgende Aufgaben als Kernbestand der Treiber-Funktionalität nennen:

- Aufbau und Verwaltung der Verbindung(en) zur Datenbank
- Umwandlung der SQL-Anweisungen zwischen der von der Applikation (z.B. Access) und der Zieldatenbank (z.B. Oracle) unterstützten Syntax
- Umwandlung der Daten zwischen den von der Applikation und den von der Zieldatenbank unterstützten Datentypen
- Bereitstellung eines Fehlerbehandlungsmechanismus, der es erlaubt, sowohl mit von ODBC definierten als auch mit datenbankspezifischen Fehlercodes zu operieren
- Bereitstellung datenbankunabhängiger Funktionen für die Abfrage von Informationen aus dem Data Dictionary (Katalog)
- Bereitstellung von Funktionen für die Abfrage der vom ODBC-Treiber unterstützten Funktionalität (s.u.)

5. Alles, was nun weiter folgt – die datenbankspezifische Schnittstelle, die Kommunikationssoftware, das Datenbankverwaltungssystem und die Datenbank selbst –, wird von ODBC unter dem Begriff *ODBC-Datenquelle* zusammengefaßt. Der Zugriff auf eine solche Datenquelle setzt voraus, daß zuvor einige einfache Konfigurationsschritte durchgeführt wurden (vgl. Kapitel 2), erfordert dann aber vom Anwender keinerlei Kenntnis der technischen Details mehr, sondern nur noch die Kenntnis des vom Administrator festgelegten Namens der Datenquelle (*Data Source Name*).

Die Bezeichnung »Datenquelle« gibt gelegentlich Anlaß zu dem Verdacht, ODBC ermögliche lediglich einen lesenden Zugriff auf die Daten. Dies trifft nicht zu. Es gibt zwar Fälle, in denen entweder der Charakter der Datenquelle oder bestimmte Merkmale der SQL-Anweisung die Zugriffsmöglichkeiten einschränken. Generell aber gilt, daß über die ODBC-Schnittstelle sowohl lesender als auch schreibender Zugriff auf die Datenquelle unterstützt wird.

1.2.2 Auswahl des ODBC-Treibers

Aus der ODBC-Architektur ergibt sich, daß derjenige, der mit einer nicht von Oracle entwickelten Client-Software auf eine Oracle-Datenbank zugreifen will und über die Client-Software und die Datenbank bereits verfügt, sich zusätzlich einen ODBC-Treiber beschaffen muß. Nun kann es nicht das Ziel dieses Abschnitts sein, die inzwischen recht zahlreichen, von den unterschiedlichsten Herstellern angebotenen ODBC-Treiber für den Zugriff auf Oracle-Datenbanken vorzustellen und miteinander zu vergleichen, um dann den Kauf des einen Treibers zu empfehlen oder vom Kauf des anderen abzuraten. Es ist aber möglich, auf einige Gesichtspunkte hinzuweisen, die beim Erwerb des ODBC-Treibers berücksichtigt werden sollten:

- Dies ist zunächst einmal der Umfang der von ihm unterstützten Funktionalität. Die ODBC-Spezifikation stellt selbst Kriterien bereit, die es dem Hersteller und dem Käufer eines Treibers ermöglichen sollen, sich schnell über dessen Funktionalität zu verständigen. Diese Kriterien werden im Abschnitt »Allgemeine Kriterien für die Leistungsfähigkeit von ODBC-Treibern« vorgestellt.

- Ein weiterer wichtiger Gesichtspunkt ist der Preis des ODBC-Treibers. Oracle stellt – wie fast alle anderen Datenbankhersteller auch – selbst einen Treiber für den Zugriff auf die eigene Datenbank zur Verfügung, der die grundlegenden Funktionalitäten beinhaltet und kostenlos an die Kunden abgegeben wird. Softwarehäuser, die sich auf die Erstellung von ODBC-Treibern spezialisiert haben, bieten Treiber mit umfangreicherer Funktionalität an, die aber nicht kostenlos sind. Der Abschnitt »Der Oracle-ODBC-Treiber« beschreibt die etwas verwirrende Entwicklung dieses Treibers.

▶ Schließlich unterscheiden sich die derzeit erhältlichen ODBC-Treiber für den Zugriff auf Oracle-Datenbanken im Hinblick auf ihre Software-Architektur. Die beiden grundsätzlichen Alternativen werden im Abschnitt »Architektur-Varianten« vorgestellt.

Allgemeine Kriterien für die Leistungsfähigkeit von ODBC-Treibern

Wie viele andere Standards auch, konfrontiert die ODBC-Spezifikation die Entwickler von Produkten, die auf dem Standard basieren – und das heißt hier: die Entwickler von ODBC-Treibern – nicht mit einem Alles-oder-Nichts-Prinzip, sondern definiert mehrere Stufen der Konformität zum Standard. Nun handelt es sich bei dem, was zwischen einer Applikation und einem ODBC-Treiber ausgetauscht wird, um zweierlei:

1. Zum einen sendet die Applikation, vermittelt durch den Treiber-Manager, *Funktionsaufrufe* an den Treiber. Da es angesichts der beträchtlichen Verschiedenheit der unterstützten Datenquellen nicht sehr sinnvoll gewesen wäre, von allen Treibern die Implementierung sämtlicher Funktionen zu verlangen, wurden die definierten Funktionen auf drei Stufen verteilt. Der Hersteller eines ODBC-Treibers gibt dann in der Dokumentation die Stufe der *Schnittstellen-* oder *API-Konformität* (*API Conformance Levels*) für seinen Treiber an. Folgende Stufen sind vorgesehen:

   ▶ Die *Kern-Stufe* (*Core Level*) umfaßt diejenigen Funktionen, die als unverzichtbar angesehen werden müssen. Dabei handelt es sich um die grundlegenden Funktionen für den Aufbau und die Verwaltung von Verbindungen, die Ausführung von statischen und dynamischen SQL-Anweisungen, die Transaktionsverwaltung und die Fehlerbehandlung.

   ▶ *Stufe 1* (*Level 1*) bietet erweiterte Funktionalität für den Verbindungsaufbau, Funktionen für die Übertragung langer Datenwerte (sogenannte BLOBs, bei Oracle die Datentypen LONG und LONG RAW), Funktionen für die Abfrage der von der Datenquelle unterstützten Datentypen sowie die für die Programmierung portabler Applikationen sehr wichtigen Funktionen für die Abfrage der vom Treiber unterstützten Funktionalität.

   ▶ *Stufe 2* (*Level 2*) schließlich enthält Funktionen zur Unterstützung von Vorwärts- und Rückwärtsbewegungen in Ergebnismengen (Scrollable Cursor), Abfragefunktionen für Data-Dictionary-Informationen (referentielle Integrität, Benutzerprivilegien, gespeicherte Prozeduren) und weitere spezielle Funktionalitäten.

2. Zum anderen sendet die Applikation *SQL-Anweisungen*. Da der ODBC-Treiber diese nicht einfach an die Datenquelle weitergibt, sondern zuvor überprüft, ob die Syntax, in der die Applikation die SQL-Anweisung formuliert hat, von der Datenquelle verstanden wird, und gegebenenfalls eine Syntax-Konvertierung durchführt, muß der Treiber die eintreffenden SQL-Anweisungen verstehen. Auch hier gilt wieder, daß es nicht sinnvoll wäre, von einem Treiber für den Zugriff auf eine Textdatei die

Unterstützung so komplexer SQL-Konstrukte wie Outer Joins oder Prozeduraufrufe zu fordern. Deshalb wurde auch der Umfang der zu unterstützenden SQL-Anweisungen, der im Prinzip demjenigen des SQL-92-Standards entspricht, in drei Stufen der *SQL-Konformität (SQL Conformance Levels* bzw. *Levels of Conformance to SQL Grammar)* unterteilt. Allerdings ist die Benennung der API- und der SQL-Konformitätsstufen nicht sonderlich konsistent ausgefallen.

- Die unterste Stufe heißt hier *Minimales SQL (Minimum SQL).* Sie beinhaltet die Unterstützung der Grundsyntax für Datenbankabfragen (SELECT) und Datenmanipulationen (INSERT, UPDATE, DELETE) sowie das Anlegen und Löschen einer Tabelle (CREATE TABLE, DROP TABLE). Die Unterstützung von Datentypen beschränkt sich auf Zeichenketten (CHAR, VARCHAR).

- Die Bezeichnung *Kern-SQL (Core SQL)* wird hier für die zweite Stufe verwendet. Das ist, wenn man es mit den API-Konformitätsstufen vergleicht, ein wenig verwirrend, soll aber wohl bedeuten, daß den Designern der ODBC-Spezifikation die Unterstützung des Core-API-Levels sowie des Core-SQL-Levels als Funktionsumfang eines typischen ODBC-Treibers vorschwebte. Dieser Stufe sind erweiterte DDL-Möglichkeiten (ALTER TABLE, Anlegen und Löschen von Indizes und Views, GRANT und REVOKE), in bezug auf Datenbankabfragen die Unterstützung von Unterabfragen und Gruppenfunktionen und im Hinblick auf Datentypen die Unterstützung zahlreicher numerischer Datentypen zugeordnet.

- Die dritte Stufe trägt den Namen *Erweitertes SQL (Extended SQL).* In ihr sind u.a. die Unterstützung von Outer Joins, Aufrufen gespeicherter Prozeduren und Funktionen (Stored Procedures, Stored Functions) sowie von Datums- und Zeit-Datentypen vorgesehen.

Bei der Bezugnahme auf die beschriebenen Konformitätsstufen müssen die Hersteller jeweils die höchste *vollständig* implementierte Stufe angeben. Sie können außerdem den Umfang der darüber hinausgehenden Funktionalität bezeichnen. Dafür sollen zwei Beispiele angeführt werden. Das erste ist der *DataDirect ODBC Drivers Help* zu Version 3.0 der ODBC-Treiber von INTERSOLV entnommen:

The DataDirect ODBC database drivers support the API functions described in the Microsoft ODBC specification.

All DataDirect ODBC database drivers support:

- ODBC 2.x conformance functions
- ODBC 3.0 conformance functions

The Oracle driver also supports SQLDescribeParam if EnableDescribeParam=1. If EnableScrollableCursors=1, the driver supports SQLSetPos and scrollable cursors with SQLFetchScroll and SQLExtendedFetch.

The Oracle driver supports the following X/Open level functions:

- *SQLProcedures*
- *SQLProcedureColumns*
- *SQLPrimaryKeys*
- *SQLForeignKeys*
- *SQLTablePrivileges*
- *SQLColumnPrivileges*

The Oracle driver supports the core SQL grammar.

Das zweite Beispiel stammt aus der Dokumentation zum ODBC-Treiber von Oracle (V2.0) selbst:

The Oracle7 32-bit ODBC driver has the following conformance levels:

ODBC Specifications: Level 2.5
API Conformance Level: Level 2
SQL Conformance Level: Core

Note: The Oracle7 32-bit ODBC driver also supports almost all of the grammar in the extended SQL conformance levels.

Diese Beispiele deuten an, daß der Bezug auf die von der ODBC-Spezifikation vorgesehenen Kategorien in den Dokumentationen der ODBC-Treiber nicht immer ausreicht, um dem potentiellen Kunden eine schnelle Antwort auf die Frage zu ermöglichen, ob der vorliegende ODBC-Treiber genau das kann, was die Applikation, mit der er zusammenarbeiten soll, verlangt. Das liegt daran, daß die Dokumentation zunächst eine Angabe der höchsten *vollständig* implementierten Konformitätsstufe liefert, sich daran aber meist eine mehr oder weniger lange Liste darüber hinausgehender *einzelner* Funktionen aus anderen Stufen anschließt. Ob das dann genau die benötigten Funktionen sind, stellt sich meist erst nach gründlichem Vergleich der Dokumentationen von Applikation bzw. Middlewareprodukt mit derjenigen des ODBC-Treibers und/oder intensives Testen heraus. Glücklicherweise bieten aber fast alle Hersteller inzwischen kostenlose Testversionen an, so daß der Test vor dem Kauf erfolgen kann.

Der Oracle-ODBC-Treiber

Die Geschichte des offiziellen ODBC-Treibers für den Zugriff auf Oracle-Datenbanken beginnt im Jahre 1993, also kurz nach der Veröffentlichung der ODBC-Spezifikation durch Microsoft. Im Auftrag von und in Zusammenarbeit mit Microsoft und Oracle entwickelte das Softwarehaus *PageAhead* einen ODBC-Treiber, der auf der Version 6.0 des ORACLE RDBMS basierte. Dieser Treiber wurde dann von Microsoft zusammen mit den Microsoft-Office-Produkten, Visual Basic usw. ausgeliefert und von Oracle über das Internet angeboten. Er war in jedem Fall kostenlos erhältlich.

Allerdings ließ dieser Treiber in technischer Hinsicht mancherlei zu wünschen übrig. Da aber eine Alternative zu PageAhead zur damaligen Zeit nicht in Sicht war, übernahm *Oracle* selbst die mit der Freigabe des Oracle7

ODBC und die ODBC-Treiber für den Zugriff auf Oracle-Datenbanken

Server fällig gewordene Entwicklung eines Treibers, der diese Version unterstützt. Dieser Treiber wurde 1994 freigegeben und den Kunden ebenfalls kostenlos angeboten. Vertrieb und Support lagen in der Hand von Oracle.

Nun hat sich allerdings Oracle nie als ODBC-Spezialist verstanden, sondern war, wie der Auftrag an PageAhead zeigt, von Anfang an daran interessiert, die Entwicklung und Pflege eines ODBC-Treibers an einen ODBC-Spezialisten zu übertragen. 1995 hatte Oracle den Eindruck, daß ein günstiger Zeitpunkt gekommen sei, um zu dieser Strategie zurückzukehren, denn einerseits stand nach der Freigabe von Windows 95 und der zunehmenden Akzeptanz von Windows NT die Entwicklung eines 32-Bit-Treibers auf der Tagesordnung, andererseits hatten sich inzwischen mehrere Softwarehäuser als Hersteller qualitativ hochwertiger ODBC-Treiber auf dem Markt etabliert. Oracle wählte die Firma *INTERSOLV* und schloß mit ihr einen Vetrag, der INTERSOLV die Weiterentwicklung des 16-Bit-Treibers, die Neu- und Weiterentwicklung eines 32-Bit-Treibers sowie den Support dieser Treiber übertrug. Im Gegenzug erklärte Oracle die Treiber von INTERSOLV zu den offiziellen Oracle-Treibern.

Indessen: Der angestrebte Ausstieg aus dem ODBC-Geschäft gelang Oracle wieder nicht. Der Grund dafür waren nicht technische Mängel der Treiber von INTERSOLV, sondern deren Preis. Beim Aushandeln des Vertrages hatte man offenbar übersehen, daß Oracle eine Firma ist, die es sich als Datenbank-Hersteller leisten kann, einen ODBC-Treiber »nebenbei« zu entwickeln und ihn dann kostenlos an die Kunden abzugeben, daß aber INTERSOLV eine Firma ist, die mit ODBC-Treibern ihr Geld verdient. Seit der Übergabe der Entwicklung an INTERSOLV kosteten ODBC-Treiber für den Zugriff auf Oracle-Datenbanken also Geld, und wenn der Betrag auch nicht gar zu groß war, so war er doch schmerzhaft für Kunden, die darüber nachdachten, mehrere hundert oder gar mehrere tausend Client-PCs mit ODBC-Treibern auszustatten, und die wußten, daß ein solcher Treiber vorher kostenlos gewesen war.

Diese Situation war für Oracle unhaltbar, und so entschloß man sich im Frühjahr 1996, Entwicklung, Pflege und Support von ODBC-Treibern für Windows 3.x, Windows 95 und Windows NT wieder selbst zu übernehmen.

> Dieser Treiber kann kostenlos vom öffentlich zugänglichen WebServer der Firma Oracle unter der Adresse
>
> http://www.oracle.com/
>
> heruntergeladen werden.

Architektur-Varianten

In Abschnitt 1.1.2 wurde bereits kurz darauf hingewiesen, daß die derzeit erhältlichen ODBC-Treiber auf zwei unterschiedlichen Architekturen basieren. Das wichtigste Unterscheidungsmerkmal zwischen beiden Architekturen besteht in der Zuordnung der zu leistenden Konvertierungsarbeit zu den beteiligten Rechnern: Die meisten ODBC-Treiber weisen die Aufgabe der Konvertierung zwischen den beteiligten Schnittstellen dem Client-Rechner zu. Sie sind ausschließlich Bestandteil der Client-Software (*Client-Side ODBC Drivers*), beschränken sich auf die Vermittlung zwischen der ODBC-Schnittstelle und der OCI/UPI-Schnittstelle, überlassen aber die Kommunikationsfunktionalität, die erforderlich ist, um den Oracle Server zu erreichen, den von Oracle gelieferten Netzwerkprodukten (SQL*Net und Protokolladapter).

Abbildung 1.4: Client-basierte ODBC-Treiber

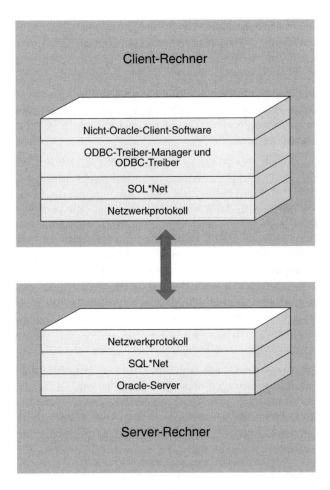

Daneben gibt es aber auch ODBC-Treiber, die die Konvertierungsfunktionalität auf die Server-Seite verlagern (*Server-based ODBC Middleware*). Der Client-Rechner wird nach diesem Modell nur mit einem *generischen ODBC-Treiber* ausgestattet, der die allgemeinen ODBC-Funktionsaufrufe nicht in datenbankspezifische umsetzt und auch keine datenbankspezifische Kommunikationssoftware benötigt, sondern diese allgemeinen Funktionsaufrufe direkt über ein Netzwerkprotokoll – in der Regel TCP/IP – an den Server-

Rechner weitergibt, wo sie von einem eigenen Prozeß in Empfang genommen und an einen Server-Prozeß weitergegeben werden. Dieser Hilfsprozeß, dessen Funktionalität im server-basierten Teil der ODBC-Software implementiert sein muß, wäre nach der Oracle-Terminologie als *Agent* zu bezeichnen: Er nimmt einerseits Aufträge von einem Client-Prozeß entgegen, fungiert dann aber selbst als Client-Prozeß, der die Umsetzung der allgemeinen ODBC-Funktion in ihr herstellerspezifisches Äquivalent durchführt und sich über die datenbankspezifische Kommunikationssoftware mit dem Server-Prozeß in Verbindung setzt. Für diese zweite Verbindung wird selbstverständlich kein Netzwerkprotokoll, sondern lediglich ein Interprozeßkommunikationsmechanismus benötigt.

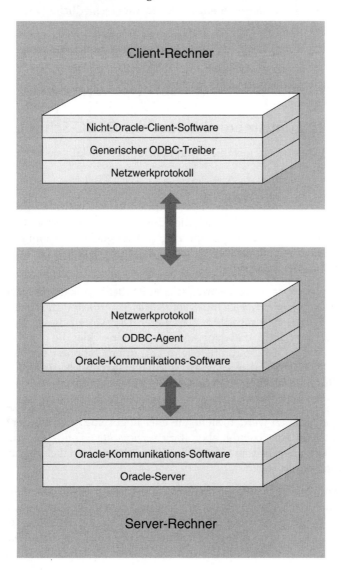

*Abbildung 1.5:
Generischer ODBC-Treiber und server-basierte ODBC-Middleware*

Der wichtigste Vorteil client-basierter ODBC-Treiber ist ihre einfache Installation und Konfiguration. Server-basierte ODBC-Middleware ist in dieser Hinsicht wesentlich anspruchsvoller, da zusätzlich zu den Client-Installationen noch Server-Installationen vorzunehmen und die Agent-Prozesse zu konfigurieren sowie zu administrieren sind. Der wichtigste Vorteil der zweiten Architektur-Variante aber ist die generische Client-Software, denn diese muß auch dann nur einmal installiert werden, wenn der Client über die ODBC-Schnittstelle auf Datenbanken unterschiedlicher Hersteller zugreifen soll, während in diesem Fall bei Verwendung ausschließlich client-basierter Treiber jeder Client-Rechner mit mehreren ODBC-Treibern ausgestattet werden muß. Server-basierte ODBC-Middleware eignet sich deshalb in erster Linie für größere Unternehmen, in denen unterschiedliche Datenbanksysteme eingesetzt werden.

> Server-basierte ODBC-Middleware wird derzeit u.a. von INTERSOLV und OpenLink angeboten. Der von Oracle selbst angebotene ODBC-Treiber ist ein ausschließlich client-basierter Treiber.

1.2.3 Nutzungsmöglichkeiten der ODBC-Schnittstelle

Ist die ODBC-Software installiert und konfiguriert, so läßt sie sich in dreierlei Weisen nutzen:

1. Die einfachste Nutzungsmöglichkeit besteht darin, mit ODBC-fähiger *Standardsoftware* zu arbeiten. Dies erfordert keine Kenntnisse der ODBC-Schnittstelle, sondern lediglich die Fähigkeit zur Installation der ODBC-Software und zur Konfiguration von Datenquellen, in einigen Fällen auch grundlegende Kenntnisse über die internen Vorgänge und die Restriktionen beim Zugriff.

2. Die schwierigste Nutzungsmöglichkeit ist die Applikationsentwicklung mit *Direktzugriff auf die ODBC-Schnittstelle*. Sie erfordert die Kenntnis der ODBC-Funktionen und ihrer Parameter. Der Vorteil dieser Nutzungsweise besteht darin, daß dem Applikationsentwickler die gesamte Funktionalität der ODBC-Schnittstelle mit all ihren Optionen zur Verfügung steht. Als Nachteil aber ist, wie in solchen Fällen üblich, die sehr aufwendige Programmierung zu nennen.

3. Werkzeuge für die Applikationsentwicklung, wie sie von PC-Arbeitsgruppen genutzt werden, stellen in aller Regel eine zwar auf der ODBC-Schnittstelle aufsetzende, aber stark *vereinfachte Schnittstelle* zur Verfügung. Oft, aber nicht in allen Fällen, handelt es sich dabei um objektorientierte Schnittstellen.

Die Nutzung von Standardsoftware für den Zugriff auf Daten in einer Oracle-Datenbank ohne jegliche Applikationsentwicklung setzt im wesentlichen die Kenntnis der Standardsoftware selbst voraus. Diese darzustellen, ist nicht Aufgabe des vorliegenden Buches. Dennoch werden in Kapitel 2 einige Beispiele gegeben, von denen anzunehmen ist, daß sie für die meisten

Leser von Interesse sind. Die Applikationsentwicklung mit direktem Zugriff auf die ODBC-Schnittstelle würde ein eigenes Buch erfordern und wird auch in PC-Arbeitsgruppen nur sehr selten angewandt. Sie wird deshalb in diesem Buch gänzlich beiseitegelassen. Der Schwerpunkt der Darstellung in den folgenden Kapiteln liegt also auf der Applikationsentwicklung mit Werkzeugen, die vereinfachte Schnittstellen anbieten (Kapitel 3 und 4).

1.3 OLE2 und Oracle Objects for OLE

1.3.1 Grundlagen

Warum Oracle Objects for OLE?

Wenn als Reaktion auf die Existenz zahlreicher hersteller- und datenbankspezifischer Programmierschnittstellen und die daraus resultierenden Schwierigkeiten bei der Entwicklung portabler Applikationen das Bedürfnis nach einer offenen und datenbankunabhängigen Programmierschnittstelle entsteht, so ist dieser Vorgang wohl leicht nachvollziehbar. Wenn aber zu einer Zeit, zu der mit ODBC eine offene Schnittstelle bereits existiert, ein Hersteller (Oracle) ein proprietäres, nur für den Zugriff auf eine Datenbank geeignetes Middlewareprodukt (Oracle Objects for OLE) entwickelt und auf den Markt bringt, ist die Frage nach der Intention des Produktes nicht so leicht zu beantworten.

Es sind vor allem zwei Argumente, die sich gegen die Behauptung vorbringen lassen, die Existenz der ODBC-Schnittstelle und der auf ihr aufsetzenden vereinfachten Schnittstellen löse das Problem des Zugriffs beliebiger Applikationen auf beliebige Datenbanken generell und damit auch für den speziellen Fall der Oracle-Datenbanken:

1. Wie im vorangehenden Abschnitt gezeigt wurde, nutzen die meisten Anwender von Microsoft-Produkten nicht die ODBC-Schnittstelle selbst, sondern darauf aufsetzende, vereinfachte Schnittstellen. Neben der bereits erwähnten Verschiedenheit haben diese Schnittstellen den Nachteil, daß sie hauptsächlich für den *Zugriff auf lokale PC-Datenbanken* entwickelt wurden, den Zugriff auf Datenbank-Server wie Oracle aber nur halbherzig unterstützen. Das gilt insbesondere für die von den meisten Produkten unterstützte und daher auch am häufigsten genutzte Schnittstelle Data Access Objects. Es ist diese Schnittstelle, die zu der im vorangegangenen Abschnitt erwähnten Meinung, ODBC sei für den Zugriff auf Oracle-Datenbanken nicht geeignet, Anlaß gab. Außerdem ist festzustellen, daß, im Unterschied zur ODBC-Schnittstelle selbst, die Data Access Objects trotz aller von Microsoft während der vergangenen Jahre vorgenommenen Verbesserungen im Detail einige grundlegende Unzulänglichkeiten aufweisen, durch die sie für den Einsatz in Client/Server-Applikationen nur sehr bedingt tauglich sind (vgl. Kapitel 4).

2. Microsoft hat diese Einschätzung durch die Einführung der Remote Data Objects in Visual Basic 4.0 im Grunde selbst bestätigt. Diese neue Schnittstelle stellt zwar einen beträchtlichen Fortschritt gegenüber den Data Access Objects dar, demonstriert aber zugleich ein weiteres Problem. Zum Zeitpunkt, zu dem dieses Buch geschrieben wird, unterstützen nämlich nur wenige ODBC-Treiber für den Zugriff auf Oracle-Datenbanken die von den Remote Data Objects geforderte Funktionalität. Diese *Abhängigkeit vom Leistungsumfang des ODBC-Treibers* ist der Schwachpunkt des gesamten ODBC-Konzeptes, denn die schönste Programmierschnittstelle nützt nichts, wenn sie, in Ermangelung eines hinlänglich leistungsfähigen ODBC-Treibers, nicht eingesetzt werden kann.

Diese Unzulänglichkeiten der existierenden Schnittstellen haben Oracle dazu veranlaßt, über ein Middlewareprodukt nachzudenken, das eine bessere Nutzung der vom Oracle Server gebotenen Funktionalität gestattet. Dabei kam es Oracle zugute, daß Microsoft mit OLE2 eine Schnittstellendefinition geschaffen hat, die objektorientiert ist, 32-Bit-Unterstützung bietet und den Zugriff auf beliebige Objekte gestattet. Eine Entscheidung für die OLE2-Schnittstelle bot Oracle demnach die Möglichkeit, die Entwicklung einer proprietären Schnittstelle ebenso zu vermeiden wie die Notwendigkeit, andere Hersteller zur Unterstützung dieser Schnittstelle zu überreden. Da Microsoft selbst die Unterstützung von OLE2 propagiert, kann sich Oracle darauf beschränken, abzuwarten und zuzuschauen, wie im Laufe der Zeit immer mehr Applikationen OLE2 und damit auch das eigene Middlewareprodukt unterstützen.

Allerdings kann OLE2 allein die existierenden Schnittstellen für den Datenbankzugriff nicht ersetzen, denn es handelt sich um eine Schnittstelle, die den Zugang zu *beliebigen* Objekten ermöglicht, aber selbst keine Objekte, Eigenschaften und Methoden definiert. Oracle stand also vor der Aufgabe, ein Objektmodell zu entwerfen. Die Schwierigkeit dieser Aufgabe bestand darin, daß ein proprietäres Objektmodell weit hinter das von ODBC Erreichte zurückgefallen wäre, ein standardisiertes Objektmodell, an das man sich hätte halten können, aber nicht existiert. In dieser Situation hat sich Oracle dafür entschieden, das eigene Objektmodell so weit wie möglich an demjenigen der am weitesten verbreiteten und den meisten Entwicklern vertrauten Schnittstelle, d.h. an demjenigen der Data Access Objects, zu orientieren, aber überall da Modifikationen und Ergänzungen vorzunehmen, wo dies erforderlich ist, um die Oracle-Server-Funktionalität voll ausschöpfen zu können.

Die Orientierung der *Oracle Objects for OLE (OO4O)* an den Data Access Objects betrifft freilich nur die Schnittstelle. Sie soll dazu dienen, Entwicklern, die mit den Data Access Objects vertraut sind, die Portierung existierender und die Entwicklung neuer Applikationen zu erleichtern. Unterhalb der Schnittstelle ist keiner der von Microsoft bei der Implementierung der Data Access Objects verwendeten Mechanismen zu finden. Insbesondere basiert Oracle Objects for OLE nicht auf der ODBC-Schnittstelle, sondern direkt auf dem OCI. Der Vorteil dieser Entscheidung besteht darin, daß die OO4O-

Software in sich bereits vollständig und nicht von der Leistungsfähigkeit zusätzlicher Software-Komponenten (ODBC-Treiber) abhängig ist. Der Nachteil – so jedenfalls sehen es die Entwickler, die die von OO4O gebotenen Möglichkeiten schätzen gelernt haben – besteht darin, daß dieses Middlewareprodukt nur für den Zugriff auf Oracle-Datenbanken eingesetzt werden kann.

Das OLE2-Konzept

OLE2 ist nicht so sehr eine Programmierschnittstelle im herkömmlichen Sinn als vielmehr ein sehr komplexer und sehr komfortabler Mechanismus für die Kommunikation zwischen Prozessen (*InterProcess Communication*). Da die Betrachtung von OLE2 selbst hier nur in dem Maße von Interesse ist, in dem sie dazu dient, Oracle Objects for OLE und seine Einsatzmöglichkeiten besser zu verstehen, kann das Konzept stark verallgemeinert und in folgenden Hauptkomponenten zusammengefaßt werden:

- Basis der gesamten Architektur ist das *Component Object Model (COM)*. Als Dokument beschreibt es die Mechanismen, die es zwei Applikationen ermöglichen, über eine objektorientierte Schnittstelle miteinander zu kommunizieren. Als von Microsoft gelieferte Software (`COMPOBJ.DLL`) bildet es die Grundlage für die Entwicklung von Software auf OLE2-Basis.

- Eine wichtige Motivation für die Entwicklung von OLE und OLE2 war für Microsoft das Bestreben, das Erstellen und Bearbeiten von Dokumenten mit verschiedenen Applikationen (*Compound Documents*) zu unterstützen. Ein Dokument soll nicht entweder Word-Dokument oder Excel-Spreadsheet sein müssen, sondern sich aus beiden zusammensetzen können. Um dieses Ziel erreichen zu können, sind weitere Grundlagentechniken erforderlich, die es den beteiligten Applikationen ermöglichen, ihre jeweiligen Arbeitsergebnisse als Teildokumente innerhalb einer gemeinsamen Datei (*Compound File*) abzuspeichern, sowie Daten und Nachrichten untereinander auszutauschen.

- Die in den Applikationen auf dieser Basis implementierten Techniken: das statische Einbetten (*Object Embedding*) und das dynamische Einbinden (*Object Linking*) solcher – als Objekte aufgefaßten – Teildokumente sind inzwischen wohl nahezu jedem Windows-Anwender vertraut. Sie waren für Microsoft zumindest in der ersten OLE-Version so zentral, daß sie dem gesamten Konzept den Namen gaben: *Object Linking and Embedding*.

- Die interaktive Bearbeitung solcher aus mehreren Teildokumenten zusammengesetzten Dokumente wird möglich durch das ebenfalls jedem Windows-Anwender geläufige Prinzip des *Visual Editing* bzw. der *In-Place Activation*: Durch Doppelklick auf ein in einem Word-Dokument enthaltenes Excel-Diagramm verwandelt sich die Arbeitsumgebung, so daß sie nun nicht mehr die Fenster und Symbolleisten von Word, sondern diejenigen von Excel zeigt. Indem der Anwender das Objekt Excel-Diagramm innerhalb des Desamtdokuments aktiviert, verschafft er sich

- Was das Visual Editing dem interaktiven Benutzer ermöglicht, soll die *OLE Automation* anderen Applikationen ermöglichen. Hier geht es also nicht um einen interaktiven, sondern um einen programmgesteuerten Zugriff auf Eigenschaften und Methoden eines Objekts. Das Prinzip der OLE Automation besagt, daß eine Applikation, die fähig ist, als *OLE Automation Server* zu fungieren, Objekte sowie deren Eigenschaften und Methoden so zur Verfügung stellt, daß auf diese von anderen, als *OLE Automation Controller* bezeichneten Applikationen zugegriffen werden kann. Auf diese Weise ist es möglich, eine Excel-Tabelle oder ein Word-Dokument von einem Visual-Basic-Programm aus zu manipulieren.

  Ein OLE Automation Server kann als *In-Process Server* oder als *Out-of-Process Server* realisiert sein. Im ersten Fall besteht die Software aus einer Dynamic Link Library (DLL). Die darin implementierte Funktionalität wird vom OLE Automation Controller und innerhalb seines Adreßraumes ausgeführt. Im zweiten Fall handelt es sich um ein ausführbares Programm (EXE), dessen Funktionalität folglich in einem eigenen Prozeß mit einem eigenen Adreßraum abgearbeitet wird.

- Als letzte Hauptkomponente des OLE2-Konzeptes sind schließlich die *OLE Controls* zu nennen. Das *OLE Control (OCX)* ist der 32-Bit-Nachfolger des auf einer 16-Bit-Technologie basierenden *Visual Basic Custom Control (VBX)*. Es stellt sich im wesentlichen als In-Process Server dar, erfordert jedoch eine besondere Berücksichtigung innerhalb des Konzepts, weil es, im Gegensatz zu den bisher erörterten OLE Automation Servern, nicht nur Eigenschaften und Methoden, sondern auch Ereignisse – wie z.B. das Klicken des Benutzers auf das im Formular sichtbare Objekt – kennt, auf die es reagieren muß.

1.3.2 Architektur und Nutzungsmöglichkeiten von Oracle Objects for OLE

Nach dieser Klärung der OLE2-Konzepte läßt sich feststellen: Oracle Objects for OLE basiert auf der OLE Automation. Den Kern des Produktes bildet der *Oracle Object Server*, ein OLE Automation Server, der als In-Process Server implementiert ist. Er definiert die für den Zugriff auf Oracle-Datenbanken relevanten Objekte sowie ihre Eigenschaften und Methoden und stellt diese für den Zugriff durch andere Applikationen zur Verfügung. Im Hinblick auf die Nutzungsmöglichkeiten bedeutet das, daß jede Applikation, die fähig ist, OLE Automation Controller zu sein, den Oracle Object Server ansprechen und die von ihm bereitgestellten Objekte nutzen kann. Wichtig für die Einschätzung der Einsatzmöglichkeiten ist aber, daß nicht jede beliebige Unterstützung von OLE Automation hinreicht, sondern die Fähigkeit, OLE Automation Controller zu sein, notwendig ist.

OLE2 und Oracle Objects for OLE

Diese generelle Nutzungsmöglichkeit wird durch zwei weitere Softwarekomponenten ergänzt. Dabei handelt sich zum einen um das *Oracle Data Control*, das in Version 1 als Visual Basic Costom Control (VBX), in Version 2 als OLE Control (OCX) enthalten ist. Es ist primär für die Applikationsentwicklung mit Visual Basic entwickelt worden, kann jedoch auch von allen anderen Werkzeugen genutzt werden, die die Einbindung von OLE Controls unterstützen.

Zum anderen sind im Lieferumfang von Oracle Objects for OLE *Klassenbibliotheken* für die Programmierung mit C++ enthalten. Unterstützt werden derzeit Microsoft Visual C++ und Borland C++.

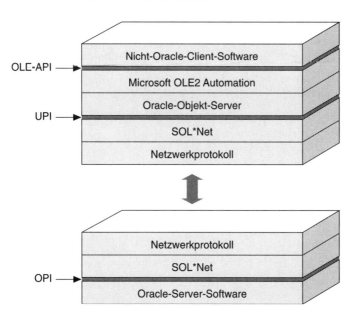

*Abbildung 1.6:
Softwarestruktur
von Oracle Objects
for OLE*

Oracle Objects for OLE verlangt keine vorbereitenden Konfigurationstätigkeiten, die der Konfiguration von ODBC-Datenquellen entsprechen würden. Allerdings ist es in den meisten Fällen erforderlich, die Dynamic Link Library, in der der Oracle Object Server implementiert ist, und/oder das Oracle Data Control in die Entwicklungsumgebung einzubinden. Dieser Vorgang wird in Kapitel 3 genauer beschrieben.

2 Nutzung der ODBC-Schnittstelle mit Standard-Software

2.1 Konfiguration von ODBC-Datenquellen 57
2.2 Zugriff auf ODBC-Datenquellen mit
    Standard-Software 63

2.1 Konfiguration von ODBC-Datenquellen

2.1.1 Das ODBC-Administrator-Programm

In Kapitel 1 wurde bereits erwähnt, daß der Zugriff auf eine ODBC-Datenquelle über einen Aliasnamen erfolgt und daß dieser Aliasname vor dem ersten Zugriff bekanntgemacht werden muß. Deshalb gehört zur ODBC-Spezifikation und zu der Software, die von Microsoft an Entwickler von ODBC-Treibern weitergegeben wird, ein als ODBC-Administrator-Programm (*ODBC Administrator*) bezeichnetes Werkzeug, mit dem die Konfiguration von Datenquellen vorgenommen werden kann. Da es sich um einen Bestandteil der ODBC-Spezifikation handelt, ist das Werkzeug im Prinzip für alle Treiber identisch. Jedoch gibt es zwei Varianten:

Die erste und ältere Variante stellt der Administrator für Datenquellen dar, auf die über 16-Bit-Treiber zugegriffen wird. Er ist sowohl als eigenständiges, über das nebenstehend abgebildete Icon zu startendes Programm (ODBCADM.EXE) als auch als von Applikationen aus aktivierbare Dynamic Link Library (ODBCINST.DLL) verfügbar. Beide Dateien befinden sich in der Regel im Verzeichnis C:\WINDOWS\SYSTEM oder dem äquivalenten Verzeichnis. Jedoch liefern manche Hersteller – wie etwa INTERSOLV – zu ihrer ODBC-Software Installationsprogramme, die es erlauben, ein davon abweichendes Verzeichnis als Standort der ODBC-Software festzulegen.

Die zweite und neuere Variante bildet der Administrator für Datenquellen, auf die über 32-Bit-Treiber zugegriffen wird. Er existiert ebenfalls als selbständig zu startendes Programm (ODBCAD32.EXE) und auch als DLL. Die Dateien befinden sich im Verzeichnis C:\WIN95\SYSTEM, C:\WINNT35\SYSTEM32 oder einem äquivalenten Verzeichnis, sofern die Installationsprozedur nicht die Wahl eines anderen Verzeichnisses zuläßt.

Angst davor, daß dieses Werkzeug auf dem eigenen PC fehlt, brauchen Sie nicht zu haben. Ganz im Gegenteil: Immer, wenn ein ODBC-Treiber installiert wird, wird es mitinstalliert und als Icon in diesem oder jenem Fenster abgelegt, so daß man nach einiger Zeit stolzer Besitzer einer ganzen Sammlung derartiger Icons ist. Drei Arten von Standorten kommen in Betracht:

- Microsoft-Applikationen legen, falls der Anwender sich dafür entscheidet, im Lieferumfang enthaltene ODBC-Treiber zu installieren, ein Icon für das ODBC-Administrator-Programm – bzw. zwei, sofern sowohl der 16-Bit- als auch der 32-Bit-Administrator installiert werden – im Fenster *Systemsteuerung* an.

- Werden ODBC-Treiber unabhängig von der Client-Software installiert, so baut die Installationsprozedur in der Regel eine eigene Programmgruppe auf, die auch ein Icon für das ODBC-Administrator-Programm enthält. Wer also sowohl den 16-Bit-Treiber von Oracle als auch den

32-Bit-Treiber von INTERSOLV auf seinem Windows-95- oder Windows-NT-PC installiert hat, der wird ein Icon für den 16-Bit-Administrator in der Programmgruppe *Oracle7 ODBC* und ein Icon für den 32-Bit-Administrator in der Programmgruppe *DataDirect ODBC Driver Pack* finden.

▷ Wer sich schließlich Sekundärliteratur über ODBC besorgt und eventuell mitgelieferte Beispielprogramme installiert, der wird dadurch ebenfalls für Zuwachs unter seinen ODBC-Administrator-Icons sorgen. Dies ist z.B. der Fall, wenn man die Beispielprogramme installiert, die dem mit Gewinn zu lesenden, leider jedoch miserabel ins Deutsche übersetzten Buch *Inside ODBC* von Kyle Geiger[1] beigegeben wurden. Der ODBC-Administrator taucht dann in einer Programmgruppe auf, die den Titel des Buches trägt.

2.1.2 Konfiguration einer Datenquelle

Nach dem Starten des ODBC-Administrator-Programms erscheint ein Fenster, das etwa so aussieht, wie das in der nachstehenden Abbildung dargestellte. Die Abbildung zeigt die 32-Bit-Version der ODBC-Version 2.5. Bei dem Administrator-Programm der ODBC-Version 3.0 sind einige Buttons durch Karteikarten ersetzt worden (vgl. Kapitel 4, Abbildung 4.2). Bei demjenigen der 16-Bit-Version fehlt der Button mit der Aufschrift *System DSN*. Darüber hinaus ist es möglich, daß die Buttons nicht deutsch, sondern englisch beschriftet sind.

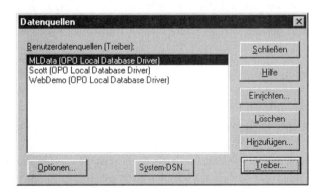

Abbildung 2.1: Das Datenquellenfenster des ODBC-Administrator-Programms

Den größten Teil des Fensters nimmt eine Liste der bereits konfigurierten Datenquellen ein. Diese Liste kann leer sein, sofern noch keine Datenquelle eingerichtet wurde. Im Beispiel sind jedoch die Namen von drei bereits eingerichteten Datenquellen mit den zugeordneten ODBC-Treibern (in Klammern) zu sehen. Es handelt sich dabei um Oracle-Lite-Datenbanken, die zusammen mit Oracle Power Objects ausgeliefert werden.

---

1. Kyle Geiger, Inside ODBC. Der Entwicklerleitfaden zum Industriestandard für Datenbank-Schnittstellen, Microsoft Press (1995)

Bei dem Administrator-Programm für 16-Bit-Treiber lautet die Überschrift der Liste lediglich *Datenquellen*, während sie bei der Version für 32-Bit-Treiber, wie im Beispiel zu sehen, die Überschrift *Benutzerdatenquellen* trägt. Dieser Unterschied hängt damit zusammen, daß die 32-Bit-Betriebssysteme Windows 95 und Windows NT persönliche Benutzerprofile unterstützen, die das 16-Bit-Betriebssystem Windows 3.1x nicht kennt. Unter Windows 95 und Windows NT kann man deshalb eine Datenquelle entweder als persönliche Datenquelle (*User Data Source*) einrichten, die nur für diesen einen Benutzer zur Verfügung steht, oder auch als systemweite Datenquelle (*System Data Source*), die für alle an diesem Rechner arbeitenden Benutzer verfügbar ist. Unter Windows 3.x dagegen sind alle Datenquellen notwendigerweise systemweit verfügbar.

Mit den acht Buttons lassen sich folgende Aktionen durchführen:

Schließen (*Close*)	Schließen des Fensters und Beenden des Programms.
Hilfe (*Help*)	Anzeigen eines Hilfe-Bildschirms, der Erläuterungen zu den acht Buttons gibt.
Einrichten (*Setup*)	Prüfen oder Ändern der Konfiguration für eine bereits eingerichtete Datenquelle, die zuvor aus der Liste ausgewählt worden sein muß.
Löschen (*Delete*)	Löschen einer bereits eingerichteten Datenquelle.
Hinzufügen (*Add*)	Hinzufügen einer neuen (für Windows 95 und Windows NT: persönlichen) Datenquelle.
Treiber (*Drivers*)	Anzeigen einer Liste der installierten ODBC-Treiber. Die 32-Bit-Version listet nur die 32-Bit-Treiber, die 16-Bit-Version dagegen alle Treiber auf.
System-DSN (*System DSN*)	Hinzufügen einer neuen systemweiten Datenquelle. Die Abkürzung DSN steht für *Data Source Name*.
Optionen (*Options*)	Blendet ein weiteres Fenster auf, in dem das Tracing aktiviert werden kann. Dieses führt dazu, daß die aufgerufenen ODBC-Funktionen in einer Datei mitprotokolliert werden.

Im weiteren Verlauf soll nun das Einrichten einer persönlichen Datenquelle unter Windows 95 beschrieben werden. Nach dem Klick auf den Button mit der Aufschrift *Hinzufügen...* wird ein neues Fenster aufgeblendet, das die Liste aller verfügbaren ODBC-Treiber anzeigt und zur Auswahl auffordert. Es ist dies übrigens das gleiche Fenster, das auch durch den Button mit der Aufschrift *Treiber...* angezeigt wird:

Abbildung 2.2:
Auswahl eines
ODBC-Treibers

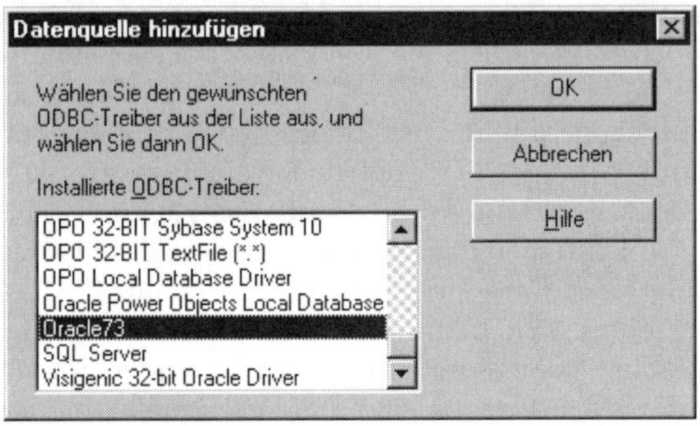

Nach der Auswahl des 32-Bit-Treibers von Oracle wird ein weiteres Fenster aufgeblendet, in dem die Eingabe der Konfigurationsdaten erfolgt:

Abbildung 2.3:
Eingabe der
Konfigurationsdaten

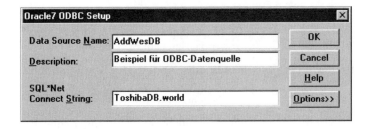

Die genaue Gestaltung des nachfolgend aufgeblendeten Fensters hängt vom verwendeten ODBC-Treiber ab. Der von Oracle implementierte Treiber fordert nur zwei Eingaben und läßt eine weitere, optionale zu:

Data Source Name	Der Name, unter dem Applikationen die Datenquelle später ansprechen können. Dieser Name kann frei gewählt werden. Er sollte jedoch sprechend und muß eindeutig sein.
Description	Kommentarfeld, in dem die Bedeutung des Datenbanknamens erläutert werden kann.
*SQL*Net Connect String*	Netzwerkadresse (TNS-Aliasname), unter der die Datenbank im Netzwerk erreicht werden kann[2]. Beim Zugriff auf eine lokale Datenbank (z.B. Personal Oracle) muß der Eintrag 2:<ORACLE_SID>, bei Verwendung der Default-Datenbank also 2:ORCL lauten.

Andere Treiber, wie etwa diejenigen von INTERSOLV, bieten weitere Felder für Eintragungen an, die jedoch ebenfalls optional sind.

---

[2]. Es wird hier vorausgesetzt, daß Sie SQL*Net V2 verwenden. Eine kurze Einführung in die Konfiguration von SQL*Net V2 ist in Anhang D zu finden.

Konfiguration von ODBC-Datenquellen

Der Button mit der Aufschrift *Options>>* aktiviert ein weiteres Fenster, in dem festgelegt werden kann, welche DLL eine gegebenenfalls notwendige Konvertierung zwischen den in der Datenbank einerseits und in der Applikation andererseits verwendeten Zeichensätzen durchführen soll. In der Regel ist hier allerdings keine Festlegung erforderlich, da die von Oracle bereitgestellten Mechanismen für die Unterstützung verschiedener Sprachen und Zeichensätze (*National Language Support*) die Zeichensatzkonvertierung bereits von sich aus durchführen, sofern sie korrekt konfiguriert sind.

Der in den voranstehenden Abbildungen sichtbare Wechsel der Sprache ist übrigens darauf zurückzuführen, daß die Fenster, die die definierten Datenquellen und die installierten ODBC-Treiber auflisten, vom Treiber-Manager verwaltet werden, das Fenster, in dem die individuelle Datenquelle konfiguriert wird, dagegen vom Treiber. Im vorliegenden Fall wurde der Treiber Manager in der deutschen, der Treiber dagegen – in Ermangelung einer deutschen Version – in der englischen Fassung installiert.

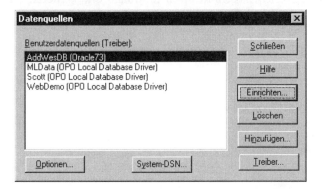

Abbildung 2.4: Anzeige der neu konfigurierten Datenquelle im Datenquellenfenster

Nach dem Füllen aller relevanten Felder gelangt man durch den *OK*-Button wieder zurück in das Ausgangsfenster (*Datenquellen*). Dieses hat sich insofern verändert, als die soeben eingerichtete Datenquelle (im Beispiel: *AddWesDB*) nun zusammen mit dem zuständigen Treiber in der Liste der bekannten ODBC-Datenquellen aufgeführt ist.

2.1.3 Die Speicherung der Konfigurationsdaten

Für Leser, die nicht nur möglichst schnell zum Ziel kommen, sondern auch die Hintergründe kennenlernen wollen, soll noch gezeigt werden, in welcher Weise die beim Einrichten von ODBC-Datenquellen eingegebenen Informationen abgespeichert werden. Dabei muß man unterscheiden zwischen Windows 3.1x (16-Bit-Administrator) einerseits und Windows 95 sowie Windows NT (32-Bit-Administrator) andererseits.

Das ODBC-Administrator-Programm für Windows 3.1x legt die Informationen über konfigurierte Datenquellen in einer Datei mit dem Namen `ODBC.INI` ab. Sie ist im Windows-Verzeichnis (z.B. `C:\WINDOWS`) zu finden. Da es sich um eine Textdatei handelt, kann sie mit jedem beliebigen Editor gelesen werden. Prinzipiell ließe sie sich auch mit einem Editor bearbeiten, doch ist von diesem Verfahren abzuraten, da manuelle Eingriffe leicht zerstörerisch sein können.

Die Struktur der Datei ODBC.INI läßt sich leicht verstehen, wenn man sich noch einmal an die Vorgehensweise beim Arbeiten mit dem ODBC-Administrator-Programm erinnert: Nach dem Start erscheint zunächst das Datenquellenfenster mit einer Liste der konfigurierten Datenquellen. Die Informationen, die hier angezeigt werden, entnimmt das ODBC-Administrator-Programm einem Abschnitt (*Section*) der Datei ODBC.INI, der die Überschrift [ODBC Data Sources] trägt. Wählt man nun eine der angezeigten Datenquellen aus und drückt auf den Button mit der Aufschrift *Installieren...*, wird ein zweites Fenster mit den Konfigurationsdetails aufgeblendet. Diesem Detail-Fenster entspricht in der Datei ODBC.INI ein Abschnitt mit der Überschrift [<datenquellenname>]. Die ODBC-Initialisierungsdatei besteht demnach aus einem Übersichtsabschnitt mit *n* Einträgen und weiteren *n* Detail-Abschnitten. Das folgende Beispiel zeigt einen Auszug aus einer solchen Initialisierungsdatei.

```
[ODBC Data Sources]
MS Access 2.0-Datenbanken=Access 2.0 für MS Office (*.mdb)
ExampleDB 16Bit=Oracle71

[MS Access 2.0-Datenbanken]
Driver=C:\WINDOWS\SYSTEM\ODBCJT16.DLL
DefaultDir=C:\MSACCESS
JetIniPath=MSACC20.INI
UID=Admin

[ExampleDB]
Driver=C:\WINDOWS\SYSTEM\sqora71.dll
Description=Oracle-Datenbank auf WinNT-Server
Server=ntdb_v2
userID=Scott
ODBCDatabase=ntdb_v2
LastUser=System
```

Windows 95 und Windows NT arbeiten nicht mit derartigen Textdateien, sondern mit einer Registrierungsdatenbank (*Registry*), deren Inhalt über den Registrierungseditor zugänglich ist. Die ODBC-Konfigurationsinformationen befinden sich hier unter dem Schlüsselbegriff HKEY_CURRENT_USER, sofern es sich um benutzerspezifische Datenquellen handelt, während systemweite Datenquellen unter HKEY_LOCAL_MACHINE eingetragen werden. Über die Unterbegriffe Software und ODBC gelangt man jeweils zum Eintrag ODBC.INI. Die Konfigurationsdaten sind auch hier in mehrere Abschnitte gegliedert, deren Struktur vollständig der soeben für Windows 3.1x beschriebenen entspricht.

Abbildung 2.5 zeigt die Einträge, die als Folge der im vorangehenden Abschnitt beschriebenen Konfiguration einer persönlichen ODBC-Datenquelle mit dem Datenquellennamen *AddWesDB* vorgenommen wurden.

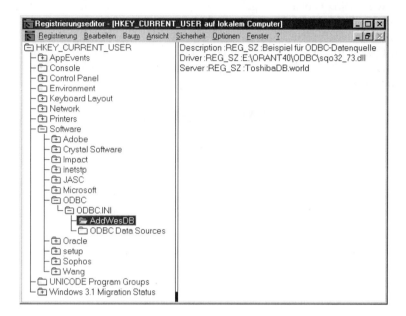

Abbildung 2.5:
ODBC-Konfigurationsdaten in der Registrierungsdatenbank von Windows NT

2.2 Zugriff auf ODBC-Datenquellen mit Standard-Software

2.2.1 Microsoft Query

Microsoft Query ist ein Werkzeug, das den interaktiven Aufbau von Datenbankabfragen ermöglicht, ODBC unterstützt und sich daher sehr gut eignet, um mit geringem Aufwand die Funktionstüchtigkeit eines installierten ODBC-Treibers zu überprüfen. Das Programm ist im Lieferumfang von Excel enthalten und daher, sofern letzteres vollständig installiert wurde, auf dem PC verfügbar. Während der Installation wird kein eigenes Icon angelegt, da man Microsoft Query als Hilfsprogramm versteht, das von Excel aus zu starten ist (vgl. Abschnitt 2.2.2). Es läßt sich jedoch auch problemlos direkt starten. Der Name des ausführbaren Programms lautet MSQUERY.EXE (16-Bit-Version) oder MSQRY32.EXE (32-Bit-Version). Der Standort hängt von der Version ab. Wenn Sie Microsoft Office für Windows 95 (Deutsch) installiert haben, finden Sie das Programm auf dem Laufwerk, auf dem das Betriebssystem (Windows 95 oder Windows NT) installiert wurde, im Verzeichnis

`\Programme\Gemeinsame Dateien\Microsoft Shared\MSQuery`

Nach dem Starten können Sie mit dem Aufbau einer neuen Abfrage beginnen, indem Sie entweder aus dem Menü *Datei* die Option *Neue Abfrage* wählen oder in der Symbolleiste auf den Button ganz links klicken. In beiden Fällen wird ein Fenster aufgeblendet, das Sie auffordert, eine ODBC-Datenquelle auszuwählen. In der nachstehenden Abbildung werden die mit Excel 7.0 ausgelieferte 32-Bit-Version von MS Query und der ODBC-Treiber von Oracle für den Zugriff benutzt. Neben dem Namen der Datenquelle (*AddWesDB*) ist der beim vorhergehenden Zugriff verwendete Benutzername zu sehen.

Abbildung 2.6:
Auswahl einer
ODBC-Datenquelle

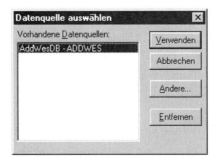

Nachdem die Datenquelle *AddWesDB* ausgewählt und diese Auswahl durch Klicken auf den *Verwenden*-Button bestätigt wurde, meldet sich der Oracle-ODBC-Treiber mit der Aufforderung, Benutzername und Kennwort für die Anmeldung bei der Oracle-Datenbank einzugeben.

Abbildung 2.7:
Eingabe von
Benutzername und
Kennwort für die
Oracle-Datenbank

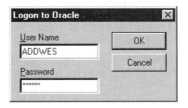

Sofern bereits vorher eine Anmeldung stattgefunden hat, wird der in der Liste der verfügbaren Datenquellen aufgeführte Benutzername jetzt als Default angeboten. Für die nachfolgenden Beispiele werden die in Anhang A beschriebenen und unter dem Benutzer *ADDWES* angelegten Tabellen verwendet.

Vermutlich werden Sie sich nun ein wenig gedulden müssen, denn der nächste Schritt besteht in einer von MS Query automatisch durchgeführten und an die Oracle-Datenbank gerichteten Abfrage, durch die geklärt wird, welche Datenbank-Objekte Ihnen für den Aufbau von Abfragen zur Verfügung stehen. Die Antwortzeit ist demnach unter anderem abhängig von der Anzahl der Datenbank-Objekte, die Sie selbst angelegt bzw. für die Sie Zugriffsrechte bekommen haben.

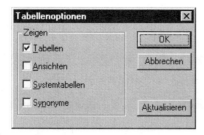

Abbildung 2.8:
Auswahl der
Objekttypen

Der Button mit der Aufschrift *Optionen...* ermöglicht das Aufblenden eines Fensters, in dem einzelne Objekttypen (z.B. Systemtabellen) aus der Abfrage von vornherein ausgeschlossen werden können. Es ist ratsam, diese Liste so weit wie möglich einzuschränken, da dadurch die für den Verbindungsaufbau erforderliche Zeit verringert wird. Die gewählten Einstellungen werden in der Datei MSQUERY.INI (16-Bit-Version) bzw. in der Registrierungsdatenbank (32-Bit-Version) abgespeichert, sind also permanent.

Abbildung 2.9:
Anzeige der
verfügbaren
Datenbank-Objekte

Aus der ermittelten Liste, die in der Regel immer noch Objekte mehrerer Benutzer enthält, kann nachträglich im Feld *User Name* eine Auswahl getroffen werden. Eine Möglichkeit, auch diese Einschränkung bereits vorab zu definieren, existiert nicht.

Wählen Sie die Tabelle AUTOR durch Klicken zunächst auf den Tabellennamen und danach auf den Button mit der Aufschrift *Verwenden* oder durch Doppelklicken auf den Tabellennamen aus. Schließen Sie dann das Fenster *Tabellen hinzufügen* durch Klicken auf den *Schließen*-Button. Sie gelangen in eine zweigeteilte Arbeitsoberfläche, in deren oberem Teil eine Liste der zur Tabelle AUTOR gehörigen Spalten zu sehen ist, während die untere Hälfte für die Anzeige von Ergebniswerten vorgesehen ist. Der einfachste und schnellste Weg zur Anzeige einer Ergebnismenge führt über einen Doppelklick auf die erste Zeile der Spaltenliste, die einen Stern enthält. Dies entspricht dem

2 Nutzung der ODBC-Schnittstelle mit Standard-Software

SQL-Kommando SELECT * FROM AUTOR. Sie können jedoch auch einzelne Spalten durch Doppelklick auf den Spaltennamen nacheinander auswählen.

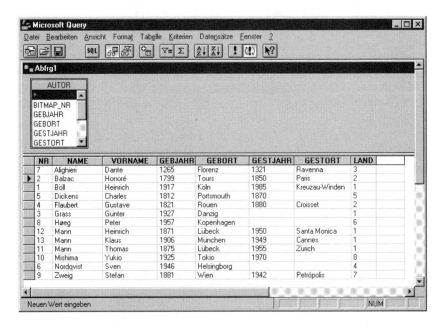

Abbildung 2.10: Anzeige der Tabelle AUTOR in MS Query

Entgegen der Vermutung, die der Name *MS Query* nahelegt, erlaubt das Werkzeug nicht nur Datenbankabfragen, sondern auch Änderungen. Diese Möglichkeit ist standardmäßig zwar ausgeschaltet, kann jedoch durch die Menü-Optionen *Datensätze ⇨ Bearbeiten ermöglichen* aktiviert werden, sofern die ausgeführte Abfrage nur auf einer einzigen Tabelle basiert und für diese Tabelle ein Index auf der Primärschlüsselspalte (oder den Primärschlüsselspalten) angelegt wurde.

Allerdings ist der Hinweis auf diese Möglichkeit hier eher als Warnung denn als Ermunterung gemeint. Im Fall der Tabelle AUTOR könnte ein Benutzer, der für diese Tabelle das INSERT-Privileg erhalten hat, über MS Query einen neuen Datensatz einfügen. Da es aber keine Möglichkeit gibt, von MS Query aus die Sequence AUTOR$NR anzusprechen, über die fortlaufende Nummern für die eingetragenen Autoren generiert werden sollen, muß ein Benutzer, der einen neuen Datensatz einfügen möchte, zwangsläufig selbst eine Nummer vergeben und dadurch den Mechanismus der automatischen Nummernvergabe in Unordnung bringen. Es ist also dringend anzuraten, Benutzern, die mit MS Query und vergleichbaren Werkzeugen arbeiten, derartige zerstörerische Eingriffe unmöglich zu machen.

Von den weiteren Möglichkeiten, die MS Query bietet, soll noch der Join zwischen mehreren Tabellen vorgestellt werden. Bevor Sie das Join-Beispiel praktisch nachvollziehen, sollten Sie jedoch den Button *AutoAbfrage*, der standardmäßig eingeschaltet (gedrückt) ist, ausschalten, da Sie ansonsten

Zugriff auf ODBC-Datenquellen mit Standard-Software

aus gleich zu besprechendem Grund Ihren Datenbank-Server möglicherweise mit dem langwierigen Erzeugen einer völlig sinnlosen Ergebnismenge beschäftigen. Auch später sollten Sie generell so vorgehen, daß Sie vor der Ausführung eines Joins die automatische Abfrage deaktivieren.

Öffnen Sie nun über die Menüoption *Tabelle ⇨ Tabellen hinzufügen* oder den gleichnamigen Button das bereits bekannte Fenster, in dem die Liste der verfügbaren Tabellen angezeigt wird, und wählen Sie dort die Tabellen AUTOR, BUCH und GEBIET aus. Schließen Sie das Auswahlfenster erst, wenn die Spaltenlisten für alle drei Tabellen in der oberen Hälfte der zweigeteilten Arbeitsoberfläche zu sehen sind.

Bei ODBC-Zugriffen wie diesem werden keine Informationen über Beziehungen zwischen den Tabellen übertragen. MS Query weiß also nicht, daß NR in der Tabelle AUTOR eine Primärschlüsselspalte und AUTOR_NR in der Tabelle BUCH eine Fremdschlüsselspalte ist, so daß über diese beiden Spalten ein Join beider Tabellen durchgeführt werden kann. Gleiches gilt für die Spalten GEBIET.ABK und BUCH.GEBIET_ABK. Dieses fehlende Wissen ist der Grund für die eben ausgesprochene Empfehlung, die automatische Abfrage auszuschalten. MS Query würde nämlich nach dem Hinzufügen der beiden Tabellen eine Abfrage ohne Join-Bedingungen an den Oracle Server schikken, so daß die Anzahl der Datensätze in der Ergebnismenge *AnzahlDatensätze(Ergebnis)* sich ergeben würde aus

AnzahlDatensätze(AUTOR) * AnzahlDatensätze(BUCH) * AnzahlDatensätze(GEBIET)

Man kann MS Query jedoch durch einige einfache Drag-and-Drop-Operationen über die Beziehungen zwischen den Tabellen informieren. Wenn Sie den Mauszeiger auf den Spaltennamen NR im AUTOR-Kästchen bewegen, die linke Maustaste drücken und dann die Maus ein wenig bewegen, verwandelt sich der Zeiger in einen liegenden Balken. Ziehen Sie nun diesen Balken in das BUCH-Kästchen und legen Sie ihn direkt über dem Spaltennamen AUTOR_NR ab. Das Programm verbindet daraufhin die beiden Spaltennamen durch einen Doppelpfeil, um anzuzeigen, daß es die Beziehung zur Kenntnis genommen hat. Nachdem Sie in gleicher Weise die Beziehung zwischen den Tabellen BUCH und GEBIET geklärt haben, ergibt sich das in Abbildung 2.11 gezeigte Bild.

Nachdem diese Voraussetzung geschaffen ist, können Sie, wie beim Arbeiten mit einer einzigen Tabelle auch, beliebige Spalten durch Doppelklick in die Ergebnismenge einbeziehen. Der Join wird korrekt durchgeführt, selbst wenn die Primär- und Fremdschlüsselspalten gar nicht Bestandteil der angezeigten Ergebnismenge sind.

Von der Korrektheit der SQL-Anweisung können Sie sich selbst überzeugen, indem Sie über die Menüoptionen *Ansicht ⇨ SQL* oder den Button mit der Aufschrift *SQL* das SQL-Fenster öffnen. Da die SQL-Anweisung in der dort erscheinenden Form direkt an den Oracle-Server-Prozeß geschickt wird, können Sie die in diesem Fenster sichtbare SQL-Anweisung ändern und da-

*Abbildung 2.11:
Verknüpfung von
Tabellen über die
Primär- und
Fremdschlüssel-
spalten*

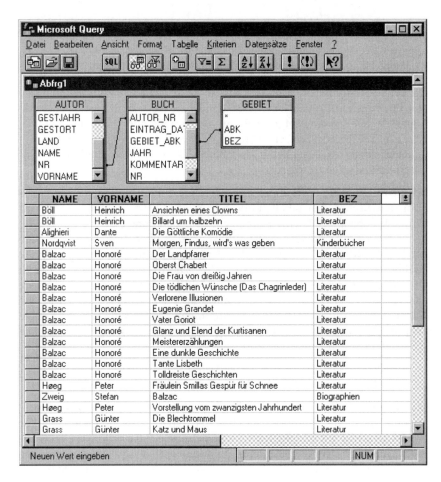

bei auch all jene Elemente des Oracle-SQL verwenden, die im SQL-Standard anders oder gar nicht vorgesehen sind. Das ist zum Beispiel von Interesse bei der Anzeige von Datums- und Zeitwerten, für deren Formatierung MS Query keine befriedigenden Möglichkeiten bietet.

Die von Ihnen festgelegten Beziehungen zwischen den Tabellen gehen ebenso wie die im SQL-Fenster vorgenommenen Änderungen beim Verlassen von MS Query verloren. Sie haben jedoch die Möglichkeit, über *Datei* ➪ *Abfrage speichern* oder den entsprechenden Button die Abfrage mit allen Join-Kriterien und manuellen Zusätzen in einer Datei zu speichern. Eine solche Query-Datei können Sie später von MS Query, aber auch von anderen Microsoft-Produkten (z.B. Word) aus nutzen.

2.2.2 Microsoft Excel

Über Microsoft Query ist es auch möglich, Daten aus einer Oracle-Datenbank ohne Programmieraufwand in eine Excel-Tabelle zu laden und zu einem Diagramm zu verarbeiten. Sofern Sie bei der Installation von Microsoft Office die Option *Datenbankzugriff* mitinstalliert haben, finden Sie unter der Menü-Option *Daten* den Eintrag *Daten importieren*. Durch diese Menü-Option wird MS Query aktiviert, das – wie bereits im vorhergehenden Abschnitt erwähnt – von Microsoft in erster Linie als Hilfswerkzeug für den Datenbankzugriff konzipiert wurde.

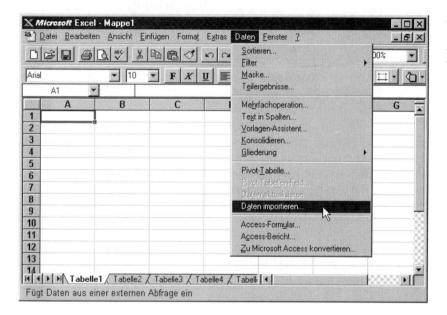

Abbildung 2.12: Starten von Microsoft Query aus einem Excel-Tabellenformular

Als Beispiel für die weitere Vorgehensweise soll der nach Fachgebieten aufgeschlüsselte Buchbestand abgefragt und als Diagramm dargestellt werden. Wählen Sie dazu aus der Liste der verfügbaren Datenbankobjekte die Tabellen GEBIET und BUCH und machen Sie die Verbindung über GEBIET.ABK und BUCH.GEBIET_ABK bekannt. Legen Sie sodann durch Doppelklick auf GEBIET.BEZ und BUCH.NR fest, daß diese Spalten angezeigt werden sollen.

Das Ergebnis dieser Abfrage entspricht noch nicht ganz der Zielsetzung, da jedes einzelne Buch angezeigt wird, aber lediglich die Gesamtzahl der Bücher pro Fachgebiet gefragt ist. Jedoch ist nur noch ein weiterer Schritt erforderlich, um zum Ziel zu gelangen: Bewegen Sie den Cursor auf die Überschrift der Spalte NR im Ergebnisbereich und klicken Sie mit der rechten Maustaste, sobald sich seine Gestalt in einen nach unten zeigenden Pfeil verändert hat. Daraufhin wird die gesamte Spalte mit schwarzem Hintergrund dargestellt, was anzeigt, daß sie markiert ist. Blenden Sie nun über die Menü-Option *Datensätze* ⇨ *Spalte bearbeiten* – ein entsprechender Button ist nicht verfügbar – das Fenster *Spalte bearbeiten* auf und wählen Sie im Feld *Ergebnis* aus der Liste der verfügbaren Gruppenfunktionen die Funktion *Anzahl*. Im Feld *Spaltenkopf* können Sie die Spaltenüberschrift festlegen, doch ist dies im gegenwärtigen Zusammenhang nicht von Interesse, da der eingetragene Wert zwar innerhalb von MS Query verwendet, jedoch nicht an Excel weitergegeben wird.

Abbildung 2.13:
Auswahl einer
Gruppenfunktion
innerhalb von
Microsoft Query

Nachdem im Ergebnisbereich die geforderten Daten angezeigt werden, können Sie über *Datei ⇨ Daten an Microsoft Excel zurückgeben* oder den Button *Daten zurückgeben* veranlassen, daß die angezeigten Daten in das Tabellenformular übertragen werden, von dem aus Microsoft Query aktiviert wurde. Bevor aber die Daten im Tabellenformular sichtbar werden, wird ein Dialogfenster angezeigt, in dem Sie festlegen können, ob nur der Datenbestand übernommen oder auch die Abfragedefinition abgespeichert werden soll, ob außer den Daten selbst auch die Spaltennamen in das Formular eingetragen werden sollen, ob im Formular Zeilennummern erscheinen bzw. ob das bei der Anmeldung verwendete Kennwort gespeichert werden soll. Die Optionen 2 und 3 beeinflussen die Darstellung der Daten im Tabellenformular, die Optionen 1 und 4 die Möglichkeit einer späteren Aktualisierung.

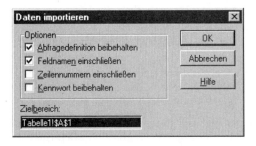

Abbildung 2.14:
Festlegung der
Rückgabe-Optionen

Nach der Bestätigung der gewählten Rückgabe-Optionen stehen die Daten im Tabellenformular zur Verfügung und können in gewohnter Weise zu einem Diagramm weiterverarbeitet werden.

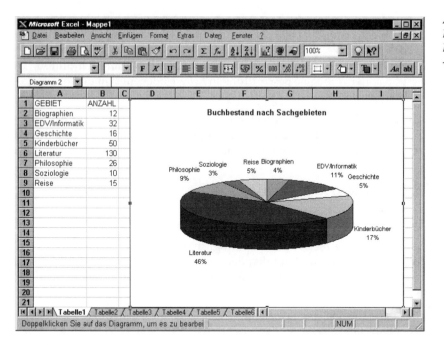

Abbildung 2.15:
Ergebnisdaten als
Excel-Tabelle und
-Diagramm

Sofern Sie bei der Rückgabe der Daten die Option *Abfragedefinition beibehalten* gewählt haben, kann die Abfrage später über die Menü-Option *Daten* ⇨ *Daten aktualisieren* wiederholt werden. Bei der Aktualisierung wird MS Query zwar im Hintergrund gestartet, jedoch nicht mehr aufgeblendet, da die Abfrage bereits in fertiger Form vorliegt.

Wer lieber mit Buttons als mit Menü-Optionen arbeitet, wird enttäuscht feststellen, daß die Symbolleiste *Daten* für die Optionen *Daten importieren* und *Daten aktualisieren* keine Buttons anbietet. Da diese Optionen den Funktionen *QueryGetData* und *QueryRefresh* entsprechen, läßt sich jedoch mit geringem Aufwand Abhilfe in Form von Buttons auf dem jeweiligen Formular schaffen. Um einen Button anzulegen, mit dem die angezeigten Daten aktualisiert werden können, gehen Sie folgendermaßen vor:

1. Öffnen Sie über die Menü-Optionen *Einfügen* ⇨ *Macro* ⇨ *Visual Basic-Modul* ein neues Arbeitsblatt. Schreiben Sie dort ein Makro, das zuerst ein beliebiges Feld innerhalb des Bereichs, in dem die Ergebnismenge dargestellt wird, auswählt und danach die Funktion QueryRefresh aufruft:

```
Sub RefreshData()
  Worksheets("Tabelle1").Range("A1").Select
  Application.Run ("QueryRefresh")
End Sub
```

2. Öffnen Sie die Symbolleiste *Dialog*, wählen Sie die Button-Darstellung (»Befehlsschaltfläche«) und markieren Sie innerhalb des Formulars den Bereich, in dem der Button sich befinden soll. Sobald dies geschehen ist,

wird automatisch ein Fenster mit dem Titel *Zuweisen* aufgeblendet. Wählen Sie dort aus der Liste der verfügbaren Makros das soeben erstellte (im Beispiel: RefreshData) für die Einstellung *Makroname/Bezug* aus. Führen Sie mit gedrückter [Strg]-Taste einen Doppelklick auf den Button aus und ändern Sie seine Beschriftung in *Refresh* oder einen anderen aussagekräftigen Text.

Nach Abschluß dieser Vorarbeiten können Sie durch Klicken auf den angelegten Button die Aktualisierung der dargestellten Daten in der Tabelle und dem zugeordneten Diagramm veranlassen.

2.2.3 Microsoft Access

Einbinden von Oracle-Tabellen in Access-Datenbanken

Microsoft Access bietet neben der Möglichkeit, Tabellen in einer Access-Datenbank anzulegen und mit den darin enthaltenen Daten zu arbeiten, auch zwei Strategien für den Zugriff auf Datenbestände, die sich außerhalb der Access-Datenbank befinden:

Die erste Strategie ist das *Importieren von Tabellen*. Dabei wird in der Access-Datenbank eine physische Kopie der Basistabelle angelegt. Der Vorteil dieser Strategie besteht darin, daß die Daten auch dann verfügbar sind, wenn auf die Quelldatenbank nicht zugegriffen werden kann, was insbesondere bei portablen PCs von Bedeutung ist. Ihr Nachteil besteht darin, daß Änderungen in der Quelldatenbank in der Kopie nicht sichtbar werden.

Die zweite Strategie ist das *Einbinden von Tabellen*. Bei diesem Verfahren werden in der Access-Datenbank lediglich Informationen über Standort und Struktur der Basistabelle, jedoch keine Daten abgelegt. Bei jedem Zugriff auf die Tabelle wird die Verbindung zur Quelldatenbank neu aufgebaut, so daß zwar der Zugriff auf die Quelldatenbank möglich sein muß, dafür aber Änderungen am Datenbestand der Basistabelle sofort sichtbar werden.

Die durchzuführenden Schritte sind bei beiden Verfahren nahezu identisch. Beschrieben wird daher hier nur das Einbinden von Tabellen, die sich in einer Oracle-Datenbank befinden.

Der Vorgang kann über die Menüoption *Datei* ⇨ *Externe Daten* ⇨ *Tabellen verknüpfen* oder über den Button *Verknüpfung* gestartet werden. Der Button wird allerdings standardmäßig nicht angezeigt, sondern muß über die Option *Anpassen* erst in die Symbolleiste eingefügt werden. Gleiches gilt übrigens für die Buttons *Importieren* und *Exportieren*.

In dem anschließend aufgeblendeten Fenster *Verknüpfen* muß der Typ der Quelldatenbank angegeben werden. Wählen Sie unter *Dateityp* den am Ende der Auswahlliste befindlichen Eintrag *ODBC-Datenbanken*.

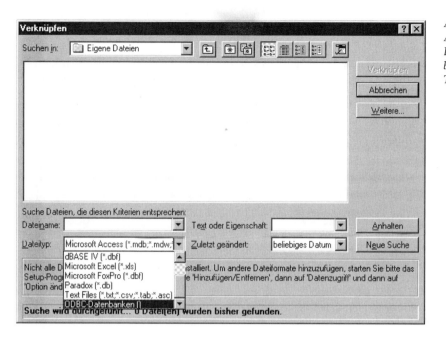

Abbildung 2.16:
Auswahl des Datenbanktyps beim Einbinden von Tabellen

Als Reaktion darauf erscheint im Fenster *SQL-Datenquellen* die bereits vom Arbeiten mit Microsoft Query her bekannte Liste der definierten ODBC-Datenquellen. Wählen Sie diejenige aus, über die Sie auf die Beispieltabellen in der Oracle-Datenbank zugreifen können und melden Sie sich bei der Datenbank an.

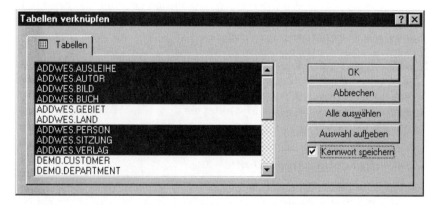

Abbildung 2.17:
Auswahl der einzubindenden Tabellen

Der nächste Schritt besteht in der Auswahl der einzubindenden Tabelle(n). Im Fenster *Tabellen verknüpfen* können Sie beliebig viele Tabellen auswählen, die Sie in die Access-Datenbank einbinden möchten. Zusätzlich können Sie über das Kontrollkästchen *Kennwort speichern* festlegen, ob das zur Anmeldung bei der Quelldatenbank benutzte Kennwort gespeichert werden und so die Notwendigkeit der Kennworteingabe bei späteren Zugriffen entfallen soll. Das Fehlen dieses Kontrollkästchens ist das einzige Detail, durch das sich das Importieren vom Einbinden einer Tabelle unterscheidet.

Nach Abschluß des Vorganges sind die neuen Tabellen im Datenbankfenster zu finden. Dort werden importierte Tabellen mit dem Tabellen-Symbol, eingebundene Tabellen mit einem auf eine Weltkugel zeigenden Pfeil gekennzeichnet. In Abbildung 2.18 ist zu erkennen, daß die Tabellen ADDWES_GEBIET und ADDWES_LAND importiert, alle anderen Tabellen hingegen eingebunden wurden.

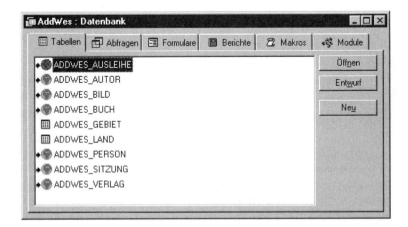

Abbildung 2.18: Importierte und eingebundene Tabellen im Datenbankfenster

Die verwendeten Namen setzen sich aus dem Namen der Ursprungstabelle und dem Namen von deren Eigentümer zusammen. Beide Namenskomponenten werden durch ein Unterstreichungszeichen getrennt, das den Punkt im ursprünglichen Namen (vgl. Fenster *Tabellen verknüpfen*) ersetzt. Diese Namen können jedoch verändert werden.

> Änderungen an der Struktur der Ursprungstabellen werden von Access nicht automatisch berücksichtigt. Die eingebundenen Tabellen können jedoch mit dem zu Access gehörenden Tabellenverknüpfungs-Manager (erreichbar über *Extras* ➪ *Add-Ins*) oder mit dem Visual Basic gehörenden Data Manager aktualisiert werden.

Zusätzliche Konfigurationsschritte

Die eingebundenen Tabellen können nahezu in gleicher Weise genutzt werden wie die in der lokalen Access-Datenbank befindlichen. Um nicht mit vermeidbaren Zugriffsbeschränkungen konfrontiert zu werden, kann es jedoch während oder nach Abschluß des Einbindens erforderlich sein, Access zusätzliche Informationen über die Tabellen zur Verfügung zu stellen.

Um einen von einem Benutzer eingelesenen und dann geänderten Datensatz korrekt in die Datenbank zurückschreiben zu können, muß es möglich sein, jeden Datensatz eindeutig zu identifizieren. Die von Oracle zu diesem

Zweck verwendete RowID ist ein Oracle-spezifischer Mechanismus und kann beim Zugriff über die ODBC-Schnittstelle nicht genutzt werden. ODBC verwendet in diesem Zusammenhang den Primärschlüsselwert. Das setzt aber voraus, daß für jede eingebundene Tabelle, auf die ändernder Zugriff möglich sein soll, in der Quelldatenbank ein PRIMARY-KEY-Constraint oder zumindest ein Index auf der Primärschlüsselspalte bzw. den Primärschlüsselspalten angelegt worden sein muß.

Ist dies – wie bei allen Beispieltabellen – der Fall, so ermittelt Access im Verlauf des Einbindens die erforderlichen Informationen über den Primärschlüssel und unterstützt Änderungen von Datensätzen in der eingebundenen Tabelle. Ist dies dagegen nicht der Fall, so erlaubt Access bis zur Version 2.0 nur lesende Zugriffe auf die Tabelle und läßt Änderungen nicht zu. Ab Version 7.0 bietet Access dagegen dem Benutzer die Möglichkeit, den Primärschlüssel im Verlauf des Einbindens nachträglich zu definieren. Diese Festlegung hat natürlich keinerlei Auswirkungen auf die Basistabelle, sondern wird nur lokal in der Access-Datenbank abgespeichert. Sie führt aber dennoch dazu, daß Änderungen am Datenbestand der Basistabelle möglich sind.

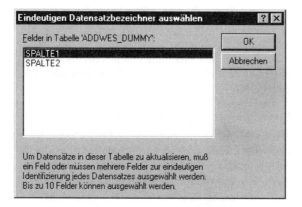

Abbildung 2.19: Festlegung des Primärschlüssels während des Einbindens

Die Notwendigkeit, Angaben über die Primärschlüsselspalte(n) nachzureichen oder die Beschränkung auf lesenden Zugriff in Kauf zu nehmen, ergibt sich auch, wenn eine Tabelle nicht direkt, sondern über eine Zwischenschicht (View, Synonym usw.) angesprochen werden soll. Dabei ist es unerheblich, ob für die indirekt angesprochene Basistabelle ein Primärschlüssel definiert ist oder nicht, da der ODBC-Mechanismus nicht fähig ist, sich durch die Zwischenschicht(en) hindurch zur Basistabelle vorzuarbeiten, sondern nur feststellt, daß für das direkt angesprochene Objekt (View, Synonym) kein Index definiert ist.

Beim Einbinden von Tabellen werden zwar Informationen über die Primärschlüssel, nicht aber über die Fremdschlüssel ermittelt. Access kennt daher – wie auch Microsoft Query – die Beziehungen zwischen den eingebundenen Tabellen nicht. Sie sollten nach dem Abschluß des Einbindens manuell bekanntgemacht werden, damit Access z. B. beim Aufbau eines auf mehreren Tabellen basierenden Formulars die Synchronisation zwischen den Tabellen automatisch einrichten kann.

2.2.4 Microsoft Word

Wie der Excel-Anwender Microsoft Query benutzt, um Datenbankabfragen zu definieren, so kann auch der Word-Anwender über Hilfsprogramme Daten aus einer über ODBC erreichbaren Datenbank ohne Programmierung in ein Dokument einbinden. Word bietet als Alternativen die Benutzung von Microsoft Query oder von in einer Access-Datenbank abgespeicherten Abfragen an. Dabei sind zwei unterschiedliche Verwendungsweisen von Datenbank-Daten in einem Word-Dokument zu unterscheiden. Die einfachere besteht darin, Daten aus einer Datenbank-Tabelle als Word-Tabelle darzustellen. Die anspruchsvollere besteht darin, die Daten aus der Datenbank zu einem Bericht zu verarbeiten oder als Grundlage eines Serienbriefes zu nutzen.

Einbinden von Oracle-Tabellen in Word-Dokumente

Um das Einfügen von Daten aus einer Tabelle bzw. aus mehreren Tabellen in ein Word-Dokument vorzustellen, sei hier angenommen, daß die Stadtbibliothek Neustadt eine Französische Woche vorbereitet und aus diesem Anlaß eine Liste der bei ihr vertretenen französischen Romanautoren auslegen oder versenden möchte. Führen Sie folgende Schritte aus, um ein derartiges Dokument zu erstellen:

1. Öffnen Sie ein neues Word-Dokument.

2. Wählen Sie die Menüoption *Einfügen* ⇨ *Datenbank* oder klicken Sie auf den in der Symbolleiste *Datenbank* enthaltenen Button *Datenbank einfügen*. Daraufhin wird ein Fenster mit dem Titel Datenbank aufgeblendet, über das Sie alle wesentlichen Schritte des Einbindens und auch spätere Korrekturen vornehmen können:

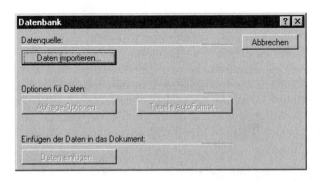

Abbildung 2.20: Steuerung des Einbindens von Datenbank-Daten

3. Durch Klicken auf den Button *Daten importieren* öffnen Sie den Dialog *Datenquelle öffnen*. Er ermöglicht neben der Auswahl der Datenquelle

auch die Wahl der Hilfsapplikation. Wählen Sie im Feld *Dateityp* (links unten) den Eintrag *MS Access Datenbanken*, wenn Sie die Zieltabelle(n) in eine Access-Datenbank eingebunden haben und sie auf diesem Wege ansprechen möchten. Klicken Sie dagegen auf den Button mit der Aufschrift *MS Query* (rechts oben), wenn Sie Microsoft Query für den Datenbankzugriff benutzen möchten. Für die weitere Darstellung in diesem Abschnitt wird Microsoft Query benutzt.

4. Melden Sie sich über Microsoft Query bei der Oracle-Datenbank an und fügen Sie die Tabellen LAND, AUTOR und BUCH zur Abfrage hinzu wie in Abschnitt 2.2.1 beschrieben. Deaktivieren Sie den Button *AutoAbfrage* und machen Sie die Beziehungen zwischen den Tabellen (LAND.NR = AUTOR.LAND, AUTOR.NR = BUCH.AUTOR_NR) bekannt.

5. Wählen Sie die Menüoption *Kriterien* ⇨ *Kriterien hinzufügen* und beschränken Sie die Abfrage auf die Autoren aus Frankreich (Feld: LAND.NAME, Operator: ist gleich, Wert: Frankreich). Fügen Sie das Kriterium hinzu und legen Sie anschließend in gleicher Weise fest, daß lediglich Autoren von Romanen in der Ergebnismenge enthalten sein sollen (BUCH.GEBIET_ABK = 'L'). Fügen Sie auch dieses Kriterium hinzu und schließen Sie das Fenster.

6. Wählen Sie durch Doppelklick die Spalten AUTOR.NAME und AUTOR.VORNAME für die Anzeige aus. Bewegen Sie den Mauszeiger im Anzeigebereich auf die Spaltenüberschrift NAME. Drücken Sie, sobald der Mauszeiger sich in einen nach unten zeigenden Pfeil verwandelt, die linke Maustaste und ziehen Sie den Zeiger zur Spaltenüberschrift VORNAME, bis beide Spalten dunkel markiert sind. Öffnen Sie danach über die Menüoption *Ansicht* ⇨ *Abfrageeigenschaften* das Fenster *Abfrageeigenschaften* und aktivieren Sie darin das Kontrollkästchen *Keine Duplikate*. Legen Sie das Sortierkriterium für die Ergebnismenge fest, indem Sie noch einmal beide Spalten markieren und danach auf den Button *Aufsteigend sortieren* klicken.

7. Führen Sie nun die Abfrage aus und übermitteln Sie die Ergebnismenge über *Datei* ⇨ *Daten an Microsoft Word zurücksenden* an Word.

8. Im Fenster *Datenbank* (vgl. Schritt 2) sind nun alle Optionen aktiviert. Über den Button *Abfrage-Optionen* könnten Sie zu Microsoft Query zurückkehren, um die Abfrage zu korrigieren. Ist dies nicht erforderlich, so klicken Sie auf den Button *Tabelle AutoFormat*, um ein Tabellendesign auszuwählen.

9. Klicken Sie auf den Button *Daten einfügen*. Bevor die Daten endgültig in das Word-Dokument eingefügt werden, wird noch ein Fenster mit dem Titel *Daten einfügen* geöffnet, das links unten die Option *Als Feld einfügen* enthält. Wenn Sie das Kontrollkästchen aktivieren, wird die Ergebnismenge als aktualisierbares Feld in das Dokument eingefügt, ansonsten als statischer Text. Wählen Sie eines der beiden Verfahren und veranlassen Sie durch Klick auf den *OK*-Button dessen Ausführung.

Wenn Sie mit Access statt mit Microsoft Query arbeiten möchten, so müssen Sie vor dem Einbinden die Datenbankabfrage aufbauen und in der Access-Datenbank ablegen, da dieser Weg nur die Auswahl einer einzigen Tabelle oder (fertigen) Datenbankabfrage, nicht aber die Konstruktion der Abfrage während des Einbindens unterstützt.

Die Performance des beschriebenen Verfahrens läßt gewiß mancherlei zu wünschen übrig. Immerhin sind auf der Client-Seite zwei Produkte an der Ermittlung und Aufbereitung der Daten beteiligt. Entschädigt wird der Anwender für diesen Nachteil durch den geringen Implementierungsaufwand.

Wie Sie bemerkt haben werden, rührt ein beträchtlicher Teil der durchgeführten Schritte nicht vom Vorgang des Einbindens, sondern von der Komplexität der Abfrage her. Das Einbinden als solches ist verhältnismäßig unkompliziert. Es schien aber sinnvoll, ein Beispiel zu wählen, durch das verdeutlicht wird, daß nicht nur unveränderte Tabellen, sondern auch beliebige Kombinationen von Spalten aus mehreren Tabellen in Word-Dokumente eingebunden werden können.

Seriendruck auf der Basis von Oracle-Tabellen

In den meisten Fällen ergibt sich das Interesse an der Integration von Daten aus einer Oracle-Datenbank in Word-Dokumente aus der Notwendigkeit, Serienbriefe zu erstellen. Als Beispiel dafür soll hier der Aufbau eines Serienbriefes vorgestellt werden, den die Stadtbibliothek Neustadt denjenigen Benutzern sendet, die ausgeliehene Bücher eine Woche nach Ablauf der Leihfrist noch nicht zurückgegeben haben. Dabei wird angenommen, daß die reguläre Leihfrist 28 Tage beträgt, der Brief also 35 Tage nach dem Ausleihdatum abzuschicken ist, und daß die Versendung der Mahnbriefe täglich erfolgt.

Erstellen Sie als Grundlage für die weiteren Schritte ein Word-Dokument mit folgendem Aufbau:

```
[Herrn/Frau]
[Vorname] [Name]
[Straße] [HausNr]
[PLZ] [Ort]


Sehr geehrte[r Herr/Frau] [Name],

leider mußten wir feststellen, daß Sie die bei uns ausgeliehenen Bücher
nicht fristgerecht zurückgegeben haben.
Nachstehend finden Sie eine Liste der überfälligen Titel. Wir bitten um
unverzügliche Rückgabe.

[Liste]

Mit freundlichen Grüßen ...
```

Die in eckige Klammern gesetzten Platzhalter markieren die Stellen, an denen die aus der Datenbank ermittelten Daten eingefügt werden sollen. Für den Zugriff auf die Datenbank kann entweder Microsoft Query oder Access verwendet werden. In der nachfolgenden Darstellung wird wiederum Microsoft Query eingesetzt.

1. Starten Sie über die Menüoption *Extras* ⇨ *Seriendruck* den Seriendruck-Manager. Dieser bietet in Form von Buttons eine Reihe von Optionen an, von denen allerdings zu diesem Zeitpunkt nur die Option *(Hauptdokument) Erstellen* aktiviert ist. Klicken Sie auf diesen Button, um Ihr Dokument in ein Seriendruck-Hauptdokument umzuwandeln.

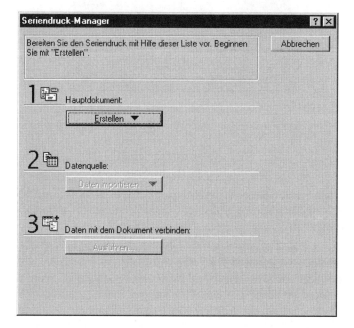

Abbildung 2.21: Der Seriendruck-Manager

2. Wählen Sie aus der aufgeblendeten Liste die Option *Serienbriefe* und legen Sie in der anschließend erscheinenden Message-Box fest, daß Sie den Serienbrief im derzeit aktiven Fenster erstellen möchten.

3. Nach der Rückkehr in das Hauptfenster des Seriendruck-Managers sind weitere Buttons aktiviert. Klicken Sie auf den Button *Daten importieren* und wählen Sie aus der anschließend aufgeblendeten Liste die Option *Datenquelle öffnen.*

4. Klicken Sie in dem bereits aus dem vorangehenden Abschnitt bekannten Fenster *Datenquelle öffnen* auf den Button *MS Query*, melden Sie sich bei der Oracle-Datenbank an, fügen Sie die Tabellen AUSLEIHE sowie PERSON zur Abfrage hinzu und machen Sie die Verbindung AUSLEIHE.PERSON_NR = PERSON.NR bekannt. Schalten Sie die *AutoAbfrage* aus und übernehmen Sie alle Spalten der Tabelle PERSON außer TYP in die Abfrage. Fügen Sie die

Abfragekriterien AUSLEIHE.RUECKGABE ist Null sowie AUSLEIHE.AUS-
LEIHE ist kleiner als [SYSDATE] - 35 hinzu. Die zweite Bedingung ist
eigentlich nicht ganz korrekt, denn sie würde in der Praxis dazu führen,
daß dem Benutzer täglich eine Mahnung gesendet würde, doch für den
Test der implementierten Funktionalität eignet sie sich besser, weil die
Ergebnismenge bei korrekter Formulierung der Bedingung zu häufig
leer sein würde.

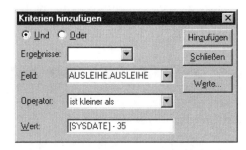

Abbildung 2.22:
Eingabe eines
Abfragekriteriums

5. Markieren Sie im Anzeigebereich die Spalte NR. Legen Sie über die Menüoption *Ansicht* ⇨ *Abfrageeigenschaften* fest, daß *keine Duplikate* angezeigt werden sollen. Führen Sie anschließend die Abfrage aus und veranlassen Sie, daß die ermittelten Werte an Word zurückgegeben werden.

6. Schließen Sie den Seriendruck-Manager. Auf dem Bildschirm ist nun zusätzlich zu den bisher angezeigten Symbolleisten die Symbolleiste *Seriendruck* sichtbar.

7. Löschen Sie den Platzhalter [Vorname], lassen Sie die Einfügemarke auf dessen Position stehen, klicken Sie auf den Button *Seriendruckfeld einf.* in der Symbolleiste *Seriendruck* und wählen Sie das Feld VORNAME. Verfahren Sie in gleicher Weise mit den Platzhaltern [Name], [Straße], [HausNr], [PLZ] und [Ort] in der Adresse sowie dem Platzhalter [Name] in der Anrede des Briefes. Die Seriendruckfelder werden durch Einträge der Form «FELDNAME» dargestellt.

8. Testen sie den bisher erreichten Stand, indem Sie auf den Button *Ausgabe in neues Dokument* klicken. Word öffnet daraufhin ein neues Dokument und trägt in dieses alle generierten Briefe ein. Werden die Personalien der Bibliotheksbenutzer ordnungsgemäß eingefügt, können Sie sich der zweiten Phase der Serienbrief-Erstellung zuwenden.

9. Diese besteht darin, für jeden Benutzer die Liste der von ihm ausgeliehenen und noch nicht zurückgegebenen Bücher in den Brief einzufügen. Starten Sie dazu nach dem im vorangehenden Abschnitt beschriebenen Verfahren Microsoft Query noch einmal und bauen Sie auf der Basis der Tabellen AUSLEIHE, AUTOR und BUCH eine Abfrage auf, die AUTOR.NAME, BUCH.TITEL und AUSLEIHE.AUSLEIHE für alle Bücher ermittelt, bei denen der Ausleihtermin mindestens 35 Tage zurückliegt und bisher keine Rückgabe stattgefunden hat (vgl. Punkt 4).

Microsoft Query sendet die Abfragen unbearbeitet an den Oracle Server, so daß diese Oracle-spezifische SQL-Elemente enthalten können. Davon wurde bereits bei der Verwendung von `SYSDATE` Gebrauch gemacht. Diese Möglichkeit soll nun auch genutzt werden, um auf der Basis des Ausleihdatums den letztmöglichen Rückgabetermin zu berechnen und dessen Ausgabeformat zu steuern. Öffnen Sie dazu das SQL-Fenster und modifizieren Sie die `SELECT`-Klausel, indem Sie die einfache Nennung von `AUSLEIHE.AUSLEIHE` ändern in `TO_CHAR (AUSLEIHE.AUSLEIHE + 28, 'DD:MM.YYYY')`.

10. Geben Sie die Daten an Word zurück, wählen Sie ein Tabellenformat und sorgen Sie dafür, daß die Ergebnismenge nicht als statischer Text, sondern als aktualisierbares Feld in das Word-Dokument eingefügt wird. Dies ist Voraussetzung dafür, daß der Tabelleninhalt für jeden Brief in Abhängigkeit vom Empfänger neu ermittelt werden kann.

11. Das Ergebnis des Einfügens wird Sie vielleicht ein wenig enttäuschen: Als Überschrift der Datumsspalte wird der in Punkt 9 in die SQL-Anweisung eingefügte Ausdruck verwendet. Außerdem wird jeder Leser beschuldigt, sämtliche bisher nicht zurückgegebenen Bücher ausgeliehen zu haben. Dies sind aber leicht zu korrigierende Schönheitsfehler. Klikken Sie mit der rechten Maustaste auf einen beliebigen Text in der Tabelle und wählen Sie im Kontextmenü die Option *Feldfunktionen anzeigen [ein/aus]*. Daraufhin wird die Feldbeschreibung sichtbar, deren Hauptbestandteile der ODBC-Connect-String und die auszuführende SQL-Anweisung bilden. Nehmen Sie darin folgende Veränderungen vor:

    ▶ Positionieren Sie den Cursor zwischen die Formatierung der Datumsspalte und das Schlüsselwort `FROM` und fügen Sie für die Spalte den Aliasnamen `RÜCKGABEFRIST` ein.

    ▶ Positionieren Sie den Cursor vor die die SQL-Anweisung abschließende Klammer und fügen Sie `AND (AUSLEIHE.PERSON_NR=)` ein. Positionieren Sie den Cursor daraufhin vor die zu diesem Ausdruck gehörende schließende Klammer.

    ▶ Klicken Sie bei unveränderter Cursor-Position auf den Button *Seriendruckfeld einf.* und wählen Sie aus der Liste das Feld `NR`. An der Cursor-Position wird daraufhin zwar der aktuelle Wert des Feldes sichtbar, gleichwohl ist das Feld als solches eingefügt worden und sorgt für die Koordination zwischen Adresse und Bücherliste.

    Schalten Sie über das Kontextmenü in die Tabellendarstellung zurück. Überprüfen Sie mit Hilfe des Buttons *Ausgabe in neues Dokument* die Funktionstüchtigkeit der durchgeführten Änderungen.

12. Abschließend ist es wünschenswert, die Anrede dem Geschlecht der BenutzerInnen anzupassen. Löschen Sie zu diesem Zweck den Platzhalter `[Herrn/Frau]` in der Adresse, belassen Sie den Cursor an dessen ehemaliger Position und klicken Sie in der Symbolleiste *Seriendruck* auf den Button *Bedingungsfeld einfügen*. Wählen Sie aus der Liste die Option *Wenn...*

Dann... Sonst... und füllen Sie die Felder der daraufhin aufgeblendeten Maske anhand der nachstehenden Abbildung. Verfahren Sie ebenso mit dem Platzhalter [r Herr/Frau] in der Anrede.

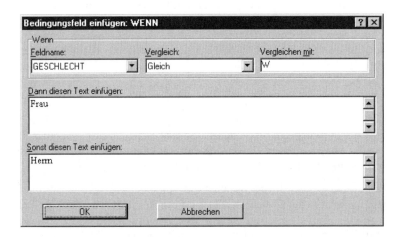

Abbildung 2.23:
Einfügen eines
Bedingungsfeldes

Das Seriendruck-Hauptdokument ist damit im Hinblick auf die erforderlichen Datenbankzugriffe und die Aufbereitung der Daten fertiggestellt. Weitere Formatierungsschritte – wie etwa das Einfügen von Seitenumbrüchen – sind hier nicht zu behandeln.

Es muß aber noch einmal nachdrücklich darauf hingewiesen werden, daß von den auf solche Art generierten Hauptdokumenten nur eine sehr mittelmäßige Performance bei der Generierung der Serienbriefe zu erwarten ist. Dies liegt neben der Tatsache, daß zwei Programme beteiligt sind und daß zwischen ihnen ein Datenaustausch stattfinden muß, daran, daß für jede Abfrage eine vollständig neue SQL-Anweisung generiert und kein Gebrauch von Variablen gemacht wird. Welche Bedeutung dies für die Performance hat, wird in Kapitel 4 genauer erörtert.

3 Applikationsentwicklung mit den Data Access Objects (DAO) und den Oracle Objects for OLE (OO4O)

3.1 Vorbemerkung zur Auswahl der Beispiele 85
3.2 Überblick über die Objektverwaltung 87
3.3 Implizite Objektverwaltung 89
3.4 Explizite Objektverwaltung 99
3.5 Methoden für die Datenmanipulation 127
3.6 Fehlerbehandlung 131

3.1 Vorbemerkung zur Auswahl der Beispiele

Wer versucht, die Entwicklung auf Middleware basierender Applikationen zu beschreiben, wird mit der besonderen Schwierigkeit konfrontiert, daß Middleware nur eine zwischen der Client- und der Server-Software befindliche Schicht ist, die keine eigene Umgebung für die Applikationsentwicklung beinhaltet, sondern in der Regel von zahlreichen und verschiedenartigen Entwicklungsumgebungen aus genutzt werden kann. Während im zweiten Teil dieses Buches, der dem Oracle WebServer gewidmet ist, die Darstellung von der Installation und Konfiguration über die Entwicklung einfacher Applikationen zu anspruchsvolleren Techniken hin fortschreiten kann und der Umfang des zu behandelnden Stoffes von Anfang an klar ist, stellt sich in diesem und dem nachfolgenden Kapitel die Frage, von welcher Entwicklungsumgebung überhaupt die Rede sein soll.

Nun ist aber die Frage nach der Entwicklungsumgebung keinesfalls eine nebensächliche, da es von der Entwicklungsumgebung abhängt, wie sich die Middleware-Schnittstelle dem Entwickler präsentiert: Wer mit C oder C++ direkt auf dem ODBC-API aufsetzt, der arbeitet mit einer komplexen traditionellen Programmierschnittstelle und der muß beim Umstieg auf eine andere Schnittstelle einen erheblichen Teil seiner Applikation umschreiben. Wer dagegen mit Access oder Visual Basic auf den Data Access Objects aufsetzt, der arbeitet mit einer objektorientierten Programmierschnittstelle, die geringeren Programmieraufwand und somit in der Regel auch geringeren Umstellungsaufwand erfordert.

Unter diesen Umständen bleibt nur die Möglichkeit, die Applikationsentwicklung auf der Basis von Middleware wie ODBC und Oracle Objects for OLE anhand von Beipielen darzustellen und als Beipiele diejenigen Entwicklungsumgebungen herauszugreifen, die für diesen Zweck am häufigsten eingesetzt werden. Es dürfte Einigkeit darüber bestehen, daß im PC-Kontext hauptsächlich dann nach Middleware Ausschau gehalten wird, wenn es darum geht, mit Microsoft-Produkten auf eine Oracle-Datenbank zuzugreifen. Unter diesen wiederum spielen verständlicherweise *Access* und *FoxPro* die bedeutendste Rolle, da sie von sich aus datenbankorientiert sind und die schnelle Entwicklung von Applikationen mit umfangreicher Defaultfunktionalität unterstützen. Werden größere Ansprüche an die graphische Aufbereitung der Daten gestellt, kommt *Excel* ins Spiel. Kommen schließlich zur Ermittlung und Aufbereitung der Daten in größerem Umfang andersartige Operationen – wie etwa Dateizugriffe – oder der Wunsch nach besonderen, nur über zusätzliche Steuerelemente realisierbaren Darstellungsmöglichkeiten hinzu, so wird häufig *Visual Basic* eingesetzt.

Access, Excel, Visual Basic und – seit Office 97 – auch Word weisen mit *Visual Basic (VB)* bzw. *Visual Basic for Applications (VBA)* eine gemeinsame Programmiersprache und mit den *Data Access Objects* eine gemeinsame Programmierschnittstelle für den Zugang zur ODBC-Funktionalität auf. Excel, Visual

Basic und Word 97 sind überdies vorzügliche Kandidaten für den Einsatz von *Oracle Objects for OLE*. Es liegt somit nahe, diese vier Produkte als Beispiele heranzuziehen und sich auf die Data Access Objects (DAO) sowie die Oracle Objects for OLE als Programmierschnittstellen zu beschränken. Das ist zwar eigentlich ein wenig unfair, weil die Oracle Objects for OLE von ihrem Anspruch her eher mit den Remote Data Objects (RDO) von Microsoft verglichen werden müssen. Da die RDO-Schnittstelle bisher aber lediglich in Visual Basic (als Entwicklungsumgebung) implementiert ist und von vielen ODBC-Treibern immer noch nicht unterstützt wird, dürfte ihre Behandlung außerhalb eines Spezialwerkes über Visual Basic wenig sinnvoll sein.

Gleichwohl kann das Ziel der Kapitel 3 und 4 nicht darin bestehen, in den Umgang mit den genannten Produkten einzuführen. Wer Applikationen für den Zugriff auf Oracle-Datenbanken entwickelt und für seine Entwicklungsarbeit nicht ein Produkt von Oracle, sondern eines von Microsoft auswählt, der tut das in der Regel, weil er mit dem Microsoft-Produkt vertraut ist und sich nicht in eine neue Entwicklungsumgebung einarbeiten möchte. Eine solche Vertrautheit wird deshalb hier vorausgesetzt. Wenn Sie eine Einführung in den Umgang mit Access, Excel, Visual Basic oder Word 97 benötigen, dann sei ein Blick in den Katalog des Addison-Wesley Verlages empfohlen. Sie werden dort alles Notwendige finden.

Die Kapitel 3 und 4 versuchen vielmehr, die *generelle Vorgehensweise beim Zugriff auf eine Oracle-Datenbank mit Visual Basic und den Data Access Objects oder den Oracle Objects for OLE* zu beschreiben. Der Begriff »Visual Basic« steht deshalb zumeist nicht für die Entwicklungsumgebung, sondern für die gemeinsam benutzte Programmiersprache. Wo Besonderheiten einzelner Entwicklungsumgebungen behandelt werden, wird dies durch das Icon des entsprechenden Produktes am Rand deutlich gemacht.

> Um der Vielfalt der möglichen Entwicklungswerkzeuge gerecht zu werden, wurde die Beispielapplikation (»Informations- und Verwaltungsprogramm der Stadtbibliothek Neustadt«) in mehrere Teile zerlegt, die mit unterschiedlichen Werkzeugen implementiert wurden. Auf der beiliegenden CD finden Sie die Verwaltungskomponente als Access-Datenbank (`\Middleware\Access\neustadt.mdb`), die Katalogkomponente als Visual-Basic-Applikation (`\MiddleWare\VisualBasic\katalog.vbp`), die Statistikkomponente als Excel-Arbeitsmappe (`\Middleware\Excel\addwes.xls`) und die Erstellung von Mahnbriefen an Benutzer, die ausgeliehene Bücher nicht rechtzeitig zurückgegeben haben, als Word97-Dokument (`\Middleware\Word97\mahnung.doc`).

3.2 Überblick über die Objektverwaltung

Die Einschränkung auf die Data Access Objects und die Oracle Objects for OLE bedeutet, daß ausschließlich objektorientierte Programmierschnittstellen zu behandeln sind. Die Data Access Objects setzen, wie in Kapitel 1 bereits erwähnt, auf dem traditionellen ODBC-API auf und transformieren dieses in eine objektorientierte Schnittstelle. Die OO4O-Schnittstelle ist von sich aus objektorientiert.

Objektorientierte Programmierschnittstellen präsentieren dem Applikationsentwickler alle für den Datenbankzugriff relevanten Komponenten in Form von Objekten, die vom Entwickler manipulierbare Eigenschaften und aktivierbare Methoden aufweisen. Als Beispiele für derartige Komponenten seien die Datenbank, die Datenbankverbindung, Tabellen, Felder und Ergebnismengen genannt. Details folgen in Abschnitt 3.4.1.

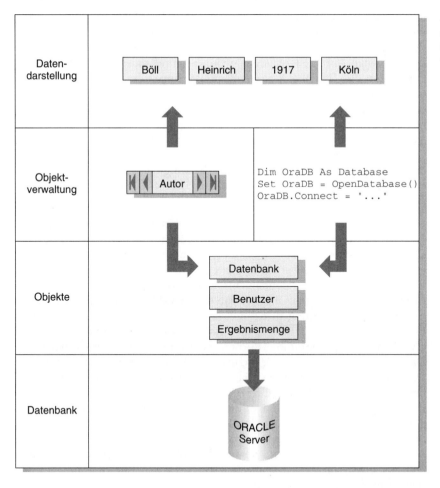

Abbildung 3.1:
Implizite und explizite Objektverwaltung

Insbesondere diejenigen Entwicklungswerkzeuge, die für die Entwicklung interaktiver Applikationen bestimmt sind (Access, Visual Basic), ermöglichen zwei Arten der Objektverwaltung und damit auch zwei Arten der Applikationsentwicklung: Bei der impliziten Objektverwaltung befaßt sich der Applikationsentwickler nur mit dem für den Anwender sichtbaren »Vordergrund« der Applikation, während die im »Hintergrund« erforderliche Objektverwaltung – die nicht mit dem Datenbankzugriff durch den Server verwechselt werden darf, sondern vollständig auf der Client-Seite stattfindet – als Defaultfunktionalität zur Verfügung gestellt wird. Bei der expliziten Objektverwaltung programmiert der Entwickler die für das Anlegen und Verwalten der Objekte erforderlichen Vorgänge selbst.

Für die implizite Objektverwaltung sind *Datenbank-Steuerelemente (Data Controls)* und *gebundene Steuerelemente (Bound Controls)* erforderlich. Das Datenbank-Steuerelement repäsentiert und verwaltet die Datenbankverbindung sowie alle damit zusammenhängenden Objekte. Die gebundenen Steuerelemente dienen der Anzeige von Daten, die über diese Datenbankverbindung ermittelt wurden, sowie der Aufnahme neuer, in die Datenbank einzufügender Daten. Im Gegensatz zu frei manipulierbaren Steuerelementen sind sie an das Datenbank-Steuerelement gebunden und müssen ihre Aktivitäten denjenigen des Datenbank-Steuerelementes anpassen: Wenn mit dem Datenbank-Steuerelement von einem Datensatz zum nächsten gewechselt wird, so müssen alle gebundenen Steuerelemente die Werte des neuen Datensatzes anzeigen. Diese Grundstruktur liegt beim Arbeiten mit Visual Basic (als Entwicklungsumgebung) offen zutage, da der Entwickler hier das Datenbank-Steuerelement und die gebundenen Steuerelemente explizit in die Applikation einfügen und auch die Bindung der letzteren an das erstere explizit durchführen muß. Sie ist aber auch in Access implementiert und erkennbar.

Für die explizite Objektverwaltung werden *Objektvariablen* benötigt. In einer Objektvariablen wird nach erfolgreichem Anlegen eines Objektes dessen Beschreibung gespeichert, so daß das Objekt später über die Variable angesprochen werden kann. Da bei konsequent durchgeführtem Objektkonzept alle Komponenten von der Datenbank bis zum einzelnen Feld als Objekte implementiert und somit über Objektvariablen verwaltbar sind, erfordert die explizite Objektverwaltung prinzipiell keinerlei Steuerelemente. Auch praktisch existieren Applikationen, die ohne Steuerelemente auskommen, wie etwa Benchmark-Programme, die neu generierte und geänderte Daten in die Datenbank einfügen, ohne sie anzuzeigen, Konvertierungsprogramme, die Daten aus einer Datenbank in eine andere verschieben, oder Dokumentationsprogramme, die Daten abfragen, aufbereiten und in einer Datei speichern. In vielen Fällen wird aber auch bei expliziter Objektverwaltung die Anzeige ermittelter Daten sowie die Möglichkeit, Daten interaktiv zu ändern und neu einzugeben, erforderlich sein. Dafür können *ungebundene Steuerelemente* verwendet werden, deren Inhalt nicht durch ein übergeordnetes Steuerelement, sondern ausschließlich durch die vom Programmierer implementierte Funktionalität gesteuert und verarbeitet wird.

Die beiden Strategien sind in einer Applikation kombinierbar. Das bedeutet nicht nur, daß – was häufig vorkommt – der Entwickler die implizite Objektverwaltung für den Zugriff auf Datenbestände einsetzt, die dem Benutzer angezeigt werden sollen, und daneben von der expliziten Objektverwaltung Gebrauch macht, um im Hintergrund Wertelisten oder laufende Nummern zu ermitteln. Zumindest einige Werkzeuge erlauben es, eine Ergebnismenge zunächst mit den Mitteln der expliziten Objektverwaltung aufzubauen und dann einem Datenbank-Steuerelement – gleichsam als »Kuckucksei« – unterzuschieben, so daß es danach für die Verwaltung dieser von ihm gar nicht erzeugten Ergebnismenge zuständig ist. Und auch die umgekehrte Richtung ist möglich: Implizit angelegte Ergebnismengen können mit explizit programmierten Methoden manipuliert werden.

Wie immer in derartigen Fällen, eignet sich der einfachere Weg – hier also die implizite Objektverwaltung – in erster Linie für kleinere, weniger anspruchsvolle Applikationen. Zu den Gründen, die zur Implementierung einer expliziten Objektverwaltung nötigen oder diese doch zumindest nahelegen, gehören die folgenden:

- Eine SQL-Anweisung ist im Hintergrund auszuführen und soll nicht zur Anzeige von Daten führen. Beispiele dafür sind das Ermitteln einer Sequenznummer vor dem Einfügen eines neuen Datensatzes oder das beim Applikationsstart durchgeführte Laden kleiner, aber häufig benutzter Tabellen in den Arbeitsspeicher des Client-Rechners zum Zwecke der Reduzierung des Netzwerkverkehrs.

- Die Applikation ruft eine in der Datenbank gespeicherte PL/SQL-Prozedur (*Stored Procedure*) auf.

- Die Applikation soll Steuerelemente enthalten, die nicht als gebundene Steuerelemente fungieren können. Beispiele dafür sind die *Tree View* und *List View Controls*.

- Für die Applikationsentwicklung wird ein Werkzeug eingesetzt, das die implizite Objektverwaltung nicht unterstützt. Unter den hier als Beispiele verwendeten Produkten ist diese Gruppe durch Excel vertreten.

3.3 Implizite Objektverwaltung

3.3.1 Access

Das Anlegen eines Formulars auf der Basis einer eingebundenen Tabelle unterscheidet sich nicht vom Anlegen eines Formulars, das auf einer Access-Tabelle basiert. Im Folgenden soll dies anhand der Tabelle AUTOR dargestellt werden. Dabei wird vorausgesetzt, daß die Tabellen AUTOR und LAND als eingebundene Tabellen vorliegen. Vorgestellt wird lediglich die Nutzung der ODBC-Schnittstelle, da Access es nicht ermöglicht, über Oracle Objects for OLE auf die Datenbank zuzugreifen und dabei gebundene Steuerelemente zu benutzen.

3 Applikationsentwicklung mit den DAO und OO4O

Starten Sie Access und legen Sie mit dem Formularassistenten oder manuell ein neues Formular an, das die Felder NR, NAME, VORNAME, GEBJAHR, GEBORT, GESTJAHR und GESTORT als Textfelder enthält. Fügen Sie anschließend ein Kombinationsfeld ein, das die Spalte AUTOR.LAND repräsentiert, aber mit Hilfe der Spalten LAND.NR (nicht angezeigt) und LAND.NAME (angezeigt) die intern verwendeten Nummern in die Ländernamen umwandelt. Das Ergebnis sollte etwa so aussehen wie Abbildung 3.2.

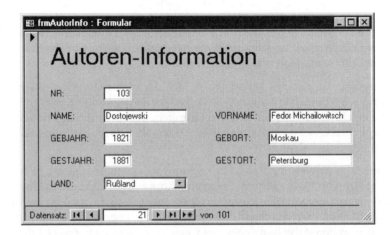

Abbildung 3.2:
Access-Formular für den Zugriff auf die Tabelle AUTOR

Dieses Formular läßt die im vorangehenden Abschnitt beschriebene Grundstruktur beim Arbeiten mit der impliziten Objektverwaltung erkennen. Links unten befindet sich das Datenbank-Steuerelement, das zwar nicht explizit als solches in das Formular eingefügt werden mußte, aber dennoch die wichtigen Objekte (Datenbankverbindung, Basistabelle, Ergebnismenge) repräsentiert und die Navigation in der ermittelten Ergebnismenge ermöglicht. Die übrigen Steuerelemente sind an das Datenbank-Steuerelement gebunden, so daß sie – als Textfelder direkt, als Kombinationsfeld über die Umsetzung von interner und externer Darstellung – die Inhalte des jeweils aktuellen Datensatzes anzeigen. Die für das Kombinationsfeld erzeugte Liste basiert auf einer weiteren Datenbankabfrage, die vollständig implizit verwaltet wird.

Neben dem bloßen Blättern in der Ergebnismenge bietet dieses Formular weitere Defaultfunktionalität: Die Ergebnismenge kann gefiltert, einzelne Datensätze können gesucht, angezeigte Daten können geändert oder gelöscht und neue Datensätze können eingefügt werden. Allerdings ist es sinnvoll, die Anwendung von Filtern (Auswahlkriterien) und die Sortierung der Datensätze nicht lokal vorzunehmen, sondern in die für den Oracle Server bestimmte SQL-Anweisung zu integrieren. Eine entsprechende nachträgliche Anpassung der SQL-Anweisung ist zum Beispiel im Abschnitt *Daten* der Formulareigenschaften möglich.

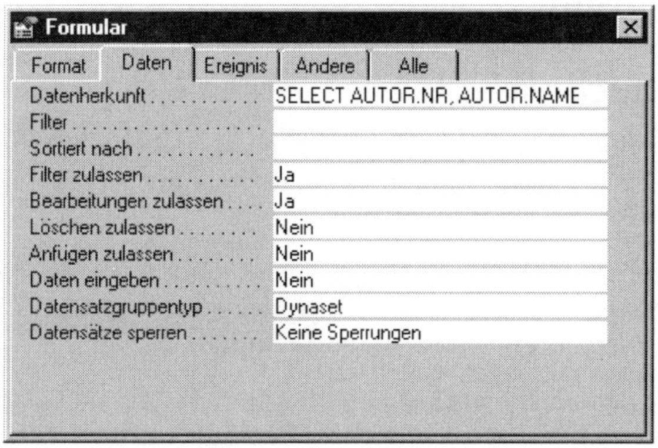

Implizite Objektverwaltung

```
Formular                                              [X]
 Format   Daten   Ereignis   Andere   Alle
 Datenherkunft..........  SELECT AUTOR.NR, AUTOR.NAME
 Filter................
 Sortiert nach..........
 Filter zulassen........  Ja
 Bearbeitungen zulassen.. Ja
 Löschen zulassen.......  Nein
 Anfügen zulassen.......  Nein
 Daten eingeben.........  Nein
 Datensatzgruppentyp....  Dynaset
 Datensätze sperren.....  Keine Sperrungen
```

Abbildung 3.3: Daten-Eigenschaften des Access-Formulars

An der gleichen Stelle sollten Sie vorerst auch das Einfügen neuer (Eigenschaft: *Anfügen zulassen*) und das Löschen bereits bestehender Datensätze (Eigenschaft: *Löschen zulassen*) verbieten. Die Autoren-Datensätze werden durch eindeutige Nummern gekennzeichnet, die ihrerseits über eine Sequenz generiert werden. Die manuelle Vergabe einer Autorennummer beim Einfügen würde diesen Mechnismus durcheinanderbringen und irgendwann zu Problemen führen. Sodann sind die Datensätze in der Tabelle BUCH über eine Primärschlüssel-Fremdschlüssel-Beziehung mit denjenigen der Tabelle AUTOR verbunden. Der Versuch, einen Autor zu löschen, für den noch Bücher eingetragen sind, würde aufgrund dieser Beziehung vom Oracle Server ohnehin zurückgewiesen werden, so daß es sinnvoller ist, dem Benutzer eine derartige Möglichkeit erst gar nicht anzubieten. Selbstverständlich wird im weiteren Verlauf der Darstellung gezeigt, wie die angesprochenen Probleme zu behandeln sind.

Sofern Sie den Benutzern ohnehin nur lesenden Zugriff auf die Daten anbieten, mithin auch das Ändern der Daten untersagen wollen, sollten Sie nicht nur für die Eigenschaft *Bearbeitungen zulassen* den Wert *Nein* eintragen, sondern vor allem für die Eigenschaft *Datensatzgruppentyp* den Defaultwert *Dynaset* durch die Einstellung *Snapshot* ersetzen. Ein Snapshot ist eine ausschließlich lesende Zugriffe erlaubende Ergebnismenge, die mit geringerem Aufwand und daher schneller als ein Dynaset zu ermitteln ist. Damit erübrigt es sich natürlich, nach dem Umschalten auf den Datensatzgruppentyp Snapshot das Einfügen, Ändern und Löschen von Datensätzen noch explizit zu verbieten.

3.3.2 Visual Basic

Microsoft Data Control

Das Anlegen eines Formulars, das lediglich auf einer einzigen Tabelle basiert, ist mit Visual Basic kaum aufwendiger als mit Access. Sie haben die Wahl zwischen zwei Vorgehensweisen:

- Sie können das Datenbank-Steuerelement manuell in das Formular einfügen, dessen Haupteigenschaften festlegen und sodann die gebundenen Steuerelemente ebenfalls manuell einfügen.

- Alternativ können Sie über die Menüoption *Add-Ins* den *Data Form Designer* aufrufen, der – ähnlich wie der Formularassistent von Access – einige Eingaben anfordert und dann diesen Angaben entsprechend das Formular aufbaut.

Hier wird der manuelle Aufbau des Formulars beschrieben, weil er die Abläufe und Zusammenhänge besser erkennen läßt.

Öffnen Sie ein neues Formular und fügen Sie ein Datenbank-Steuerelement ein. Ändern Sie im Eigenschaftsfenster zunächst dessen Namen, z.B. in mdc-Autor[1]. Die weitere Vorgehensweise hängt davon ab, auf welchem Wege Sie auf die Tabelle in der Oracle-Datenbank zugreifen wollen. Sie können dies entweder über einen ODBC-Connect-String direkt tun oder indirekt über eine Tabelle, die in eine Access-Datenbank eingebunden wurde. Microsoft empfiehlt mit Hinweis auf eine bessere Performance den zweiten Weg. Dieses Argument wird noch zu prüfen sein.

Sofern Sie den Zugriff über eine eingebundene Tabelle wählen, sind im Eigenschaftsfenster zwei Eintragungen erforderlich:

Connect   Als Verbindungstyp ist standardmäßig Access eingestellt. Verwenden Sie diesen Defaultwert.

DatabaseName   Tragen Sie hier den Pfad und den Namen der zu nutzenden Access-Datenbank ein.

Sofern Sie den direkten Verbindungsaufbau vorziehen, wird nur eine Eintragung benötigt:

Connect   Tragen Sie hier den zu verwendenden ODBC-Connect-String ein.

Die Syntax der ODBC-Connect-Strings weist verständlicherweise für die einzelnen Datenbanktypen erhebliche Unterschiede auf. Selbst die ODBC-Treiber für den Zugriff auf Oracle-Datenbanken unterscheiden sich aber im Hinblick auf Anzahl und Bedeutung der unterstützten Parameter. Sie kön-

---

[1]. Im folgenden werden die Präfixe mdc (*Microsoft Data Control*) und odc (*Oracle Data Control*) verwendet, um die im Lieferumfang von Visual Basic bzw. von Oracle Objects for OLE enthaltenen Datenbank-Steuerelemente zu kennzeichnen und zu unterscheiden.

nen jedoch davon ausgehen, daß die folgenden Parameter von allen ODBC-Treibern für den Zugriff auf Oracle-Datenbanken unterstützt werden:

ODBC   Dieser Parameter, dem kein Wert zugeordnet wird, gibt an, daß die Verbindung über die ODBC-Schnittstelle aufgebaut werden soll.

DSN   Abkürzung für *Data Source Name*. Diesem (optionalen) Parameter wird der Name der ODBC-Datenquelle zugewiesen. Wenn Sie ihn weglassen, erscheint während des Verbindungsaufbaus das ODBC-Datenquellen-Auswahlfenster.

UID   Abkürzung für *UserId*. Weisen Sie diesem (optionalen) Parameter den Namen desjenigen Benutzers zu, unter dem Sie sich bei der Oracle-Datenbank anmelden wollen. Lassen Sie ihn weg, wird er während des Verbindungsaufbaus automatisch abgefragt.

PWD   Abkürzung für *Password*. Sie können hier das zu verwendende Kennwort eintragen. Auch dieser Parameter ist optional.

Wie Sie der Aufstellung entnehmen können, sind alle Parameter mit Ausnahme des Eintrags ODBC optional. Werden mehrere oder alle Parameter verwendet – was sich insbesondere während der Entwicklungsphase der Applikation anbietet –, so sind diese jeweils durch ein Semikolon zu trennen:

```
ODBC;DSN=AddWesDB;UID=AddWes;PWD=AddWes
```

Eine weitere Eigenschaft des Datenbank-Steuerelementes muß in jedem Fall definiert werden:

RecordSource   An dieser Stelle ist festzulegen, auf welche Daten zugegriffen werden soll. Als Eintrag ist der Name einer Tabelle oder eine SQL-Anweisung möglich.

Geben Sie für RecordSource die SQL-Anweisung

```
SELECT NR, NAME, VORNAME, GEBJAHR, GEBORT, GESTJAHR, GESTORT, LAND
FROM AUTOR
ORDER BY NAME, VORNAME
```

ein und legen Sie für die in der SELECT-Klausel enthaltenen Spalten – mit Ausnahme der Spalte LAND – Textfelder und Feldbeschriftungen an. Legen Sie dann für sämtliche Textfelder die folgenden Eigenschaften fest, um daraus gebundene Steuerelemente zu machen:

DataSource   Name des Datenbank-Steuerelements, an das das Textfeld gebunden werden soll, im Beispiel also mdcAutor.

DataField   Name derjenigen Spalte aus der SELECT-Anweisung, die durch das Textfeld dargestellt werden soll.

Nach Abschluß dieser Maßnahmen sind die grundlegenden Mechanismen implementiert und Sie können die Funktionstüchtigkeit Ihrer Applikation testen. Fällt der Test zu Ihrer Zufriedenheit aus, sollten Sie abschließend dafür sorgen, daß auch das Land, in dem der Autor hauptsächlich gelebt hat, angezeigt wird. Fügen Sie dazu ein weiteres Datenbank-Steuerelement, ein Steuerelement vom Typ *DBCombo* und ein zugeordnetes statisches Textfeld in das Formular ein. Nennen Sie das neue Datenbank-Steuerelement mdc-Land und ordnen Sie ihm die SQL-Anweisung

```
SELECT NR, NAME FROM LAND ORDER BY NAME
```

zu. Legen Sie für das DBCombo-Feld folgende Eigenschaften fest:

DataSource — Name des Datenbank-Steuerelements, über das der Zugriff auf die *Basistabelle* erfolgt (mdcAutor).

DataField — Name der Spalte aus der Basistabelle, deren Werte dargestellt werden sollen (LAND).

RowSource — Name des Datenbank-Steuerelements, über das der Zugriff auf die *Übersetzungstabelle* erfolgt, die die für die Umsetzung von internen in externe Werte benötigte Liste liefert (mdcLand).

BoundColumn — Name derjenigen Spalte aus der Übersetzungstabelle, die die intern verwendeten Werte enthält (NR).

ListField — Name derjenigen Spalte aus der Übersetzungstabelle, die die im Formular anzuzeigenden Werte enthält (NAME).

Das in dieser Weise entwickelte Formular bietet die Möglichkeit, sämtliche Daten aus der Tabelle AUTOR abzufragen, wobei die Ländernummern aufgrund der zuletzt vorgenommenen Erweiterung in die Ländernamen umgesetzt werden, und in der ermittelten Ergebnismenge zum ersten, vorangehenden, nächsten oder letzten Datensatz zu blättern. Darüber hinaus ist das Ändern der angezeigten Werte möglich, wobei jedes Navigieren zu einem beliebigen anderen Datensatz, d.h. jeder Wechsel des aktuellen Datensatzes die durchgeführten Änderungen bestätigt. Durch Blättern über den letzten Datensatz hinaus wird ein leerer Datensatz geöffnet, der das Einfügen eines neuen Datensatzes ermöglicht. Wenn Sie das Formular nicht manuell, sondern mit dem Data Form Designer angelegt haben, enthält es überdies bereits einen Button, mit dem der aktuelle Datensatz gelöscht werden kann. Der einzige, aber keineswegs unbedeutende Unterschied zwischen einem mit Access einerseits und Visual Basic andererseits angelegten Default-Formular besteht somit darin, daß Access standardmäßig bereits die für die interaktive Eingabe von Auswahlbedingungen (Filtern) erforderliche Funktionalität bereitstellt, während diese bei Verwendung von Visual Basic programmiert werden muß.

Implizite Objektverwaltung

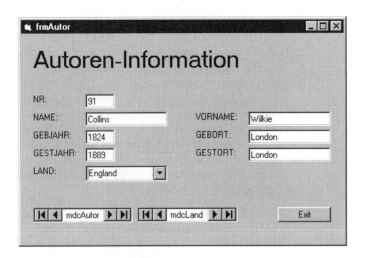

*Abbildung 3.4:
Visual-Basic-
Formular für den
Zugriff auf die
Tabelle AUTOR*

Abschließend sei auf einige Eigenschaften des Datenbank-Steuerelements hingewiesen, über die sich Funktionalität und Performance der Applikation beeinflussen lassen:

BOFAction   Die Eigenschaft legt fest, was geschehen soll, wenn der Benutzer versucht, über den ersten Datensatz einer Ergebnismenge hinauszublättern. Mögliche Einstellungen sind `Move First` und `BOF`. Erstere verhindert das Blättern, die zweite ermöglicht es.

EOFAction   Wie der Name schon anzeigt, ist diese Eigenschaft das sich auf das Ende der Ergebnismenge beziehende Gegenstück zu `BOFAction`. Als Besonderheit ist hier jedoch die Einstellung `Add New` zu erwähnen. Wählen Sie diese Option, kann der Benutzer durch Hinausblättern über den letzten Datensatz einen leeren Datensatz öffnen und auf diese Weise einen neuen Datensatz in die Tabelle einfügen. Mit der Einstellung `Move Last` (Default) verhindern Sie dies.

Options   Über die Zuweisung numerischer Werte an diese Eigenschaft kann der Typ der Datenbankverbindung modifiziert werden. Von Bedeutung ist insbesondere der Wert 64, durch den die Abfrage als *Pass-Through Query* deklariert wird. Die Bedeutung derartiger Abfragen wird im weiteren Verlauf dieses und des folgenden Kapitels erörtert.

ReadOnly   Die Zuweisung des Wertes `True` an diese Eigenschaft bewirkt, daß auf die Ergebnismenge nur lesend zugegriffen werden kann.

3 Applikationsentwicklung mit den DAO und OO4O

RecordsetType Über diese, einige funktionale Überschneidungen mit ReadOnly aufweisende Eigenschaft können Sie wählen, ob die Ergebnismenge ein Lesen und Schreiben zulassendes *Dynaset* oder ein lediglich lesenden Zugriff ermöglichender *Snapshot* sein soll. Die Einstellung *Table* ist beim Zugriff auf Oracle-Datenbanken nicht zulässig. Benutzen Sie diese Eigenschaft im Beispielformular, um zu veranlassen, daß die Abfrage der Tabelle LAND über mdcLand lediglich einen Snapshot liefert. Dies beschleunigt den Zugriff und hat – zumindest beim derzeitigen Stand der Applikation – keinerlei funktionale Einschränkungen zur Folge.

Visible Benutzen Sie diese Eigenschaft, um dafür zu sorgen, daß das Datenbank-Steuerelement mdcLand nicht angezeigt wird.

Oracle Data Control

Da Oracle Wert darauf gelegt hat, Entwicklern, die mit den Data Access Objects und dem darauf aufbauenden Datenbank-Steuerlement vertraut sind, beim Umstieg auf die Oracle Objects for OLE kein unnötiges Umlernen zuzumuten, sondern bei aller Verschiedenheit der internen Abläufe die für Entwickler sichtbare Oberfläche möglichst identisch zu gestalten, gleicht der Aufbau eines Visual-Basic-Formulars, in dem das Oracle Data Control genutzt wird, weitgehend dem eines auf dem Microsoft Data Control basierenden Formulars. Deshalb soll hier nicht noch einmal der gesamte, bereits im vorangehenden Abschnitt beschriebene Ablauf wiederholt, sondern vielmehr die Frage gestellt werden, welche Schritte notwendig sind, um das im vorangehenden Abschnitt entwickelte, auf der ODBC-Schnittstelle basierende Formular auf die OO4O-Schnittstelle umzustellen. Legen Sie daher, wenn Sie die Ausführungen dieses Abschnitts praktisch nachvollziehen möchten, eine Kopie der im vorigen Abschnitt erzeugten Dateien an und laden Sie dieses neue Projekt.

Der erste erforderliche Schritt wird vermutlich darin bestehen müssen, das standardmäßig nicht geladene Oracle-Datenbank-Steuerelement (*Oracle Data Control*) über die Menüoption *Tools* ⇨ *Custom Controls* innerhalb des Visual Basic Designers verfügbar zu machen (Abbildung 3.5).

Fügen Sie nun zwei Oracle-Datenbank-Steuerelemente in das Formular ein, löschen Sie aber die Microsoft-Datenbank-Steuerelemente vorerst noch nicht. Weisen Sie im Eigenschaftsfenster den beiden Oracle-Datenbank-Steuerelementen Werte für folgende Eigenschaften zu:

Connect Tragen Sie hier lediglich den Namen und das Kennwort des Benutzers ein, unter dem Sie sich bei der Oracle-Datenbank anmelden wollen. Zu verwenden ist dabei die für alle Oracle-Werkzeuge geltende Syntax, bei der die beiden Angaben durch einen Schrägstrich getrennt wer-

Implizite Objektverwaltung

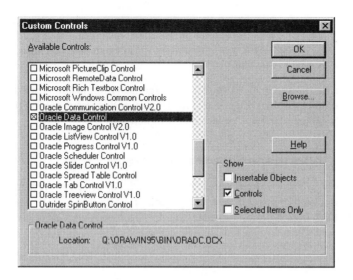

*Abbildung 3.5:
Einbinden des
Oracle-Datenbank-
Steuerelements*

den (also SCOTT/TIGER oder ADDWES/ADDWES). Beachten Sie bitte auch, daß diese Angaben unbedingt erforderlich sind, weil OO4O im Gegensatz zu ODBC keinen Automatismus für die Abfrage zur Laufzeit beinhaltet. Wenn Sie keine Werte angeben wollen, müssen Sie selbst eine kleine Maske aufbauen, in die der Benutzer Name, Kennwort und Netzwerkadresse eingeben kann.

DatabaseName   Diese Eigenschaft definiert die Zieldatenbank. Einzutragen ist hier aber *keine* ODBC-Datenquelle, sondern eine SQL*Net-Adresse (TNS-Aliasname).

RecordSource   Geben Sie unter dieser Eigenschaft die SQL-Anweisung ein, durch die die anzuzeigenden Werte ermittelt werden sollen. Die bloße Angabe eines Tabellennamens ist hier nicht zulässig. Wenn Sie die Microsoft-Datenbank-Steuerelemente noch nicht aus dem Formular entfernt haben, können Sie sich die Arbeit vereinfachen, indem Sie die SQL-Anweisungen aus dem Eigenschaftsfenster für das Microsoft-Datenbank-Steuerelement in das des entsprechenden Oracle-Datenbank-Steuerelementes kopieren.

Name   Die Vergabe der Namen für die Datenbank-Steuerelemente erfordert einige Vorüberlegungen. Wenn Sie – wie das hier aus didaktischen Gründen geschieht – für die Steuerelemente von Microsoft und von Oracle unterschiedliche Namen verwenden (mdcAutor, odcAutor), so müssen bei der Umstellung Ihrer Applikation von ODBC auf OO4O die Namen aller Datenbank-Steuerelemente und die DataSource-Eigenschaften aller gebundenen Steuerelemente geändert werden. Verwenden Sie dagegen die gleichen Namen für beide Arten von Steuerelementen, so können Sie sich diese Arbeit ersparen.

Nach der Anpassung der aufgelisteten Eigenschaften können Sie die alten Steuerelemente löschen. Zugriff auf und Anzeige der Daten sollten nun über die Oracle-Datenbank-Steuerelemente möglich sein.

3.3.3 Gebundene Steuerelemente

Nicht alle von Werkzeugen wie Access oder Visual Basic zur Verfügung gestellten Steuerelemente können als gebundene Steuerelemente verwendet werden. Diejenigen Steuerelemente, die dies zulassen, werden auch als *Data Aware Controls* bezeichnet.

Zur Grundausstattung von Access gehören folgende Data Aware Controls:

- Textfeld
- Umschaltfläche
- Optionsfeld
- Kontrollkästchen
- Kombinationsfeld
- Listenfeld
- Gebundenes Objektfeld (OLE-Feld)

Visual Basic unterstützt u.a. die Verwendung der folgenden Steuerelemente als gebundene Steuerelemente:

- Labelfeld
- Textfeld
- Optionsfeld
- Kontrollkästchen
- Kombinationsfeld
- Listenfeld
- Gebundenes Kombinationsfeld (DBCombo)
- Gebundenes Listenfeld (DBList)
- DBGrid-Feld
- Bildfeld (PictureBox)
- Image-Feld
- Objektfeld (OLE-Feld)

Explizite Objektverwaltung

> Wenn Sie beabsichtigen, Oracle Objects for OLE mit Visual Basic zu verwenden, sollten Sie beachten, daß nicht alle Steuerelemente mit Oracle Objects for OLE fehlerfrei zusammenarbeiten können. Dies gilt insbesondere für einige Steuerelemente, die nicht zur Grundausstattung gehören, sondern von anderen Herstellern angeboten werden. Wichtige Informationen zu diesem Thema finden Sie in einer Datei, die bei der Installation von Oracle Objects for OLE über ein Icon mit der Beschriftung *OO4O21 Control Notes* zugänglich gemacht wird.

3.4 Explizite Objektverwaltung

3.4.1 Data Access Objects

Objekthierarchie

Jede objektorientierte Schnittstelle für den Datenbankzugriff bietet dem Entwickler die für diesen Zugriff bedeutsamen Komponenten in Form von Objekten an, die in einer *Objekthierarchie* angeordnet sind. Allerdings beruhen die Objekthierarchien auf sehr verschiedenartigen Konzepten, so daß jeweils die Struktur der von der Schnittstelle angebotenen Objekthierarchie betrachtet werden muß, bevor die explizite Objektverwaltung und Objektmanipulation an Beispielen vorgestellt werden kann.

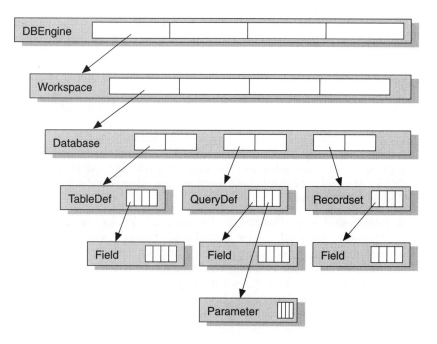

Abbildung 3.6: Data Access Objects: Objekthierarchie

Die Objekthierarchie der Data Access Objects ist, verglichen mit anderen Objekthierarchien, ein sehr komplexes Gebilde. Nicht alle Elemente dieser Hierarchie sind jedoch für den Zugriff auf ODBC-Datenbanken relevant, so daß hier eine Beschränkung auf folgende Elemente möglich ist:

▹ An oberster Stelle in der Hierarchie steht die DBEngine. Dieses Objekt repräsentiert die *Jet Database Engine*, die ursprünglich für Access implementiert, aber im Zuge der Implementierung der Data Access Objects innerhalb von Visual Basic und Excel auch in diese Produkte übernommen wurde.

▹ In der darunterliegenden Hierarchie-Ebene befindet sich der Workspace. Dieses Objekt repräsentiert eine Datenbank-Sitzung (Session). Die der Jet Engine zugeordnete *Workspaces Collection* beinhaltet in jedem Fall einen Default-Workspace, erlaubt aber auch den Aufbau zusätzlicher Workspaces.

▹ Unterhalb der Workspaces sind die Database-Objekte angesiedelt. Jedes derartige Objekt repräsentiert eine geöffnete Datenbank. Jedem Workspace ist eine *Databases Collection* zugeordnet, die aus einer Datenbank oder mehreren Datenbanken bestehen kann. Allerdings ist hier anzumerken, daß das im Rahmen der Data Access Objects implementierte Database-Objekt ursprünglich auf PC-Datenbanken abzielte, bei denen der Begriff »Datenbank« etwa das bezeichnet, was in einer Oracle-Datenbank eine Tabelle ist. Zwar wurde die ursprüngliche Implementierung inzwischen mehrfach modifiziert und von den gröbsten Nachteilen – wie etwa dem Öffnen einer neuen Datenbankverbindung bei jedem Zugriff auf eine zusätzliche Tabelle – befreit, doch hat das Konzept dadurch an Klarheit eher verloren und diese Unschärfe führt leicht zu Mißverständnissen und Schwierigkeiten.

▹ Eine Datenbank enthält verschiedenartige Objekte. Zu diesen gehören Tabellen. Unter dem Begriff TableDef-Objekt werden die in einer (Access-)Datenbank abgespeicherten Informationen über die Struktur einer Tabelle zusammengefaßt. Ein solches TableDef-Objekt wird auch erzeugt, wenn eine in einer ODBC-Datenbank befindliche Tabelle in eine Access-Datenbank eingebunden wird. Die Gesamtheit derartiger Objekte in einer Datenbank bildet die *TableDefs Collection*. Jedem TableDef-Objekt ist seinerseits eine *Fields Collection* zugeordnet, die die Spalten der Tabelle repräsentiert.

▹ Weiterhin sind einer Datenbank die QueryDef-Objekte untergeordnet. QueryDef-Objekte sind in der Datenbank abgespeicherte und bereits übersetzte Abfragen. Sie lassen sich zwar nur in Access-Datenbanken anlegen, haben, wie Kapitel 4 zeigen wird, aber gleichwohl einige Bedeutung für den Zugriff auf Oracle-Datenbanken. Auch sie bilden eine *QueryDefs Collection*. Jedem QueryDef-Objekt ist eine *Fields Collection* zugeordnet, die die abgefragten Spalten repräsentiert. Eine QueryDef-Definition kann auch Parameter beinhalten, so daß dem QueryDef-Objekt außerdem eine Parameters Collection zuzuordnen ist.

Explizite Objektverwaltung

▶ Schließlich sind unterhalb der Datenbank die Recordset-Objekte angesiedelt. Ein Recordset-Objekt repäsentiert die Datensätze, die in der durch eine Datenbankabfrage erzeugten Ergebnismenge enthalten sind. Ihm ist jeweils eine *Fields Collection* untergeordnet.

▶ Direkt unterhalb der DBEngine – also in der gleichen Hierarchie-Ebene wie die *Workspaces Collection* – befindet sich die *Errors Collection*. Sie beinhaltet Informationen über Fehler, die beim Datenbankzugriff über die Data Access Objects aufgetreten sind (vgl. Abschnitt 3.6.1).

Alle aufgeführten Objekte bieten zahlreiche Eigenschaften und Methoden, die in den nachfolgenden Abschnitten nur auszugsweise vorgestellt werden können. Die Online-Hilfe zu den Data Access Objects, die – sofern sie installiert wurde – innerhalb von allen Werkzeugen zur Verfügung steht, die diese Schnittstelle unterstützen, bietet neben Erläuterungen auch zahlreiche einfache Beispielprogramme, die zwar zumeist eine Access-Datenbank als Zieldatenbank voraussetzen, aus denen sich aber dennoch Vielerlei über die genannten Objekttypen lernen läßt.

Verbindungsaufbau

Nach dem langen theoretischen Vorspann soll nun unverzüglich ein Beispiel für den expliziten Aufbau einer Objekthierarchie mit der im vorangehenden Abschnitt beschriebenen Grundstruktur betrachtet werden. Die nachfolgenden Visual-Basic-Anweisungen leisten zwar nichts bemerkenswert Nützliches. Sie sind jedoch durchaus für sich allein ablauffähig – und zwar in jedem Werkzeug, das die Data Access Objects unterstützt. »Visual Basic« ist hier also im Sinne der Programmiersprache, nicht im Sinne des Werkzeugs zu verstehen.

```
Dim DefWS As Workspace
Dim OraDB As Database
Dim OraRS As Recordset
Dim SQLStmt As String
Dim ConStr As String

ConStr = "ODBC;DSN=AddWesDB;UID=AddWes;PWD=AddWes"
SQLStmt = "SELECT * FROM BUCH"

Set DefWS = DBEngine.Workspaces(0)
Set OraDB = DefWS.OpenDatabase("", False, False, ConStr)
Set OraRS = OraDB.OpenRecordset(SQLStmt)

OraRS.Close
OraDB.Close
```

Im ersten Teil des Beispiels werden einige Variablen vereinbart, darunter drei Objektvariablen. Auffallen sollte Ihnen an den Vereinbarungen der Variablen DefWS, OraDB und OraRS zunächst einmal, daß Visual Basic eigene Datentypen für die von den Data Access Objects benötigten Objekte bietet. Sodann ist bemerkenswert, daß keine Variable für das Objekt an der Spitze der

Hierarchie vereinbart wird. Dies ist in der Tat nicht nötig: Die `DBEngine` steht ohne explizite Vereinbarung zur Verfügung und kann unter diesem Namen angesprochen werden.

Es ist möglich, daß Sie bei dem Versuch, dieses kurze Beispiel in dem von Ihnen benutzten Werkzeug zur Ausführung zu bringen, eine Fehlermeldung bekommen, die darauf hindeutet, daß das Werkzeug die bei der Vereinbarung der Objektvariablen benutzten Datentypen nicht akzeptiert. Das liegt dann daran, daß die *Microsoft DAO 3.0 Object Library* noch nicht in Ihre Arbeitsumgebung eingebunden ist. Das Einbinden dieser Bibliothek über die dafür vorgesehene Menüoption (in Visual Basic etwa *Tools* ⇨ *References*) sollte dazu führen, daß die Fehlermeldungen verschwinden.

Im zweiten Teil des Beispiels werden die Hilfsvariablen `ConStr` und `SQLStmt` mit Werten belegt. Diese Anweisungen erfordern wohl keine weiteren Erläuterungen – mit Ausnahme vielleicht derjenigen, daß die Verwendung des Sterns in der SELECT-Klausel hier der Übersichtlichkeit des Beispiels dienen soll, daß von ihr aber in einer für den produktiven Einsatz gedachten Applikation abzuraten ist, weil dadurch Änderungen der Tabellenstruktur leicht zu Laufzeitfehlern führen können.

Im dritten Teil schließlich werden die erforderlichen Objekte angelegt und Verweise auf sie in Objektvariablen abgespeichert. Diese allgemeine Beschreibung ist allerdings für die erste Anweisung nicht ganz korrekt, denn wie die `DBEngine`, so steht auch der *Default Workspace* standardmäßig zur Verfügung und muß hier nur noch referenziert werden. Da der Default Workspace im Gegensatz zu zusätzlichen, explizit angelegten Workspaces keinen Namen besitzt, geschieht dies über seinen Index innerhalb der Workspaces Collection:

```
DBEngine.Workspaces(0)
```

Mit der im Workspace-Objekt implementierten Methode `OpenDatabase` wird anschließend die Datenbank geöffnet. Das Beispiel zeigt den Aufbau einer direkten ODBC-Verbindung zur Oracle-Datenbank, wofür keine Angabe eines Dateinamens (Parameter 1), dafür aber ein ODBC-Connect-String (Parameter 4) erforderlich ist. Dem – im Zusammenhang mit einer Oracle-Datenbank ohnehin nicht sehr sinnvollen – Parameter *Exclusive* (Parameter 2) sowie dem Parameter *ReadOnly* (Parameter 3) wird dabei der Wert *False* zugewiesen. Wenn Sie statt dessen eine in eine Access-Datenbank eingebundene Tabelle für den Zugriff nutzen wollen, kann der gesamte ODBC-Connect-String entfallen, und die Anweisung zum Öffnen der Datenbank lautet etwa:

```
Set OraDB = DefWS.OpenDatabase("C:\Access\DB\AddWes.mdb")
```

Unter Verwendung der Objektvariablen `OraDB`, die den Verweis auf die geöffnete Datenbank enthält, und der zuvor gefüllten Textvariablen `SQLStmt` wird schließlich ein Recordset erzeugt. Das Speichern eines Verweises auf diese Ergebnismenge ist Voraussetzung dafür, daß es anschließend möglich ist, durch die Ergebnismenge zu navigieren oder zu ihr gehörende Datensätze zu manipulieren.

Explizite Objektverwaltung

Wenn es in der Applikation nicht erforderlich ist, Workspaces gezielt anzusprechen, können Sie sich die Vereinbarung der Workspace-Variablen sowie die Wertzuweisung an sie sparen und – da DBEngine und Default Workspace bereits vorhanden sind – sofort mit dem Öffnen der Datenbank beginnen:

```
Set OraDB = DBEngine.Workspaces(0).OpenDatabase( _
            "", False, False, ConStr _
            )
```

Das Ende des Beispiels zeigt, wie Recordset und Datenbank mit der für beide Objekte verfügbaren Close-Methode geschlossen werden können.

Navigation

Für die Navigation innerhalb einer mit der `OpenRecordset`-Methode erzeugten Ergebnismenge stehen zunächst einmal die vier grundlegenden Methoden zur Verfügung, die das Datenbank-Steuerelement als Defaultfunktionalität anbietet:

`MoveFirst`	Blättern zum ersten Datensatz der Ergebnismenge
`MovePrevious`	Blättern zum vorhergehenden Datensatz
`MoveNext`	Blättern zum nächsten Datensatz
`MoveLast`	Blättern zum letzten Datensatz der Ergebnismenge

Diese Methoden sind in Verbindung mit der Recordset-Variable zu benutzen:

```
OrsRS.MoveNext
```

Vier weitere Methoden ermöglichen es, Datensätze, die einer bestimmten Bedingung genügen, innerhalb der Ergebnismenge aufzufinden:

`FindFirst`	Navigation zum ersten Datensatz, der der Bedingung genügt
`FindPrevious`	Navigation zum vorhergehenden Datensatz, der der Bedingung genügt
`FindNext`	Navigation zum nächsten Datensatz, der der Bedingung genügt
`FindLast`	Navigation zum letzten Datensatz, der der Bedingung genügt

Diese beiden Methoden sollten allerdings mit Vorsicht verwendet werden. In der Regel ist es effizienter, Filter in Form von WHERE-Bedingungen in die SQL-Anweisung zu integrieren und vom Oracle Server abarbeiten zu lassen als zunächst eine umfangreiche Ergebnismenge über das Netzwerk zu senden und diese lokal zu filtern. In seltenen Fällen kann es aber vorkommen, daß auf eine nicht zu große Ergebnismenge nacheinander mehrere Filter anzuwenden sind und daß es sich dann als insgesamt performanter erweist, zunächst die Ergebnismenge abzufragen und die mehrfache Filterung anschließend lokal vorzunehmen.

Wenn Sie mit Access oder Visual Basic arbeiten, können Sie mit dem bisherigen Wissen eine einfache Testapplikation erstellen, die einige Werte zur Performance der ODBC-Verbindung ermittelt und ausgibt. Legen Sie dazu ein neues Formular an, das vier Textfelder (sowie die zugehörigen Beschriftungen) und drei Buttons enthält. Vergeben Sie für die Textfelder die Namen txtOpenDB, txtOpenRS, txtLoop und txtSumme. Beschriften Sie die Buttons mit *Direkt*, *Eingebunden* und *Ende*. Schreiben Sie die Anweisungen, die erforderlich sind, damit durch den Button mit der Aufschrift *Ende* die Applikation beendet werden kann. Das Endergebnis könnte etwa folgendermaßen aussehen:

Abbildung 3.7:
Das Timer-
Formular

Öffnen Sie nun mit dem Code Editor Ihres Werkzeugs diejenige Prozedur, die abgearbeitet wird, wenn der Benutzer auf den Button mit der Aufschrift *Direkt* klickt, und tragen Sie die folgenden Anweisungen ein:

```
Private Sub cmdTestDirekt_Click()

    Dim DefWS As Workspace
    Dim OraDB As Database
    Dim OraRS As Recordset
    Dim SQLStmt As String
    Dim ConStr As String
    Dim VSum As Integer
    Dim t1, t2, tOpenDB, tOpenRS, tLoop As Integer

    ConStr = "ODBC;DSN=AddWesDB;UID=AddWes;PWD=AddWes"
    SQLStmt = "SELECT NR, AUTOR_NR, TITEL, GEBIET_ABK, " _
            + "VERLAG_NR, JAHR, EINTRAG_DATUM " _
            + "FROM BUCH " _
            + "ORDER BY AUTOR_NR"
```

Explizite Objektverwaltung

```
    t1 = Timer
    Set DefWS = DBEngine.Workspaces(0)
    Set OraDB = DefWS.OpenDatabase("", False, False, ConStr)
    t2 = Timer
    tOpenDB = t2 - t1
    t1 = Timer
    Set OraRS = OraDB.OpenRecordset(SQLStmt)
    t2 = Timer
    tOpenRS = t2 - t1

    VSum = 0
    t1 = Timer
    Do Until OraRS.EOF
       VSum = VSum + OraRS.Fields("AUTOR_NR").Value
       OraRS.MoveNext
    Loop
    t2 = Timer
    tLoop = t2 - t1

    txtSumme.SetFocus
    txtSumme.Text = Format(VSum, "#####0")
    txtOpenDB.SetFocus
    txtOpenDB.Text = Format(tOpenDB, "##0")
    txtOpenRS.SetFocus
    txtOpenRS.Text = Format(tOpenRS, "##0")
    txtLoop.SetFocus
    txtLoop.Text = Format(tLoop, "##0")

    OraRS.Close
    OraDB.Close

End Sub
```

Diese Anweisungen erweitern den im vorangehenden Abschnitt erläuterten Code einerseits um eine Schleife, die dafür sorgt, daß jeder einzelne Datensatz der Ergebnismenge eingelesen wird und daß die in den Datensätzen eingetragenen Autornummern in der Variablen VSumme aufsummiert werden. Letzteres soll lediglich dazu dienen, im Zweifelsfall prüfen zu können, ob alle Datensätze gelesen wurden.

Wichtiger ist die andere Erweiterung: Vor und nach dem Öffnen der Datenbank, dem Ermitteln der Ergebnismenge sowie dem Lesen sämtlicher Datensätze wird die aktuelle Uhrzeit ermittelt, so daß für die drei grundlegenden Bearbeitungsschritte im Nachhinein die benötigte Zeit berechnet und ausgegeben werden kann.

Beachten Sie in der Schleife außer der bereits vorgestellten MoveNext-Methode die Recordset-Eigenschaft EOF, die auftritt, wenn über den letzten Datensatz hinausgeblättert wird, und die deshalb als Abbruchkriterium verwendet werden kann, sowie die Syntax beim Zugriff auf das Feld AUTOR_NR.

Die Schreibweise

`OraRS.Fields("AUTOR_NR").Value`

besagt, daß aus der *Fields Collection* des Recordsets das Feld `AUTOR_NR` ausgewählt und dessen Inhalt für die Berechnung verwendet werden soll.

Kopieren Sie nun den gesamten Code in die Prozedur, die abgearbeitet wird, wenn der Benutzer auf den Button mit der Aufschrift *Eingebunden* klickt und modifizieren Sie ihn so, daß für den Zugriff eine Access-Datenbank mit eingebundener Tabelle verwendet wird. Für die bei Verwendung von Visual Basic erforderliche `OpenDatabase`-Anweisung wurde im vorangehenden Abschnitt bereits ein Beispiel gegeben. Sofern Sie Access einsetzen und die Oracle-Tabelle in die Datenbank eingebunden haben, mit der Sie gerade arbeiten, kann das Öffnen gänzlich entfallen und durch die Anweisung

`Set OraDB = CurrentDb()`

ersetzt werden.

Das Ziel der Applikation besteht, wie sich unschwer erkennen läßt, darin, die für den direkten Zugriff auf die Oracle-Tabelle benötigte Zeit mit derjenigen zu vergleichen, die erforderlich ist, um den gleichen Zugriff über eine eingebundene Tabelle zu realisieren. So läßt sich zumindest an einem Beispiel prüfen, ob die von Microsoft ausgesprochene Empfehlung zugunsten der eingebundenen Tabelle nachvollziehbar ist. Die Vorstellung und Diskussion beispielhafter Meßergebnisse soll allerdings bis zu dem Zeitpunkt aufgeschoben werden, an dem die explizite Objektverwaltung für die Oracle Objects for OLE vorgestellt ist und dieser Zugriffsmechanismus in den Vergleich einbezogen werden kann.

3.4.2 Oracle Objects for OLE

Objekthierarchie

Ein Vergleich der Objekthierarchie von Oracle Objects for OLE und Data Acess Objects läßt einerseits Gemeinsamkeiten erkennen, die darauf zurückzuführen sind, daß das gemeinsame Thema des Datenbankzugriffs die Repräsentation zentraler Komponenten – wie Datenbank, SQL-Anweisung oder Ergebnismenge – als Objekte erzwingt. Andererseits macht er Unterschiede sichtbar, die sich aus den verschiedenartigen Zielen der beiden Schnittstellen ergeben: Die Data Access Objects wurden ursprünglich für den Zugriff auf einfach strukturierte PC-Datenbanken entwickelt, dann schrittweise den Erfordernissen des Zugriffs auf Client/Server-Datenbanken angepaßt – wobei naturgemäß der SQL Server stärkere Berücksichtigung fand als der Oracle Server – und sollen nun den Zugang zu vielerlei Datenbanken ermöglichen. Die Oracle Objects for OLE hingegen sollten von Anfang an nur dem Zugriff auf Oracle-Datenbanken dienen und die sich dabei ergebenden Defizite der Data Access Objects ausgleichen.

Explizite Objektverwaltung

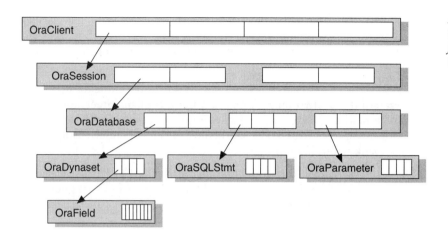

Abbildung 3.8:
Oracle Objects
for OLE:
Objekthierarchie

Die Objekthierarchie der Oracle Objects for OLE setzt sich aus folgenden Elementen zusammen:

▸ An ihrer Spitze befindet sich der OraClient. Er repräsentiert das Arbeitsumfeld eines Client-Rechners. Wie die DBEngine der Data Access Objects, so steht auch der OraClient zur Verfügung, ohne daß er explizit angelegt werden müßte.

▸ Mit dem in der daruntergelegenen Hierarchie-Ebene angesiedelten OraSession-Objekt kommt die einzelne Applikation ins Blickfeld. In der Regel repräsentiert ein OraSession-Objekt die Datenbanksitzung einer Applikation. Bei Bedarf können jedoch mehrere OraSession-Objekte für eine Applikation angelegt werden. Wie die Data Access Objects, so kennen auch die Oracle Objects for OLE das Konzept der *Collection*, deren Mitglieder über einen Namen oder einen Index angesprochen werden können. Somit bilden alle einem OraClient zugeordneten OraSession-Objekte die *OraSessions Collection*.

▸ Die zunächst ein wenig seltsam anmutenden Verhältnisse für die beiden folgenden Ebenen, die darauf hinauszulaufen scheinen, daß einem OraSession-Objekt eine OraDatabases Collection entweder direkt oder über eine OraConnections Collection untergeordnet ist, wird verständlicher, wenn man weiß, daß diese Konstruktion im Gegenzug gegen die Implementierung des Database-Objektes im Rahmen der Data Access Objects geschaffen wurde, die in frühen Versionen dieser Schnittstelle dazu führte, daß für den Zugriff auf mehrere Tabellen des gleichen Benutzers in der gleichen Oracle-Datenbank mehrere Datenbankverbindungen geöffnet werden mußten. Das OraConnection-Objekt repräsentiert eine Datenbankverbindung, die von mehreren SQL-Anweisungen gemeinsam genutzt werden kann. Die Verwaltung dieser Datenbankverbindungen ist allerdings nicht vom Anwendungsentwickler durchzuführen. Vielmehr erkennen die in den Oracle Objects for OLE implementierte Mechanismen automatisch, wann mehrere SQL-Anweisungen die gleiche Datenbankverbindung benutzen. Diese intern durchgeführte, extern aber nicht sichtbare Verbindungsverwaltung wird im Modell dargestellt durch die beiden alternativen Wege vom OraSession- zum OraDatabase-Objekt.

- Das OraDatabase-Objekt repräsentiert eine durch die Anmeldung mit Benutzername, Kennwort und Netzwerkadresse explizit aufgebaute Datenbankverbindung. Eine solche Anmeldung kann, wie eben beschrieben, zum Aufbau einer neuen oder zur Benutzung einer bereits existierenden Datenbankverbindung führen.

- Das OraDynaset-Objekt repräsentiert die durch eine SELECT-Anweisung ermittelte Ergebnismenge. Es entspricht dem Recordset-Objekt der Data Access Objects und verfügt wie dieses über eine zugeordnete *OraFields Collection*, die die abgefragten Spalten repräsentiert.

- Im Zuge der verstärkten PL/SQL-Integration wurde in Version 2 der Oracle Objects for OLE das OraSQLStmt-Objekt geschaffen. Es kann nicht nur – was selbstverständlich ist – eine SQL-Anweisung (*SQL Statement*) repräsentieren, sondern auch eine in der Datenbank abgespeicherte PL/SQL-Prozedur (*Stored Procedure*). Dadurch wird es möglich, durch eine PL/SQL-Prozedur eine Ergebnismenge zu ermitteln und sie der Applikation zur Verfügung zu stellen.

- Zu den Punkten, in denen die Oracle Objects for OLE den Data Access Objects überlegen sind, gehört, wie in Kapitel 4 zu zeigen sein wird, das Arbeiten mit Variablen und Parametern. Dies wird dokumentiert durch die Existenz eigenständiger Objekte vom Typ OraParameter bzw. OraParamArray. Etwas gewöhnungsbedürftig ist lediglich die Tatsache, daß diese Objekte dem OraDatabase-Objekt und nicht, wie man erwarten würde, dem OraSQLStmt-Objekt zugeordnet sind. Der Vorteil dieser Regelung liegt darin, daß über die Parameter ein Datenaustausch zwischen beliebig vielen SQL-Anweisungen möglich ist. Das OraParamArray-Objekt, das ebenfalls in Version 2 neu eingeführt wurde, dient als Entsprechung zur PL/SQL-Tabelle und ermöglicht den Austausch eines Arrays gleichartiger Daten.

Zusammenfassend und als Überleitung zur Besprechung der konkreten Vorgehensweise ist festzustellen: Bei Verwendung der Oracle Objects for OLE und expliziter Objektverwaltung müssen alle Objekte vom Typ OraSession, OraDatabase, OraDynaset und OraParameter vom Applikationsentwickler angelegt werden. Die Objekte vom Typ OraClient, OraConnection und OraField werden dagegen bei Bedarf automatisch aufgebaut.

Verbindungsaufbau

Das nachfolgende Beispiel zeigt den Auf- und Abbau einer Datenbankverbindung über Oracle Objects for OLE sowie den Aufbau einer Ergebnismenge (OraDynaset). Das Beispiel entspricht funktional dem in Abschnitt 3.4.1, »Verbindungsaufbau«, für die Data Access Objects vorgestellten.

Explizite Objektverwaltung

```
Dim OraSS As Object
Dim OraDB As Object
Dim OraDS As Object
Dim SQLStmt As String

SQLStmt = "SELECT * FROM BUCH"

Set OraSS = CreateObject("OracleInProcServer.XOraSession")
Set OraDB = OraSS.DbOpenDatabase( _
            "AddWesDB", "AddWes/AddWes", 0& _
            )
Set OraDS = OraDB.DbCreateDynaset(SQLStmt, 0&)

OraDS.DbClose
OraDB.DbClose
```

Der entscheidende Unterschied zwischen der Vereinbarung der Objektvariablen in Abschnitt 3.4.1 und derjenigen, mit der das hier angeführte Beispiel beginnt, besteht darin, daß hier lediglich der allgemeine Datentyp `Object` verwendet wird, während dort durch die Verwendung spezieller Datentypen (`Workspace`, `Database`, `Recordset`) die Art des Objekts kenntlich gemacht wurde. Das von Microsoft entwickelte Visual Basic unterstützt natürlich spezielle Datentypen für die von Microsoft entwickelte Schnittstelle Data Access Objects, aber ebenso natürlich keine für die von Oracle entwickelte Schnittstelle Oracle Objects for OLE. Somit steht dem Entwickler hier lediglich der allgemeine Datentyp `Object` zur Verfügung, woraus aber kein funktionaler Nachteil erwächst.

Der Aufbau der Verbindung und der Ergebnismenge vollzieht sich in drei Schritten, die anhand der im vorangehenden Abschnitt beschriebenen Objekthierarchie verständlich werden sollten. Zunächst wird der *Oracle In-Process Server* aktiviert und veranlaßt, ein neues `OraSession`-Objekt anzulegen. Daraufhin kann – unter Benutzung dieser Session – das Anmelden bei der Oracle-Datenbank erfolgen. Bitte beachten Sie, daß der erste Parameter, der an die Methode `DbOpenDatabase` übergeben wird, eine SQL*Net-Adresse (TNS-Aliasname) und *kein* ODBC-Connect-String ist. Bei dem zweiten Parameter handelt es sich offenkundig um den bei der Anmeldung zu verwendenden Benutzernamen und das zugehörige Kennwort. Über den dritten – im Beispiel auf den Wert 0 gesetzten – Parameter können Optionen mitgegeben werden, die u.a. das Locking beeinflussen. Abschließend wird mit der Methode `DbCreateDynaset` die Ergebnismenge geöffnet. Bei Anwendung dieser Methode muß als erster Parameter die zu verwendende SQL-Anweisung mitgegeben werden. Der zweite Parameter dient wiederum der Übergabe von Optionen, über die z.B. festgelegt werden kann, ob nur lesende oder auch ändernde Zugriffe auf die Ergebnismenge möglich sein sollen.

Die `DbClose`-Methode kann verwendet werden, um Objekte vom Typ `OraDynaset` und `OraDatabase` explizit zu schließen.

Navigation

Vermutlich ist Ihnen bereits aufgefallen, daß die mit den Oracle Objects for OLE zu verwendenden Methoden den von den Data Access Objects her bekannten sehr ähnlich sind, sich von diesen jedoch durch das Präfix Db unterscheiden. In der Tat bestand das Entwicklungsziel darin, Eigenschaften und Methoden der Oracle Objects for OLE so weit wie möglich denjenigen der Data Access Objects anzugleichen, um den für das Erlernen sowie das Umarbeiten von Applikationen erforderlichen Aufwand gering zu halten. Bei einigen Eigenschaften und Methoden handelt es sich allerdings um reservierte Worte, so daß sie nicht unverändert übernommen werden konnten. Um dieses Problem zu umgehen, bietet Oracle Objects for OLE die Möglichkeit, allen Eigenschaften und Methoden das unterscheidende Präfix Db voranzustellen. Diese Möglichkeit *muß* zwar nur dann genutzt werden, wenn ein Konflikt auftritt, doch hat es sich eingebürgert, in Applikationen, die von Anfang an für die Verwendung von Oracle Objects for OLE geschrieben werden, das Präfix durchgängig zu verwenden. Diese Regelung wird auch im vorliegenden Buch übernommen.

Dementsprechend können bei Verwendung der Oracle Objects for OLE die folgenden Methoden für die Navigation genutzt werden:

[Db]MoveFirst	Blättern zum ersten Datensatz der Ergebnismenge
[Db]MovePrevious	Blättern zum vorhergehenden Datensatz
[Db]MoveNext	Blättern zum nächsten Datensatz
[Db]MoveLast	Blättern zum letzten Datensatz der Ergebnismenge
[Db]FindFirst	Navigation zum ersten Datensatz, der der Bedingung genügt
[Db]FindPrevious	Navigation zum vorhergehenden Datensatz, der der Bedingung genügt
[Db]FindNext	Navigation zum nächsten Datensatz, der der Bedingung genügt
[Db]FindLast	Navigation zum letzten Datensatz, der der Bedingung genügt

Die Findxxx-Methoden werden erst ab Version 2 unterstützt, da die Entwickler ursprünglich der Meinung waren, daß sie für den Zugriff auf einen Oracle Server nicht sinnvoll seien. Auf die Gründe dafür wurde bereits in Abschnitt 3.4.1,»Navigation«, hingewiesen.

Damit stehen alle Informationen zur Verfügung, die erforderlich sind, um den Zugriff über Oracle Objects for OLE in das in Abschnitt 3.4.1, »Navigation«, erstellte Testprogramm zu integrieren. Fügen Sie zu diesem Zweck dem Formular einen weiteren Button mit der Aufschrift *OO4O* hinzu, und hinterlegen Sie dort für das *Click*-Ereignis folgende Prozedur:

Explizite Objektverwaltung

```vb
Private Sub cmdTest0040_Click()

  Dim OraSession As Object
  Dim OraDatabase As Object
  Dim OraDynaset As Object

  Dim SQLStmt As String
  Dim VSum As Integer
  Dim t1, t2, tOpenDB, tOpenRS, tLoop As Integer

  SQLStmt = "SELECT NR, AUTOR_NR, TITEL, GEBIET_ABK, " _
          + "VERLAG_NR, JAHR, EINTRAG_DATUM " _
          + "FROM BUCH " _
          + "ORDER BY AUTOR_NR"

  t1 = Timer
  Set OraSession  = CreateObject("OracleInProcServer.XOraSession")
  Set OraDatabase = OraSession.DbOpenDatabase( _
                    "AddWesDB", "AddWes/AddWes", 0& _
                    )
  t2 = Timer
  tOpenDB = t2 - t1

  t1 = Timer
  Set OraDynaset = OraDatabase.DbCreateDynaset(SQLStmt, 0&)
  t2 = Timer
  tOpenRS = t2 - t1

  VSum = 0
  t1 = Timer
  Do Until OraDynaset.EOF
    VSum = VSum + OraDynaset.Fields("AUTOR_NR").Value
    OraDynaset.MoveNext
  Loop
  t2 = Timer
  tLoop = t2 - t1

  txtSumme.SetFocus
  txtSumme.Text = Format(VSum, "#####0")
  txtOpenDB.SetFocus
  txtOpenDB.Text = Format(tOpenDB, "##0")
  txtOpenRS.SetFocus
  txtOpenRS.Text = Format(tOpenRS, "##0")
  txtLoop.SetFocus
  txtLoop.Text = Format(tLoop, "##0")

  OraDynaset.DbClose
  OraDatabase.DbClose

End Sub
```

Starten Sie nun die Applikation mehrfach und vergleichen Sie die für die drei Zugriffswege erforderlichen Laufzeiten.

3.4.3 Laufzeitvergleich

Es sind im wesentlichen zwei Behauptungen, an denen sich dieses kleine Beispielprogramm orientiert und die durch es ganz gewiß nicht bewiesen oder widerlegt, für oder gegen die aber doch zumindest Indizien gesammelt werden können:

- Die erste stammt von Microsoft. Sie besagt, daß es für die Performance einer über die Data Access Objects auf eine Client/Server-Datenbank zugreifende Applikation besser sei, die benötigten Tabellen in eine lokale Access-Datenbank einzubinden und die Zugriffe über die eingebundenen Tabellen zu realisieren als eine unter Verwendung eines ODBC-Connect-Strings aufgebaute direkte Verbindung zu nutzen. Begründet wird diese Empfehlung vor allem damit, daß bei direktem Verbindungsaufbau zunächst Informationen über die Tabellenstruktur ausgetauscht werden müssen, während dies bei Verwendung einer eingebundenen Tabelle nicht notwendig ist.

- Die zweite stammt von Oracle. Sie besagt, daß nicht nur der Gedanke, es sei für den Zugriff auf eine remote Oracle-Datenbank eine lokale Access-Datenbank erforderlich, ein wenig seltsam anmute, sondern daß das ganze Konzept einer der Verarbeitung von SQL-Anweisungen durch den Oracle Server vorgeschalteten Verarbeitung von SQL-Anweisungen durch die Jet Engine nicht besonders performant sein könne. Zu den Grundprinzipien der Oracle Objects for OLE gehört es deshalb, daß keinerlei lokale SQL-Verarbeitung stattfindet, sondern SQL-Anweisungen unverändert an den Oracle Server übermittelt werden.

Nachfolgend werden einige Meßergebnisse vorgestellt, die in einer eher durchschnittlichen Umgebung ermittelt wurden. Der Client-PC (486er Prozessor, 66 MHz) lief unter Windows 95, der Server (Pentium, 75 MHz) unter Windows NT 3.51. Die Testapplikation wurde mit Visual Basic erstellt und als eigenständiges Programm gestartet. Unter Verwendung des in den vorangehenden Abschnitten beschriebenen Codes ergaben sich folgende Laufzeiten:

Tabelle 3.1: Laufzeiten in Sekunden (Test 1)

	DAO (direkt)	DAO (eingebunden)	OO4O
OpenDB	5	1	4
OpenRS	6	4	0
Loop	6	6	41

Zur besseren Veranschaulichung werden die gleichen Meßergebnisse in Abbildung 3.9 noch als Diagramm dargestellt:

Explizite Objektverwaltung

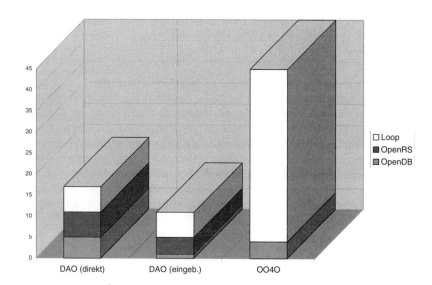

Abbildung 3.9:
Zeitmessung 1

Der Vergleich der beiden ersten Spalten bestätigt die Behauptung von Microsoft, daß der Weg über eine eingebundene Tabelle der schnellere sei. Dieser Weg liefert nicht nur eine kürzere Zeit für das Öffnen der Datenbank – was nicht erstaunlich ist, da es sich im ersten Fall um die remote Oracle-Datenbank, im zweiten um die lokale Access-Datenbank handelt –, sondern benötigt auch weniger Zeit für das Öffnen der Ergebnismenge – und dies, obwohl bei Benutzung einer eingebundenen Tabelle das Öffnen der Ergebnismenge den Verbindungsaufbau zur Oracle-Datenbank einschließt. Daß die für die Ausführung der Schleife benötigten Zeiten sich gleichen, war zu erwarten.

Die Werte in der OO4O-Spalte allerdings scheinen nicht geeignet, die Behauptung von Oracle, der direkte Weg sei der beste, zu bestätigen. Zwar zeigen die Werte für das Öffnen der Datenbank und der Ergebnismenge zusammengenommen eine leichte Verbesserung gegenüber dem Weg über die eingebundene Tabelle, doch kann die für die Abarbeitung der Schleife benötigte Zeit nur als Desaster bezeichnet werden.

Bevor Sie nun enttäuscht oder gar entsetzt Oracle Objects for OLE deinstallieren, sollten Sie dem Produkt vielleicht noch eine Chance geben. In der Dokumentation findet sich immer wieder der Hinweis, daß unnötiges Referenzieren von Objekten die Performance nachteilig beeinflussen kann. Genau dies findet aber in der Beispielapplikation statt: Bei jedem Schleifendurchlauf wird zunächst das `OraDynaset`-Objekt und dann dessen *Fields Collection* angesprochen, bevor aus dieser die benötigte Spalte (`AUTOR_NR`) herausgegriffen wird.

Die unnötigen Verweise lassen sich durch Verwendung einer Objektvariablen, die direkt auf die benötigte Spalte verweist, beseitigen. Dafür sind drei

Änderungen bzw. Erweiterungen des in Abschnitt 3.4.2, »Navigation«, abgedruckten Codes erforderlich. Fügen Sie zunächst dem Vereinbarungsteil die Anweisung

```
Dim AutorNr As Object
```

hinzu, durch die die neue Objektvariable angelegt wird. Sorgen Sie dann durch eine zusätzliche Anweisung vor Beginn der Schleife dafür, daß diese Variable auf die benötigte Spalte verweist, und durch eine Modifikation innerhalb der Schleife dafür, daß sie beim Zugriff auf diese Spalte verwendet wird. Der Programmbereich, in dem die Datensätze abgefragt werden, sollte danach folgende Anweisungen enthalten:

```
VSum = 0
Set AutorNr = OraDynaset.Fields("AUTOR_NR")
t1 = Timer
Do Until OraDynaset.EOF
   VSum = VSum + AutorNr.Value
   OraDynaset.MoveNext
Loop
t2 = Timer
tLoop = t2 - t1
```

Nach dieser Änderung wurden in der beschriebenen Testumgebung folgende Laufzeiten gemessen:

Tabelle 3.2: Laufzeiten in Sekunden (Test 2)

	DAO (direkt)	DAO (eingebunden)	OO4O
OpenDB	5	1	4
OpenRS	6	4	0
Loop	6	6	1

Da die durch die Änderung des Codes erzielte Änderung der Laufzeit doch recht eindrucksvoll ist, sollen auch diese Meßergebnisse noch einmal in Form eines Diagramms dargestellt werden (vgl. Abb. 3.10).

Wenn Sie nun der Ansicht sind, dieser Vergleich sei unfair, weil zwar der Code für den Zugriff über die Oracle Objects for OLE, nicht aber derjenige für den Zugriff über die Data Access Objects modifiziert wurde, so nehmen Sie die entsprechenden Anpassungen auch in den anderen Programmteilen vor. In den für die Erstellung dieses Abschnitts von mir durchgeführten Tests hat sich dadurch aber keine meßbare Änderung der Laufzeiten ergeben.

Dieses Beispiel für die großen Wirkungen kleiner Änderungen wurde hier aus zwei Gründen so ausführlich erörtert. Zum einen ermöglicht es die Vorstellung des wohl wichtigsten performancerelevanten Aspekts der Applikationsentwicklung mit den Oracle Objects for OLE – und dies nicht nur in Form eines theoretischen Merksatzes, sondern in Verbindung mit Meßergebnissen, die die Größenordnung vor Augen führen, um die es dabei geht. Zum anderen handelt es sich um ein Beispiel für eine sehr häufig vorkom-

Explizite Objektverwaltung

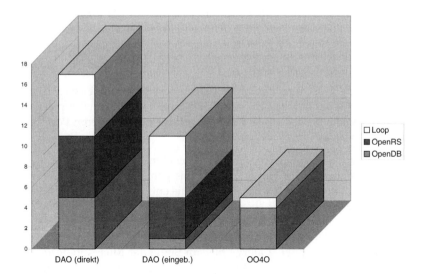

Abbildung 3.10:
Laufzeit in
Sekunden (Test 2)

mende Situation: Ursprünglich nicht für den Zugriff auf Oracle-Datenbanken entwickelte Applikationen werden unverändert in eine Oracle-Umgebung übernommen und weisen nun ein wesentlich schlechteres Performance-Verhalten auf als zuvor, weil ein Algorithmus oder eine Schreibweise, die zuvor vorteilhaft waren oder doch jedenfalls keine nachteiligen Folgen hatten, innerhalb der neuen Umgebung gänzlich unangemessen sind. Das muß, wie das Beispiel ebenfalls zeigt, nicht bedeuten, daß bei jeder Portierung ein erheblicher Teil des Codes umzuarbeiten ist. Erforderlich ist aber eine solide Kenntnis der neuen Schnittstelle oder des neuen Werkzeugs, da nur sie die Möglichkeit bietet, diejenigen Stellen zu erkennen, an denen kleine Änderungen große Wirkungen zur Folge haben.

3.4.4 Anwendungsbeispiele

Anweisungsbedingte explizite Objektverwaltung

Unter anweisungsbedingter expliziter Objektverwaltung soll hier verstanden werden, daß der Applikationsentwickler sich für die explizite Objektverwaltung entscheidet, weil die abzuarbeitende SQL-Anweisung dies erfordert. Dies trifft u.a. auf folgende Situationen zu:

▶ Eine größere Anzahl von Datensätzen soll abgefragt oder bearbeitet (eingefügt, aktualisiert, gelöscht), dabei jedoch nicht in Formularfeldern angezeigt werden. Ein Beispiel dafür bietet die in den vorangehenden Abschnitten vorgestellte Applikation für den Laufzeit-Test, so daß auf diesen Fall nicht weiter eingegangen werden muß.

▶ Daten sollen zwar in einem Formular angezeigt, jedoch soll der Zeitpunkt der Abfrage nicht vom Anwender, sondern von der Applikation bestimmt werden. Ein Beispiel dafür ist die Abfrage einer Sequenznummer unmittelbar vor dem Einfügen eines neuen Datensatzes.

▸ Der Datenbankzugriff soll nicht über eine SQL-Anweisung, sondern über eine in der Datenbank gespeicherte PL/SQL-Prozedur erfolgen.

▸ Es sollen Funktionalitäten des Oracle Servers genutzt werden, die gar nichts mit der Bearbeitung von Daten zu tun haben. Ein Beispiel dafür ist das Aktivieren des Tracing zum Zwecke einer genaueren Performance-Analyse.

Die genannten Beispiele weisen – mit Ausnahme der Bearbeitung einer größeren Datenmenge im Hintergrund – das gemeinsame Merkmal auf, daß Funktionalitäten genutzt werden sollen, die entweder nur von sehr wenigen Datenbanksystemen oder überhaupt nur vom Oracle Server angeboten und daher von einer Schnittstelle wie den Data Access Objects nicht direkt unterstützt werden. Die Data Access Objects bieten deshalb das Konzept der *Pass-Through Query* – wobei »Query« hier im Sinne der Microsoft-Terminologie zu verstehen ist, als »Action Query« also durchaus auch eine Datenmanipulation oder gar Datendefinition bedeuten kann. Gemeint ist damit eine SQL-Anweisung, die nicht von der Jet Engine analysiert, sondern sofort und unbearbeitet an den Datenbank-Server geschickt wird.

Nun könnte an dieser Stelle die Frage auftreten, welchen Sinn und Nutzen denn die in den vorangegangenen Abschnitten vorgetragenen Erörterungen über direkten Zugriff und eingebundene Tabellen haben sollen, wenn es über eine Pass-Through Query möglich ist, den Zielserver unmittelbar anzusprechen. Die Antwort lautet, daß die Pass-Through Query zwar den großen Vorteil hat, der im Rahmen der Data Access Objects schnellste Zugriffsweg zu sein, daß damit aber auch ein großer Nachteil verbunden ist: Eine Pass-Through Query liefert eine Ergebnismenge, die nur lesenden Zugriff erlaubt. Sie kommt daher in all den Fällen, in denen auch Datenmanipulationen möglich sein sollen, nicht in Betracht.

Bei der Ermittlung einer Sequenznummer oder der Nutzung von Trace Files tut diese Einschränkung dagegen nicht weh: Sequenzen erlauben als solche nur lesende Zugriffe und für die Ausführung der Anweisungen, mit denen das Tracing ein- oder ausgeschaltet wird, sind keinerlei Datenbankzugriffe erforderlich. Als Beispiel für die Abarbeitung einer Pass-Through Query im Hintergrund wird deshalb hier die Ermittlung einer Sequenznummer beim Einfügen eines neuen Datensatzes in die Tabelle AUTOR vorgestellt.[2] Grundlage dafür bildet das in Abschnitt 3.3.1 erstellte Formular für den Zugriff auf die Tabelle AUTOR. Als Werkzeug wird Access verwendet.

Starten Sie Access, sofern es nicht bereits aktiv ist, wählen Sie im Datenbankfenster die Kategorie *Abfragen* und klicken Sie auf den Button *Neu*, um eine neue Abfrage anzulegen. Wählen Sie im anschließend aufgeblendeten Fenster *Neue Abfrage* die Option *Entwurfsansicht*, schließen Sie das Fenster *Tabelle*

---

2. Die Nutzung von Trace Files und PL/SQL-Prozeduren wird in Kapitel 4 behandelt.

anzeigen, ohne eine Tabelle ausgewählt zu haben, und wählen Sie bei geöffneter Entwurfsansicht für Abfragen die Menüoption *Abfrage* ⇨ *SQL-spezifisch* ⇨ *Pass-Through*. Geben Sie im anschließend geöffneten Fenster *Abfrage1: SQL Pass-Through-Abfrage* die SQL-Anweisung

```
SELECT AUTOR$NR.NEXTVAL "NextVal" FROM DUAL
```

ein. Speichern Sie die Abfrage unter dem Namen qryAutorNr. Verlassen Sie die Entwurfsansicht noch nicht, sondern öffnen Sie zuvor für die angelegte Abfrage das Eigenschaftsfenster und tragen Sie unter *ODBC Verbindung* einen ODBC-Connect-String ein, der angibt, aus welcher Oracle-Datenbank und unter welchem Benutzer die Sequenznummer ermittelt werden soll. Diese Angaben sollten denen für die eingebundenen Tabellen entsprechen. Stellen Sie außerdem sicher, daß unter *Liefert Datensätze* der Wert *Ja* eingestellt ist.

Öffnen Sie nun zunächst das Formular Autoren-Information in der Entwurfsansicht und danach den Code-Editor. Stellen Sie darin als Objekt (Allgemein) und als Prozedur (Deklarationen) ein. Fügen Sie den beiden standardmäßig vorhandenen Anweisungen

```
Option Compare Database
Option Explicit
```

die folgenden drei Vereinbarungen globaler Variablen hinzu:

```
Public NeuerAutor As Boolean
Public dbAccDB As Database
Public rsSeqAutorNr As Recordset
```

Schließen Sie den Code-Editor. Wählen Sie im Eigenschaftsfenster für das Formular unter der Kategorie *Ereignis* das Ereignis *Bei Laden*. Öffnen Sie über den daraufhin in der entsprechenden Zeile erscheinenden und durch drei Punkte gekennzeichneten Button den Code-Editor erneut. Er sollte automatisch auf das Objekt Form und die Prozedur Load eingestellt sein. Fügen Sie den beiden bereits vorhandenen Zeilen zwei neue hinzu, so daß folgende Prozedur entsteht:

```
Private Sub Form_Load()
  NeuerAutor = False
  Set dbAccDB = CurrentDb()
End Sub
```

Durch diese Anweisungen wird die Variable NeuerAutor, die dazu dienen soll, zu erkennen, wann der Benutzer einen neuen Autor einfügt, mit dem Wert False initialisiert. Außerdem wird die aktuell genutzte Access-Datenbank als Objektvariable verfügbar gemacht. Im weiteren Verlauf soll nun immer dann, wenn der Benutzer einen neuen Datensatz anlegt, die Variable NeuerAutor auf True gesetzt und unter Benutzung dieser Variablen beim Abspeichern eines Datensatzes geprüft werden, ob es sich um einen neuen oder einen geänderten Datensatz handelt. Ist ersteres der Fall, soll über die zuvor angelegte Abfrage eine Sequenznummer ermittelt und in das zugehörige Textfeld eingetragen werden.

Öffnen Sie, um dies zu erreichen, zunächst den Code-Editor für die Eigenschaft *Vor Eingabe* (Objekt: `Form`, Prozedur: `BeforeInsert`) und fügen Sie in die entsprechende Prozedur die Anweisung

```
NeuerAutor = True
```

ein.

Öffnen Sie schließlich die Prozedur für das Ereignis *Vor Aktualisierung* (Objekt: `Form`, Prozedur: `BeforeUpdate`) und tragen Sie dort die folgenden Anweisungen ein:

```
If NeuerAutor Then
   Set rsSeqAutorNr = dbAccDB.OpenRecordset("qryAutorNr")
   txtNr.SetFocus
   txtNr.Text = rsSeqAutorNr.Fields("NextVal").Value
   NeuerAutor = False
End If
```

Stellen Sie sicher, daß das Textfeld, in dem die Autornummer angezeigt wird, `txtNr` heißt oder modifizieren Sie die Anweisungen entsprechend. Testen Sie sodann die Funktionstüchtigkeit der implementierten Funktionalität und erweitern Sie sie nach Wunsch um folgende Bestandteile:

- Sorgen Sie unter Verwendung des Ereignisses *Nach Aktualisierung* und der Methode `Requery` für die automatische Aktualisierung der angezeigten Ergebnismenge.

- Fügen Sie dem Formular unter Zuhilfenahme des entsprechenden Befehlsschaltflächenassistenten Buttons hinzu, über die neu eingetragene Datensätze in die Datenbank eingefügt oder verworfen werden können (Kategorie: *Datensatzoperationen*, Aktionen: *Datensatz speichern* bzw. *Rückgängig: Datensatz*).

- Wandeln Sie, nachdem Sie sich vom einwandfreien Funktionieren der Sequenznummernabfrage überzeugt haben, das Textfeld `txtNr` in ein unsichtbares Feld um.

- Ergänzen Sie die für das Ereignis *Vor Aktualisierung* bereits implementierte Prozedur um eine im Hintergrund ausgeführte Abfrage auf die Tabelle AUTOR, durch die vor dem Einfügen eines neuen Autors geprüft wird, ob es für die vom Benutzer eingegebene Kombination aus NAME und VORNAME bereits einen Eintrag gibt, sowie eine Message Box, die dem Benutzer das Vorhandensein eines gleichnamigen Autors mitteilt und feststellt, ob der Vorgang fortgesetzt oder abgebrochen werden soll.

Die erforderlichen Schritte sollen hier nicht im Detail beschrieben werden. Die aufgezählten Mechanismen sind jedoch in der Beispielapplikation enthalten.

Werkzeugbedingte explizite Objektverwaltung

Der Begriff werkzeugbedingte explizite Objektverwaltung soll darauf verweisen, daß es Werkzeuge gibt, die die implizite Objektverwaltung über ein Datenbank-Steuerelement oder einen vergleichbaren Mechnismus nicht unterstützen, dabei aber die Nutzung objektorientierter Schnittstellen für den Datenbankzugriff durchaus zulassen, sofern die Objektverwaltung explizit durchgeführt wird. Zu diesen Werkzeugen gehört Excel. Da einerseits Microsoft in dem Buch *Excel/Visual Basic Programmer's Guide*[3] und in der Online-Hilfe die Nutzung der Data Access Objects von Excel aus ausführlich beschrieben hat, andererseits die Vorstellung weit verbreitet ist, die Oracle Objects for OLE seien eine nur von Visual Basic (Werkzeug) aus nutzbare Schnittstelle, zeigt das nachfolgende Beispiel den Zugriff von Excel über Oracle Objects for OLE auf eine Oracle-Datenbank. Ziel der Beispielapplikation ist es, den nach Sachgebieten aufgeschlüsselten Buchbestand zu ermitteln und sowohl in Tabellen- als auch in Diagrammform anzuzeigen.

Öffnen Sie eine neue oder eine bereits existierende Mappe und stellen Sie über die Menüoption *Einfügen* ⇨ *Makro* ⇨ *Visual Basic Modul* eine leere Seite bereit. Erstellen Sie auf dieser Seite das nachfolgende Makro. Wechseln Sie danach zu Tabelle1 oder einer anderen leeren Tabellenseite, fügen Sie darauf etwa im Bereich der Felder A17 und B17 unter Verwendung der Symbolleiste *Dialog* einen neuen Button mit der Aufschrift Daten aktualisieren ein und verbinden Sie diesen im Fenster *Zuweisen* mit dem erstellten Makro Buchbestand. Klicken Sie dann auf den Button, um das Makro zu starten.

```
Sub Buchbestand()

    Dim OraSS As Object         'Objektvariable für OraSession
    Dim OraDB As Object         'Objektvariable für OraDatabase
    Dim OraDS As Object         'Objektvariable für OraDynaset
    Dim colGebiet As Object     'Objektvariable für Spalte
    Dim colAnzahl As Object     'Objektvariable für Spalte
    Dim dBestand As Chart       'Objektvariable für Diagramm
    Dim SQLStmt As String       'SQL-Anweisung
    Dim RangeSpec As String     'Bereichsangabe für Ergebnistabelle
    Dim vRecCnt As Integer      'Anzahl Datensätze in Ergebnismenge

    SQLStmt = "SELECT GEBIET, ANZAHL FROM BUCHBESTAND ORDER BY ANZAHL DESC"

    ' Verbindungsaufbau und Ermitteln der Ergebnismenge
    Set OraSS = CreateObject("OracleInProcServer.XOraSession")
    Set OraDB = OraSS.DbOpenDatabase("AddWesDB", "AddWes/AddWes", 0&)
    Set OraDS = OraDB.DbCreateDynaset(SQLStmt, 0&)
    vRecCnt = OraDS.RecordCount

    ' Löschen der alten Werte aus dem Ergebnisbereich
    RangeSpec = "A2:B" & Format(vRecCnt + 3, "#0")
```

---

3. erschienen bei Microsoft Press (1995)

```
Range(RangeSpec).Select
Selection.ClearContents

' Zuweisen des Ergebnisbereichs an ein bereits existierendes Diagramm
RangeSpec = "A2:B" & Format(vRecCnt + 1, "#0")
If ActiveSheet.ChartObjects.Count >= 1 Then
  Set dBestand = ActiveSheet.ChartObjects(1).Chart
  dBestand.ChartWizard Source:=ActiveSheet.Range(RangeSpec)
End If

' Objektvariablen für die Spalten der Ergebnismenge (Performance!)
Set colGebiet = OraDS.Fields("GEBIET")
Set colAnzahl = OraDS.Fields("ANZAHL")

' Füllen der Ergebnistabelle
For RowNum = 1 To vRecCnt
  ActiveSheet.Cells(RowNum + 1, 1).Value = colGebiet.Value
  ActiveSheet.Cells(RowNum + 1, 2).Value = colAnzahl.Value
  OraDS.DbMoveNext
Next
ActiveSheet.Cells(vRecCnt + 3, 1).Value = "Gesamtbestand"
ActiveSheet.Cells(vRecCnt + 3, 2).Formula = "=SUM(B2:B8)"

' Anlegen eines Diagramms, falls dieses noch nicht existiert
If ActiveSheet.ChartObjects.Count < 1 Then
  ActiveSheet.ChartObjects.Add(180, 12.75, 299.25, 230.25).Select
  Application.CutCopyMode = False
  ActiveChart.ChartWizard Source:=Range(RangeSpec), Gallery:=xl3DPie, _
      Format:=7, PlotBy:=xlColumns, CategoryLabels:=1, SeriesLabels_
      :=0, HasLegend:=2, Title:="Buchbestand nach Sachgebieten", _
      CategoryTitle:="", ValueTitle:="", ExtraTitle:=""
  Columns("A:L").Select
  With Selection.Interior
      .ColorIndex = 40
      .Pattern = xlSolid
  End With
End If

' Anpassen der Spaltenbreiten
ActiveSheet.Columns("A:B").AutoFit
ActiveSheet.Cells(vRecCnt + 3, 2).Select

' Schließen der Ergebnismenge und der Datenbank
OraDS.Close
OraDB.Close

End Sub
```

Nach der ersten Ausführung des Makros sollte das Tabellenblatt etwa wie das in Abbildung 3.11 dargestellte aussehen.

Explizite Objektverwaltung

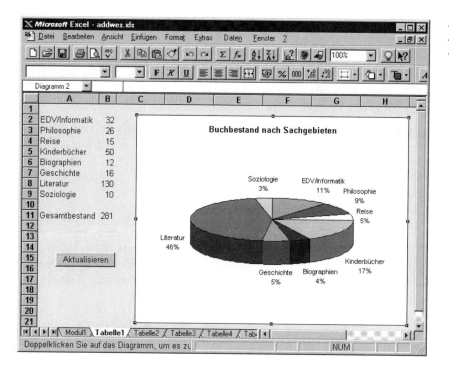

Abbildung 3.11:
Ausgabe der
Beispielapplikation

Sofern Sie die Vorstellung des Verbindungsaufbaus in Abschnitt 3.4.2 gelesen haben und mit VBA-Programmierung innerhalb von Excel vertraut sind, sollte dieses Beispiel wenig Neues für Sie bringen. Beachten Sie jedoch die Verwendung der `RecordCount`-Eigenschaft nach dem Verbindungsaufbau und der Ausführung der SQL-Anweisung, die dazu dient, die Anzahl der in der Ergebnismenge enthaltenen Datensätze herauszufinden, sowie die Verwendung der Objektvariablen `colGebiet` und `colAnzahl` beim Zugriff auf die einzelnen Datensätze. Selbst in diesem Beispiel, in dem die Ergebnismenge weniger als 10 Datensätze umfaßt, können durch den Einsatz dieser Variablen mehrere Sekunden Laufzeit eingespart werden.

Steuerelementbedingte explizite Objektverwaltung

Um steuerelementbedingte explizite Objektverwaltung handelt es sich dann, wenn für den Aufbau der Applikation Steuerelemente genutzt werden sollen, die keine *Data Aware Controls* sind, d.h. sich nicht an Datenbank-Steuerelemente binden lassen. Beispiele dafür stellen das *TreeView-* und das *ListView-Steuerelement* dar, die im Lieferumfang von Visual Basic (ab Professional Edition) enthalten sind und die Grundlage für die Implementierung von Applikationen nach dem Vorbild des Windows 95 Explorer bilden. Obwohl sie sich nicht an Datenbank-Steuerelemente binden lassen, eignen sie sich vorzüglich für die Darstellung von Master-Detail-Verhältnissen zwischen mehreren Tabellen. Insbesondere sind sie geeignet, dem Benutzer beim Durchsuchen großer Datenmengen ein stufenweises Herantasten an die gesuchten Daten zu ermöglichen, wie die Katalog-Komponente der Beispielapplikation zeigen soll, zu deren Realisierung das in diesem Abschnitt vorgestellte Beispiel die ersten Schritte enthält.

Starten Sie Visual Basic, öffnen Sie ein neues Formular und legen Sie darauf ein *TreeView*-Steuerelement[4], ein *ImageList*-Steuerelement und einen einfachen Button an. Bearbeiten Sie diese Steuerelemente folgendermaßen:

▶ Benennen Sie den Button um in cmdExit, versehen Sie ihn mit der Aufschrift Exit und ordnen Sie ihm die folgende Ereignisprozedur zu:

```
Private Sub cmdExit_Click()
    End
End Sub
```

▶ Benennen Sie das *ImageList*-Steuerelement um in imgTreeBmp. Laden Sie über die Option *Custom* im Eigenschaftsfenster die Bitmaps CLOSED.BMP, OPEN.BMP und LEAF.BMP, die sich im Verzeichnis %VB4_HOME%\Bitmaps\Outline befinden, wobei %VB4_HOME% das Verzeichnis ist, in dem Sie Visual Basic V4.0 installiert haben. Ordnen Sie den drei Bitmaps die Schlüsselworte closed, open und leaf zu.

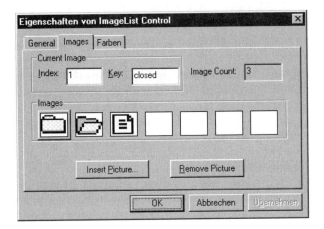

Abbildung 3.12: Konfiguration des ImageList-Steuerelements

Legen Sie schließlich Dunkelgrau oder Schwarz als Hintergrundfarbe für die Bitmaps fest.

▶ Benennen Sie das *TreeView*-Steuerelement um in tvwAutor.

Benennen Sie nach der Bearbeitung der Steuerelemente das Formular um in frmAutor und setzen Sie für die Fensterüberschrift den Wert Stadtbibliothek Neustadt: Katalog ein. Öffnen Sie schließlich durch Doppelklick auf das Formular den Code-Editor mit der dem *Load*-Ereignis zugeordneten Prozedur und versehen Sie sie mit folgender Funktionalität:

---

4. Sofern Sie TreeView und ImageList nicht in Ihrer Toolbox vorfinden, sollten Sie über die Menüoption *Tools* ⇨ *Custom Controls* die *Microsoft Windows Common Controls* aktivieren.

Explizite Objektverwaltung

```vb
Private Sub Form_Load()

  Dim OraSession As Object
  Dim OraDatabase As Object
  Dim OraDynaset As Object
  Dim colNr As Object, colName As Object, colVorname As Object
  Dim SQLStmt As String
  Dim nodeLevel0 As Node, nodeLevel1 As Node, nodeLevel2 As Node
  Dim Buchstabe As String
  Dim vString1 As String, vString2 As String

  SQLStmt = "Select Nr, Name, Vorname From Autor Order By Name, Vorname"

  ' Eigenschaften des Treeview-Steuerelements
  tvwAutor.ImageList = imgTreeBmp
  tvwAutor.LineStyle = tvwRootLines
  tvwAutor.Indentation = 300

  ' Aufbau der Datenbankverbindung und der Autoren-Ergebnismenge
  Set OraSession = CreateObject("OracleInProcServer.XOraSession")
  Set OraDatabase = OraSession.DbOpenDatabase( _
                    "AddWesDB", "AddWes/AddWes", 0& _
                    )
  Set OraDynaset = OraDatabase.DbCreateDynaset(SQLStmt, ORADYN_READONLY)

  ' Bereitstellen von Objektvariablen für die Spalten der Ergebnis-
  ' menge (Performance!)
  Set colNr = OraDynaset.Fields("Nr")
  Set colName = OraDynaset.Fields("Name")
  Set colVorname = OraDynaset.Fields("Vorname")

  ' Anlegen des Root-Knotens (Ebene 0)
  Set nodeLevel0 = tvwAutor.Nodes.Add( _
                    , , "r", "AutorenKatalog", "closed" _
                    )
  nodeLevel0.ExpandedImage = "open"

  ' Aufbau der Knoten-Ebenen 1 (Buchstaben) und 2 (Autoren-Namen)
  ' auf der Basis der bereits ermittelten Ergebnismenge
  Buchstabe = "?"
  While Not OraDynaset.EOF
    If Left(colName.Value, 1) <> Buchstabe Then
      Buchstabe = Left(colName.Value, 1)
      Set nodeLevel1 = tvwAutor.Nodes.Add( _
                       1, tvwChild, Buchstabe, Buchstabe, "closed" _
                       )
      nodeLevel1.ExpandedImage = "open"
    End If
    vString1 = "A" & Format(colNr.Value)
    If colVorname.Value <> "---" Then
      vString2 = colName.Value & ", " & colVorname.Value
```

3 Applikationsentwicklung mit den DAO und OO4O

```
    Else
      vString2 = colName.Value
    End If
    Set nodeLevel2 = tvwAutor.Nodes.Add( _
                     nodeLevel1, tvwChild, vString1, vString2, "leaf" _ )
    OraDynaset.MoveNext
  Wend

End Sub
```

Starten Sie nach Fertigstellung der Prozedur die Applikation. Sofern Sie sich erfolgreich abarbeiten läßt, sollten Sie im TreeView-Fenster zunächst nur einen Knoten mit der Beschriftung AutorenKatalog, nach dessen Expandieren dann aber weitere, untergeordnete Knoten erkennen, die das nahezu vollständige Alphabet repräsentieren. Auch diese Knoten sollten sich expandieren lassen und dann jeweils in der darunter befindlichen Ebene diejenigen Autoren zeigen, deren Nachname mit dem gewählten Buchstaben beginnt (vgl. Abbildung 3.13).

Abbildung 3.13: Strukturierung der Autoren-Informationen mit dem TreeView-Steuerelement

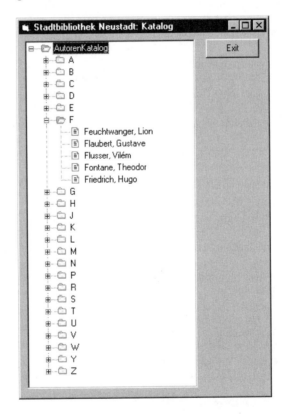

Explizite Objektverwaltung

Wie Sie bei der Betrachtung der Prozedur `Form_Load` feststellen werden, ist auch dieser Datenbankzugriff über Oracle Objects for OLE realisiert, obwohl selbstverständlich auch die Verwendung der Data Access Objects möglich wäre. Zur Implementierung ist im Einzelnen noch Folgendes anzumerken:

▶ Nach dem Verbindungsaufbau werden sofort die erforderlichen Informationen zu sämtlichen in der Tabelle `AUTOR` enthaltenen Autoren übertragen. Dies ist angesichts des geringen Datenbestandes in den Beispieltabellen akzeptabel und mit dem Vorteil verbunden, daß keiner der nachfolgenden Bearbeitungsschritte eine neuerliche Datenübertragung erfordert. Hätte die Applikation es dagegen mit dem Datenbestand einer realen Bibliothek zu tun, dürfte eine Datenbankabfrage frühestens nach der Auswahl eines Anfangsbuchstabens stattfinden.

▶ Beim Aufbau der Ergebnismenge wird die Option `ORADYN_READONLY` verwendet. Sie veranlaßt, wie sich aus dem Namen bereits erkennen läßt, daß nur lesende Zugriffe auf die Ergebnismenge möglich sind. Derartige Konstanten sind in der Datei `%ORACLE_HOME%\OO40\ORACONST.TXT` definiert.

▶ Einige Verständnishinweise zum Ablauf der `While`-Schleife, in der die Knoten der Ebenen 1 (Buchstaben) und 2 (Autoren-Namen) aufgebaut werden: In dieser Schleife wird die vom Oracle Server übergebene Ergebnismenge vom Anfang bis zum Ende durchgelesen. Dies ist möglich, da die Ergebnismenge bereits sortiert vorliegt. Für jeden Datensatz wird zunächst geprüft, ob der Nachname des Autors mit dem gleichen oder einem anderen Buchstaben beginnt wie der des Vorgängers. Ist letzteres der Fall, wird ein neuer Buchstaben-Knoten erzeugt. In jedem Fall wird der Name des Autors unterhalb des aktuellen Buchstaben-Knotens eingeklinkt. Dabei ist eine Fallunterscheidung nötig, weil einige Autoren (Platon, Aristoteles, Janosch) nur einen einzigen Namen aufweisen. In der Tabelle `AUTOR` ist dieser Name als Familienname eingetragen, während das Feld `VORNAME` den Wert - - - enthält, der nicht angezeigt werden soll.

Es ist möglich, daß die Sortierreihenfolge nicht ganz korrekt ist. Dies ist dann der Fall, wenn Sie in einer nicht für die deutsche Sprache konfigurierten Oracle-Umgebung arbeiten und sich Autoren-Namen anzeigen lassen, die Umlaute enthalten. Prüfen Sie etwa, ob der Name »Böll« korrekt einsortiert ist. Befindet er sich an der falschen Stelle, so können Sie den Wert der Umgebungsvariable `NLS_LANG` modifizieren. Im Kontext einer Erörterung der expliziten Objektverwaltung ist es jedoch weitaus interessanter, den gleichen Effekt über eine im Hintergrund abgearbeitete SQL-Anweisung zu erreichen. Vereinbaren Sie zu diesem Zweck eine numerische Variable namens `RowCount` und fügen Sie zwischen Verbindungsaufbau (`DbOpenDatabase`) und dem Ermitteln der Ergebnismenge (`DbCreateDynaset`) die Anweisung

3 Applikationsentwicklung mit den DAO und OO4O

```
RowCount = OraDatabase.DbExecuteSQL( _
           "Alter Session Set NLS_SORT = 'xGerman'" _
           )
```

ein. Durch diese Anweisung sollte das Sortierverhalten so modifiziert werden, daß auch Umlaute und andere Sonderzeichen an der richtigen Stelle einsortiert werden.

Zusammenfassung

Die in den vorangegangenen Abschnitten enthaltenen Beispiele haben nicht nur verschiedene Werkzeuge, sondern auch verschiedene Techniken der expliziten Objektverwaltung vorgestellt. Sie sollen hier noch einmal in einer Übersicht zusammengetragen werden:

▶ Zunächst einmal stellt sich die Frage, ob Sie (bzw. die Benutzer Ihrer Applikation) eine lokale Access-Datenbank verwenden oder nicht. Grundsätzlich kann eine Access-Datenbank immer genutzt werden, wenn mit den Data Access Objects gearbeitet wird, doch ist dies nicht unbedingt erforderlich (vgl. aber die Performance-Erörterungen in Abschnitt 3.4.3). Beim Einsatz der Oracle Objects for OLE wird selbstverständlich keine lokale Access-Datenbank verwendet.

Bei Verwendung einer lokalen Access-Datenbank wird grundsätzlich von der Methode `OpenRecordset` Gebrauch gemacht, wenn die auszuführende SQL-Anweisung eine Datenbankabfrage ist. Diese Methode kann sich auf eine eingebundene Tabelle oder eine in der Access-Datenbank abgespeicherte Abfrage beziehen. Enthält die Abfrage Elemente, die von Access nicht interpretiert werden können (z.B. Zugriff auf eine Oracle-Sequenz), so kann eine Pass-Through-Abfrage definiert und mit Hilfe der `OpenRecordset`-Methode ausgeführt werden.

Im Hintergrund auszuführende DML- und DCL-Anweisungen (automatisches Ändern oder Einfügen von Datensätzen, Modifikation der NLS-Parameter, Nutzung des Oracle Tracing) können ebenfalls in Form von Abfragen (*Action Queries*) in der Access-Datenbank abgespeichert werden, sofern dabei angegeben wird, daß es sich um Abfragen handelt, die keine Ergebnisdatensätze zurückliefern. Oft wird auch hier die Verwendung einer Pass-Through-Abfrage erforderlich sein.

▶ Wird keine lokale Access-Datenbank eingesetzt, so muß unterschieden werden zwischen dem Einsatz der Data Access Objects und demjenigen der Oracle Objects for OLE.

Bei Verwendung der Data Access Objects wird für Abfragen ebenfalls die Methode `OpenRecordset` verwendet. In diesem Fall muß jedoch direkt auf die Tabelle in der ODBC-Datenbank zugegriffen werden, was, wie Abschnitt 3.4.3 gezeigt hat, mit Performanceeinbußen verbunden ist. Für die Ausführung anderer SQL-Anweisungen stehen die Methoden `Execute` und `ExecuteSQL` zur Verfügung, deren Einsatz im vorangehenden

Abschnitt – allerdings im Kontext der Oracle Objects for OLE – bereits kurz vorgestellt wurde. Weitere Beispiele dafür wird Kapitel 4 enthalten.

Bei Verwendung der Oracle Objects for OLE steht für explizite Abfragen die Methode `[Db]OpenDynaset` zur Verfügung. Die Ausführung aller übrigen SQL-Anweisungen kann mit der im vorangehenden Abschnitt gezeigten Methode `DbExecuteSQL` veranlaßt werden.

3.5 Methoden für die Datenmanipulation

3.5.1 Manipulation von RecordSets

Data Access Objects und Oracle Objects for OLE stellen einige Methoden für die Manipulation von Datensätzen zur Verfügung. Das Präfix `Db` bezieht sich – wie in anderen Fällen auch – nur auf die Oracle Objects for OLE.

`[Db]AddNew` Anlegen eines neuen (leeren) Datensatzes, dessen Felder anschließend gefüllt werden können. Diese Methode entspricht der SQL-Anweisung `INSERT`.

`[Db]Delete` Löschen des aktuellen Datensatzes. Diese Methode entspricht der SQL-Anweisung `DELETE`.

`[Db]Edit` Sperren des aktuellen Datensatzes als Vorbereitung einer Änderung (`UPDATE`).

`[Db]Update` Speichern der durchgeführten Änderungen (`COMMIT`).

Diese Methoden lassen sich sowohl auf implizit als auch auf explizit veraltete Ergebnismengen anwenden. So könnte etwa in einer Visual-Basic-Applikation ein Button dazu dienen, dem Benutzer das Einfügen eines neuen Datensatzes in eine Ergebnismenge zu ermöglichen, die über das Microsoft-Datenbank-Steuerelement `mdcPerson` (DAO) verwaltet wird. Die erforderliche Anweisung würde lauten:

`mdcAutor.RecordSet.AddNew`

Ebenso ließe sich jedoch mit der Anweisung

`OraDynaset.DbAddNew`

ein neuer Datensatz in eine über OO4O ermittelte und explizit verwaltete Ergebnismenge einfügen.

Die Methoden zur Manipulation von Recordsets werden vor allem von Visual-Basic-Entwicklern genutzt, weil hier einerseits jedes Datenbank-Steuerelement explizit angesprochen werden kann und andererseits beim Datenbankzugriff kaum Default-Funktionalität zur Verfügung steht, so daß das manuelle Einfügen von Buttons für so einfache Vorgänge wie `INSERT`, `UPDATE` oder DELETE durch den Entwickler die Regel ist. Bei der Applikationsentwicklung mit Access dagegen kommt derartiges kaum jemals vor, weil Access alle wichtigen Funktionalitäten in Form von Standard-Buttons bereitstellt, aber auch, weil die über ein Formular implizit verwaltete Ergebnismenge sich nicht unmittelbar ansprechen und von außen steuern läßt. Innerhalb von Access wird deshalb vom Entwickler angelegten Buttons die erforderliche Funktionalität in der Regel über Makros zugeordnet. In beiden Werkzeugen allerdings ist von diesen Methoden Gebrauch zu machen, wenn Ergebnismengen, die im Hintergrund ermittelt und verwaltet werden, ohne auf dem Bildschirm sichtbar zu sein, modifiziert werden müssen. Werkzeuge wie Excel schließlich, die primär der Anzeige und Aufbereitung vorhandener Daten dienen, benötigen Manipulationsmethoden nur äußerst selten.

Durch die Methoden AddNew, Delete und Edit wird die Eigenschaft EditMode der Ergebnismenge geändert, so daß von der Applikation aus zu jedem beliebigen Zeitpunkt geprüft werden kann, ob die zur Ergebnismenge gehörenden Daten vom Benutzer modifiziert wurden oder nicht. Data Access Objects und Oracle Objects for OLE stellen ähnliche, jedoch nicht identische symbolische Konstanten für die Abfrage zur Verfügung:

Bei Verwendung der Data Access Objects können folgende symbolische Konstanten genutzt werden:

dbEditNone   Derzeit findet keine Änderung der Daten statt.

dbEditInProgress Die Methode Edit wurde aufgerufen.

dbEditAdd   Die Methode AddNew wurde aufgerufen.

Die entsprechenden symbolischen Konstanten lauten in der vorgegebenen Form für die Oracle Objects for OLE:

ORADATA_EDITNONE Derzeit findet keine Änderung der Daten statt.

ORADATA_EDITMODE Die Methode [Db]Edit wurde aufgerufen.

ORADATA_EDITADD   Die Methode [Db]AddNew wurde aufgerufen.

Diese Konstanten sind in der Datei %ORACLE_HOME%\OO4O\ORACONST.TXT definiert.

Nach Abschluß der Veränderungen können Sie die Refresh-Methode verwenden, um eine aktualisierte Ergebnismenge zu ermitteln.

3.5.2 Transaktionsverwaltung

Das Standardverhalten von Werkzeugen wie Access oder Visual Basic bei Datenmanipulationen wird dadurch charakterisiert, daß jede Änderung des aktuellen Datensatzes als Transaktionsabschluß wirkt. Jede Vorwärts- oder Rückwärtsbewegung, sei sie nun vom Benutzer oder von einer Visual-Basic-

Methoden für die Datenmanipulation

Anweisung veranlaßt, führt also zur sofortigen Bestätigung eines INSERT, UPDATE oder DELETE. Für die Realisierung komplexerer Transaktionen stehen drei Methoden zur Verfügung:

[Db]BeginTrans   Beginn einer neuen Transaktion

[Db]CommitTrans   Transaktionsabschluß durch COMMIT

[Db]Rollback   Transaktionsabschluß durch ROLLBACK

Das Präfix Db ist selbstverständlich wieder nur im Zusammenhang mit Oracle Objects for OLE zu verwenden.

Beim Einsatz der Data Access Objects beziehen sich die genannten Methoden in der Regel auf das *Workspace*-, seltener auf das *Database*-Objekt:

```
Set wsDefault = DBEngine.Workspaces(0)
Set dbAddWes = wsDefault.OpenDatabase("", False, False, ConnectString)
wsDefault.BeginTrans
  ' Änderungen
wsDefault.CommitTrans
```

Diese Zuordnung führt dazu, daß durch Ausführung der CommitTrans- oder Rollback-Methode alle Änderungen, die einen Workspace oder eine Datenbank betreffen, bestätigt werden. Im Grunde wird erst hier der Sinn des Workspace-Objektes erkennbar: Es grenzt einen Arbeitsbereich ab. Durch die Einführung mehrerer Workspaces können Sie also unabhängig voneinander verlaufende Transaktionen realisieren.

Beachten Sie beim Aufbau der Transaktion, daß die im vorangehenden Abschnitt beschriebenen Methoden für die Datenmanipulation auch beim Einsatz der Methoden für die explizite Transaktionsverwaltung unverändert verwendet werden müssen. Ein neuer Datensatz ist also mit AddNew anzulegen, ein bereits bestehender vor jeder Änderung mit Edit zu sperren und jede Änderung mit Update oder einer MoveXXX-Methode abzuschließen, wobei aber das explizite oder implizite (durch die MoveXXX-Methode veranlaßte) Update kein endgültiges COMMIT mehr bewirkt:

```
wsDefault.BeginTrans
  rsAutor.AddNew
    [...]
  rsAutor.Update
  rsBuch.AddNew
    [...]
  rsBuch.Update
  rsBuch.AddNew
    [...]
  rsBuch.Update
wsDefault.CommitTrans
```

Da die Verwendung von BeginTrans dazu führt, daß alle nachfolgenden Änderungen lokal gepuffert und erst beim Transaktionsabschluß an den Server übergeben werden, läßt sich durch die Zusammenfassung mehrerer Änderungen zu einer Transaktion oft auch eine Performancesteigerung erreichen.

Die Oracle Objects for OLE unterstützen die gleichen Methoden, doch sind sie hier auf das *OraSession*-Objekt bezogen. Davon abgesehen, gelten alle eben für die Data Access Objects beschriebenen Regeln.

3.5.3 Locking

Ohne zusätzliche Maßnahmen werden Datensätze in einer Oracle-Datenbank erst unmittelbar vor der Durchführung einer Änderung gesperrt. Dies gilt auch beim Zugriff über ODBC und Oracle Objects for OLE.

Um alle zur Ergebnismenge gehörenden Datensätze bereits beim Einlesen zu sperren, kann in der SELECT-Anweisung die Klausel FOR UPDATE OF verwendet werden:

```
SELECT *
FROM AUTOR
WHERE NR < 10
FOR UPDATE OF NR;
```

Die in der Klausel FOR UPDATE OF genannte Spalte ist beliebig und nur aus historischen Gründen noch erforderlich. Es kann auch jede nicht aufgeführte Spalte geändert werden.

Die Verwendung dieser Klausel wird jedoch von den Data Access Objects nicht unterstützt. Zwar ließe sich die eben angeführte SQL-Anweisung als Pass-Through Query an den Oracle Server schicken, doch würde dies dem angestrebten Zweck völlig zuwiderlaufen, weil auf die Ergebnismenge einer Pass-Through Query lediglich lesend zugegriffen werden kann. Die Beeinflussung des Sperrzeitpunkts über die Klausel FOR UPDATE OF ist somit nur beim Zugriff über Oracle Objects for OLE möglich.

Die Oracle Objects for OLE bieten darüber hinaus beim Öffnen der Datenbank die Möglichkeit, festzulegen, ob auf die Freigabe angeforderter, aber von anderen Benutzern gesperrter Datensätze gewartet werden soll (*Lock Wait Mode*) oder nicht (*Lock No-Wait Mode*). Standardmäßig wird der Lock Wait Mode benutzt. Um dies zu ändern, kann bei der Durchführung der OpenDatabase-Methode die Option ORADB_NOWAIT mitgegeben werden:

```
Set OraDatabase = OraSession.DbOpenDatabase( _
                 "AddWesDb", "AddWes/AddWes", ORADB_NOWAIT _
                 )
```

Die symbolische Konstante ist – wie üblich- in ORACONST.TXT definiert.

3.6 Fehlerbehandlung

3.6.1 Data Access Objects

Im Rahmen der Übersicht über die Objekthierarchie der Data Access Objects wurde bereits erwähnt, daß von dieser Schnittstelle eine direkt von der *DBEngine* abhängige *Errors Collection* verwaltet wird. Eine Collection ist deshalb erforderlich, weil bei vielen während des Datenbankzugriffs auftretenden Fehlern mehrere Softwareschichten (Data Access Objects, ODBC-TreiberManager, ODBC-Treiber, Datenbanksystem) Meldungen zum Verständnis der Fehlersituation beisteuern. Die einzelnen Fehlerbeschreibungen werden – wie in jeder Collection – mit von 0 an aufsteigenden Indexnummern versehen, wobei die höchste Zahl die der Applikation nächstgelegene Softwareschicht (in der Regel die Data Access Objects selbst) repräsentiert und die allgemeinste Fehlermeldung bietet, während die mit dem Index 0 versehene Meldung von der am weitesten entfernten Softwareschicht stammt und die meisten Details enthält.

Beim Auftreten eines Fehlers werden zunächst die alten Inhalte der Errors Collection gelöscht. Danach wird unter Verwendung der verfügbaren Fehlerinformationen eine neue Collection angelegt, deren Inhalt bis zum Auftreten des nächsten Fehlers verfügbar ist. Jedes Mitglied der Errors Collection wird durch die Eigenschaften `Number` (Fehlernummer), `Description` (Fehlertext) und `Source` (Softwareschicht, in der der Fehler auftrat) gekennzeichnet. Die `Count`-Eigenschaft der Errors Collection selbst gibt die Anzahl der in ihr enthaltenen Mitglieder an.

Eine kleine Beispielapplikation soll Struktur und Nutzung der Errors Collection verdeutlichen. Sie läßt sich mit Access und Visual Basic in gleicher Weise realisieren.

Legen Sie auf einem neuen Formular vier beschriftete Textfelder und einen Button an. Anordnung der Felder und Beschriftungstexte sind aus Abbildung 3.14 zu entnehmen. Ändern Sie die Namen der Textfelder in `txtErrNumber`, `txtErrSource`, `txtErrIndex` und `txtErrDescription`. Ändern Sie auch die Namen der Labelfelder, sofern diese nicht `Label1` bis `Label4` lauten.

Markieren Sie nun die vier Text- und die vier Labelfelder gemeinsam und führen Sie zunächst einen *Copy*-, dann einen *Paste*-Vorgang durch. Nachdem Sie den *Paste*-Vorgang veranlaßt haben, werden Sie darauf hingewiesen, daß bereits gleichnamige Steuerelemente existieren, und gefragt, ob Sie *Control Arrays* anlegen möchten. Bejahen Sie dies. Bewegen Sie die gesamte Gruppe der durch das *Paste* entstandenen Steuerelemente an eine geeignete Stelle auf dem Formular und wiederholen Sie den Vorgang, so daß das Formular drei Steuerelementgruppen enthält.

Öffnen Sie nun den Code-Editor, um eine Prozedur für das Ereignis *Form-Load* anzulegen. Sie sollte folgende Anweisungen beinhalten:

```
Private Sub Form_Load()

  On Error GoTo Form_Load_Err

  Dim OraDB As Database
  Dim OraRS As Recordset
  Dim ConStr As String
  Dim SQLStmt As String
  Dim I As Integer

  For I = 0 To 2
    Call ChangeVisibility(I, False)
  Next I

  ConStr = "ODBC;DSN=AddWesDB;UID=AddWes;PWD=AddWes"
  SQLStmt = "SELECT NAME, VORNAME FROM AUTOR WHERE NR < 10"

  Set OraDB = Workspaces(0).OpenDatabase("", False, False, ConStr)
  Set OraRS = OraDB.OpenRecordset(SQLStmt, dbOpenDynaset)

  Call ChangeVisibility(0, True)
  txtErrDescription(0).Text = "Kein Fehler aufgetreten."
  Exit Sub

Form_Load_Err:

  Dim ErrCnt As Integer
  Dim ArrIdx As Integer

  ErrCnt = DBEngine.Errors.Count

  For I = (ErrCnt - 1) To 0 Step -1
    ArrIdx = ErrCnt - 1 - I
    Call ChangeVisibility(ArrIdx, True)
    txtErrNumber(ArrIdx).Text = DBEngine.Errors(I).Number
    txtErrDescription(ArrIdx).Text = DBEngine.Errors(I).Description
    txtErrSource(ArrIdx).Text = DBEngine.Errors(I).Source
    txtErrIndex(ArrIdx).Text = I
  Next I

End Sub
```

Die Prozedur `ChangeVisibility` dient dazu, beim Start der Applikation alle Steuerelementgruppen unsichtbar und danach diejenigen wieder sichtbar zu machen, die für die Ausgabe von Fehlerbeschreibungen benötigt werden. Sie besteht aus folgenden Anweisungen:

```
Public Sub ChangeVisibility(IdxNo As Integer, BoolVal As Boolean)

  Label1(IdxNo).Visible = BoolVal
  Label2(IdxNo).Visible = BoolVal
```

Fehlerbehandlung

```
Label3(IdxNo).Visible = BoolVal
Label4(IdxNo).Visible = BoolVal
txtErrNumber(IdxNo).Visible = BoolVal
txtErrDescription(IdxNo).Visible = BoolVal
txtErrSource(IdxNo).Visible = BoolVal
txtErrIndex(IdxNo).Visible = BoolVal

End Sub
```

Starten Sie die Applikation nun in der beschriebenen Form. Sie sollte fehlerfrei ablaufen und die Meldung, daß kein Fehler aufgetreten ist, ausgeben. Ist dies der Fall, so ändern Sie zunächst den in der SELECT-Anweisung enthaltenen Tabellennamen in den Namen einer nicht exitierenden Tabelle (z.B. AUTORR) und starten Sie die Applikation erneut. Abbildung 3.14 zeigt das zu erwartende Resultat.

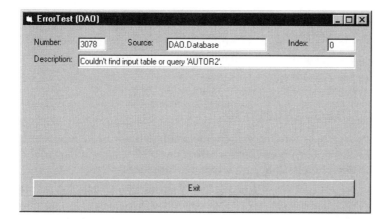

Abbildung 3.14: Aus einer Fehlerbeschreibung bestehende Errors Collection

Diese Errors Collection enthält offenkundig nur eine Fehlerbeschreibung. Um eine umfangreichere Collection zu bekommen, können Sie z.B. die fehlerhafte Abfrage als Pass-Through Query abschicken. Veranlassen Sie dies durch eine entsprechende Modifikation der OpenRecordset-Anweisung:

`Set OraRS = OraDB.OpenRecordset(SQLStmt, dbOpenDynaset, dbSQLPassThrough)`

Die Ausführung der so veränderten Applikation liefert bei Verwendung des ODBC-Treibers von Oracle die in Abbildung 3.15 dargestellte Errors Collection.

Für die Fehlerbehandlung innerhalb einer Applikation genügt es häufig, den »obersten« Fehlercode abzufragen. Dies ist mit der Formulierung

`DBEngine.Errors(DBEngine.Errors.Count-1).Number`

oder der kürzeren Version

`Errors(Errors.Count-1).Number`

möglich.

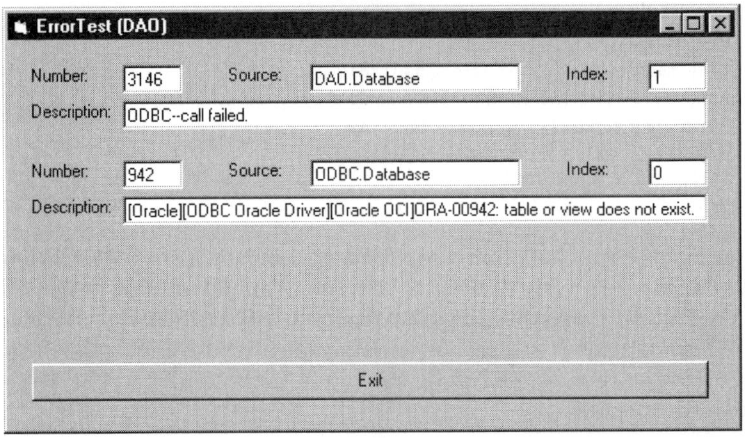

*Abbildung 3.15:
Aus mehreren
Fehlerbeschreibungen bestehende
Errors Collection*

[Screenshot: ErrorTest (DAO) dialog with two error entries:
Number: 3146, Source: DAO.Database, Index: 1, Description: ODBC--call failed.
Number: 942, Source: ODBC.Database, Index: 0, Description: [Oracle][ODBC Oracle Driver][Oracle OCI]ORA-00942: table or view does not exist.]

Einen Vorschlag für die Integration dieses Mechanismus in eine komplexere Applikation, in der ja außer Fehlern, die aus dem Datenbankzugriff resultieren, auch allgemeine VBA-Fehler auftreten können, bietet Kapitel 4, Abschnitt 4.4.2.

3.6.2 Oracle Objects for OLE

Die Oracle Objects for OLE stellen Informationen über den zuletzt aufgetretenen Fehler in Form von Eigenschaften des OraSession- und des OraDatabase-Objektes bereit. Dabei gilt folgende Aufteilung:

▶ Über das OraSession-Objekt sind Fehler-Informationen zugänglich, die das Öffnen der Datenbank und die Transaktionsverwaltung betreffen. Diese Zuordnung ist erforderlich, da vor dem erfolgreichen Öffnen der Datenbank noch kein OraDatabase-Objekt existiert und die Methoden zur Transaktionsverwaltung ebenfalls an das OraSession-Objekt gebunden sind.

▶ Über das OraDatabase-Objekt sind dagegen alle Fehler-Informationen zugänglich, die die Abarbeitung von SQL-Anweisungen und die Verwaltung von Ergebnismengen betreffen.

In allen Fehlersituationen können die Eigenschaften LastServerErr (Fehlernummer) und LastServerErrText (Fehlertext) abgefragt werden. Ist der Fehler nicht bei der Ausführung, sondern bereits beim Parsen der SQL-Anweisung aufgetreten (Syntaxfehler), so liefert die Eigenschaft LastServerErrPos die Position (Zeichennummer), an der der Fehler bemerkt wurde.

Zusätzlich zu diesen drei Eigenschaften steht die Methode LastServerErrReset zur Verfügung. Sie ermöglicht das Löschen der Fehlerinformationen.

Das nachfolgende Programmbeispiel berücksichtigt neben der Unterscheidung zwischen den über das OraSession-Objekt und das OraDatabase-Ob-

Fehlerbehandlung

jekt zugänglichen Fehlern auch, daß weitere Fehler auftreten können, die gar nichts mit dem Datenbankzugriff zu tun haben. Für ihre Realisierung ist lediglich ein leeres Formular erforderlich, wenn Sie mit Access oder Visual Basic arbeiten, da die Anweisungen beim Starten der Applikation automatisch ausgeführt werden. Für die Nutzung der Anweisungen innerhalb von Excel wird ein Button benötigt, über den die Anweisungen aktiviert werden können.

```
Private Sub Form_Load()

  Dim OraSession As Object
  Dim OraDatabase As Object
  Dim OraDynaset As Object
  Dim SQLStmt As String

  SQLStmt = "SELLECT NAME, FORNAME FROMM AUTORR"

  Set OraSession = CreateObject("OracleInProcServer.XOraSession")

  On Error GoTo OraSession_Errors
  Set OraDatabase = OraSession.DbOpenDatabase( _
                    "AttWesDb", "AddWes/AddWes", 0& _
                    )

  On Error GoTo OraDynaset_Errors
  Set OraDynaset = OraDatabase.DbCreateDynaset(SQLStmt, 0&)

  Exit Sub

OraSession_Errors:

  If OraSession.LastServerErr <> 0 Then
    MsgBox OraSession.LastServerErrText
  Else
    MsgBox "VB-Fehler " & Err & ": " & Error(Err)
  End If
  Exit Sub

OraDynaset_Errors:

  If OraDatabase.LastServerErr <> 0 Then
    If OraDatabase.LastServerErr = 904 Then
      MsgBox "Ungültiger Spaltenname in SQL-Anweisung bei Position " _
             & Format(OraDatabase.LastServerErrPos) & "."
    ElseIf OraDatabase.LastServerErr = 923 Then
      MsgBox "Schlüsselwort FROM fehlt oder ist falsch geschrieben."
    ElseIf OraDatabase.LastServerErr = 942 Then
      MsgBox "Die angegebene Tabelle existiert nicht."
```

3 Applikationsentwicklung mit den DAO und OO4O

```
    Else
      MsgBox OraDatabase.LastServerErrText
    End If
  Else
    MsgBox "VB-Fehler " & Err & ": " & Error(Err)
  End If

End Sub
```

Beachten Sie, daß sowohl der Datenbankname (TNS-Aliasname) als auch die SQL-Anweisung fehlerhaft sind. Starten Sie die Applikation, beseitigen Sie schrittweise die Fehler und prüfen Sie jeweils die Reaktion des Programms.

4 Kontrolle und Optimierung der Performance

4.1 Performancerelevante Faktoren im Überblick   139
4.2 Hilfsmittel   142
4.3 Verwendung von Variablen in
    SQL-Anweisungen   151
4.4 Nutzung von PL/SQL-Prozeduren   182
4.5 Verteilung der Datenbestände und Caching . 196

4.1 Performancerelevante Faktoren im Überblick

Wenn der Titel dieses Kapitels die Behandlung performancerelevanter Faktoren bei der Applikationsentwicklung mit ODBC und den Oracle Objects for OLE ankündigt, so ist diese Ankündigung mit zwei Einschränkungen zu versehen. Zunächst: Performancerelevante Faktoren werden *nicht nur in diesem Kapitel* behandelt. Der Leser des dritten Kapitels wird sich erinnern, das bereits das äußerst einfache, aus etwa 50 Zeilen bestehende Beispielprogramm für die explizite Objektverwaltung auf Performancefragen führte. Auf gar keinen Fall soll hier der Eindruck erweckt werden, als gebe es einen Grundbestand »ungefährlicher« Funktionalität und fortgeschrittene Funktionalitäten, bei denen auf die Performance zu achten sei. Performancerelevante Faktoren stecken in nahezu jeder Anweisung und die wichtigsten performancerelevanten Entscheidungen werden noch vor dem Schreiben der ersten Anweisung getroffen. Sodann: *In diesem Kapitel* werden *nicht nur* performancerelevante Faktoren behandelt. Fragen wie die Darstellungsmöglichkeiten von Master-Detail-Beziehungen zwischen Tabellen oder die Nutzung von PL/SQL-Prozeduren schließen neben der Performance auch andere Aspekte wie etwa die der Anschaulichkeit oder der Sicherheit ein.

Bevor in einer Übersicht die Hauptthemen dieses Kapitels skizziert werden, seien noch einmal diejenigen performancerelevanten Faktoren zusammengefaßt, die bereits in Kapitel 3 erörtert wurden:

▷ Die Bemerkung, die wichtigsten performancerelevanten Entscheidungen würden vor dem Schreiben der ersten Anweisung getroffen, bezog sich u.a. auf die Tatsache, daß die *Auswahl des Middlewareproduktes* erheblichen Einfluß darauf hat, welche Performance man überhaupt erwarten darf. Ob der Applikationsentwickler sich für ODBC oder Oracle Objects for OLE entscheidet, ob er, falls seine Wahl auf ODBC fällt, direkt auf dem ODBC-API, auf den Remote Data Objects (RDO) oder den Data Access Objects (DAO) aufsetzt und ob er bei DAO-Nutzung direkte Datenbankverbindungen oder eingebundene Tabellen verwendet, das sind Entscheidungen, die im Spannungsfeld von Performance, Datenbankunabhängigkeit, Programmieraufwand und vom Werkzeug unterstützter Möglichkeiten getroffen werden müssen. Derjenige, der gelegentlich Daten aus einer Oracle-Datenbank abfragen möchte, um sie mit Excel aufzubereiten, legt sicherlich größeren Wert auf einen unkomplizierten Zugriff als auf optimale Performance und ist insofern mit der Leistung der Data Access Objects ganz zufrieden. Derjenige aber, der professionelle Softwareentwicklung betreiben will, ist gut beraten, wenn er sich zuvor einen genauen Eindruck von der Leistungsfähigkeit der für ihn in Frage kommenden Middlewareprodukte verschafft.

▷ Grundsätzlich ist bei der Entwicklung von Datenbankapplikationen zu berücksichtigen, daß die Performance unter zu starkem Netzwerkverkehr leidet und daß deshalb bei Datenbankabfragen die *größtmögliche*

Einschränkung der zu übertragenden Datenmenge bereits in der SQL-Anweisung enthalten sein sollte. Das bedeutet zunächst einmal, daß die gedankenlose Abfrage sämtlicher Spalten durch einen Stern in der SELECT-Klausel vermieden und statt dessen eine explizite Aufzählung der gewünschten Spalten verwendet werden sollte. Die Dringlichkeit dieses Hinweises erhöht sich noch, wenn eine Tabelle eine LONG-Spalte (Texte, Grafiken) enthält. In der Regel sollte man deren Inhalte nicht automatisch übertragen, sondern durch den Benutzer explizit anfordern lassen. Der gleiche Gesichtspunkt gilt jedoch auch für die Anzahl der übertragenen Datensätze. Sie sollte durch die WHERE-Klausel der SELECT-Anweisung vorab so weit wie möglich eingeschränkt werden. Das Übertragen des gesamten Datenbestandes auf den Client-Rechner und anschließendes lokales Durchsuchen ist nur in seltenen Ausnahmefällen sinnvoll.

- Mehrfach wurde in Kapitel 3 bereits darauf hingewiesen, daß eine *größtmögliche Einschränkung der Verwaltungsfunktionalität*, die Middleware und Datenbank gemeinsam durchführen müssen, ratsam ist. Zu den wichtigsten Fällen, in denen dieser Aspekt von Bedeutung ist, gehören Datenbankabfragen, deren Ergebnisse vom Benutzer nur gelesen, aber nicht bearbeitet werden. In diesem Fall können alle Maßnahmen, die die Möglichkeit der Bearbeitung sicherstellen sollen, unterbleiben, was sich durch die Verwendung von Standardabfragen und die Anforderung von Snapshot-Ergebnismengen oder durch die Verwendung von Pass-Through Queries realisieren läßt. Dies ist insbesondere bei Verwendung der Data Access Objects zu beachten.

- Ebenfalls bereits vorgestellt und – wie ich hoffe – eindringlich dokumentiert wurde der wichtigste performancerelevante Aspekt bei der auf den Oracle Objects for OLE aufsetzenden Programmierung. Bedingt durch die Arbeitsweise der OLE Automation, ist jedes Referenzieren eines Objektes mit erheblichem Aufwand verbunden. Das *Vermeiden unnötiger Objekt-Referenzen* ist hier also oberstes Gebot. Wann immer ein Objekt im Verlauf einer Applikation mehrfach angesprochen wird, lohnt es sich, eine Objektvariable dafür anzulegen, durch die das Durchsuchen der Objekthierarchie vermieden werden kann.

Die in diesem Kapitel zu erörternden Themen bringen keine gänzlich neuen performancerelevanten Aspekte ins Spiel, sondern befassen sich mit Techniken, die entweder der Entlastung des Netzwerks oder der Entlastung des Datenbank-Servers dienen und dadurch zu einer besseren Performance der Applikation beitragen sollen. Zusammengefaßt lassen sie sich folgendermaßen beschreiben:

- SQL-Anweisungen werden von der Client-Applikation in Textform an den Oracle Server geschickt und von diesem in ausführbare Formen übersetzt. Da die Übersetzung mit erheblichem Aufwand verbunden ist, verwaltet das Oracle-Datenbanksystem einen Cache, in dem übersetzte Formen von SQL-Anweisungen abgelegt werden. Voraussetzung dafür, daß bei der Abarbeitung einer SQL-Anweisung die im Cache abgelegte ausführbare Form verwendet und der damit verbundene Performance-Vorteil genutzt werden kann, ist der identische Wortlaut der SQL-Texte. Applikationsentwickler sollten demnach zunächst einmal darauf achten, daß sie für gleiche Vorgänge identische SQL-Anweisungen verwenden. Darüber hinaus können aber durch die *Verwendung von Variablen* Teile von SQL-Anweisungen offen gehalten und später mit wechselnden Werten belegt werden, ohne daß es sich deshalb aus der Sicht des Datenbanksystems um unterschiedliche SQL-Anweisungen handeln würde. Abschnitt 4.3 beschreibt Hintergründe und Vorgehensweisen der Verwendung von Variablen in SQL-Anweisungen.

▷ Anspruchsvolle relationale Datenbanksysteme bieten die Möglichkeit, mehrere SQL-Anweisungen in prozeduralen Konstrukten wie Prozeduren oder Funktionen zusammenzufassen und diese Konstrukte in der Datenbank abzulegen (Stored Procedures, Stored Functions). Oracle verwendet traditionell für diesen Zweck die Programmiersprache PL/SQL, ab Version 8 auch Java. Neben vielfältigen anderen Vorteilen reduziert die *Nutzung von PL/SQL-Prozeduren* den Netzwerkverkehr, da nicht jede SQL-Anweisung einzeln an den Server geschickt, sondern nur eine Prozedur aufgerufen werden muß, die mehrere SQL-Anweisungen zusammenfaßt. Die Mechanismen, die es ermöglichen, PL/SQL-Prozeduren bei Verwendung von ODBC oder OO4O aufzurufen, werden in Abschnitt 4.4 vorgestellt.

▷ Eine Reduzierung des Netzwerkverkehrs kann auch dadurch erreicht werden, daß kleine, selten veränderte, jedoch häufig genutzte Tabellen auf den Client-PCs abgelegt werden. In der Regel handelt es sich dabei um Tabellen, die die Übersetzung intern verwendeter Codes (numerische Werte) in dem Benutzer angezeigte Beschreibungen (Texte) – und umgekehrt – ermöglichen. Voraussetzung für die Realisierbarkeit dieser Strategie ist die Möglichkeit, auf dem Client-PC eine lokale Datenbank anzulegen. Viele datenbankorientierte Entwicklungswerkzeuge (Access, FoxPro, Power Objects) beinhalten die für die Verwaltung einer einfachen Datenbank erforderliche Funktionalität, so daß eine performancesteigernde *Verteilung der Datenbestände auf Client- und Server-Rechner* möglich ist. Einige Gesichtspunkte, die dabei zu beachten sind, werden in Abschnitt 4.5.1 erörtert.

▷ Ist die permanente Verteilung der Datenbestände auf Client- und Server-Rechner nicht möglich oder nicht wünschenswert, so kann die Performance mancher Applikationen immer noch dadurch erheblich gesteigert werden, daß die Inhalte kleinerer Tabellen beim Starten der Applikation vom Server abgefragt und von da an *in einem lokalen, von der Middleware verwalteten Cache bereitgehalten* werden. Auch bei dieser Strategie geht es offenkundig um die Verringerung des Netzwerkverkehrs, da im Cache vorrätige Daten nicht über das Netzwerk ermittelt werden müssen. Middlewareprodukte bieten typischerweise die Möglichkeit, das Caching sowohl über Konfigurationsparameter als auch durch Programmiersprachenanweisungen zu beeinflussen. Abschnitt 4.5.2 behandelt diese Einstellungen für die Data Access Objects und Oracle Objects for OLE.

Performancesteigernde Strategien und Mechanismen können nur dann gezielt eingesetzt werden, wenn sich ihre Wirksamkeit kontrollieren läßt. Der folgende Abschnitt beschreibt deshalb zunächst einige Hilfsmittel, die Entwickler dann einsetzen können, wenn sie herausfinden wollen, was Client-Software und Middleware hinter ihrem Rücken treiben und wie der Oracle Server darauf reagiert.

4.2 Hilfsmittel

4.2.1 Testprogramme

Als *Testprogramme* sollen hier einfache Applikationen bezeichnet werden, die zum Lieferumfang eines Middlewareprodukts gehören, vom Hersteller eines solchen Produkts unabhängig davon abgegeben werden oder zusammen mit Literatur über das Produkt erhältlich sein können. Ihre Aufgabe besteht nicht – wie etwa diejenige der *Spy*-Programme – darin, ansonsten verborgene Details der Abarbeitung sichtbar zu machen, sondern beschränkt sich darauf, Testmöglichkeiten für einzelne Aspekte der Leistungsfähigkeit eines Produkts oder einer Produktgruppe zu schaffen. Sofern solche Applikationen einigermaßen neutral, d.h. nicht mit der Absicht, etwas Bestimmtes zu beweisen, programmiert wurden, können sie insbesondere Hilfen für Grundsatzentscheidungen geben: Lassen sich die Preisunterschiede zwischen den ODBC-Treibern verschiedener Hersteller durch entsprechende Leistungsunterschiede rechtfertigen? Lohnt es sich, zusätzlichen Programmieraufwand in Kauf zu nehmen, um in der Datenbank gespeicherte PL/SQL-Prozeduren nutzen zu können? Wird sich die Umstellung einer Applikation auf Oracle Objects for OLE durch eine spürbare Performancesteigerung bezahlt machen oder tut es die Nutzung eines ODBC-Treibers auch?

Als Beispiel für ein solches Testprogramm soll hier ein mit dem nun bereits mehrfach erwähnten Buch *Inside ODBC* mitgeliefertes *ODBC-Benchmark-Programm* vorgestellt werden, weil es nicht nur die Anforderung der Neutralität erfüllt, sondern darüber hinaus eine vorzügliche Motivation für die in den Abschnitten 4.3 und 4.4 durchzuführenden Erörterungen darstellt.

Das Programm, das mit C++ geschrieben wurde und direkt auf dem ODBC-API aufsetzt, basiert auf dem bekannten TPC-B-Benchmark, ohne sich sklavisch an alle Details dieses Standard-Benchmark-Tests zu halten. Es führt innerhalb eines vorgegebenen Zeitintervalls pausenlos kurze, aus drei UPDATE-Anweisungen sowie einer SELECT- und einer INSERT-Anweisung bestehende Transaktionen aus, um am Schluß ein Ergebnis zu liefern, das angibt, wie viele Transaktionen pro Sekunde (TPS) abgewickelt werden konnten. Der für dieses Kapitel interessante Aspekt des Programms besteht darin, daß es drei Implementierungsvarianten anbietet:

Hilfsmittel

- *Einzelne SQL-Anweisungen ohne Variablen:* Die SQL-Anweisungen bestehen einerseits aus immer wiederkehrenden, andererseits aus wechselnden Bestandteilen. In dieser Implementierungsvariante werden feste und wechselnde Bestandteile jeweils zu einer neuen SQL-Anweisung zusammengefügt, die vom Oracle Server jeweils neu übersetzt werden muß.

- *Einzelne SQL-Anweisungen mit Variablen:* In dieser Implementierungsvariante werden die wechselnden Bestandteile der SQL-Anweisungen durch Variablen repräsentiert. Der Erfolg dieser Maßnahme besteht, wie bereits in Abschnitt 4.1 angedeutet wurde, darin, daß der Oracle Server die Gleichheit der Anweisungen erkennt und sie jeweils nur einmal übersetzt.

- *Zusammenfassung der SQL-Anweisungen in einer PL/SQL-Prozedur:* In dieser letzten Variante werden die fünf SQL-Anweisungen nicht einzeln vom Client an den Server geschickt, sondern in einer PL/SQL-Prozedur zusammengefaßt, die ihrerseits in der Datenbank abgespeichert wird. Von der Client-Applikation ist dann nur diese eine Prozedur aufzurufen, um die gesamte Transaktion zur Ausführung zu bringen.

Abbildung 4.1 zeigt die Meßergebnisse, die für diese drei Implementierungsvarianten in der bereits in Kapitel 3 beschriebenen Umgebung unter Verwendung des ODBC-Treibers von Oracle ermittelt wurden.

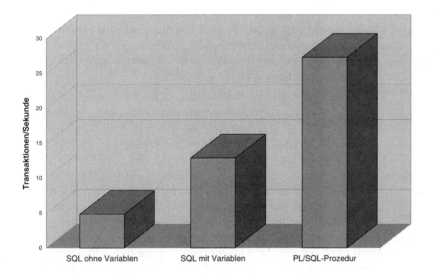

Abbildung 4.1: Ergebnisse des ODBC-Benchmark-Programms

Es kommt auf die absoluten Zahlen nicht an, die sich durch Verwendung anderer Hardware leicht vervielfachen ließen. Wichtig sind die Verhältnisse zwischen den Ergebnissen für die einzelnen Implementierungsvarianten, denn sie können als typisch bezeichnet werden: Durch Verwendung von Variablen kann das immer wieder neue Übersetzen der SQL-Anweisungen vermieden werden. Dies führt beinahe zu einer Verdreifachung des Durchsatzes. Durch Zusammenfassung sämtlicher zu einer Transaktion gehörender SQL-Anweisungen in einer PL/SQL-Prozedur wird sodann der Umfang der erforderlichen Netzwerkkommunikation so drastisch reduziert, daß sich der Durchsatz noch einmal verdoppelt.

Es ist nicht uninteressant, mit diesem Testprogramm die Leistungsfähigkeit unterschiedlicher ODBC-Treiber für den Zugriff auf Oracle-Datenbanken zu vergleichen. Die Vorstellung derartiger Ergebnisse soll hier jedoch unterbleiben, da die angeführten Zahlen primär zeigen sollen, daß der gezielte Einsatz von Variablen in SQL-Anweisungen und von PL/SQL-Prozeduren sich trotz des damit in der Regel verbundenen höheren Programmieraufwandes lohnt, weil sie zu einer erheblichen Performancesteigerung führen können.

4.2.2 ODBC-Tracing

Das ODBC-Tracing ist ein in die eigentliche ODBC-Schnittstelle integrierter, also nicht an übergeordnete objektorientierte Schnittstellen – wie die Data Access Objects – gebundener Mechanismus. Es dient dazu, die internen Abarbeitungsdetails, insbesondere die Aufrufe von Funktionen des ODBC-API, die dabei übergebenen Parameter und die zurückgegebenen Statuswerte sichtbar zu machen. ODBC-Trace-Dateien sind demnach am aussagekräftigsten für denjenigen, der sich mit dem ODBC-API und der Bedeutung der einzelnen Funktionen beschäftigt hat. Indessen genügt ein wenig allgemeines Datenbankwissen, um aus Funktionsnamen wie `SQLExecDirect`, `SQLFetch` oder `SQLGetData` die Art der gerade durchgeführten Aktion abzuleiten, und ein wenig zusätzliche Kenntnis über das ODBC-Konzept, um den langwierigen Verhandlungen während des Verbindungsaufbaus zu folgen, die im wesentlichen aus Aufrufen der Funktion `SQLGetInfo` unter Verwendung von Parametern wie `<SQL_ODBC_API_CONFORMANCE>` bestehen.

Da das ODBC-Tracing ein sehr aufwendiger Mechanismus ist, wird es standardmäßig nicht genutzt, sondern muß explizit im ODBC-Administrator-Programm aktiviert werden. Sofern sich auf Ihrem Rechner ein ODBC-Administrator-Programm der Version 2.x befindet, klicken Sie zu diesem Zweck im Eingangsfenster (Datenquellen-Fenster) auf den Button mit der Aufschrift *Optionen*. Sie gelangen daraufhin in ein Fenster mit dem Titel *ODBC-Optionen*, in dem Sie die Option *ODBC-Aufrufe verfolgen* aktivieren und deaktivieren sowie den Standort der anzulegenden Protokolldatei auswählen können. Sofern Sie bereits mit der Version 3.0 arbeiten, werden Sie eine eigene Karteikarte mit der Aufschrift *Tracing* vorfinden (vgl. Abbildung 4.2). Beachten Sie, daß damit das Tracing (auf diesem Client-PC) für sämtliche ODBC-Treiber und sämtliche Datenquellen aktiviert wird.[1]

---

1. Spezielle Hilfsprogramme, die entweder – wie *Dr. DeeBee Spy* von INTERSOLV – zum Lieferumfang einzelner ODBC-Treiber gehören oder aber als Shareware-Programme erhältlich sind, ermöglichen Einschränkungen wie etwa die auf eine einzelne Datenquelle.

Hilfsmittel

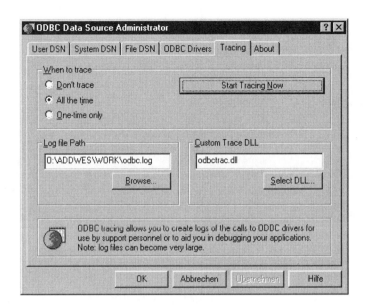

Abbildung 4.2:
Einschalten des ODBC-Tracing mit dem ODBC-Administrator-Programm (V3.0)

Datenbankzugriffe, die Sie mit Hilfe des ODBC-Tracing protokollieren wollen, sollten Sie sehr kurz halten, da das, was von außen wie eine einzige Aktion erscheint, intern in der Regel mehrere Dutzend Funktionsaufrufe erfordert, die alle einzeln dokumentiert werden. Das folgende Beispiel zeigt einen sehr kurzen Auszug aus einer ODBC-Trace-Datei, die beim Arbeiten mit der in Kapitel 3 (Abschnitt 3.3.1) entwickelten Access-Applikation für den Zugriff auf die Tabelle AUTOR angelegt wurde. Der Ausschnitt enthält den Beginn desjenigen Vorgangs, durch den die Liste, die die Ländernummern in Ländernamen umsetzt, mit Werten gefüllt wird.

```
MSACCESS        fffe8b57:fff1f96f ENTER SQLExecDirect
    HSTMT               0x0461eff0
    UCHAR *             0x05210c3b [     -3] "SELECT "NR" ,"NAME" FROM
                                            "ADDWES"."LAND" "
    SDWORD                    -3

MSACCESS        fffe8b57:fff1f96f EXIT  SQLExecDirect
                                        with return code 0 (SQL_SUCCESS)
    HSTMT               0x0461eff0
    UCHAR *             0x05210c3b [     -3] "SELECT "NR" ,"NAME" FROM
                                            "ADDWES"."LAND" "
    SDWORD                    -3

MSACCESS        fffe8b57:fff1f96f ENTER SQLFetch
    HSTMT               0x0461eff0

MSACCESS        fffe8b57:fff1f96f EXIT  SQLFetch
                                        with return code 0
                                        (SQL_SUCCESS)
    HSTMT               0x0461eff0
```

4 Kontrolle und Optimierung der Performance

```
MSACCESS        fffe8b57:fff1f96f ENTER SQLGetData
    HSTMT               0x0461eff0
    UWORD                        1
    SWORD                        5 <SQL_C_SHORT>
    PTR                 <unknown type>
    SDWORD                     256
    SDWORD *            0x0062de28

MSACCESS        fffe8b57:fff1f96f EXIT  SQLGetData
                                    with return code (SQL_SUCCESS)
    HSTMT               0x0461eff0
    UWORD                        1
    SWORD                        5 <SQL_C_SHORT>
    PTR                 <unknown type>
    SDWORD                     256
    SDWORD *            0x0062de28 (2)

MSACCESS        fffe8b57:fff1f96f ENTER SQLGetData
    HSTMT               0x0461eff0
    UWORD                        2
    SWORD                        1 <SQL_C_CHAR>
    PTR                 0x0062dce8
    SDWORD                     256
    SDWORD *            0x0062de28

MSACCESS        fffe8b57:fff1f96f EXIT  SQLGetData
                                    with return code 0
                                        (SQL_SUCCESS)
    HSTMT               0x0461eff0
    UWORD                        2
    SWORD                        1 <SQL_C_CHAR>
    PTR                 0x0062dce8 [     11] "Deutschland"
    SDWORD                     256
    SDWORD *            0x0062de28 (11)
```

Wichtig für die Zwecke dieses Kapitels ist es, daß Sie in der Lage sind, diejenigen Stellen aufzufinden, aus denen sich entnehmen läßt, welche SQL-Anweisungen von der Client-Applikation an den Oracle-Server-Prozeß geschickt werden. Dafür sollten Sie die Bedeutung der nachfolgend aufgeführten ODBC-Funktionen kennen:

SQLPrepare	Übersetzen einer SQL-Anweisung (Erzeugen des Ausführungsplanes), ggf. unter Berücksichtigung von Variablen als Platzhalter für später einzubindende Werte
SQLBindParameter	Einbinden der aktuellen Werte von Variablen in einen Ausführungsplan
SQLExecute	Ausführen einer durch SQLPrepare und SQLBindParameter vorbereiteten SQL-Anweisung
SQLExecDirect	Übersetzen und Ausführen einer SQL-Anweisung in einem Schritt

4.2.3 Oracle-Server-Tracing

Neben der ODBC-Software bietet auch der Oracle Server ein Tracing an, bei dem Informationen über Details der Abarbeitung verfügbar gemacht werden. Diese betreffen die vom Client-Prozeß empfangenen SQL-Anweisungen, die für die einzelnen Abarbeitungsphasen erforderliche Zeit sowie die durchgeführten Lese- und Schreibvorgänge.

Selbstverständlich muß auch dieses Tracing eigens aktiviert werden, da das Protokollieren aller Verarbeitungsschritte in einer Datei die Systemleistung nachteilig beeinflußt. Die nachfolgende Beschreibung der dafür erforderlichen Schritte unterstellt, daß Sie Grundkenntnisse der Datenbankverwaltung besitzen. Sollte dies nicht der Fall sein, so setzen Sie sich bitte mit Ihrem DBA in Verbindung oder konsultieren Sie die Dokumentation.

Wenn Sie beabsichtigen, das Oracle-Server-Tracing zu nutzen, ist es empfehlenswert, jedoch nicht zwingend erforderlich, drei Parametern in der Konfigurationsdatei INIT.ORA geeignete Werte zuzuweisen:

TIMED_STATISTICS	Weisen Sie diesem Parameter den Wert TRUE zu, wenn Sie Informationen über die für die Abarbeitung der SQL-Anweisungen benötigte Zeit erhalten möchten. Wird die Default-Einstellung FALSE beibehalten, so können Sie zwar Trace-Dateien anlegen, doch werden diese anstelle der Zeitangaben ausschließlich Nullen enthalten.
USER_DUMP_DEST	Benutzen Sie diesen Parameter, um zu steuern, in welchem Verzeichnis die Trace-Dateien angelegt werden sollen.
MAX_DUMP_FILE_SIZE	Der Parameter legt die Maximalgröße von Trace-Dateien (in Betriebssystemblöcken) fest. Es empfiehlt sich, an dieser Stelle nicht zu sparsam zu sein, da das Tracing beim Erreichen der Obergrenze abgebrochen wird, was die Ergebnisse in schwer durchschaubarer Weise verfälschen kann, wenn die Trace-Datei anschließend mit TKPROF (s.u.) bearbeitet wird.

Ein Beispiel mag die Einstellungen veranschaulichen:

```
TIMED_STATISTICS = TRUE
USER_DUMP_DEST = D:\AddWesDB\UserTrace
MAX_DUMP_FILE_SIZE = 20480     # 10 MB bei Blockgröße von 512 Byte
```

Mit Hilfe dieser Einstellungen ist der Oracle Server grundsätzlich auf das Tracing vorbereitet, jedoch wird dieses nun nicht von allen Server-Prozessen defaultmäßig ausgeführt. Vielmehr muß es von jedem Client-Prozeß explizit angefordert werden. Dies geschieht mit der Anweisung

```
ALTER SESSION SET SQL_TRACE TRUE;
```

4 Kontrolle und Optimierung der Performance

Mit der Anweisung

`ALTER SESSION SET SQL_TRACE FALSE;`

kann das Oracle-Server-Tracing jederzeit wieder abgeschaltet werden.

Da es sich bei diesen Anweisungen nicht um Standard-SQL handelt, müssen bei Verwendung der ODBC-Schnittstelle Pass-Through Queries verwendet werden, um sie zur Ausführung zu bringen. Benutzen Sie dazu die in Kapitel 3, Abschnitt 3.4.4, »Anweisungsbedingte explizite Objektverwaltung«, beschriebene Technik, beachten Sie jedoch beim Anlegen, daß diese »Abfrage« keine Datensätze als Ergebnis liefert. Für Oracle Objects for OLE handelt es sich um eine beliebige Anweisung, die keine Datensätze zurückliefert und deshalb mit der Methode `[Db]ExecuteSQL` ausführbar ist (vgl. Kapitel 3, Abschnitt 3.4.4, »Steuerelementbedingte explizite Objektverwaltung«, am Ende).

Die Einbettung der Anweisungen in den Applikationsverlauf hängt davon ab, was Sie wissen möchten. Denkbar ist, daß ein Formular während der Entwicklungszeit zwei Buttons bereitstellt, über die sich das Oracle-Server-Tracing zu jedem beliebigen Zeitpunkt an- und abschalten läßt. Dies ist dann sinnvoll, wenn Sie an Detailinformationen zu einzelnen Vorgängen interessiert sind. Ebenso könnte das Tracing beim Laden eines Formulars (Ereignis: *FormLoad*) automatisch aktiviert werden. Dies garantiert jedoch nicht, daß sämtliche ausgeführten SQL-Anweisungen in der Trace-Datei dokumentiert sind. In der Regel wird z.B. das Füllen von Wertelisten vor den in der Form-Load-Prozedur enthaltenen Anweisungen ausgeführt. Wenn Sie auf Vollständigkeit Wert legen, ist es deshalb ratsam, für die Applikation ein Startformular zu entwickeln, von dem aus das Tracing noch vor dem Aufbau der Datenbankverbindung aktiviert werden kann. Sofern Sie mit Access arbeiten, genügt es aber auch, die »Abfrage« (Pass-Through Query), durch die das Oracle-Server-Tracing aktiviert werden soll, vor dem Öffnen des Formulars manuell zu aktivieren.

Zu den Herausforderungen, denen man sich stellen muß, bevor man sich als Oracle-Profi bezeichnen darf, gehört die Suche nach der eigenen Trace-Datei. Zwar kann der DBA, wie zu Beginn dieses Abschnitts gezeigt wurde, steuern, in welchem Verzeichnis diese Dateien angelegt werden sollen, doch gilt das angegebene Verzeichnis für alle Anwender gleichermaßen. Erschwerend kommt hinzu, daß die Dateinamen nach Regeln, die für jedes Betriebssystem ein wenig anders lauten, automatisch generiert werden und sich nicht beeinflussen lassen. Bewährt hat sich folgende Vorgehensweise: Informieren Sie sich zunächst über das vom DBA festgelegte Verzeichnis. Beachten Sie dabei in einer Client/Server-Umgebung, daß die Trace-Dateien von den Server-Prozessen geschrieben werden, sich also auf dem Server-Rechner befinden. Lassen Sie sich dann den Inhalt dieses Verzeichnisses zeitlich geordnet anzeigen. In der Regel wird es sich bei der neuesten Datei um diejenige handeln, die Sie suchen.

Hilfsmittel

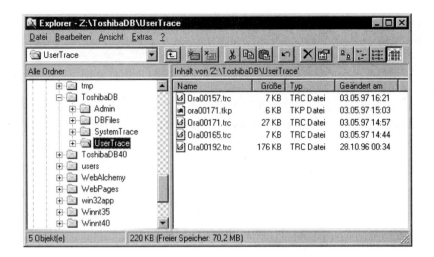

Abbildung 4.3:
Oracle-Trace-
Dateien auf einem
Windows NT-
Rechner

Oracle-Server-Trace-Dateien sind zwar lesbare Textdateien, doch sind sie oft nur schwer überschaubar, weil jeder Ausführungsvorgang einzeln darin dokumentiert wird. Wenn Sie eine SQL-Anweisung von einer Applikation aus einhundertmal ausführen, so werden sich in der Trace-Datei auch einhundert Einträge dafür finden. Manchmal benötigt der Applikationsentwickler genau diese Information, meist aber möchte er lieber eine Gesamtübersicht über sämtliche Ausführungsvorgänge haben. Deshalb stellt Oracle ein Werkzeug namens *TKPROF* zur Verfügung, mit dem sich eine solche Übersicht aus einer existierenden Trace-Datei erzeugen läßt.

Das Programm wird unter UNIX mit dem Kommando tkprof von der Kommandozeile aus gestartet. Auf PC-Systemen wird die Versionsnummer des Oracle Servers, zu dessen Lieferumfang es gehört, an den Namen angehängt (z.B. TKPROF73). Sie sollten sich daher vorab im %ORACLE_HOME%\BIN-Verzeichnis über die korrekte Form des Aufrufs informieren. Als Parameter werden in der einfachsten Form des Aufrufs der Name der Trace-Datei und ein weiterer, frei wählbarer Name für die anzulegende Übersichtsdatei erwartet:

```
tkprof73 ora00171.trc ora00171.tkp
```

Von den optionalen Zusätzen, über die das Verhalten von TKPROF gesteuert werden kann, seien hier nur die Sortieroptionen erwähnt. So bewirkt etwa das Kommando

```
tkprof73 ora00171.trc ora00171.tkp sort=prscpu
```

zusätzlich zum Zusammenfassen der einzelnen Einträge die Sortierung der Übersichten zu den abgearbeiteten SQL-Anweisungen nach der für das Parsen benötigten CPU-Zeit. Diese Sortieroptionen sind insbesondere beim Testen umfangreicherer Applikationen von großem Nutzen, weil sie es dem Entwickler ersparen, eine 50 Seiten lange Trace-Datei vollständig durchzuarbeiten, und statt dessen die Problemkandidaten auf den ersten 2 Seiten versammeln.

4 Kontrolle und Optimierung der Performance

Die Eingabe des Kommandos TKPROF ohne nachfolgende Dateinamen führt zur Anzeige aller gültigen Optionen sowie kurzer Erläuterungen auf dem Bildschirm. Eine ausführliche Dokumentation dazu ist im *Oracle7 Server Tuning Guide*, Anhang A, zu finden.

Für jede SQL-Anweisung findet sich in der von TKPROF73 generierten Datei eine Übersicht folgender Struktur:

```
SELECT "ADDWES"."BUCH"."NR"
FROM "ADDWES"."BUCH"
WHERE ( :V1 = "AUTOR_NR" ) ORDER BY "TITEL"


call     count    cpu    elapsed    disk    query    current    rows
-------  -----  -------  -------  ------  -------  ---------  ------
Parse      15    0.47     0.52       0       0         0         0
Execute    15    0.00     0.00       0       0         0         0
Fetch      15    0.09     0.57      24     135        30        43
-------  -----  -------  -------  ------  -------  ---------  ------
total      45    0.56     1.09      24     135        30        43

Misses in library cache during parse: 1
Optimizer goal: CHOOSE
Parsing user id: 26
```

Von Bedeutung für die Thematik dieses Kapitel ist zunächst einmal der Wortlaut der SQL-Anweisung selbst, da bei Verwendung von Werkzeugen wie Access die meisten Anweisungen automatisch generiert werden. Die Statistik gliedert sich in die drei hauptsächlichen Ausführungsphasen *Parse* (Übersetzen und Optimieren), *Execute* (Ausführen) und *Fetch* (Übertragen der Datensätze vom Server zum Client). Einige zusätzliche Informationen zu diesen Phasen enthält Abschnitt 4.3.1. Von den Spalten der Statistik werden hier insbesondere diejenigen mit den Überschriften *Count* (Anzahl der Vorgänge), *CPU* (CPU-Zeit in Minuten), *Elapsed* (Vergangene Zeit in Minuten) und *Rows* (Anzahl der bearbeiteten Datensätze) im Zusammenhang mit der an die Tabelle anschließenden Information *Misses in Library Cache during Parse* betrachtet (Beispiele für die Interpretation bietet Abschnitt 4.3.2). Die übrigen drei Spalten beziehen sich auf die Ein- und Ausgabeoperationen und werden hier nicht genauer erläutert.

Wenn Sie in Ihrer Trace-Datei SQL-Anweisungen entdecken, die nicht von ferne an das erinnern, was Sie programmiert haben, sondern so seltsam klingen wie

```
select ts#,file#,block#,nvl(clu#,0),nvl(tab#,0),cols,nvl(clucols,0),
   audit$,modified,pctfree$,pctused$,initrans,maxtrans,rowcnt,blkcnt,
   empcnt,avgspc,chncnt,avgrln,nvl(spare1,0),nvl(spare2,0)
from tab$
where obj#=:1
```

dann haben Sie es mit der Dokumentation der ausgeführten *rekursiven SQL-Anweisungen* (vgl. Abschnitt 4.3.1) zu tun. Sollten sie in größeren Mengen auftreten und dadurch die von TKPROF generierte Datei unübersichtlich machen, so können Sie beim Aufruf von TKPROF die Option SYS=NO mitgeben, um sie auszublenden.

4.3 Verwendung von Variablen in SQL-Anweisungen

4.3.1 Hintergründe

Eine SQL-Anweisung – ob sie nun vom Anwender als solche eingegeben (z.B. SQL*Plus), mit der Maus »zusammengeklickt« (z.B. Microsoft Query) oder lediglich durch Tastendruck bzw. Mausklick aktiviert wird (z.B. Access-Applikation) – ist zunächst einmal lediglich ein Text. Darin gleicht sie einem in einer Sprache wie C, Basic oder COBOL geschriebenen Programm. Und wie ein solches Programm, bevor es ausgeführt werden kann, aus der vom Menschen interpretierbaren Textform in eine Folge vom Rechner interpretierbarer Maschinenbefehle umgesetzt werden muß, so ist auch eine SQL-Anweisung erst ausführbar, nachdem der Text in eine Folge von »Zugriffsroutinen« umgesetzt wurde, die als die »Maschinenbefehle« des Oracle Servers betrachtet werden können.

Sofern SQL-Anweisungen nicht zur Laufzeit zusammengesetzt werden, sondern fertig in einer Applikation enthalten sind, gibt es für ihre Übersetzung in eine ausführbare Form zwei mögliche Zeitpunkte:

1. Applikationen werden nach ihrer Fertigstellung durch *Compilieren* (3-GL-Programme) oder *Generieren* (4-GL-Werkzeuge) in eine ausführbare Form umgesetzt. Einige Datenbankhersteller haben sich dafür entschieden, auch die SQL-Anweisungen bereits zu diesem Zeitpunkt zu übersetzen. Die ausführbaren Formen der SQL-Anweisungen werden – hierin den *QueryDef*-Objekten von Access vergleichbar – in der Datenbank abgelegt, und die Applikationen enthalten nur noch Verweise auf diese Datenbankobjekte.

2. Andere Datenbankhersteller – unter ihnen Oracle – belassen die SQL-Anweisungen als Text in den ausführbaren Applikationen. Zur Laufzeit schickt die Client-Applikation den SQL-Text an den Server-Prozeß, und erst zu diesem Zeitpunkt erfolgt die Umsetzung aus der Textform in die ausführbare Form.

Beide Methoden weisen erhebliche Vorteile, aber auch schwerwiegende Nachteile auf. Der entscheidende Vorteil von Methode 1 liegt darin, daß die SQL-Anweisungen nur einmal übersetzt werden müssen, während bei Anwendung von Methode 2 jeder Server-Prozeß diese Arbeit immer wieder neu verrichten muß, und daß die ausführbaren Formen zur Laufzeit bereits vorliegen, was die laufenden Applikationen spürbar entlastet und beschleunigt. Es wird gleich zu zeigen sein, daß die bei der Übersetzung von SQL-Anweisungen zu leistende Arbeit einen erheblichen Umfang hat, dieser Vorteil also nicht geringzuschätzen ist. Der entscheidende Vorteil von Methode 2, der Oracle veranlaßt hat, sich trotz der damit verbundenen Nachteile für sie zu entscheiden, ist ihre Flexibilität und Universalität. Sie äußert sich in mehreren Bereichen, von denen nur zwei genannt seien:

▷ Methode 2 ist für alle Arten von SQL-Anweisungen einsetzbar. Während Methode 1 nur auf SQL-Anweisungen anwendbar ist, die vom Entwickler in fertiger Form in die Applikation eingebettet wurden (»statische SQL-Anweisungen«), kann Methode 2 auch mit SQL-Anweisungen umgehen, die vom Anwender erst zur Laufzeit aufgebaut werden (»dynamische SQL-Anweisungen«). Nun konnte man zwar vor einigen Jahren noch behaupten, daß der Aufbau von SQL-Anweisungen zur Laufzeit nur mit Werkzeugen wie SQL*Plus möglich sei, die vom Anwender das Eintippen der SQL-Anweisung und somit gründliche SQL-Kenntnisse verlangen, und daß außer einigen wenigen Administratoren niemand von dieser Möglichkeit Gebrauch mache. Inzwischen aber gibt es zahlreiche Werkzeuge wie den Oracle Browser oder Microsoft Query, die es jedem Anwender möglich machen, sich die gewünschte Ergebnismenge zur Laufzeit in einer graphischen Oberfläche »zusammenzuklicken«. Dynamische SQL-Anweisungen stellen somit keine Rand- und Ausnahmeerscheinungen mehr dar, sondern spielen insbesondere in Client/Server-Umgebungen eine wichtige Rolle.

▷ Methode 2 macht den Anwender unabhängig von der Datenbank. Bei Anwendung von Methode 1 wird die übersetzte SQL-Anweisung »in der Datenbank« abgelegt. Das aber heißt im Klartext: in *einer* Datenbank, und die Fortsetzung lautet, daß die ausführbare Form in allen anderen Datenbanken nicht zur Verfügung steht. Ein Anwender muß sich also bei einer bestimmten Datenbank anmelden, um eine bestimmte Applikation ausführen zu können. Eine Wahlmöglichkeit besteht nicht. Dieses Konzept eignet sich für sehr kleine, persönliche und für sehr große, firmenweit genutzte Datenbanken, aber nicht für das Mittelfeld, das durch Client/Server-Umgebungen und verteilte Datenhaltung charakterisiert ist und in dem Oracle führend ist. Hier konnte die Entscheidung nur für Methode 2 ausfallen, die es einer Client-Applikation erlaubt, beliebige SQL-Anweisungen an beliebige Server-Prozesse zu senden und auf beliebige Datenbanken zuzugreifen.

Diese beiden Aspekte von Flexibilität und Universalität zeigen, daß Oracle sich ganz bewußt für Methode 2 entschieden hat, weil sie sich für Client/Server-Umgebungen deutlich besser eignet. Im zweiten Schritt hat Oracle dann versucht, Mechanismen zu entwickeln, durch die die mit Methode 2 verbundenen Performance-Nachteile so weit wie möglich ausgeglichen werden. Um diese Mechanismen zu verstehen, muß man wissen, daß das Datenbanksystem im Arbeitsspeicher des Server-Rechners einen für alle Oracle-

Server-Prozesse zugänglichen Speicherbereich verwaltet, der als *System Global Area (SGA)* bezeichnet wird und sich aus mehreren Teilbereichen zusammensetzt. Die beiden größten Teilbereiche sind der *Database Buffer Cache*, ein Cache für Daten, der die Anzahl der beim Lesen von Daten aus der Datenbank erforderlichen Plattenzugriffe reduzieren soll, und der *Shared Pool*, der in erster Annäherung als Cache für SQL-Anweisungen bezeichnet werden kann und dessen Funktion in diesem Abschnitt noch etwas genauer betrachtet werden soll.

Die Bearbeitung einer SQL-Anweisung durch den Server-Prozeß beginnt mit dem *Parsen*. Darunter ist eine sowohl syntaktische als auch semantische (inhaltliche) Analyse der Anweisung zu verstehen. Die syntaktische Analyse ist leicht durchführbar, da der Parser alle Regeln der SQL-Syntax kennt. Für die semantische Analyse ist er allerdings auf zusätzliche Informationen angewiesen. Erhält er z.B. die SQL-Anweisung

```
SELECT *
FROM ADDWES.AUTOR
WHERE NR = 144;
```

zur Bearbeitung zugesandt, so sind zunächst Fragen zu klären, deren Beantwortung darüber entscheidet, ob es sich um eine sinnvolle Anweisung handelt: Gibt es den Benutzer ADDWES? Wenn ja, ist er Eigentümer einer Tabelle namens AUTOR? Wenn ja, hat der Benutzer, der die SQL-Anweisung ausführen möchte, das Recht, die Daten in dieser Tabelle zu lesen? Sobald eine dieser Fragen verneint werden muß, ist die weitere Bearbeitung der SQL-Anweisung nicht mehr sinnvoll und wird daher abgebrochen. In der zweiten Phase sind dann Fragen zu klären, deren Beantwortung die Arbeit des Optimizers vorbereitet: Welche Spalten gehören zur AUTOR-Tabelle, d.h. wofür steht der Stern? Gibt es einen Index auf der Spalte NR, der das Auffinden des Datensatzes (oder der Datensätze) für die Nummer 144 beschleunigen kann?

Die Antworten auf alle diese Fragen sind in Tabellen zu finden, die vom Datenbanksystem angelegt und verwaltet werden und die man unter der Bezeichnung *Systemtabellen, Data Dictionary* oder auch *Katalog* zusammenfaßt. Daten aus Tabellen aber werden über SQL-Anweisungen ermittelt, und diese Regel ist so universal gültig, daß sie auch für Server-Prozesse gilt, die SQL-Anweisungen parsen. So seltsam es klingen mag: Der Server-Prozeß stellt immer dann, wenn eine Frage zu beantworten ist, die Bearbeitung der vom Client-Prozeß empfangenen SQL-Anweisung zurück, formuliert seine Frage als SQL-Anweisung und bearbeitet zunächst einmal diese. Solche im Hintergrund aufgebauten und bearbeiteten SQL-Anweisungen werden als *rekursive SQL-Anweisungen* bezeichnet. Es liegt auf der Hand, daß sie eine erhebliche Belastung für die Systemleistung darstellen und daß eine Optimierung dieses Verfahrens erforderlich ist. Sie wurde von Oracle in Form des *Row Cache* oder *Dictionary Cache* implementiert.

Der *Row Cache* nimmt einen Teil des Shared Pool in Anspruch. Der Shared Pool ist also kein homogener Cache, sondern stellt eine Zusammenfassung mehrerer Caches dar, von denen der Row Cache einer ist. Aber es kommt noch schlimmer: Auch der Row Cache ist nicht ein einziger Cache, sondern eine Ansammlung mehrerer Caches. Ihre Anzahl entspricht der Anzahl der vom Parser benötigten Systemtabellen. Der Row Cache stellt somit insgesamt einen *Cache für Data-Dictionary-Informationen* dar. Da aber jede Data-Dictionary-Tabelle einen anderen Aufbau hat, gliedert er sich in mehrere Teil-Caches, von denen jeder die Struktur einer Tabelle aufweist und Datensätze aus dieser Tabelle aufnehmen kann. Sobald sich ein vom Parser benötigter Datensatz aus einer Systemtabelle im Row Cache befindet, kann der Parser direkt, d.h. ohne vorherige Konstruktion einer SQL-Anweisung darauf zugreifen, wodurch der Vorgang erheblich beschleunigt wird.

An das Parsen schließt sich die *Optimierung* an, die erforderlich ist, weil sich für die meisten SQL-Anweisungen mehrere alternative ausführbare Formen konstruieren lassen. So ist etwa für die als Beispiel angeführte Anweisung die Ausführung mit oder ohne Benutzung eines für die Spalte EMPNO angelegten Index denkbar. Aufgabe des *Optimizers* ist es, aus den möglichen Formen diejenige auszuwählen, die wahrscheinlich den geringsten Aufwand und die geringste Laufzeit benötigt. Obwohl in der Regel von »dem Optimizer« gesprochen wird, handelt es sich dabei nicht um einen Bestandteil des Datenbanksystems, sondern um eine Funktionalität, die jeder einzelne Server-Prozeß ausführt. Nach der Optimierung steht die ausführbare Form der SQL-Anweisung fest.

Trotzdem kann vor der Ausführung noch ein weiterer vorbereitender Schritt erforderlich sein, der als *Binden* bezeichnet wird. Das ist dann der Fall, wenn SQL-Anweisungen Variablen enthalten:

```
SELECT *
FROM ADDWES.AUTOR
WHERE NR = :autor_nr;[2]
```

Die Variablen können bei jeder Ausführung mit einem anderen Wert belegt werden, wodurch sich zwar die Ergebnismenge, nicht aber die ausführbare Form der SQL-Anweisung ändert.

Nachdem Sie einen Eindruck von dem Umfang der Arbeit gewonnen haben, die Server-Prozesse bei der Übersetzung von SQL-Anweisungen leisten müssen, werden Sie verstehen, daß die ausführbaren Formen dieser Anweisungen sorgsam gehütete Schätze darstellen. Es verhält sich ja keineswegs so, daß jeder Anwender ständig neue SQL-Anweisungen erfindet. Vielmehr arbeiten Anwender auch mit Applikationen, die vorgefertigte und unveränderliche, mithin immer wieder vorkommende SQL-Anweisungen enthalten. Das war, wie erwähnt, für einige Datenbankhersteller der Grund, sich für die Implementierung von Methode 1 zu entscheiden. Oracle erreicht trotz

---

2. Die Kennzeichnung von Variablen ist leider in den einzelnen Werkzeugen und Arbeitsumgebungen unterschiedlich geregelt. Sie können durch einen Namen mit vorangestelltem Doppelpunkt oder Ampersand (&) gekennzeichnet sein, werden in einigen Fällen aber auch nur durch Fragezeichen markiert.

der Entscheidung für Methode 2 einen ähnlichen Effekt und eine drastische Verminderung der mit dieser Methode verbundenen Performance-Einbußen durch die Einführung eines *Caches für SQL-Anweisungen*.

Dieser Cache, der den nicht ganz leicht nachvollziehbaren Namen *Library Cache* trägt, bildet den zweiten Teilbereich innerhalb des *Shared Pool*. Wie Server-Prozesse die von ihnen eingelesenen Daten (Oracle-Blöcke) nicht im privaten Arbeitsspeicher, sondern in der öffentlich zugänglichen SGA ablegen und sie damit auch für andere Server-Prozesse verfügbar machen, so legen sie die beim Übersetzen ermittelten ausführbaren Formen nicht im privaten Arbeitsspeicher, sondern in der öffentlich zugänglichen SGA ab, um anderen Server-Prozessen, die die gleichen SQL-Anweisungen auszuführen haben, die Arbeit des Übersetzens zu ersparen. Und wie Server-Prozesse, die Daten (Oracle-Blöcke) benötigen, zuerst im Database Buffer Cache nachsehen, ob sie sich bereits darin befinden, so prüfen Server-Prozesse, die vom Client eine SQL-Anweisung zugesandt bekommen, vor der Übersetzung, ob sich die ausführbare Form bereits im Library Cache befindet.

Row Cache und Library Cache sind also die beiden Hauptbestandteile des Shared Pool. Beide haben entscheidenden Einfluß auf das Ausmaß der für die Übersetzung von SQL-Anweisungen aufzuwendenden Arbeit und somit auf die Gesamtleistung des Systems. Entsprechend läßt sich die Größe des Shared Pool vom Datenbankverwalter in der Konfigurationsdatei INIT.ORA einstellen. Die Größe der einzelnen Teilbereiche wird nicht vom DBA statisch festgelegt, sondern vom System dynamisch den Erfordernissen angepaßt.

Freilich kann man die Sorge um die effiziente Ausführung von SQL-Anweisungen nicht allein dem DBA überlassen. Den ersten, wichtigeren und wirkungsvolleren Beitrag haben die Applikationsentwickler zu leisten, indem sie zwei Regeln beachten:

1. Gleiche Vorgänge sollten durch gleichlautende SQL-Anweisungen implementiert werden, damit von den im Library Cache gespeicherten ausführbaren Formen Gebrauch gemacht werden kann.

2. Wo immer wechselnde Bestandteile einer SQL-Anweisung durch Variablen ersetzt werden können, sollte dies geschehen, da der explizite Einbau der wechselnden Bestandteile in den Text zu – für den Oracle Server – verschiedenen und somit immer wieder neu zu übersetzenden SQL-Anweisungen führt, während bei Verwendung von Variablen immer wieder die gleiche ausführbare Form benutzt werden kann und bei der einzelnen Ausführung lediglich ein Einbinden der aktuellen Werte erforderlich ist.

Zu den wichtigsten Anwendungsfällen für diese Regeln gehört die Abfrage und Darstellung von Daten aus zwei oder mehr Tabellen, die eine Master-Detail-Beziehung aufweisen. Die Vorgehensweise bei der Realisierung dieser Aufgabe wird in den nachfolgenden Abschnitten erörtert.

4.3.2 Oracle Objects for OLE

Vorgehensweise

Master-Detail-Beziehungen zeichnen sich dadurch aus, daß zunächst mit einer einmal auszuführenden Abfrage der Master-Tabelle eine Master-Ergebnismenge aufgebaut und danach für jeden Datensatz dieser Ergebnismenge eine Abfrage der Detail-Tabelle ausgeführt wird. Die Koppelung zwischen beiden Tabellen wird ermöglicht durch die Primärschlüsselspalte in der Master- und die Fremdschlüsselspalte in der Detail-Tabelle. Die effiziente Formulierung dieser Koppelung ist das Thema dieses Abschnitts und der nachfolgenden Abschnitte. Es erscheint sinnvoll, zunächst die Vorgehensweise beim Einsatz von Oracle Objects for OLE vorzustellen, weil hier die Oracle-Mechanismen deutlich erkennbar sind, während sie beim Zugriff über die Data Access Objects durch zusätzliche, aus dieser Softwareschicht stammende Mechanismen überlagert und teilweise verdeckt werden.

Das offenkundigste Beispiel für eine Master-Detail-Beziehung innerhalb der Beispieltabellen ist diejenige zwischen AUTOR und BUCH. In Kapitel 3 wurden mehrere einfache Applikationen aufgebaut, die dem Zugriff auf die Tabelle AUTOR dienen. Wo die entsprechende Datenbankabfrage explizit formuliert werden mußte, lautete sie einfach

```
SELECT <SpaltenListe>
FROM AUTOR
```

oder wurde durch eine zusätzliche WHERE-Bedingung ergänzt. Die Aufgabe, die sich nun stellt, besteht darin, zu jedem AUTOR-Datensatz die zugehörigen BUCH-Datensätze zu ermitteln. Dafür ist eine SQL-Anweisung der Form

```
SELECT <SpaltenListe>
FROM BUCH
WHERE AUTOR_NR = <aktuelle AutorNr>
```

erforderlich.

Es gibt nun eine einfache und deshalb leider häufig in Applikationen anzutreffende Vorgehensweise, um die aktuelle Autorennummer in die zweite SQL-Anweisung zu integrieren und so die beiden Abfragen zu synchronisieren: Der Wert der Spalte NR aus dem aktuellen AUTOR-Datensatz wird als Text verwendet und an den unveränderlichen Teil der Detail-Abfrage angehängt. Unter der Voraussetzung, daß die Spalte NR für den Master-Datensatz in einem Textfeld namens txtAutorNr gespeichert ist, könnte eine Anweisung zur Konstruktion der Detail-Abfrage nach dieser Vorgehensweise lauten:

```
sqlDetail = "SELECT NR, TITEL, JAHR FROM BUCH " _
          & "WHERE AUTOR_NR = " & txtAutorNr
```

Werden nun die Master-Datensätze schrittweise durchlaufen, erzeugt die Applikation die entsprechenden Detail-Abfragen:

Verwendung von Variablen in SQL-Anweisungen

```
SELECT NR, TITEL, JAHR FROM BUCH WHERE AUTOR_NR = 1;
SELECT NR, TITEL, JAHR FROM BUCH WHERE AUTOR_NR = 2;
SELECT NR, TITEL, JAHR FROM BUCH WHERE AUTOR_NR = 3;
[...]
```

Nach den vorausgegangenen Erörterungen werden Sie dieses Verfahren vermutlich bereits sehr skeptisch betrachten, denn die so generierten SQL-Anweisungen stellen für den Oracle Server *unterschiedliche SQL-Anweisungen* dar und müssen deshalb immer wieder neu übersetzt werden. Die für den Programmierer einfachste Lösung ist also die für den Oracle Server aufwendigste und somit für die Performance der Applikation nachteiligste.

Die effizientere Vorgehensweise besteht, wie bereits erwähnt wurde, darin, eine Variable in die SQL-Anweisung einzubauen. Beim Einsatz der Oracle Objects for OLE gilt dabei die einfache Syntax-Regel, daß Variablen durch einen vorangestellten Doppelpunkt zu kennzeichnen und so von Spaltennamen zu unterscheiden sind:

```
sqlDetail = "SELECT NR, TITEL, JAHR FROM BUCH " _
          & "WHERE AUTOR_NR = :prmAutorNr"
```

Um eine solche Variable mit wechselnden Werten belegen zu können, wird ein Objekt vom Typ `OraParameter` benötigt. Wie in Kapitel 3 (Abschnitt 3.4.2, »Objekthierarchie«) bereits erwähnt, weisen diese Objekte die etwas gewöhnungsbedürftige Eigenschaft auf, daß sie nicht einer SQL-Anweisung, sondern der Datenbank (Objekttyp `OraDatabase`) zugeordnet werden. Ein `OraParameter`-Objekt wird deshalb folgendermaßen angelegt:

```
OraDatabase.Parameters.Add "prmAutorNr", 0, ORAPARM_INPUT
```

Der `Add`-Methode können drei Eigenschaften des anzulegenden Parameters mitgegeben werden, deren erste der Name, die zweite der Ausgangswert (bei Eingabeparametern beliebig) und die dritte der Parametertyp ist. Für die möglichen Parametertypen sind in der Datei `ORACONST.TXT` die symbolischen Konstanten `ORAPARM_INPUT` (Defaultwert), `ORAPARM_OUTPUT` und `ORAPARM_BOTH` definiert. Von diesem Parametertyp ist der Datentyp des Parameters zu unterscheiden, der in einer zusätzlichen Anweisung bekanntgemacht werden kann:

```
OraDatabase.Parameters("prmAutorNr").ServerType = ORATYPE_NUMBER
```

Die möglichen Werte sind ebenfalls in `ORACONST.TXT` zu finden.

Die letzte erforderliche Maßnahme besteht darin, den Parameter vor jeder Ausführung der Detail-Abfrage mit dem entsprechenden Wert aus dem aktuellen Datensatz der Master-Ergebnismenge zu belegen. Unter der Voraussetzung, daß die Master-Ergebnismenge über eine Objektvariable namens `dsMaster` verwaltet wird, kann dies durch folgende Anweisung geschehen:

```
OraDatabase.Parameters("prmAutorNr").Value = dsMaster.Fields("NR").Value
```

Dies ist allerdings eine nicht optimierte Formulierung, die wegen unnötiger Objektreferenzen eine sehr schlechte Performance aufweist. Eine geeignetere Version bietet das im folgenden Abschnitt enthaltene Beispiel.

4 Kontrolle und Optimierung der Performance

Nach dem Einbinden des aktuellen Wertes kann die Detail-Abfrage (erneut) ausgeführt werden. Über die dafür geeigneten Methoden gibt ebenfalls der folgende Abschnitt Auskunft.

Explizite Nutzung von Variablen (Testprogramm)

Um die Abfolge der im vorangehenden Abschnitt beschriebenen Schritte im Zusammenhang zeigen und die Interpretation der vom Oracle-Server-Tracing gelieferten Ergebnisse an einem konkreten Beispiel vorführen zu können, soll eine Applikation erstellt werden, die zunächst sämtliche Datensätze aus der Tabelle AUTOR ermittelt und danach für jeden AUTOR-Datensatz die zugehörigen BUCH-Datensätze abfragt. Die ermittelten Werte werden nicht auf dem Bildschirm angezeigt. Vielmehr wird lediglich die für sämtliche Detail-Abfragen benötigte Zeit gemessen. Die Beispielapplikation wurde in der hier vorgestellten Form mit Visual Basic erstellt, kann jedoch mit nur geringfügigen Änderungen bei der Anzeige der Meßergebnisse auch als Access- oder Excel-Applikation realisiert werden.

Bauen Sie ein Formular mit der in Abbildung 4.4 dargestellten Struktur auf. Wenn Sie den nachfolgend abgedruckten Code unverändert übernehmen wollen, sollten die drei Buttons (von links nach rechts) cmdStartDAO, cmdStartOO40 und cmdExit heißen, die drei Kontrollkästchen (von oben nach unten) chkTxt, chkVar und chkOraTrace, die drei Textfelder für die Anzeige der Ergebnisse ohne Variablen txtZeitTxt, txtRecTxtA (Autoren) und txtRecTxtB (Bücher), schließlich die drei Textfelder für die Anzeige der Ergebnisse mit Variablen txtZeitVar, txtRecVarA und txtRecVarB. Das Common-Dialog-Steuerelement wird noch nicht hier, sondern erst in Abschnitt 4.3.3, »Explizite Nutzung von Variablen (Testprogramm)«, benötigt. Die Statuszeile (StatusBar) kann, wenn Sie mit anderen Werkzeugen arbeiten, leicht durch ein normales Textfeld ersetzt werden.

Abbildung 4.4:
Formular für die
Beispielapplikation

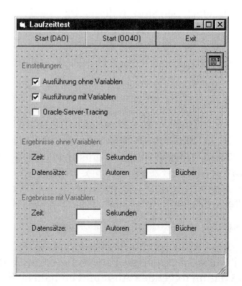

Verwendung von Variablen in SQL-Anweisungen

Erstellen Sie nun die nachfolgende Prozedur, die ausgeführt werden soll, wenn der Benutzer auf den Button `cmdStart0040` klickt. Beachten Sie, daß der Code in der abgedruckten Form erst fehlerfrei laufen kann, nachdem die Datei ORACONST.TXT in das Projekt integriert wurde. Die Prozeduren Clear-Fields (alle Textfelder mit einem leeren String vorbelegen) und PutStatus-Info (Text in der Statuszeile ausgeben) werden hier nicht eigens abgedruckt. Die beiden fett gedruckten Zeilen haben vorerst noch keine besondere Bedeutung, sondern markieren lediglich die Stellen, an denen im weiteren Verlauf dieses Abschnitts Änderungen vorgenommen werden.

```
Private Sub cmdStart0040_Click()

  Dim OraSession As Object
  Dim OraDatabase As Object
  Dim dsAutor As Object, dsBuch As Object
  Dim vDynasetOptions As Integer
  Dim fldAutorNr As Object, prmAutorNr As Object
  Dim sqlAutor As String, sqlBuch As String
  Dim cntAutor As Long, cntBuch As Long, cntRows As Long
  Dim tStart As Long, tEnd As Long

  On Error GoTo DefErrHandler

  cntAutor = 0
  cntBuch = 0
  vDynasetOptions = ORADYN_DEFAULT
  Call ClearFields

  If chkTxt.Value = 0 And chkVar.Value = 0 Then
     MsgBox "Kein Test ausgewählt."
     Exit Sub
  End If

  On Error Resume Next

  Set OraSession = CreateObject("OracleInProcServer.XOraSession")
  Set OraDatabase = OraSession.DbOpenDatabase( _
                 "AddWesDB", "AddWes/AddWes", ORADB_DEFAULT _
                 )

  On Error GoTo DefErrHandler

  If chkOraTrace.Value = 1 Then
    PutStatusInfo ("Aktiviere Oracle-Server-Tracing ...")
    cntRows = OraDatabase.DbExecuteSQL( _
            "ALTER SESSION SET SQL_TRACE TRUE" _
            )
  End If

  Set dsAutor = OraDatabase.DbCreateDynaset( _
```

4 Kontrolle und Optimierung der Performance

```
                    "SELECT NR FROM AUTOR", vDynasetOptions _
                )
Set fldAutorNr = dsAutor.Fields("NR")
dsAutor.MoveFirst

If chkTxt.Value = 1 Then

   PutStatusInfo ("Datenbankabfrage ohne Variablen läuft ...")
   tStart = Timer
   While dsAutor.EOF <> True
     cntAutor = cntAutor + 1
     sqlBuch = "SELECT NR FROM BUCH WHERE AUTOR_NR = " _
             & Format(fldAutorNr.Value)
     Set dsBuch = OraDatabase.DbCreateDynaset(sqlBuch, vDynasetOptions)
     If dsBuch.RecordCount > 0 Then
       dsBuch.MoveLast
       cntBuch = cntBuch + dsBuch.RecordCount
     End If
     dsAutor.MoveNext
   Wend
   tEnd = Timer

   txtZeitTxt.Text = Format(tEnd - tStart)
   txtRecTxtA.Text = Format(cntAutor)
   txtRecTxtB.Text = Format(cntBuch)
   Call DoEvents

End If

If chkVar.Value = 1 Then

   PutStatusInfo ("Datenbankabfrage mit Variablen läuft ...")
   cntAutor = 0
   cntBuch = 0
   dsAutor.Refresh

   sqlBuch = "SELECT NR FROM BUCH WHERE AUTOR_NR = :prmAutorNr"
   OraDatabase.Parameters.Add "prmAutorNr", 0, ORAPARM_INPUT
   OraDatabase.Parameters("prmAutorNr").ServerType = ORATYPE_NUMBER
   Set prmAutorNr = OraDatabase.Parameters("prmAutorNr")

   tStart = Timer
   While dsAutor.EOF <> True
     cntAutor = cntAutor + 1
     prmAutorNr.Value = fldAutorNr.Value
     Set dsBuch = OraDatabase.DbCreateDynaset(sqlBuch, vDynasetOptions)
     If dsBuch.RecordCount > 0 Then
       dsBuch.MoveLast
       cntBuch = cntBuch + dsBuch.RecordCount
     End If
     dsAutor.MoveNext
```

Verwendung von Variablen in SQL-Anweisungen

```
    Wend
    tEnd = Timer

    txtZeitVar.Text = Format(tEnd - tStart)
    txtRecVarA.Text = Format(cntAutor)
    txtRecVarB.Text = Format(cntBuch)

  End If

  If chkOraTrace.Value = 1 Then
    PutStatusInfo ("Deaktiviere Oracle-Server-Tracing ...")
    cntRows = OraDatabase.DbExecuteSQL( _
              "ALTER SESSION SET SQL_TRACE FALSE" _
              )
  End If
  OraDatabase.Close
  PutStatusInfo ("")

  Exit Sub

DefErrHandler:

  MsgBox "Fehler" & Format(Err) & ": " & Error$(Err)

End Sub
```

In dieser Prozedur steht durchaus noch nicht alles zum Besten. Immerhin sind aber mit Hilfe der Variablen `fldAutorNr` und `prmAutorNr` die offenkundigsten Fälle von unnötigen Objektreferenzen beseitigt worden, so daß eine erste Ausführung der Applikation gewagt werden kann. In der Testumgebung benötigt diese erste Ausführung 25 Sekunden sowohl für den Durchlauf mit als auch für den ohne Variablen. Das ist ein in vielerlei Hinsicht ernüchterndes Ergebnis, aber bevor Maßnahmen zur Verringerung der Laufzeit ergriffen werden, scheint es angebracht, das Oracle-Server-Tracing zu aktivieren und dessen Ergebnisse zu betrachten. Der besseren Übersichtlichkeit wegen sollten Sie für die Durchläufe ohne und mit Variablen zwei getrennte Trace-Dateien erstellen und diese anschließend mit `TKPROF` bearbeiten.

Öffnen Sie nun zunächst diejenige von `TKPROF` erzeugte Datei, die den Durchlauf ohne Verwendung von Variablen dokumentiert. Ein flüchtiges Überfliegen genügt, um das ganze Ausmaß des Desasters zu erkennen, denn der Inhalt besteht im wesentlichen aus Einträgen wie dem folgenden:

```
SELECT NR, ROWID InternalRowid
FROM BUCH
WHERE AUTOR_NR = 1

call     count       cpu    elapsed       disk      query    current       rows
-------  ------  --------  ---------  ---------  ---------  ---------  ---------
Parse         1      0.01       0.01          0          0          0          0
```

4 Kontrolle und Optimierung der Performance

```
Execute     1     0.00      0.00       0         0         0         0
Fetch       1     0.00      0.00       0         2         0         2
-------   -----  -------   -------   -------   -------   -------   -------
total       3     0.01      0.01       0         2         0         2
```

Misses in library cache during parse: 0
Optimizer goal: CHOOSE
Parsing user id: 20

Für jede Detail-Abfrage wird also in der Tat eine eigene SQL-Anweisung generiert, die, wie die Einsen in der Spalte *Count* zeigen, je einmal übersetzt (*Parse*), ausgeführt (*Execute*) und zur Übertragung einer Ergebnismenge (*Fetch*) genutzt wird. Das ist die schlechteste denkbare Nutzung einer SQL-Anweisung. Zwar: Die Situation scheint nicht bedenklich zu sein, denn die Werte in den Spalten *CPU* und *Elapsed* zeigen, daß für die einzelnen Verarbeitungsschritte nur sehr wenig Zeit (größtenteils < 0.01 Sekunden) benötigt wird, und der Wert 0 für *Misses in Library Cache* besagt, daß ein neues Parsen zwar angefordert wurde, sich dann jedoch als unnötig erwies, weil die ausführbare Form der SQL-Anweisung sich im Library Cache befand. Aber: Durch solche Zahlen, die zustandekommen, wenn man als einziger Benutzer mit einer Testdatenbank arbeitet, sollten Sie sich nicht täuschen lassen. Natürlich ist jeder beliebige Library Cache in der Lage, 200 SQL-Anweisungen zu verwalten, aber wenn Sie sich dadurch beruhigen lassen, werden Sie sich vermutlich spätestens dann, wenn Sie Ihre Applikation für den Produktionsbetrieb freigeben, in die Gruppe derjenigen einreihen, die erfahren mußten, daß eine Applikation, die im Testbetrieb zufriedenstellend läuft, im produktiven Einsatz gleichwohl ein Desaster sein kann. Es liegt ja auf der Hand, daß mehrere Benutzer, die in dieser Weise auf unterschiedliche Datenbestände zugreifen, die Kapazität des Library Cache so strapazieren, daß eine effektive Verwaltung der SQL-Anweisungen sehr schnell unmöglich wird.

Werfen Sie nun einen Blick in die von TKPROF erzeugte Datei, die den Durchlauf mit Verwendung von Variablen dokumentiert. Darin sollten Sie für die Ermittlung der Detail-Ergebnismengen folgenden Eintrag finden:

```
SELECT NR, ROWID InternalRowid
FROM BUCH
WHERE AUTOR_NR = :prmAutorNr

call     count     cpu    elapsed    disk     query    current     rows
-------  -----   -------  -------  -------  -------   -------    -------
Parse      118    1.53      1.67       0         0         0         0
Execute    118    0.20      0.19       0         0         0         0
Fetch      118    0.10      0.10       0       238         0       241
-------  -----   -------  -------  -------  -------   -------    -------
total      354    1.83      1.96       0       238         0       241
```

Misses in library cache during parse: 0
Optimizer goal: CHOOSE
Parsing user id: 20

Verwendung von Variablen in SQL-Anweisungen

Dieser Eintrag sieht zwar insofern erfreulich aus, als die Tatsache, daß die SELECT-Anweisung eine Variable enthält, beim Oracle Server angekommen zu sein scheint. Dies führt aber nicht, wie man erwarten sollte, zu einer Verringerung des *Parse Count*. Vielmehr lautet das Verhältnis zwischen Parse-, Execute- und Fetch-Vorgängen immer noch 1:1:1. Zwar würde ein Blick in den Library Cache zeigen, daß im Gegensatz zu der Version ohne Variablen hier in der Tat nur *eine SQL-Anweisung* zu verwalten und somit eine Entlastung des Library Cache erreicht ist, aber diese Entlastung kommt, wie die Zeitmessung – gleiche Laufzeit für beide Durchläufe – zeigt, doch nicht richtig zum Tragen.

Die Hauptursache dafür liegt in einer einzigen Anweisung, die sich sowohl auf der Client- als auch auf der Server-Seite nachteilig auswirkt. Es ist dies die im Abdruck des Codes bereits fett hervorgehobene Anweisung

```
Set dsBuch = OraDatabase.DbCreateDynaset(sqlBuch, vDynasetOptions)
```

Sie bewirkt einen vollständigen (Neu-)Aufbau der Ergebnismenge. Da sie in der Prozedur innerhalb des Schleifenrumpfes angesiedelt ist, führt also jede neue Detailabfrage auf der Server-Seite zu einem Parse, einem Execute- und einem Fetch-Vorgang. Wegen der Verwendung einer Variable sind die Parse-Vorgänge aber zumindest im zweiten Durchlauf gar nicht mehr erforderlich. Ein Einbinden des aktuellen Parameterwertes vor der Ausführung würde genügen. Dies kann dem Oracle Server bei Verwendung der Oracle Objects for OLE durch die vom OraDynaset-Objekt unterstützte Methode [Db]Refresh mitgeteilt werden. Da die Verwendung der [Db]CreateDynaset-Methode nur bei der ersten Ausführung erforderlich ist und mit der Variable cntAutor, die die bearbeiteten AUTOR-Datensätze zählt, ein geeignetes Unterscheidungskriterium bereits zur Verfügung steht, sollten Sie die fett gedruckte Anweisung für den zweiten Durchlauf (Verwendung von Variablen) durch folgende Anweisungen ersetzen:

```
If cntAutor = 1 Then
  Set dsBuch = OraDatabase.DbCreateDynaset(sqlBuch, vDynasetOptions)
Else
  dsBuch.DbRefresh
End If
```

Diese Änderung wirkt sich nicht nur auf der Server-, sondern auch auf der Client-Seite positiv aus, da das immer wiederkehrende Referenzieren des OraDatabase-Objektes unterbleibt. So wundert es nicht, daß die Laufzeit durch die beschriebene Änderung von 25 auf 9 Sekunden reduziert werden kann. Die durch Oracle-Server-Tracing und TKPROF erzeugte Übersicht dokumentiert die Verringerung des *Parse Count*:

```
SELECT NR, ROWID InternalRowid
FROM BUCH
WHERE AUTOR_NR = :prmAutorNr
```

call	count	cpu	elapsed	disk	query	current	rows
Parse	1	0.01	0.01	0	0	0	0

```
Execute    118    0.07    0.07    0      0      0      0
Fetch      118    0.11    0.10    0    238      0    241
-------   ----   -----   -----   ---   ----   ----   ----
total      237    0.19    0.18    0    238      0    241
```
```
Misses in library cache during parse: 0
Optimizer goal: CHOOSE
Parsing user id: 20
```

Wie hoch die Anteile, die Client- und Server-Seite zur Performanceverbesserung beitragen, zu veranschlagen sind, läßt sich glücklicherweise ziemlich genau zeigen, da die Oracle Objects for OLE die Möglichkeit bieten, eine entsprechende Änderung auch für Durchlauf 1 (keine Variablen) vorzunehmen. Ersetzen Sie dort die fett gedruckte Anweisung durch

```
If cntAutor = 1 Then
  Set dsBuch = OraDatabase.DbCreateDynaset(sqlBuch, vDynasetOptions)
Else
  dsBuch.SQL = sqlBuch
  dsBuch.Refresh
End If
```

Dies führt zwar nicht zu einer Änderung des *Parse Count*, wohl aber zur Beseitigung der OraDatabase-Referenz. Das heißt: Auf der Server-Seite ändert sich nichts, während auf der Client-Seite der gleiche Vorteil genutzt werden kann wie bei der Optimierung von Durchlauf 2. In der Testumgebung ergibt dies eine Reduzierung der Laufzeit von 25 auf 14 Sekunden, woraus ein Verhältnis der optimierten Laufzeiten von 14 Sekunden (ohne Variablen) zu 9 Sekunden (mit Variablen) resultiert. Dieses Verhältnis entspricht nicht ganz dem in Abschnitt 4.2.1 vorgestellten Ergebnis des ODBC-Benchmark, aber es ist, wie insbesondere Abschnitt 4.6.2 zeigen wird, auch noch nicht das Ende aller Tuning-Möglichkeiten erreicht.

Berichte und Serienbriefe mit Word 97

Mit Office 97 hat Microsoft das lange Angekündigte endlich wahr gemacht und alle Office-Produkte mit der gemeinsamen Programmiersprache Visual Basic for Applications (VBA) ausgestattet. Mögen zwischen den Implementierungen von VBA in den einzelnen Produkten auch noch mancherlei Dialektunterschiede bestehen, so ist das für die Zwecke dieses Buches doch nicht so entscheidend wie die Tatsache, daß sämtliche VBA-Implementierungen den Zugang zu den Data Access Objects unterstützen[3] und die Nutzung der Oracle Objects for OLE ermöglichen.

---

3. Diese vorsichtige Formulierung wurde gewählt, weil die Data Access Objects nicht im Lieferumfang aller Produkte enthalten sind, sondern nur zusammen mit Access sowie dem Office-Professional-Paket ausgeliefert werden. Kaufen Sie dagegen nur Excel und Word, so stehen Ihnen die Data Acces Objects nicht zur Verfügung. Sind Sie aber einmal im Besitz der Data Access Objects, so können Sie sie auch von jedem Office-Produkt aus nutzen. Die Möglichkeit, Datenbankzugriffe über die Oracle Objects for OLE zu realisieren, ist in jedem Fall gegeben.

Verwendung von Variablen in SQL-Anweisungen

Um zu demonstrieren, daß die bisher vorgestellten Techniken in der Tat unabhängig vom verwendeten Werkzeug und nur an die Existenz von Visual Basic (for Applications) gebunden sind, wird nachfolgend eine alternative Implementierung des in Kapitel 2, Abschnitt 2.2.4, »Seriendruck auf der Basis von Oracle-Tabellen«, bereits ohne Programmierung realisierten Serienbriefes vorgestellt. Als Schnittstelle für den Datenbankzugriff wurden die Oracle Objects for OLE gewählt, weil es zumindest zu dem Zeitpunkt, zu dem dieses Kapitel geschrieben wurde, noch keine Beispiele für die Kombination von Word 97 und Oracle Objects for OLE gab, während die Word-97-Dokumentation zahlreiche Beispiele für die Nutzung der Data Access Objects enthält.

```
Sub Mahnung()

  Dim vText As String
  Dim OraSession As Object
  Dim OraDatabase As Object
  Dim odbOpen As Boolean
  Dim dsPerson As Object, dsAusleihe As Object
  Dim prmPersNr As Object
  Dim fldPersNr As Object, fldName As Object, fldVorname As Object, _
      fldStrasse As Object, fldHausNr As Object, fldPLZ As Object, _
      fldOrt As Object, fldGeschlecht As Object
  Dim fldAutor As Object, fldTitel As Object, fldTermin As Object
  Dim tblAusleihe As Table          ' Word-Tabelle
  Dim rowAusleihe As Row            ' Zeile einer Word-Tabelle
  Dim sqlPerson As String, sqlAusleihe As String
  Dim vAnrede As String, vName As String

  ' Vorbereitungen für Fehlerbehandlung
  On Error GoTo Err_Mahnung
  odbOpen = False

  ' Aktives Fenster minimieren
  ActiveWindow.WindowState = wdWindowStateMinimize

  ' Alten Inhalt des Dokuments löschen
  Selection.WholeStory
  Selection.Cut

  ' Anmeldung bei der Datenbank
  Set OraSession = CreateObject("OracleInProcServer.XOraSession")
  Set OraDatabase = OraSession.DbOpenDatabase( _
              "AddWesDB", "AddWes/AddWes", 0& _
              )
  odbOpen = True

  ' Ermitteln aller Personen, die die Ausleihfrist überschritten haben
  ' (Master-Ergebnismenge)
  sqlPerson = _
```

```
    "SELECT DISTINCT P.NR, P.NAME, P.VORNAME, P.STRASSE, " _
 & "         P.HAUSNR, P.PLZ, P.ORT, P.GESCHLECHT " _
 & "FROM PERSON P, AUSLEIHE L " _
 & "WHERE P.NR = L.PERSON_NR " _
 & "AND L.RUECKGABE IS NULL " _
 & "AND L.AUSLEIHE < (SYSDATE-35)"
Set dsPerson = OraDatabase.DbCreateDynaset(sqlPerson, 0&)
Set fldPersNr = dsPerson.Fields("NR")
Set fldName = dsPerson.Fields("NAME")
Set fldVorname = dsPerson.Fields("VORNAME")
Set fldStrasse = dsPerson.Fields("STRASSE")
Set fldHausNr = dsPerson.Fields("HAUSNR")
Set fldPLZ = dsPerson.Fields("PLZ")
Set fldOrt = dsPerson.Fields("ORT")
Set fldGeschlecht = dsPerson.Fields("GESCHLECHT")

' Vorbereitung einer Abfrage der von der jeweiligen Person zurück-
' zugebenden Bücher (Detail-Ergebnismenge)
sqlAusleihe = _
    "SELECT A.NAME || ', ' || A.VORNAME ""AUTOR"", " _
 & "         B.TITEL, " _
 & "         TO_CHAR(L.AUSLEIHE+35, 'DD.MM.YYYY') ""TERMIN"" " _
 & "FROM AUTOR A, BUCH B, AUSLEIHE L " _
 & "WHERE L.BUCH_NR = B.NR " _
 & "AND B.AUTOR_NR = A.NR " _
 & "AND L.RUECKGABE IS NULL " _
 & "AND L.AUSLEIHE < (SYSDATE-35) " _
 & "AND L.PERSON_NR = :prmPersNr " _
 & "ORDER BY A.NAME, A.VORNAME, B.TITEL"
OraDatabase.Parameters.Add "prmPersNr", 0, ORAPARM_INPUT
Set prmPersNr = OraDatabase.Parameters("prmPersNr")
prmPersNr.ServerType = ORATYPE_NUMBER
Set dsAusleihe = OraDatabase.DbCreateDynaset(sqlAusleihe, 0&)
Set fldAutor = dsAusleihe.Fields("AUTOR")
Set fldTitel = dsAusleihe.Fields("TITEL")
Set fldTermin = dsAusleihe.Fields("TERMIN")

' Generieren des Word-Dokuments
' 1. Äußere Schleife für Master-Datensätze (Personen)
While Not dsPerson.EOF

  ' Briefkopf (Adresse des Empfängers)
  If fldGeschlecht.Value = "M" Then
    PutParagraph ("Herrn")
    vAnrede = "r Herr "
  Else
    PutParagraph ("Frau")
    vAnrede = " Frau "
  End If
  vName = fldName.Value
  PutParagraph (fldVorname.Value & " " & vName)
```

Verwendung von Variablen in SQL-Anweisungen

```
PutParagraph (fldStrasse.Value & " " & fldHausNr.Value)
PutParagraph (fldPLZ.Value & " " & fldOrt.Value)
Leerzeilen (4)

' Anrede und Text
vText = "Sehr geehrte" & vAnrede & vName & ","
PutParagraph (vText)
Leerzeilen (1)
vText = "leider mußten wir feststellen, daß Sie einige bei uns " _
    & "ausgeliehene Bücher nicht fristgerecht zurückgegeben haben. " _
    & "Nachstehend finden Sie eine detaillierte Übersicht. Wir " _
    & "bitten um unverzügliche Rückgabe."
PutParagraph (vText)
Leerzeilen (3)

' Einfügen und Formatieren der Tabelle
prmPersNr.Value = fldPersNr.Value
dsAusleihe.DbRefresh
Set tblAusleihe = ActiveDocument.Tables.Add( _
                    Range:=Selection.Range, _
                    NumRows:=dsAusleihe.RecordCount, _
                    NumColumns:=3 _
                    )
tblAusleihe.Columns(1).Width = CentimetersToPoints(4)
tblAusleihe.Columns(2).Width = CentimetersToPoints(9)
tblAusleihe.Columns(3).Width = CentimetersToPoints(2)
tblAusleihe.Rows.LeftIndent = MillimetersToPoints(2)

' 2. Innere Schleife für Detail-Datensätze (ausgeliehene Bücher)
For Each rowAusleihe In tblAusleihe.Rows
    rowAusleihe.Cells(1).Range.InsertAfter fldAutor.Value
    rowAusleihe.Cells(2).Range.InsertAfter fldTitel.Value
    rowAusleihe.Cells(3).Range.InsertAfter fldTermin.Value
    dsAusleihe.MoveNext
Next    ' Ende der inneren Schleife

' Bewegen der Einfügemarke hinter die Tabelle
tblAusleihe.Select
Selection.MoveRight Unit:=wdCharacter

' Briefabschluß
Leerzeilen (1)
PutParagraph ("Mit freundlichen Grüßen")
PutParagraph ("(Stadtbibliothek Neustadt)")
Selection.InsertBreak Type:=wdPageBreak

dsPerson.MoveNext

' Ende der äußeren Schleife (Master-Datensätze)
Wend    ' Ende der äußeren Schleife
```

```
' Bei fehlerfreiem Programmdurchlauf: Datenbank schließen und aktives
' Fenster maximieren
OraDatabase.Close
ActiveWindow.WindowState = wdWindowStateMaximize
Exit Sub

' Fehlerbehandlung
Err_Mahnung:

ActiveWindow.WindowState = wdWindowStateMaximize

If OraSession.LastServerErr <> 0 Then
  MsgBox "OraSession-Fehler: " & OraSession.LastServerErrText
ElseIf OraDatabase.LastServerErr <> 0 Then
  MsgBox "OraDatabase-Fehler: " & OraDatabase.LastServerErrText
Else
  MsgBox "VBA-Fehler " & Err & ": " & Error(Err)
End If

If odbOpen Then
  OraDatabase.Close
End If

End Sub
```

Bei den Prozeduren `PutParagraph` und `Leerzeilen` handelt es sich nicht um VBA-Sprachelemente, sondern um selbst erstellte Programmeinheiten, die durch Zusammenfassung häufig benötigter Gruppen von VBA-Anweisungen der Übersichtlichkeit der Prozedur Mahnung dienen sollen:

```
Public Sub PutParagraph(vText As String)
  Selection.TypeParagraph
  Selection.TypeText Text:=vText
End Sub

Public Sub Leerzeilen(nNumber As Integer)
  Dim i As Integer
  For i = 1 To nNumber
  Selection.TypeParagraph
  Next i
End Sub
```

4.3.3 Data Access Objects

Explizite Nutzung von Variablen (Testprogramm)

Für die explizite Verwendung von Variablen in SQL-Anweisungen bei Einsatz der Data Access Objects wird das in Abschnitt 4.3.2, »Explizite Nutzung von Variablen (Testprogramm)«, entwickelte Beispielprogramm um eine Prozedur erweitert, in der es darum geht, die bereits über Oracle Objects for

Verwendung von Variablen in SQL-Anweisungen

OLE realisierten Master-Detail-Abfragen über die Data Access Objects zu realisieren. Sofern Sie diesen Abschnitt nicht gelesen haben, weil Sie nur an der DAO-Schnittstelle interessiert sind, empfiehlt es sich, zumindest die Lektüre von dessen erster Hälfte nachzuholen, um Ziel und Struktur der Applikation verstehen zu können.

Hier sei sogleich die für die Nutzung der Data Access Objects umgearbeitete Prozedur widergegeben, an die sich eine Beschreibung der Vorgehensweise anschließen wird.

```
Private Sub cmdStartDAO_Click()

  Dim dbAccess As Database
  Dim rsAutor As Recordset, rsBuch As Recordset
  Dim vRSType As Integer
  Dim qryStartTrace As QueryDef, qryStopTrace As QueryDef
  Dim qryBuchDetails As QueryDef
  Dim prmAutorNr As Parameter
  Dim fldAutorNr As Field
  Dim sqlAutor As String, sqlBuch As String
  Dim cntAutor As Long, cntBuch As Long
  Dim tStart As Long, tEnd As Long

  On Error GoTo DefErrHandler

  cntAutor = 0
  cntBuch = 0
  vRSType = dbOpenDynaset
  Call ClearFields

  If chkTxt.Value = 0 And chkVar.Value = 0 Then
     MsgBox "Kein Test ausgewählt."
     Exit Sub
  End If

  On Error Resume Next

  CommonDialog1.DialogTitle = "Access-Datenbank auswählen"
  CommonDialog1.CancelError = True
  CommonDialog1.InitDir = "C: "
  CommonDialog1.filename = "*.mdb"
  CommonDialog1.Filter = _
    "Access-Datenbanken (*.mdb)|*.mdb|Alle Dateien (*.*)|*.*"
  CommonDialog1.Action = 1
  Call DoEvents

  If Err = 0 Then
     Set dbAccess = Workspaces(0).OpenDatabase(CommonDialog1.filename)
  Else
     MsgBox "Keine Datenbank ausgewählt."
```

4 Kontrolle und Optimierung der Performance

```
      Exit Sub
   End If

   On Error GoTo DefErrHandler

   If chkOraTrace.Value = 1 Then
     PutStatusInfo ("Aktiviere Oracle-Server-Tracing ...")
     Set qryStartTrace = dbAccess.QueryDefs("qrySQLTraceOn")
     qryStartTrace.Execute
   End If

   sqlAutor = "SELECT NR FROM AUTOR"
   Set rsAutor = dbAccess.OpenRecordset(sqlAutor, vRSType)
   rsAutor.MoveFirst

   If chkTxt.Value = 1 Then

     PutStatusInfo ("Datenbankabfrage ohne Variablen läuft ...")
     tStart = Timer
     While rsAutor.EOF <> True
       cntAutor = cntAutor + 1
       sqlBuch = "SELECT NR FROM BUCH WHERE AUTOR_NR = " _
              & Format(rsAutor.Fields("NR"))
       Set rsBuch = dbAccess.OpenRecordset(sqlBuch, vRSType)
       If rsBuch.RecordCount > 0 Then
         rsBuch.MoveLast
         cntBuch = cntBuch + rsBuch.RecordCount
       End If
       rsAutor.MoveNext
     Wend
     tEnd = Timer

     txtZeitTxt.Text = Format(tEnd - tStart)
     txtRecTxtA.Text = Format(cntAutor)
     txtRecTxtB.Text = Format(cntBuch)
     Call DoEvents

     cntAutor = 0
     cntBuch = 0
     rsAutor.MoveFirst

   End If

   If chkVar.Value = 1 Then

     PutStatusInfo ("Datenbankabfrage mit Variablen läuft ...")

     On Error GoTo ErrNoQueryDefDetails
     Set qryBuchDetails = dbAccess.QueryDefs("qryBuchDetails")
```

Verwendung von Variablen in SQL-Anweisungen

```
    On Error GoTo DefErrHandler
    Set fldAutorNr = rsAutor.Fields("NR")
    Set prmAutorNr = qryBuchDetails.Parameters("prmAutorNr")

    tStart = Timer
    While rsAutor.EOF <> True
      cntAutor = cntAutor + 1
      prmAutorNr.Value = fldAutorNr.Value
      If cntAutor = 1 Then
        Set rsBuch = qryBuchDetails.OpenRecordset(vRSType)
      Else
        rsBuch.Requery qryBuchDetails
      End If
      If rsBuch.RecordCount > 0 Then
        rsBuch.MoveLast
        cntBuch = cntBuch + rsBuch.RecordCount
      End If
      rsAutor.MoveNext
    Wend
    tEnd = Timer

    txtZeitVar.Text = Format(tEnd - tStart)
    txtRecVarA.Text = Format(cntAutor)
    txtRecVarB.Text = Format(cntBuch)

  End If

  If chkOraTrace.Value = 1 Then
    PutStatusInfo ("Aktiviere Oracle-Server-Tracing ...")
    Set qryStopTrace = dbAccess.QueryDefs("qrySQLTraceOff")
    qryStopTrace.Execute
  End If
  dbAccess.Close
  PutStatusInfo ("")

  Exit Sub

ErrNoQueryDefDetails:

  sqlBuch = "Parameters [prmAutorNr] Integer; " _
          & "SELECT NR FROM BUCH WHERE AUTOR_NR = [prmAutorNr];"
  Set qryBuchDetails = dbAccess.CreateQueryDef("qryBuchDetails", sqlBuch)
  Resume

DefErrHandler:

  MsgBox "Fehler" & Format(Err) & ": " & Error$(Err)

End Sub
```

Die Implementierung weist mancherlei Unterschiede in Details, auch einige Zusätze – wie etwa den Dialog zur Auswahl der Access-Datenbank – auf, doch liegt der entscheidende Punkt in der Vorgehensweise beim Einfügen einer Variablen in die Detail-Abfrage (Durchlauf 2). Die Vorgehensweise basiert auf der Regel, daß *die Data Access Objects die Verwendung von Variablen in SQL-Anweisungen nur unterstützen, wenn auf dem Client-PC eine Access-Datenbank existiert.* Diese Regel gilt auch dann, wenn nicht Access, sondern Visual Basic oder Excel als Entwicklungswerkzeug verwendet wird. Sie hat ihren Grund darin, daß die Data Access Objects Parameter nicht als eigenständige Objekte, sondern nur als Bestandteile von QueryDef-Objekten kennen, mithin die Verwendung von Parametern ohne die Verwendung von QueryDef-Objekten nicht möglich ist. QueryDef-Objekte aber können nur in Access-Datenbanken abgespeichert werden.

Demgemäß beginnt der zweite Durchlauf mit dem Versuch, die in der zuvor ausgewählten Access-Datenbank abgespeicherte Abfrage `qryBuchDetails` zu öffnen:

```
On Error GoTo ErrNoQueryDefDetails
Set qryBuchDetails = dbAccess.QueryDefs("qryBuchDetails")
```

Schlägt dieser Versuch fehl, so wird davon ausgegangen, daß die benötigte Abfrage nicht existiert und angelegt werden muß. Dies geschieht im zugeordneten Fehlerbehandlungsteil:

```
sqlBuch = "Parameters [prmAutorNr] Integer; " _
    & "SELECT NR FROM BUCH WHERE AUTOR_NR = [prmAutorNr];"
Set qryBuchDetails = dbAccess.CreateQueryDef("qryBuchDetails", sqlBuch)
```

Das Beispiel zeigt, wie ein parametrisiertes QueryDef-Objekt aufzubauen ist: Im ersten, mit dem Schlüsselwort `Parameters` eingeleiteten und mit einem Semikolon abgeschlossenen Teil werden die Datentypen der benutzten Parameter bekanntgemacht. Mehrere Parametervereinbarungen sind durch Kommata voneinander zu trennen. Im zweiten, ebenfalls mit einem Semikolon abgeschlossenen Teil folgt die `SELECT`-Anweisung unter Verwendung der zuvor bekanntgemachten Parameter. Die eckigen Klammern um deren Namen sind nicht zwingend erforderlich, aber empfehlenswert.

Die Zuweisung des aktuellen Wertes an den Parameter unterscheidet sich zwar von der für die Oracle Objects for OLE gültigen Vorgehensweise dadurch, daß die *Parameters Collection* dem QueryDef-Objekt zugeordnet ist, geht aber ansonsten in analoger Weise vor sich.

Schließlich ist auch hier der für die Oracle Objects for OLE beschriebene Unterschied zwischen dem vollständigen (Neu-)Anlegen der Ergebnismenge und der Aktualisierung der Abfrageergebnisse unter Verwendung eines neuen Wertes für den (bzw. die) Parameter zu beachten. Er wirkt sich allerdings nur auf die für den zweiten Durchlauf erforderliche Zeit aus, weshalb die Unterscheidung auch nur an dieser Stelle implementiert wurde. Die beiden dafür erforderlichen und vom QueryDef-Objekt unterstützten Methoden heißen `OpenRecordset` und `Requery`. Neben all diesen Ähnlichkeiten gibt

Verwendung von Variablen in SQL-Anweisungen

es nun freilich einen wichtigen Unterschied: Die Implementierung auf der Basis der Data Access Objects führt zwar zur Verwendung einer Variablen – deren Name allerdings nicht übergeben, sondern durch einen vom verwendeten ODBC-Treiber abhängigen Bezeichner ersetzt wird –, trotz des Einsatzes von Requery statt OpenRecordset aber nicht zu einer Reduzierung des *Parse Count*, wie die von TKPROF erzeugte Statistik zeigt:

```
SELECT "ADDWES"."BUCH"."NR"
FROM "ADDWES"."BUCH"
WHERE ("AUTOR_NR" = :V1 )

call     count     cpu     elapsed    disk    query   current   rows
-------  ------  --------  --------  ------  -------  -------  ------
Parse      118    1.37      1.41        0       0        0        0
Execute    118    0.06      0.05        0       0        0        0
Fetch      118    0.07      0.08        0     238        0      241
-------  ------  --------  --------  ------  -------  -------  ------
total      354    1.50      1.54        0     238        0      241

Misses in library cache during parse: 0
Optimizer goal: CHOOSE
Parsing user id: 20
```

Dieses enttäuschende Verhalten ist darauf zurückzuführen, daß bei der Übergabe der SQL-Anweisung an den Oracle-Server-Prozeß die ODBC-Funktion SQLExecDirect verwendet wird, die ein neuerliches Parsen veranlaßt. Das einmalige Parsen und unmittelbare Nutzen der ausführbaren Form bei späteren Durchläufen erfordert aber die Auflösung dieser einen kompakten Funktion in die Teilschritte SQLPrepare, SQLBindParameter und SQLExecute. Erfreulicherweise haben Sie die Möglichkeit, das Verhalten der Data Access Objects in dieser Hinsicht zu beeinflussen. Allerdings benötigen Sie dazu den Mut, die Einstellungen in Ihrer Registry zu manipulieren.

Starten Sie auf Ihrem Client-PC den Registrierungseditor und gehen Sie zum Schlüssel \HKEY_LOCAL_MACHINE\SOFTWARE\Microsoft\Jet\3.0\Engines. Zahlreiche Stellen in der Online-Dokumentation von Microsoft-Produkten und in der Fachliteratur vermitteln den Eindruck, unterhalb dieses Punktes müsse sich bereits ein Schlüssel mit der Bezeichnung ODBC befinden. Dies ist aber in der Regel nicht der Fall[4]. Legen Sie deshalb diesen Schlüssel neu an und ordnen Sie ihm einen neuen Eintrag zu, der die Bezeichnung FastRequery tragen und unter Windows 95 vom Typ DWORD, unter Windows NT vom Typ REG_DWORD sein soll. Weisen Sie dem Eintrag den Wert 1 zu, um die Verwendung von SQLPrepare, SQLBindParameter und SQLExecute zu veranlassen. Setzen Sie ihn später auf 0, wenn Sie zum Default-Verhalten zurückkehren möchten.

---

4. Eine korrekte Darstellung des vorhandenen Zustands und der für die Änderung erforderlichen Schritte gibt aber der Eintrag *Anpassen von ODBC-Einstellungen* in der Online-Hilfe von MS Access, der über den Index-Eintrag *Windows Registrierung* zugänglich ist.

4 Kontrolle und Optimierung der Performance

Testen Sie nun die Auswirkungen dieser Änderung, indem Sie zunächst die Applikation ohne Oracle-Tracing laufen lassen und die Laufzeit mit der vorher gemessenen vergleichen und danach durch das Oracle-Tracing überprüfen, ob eine Änderung des Parse Count feststellbar ist. Alternativ dazu können Sie über das ODBC-Tracing die Unterschiede zwischen den verwendeten ODBC-Funktionen prüfen. Der Erfolg der beschriebenen Maßnahme läßt sich nicht in allgemeingültiger Weise vorhersagen, weil sie zwar zur Reduzierung der Parse-Vorgänge auf der Server-Seite, zugleich aber wegen der Auflösung der Funktion `SQLExecDirect` in die Funktionen `SQLPrepare`, `SQLBindParameter` und `SQLExecute` zur Vermehrung der über das Netzwerk zu sendenden Funktionsaufrufe führt. Das bedeutet, daß sich bei einem schnellen und nicht stark belasteten Netzwerk die Reduzierung der Parse-Vorgänge stärker bemerkbar machen und zu einer Verminderung der Gesamtlaufzeit führen wird, während sich bei langsamen und/oder stark belasteten Netzwerken gar kein oder ein nur schwacher Erfolg einstellen kann. In der von mir verwendeten Testumgebung – einem anderweitig völlig ungenutzten lokalen Netzwerk – ließ sich durch die beschriebene Maßnahme die für den Durchlauf mit Variablen erforderliche Zeit im Durchschnitt auf ein Drittel der zuvor erforderlichen reduzieren.

Zu der beschriebenen Vorgehensweise sind noch zwei Anmerkungen erforderlich:

▶ Zum einen läßt sich die Reduzierung der Parse-Vorgänge nicht nur für `SELECT`-, sondern auch für `INSERT`- und `UPDATE`-Anweisungen, die ja ebenfalls Variablen enthalten können, erreichen. Dafür stehen die Parameter `PreparedInsert` und `PreparedUpdate` zur Verfügung, die in gleicher Weise wie `FastRequery` zu behandeln sind. Allerdings ist hier zu beachten, daß das Umschalten auf die schnellere Verarbeitungsweise eventuell eine funktionale Veränderung zur Folge haben kann, weil defaultmäßig vom Benutzer nicht gefüllte Felder auch nicht an den Oracle-Server übergeben werden und so durch Defaultwerte ersetzt werden können, die möglicherweise in der Datenbank definiert worden sind. Das Umschalten auf die explizite Wiederverwendung vorab übersetzter SQL-Anweisungen führt dagegen dazu, daß nicht vorhandene Werte durch Null Values ersetzt und somit die auf der Server-Seite eventuell definierten Defaults ausgeschaltet werden.

▶ Das Umschalten auf die Wiederverwendung vorab übersetzter SQL-Anweisungen an der beschriebenen Stelle in der Registry führt dazu, daß diese Änderung sich auf sämtliche Applikationen auswirkt, die die Data Access Objects nutzen. Da dies vielleicht nicht gewünscht ist, gibt es alternativ dazu die Möglichkeit, die Änderung auf eine einzelne Applikation zu beschränken. Soll sie etwa nur für Access 7.0 gelten, so ist sie unter `\HKEY_LOCAL_MACHINE\SOFTWARE\Microsoft\Access\7.0\Jet\3.0\Engines` vorzunehmen.

Die aus dem Einsatz von Data Access Objects und Oracle Objects for OLE resultierenden Laufzeiten lassen sich aufgrund der erheblichen Leistungsunterschiede zwischen den ODBC-Treibern verschiedener Hersteller und des unterschiedlichen Caching-Verhaltens von ODBC und Oracle Objects for OLE nur bedingt miteinander vergleichen. Schnellere ODBC-Treiber benötigten vor dem Eingriff in die Registry in der Testumgebung 16 Sekunden für den Durchlauf ohne und 9 Sekunden für den Durchlauf mit Variablen – ein Ergebnis, das dem bei Verwendung der Oracle Objects for OLE gemessenen (14 : 9 Sekunden) sehr nahe kommt. Nach der Aktivierung von FastRequery in der Registry änderte sich die für den Durchlauf ohne Variablen erforderliche Zeit gar nicht, während die für den Durchlauf mit Variablen erforderliche Zeit auf 3 Sekunden sank. Es ist – wie Abschnitt 4.6.2 zeigen wird – zu früh für eine Beantwortung der Frage, welches Middlewareprodukt performanter arbeitet. Für das Thema dieses Abschnitts ist jedoch entscheidend, daß in allen Fällen durch den Einsatz von Variablen in den SQL-Anweisungen eine erhebliche Steigerung der Performance zu beobachten war.

Implizite Nutzung von Variablen durch Access

ODBC- und Oracle-Server-Tracing können nicht nur benutzt werden, um zu überprüfen, ob explizit formulierte SQL-Anweisungen in der vorgesehenen Weise abgearbeitet werden, sondern auch, um festzustellen, welche SQL-Anweisungen Applikationen generieren, die mit Entwicklungswerkzeugen wie Microsoft Access oder Oracle Power Objects erstellt wurden – mit Werkzeugen also, die selbst einfachste Applikationen mit einer Fülle von Defaultfunktionalität ausstatten, dafür aber dem Entwickler die Kontrolle über die Formulierung der meisten SQL-Anweisungen entziehen.

Als Grundlage für einen derartigen Test soll die aus Kapitel 3 bekannte Applikation für den Zugriff auf die Tabelle AUTOR dienen, die jedoch zunächst so erweitert werden muß, daß für jeden Master-Datensatz aus der Tabelle AUTOR die entsprechenden Detail-Datensätze aus der Tabelle BUCH angezeigt werden. Bauen Sie zu diesem Zweck ein Formular auf, das die Spalten NR, AUTOR_NR, TITEL, GEBIET_ABK, VERLAG_NR und JAHR der Tabelle Buch repräsentiert, wobei mit Hilfe von Kombinationsfeldern die Abkürzung des Sachgebiets in dessen vollständige Bezeichnung und die Nummer des Verlags in dessen Kurznamen umgesetzt werden sollte. Wählen Sie für dieses Formular die Ansicht *Endlosformular* oder *Datenblatt*. Integrieren Sie das Formular als Unterformular in das in Kapitel 3 erstellte Formular für den Zugriff auf die Tabelle AUTOR (vgl. Abbildung 4.5) und schaffen Sie, sofern dies nicht bereits geschehen ist, die Möglichkeit, das Oracle-Server-Tracing vor dem Start des Formulars zu aktivieren (vgl. Abschnitt 4.2.3).

Aktivieren Sie nun das Oracle-Server-Tracing, starten Sie die Applikation und blättern Sie ein wenig durch die Ergebnismenge. Schließen Sie dann das Formular wieder, beenden Sie das Tracing und bearbeiten Sie die Trace-Datei mit TKPROF. Wie leicht Ihnen die Orientierung in der von TKPROF erzeugten Datei fällt, hängt im wesentlichen davon ab, wie gut Sie mit der Abfragestrategie von Access vertraut sind. Hier soll sie in dem Maße beschrieben werden, in dem dies für das Verständnis der Auszüge aus der Trace-Datei erforderlich ist.

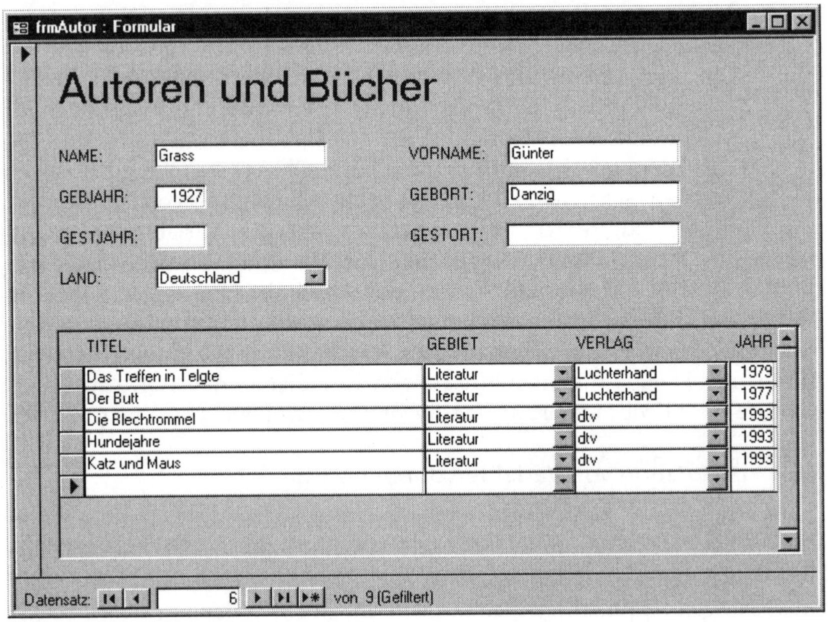

Abbildung 4.5:
Access-Applikation
für die Bearbeitung
der Tabellen
AUTOR und
BUCH

Access beginnt jede Ermittlung von Daten aus einer Tabelle, deren Primärschlüssel bekannt ist, mit der Abfrage der Primärschlüsselwerte. Beim Weiterblättern zu einem neuen Autor werden also zunächst die Werte der Spalte BUCH.NR für diejenigen Datensätze abgefragt, die zur Detail-Ergebnismenge gehören werden[5]:

```
SELECT "ADDWES"."BUCH"."NR"
FROM "ADDWES"."BUCH"
WHERE ("AUTOR_NR" = :V1 )
ORDER BY "TITEL"


call     count      cpu    elapsed     disk      query    current       rows
-------  ------  -------  ---------  -------  ---------  ---------  ---------
Parse        26     0.28       0.28        0          0          0          0
Execute      26     0.01       0.01        0          0          0          0
Fetch        26     0.04       0.04        0        187          0         68
-------  ------  -------  ---------  -------  ---------  ---------  ---------
total        78     0.33       0.33        0        187          0         68

Misses in library cache during parse: 0
Optimizer goal: CHOOSE
Parsing user id: 26
```

---

5. Anzahl und genaue Formulierung der an den Oracle-Server-Prozeß gesandten SQL-Anweisungen sind vom eingesetzten ODBC-Treiber abhängig. Die hier vorgestellten Statistiken wurden unter Benutzung des ODBC-Treibers von INTERSOLV (V3.0) erzeugt.

Verwendung von Variablen in SQL-Anweisungen

Diese Art von Resultat ist aus den vorangegangenen Abschnitten bereits bekannt: Zwar enthält die SQL-Anweisung Variablen, doch wird sie an den Server-Prozeß mit dem Auftrag gesandt, eine vollständig neue Ergebnismenge aufzubauen. Somit ist zwar nur eine einzige SQL-Anweisung im Library Cache zu verwalten, doch wird für jede Ausführung ein neuer Parse-Vorgang angestoßen, und erst im Verlauf seiner Ausführung bemerkt der Oracle-Server-Prozeß, daß die ausführbare Form der SQL-Anweisung sich bereits im Library Cache befindet. Dieses aus der Oracle-Sicht nicht ganz befriedigende Verhalten macht sich durch einen verhältnismäßig hohen Wert für die Parse-Zeiten bemerkbar, obwohl die SQL-Anweisung in allen Fällen im Library Cache verfügbar war (*Misses in Library Cache:* 0). Selbstverständlich läßt sich das Verhalten aber auch in diesem Fall durch den im vorangehenden Abschnitt beschriebenen Parameter `FastRequery` modifizieren.

Im zweiten Schritt werden die zum ersten Primärschlüsselwert gehörenden übrigen Felder des Detail-Datensatzes abgefragt. Im hier verwendeten Beispiel bedeutet das, daß die erste ermittelte Buchnummer benutzt wird, um die übrigen anzuzeigenden Felder aus der Tabelle BUCH abzufragen:

```
SELECT "NR","AUTOR_NR","TITEL","GEBIET_ABK","VERLAG_NR","JAHR"
FROM "ADDWESCOPY"."BUCH"
WHERE "NR" = :V1
```

call	count	cpu	elapsed	disk	query	current	rows
Parse	1	0.01	0.01	0	0	0	0
Execute	24	0.00	0.00	0	0	0	60
Fetch	24	0.02	0.02	0	72	0	24
total	49	0.03	0.03	0	72	0	84

```
Misses in library cache during parse: 0
Optimizer goal: CHOOSE
Parsing user id: 26
```

An der Formulierung und Abarbeitung dieser Abfrage ist nicht das Geringste auszusetzen: In der WHERE-Klausel wird eine Variable verwendet und die Ausführung der SQL-Anweisung wird so in Auftrag gegeben, daß das wiederholte Parsen unterbleibt und nur – zu Beginn der *Execute*-Phase – das Einbinden des aktuellen Wertes für die Variable erfolgt.

Sofern die Detail-Ergebnismenge aus mehr als einem Datensatz besteht, werden im dritten Schritt mehrere (maximal 10) der noch nicht übertragenen Datensätze angefordert. Dieser Schritt wird gegebenenfalls bis zur vollständigen Übertragung der Detail-Ergebnismenge wiederholt:

```
SELECT "NR","AUTOR_NR","TITEL","GEBIET_ABK","VERLAG_NR","JAHR"
FROM "ADDWES"."BUCH"
WHERE "NR" = :V1 OR "NR" = :V2 OR "NR" = :V3 OR "NR" = :V4 OR "NR" = :V5
   OR "NR" = :V6 OR "NR" = :V7 OR "NR" = :V8 OR "NR" = :V9 OR "NR" = :V10
```

```
call     count        cpu   elapsed      disk      query   current      rows
------   ------   --------  --------  --------  --------  --------  --------
Parse         1      0.01      0.01         0         0         0         0
Execute      14      0.01      0.01         0         0         0        31
Fetch        14      0.19      0.20         0       126        28        43
------   ------   --------  --------  --------  --------  --------  --------
total        29      0.21      0.22         0       126        28        74

Misses in library cache during parse: 0
Optimizer goal: CHOOSE
Parsing user id: 26
```

Auch hier ist gegen die Realisierung der Abfrage nichts einzuwenden. Allerdings sind aus Oracle-Sicht einige Fragezeichen im Hinblick auf die Gesamtstrategie zu setzen. Sie betreffen in erster Linie die Tatsache, daß zunächst nur ein einziger Datensatz übertragen wird. Zwar wird ab dem zweiten Datensatz auf die Strategie der gebündelten Übertragung von Datensätzen umgeschaltet, aber diese Vorgehensweise führt doch dazu, daß in dem Fall, in dem ein Autor mit zwei Büchern in der Bibliothek vertreten ist, auch zwei Fetch-Vorgänge mit den damit verbundenen Netzwerkzugriffen erforderlich sind. In zweiter Linie betreffen sie die Tatsache, daß bei der gebündelten Übertragung von Datensätzen die Größe der Bündel nicht einstellbar ist.[6]

4.3.4 Darstellungsformen von Master-Detail-Beziehungen

Die klassische Form der Darstellung einer Master-Detail-Beziehung, sofern es sich um eine 1:n-Beziehung handelt, ist die in Abbildung 4.5 gezeigte: Von der Master-Tabelle wird jeweils ein Datensatz in dafür vorgesehenen Textfeldern angezeigt (in der Access-Terminologie: einspaltige Darstellung), während die zugehörigen Detail-Datensätze in Tabellenform dargestellt werden, wobei viele Entwicklungswerkzeuge für die Realisierung der Tabelle mehrere Möglichkeiten anbieten (Access: tabellarische Darstellung und Datenblattdarstellung, Power Objects: Repeater und Grid). Gekennzeichnet ist diese Darstellungsweise dadurch, daß in erster Linie Textfelder Verwendung finden, die ab und an durch Kombinations- oder Optionsfelder ersetzt werden können.

Es gibt Fälle, in denen diese Darstellungsform optimal ist. Ein Formular zur Eingabe eines Auftrags etwa muß vermutlich genau so aussehen. Allgemein gilt, daß Formulare, die in starkem Maße der Eingabe neuer Daten dienen, sich am einfachsten und wirkungsvollsten unter Verwendung von Textfeldern und deren Varianten (Kombinations- und Optionsfelder, Grids) realisieren lassen, während der Entwickler von Formularen, deren Aufgabe

---

6. Die Größe der hier angesprochenen, für Schritt 3 relevanten Datensatzbündel darf nicht verwechselt werden mit der Anzahl der in Schritt 1 bei einem Fetch-Vorgang übertragenen Primärschlüsselwerte. Letztere ist in der Tat konfigurierbar (vgl. Abschnitt 4.5.2), erstere jedoch nicht.

Verwendung von Variablen in SQL-Anweisungen

darin besteht, vorhandene Daten anzuzeigen und eventuell zusätzlich Beziehungen zwischen ihnen herzustellen, gut daran tut, sich über geeignetere Darstellungsformen Gedanken zu machen. Eine derartige Aufgabenstellung liegt der Katalog-Komponente der Beispielapplikation zugrunde. In ihr geht es einerseits darum, dem Benutzer Informationen über die in der Bibliothek vorhandenen Bücher anzuzeigen, andererseits darum, dem Benutzer die Online-Bestellung von Büchern zu ermöglichen. Bei der Ausführung von Bestellungen werden zwar neue Beziehungen zwischen vorhandenen Objekten hergestellt (ein der Bibliothek bereits bekannter Benutzer leiht ein im Katalog bereits vorhandenes Buch aus), aber keine Daten eingegeben, die neue Objekte (Benutzer, Bücher) beschreiben würden.

Als Darstellungsform für die Anzeige der vorhandenen Bücher wurde die seit Windows 95 populäre Explorer-Struktur gewählt. Dabei ist im Autorenkatalog die Autorenliste mit einem TreeView-Steuerelement, die Bücherliste mit einem ListView-Steuerelement realisiert worden. Das Füllen der Autorenliste wurde bereits in Kapitel 3, Abschnitt 3.4.4, »Steuerelementbedingte explizite Objektverwaltung«, beschrieben. Der Abdruck des Codes für das Füllen der Bücherliste ist hier wohl nicht erforderlich, nachdem bereits hinlänglich viele Beispiele für die Realisierung von Master-Detail-Beziehungen gegeben wurden und der gesamte Code auf der beigegebenen CD verfügbar ist. Es sei lediglich darauf hingewiesen, daß die Master-Detail-Beziehung über die Key-Eigenschaft des Node-Objektes (TreeView-Steuerelement) hergestellt wird, in der zuvor der Inhalt der Spalte AUTOR.NR abgelegt wurde.

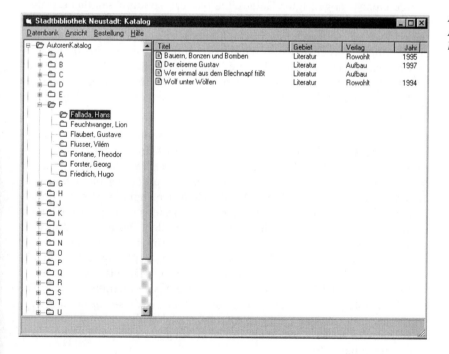

Abbildung 4.6: Autorenkatalog mit Explorer-Struktur

Diese Darstellungsweise hat den großen Vorteil, daß sie dem Entwickler den Aufbau einer mehrstufigen Hierarchie von Werten und damit dem Benutzer ein langsames »Herantasten« an den von ihm gesuchten Wert ermöglicht. Damit ist zugleich die häufig auftretende Frage beantwortet, wie sich verhindern läßt, daß ein Formular beim Start sofort die gesamte in der Basistabelle enthaltene Ergebnismenge abfragt, bevor der Benutzer Gelegenheit erhält, sie durch Filter einzuschränken. Bei Verwendung der üblichen Darstellungsform mit Textfeldern läßt sich dies oft nur über mehrere hintereinandergeschaltete Formulare erreichen, während ein derartiger Formularwechsel bei Verwendung der Explorer-Struktur nicht erforderlich ist. Ein weiterer Vorteil besteht schließlich darin, daß das TreeView-Steuerelement das Anlegen mehrerer Root-Knoten gestattet, so daß im Beispiel die Anzeige des Autorenkatalogs und der ausgeliehenen Bücher im gleichen Formular erfolgen kann und auch das Hinzufügen des Länderkatalogs leicht möglich gewesen wäre, während andere Darstellungsformen vermutlich wieder mehrere Formulare erfordern würden.

Der Länderkatalog erfordert die Implementierung einer Master-Detail-Detail-Beziehung (LAND – AUTOR – BUCH), die zudem die Besonderheit aufweist, daß in der Abfrage der Master-Tabelle AUTOR bereits auf die Detail-Tabelle BUCH Bezug genommen werden muß, weil nur die Autoren von Romanen, nicht aber die von Fachliteratur in diesen Katalog aufgenommen werden sollen. Die geringe Zahl der in der Master-Tabelle LAND enthaltenen Datensätze legt eine Darstellungsform nahe, bei der der Anwender nicht in einer Menge einzeln angezeigter Datensätze blättert, sondern sämtliche Datensätze im Überblick sieht. Im Falle der Länder ist es zudem möglich, die einzelnen Datensätze durch graphische Symbole (Flaggen) zu repräsentieren. Eine ähnliche Vorgehensweise würde sich anbieten, wenn für die Fachbücher ein entsprechender Katalog implementiert werden sollte, bei dem an oberster Stelle die Sachgebiete stehen, so daß der Benutzer nur diejenigen Bücher angezeigt bekommt, die zu dem ihn interessierenden Fachgebiet gehören.

Ein besonderes Problem für das Design von Formularen stellen n:m-Beziehungen dar. Um zunächst die Terminologie zu klären: Eine *1:n-Beziehung* zwischen zwei Tabellen liegt dann vor, wenn jeder Datensatz der Detail-Tabelle genau einem Datensatz der Master-Tabelle untergeordnet ist, aber jedem Master-Datensatz mehrere Detail-Datensätze zugeordnet sein können. So wird etwa ein Auftrag von genau einem Kunden erteilt, jedoch kann ein Kunde (im Laufe der Zeit) mehrere Aufträge erteilen. Dieses Verhältnis wird durch zwei Tabellen implementiert, die durch Primär- und Fremdschlüssel miteinander verbunden sind. Eine *n:m-Beziehung* liegt dagegen dann vor, wenn zwar jedem Master-Datensatz mehrere Detail-Datensätze zugeordnet sein können, zugleich aber auch ein Detail-Datensatz mehreren Master-Datensätzen untergeordnet sein kann. Die Bedeutung dieses Beziehungstyps wird meist unterschätzt. Ein Blick auf die Beispieltabellen genügt jedoch, um zu zeigen, daß es sich keineswegs um einen seltenen oder gar exotischen Beziehungstyp handelt:

- Ein Buch kann von mehreren Autoren geschrieben worden sein und ein Autor kann mehrere Bücher geschrieben haben. Die Vereinfachung der Verhältnisse in den Beispieltabellen zwingt zu dem seltsamen Notbehelf, die Mitautoren eines Buches im Feld KOMMENTAR zu verwalten.

- Ein Buch kann im Verlauf der Jahre von mehreren Verlagen herausgegeben worden sein, und Verlage geben, wenn sie nicht gerade von irgendeinem Studenten aus idealistischen oder finanztechnischen Erwägungen gegründet worden sind, mehr als ein Buch heraus. Und es ist durchaus möglich, daß es Bibliotheksbenutzer gibt, die eine ganz bestimmte Ausgabe eines Buches benötigen. Auch dieser Sachverhalt wurde beim Design der Beispieltabellen unterschlagen.

- Nicht unterschlagen wurde dagegen, daß ein Buch im Laufe der Zeit von mehreren Benutzern ausgeliehen werden und jeder Benutzer mehrere Bücher ausleihen kann.

Beim Tabellendesign müssen n:m-Beziehungen zwischen zwei Tabellen durch drei Tabellen dargestellt werden. So würde es etwa neben den Tabellen AUTOR und BUCH noch eine dritte Tabelle AUTOR_BUCH geben müssen, die aus den beiden Spalten AUTOR_NR und BUCH_NR bestünde und die Zuordnung ermöglichen würde. Eine solche Tabelle wird als *Intersection Table* bezeichnet. Die zur Darstellung der n:m-Beziehung zwischen ausleihenden Benutzern und ausgeliehenen Büchern erforderliche Intersection Table ist die Tabelle AUSLEIHE. Sie weist die Besonderheit auf, daß sie außer den für die Verknüpfung zwingend erforderlichen Spalten BUCH_NR und PERSON_NR noch zusätzliche Spalten enthält, in denen weitere Eigenschaften des Ausleihvorgangs (wie etwa das Datum seines Beginns und seines mit der Rückgabe erreichten Endes) vermerkt werden können.

Es ist genau dieses Verzeichnen von Beziehungen in der Datenbank, die auch gemeint war, als zu Beginn dieses Abschnitts die Aufforderung ausgesprochen wurde, der Applikationsentwickler möge sich über alternative Darstellungsformen Gedanken machen, wenn die Hauptaufgabe eines Formulars darin besteht, Beziehungen zwischen Objekten herzustellen. Natürlich läßt sich für die Ausleihe ein aus Text- und/oder Listenfeldern aufgebautes Formular implementieren, in das die Buch- und Personennummern eingegeben werden können. Komfortabler und anschaulicher freilich ist es, die Ausleihe in Form einer Drag-and-Drop-Operation zu implementieren, bei der eine Graphik (z.B. ein Bild eines Einkaufskorbes) oder ein Listenfeld, in dem alle ausgeliehenen Bücher angezeigt werden, als Zielpunkt dient.

Die Darstellungsform der Daten selbst ist sehr stark von den Anforderungen der Benutzer abhängig und erfordert einige Phantasie. So könnte es zum Beispiel sein, daß die Benutzer auch dann, wenn die AUTOR-BUCH-Beziehung als n:m-Beziehung realisiert ist, nichts weiter verlangen als die Möglichkeit, die Bücher eines gegebenen Autors abfragen zu können. Diese Anforderung würde lediglich eine Änderung der SELECT-Anweisung erfordern, mit der die Detail-Ergebnismenge ermittelt wird, das Formular-Design und die Programmiersprachenanweisungen aber nicht beeinflussen. Die nächstschwierigere Aufgabe bestünde darin, zwar immer von einem Autor auszugehen, bei Büchern, die von mehreren Autoren verfaßt wurden, jedoch immer die Mitautoren anzuzeigen. Der größte Aufwand ist erforderlich, wenn es möglich sein soll, sowohl alle Bücher eines gegebenen Autors als auch alle Autoren eines gegebenen Buches zu ermitteln. Dabei zeigt sich, daß die n:m-Beziehung eine reversible Master-Detail-Beziehung ist, bei der die beiden beteiligten Tabellen sowohl die Master- als auch die Detail-Funktion übernehmen können. Und genau dies muß dann im Formular implementiert werden, was mit zwei Listen- oder Grid-Steuerelementen in einem Formular realisierbar sein, ebensogut jedoch auch zwei eigenständige Formulare erfordern kann.

4.4 Nutzung von PL/SQL-Prozeduren

4.4.1 Hintergründe

Mit der Programmiersprache PL/SQL erstellte Prozeduren und Funktionen können in der Datenbank gespeichert (*Stored Procedures*) und von Applikationen aus aufgerufen werden. Die zahlreichen Vorteile der Nutzung von Stored Procedures sind unabhängig von der Entwicklungsumgebung, so daß die beim Aufruf erforderliche Vorgehensweise auch in einer Erörterung der Applikationsentwicklung auf der Basis von Middleware nicht fehlen darf. Zunächst sollen die wichtigsten Vorteile und Einsatzkriterien beschrieben werden.

Kaum einer besonderen Erwähnung bedürfen sollte die Tatsache, daß die Auslagerung von Anweisungsfolgen in eigenständige Programmeinheiten deren spätere *Wiederverwendung* in anderen Applikationen ermöglicht und dadurch die Produktivität der Applikationsentwickler steigert. Dies ist ein allgemeines Prinzip der Programmierung. Im Falle der Stored Procedures wird der Nutzen einer solchen Vorgehensweise jedoch noch dadurch gesteigert, daß die in der Datenbank abgespeicherte Prozedur oder Funktion von jeder beliebigen Entwicklungsumgebung oder Programmiersprache aus aufgerufen werden kann.

Der zweite Aspekt, unter dem der Einsatz von PL/SQL-Prozeduren betrachtet werden sollte, ist derjenige der *Sicherheit*. Da Benutzer, die das Ausführungsrecht für eine Stored Procedure erhalten haben, auf die Tabellen, die von der Prozedur bearbeitet werden, auch dann zugreifen dürfen, wenn sie für die Tabellen selbst gar keine Zugriffsrechte haben, und da sie über diese Berechtigung nur verfügen, solange sie mit der Prozedur arbeiten, ergibt sich durch die Verwendung von PL/SQL-Prozeduren die Möglichkeit, Zugriffsrechte für Tabellen nicht generell zu vergeben, sondern auf genau festgelegte Vorgänge zu beschränken. Somit muß die Applikationsentwicklung der Tatsache Rechnung tragen, daß die Erlaubnis zur Durchführung von Änderungen in der Zieldatenbank auf die Ausführung von PL/SQL-Prozeduren beschränkt sein kann.

Nutzung von PL/SQL-Prozeduren

Der dritte Aspekt schließlich ist derjenige der *Performance*. In der Datenbank gespeicherte PL/SQL-Prozeduren können mehrere SQL-Anweisungen zu einer Einheit zusammenfassen. In einer Client/Server-Umgebung muß dann nicht jede SQL-Anweisung einzeln vom Client an den Server geschickt und von diesem mit einem Statuscode oder der ermittelten Ergebnismenge beantwortet werden. Vielmehr muß der Client lediglich die Ausführung der Prozedur veranlassen und die Information, daß deren Abarbeitung beendet ist, entgegennehmen. Alle anderen Vorgänge werden ausschließlich auf dem Server-Rechner abgewickelt. Auf der dadurch erreichten Reduzierung des Netzwerkverkehrs beruht die in Abschnitt 4.2.1 dokumentierte Steigerung des Gesamtdurchsatzes bei der Verwendung von PL/SQL-Prozeduren durch das ODBC-Benchmark-Programm. Die nachfolgenden Erörterungen werden sich hauptsächlich auf diesen Aspekt konzentrieren.

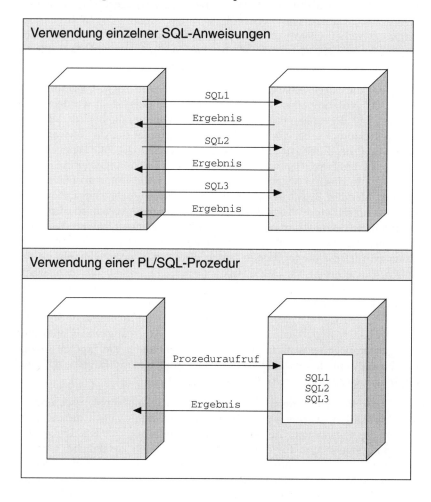

Abbildung 4.7: Bündelung mehrerer SQL-Anweisungen in einer PL/SQL-Prozedur

4.4.2 Vorgehensweise: Data Access Objects

Der Vorteil des *verminderten Netzwerkverkehrs* macht sich selbstverständlich auch beim Aufruf einer PL/SQL-Prozedur über die ODBC-Schnittstelle und die Data Access Objects bemerkbar. Er tritt hier sogar noch häufiger auf, weil aufgrund der fehlenden Unterstützung einiger für Oracle wichtiger Mechanismen Vorgänge, die sich bei Verwendung eines von Oracle stammenden Entwicklungswerkzeugs mit einer einzigen SQL-Anweisung realisieren ließen, bei Verwendung eines nicht von Oracle stammenden Werkzeugs und der Data Access Objects teilweise auf mehrere SQL-Anweisungen verteilt werden müssen. Ein Beispiel dafür ist die in Kapitel 3, Abschnitt 3.4.4, »Anweisungsbedingte explizite Objektverwaltung«, bereits ausführlich beschriebene Verwendung einer Sequenz (*Sequence*) für die Erzeugung fortlaufender Nummern, die beim Einfügen neuer Datensätze die Primärschlüsselwerte bilden sollen. Die Notwendigkeit, den Vorgang des Einfügens auf mehrere zwischen Client- und Server-Rechner ausgetauschte SQL-Anweisungen zu verteilen, verschwindet aber beim Einsatz einer PL/SQL-Prozedur, wie in diesem Abschnitt gezeigt werden soll.

Bevor aber die Vorgehensweise beim Aufruf einer PL/SQL-Prozedur zum Zwecke der Nutzung einer Sequenz im einzelnen dargestellt werden kann, muß auf zwei allgemeine Punkte hingewiesen werden, die bei der Applikationsentwicklung zu beachten sind. Zunächst einmal hat die Verwendung von Stored Procedures zur Folge, daß die Verwendung gebundener Steuerelemente in den Formularen nicht mehr möglich ist. Wenn Sie ein Formular entwickeln, in das ein Mitarbeiter der Bibliothek die Daten zu einem sich neu anmeldenden Benutzer eingeben kann, die eingegebenen Daten aber anschließend mit einer PL/SQL-Prozedur verarbeiten wollen, so dürfen sie die Eingabefelder nicht an ein Datenbank-Steuerelement binden, weil dies zur Folge hätte, daß das Datenbank-Steuerelement bei jeder Navigation versuchen würde, die eingegebenen Daten direkt, d.h. unter Umgehung der PL/SQL-Prozedur in die Datenbank zu schreiben. Dieser Versuch würde aufgrund des fehlenden Primärschlüsselwertes regelmäßig fehlschlagen. Somit gilt die Regel, daß ein Formular für die Eingabe von Werten, die von einer PL/SQL-Prozedur verarbeitet werden sollen, nur *ungebundene Steuerelemente* enthalten darf. Wenn der Eingabe oder Änderung von Daten eine Abfrage vorausgehen soll, folgt daraus, daß entweder die Ergebnismenge der Abfrage explizit verwaltet werden oder Anzeige und Eingabe auf zwei verschiedene Formulare verteilt werden müssen.

Diese Feststellungen klingen sehr nachteilig, doch kann ihre Umsetzung für eine Applikation durchaus vorteilhaft sein. So wäre es etwa möglich, die Verwaltungskomponente der Beispielapplikation auf der Katalogkomponente aufzubauen und für die Eingabe neuer Daten zusätzliche, auf PL/SQL-Prozeduren basierende Masken zu erstellen. Dies würde etwa bedeuten, daß ein Mitarbeiter der Bibliothek, der den Auftrag hat, ein neu angeschafftes Buch eines bereits bekannten Autors in den Katalog einzutragen, mit Hilfe der Explorer-Struktur des Autorenkatalogs zunächst zu diesem

Autor navigieren und dann – z. B. über ein Kontextmenü, das sich beim Klikken mit der rechten Maustaste auf den Autoreneintrag öffnet – ein aus Text- und Listenfeldern bestehendes Formular aufblenden kann, das ihm die Eingabe des neuen Buches ermöglicht. Natürlich erfordert eine derartige Applikation mehr Programmierarbeit als ein Standard-Formular, doch kommt der Aufwand sowohl der Übersichtlichkeit der Darstellung als auch der Performance zugute.

Unerfreulicher ist der zweite Punkt, auf den hier vorab hingewiesen werden muß: Die Data Access Objects ermöglichen zwar den Aufruf von PL/SQL-Prozeduren und die Übergabe von Werten an diese Prozeduren, jedoch *weder die Rückgabe von Werten über Parameter noch die Rückgabe eines Funktionsergebnisses*, weil die Data Access Objects keinen Mechanismus anbieten, mit dem sich eine Visual-Basic-Variable an den Ausgabeparameter einer Prozedur binden ließe[7]. Dies ist auch dann ein arges Hindernis für die Applikationsentwicklung, wenn man PL/SQL-Prozeduren nicht für die Abfrage, sondern nur für das Einfügen von Daten verwenden möchte, denn auch in diesem Fall sollte zumindest ein Statuscode zurückgegeben werden können, der erkennen läßt, ob der Vorgang erfolgreich war. In vielen Fällen wird es sogar erforderlich sein, weitergehende Informationen – wie etwa die Benutzernummer eines soeben eingetragenen neuen Benutzers – an die Applikation zurückzugeben. Indessen lassen sich in begrenztem Maße andere Mechanismen – wie etwa die Fehlerbehandlung – verwenden (oder mißbrauchen), um die fehlende Funktionalität zu ersetzen.

Diese allgemeinen Bemerkungen sollen nun anhand eines Beispiels konkretisiert werden. Es bezieht sich auf die bereits angesprochene Möglichkeit, durch Nutzung einer PL/SQL-Prozedur den für die Nutzung einer Sequenz notwendigen Aufwand zu reduzieren. Das Ziel besteht darin, ein Formular zu erstellen, das das Eintragen eines neuen Bibliotheksbenutzers erlaubt, den Datenbankzugriff aber nicht über gebundene Steuerelemente, sondern über den Aufruf einer PL/SQL-Prozedur realisiert.

Zunächst ist die PL/SQL-Prozedur selbst zu erstellen. Sie könnte etwa folgendermaßen aussehen:

```
create or replace procedure new_user_dao (
  p_name      in varchar2,
  p_vorname   in varchar2,
  p_strasse   in varchar2,
```

---

[7]. Dies ist der geeignete Ort, um darauf hinzuweisen, daß die immer noch häufig geäußerte Ansicht, »ODBC« sei für den Zugriff auf Oracle-Datenbanken nicht geeignet, zu undifferenziert ist. Die eben angeführte Unmöglichkeit, von PL/SQL-Prozeduren und -Funktionen zurückgegebene Werte entgegenzunehmen, ist in der Tat eine empfindliche Schwachstelle der Data Access Objects. Nur eben: Es ist eine Schwachstelle *der Data Access Objects*, nicht eine Schwachstelle »von ODBC«. Das ODBC-API unterstützt diese Funktionalität ebenso wie die leider nur in Visual Basic verfügbaren Remote Data Objects (RDO). Man darf also die Schwachstellen einer auf dem ODBC-API aufsetzenden objektorientierten Schnittstelle nicht umstandslos zu Schwachstellen des ODBC-API selbst erklären.

```
    p_hausnr     in number,
    p_plz        in varchar2,
    p_ort        in varchar2,
    p_geschlecht in varchar2
) as

    v_nr         person.nr%type;

begin

  begin
    select nr
    into v_nr
    from person
    where name = p_name and vorname = p_vorname
      and strasse = p_strasse and hausnr = p_hausnr
      and plz = p_plz and ort = p_ort
      and geschlecht = p_geschlecht;
    raise_application_error (-20001, 'Benutzer existiert bereits.');
  exception
    when no_data_found then
      null;
  end;

  insert into person (nr, typ, name, vorname,
    strasse, hausnr, plz, ort, geschlecht)
  values (person$nr.nextval, 'B', p_name, p_vorname,
    p_strasse, p_hausnr, p_plz, p_ort, p_geschlecht);
  commit;

end new_user_dao;
```

Die Kernfunktionalität befindet sich am Ende der Prozedur: Die INSERT-Anweisung legt unter Verwendung der übergebenen Werte, einer ohne zusätzliche SELECT-Anweisung ermittelten Sequenznummer (PERSON$NR.NEXTVAL) und des Defaultwertes 'B' (normaler Benutzer, kein Mitarbeiter) einen neuen Datensatz in der Tabelle PERSON an. Zuvor wird jedoch geprüft, ob es in der Tabelle bereits einen Benutzer mit den gleichen Merkmalen gibt. Diese Abfrage befindet sich in einem in den Hauptblock (Prozedur) hineingeschachtelten, unbenannten Block, weil nun ein wenig verquer programmiert werden muß, um die fehlende Funktionalität eines Rückgabewertes zu ersetzen. Schlägt die Abfrage mit dem Fehler NO_DATA_FOUND fehl, weil kein Benutzer mit den gleichen Merkmalen existiert, so muß dieser Fehler im Exception Handler des inneren Blockes bereinigt werden, damit die weitere Bearbeitung (Einfügen des neuen Datensatzes) im äußeren Block fortschreiten kann. Schlägt sie aber nicht fehl, weil es bereits einen gleichartigen Benutzer gibt, so muß mit RAISE_APPLICATION_ERROR künstlich ein Fehler provoziert werden, der weder im inneren noch im äußeren Block behandelt werden darf, sondern an die Applikation durchgereicht werden muß. Bei dieser trifft sie in Form eines DAO- bzw. ODBC-Fehlers ein.

Nutzung von PL/SQL-Prozeduren

Legen Sie nun mit Access (oder Visual Basic) ein Formular an, das sieben ungebundene Felder enthält. Um zu dem nachfolgend abgedruckten Code zu passen, sollten sie die Namen txtName, txtVorname, txtStrasse, txtHausNr, txtPLZ, txtOrt und txtGeschlecht tragen. Fügen Sie weiterhin einen Button cmdInsert in das Formular ein und hinterlegen Sie für ihn unter dem *Click*-Ereignis folgende Visual-Basic-Prozedur:

```
Sub cmdInsert_Click()

  Dim dbAddWes As Database
  Dim vConnStr As String
  Dim sqlProcCall As String
  Dim IsOpenDB As Boolean
  Dim fStat As Integer

  On Error GoTo Err_cmdInsert_Click

  vConnStr = "ODBC;DSN=AddWesDB;UID=AddWes;PWD=AddWes"
  IsOpenDB = False

  sqlProcCall = "BEGIN NEW_USER_DAO ("
  fStat = SetParam(txtName, sqlProcCall, "NAME", True, False)
  If fStat <> 0 Then GoTo Exit_cmdInsert_Click
  fStat = SetParam(txtVorname, sqlProcCall, "VORNAME", True, False)
  If fStat <> 0 Then GoTo Exit_cmdInsert_Click
  fStat = SetParam(txtStrasse, sqlProcCall, "STRASSE", True, False)
  If fStat <> 0 Then GoTo Exit_cmdInsert_Click
  fStat = SetParam(txtHausNr, sqlProcCall, "HAUSNR", False, False)
  If fStat <> 0 Then GoTo Exit_cmdInsert_Click
  fStat = SetParam(txtPLZ, sqlProcCall, "PLZ", True, False)
  If fStat <> 0 Then GoTo Exit_cmdInsert_Click
  fStat = SetParam(txtOrt, sqlProcCall, "ORT", True, False)
  If fStat <> 0 Then GoTo Exit_cmdInsert_Click
  fStat = SetParam(txtGeschlecht, sqlProcCall, "GESCHLECHT", True, True)
  If fStat <> 0 Then GoTo Exit_cmdInsert_Click
  sqlProcCall = sqlProcCall & "); END;"

  Set dbAddWes = OpenDatabase("", False, False, vConnStr)
  IsOpenDB = True
  dbAddWes.Execute sqlProcCall, dbSQLPassThrough
  MsgBox "Benutzer eingetragen."

Exit_cmdInsert_Click:

  If IsOpenDB Then
    dbAddWes.Close
  End If
  Exit Sub

Err_cmdInsert_Click:
```

4 Kontrolle und Optimierung der Performance

```
Dim vErrIdx As Integer
Dim vErrNum As Integer

If DBEngine.Errors.Count > 0 Then
  vErrIdx = DBEngine.Errors.Count - 1
  vErrNum = DBEngine.Errors(vErrIdx).Number
  If vErrNum = Err Then
    If DBEngine.Errors(0).Number = 20001 Then
      MsgBox "Einen Benutzer mit diesen Daten gibt es bereits!"
    Else
      MsgBox "DAO/ODBC-Fehler " _
        & Format(DBEngine.Errors(0).Number) _
        & ": " & Chr(10) & Chr(13) & Chr(10) & Chr(13) _
        & DBEngine.Errors(0).Description
    End If
  Else
    MsgBox "VBA-Fehler " & Format(Err) & ": " & Error$(Err)
  End If
Else
  MsgBox "VBA-Fehler " & Format(Err) & ": " & Error$(Err)
End If

If IsOpenDB Then
  dbAddWes.Close
End If

End Sub
```

Ein erheblicher Teil dieser Visual-Basic-Prozedur befaßt sich mit der Konstruktion eines Strings, der den Aufruf der PL/SQL-Prozedur NEW_USER_DAO enthält (sqlProcCall). Teile der erforderlichen Funktionalität sind der besseren Übersichtlichkeit wegen in die nachfolgend abgedruckte Prozedur Set-Param ausgelagert worden.

```
Public Function SetParam( _
  fldX As Object, _
  sqlProcCall As String, _
  FieldName As String, _
  IsString As Boolean, _
  IsLast As Boolean _
) As Integer

  Dim vTxtBuf As String
  Dim vFldVal As Variant

  On Error GoTo Err_AppendParam

  vTxtBuf = ""
  vFldVal = ""

  fldX.SetFocus
```

Nutzung von PL/SQL-Prozeduren

```
    vFldVal = vFldVal & fldX.Text
    If vFldVal = "" Then GoTo KeinWert

    If IsString Then sqlProcCall = sqlProcCall & "'"
    sqlProcCall = sqlProcCall & fldX.Text
    If IsString Then sqlProcCall = sqlProcCall & "'"
    If Not IsLast Then sqlProcCall = sqlProcCall & ","

    SetParam = 0
    Exit Function

KeinWert:

    MsgBox "In das Feld " & FieldName & " muß ein Wert eingetragen werden!"
    SetParam = -1
    Exit Function

Err_AppendParam:

    MsgBox "VBA-Fehler " & Format(Err) & ": " & Error$(Err)
    SetParam = -1

End Function
```

Für die Konstruktion des Prozeduraufrufs werden alle sieben Eingabefelder durchlaufen. Die für jedes Feld aufgerufene Funktion `SetParam` prüft zunächst, ob ein Wert eingegeben wurde. Ist dies nicht der Fall, wird die Bearbeitung abgebrochen, weil die Definition der Tabelle PERSON Werte für sämtliche Spalten fordert, ein INSERT mit fehlendem Wert also fehlschlagen würde. Wurden in alle Felder Werte eingegeben, enthält die String-Variable `sqlProcCall` schließlich einen Prozeduraufruf folgender Form:

```
BEGIN NEW_USER_DAO ( _
  'Elsner', 'Claudia', 'Oststraße', 16, '4711', 'Neustadt', 'W' _
); END;
```

Dieser Prozeduraufruf muß, da die Data Access Objects mit einer derartigen Anweisung nichts anfangen können, anschließend als Pass-Through Query an den Oracle Server geschickt werden:

```
dbAddWes.Execute sqlProcCall, dbSQLPassThrough
```

Kann diese Anweisung erfolgreich ausgeführt werden, wird eine entsprechende Meldung ausgegeben. Tritt dagegen ein Fehler auf, so wird er folgendermaßen behandelt:

▶ Zunächst wird geprüft, ob die *DAO Errors Collection* Fehlerinformationen enthält. Ist dies nicht der Fall (Count = 0), so handelt es sich um einen allgemeinen VBA-Fehler.

▶ Enthält die *DAO Errors Collection* Elemente, so ist gleichwohl nicht sicher, daß sie den aktuellen Fehler beschreiben, da einmal eingetragene Fehlerinformationen bis zum Auftreten des nächsten Fehlers erhalten bleiben (vgl. Kapitel 3, Abschnitt 3.6.1). Deshalb wird weiterhin geprüft, ob die in der allgemeinsten, d.h. der mit dem höchsten Index gekennzeichneten Fehlerbeschreibung enthaltene Fehlernummer mit der im allgemeinen Err-Objekt enthaltenen Nummer übereinstimmt. Ist dies nicht der Fall, so handelt es sich ebenfalls um einen allgemeinen VBA-Fehler.

▶ Stimmen aber beide Nummern überein, so resultiert der zuletzt aufgetretene Fehler aus dem Datenbankzugriff. In diesem Fall wird nicht die allgemeinste Fehlermeldung ausgegeben, die meist nur »*ODBC-Aufruf fehlgeschlagen*« lautet, sondern die speziellste, die in der Regel die durch den ODBC-Treiber aufbereitete Oracle-Fehlermeldung enthält. Dabei wird die in der PL/SQL-Prozedur definierte Fehlernummer 20001 gesondert behandelt.

Zu den bereits erwähnten Nachteilen und Umständlichkeiten der Nutzung von PL/SQL-Prozeduren über die Data Access Objects gesellt sich, wie man aus der Konstruktion und der Abarbeitung des Aufrufs erkennen kann, noch ein weiterer: Da die Syntax der Proceduraufrufe von den Data Access Objects nicht verstanden wird und die Aufrufe somit als Pass-Through Queries ausgeführt werden müssen, ist es nicht möglich, sie als parametrisierte QueryDef-Objekte in einer lokalen Access-Datenbank abzuspeichern. Jeder Proceduraufruf stellt somit einen statischen Text dar, der vom Oracle-Server-Prozeß einen neuen Parse-Vorgang erfordert, so daß der durch die Verwendung einer PL/SQL-Prozedur erzielte Performancegewinn durch das Parsen teilweise wieder zunichte gemacht wird.

Als Bilanz dieser Erörterung läßt sich festhalten, daß der Applikationsentwickler, der mit PL/SQL-Prozeduren arbeiten will oder muß, die Data Access Objects an ihrer schwächsten Stelle erwischt. Die Unterstützung für eine solche Vorgehensweise ist minimal. Ist die Nutzung von PL/SQL-Prozeduren in größerem Umfang erforderlich, sollte man sich nach einer anderen Schnittstelle umsehen. Das können bei Verwendung von Visual Basic die Remote Data Objects (RDO), allgemein das ODBC-API oder die Oracle Objects for OLE sein.

4.4.3 Vorgehensweise: Oracle Objects for OLE

Es bedarf wohl keiner besonderen Erwähnung, daß beim Design der Oracle Objects for OLE Wert darauf gelegt wurde, die Nutzungsmöglichkeiten von Stored Procedures gegenüber den Data Access Objects zu verbessern. Daß die Oracle Objects for OLE das Anlegen und Binden von Parametern unterstützen, wurde bereits im Zusammenhang mit der Verwendung von Variablen in SQL-Anweisungen erwähnt. Diese Parameter können sowohl Eingabe- als auch Ausgabeparameter sein, so daß die Rückgabe von Werten über Parameter möglich ist. Auch die Rückgabe eines Funktionsergebnisses von einer Stored Function an die aufrufende Applikation ist möglich. Seit der Version 2 unterstützen die Oracle Objects for OLE überdies den Aufbau einer für lesenden Zugriff zur Verfügung stehenden Ergebnismenge mittels einer PL/SQL-Prozedur. Das besagt, daß bei Nutzung der Oracle Objects for OLE sowohl lesender als auch ändernder Datenbankzugriff über PL/SQL-Prozeduren möglich ist.

Um einen leichteren Vergleich zu ermöglichen, wird hier als Beispiel das Eintragen eines neuen Benutzers von einer Visual-Basic-Applikation aus, die über die Oracle Objects for OLE eine PL/SQL-Prozedur anspricht, dem im vorangehenden Abschnitt für die Data Access Objects beschriebenen Verfahren gegenübergestellt, obwohl diese Funktionalität in der mit Visual Basic zu realisierenden Katalog-Komponente der Beispielapplikation gar nicht enthalten ist. Da aus den im vorangehenden Abschnitt dargelegten Gründen aber ohnehin ungebundene Eingabefelder verwendet werden müssen, kann die gleiche Applikation auch problemlos mit Access realisiert werden.

Um einen möglichst großen Teil der skizzierten Funktionalität vorführen zu können, wird in diesem Fall eine PL/SQL-Funktion angelegt und in der Datenbank abgespeichert. Sie nimmt die Daten über den neuen Benutzer entgegen und gibt über Parameter bei erfolgreichem Ablauf des INSERT-Vorganges die Benutzernummer, ansonsten die Oracle-Fehlernummer und den zugehörigen Fehlermeldungstext zurück. Als Funktionsergebnis wird bei erfolgreicher Abarbeitung der Wert 0, ansonsten der Wert -1 zurückgegeben. Damit die Identifikationsnummer des neuen Benutzers zurückgegeben werden kann, ist es erforderlich, die Abfrage der Sequenznummer und das Einfügen des neuen Datensatzes, die in NEW_USER_DAO in einer Anweisung zusammengefaßt wurden, auf zwei Anweisungen zu verteilen. Da aber beide Anweisungen in der gleichen Prozedur zusammengefaßt sind, hat dies keinen zusätzlichen Netzwerkverkehr zur Folge.

```
create or replace function new_user_oo4o (
    p_name        in  varchar2,
    p_vorname     in  varchar2,
    p_strasse     in  varchar2,
    p_hausnr      in  number,
    p_plz         in  varchar2,
    p_ort         in  varchar2,
    p_geschlecht  in  varchar2,
    p_persnr      out number,
    p_errno       out number,
    p_errmsg      out varchar2
) return number as

    v_nr       person.nr%type;

begin

  begin
    select nr
    into v_nr
    from person
```

```
      where name = p_name and vorname = p_vorname
        and strasse = p_strasse and hausnr = p_hausnr
        and plz = p_plz and ort = p_ort
        and geschlecht = p_geschlecht;
      p_errno  := -20001;
      p_errmsg := 'Benutzer bereits vorhanden.';
      return (-1);
    exception
      when no_data_found then
        null;
    end;

    select person$nr.nextval into v_nr from dual;
    insert into person (nr, typ, name, vorname,
      strasse, hausnr, plz, ort, geschlecht)
    values (v_nr, 'B', p_name, p_vorname,
      p_strasse, p_hausnr, p_plz, p_ort, p_geschlecht);
    commit;

    p_persnr := v_nr;
    return (0);

exception

    when others then
      p_errno  := sqlcode;
      p_errmsg := sqlerrm(sqlcode);
      return (-1);

end new_user_oo4o;
```

Legen Sie nun wiederum ein Formular mit den ungebundenen Textfeldern txtName, txtVorname, txtStrasse, txtHausNr, txtPLZ, txtOrt und txtGeschlecht sowie einem Button cmdInsert an. Auf die naheliegende Ersetzung von txtGeschlecht durch Optionsfelder wird hier der Einfachheit halber verzichtet. Die Applikation erfordert zunächst einige allgemeine (prozedurübergreifende) Vereinbarungen von Objekt-Variablen:

```
Public sesAddWes As Object
Public dbAddWes As Object

Public prmName As Object
Public prmVorname As Object
Public prmHausNr As Object
Public prmStrasse As Object
Public prmPLZ As Object
Public prmOrt As Object
Public prmGeschlecht As Object
Public prmPersNr As Object
Public prmErrNo As Object
Public prmErrMsg As Object
Public RetVal As Object
```

Nutzung von PL/SQL-Prozeduren

Diesen Objektvariablen werden in der Prozedur Form_Load einerseits durch das Anlegen eines Session-Objekts und den Aufbau einer Datenbankverbindung, andererseits durch das Anlegen der benötigten Parameter Werte zugewiesen. Beachten Sie die bei der Erörterung von Variablen noch nicht aufgetretenen Parameter vom Typ ORAPARM_OUTPUT sowie die Tatsache, daß außer den sieben Eingabe- und den drei Ausgabeparametern auch ein Parameter (RetVal) für das Funktionsergebnis vereinbart werden muß.

```
Private Sub Form_Load()

  Set sesAddWes = CreateObject("OracleInProcServer.XOraSession")
  Set dbAddWes = sesAddWes.DbOpenDatabase( _
                 "AddWesDB", "AddWes/AddWes", ORADB_DEFAULT _
                 )

  dbAddWes.Parameters.Add "PrmName", "", ORAPARM_INPUT
  Set prmName = dbAddWes.Parameters("PrmName")
  prmName.ServerType = ORATYPE_VARCHAR2

  dbAddWes.Parameters.Add "PrmVorname", "", ORAPARM_INPUT
  Set prmVorname = dbAddWes.Parameters("PrmVorname")
  prmVorname.ServerType = ORATYPE_VARCHAR2

  dbAddWes.Parameters.Add "PrmStrasse", "", ORAPARM_INPUT
  Set prmStrasse = dbAddWes.Parameters("PrmStrasse")
  prmStrasse.ServerType = ORATYPE_VARCHAR2

  dbAddWes.Parameters.Add "PrmHausNr", 0, ORAPARM_INPUT
  Set prmHausNr = dbAddWes.Parameters("PrmHausNr")
  prmHausNr.ServerType = ORATYPE_NUMBER

  dbAddWes.Parameters.Add "PrmPLZ", "", ORAPARM_INPUT
  Set prmPLZ = dbAddWes.Parameters("PrmPLZ")
  prmPLZ.ServerType = ORATYPE_VARCHAR2

  dbAddWes.Parameters.Add "PrmOrt", "", ORAPARM_INPUT
  Set prmOrt = dbAddWes.Parameters("PrmOrt")
  prmOrt.ServerType = ORATYPE_VARCHAR2

  dbAddWes.Parameters.Add "PrmGeschlecht", "", ORAPARM_INPUT
  Set prmGeschlecht = dbAddWes.Parameters("PrmGeschlecht")
  prmGeschlecht.ServerType = ORATYPE_VARCHAR2

  dbAddWes.Parameters.Add "PrmPersNr", 0, ORAPARM_OUTPUT
  Set prmPersNr = dbAddWes.Parameters("PrmPersNr")
  prmPersNr.ServerType = ORATYPE_NUMBER

  dbAddWes.Parameters.Add "PrmErrNo", 0, ORAPARM_OUTPUT
  Set prmErrNo = dbAddWes.Parameters("PrmErrNo")
  prmErrNo.ServerType = ORATYPE_NUMBER
```

4 Kontrolle und Optimierung der Performance

```
dbAddWes.Parameters.Add "PrmErrMsg", "", ORAPARM_OUTPUT
Set prmErrMsg = dbAddWes.Parameters("PrmErrMsg")
prmErrMsg.ServerType = ORATYPE_VARCHAR2

dbAddWes.Parameters.Add "RetVal", 0, ORAPARM_OUTPUT
Set RetVal = dbAddWes.Parameters("RetVal")
RetVal.ServerType = ORATYPE_NUMBER

End Sub
```

In der Ereignisprozedur `cmdInsert_Click`, die der Benutzer aktiviert, um die in die Textfelder eingegebenen Werte in die Datenbank zu übertragen, werden zunächst die Parameter mit den aktuellen Feldinhalten belegt. Dies geschieht mit Hilfe der Funktion `SetParam`, die, wie auch im DAO-Beispiel, darüber hinaus prüft, ob in alle Felder Werte eingetragen wurden. Im Anschluß daran ist die für den Aufruf einer PL/SQL-Funktion erforderliche Syntax zu erkennen. Beachten Sie die Deklaration des Ergebnistyps zu Beginn der Anweisung, das Einschließen des eigentlichen Aufrufs in die Schlüsselworte `BEGIN` und `END` sowie die Zuweisung des Ergebniswertes an den Parameter `RetVal`. Für die Ausführung dieser Anweisung kann auch hier die Methode `[Db]Execute` verwendet werden.

Da Informationen über Fehler, die während der Ausführung der PL/SQL-Funktion auftreten, als Parameter zurückgegeben werden, alle anderen Fehler jedoch nicht, sind zwei getrennte Fehlerbehandlungen nötig. Das Auftreten eines Fehlers innerhalb der PL/SQL-Funktion ist erkennbar an der Rückgabe des Statuswertes -1. Tritt dieser auf, wird der aktuelle Wert des Parameter `PrmErrMsg` angezeigt. Alle anderen Fehler müssen in der üblichen Weise behandelt werden. Dies geschieht in der nachfolgend wiedergegebenen Prozedur jedoch nur sehr summarisch, da die erforderliche Vorgehensweise in Kapitel 3 bereits ausführlich beschrieben wurde.

```
Private Sub cmdInsert_Click()

    Dim sqlFuncCall As String
    Dim vStatus As Integer

    On Error GoTo Err_cmdInsert_Click

    vStatus = SetParam(prmName, txtName, "NAME")
    If vStatus <> 0 Then Exit Sub
    vStatus = SetParam(prmVorname, txtVorname, "VORNAME")
    If vStatus <> 0 Then Exit Sub
    vStatus = SetParam(prmStrasse, txtStrasse, "STRASSE")
    If vStatus <> 0 Then Exit Sub
    vStatus = SetParam(prmHausNr, txtHausNr, "HAUSNR")
    If vStatus <> 0 Then Exit Sub
    vStatus = SetParam(prmPLZ, txtPLZ, "PLZ")
    If vStatus <> 0 Then Exit Sub
    vStatus = SetParam(prmOrt, txtOrt, "ORT")
    If vStatus <> 0 Then Exit Sub
```

Nutzung von PL/SQL-Prozeduren

```
  vStatus = SetParam(prmGeschlecht, txtGeschlecht, "GESCHLECHT")
  If vStatus <> 0 Then Exit Sub

  sqlFuncCall = _
    "DECLARE RetVal NUMBER(6); " _
  & "BEGIN :RetVal := NEW_USER_0040 (" _
  & ":PrmName, :PrmVorname, :PrmStrasse, :PrmHausNr, " _
  & ":PrmPLZ, :PrmOrt, :PrmGeschlecht, " _
  & ":PrmPersNr, :PrmErrNo, :PrmErrMsg); " _
  & "END;"

  dbAddWes.DbExecuteSQL (sqlFuncCall)

  If RetVal.Value = 0 Then
    MsgBox "Benutzer eingetragen (Nummer: " _
        & Format(prmPersNr.Value) & ")"
  Else
    MsgBox "Fehler beim Eintragen des Benutzers: " _
    & Chr(10) & Chr(13) & Chr(10) & Chr(13) _
    & prmErrMsg.Value
  End If

  Exit Sub

Err_cmdInsert_Click:

  MsgBox "VB-Fehler " & Format(Err) & ": " & Error(Err)

End Sub
```

Der Vollständigkeit halber sei schließlich noch die Funktion `SetParam` wiedergegeben, die die Vollständigkeit der Feldeinträge prüft und die Parameter mit den aktuellen Werten belegt:

```
Public Function SetParam( _
  prmX As Object, _
  fldX As Object, _
  fldName As String _
) As Integer

  If fldX.Text <> "" Then
    prmX.Value = fldX.Text
    SetParam = 0
  Else
    MsgBox "Feld " & fldName & " muß einen Wert enthalten!"
    SetParam = -1
    Exit Function
  End If

End Function
```

4.5 Verteilung der Datenbestände und Caching

4.5.1 Verwendung lokaler Tabellenkopien

Die Verwendung von PL/SQL-Prozeduren bietet die Möglichkeit, den Netzwerkverkehr dadurch zu reduzieren, daß mehrere, unmittelbar nacheinander abzuarbeitende SQL-Anweisungen zu einer Einheit zusammengefaßt und als solche *auf dem Server-Rechner* abgearbeitet werden. Der Client wird nicht von den Zwischenergebnissen, sondern erst vom Endresultat in Kenntnis gesetzt. Eine andere Möglichkeit besteht darin, Teile des Datenbestandes *auf dem Client-Rechner* abzulegen, so daß der Zugriff auf diese Daten keinerlei Netzwerkkommunikation erfordert.

Voraussetzung dafür ist offenkundig die Existenz einer lokalen Datenbank auf dem Client-PC. Diese ist aber nicht sehr schwer zu erfüllen: Datenbank-Entwicklungswerkzeuge wie Microsoft Access oder Oracle Power Objects unterstützen die Möglichkeit, lokale Datenbanken anzulegen. Da die Data Access Objects auf der Jet Engine basieren, kann jedes Werkzeug, das Visual Basic (for Applications) unterstützt, eine Access-Datenbank anlegen, verwalten und benutzen. Alternativ dazu kann in diesem Fall auch Oracle Lite eingesetzt werden, da eine Oracle-Lite-Datenbank über einen mitgelieferten ODBC-Treiber angesprochen werden kann. Die Oracle Objects for OLE bieten eine solche Möglichkeit nicht, es sei denn, die Client-PCs wären mit hinlänglich viel Ressourcen ausgestattet, um den Aufbau einer Personal-Oracle-Datenbank zu erlauben.

Für die Strategie, Daten in einer lokalen Datenbank abzulegen, kommen primär Tabellen in Betracht, auf die häufig zugegriffen wird, die aber nicht sehr groß sind und deren Inhalt sich selten ändert. Diese Merkmale treffen häufig auf Tabellen zu, die Wertelisten zugrundeliegen und dort die Umsetzung von Codes in entsprechende Bezeichnungen – und umgekehrt – ermöglichen. Aus der Gruppe der Beispieltabellen lassen sich in diesem Zusammenhang die Tabellen GEBIET und LAND, mit Einschränkungen auch VERLAG nennen. Insbesondere die ersten beiden Tabellen dürften so selten von Änderungen betroffen sein, daß es zumutbar ist, in einer Applikation einen Button und/oder eine Menüoption anzubieten, die vom Benutzer nach vorheriger Aufforderung – z.B. per EMail – aktiviert werden müssen, um die Aktualisierung des Datenbestandes vorzunehmen. Ob es darüber hinaus Möglichkeiten gibt, den Datenabgleich zu automatisieren, hängt von der verwendeten Datenbank ab sowie vom Aufwand, den man bei der Applikationsentwicklung treiben kann.

In bezug auf die Performance sollte sich eine derartige Datenverteilung ausschließlich vorteilhaft auswirken, solange die lokalen Tabellen nur einzeln angesprochen oder zum Aufbau von Wertelisten verwendet werden. Auf der Hut sein sollten Sie jedoch, wenn es erforderlich wird, einen Join zwischen einer lokalen und einer remoten Tabelle durchzuführen.

Zur Illustration der damit verbundenen Gefahren sei wieder einmal die schon häufiger verwendete Aufgabenstellung angeführt, eine Übersicht über die Anzahl der pro Fachgebiet in der Bibliothek vorhandenen Bücher zu generieren. Richten Sie, sofern Sie über eine lokale Access- und eine remote Oracle-Datenbank verfügen, den Datenbestand so ein, daß die Tabelle GEBIET in die lokale Datenbank importiert – also lokal vorhanden –, die Tabelle BUCH dagegen nur eingebunden – also nicht lokal vorhanden – ist. Machen Sie sodann die Beziehung zwischen den beiden Tabellen bekannt (BUCH.GEBIET_ABK = GEBIET.ABK) und konstruieren Sie in der SQL- oder der Abfrageentwurfsansicht von Access die Abfrage:

```
SELECT DISTINCTROW GEBIET_LOKAL.BEZ AS [Sachgebiet],
                   COUNT(BUCH.TITEL) AS [Anzahl Bücher]
FROM BUCH INNER JOIN GEBIET_LOKAL
ON BUCH.GEBIET_ABK = GEBIET_LOKAL.ABK
GROUP BY GEBIET_LOKAL.BEZ;
```

Verschaffen Sie sich dann die Möglichkeit, das ODBC- oder Oracle-Tracing zu aktivieren, und starten Sie die Abfrage. In den Trace-Dateien werden Sie daraufhin erkennen, daß Access mit der Anweisung

```
SELECT "TITEL", "GEBIET_ABK" FROM "ADDWES"."BUCH"
```

zunächst einmal den gesamten Datenbestand der Tabelle BUCH abfragt und den Join lokal ausführt. Das mag beim Umfang der Beispieldaten noch leidlich funktionieren, beim Datenbestand einer realen Bibliothek aber würde es zur Performance-Katastrophe werden.

Eine derartige Überprüfung sollten Sie zumindest immer dann vornehmen, wenn die Laufzeit einer SQL-Anweisung Sie mißtrauisch macht. Als Standard-Abhilfe bietet sich in solchen Fällen die Definition von Views an. So könnte in der Oracle-Datenbank eine View aufgebaut werden, die sowohl den Join als auch die Gruppierung bereits enthält und nur die Endergebnisse an den Client überträgt. In den seltenen Fällen, in denen die zweite Tabelle *nur* lokal und nicht auch in der remoten Datenbank verfügbar ist, müßte in der remoten Datenbank eine View zur Verfügung stehen, die die Gruppierung anhand der Sachgebietsabkürzungen durchführt und deren Ergebnisse mit der lokalen Tabelle GEBIET zu joinen wären. Die organisatorische Herausforderung pflegt in solchen Fällen allerdings darin zu bestehen, Anwender, die zwar über Access, aber nicht über eine hinreichende Kenntnis der mit Joins verbundenen Gefahren verfügen, vom Beschreiten des für sie einfacheren, aber die Systemleistung mindernden Weges abzuhalten.

4.5.2 Fetch-Strategie und Caching

Nach der Untersuchung der Parse-Phase und der Ansatzpunkte für die Verminderung der Parse-Vorgänge ist nun noch auf die Bedeutung der *Fetch*-Phase hinzuweisen, in der die zur Ergebnismenge gehörenden Datensätze vom Server- zum Client-Rechner übertragen werden. Performancerelevant ist hier zum einen die Frage, welche SQL-Anweisungen von dem verwendeten Werkzeug im Hintergrund, d.h. über die vom Entwickler vorgesehene Abfrage hinaus abgesetzt werden. Zum anderen kann die Zusammenfassung mehr oder weniger vieler Datensätze zu »Bündeln« einen spürbaren Einfluß auf die Performance der Applikation haben.

In engem Zusammenhang mit der Fetch-Strategie steht das *Caching*. Es kann als Alternative zu dem im vorangehenden Abschnitt beschriebenen Verfahren, eine Tabelle *permanent* in einer lokalen Datenbank vorrätig zu halten, aufgefaßt werden, weil es dafür sorgt, daß vom Server abgefragte Daten nach der (ersten) Verwendung nicht wieder »vergessen«, sondern in einem Cache *temporär* (maximal für die gesamte Datenbanksitzung) abgelegt werden. Sowohl die Data Access Objects als auch die Oracle Objects for OLE verfügen über defaultmäßig eingesetzte Caching-Mechanismen sowie die Möglichkeit, diese Mechnismen zu konfigurieren.

Data Access Objects

Von einer einheitlichen, unabhängig von der Entwicklungsumgebung gültigen Fetch-Strategie der Data Access Objects kann nur bedingt die Rede sein. Selbst wenn man die Möglichkeit der Pass-Through Queries außer acht läßt, beschränkt sich das Gemeinsame auf zwei Merkmale:

1. Auf der Grundlage der vom Entwickler implizit (durch Verwendung gebundener Steuerelemente) oder explizit (durch Programmierung) definierten Datenbankabfrage wird intern eine zusätzliche Abfrage generiert und vorab gestartet. Sie ermittelt die Werte der Primärschlüsselspalte(n) für alle in der Ergebnismenge enthaltenen Datensätze. Die Ausführung dieser zusätzlichen Abfrage ist unabhängig davon, ob die vom Entwickler vorgesehene Abfrage den gesamten oder den durch eine WHERE-Bedingung eingeschränkten Bestand der Tabelle ermitteln soll. Eventuell vorhandene WHERE-Bedingungen werden jedoch in die Abfrage der Primärschlüsselwerte übernommen. Ein Beispiel für eine derartige Abfrage bietet Abschnitt 4.3.3, »Implizite Nutzung von Variablen durch Access«.

2. Im zweiten Schritt wird die vom Entwickler vorgesehene Abfrage ausgeführt, d.h. die Ermittlung der weiteren in der Applikation benötigten Spalten veranlaßt. Dazu wird jedoch die vom Entwickler vorgesehene WHERE-Bedingung, die ja bei der Vorausabfrage bereits berücksichtigt wurde, gestrichen und durch eine WHERE-Bedingung oder eine Gruppe von WHERE-Bedingungen ersetzt, die auf die zuvor ermittelten Primärschlüsselwerte Bezug nehmen. Auch für diesen Vorgang ist in Abschnitt 4.3.3, »Implizite Nutzung von Variablen durch Access«, ein Beispiel zu finden.

Die Ergebnismenge der Vorausabfrage bezeichnet Microsoft gern als *lokalen Index*. Sie wird auf dem Client-PC gespeichert und dient als Grundlage für die Abfrage weiterer Spalten, vor allem aber für die eindeutige Identifikation von Datensätzen bei nachfolgenden UPDATE- und DELETE-Anweisungen.

Kann ein solcher lokaler Index in Ermangelung einer remoten Primärschlüsseldefinition nicht angelegt werden, steht die Ergebnismenge nur für lesenden Zugriff zur Verfügung.

Dieses Verfahren ist durchaus effizient, sofern nicht riesige Ergebnismengen angefordert werden. Allerdings sollten Sie, wenn Sie die Oracle-Tabellen in eine lokale Access-Datenbank einbinden, auf ein »Fettnäpfchen« achten, das hier bereitsteht, weil Access sich beim Einbinden selbst aussuchen darf, welche Spalten oder Spaltenkombination als Primärschlüssel interpretiert werden sollen. Dafür sei ein konkretes Beispiel angeführt: In der Anfangsphase der Arbeit an diesem Buch wurde auf den Spalten AUTOR_NR und TITEL der Tabelle BUCH ein eindeutiger Index (*Unique Index*) definiert, um zu vermeiden, daß versehentlich das gleiche Buch mehrfach eingetragen würde. Neben diesem existierte ein zweiter eindeutiger Index auf der Spalte NR als Folge der Tatsache, daß diese Spalte als Primärschlüssel definiert worden war. Beim Einbinden der Tabelle in die lokale Access-Datenbank befand dieses Werkzeug, daß der aus AUTOR_NR und TITEL bestehende Primärschlüssel dem lediglich aus der Spalte NR bestehenden vorzuziehen sei. Diese Einschätzung wird aber kein Entwickler teilen, der Wert auf Performance legt. Bedenken Sie, welchen vermehrten Netzwerkverkehr es zur Folge hat, wenn jede Vorausabfrage statt der Buchnummern die Autornummern und die Buchtitel ermittelt, und welche Folgen dies für die Performance haben muß!

Sie sollten also immer nach dem Einbinden einer Oracle-Tabelle in eine Access-Datenbank prüfen, ob Access diejenige(n) Spalte(n) als Primärschlüssel ausgewählt hat, die von Ihnen dafür vorgesehen wurde(n). Ist dies nicht der Fall und Access mit vernünftigen Argumenten nicht zu einer Änderung seiner Ansichten zu bewegen, so können Sie entweder den störenden Index in der Oracle-Datenbank löschen und später neu aufbauen – was aber vermutlich allerlei organisatorische Probleme mit sich bringen wird – oder in der Oracle-Datenbank eine View anlegen, die alle Spalten der einzubindenden Tabelle beinhaltet, und dann diese View für das Einbinden in die Access-Datenbank verwenden. Da Access sich nicht die Mühe macht, die auf der Basistabelle definierten Indizes herauszufinden, sondern lediglich feststellt, daß auf der View keine Indizes definiert sind, wird das Programm Sie beim Einbinden fragen, welche Spalte(n) als Primärschlüssel verwendet werden soll(en) (vgl. Kapitel 2, Abschnitt 2.2.3, »Zusätzliche Konfigurationsschritte«). Damit haben Sie die vollständige Kontrolle über den verwendeten Primärschlüssel.

Auf Details der Realisierung dieser Abfragen soll hier nicht eingegangen werden, da sie sowohl vom Werkzeug als auch von der Frage abhängen, ob das Recordset implizit (Datenbank-Steuerelement, Access-Formular) oder explizit (Objektvariablen) verwaltet wird. Zumindest hingewiesen sei aber auf die Tatsache, daß Sie, wenn Sie mit Access arbeiten, mit Hilfe der Tabelle MSysConf steuern können, wie viele Primärschlüsselwerte bei der Abarbeitung der Vorausabfrage mit einem Fetch-Vorgang übertragen werden. Die Struktur dieser Tabelle ist in der Access-Online-Hilfe gut dokumentiert. Beachten Sie jedoch, daß die Tabelle nicht in der lokalen Access-Datenbank, sondern in der Oracle-Datenbank und dort unter dem Benutzer, auf dessen Tabellen Sie zugreifen wollen, angelegt werden muß.

Stärker als die Einstellungen in MSysConf wirkt sich aber oft die von Ihnen gewählte Caching-Strategie auf die Performance aus. Die etwas einseitige Bewertung des Caching im Vorspann zu diesem Abschnitt muß hier zunächst durch eine differenziertere ersetzt werden:

- Caching bewirkt, daß einmal abgefragte und daraufhin im Arbeitsspeicher des Client-Rechners abgelegte Daten bei späteren Zugriffen nicht mehr über das Netzwerk übertragen werden müssen. Wiederholte Zugriffe werden dadurch also in aller Regel beschleunigt.

- Zunächst aber muß der Cache angelegt werden. Das kostet Ressourcen und eventuell auch Zeit. Caching wird sich also auf die erste Abfrage oft nachteilig auswirken, woraus folgt, daß das Caching bei der Abfrage von Daten, die nur einmal benötigt werden, tunlichst unterbleiben sollte.

- In einem lokalen Cache abgelegte Daten werden schließlich nicht automatisch aktualisiert. Bei der Entscheidung für oder gegen das Caching ist also zu berücksichtigen, in welchem Ausmaß sich der Datenbestand in der remoten Tabelle verändert und ob die Client-Applikation zwingend die aktuellsten Daten verwenden muß oder nicht.

Bei der Steuerung des Caching sind zwei Arten von Maßnahmen zu unterscheiden: Einerseits stellen die Data Access Objects Mechanismen bereit, über die von den Data Access Objects verwaltete Caches genutzt werden können. Andererseits ist es oft in sehr effizienter Weise möglich, mit Programmiersprachenanweisungen selbst Caches aufzubauen und zu verwalten.

Zu den von den Data Access Objects angebotenen Mechanismen gehören die folgenden:

- Bei der OpenRecordset-Methode kann über einen Parameter der Typ des gewünschten Recordsets angegeben werden. Eine mögliche Option ist das Anlegen eines *Snapshots*. Dieser stellt eine lokale Kopie der remoten Daten dar, in der Sie sich mit Hilfe der Navigationsmethoden nach Belieben hin- und herbewegen können, die aber nur lesende Zugriffe unterstützt. Bei kleinen Ergebnismengen kann sich das Anlegen eines Snapshot bereits während der Abfrage als vorteilhaft gegenüber dem Anlegen eines Dynaset erweisen. Je größer jedoch die Ergebnismenge – durch viele Datensätze und/oder viele bzw. lange Spalten – wird, desto größer ist der damit verbundene Aufwand. Überprüfen Sie dies mit Hilfe der in Abschnitt 4.3.2, »Explizite Nutzung von Variablen (Testprogramm)«, entwickelten Testapplikation (Master-Detail-Abfrage im Hintergrund). In der von mir verwendeten Testumgebung erfordert der Aufbau von Snapshots bei den BUCH-Abfragen wesentlich mehr Zeit als der Aufbau von Dynasets (Snapshots: 19 : 7 Sekunden, Dynasets: 15 : 3 Sekunden).

- Die Größe und der Inhalt des Cache für ein Dynaset können über die Recordset-Eigenschaften `CacheSize` und `CacheStart` sowie die Methode `FillCache` vom Programmierer verwaltet werden. Auch der Inhalt dieses Cache, der nicht zwingend mit der gesamten Ergebnismenge einer Abfrage identisch sein muß, ermöglicht uneingeschränktes Navigieren ohne erneute Datenbankabfrage.

- Wenn Sie die freie Navigation nicht benötigen und den mit einem größeren Cache verbundenen Aufwand vermeiden wollen, können Sie beim Anlegen des Recordset die Option `dbForwardOnly` mitgeben. Machen Sie davon Gebrauch, können Sie allerdings nur noch die `MoveNext`-Methode für die Navigation verwenden.

- Schließlich sollte nicht vergessen werden, daß alle Steuerelemente vom Typ Liste (*List*, *DBList*, *ListView*, usw.) letztlich Caches darstellen, die zumeist beim Aufblenden des Formulars gefüllt und danach nur noch auf eine explizite Anforderung hin aktualisiert werden.

Ähnliche Effekte wie sie die Steuerelemente vom Typ Liste bieten, lassen sich auch durch explizite Programmierung erreichen, wenn die Verwendung der entsprechenden Steuerelemente nicht möglich oder nicht erwünscht ist. Dieser Fall tritt in der Katalogkomponente der Beispielapplikation mehrfach auf. Eine besonders effiziente Methode wird verwendet, um in der rechten Hälfte des Katalogformulars die Verlagsnummer durch den Verlagsnamen zu ersetzen: Beim Start der Applikation werden für sämtliche Datensätze in der Tabelle `VERLAG` die Spalten `NR` und `NAME_KURZ` abgefragt. Die Verlagsnamen werden sodann in ein Array geladen, wobei die Verlagsnummer jeweils als Index für die Auswahl der Arraykomponente dient. Diese Abspeicherungsform erfordert einerseits sehr wenig Speicher, weil die Verlagsnummer nicht als solche mitgespeichert wird, ermöglicht aber vor allem später einen sehr effizienten Zugriff, weil über die ermittelte Verlagsnummer sofort diejenige Arraykomponente angesprochen werden kann, in der sich der zugehörige Verlagsname befindet. Ein Durchsuchen des Arrays ist somit nicht nötig.

Die Möglichkeit, diese Methode sinnvoll einzusetzen, ist allerdings an zwei Voraussetzungen gebunden: Zum einen muß der Primärschlüssel als Zahl realisiert sein – eine Bedingung, die etwa bei der Tabelle `GEBIET` nicht erfüllt ist –, zum anderen muß es sich um fortlaufende Zahlen ohne größere Lücken handeln, weil ansonsten zu viel Arbeitsspeicher vergeudet würde.

Oracle Objects for OLE

Die Fetch-Strategie der Oracle Objects for OLE unterscheidet sich von derjenigen der Data Access Objects durch das Fehlen einer Vorausabfrage. Eine solche ist nicht notwendig, weil Oracle intern einen Datensatz nicht über den Primärschlüssel, sondern über eine Standortbeschreibung verwaltet, die als `RowID` bezeichnet wird. Es ist hier nicht erforderlich, auf deren Struktur genauer einzugehen, doch muß erwähnt werden, daß die `RowID` eines Datensatzes mit Hilfe einer `SELECT`-Anweisung abgefragt werden kann. Genau diese Abfrage nämlich führen die Oracle Objects for OLE – gleichsam als Ersatz für die fehlende Abfrage der Primärschlüsselwerte – aus, jedoch nicht in einer eigenen Anweisung, sondern als Zusatz zu der vom Applikationsentwickler definierten Abfrage, wie die Oracle-Server-Trace-Datei zeigt:

```
SELECT NR, NAME, VORNAME, GEBJAHR, GEBORT, GESTJAHR, GESTORT, LAND,
       ROWID InternalRowid
FROM AUTOR
```

call	count	cpu	elapsed	disk	query	current	rows
Parse	1	0.01	0.01	0	0	0	0
Execute	1	0.00	0.00	0	0	0	0
Fetch	3	0.05	0.05	0	5	2	118
total	5	0.06	0.06	0	5	2	118

```
Misses in library cache during parse: 0
Optimizer goal: CHOOSE
Parsing user id: 20
```

Auch hier steht im Zusammenhang mit der Fetch-Strategie ein »Fettnäpfchen« für Sie bereit, in das Sie insbesondere dann leicht treten können, wenn Sie gleichzeitig mit den Data Access Objects und den Oracle Objects for OLE entwickeln. Im Verlauf dieses Kapitels (OO4O: Abschnitt 4.3.2, »Explizite Nutzung von Variablen (Testprogramm)«; DAO: Abschnitt 4.3.3, »Explizite Nutzung von Variablen (Testprogramm)«) wurde zunächst eine auf den Tabellen AUTOR und BUCH basierende Testapplikation erstellt und gezeigt, wie durch die Verwendung von Variablen in den Detail-Abfragen die Performance gesteigert werden kann. Außerdem wurde auf die Möglichkeit hingewiesen, durch Registry-Einträge die Anzahl der durch die Data Access Objects angeforderten Parse-Vorgänge zu reduzieren. Nach diesen Schritten ergab sich für die Data Access Objects eine Laufzeit von 14 : 3 Sekunden, für die Oracle Objects for OLE eine Laufzeit von 14 : 9 Sekunden (an erster Stelle jeweils der Wert für den Durchlauf ohne, an zweiter Stelle der für den Durchlauf mit Variablen).

Die deutlich längere Zeit, die die Oracle Objects for OLE für den Durchlauf mit Variablen benötigen, erklärt sich daraus, daß dieses Middlewareprodukt standardmäßig für die gelesenen Datensätze einen Cache anlegt, der mit einem Snapshot bei den Data Access Objects vergleichbar ist. In der Tat ergeben sich identische Zahlen, wenn man bei den Oracle Objects for OLE das Default-Verhalten und bei den Data Access Objects den Aufbau von Snapshots veranlaßt. Nun ist aber das Caching in dieser Applikation, die auf einmal gelesene Datensätze nie mehr zurückkommt, völlig überflüssig, und so wäre zu wünschen, daß die Oracle Objects for OLE eine Tuning-Möglichkeit bieten, durch die sich eine vergleichbare Leistungssteigerung erzielen läßt wie durch das Aktivieren von FastRequery für die Data Access Objects.

Einen solchen Mechanismus bietet in der Tat die [Db]CreateDynaset-Methode, bei deren Aufruf der Programmierer – ähnlich wie beim Aufruf der OpenRecordset-Methode – Optionen mitgeben kann, die das Caching steuern. Unter Verwendung der in ORACONST.TXT definierten symbolischen Konstanten lauten die beiden Möglichkeiten:

```
Set dsBuch = dbAddWes.DbCreateDynaset(sqlBuch, ORADYN_DEFAULT)
Set dsBuch = dbAddWes.DbCreateDynaset(sqlBuch, ORADYN_NOCACHE)
```

Die erste Anweisung aktiviert, die zweite deaktiviert das Caching. Die Verwendung der Option ORADYN_NOCACHE für die Detail-Abfragen des Testprogramms führt auch bei dieser Implementierung zu einer für den Durchlauf mit Variablen erforderlichen Laufzeit von 3 Sekunden, so daß letztlich Data Access Objects und Oracle Objects for OLE die gleiche Leistung zeigen.

Allerdings tritt nun ein erstaunliches Phänomen auf: Wird die Liste der aus der Tabelle BUCH zu selektierenden Spalten, die in der Ausgangsversion ja nur die Spalte NR umfaßt, um die Spalte TITEL erweitert, so verändert sich die Laufzeit für die Data Access Objects gar nicht, während sie sich für die Oracle Objects for OLE erheblich verschlechtert. Dies könnte auf ein ineffizientes Caching der Oracle Objects for OLE hindeuten, wäre nicht das Caching im Zuge der bisherigen Tuning-Maßnahmen bereits ausgeschaltet worden.

Die Lösung dieses Rätsels läßt sich nur verstehen, wenn man weiß, daß auf der Tabelle BUCH zwei Indizes definiert sind: der Index auf der Primärschlüsselspalte NR und ein weiterer auf AUTOR_NR und NR, der den Zugriff über die AUTOR_NR beschleunigen soll. Letzterer ist aber im Gegensatz zu ersterem kein Unique Index. Angesichts des nicht besonders großen Datenbestandes in der Tabelle entscheidet nun der Optimizer, daß die Nutzung des Unique Index auf der Primärschlüsselspalte den Zugriff bei denjenigen Abfragen beschleunigen kann, die von den Data Access Objects formuliert sind und über den Primärschlüssel zugreifen. Im Gegensatz dazu bewertet er bei den Abfragen, die von den Oracle Objects for OLE stammten und die die Spalte AUTOR_NR für den Filter verwenden, den nicht eindeutigen Index als kaum hilfreich und entscheidet sich deshalb für ein vollständiges Lesen der gesamten Tabelle BUCH bei jeder Detail-Abfrage – zu Unrecht, wie die Laufzeiten zeigen. Der Aufbau eines Unique Index auf den Spalten NR, AUTOR_NR und TITEL führt denn auch zu einer solchen Beschleunigung, daß die Laufzeiten nicht nur wieder ausgeglichen sind, sondern sich sogar zum Vorteil der Oracle Objects for OLE entwickeln (DAO: 14 : 3 Sekunden, OO4O: 8 : 3 Sekunden).

Das zu Beginn dieses Abschnitts erwähnte »Fettnäpfchen« basiert also darauf, daß die Data Access Objects und die Oracle Objects for OLE aufgrund ihrer unterschiedlichen Abfragestrategien unterschiedliche Spalten für das Filtern der Datensätze verwenden. Dies kann zur Nutzung unterschiedlicher Indizes bzw. zur Nutzung eines Index durch das eine Produkt, zum Ignorieren des Index durch das andere Produkt und damit zu sehr unterschiedlichen Laufzeiten führen. Mit anderen Worten: Beim Aufbau der Indizes in der Oracle-Datenbank muß gegebenenfalls die Frage berücksichtigt werden, über welches Middlewareprodukt auf diese Datenbank zugegriffen werden soll.

In der Dokumentation (Online-Hilfe) zu den Oracle Objects for OLE sind unter dem Stichwort *Tuning and Customization* einige Parameter aufgeführt, mit denen sich der Cache und die Menge der bei einem Fetch übertragenen Datensätze konfigurieren läßt. Auf die Existenz diese Parameter soll hier hingewiesen, sie sollen jedoch nicht eingehend behandelt werden, da die Erfahrung zeigt, daß die Änderung der Standard-Einstellungen nur sehr selten zu spürbaren Verbesserungen der Laufzeit führt. Im Zweifelsfall sollten Sie die Ihnen zur Verfügung stehende Zeit für die Suche nach überflüssigen Objektreferenzen, unnötigen Parse-Vorgängen und fehlenden Indizes verwenden. Die Beseitigung einer einzigen überflüssigen Objektreferenz führt in der Regel zu einer Leistungssteigerung, die sich durch noch so ausgeklügelte Änderungen der Cache-Parameter auch nicht annähernd erreichen läßt.

5 Verwaltung des Oracle WebServers

5.1 Die Architektur des Oracle WebServers 207
5.2 Installation der WebServer-Software 215
5.3 Erstkonfiguration 219
5.4 Spätere Erweiterungen der Konfiguration .. 228
5.5 Konfigurations- und Protokolldateien 238
5.6 Integration mit WebServern
anderer Hersteller 240

5.1 Die Architektur des Oracle WebServers

5.1.1 Version 1: Der Oracle Web Agent

Version 1 des Oracle WebServers wurde mit dem Ziel entwickelt, zwei Typen von Dokumenten (Web-Seiten) unterstützen zu können:

- *Statische Web-Seiten* sind Textdateien, die HTML-Kommandos enthalten, so daß sie von einem Web-Browser dargestellt werden können. Als statisch werden sie bezeichnet, weil sie stets den gleichen Inhalt aufweisen, solange der Entwickler die HTML-Datei nicht verändert.

- *Dynamische Web-Seiten* werden nicht im Dateisystem abgelegt, sondern auf der Basis von Daten aus einer Oracle-Datenbank bei jedem Benutzerzugriff neu generiert. Sowohl der Inhalt als auch die Struktur einer solchen Seite können sich automatisch den Änderungen des Datenbestandes anpassen. Somit ist nicht mehr für jede Änderung ein manueller Eingriff durch den Entwickler notwendig.

Um dieses Ziel verwirklichen zu können, mußten vier Architekturkomponenten implementiert bzw. eingebunden werden. Es sind dies – in der Terminologie von Version 1 – der Oracle Web Listener, der Oracle Web Agent, das Oracle WebServer Developer's Toolkit und die Oracle-Datenbank.

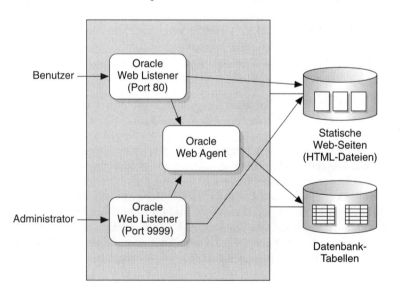

Abbildung 5.1: Architektur des Oracle WebServers (V1)

Der *Oracle Web Listener* ist ein Prozeß, der die Fähigkeit besitzt, Anfragen, die unter Verwendung des in der Web-Technologie standardmäßig verwendeten Kommunikationsprotokolls *HTTP* an ihn gerichtet werden, entgegenzunehmen und zu bearbeiten. Ein solcher Web Listener oder *HTTP Daemon*

5 Verwaltung des Oracle WebServers

(httpd) bildet den Kern der Architektur eines jeden WebServers, auf welchem Betriebssystem er auch laufen und von welchem Hersteller er auch stammen mag. Bei anspruchsloseren WebServern stellt er möglicherweise bereits die gesamte Architektur dar.

Der Oracle Web Listener[1] leistet zunächst einmal das, was jeder Web Listener leisten muß: Er nimmt Client-Anfragen nach statischen Web-Seiten entgegen, sucht die angeforderten Dateien im Dateisystem auf und übermittelt sie an die Clients. Er kann das in der Regel auch dann allein leisten, wenn mehrere Clients zu bedienen sind, weil typische HTML-Dateien nicht sehr umfangreich sind. Was den Oracle Web Listener von anderen Web Listenern unterscheidet, ist seine Fähigkeit, den Zugang zu dynamischen Web-Seiten zu ermöglichen. Dynamische Seiten liegen jedoch im Gegensatz zu statischen nicht in fertigem Zustand bereit, sondern müssen zum Zeitpunkt der Anfrage durch den Client erst generiert werden. Dies ist ein – im Vergleich zum Abruf einer statischen Seite – sehr aufwendiger Vorgang, der vom Oracle Web Listener nicht mehr allein durchgeführt werden kann, wenn er nicht für längere Zeit seine Fähigkeit, eingehende Anfragen entgegennehmen zu können, verlieren soll.

Der Oracle Web Listener übergibt deshalb jede Anforderung einer dynamischen Web-Seite an den *Oracle Web Agent*. Die Kommunikation zwischen Web Listener und Web Agent wird über das *Common Gateway Interface (CGI)* abgewickelt, eine von fast allen WebServern unterstützte und für die Einbindung von WebServer-Erweiterungen genutzte Schnittstelle. Der Oracle Web Agent stellt, so gesehen, nur eines von vielen CGI-Programmen dar, durch die sich die Funktionalität von WebServern über die bloße Bereitstellung von HTML-Dokumenten hinaus erweitern läßt. Im Rahmen der Architektur des Oracle WebServers kommt ihm jedoch – zumindest in der Version 1 – entscheidende Bedeutung zu, da er den Zugang zur Datenbank ermöglicht.

> CGI war der erste Mechanismus, der es ermöglichte, fertige *Komponenten* in einen WebServer zu integrieren. Er weist Schwächen auf, die dazu führten, daß die WebServer-Hersteller nach anderen Mechanismen Ausschau hielten und daß das Interesse der meisten von ihnen sich heute auf CORBA konzentriert (vgl. Abschnitt 5.1.3). Um der gegenwärtigen Diskussion folgen zu können, ist es aber wichtig, zu verstehen, daß es immer darum ging, einen Mechanismus zu schaffen, der auf der Server-Seite das ermöglicht, was Produkte wie Visual Basic und Konzepte wie VBX, OCX oder ActiveX auf der Client-Seite so erfolgreich vorgemacht haben: die Integration fertiger, wiederverwendbarer Komponenten zum Zwecke einer Reduzierung des Entwicklungsaufwandes.

---

1. Aus der Bezeichnung *Oracle Web Listener* folgt nicht, daß es sich dabei um eine Eigenentwicklung von Oracle handelt. Verwendet wird an dieser Stelle vielmehr der *Spyglass Server*. Von Oracle entwickelt wurden aber alle Komponenten, die den Zugriff auf die Datenbank ermöglichen.

Die Architektur des Oracle WebServers

> Eine gute Übersicht über den (zum Zeitpunkt der Arbeit an diesem Buch) aktuellen Stand der Diskussion bietet der im August 1997 in der Zeitschrift BYTE erschienene Artikel *Components and the Web are a match made in developer heaven* von Dick Pountain und John Montgomery (zugänglich unter http://www.byte.com/art/9708/sec5/art1.htm).

Die Arbeitsweise des Oracle Web Agent läßt sich am leichtesten im Zusammenhang mit der Struktur des *Oracle Web Developer's Toolkit* verstehen. Diese Entwicklungsumgebung besteht aus zahlreichen PL/SQL-Prozeduren und Funktionen, die die Bausteine für den Aufbau dynamischer Web-Seiten darstellen (vgl. Kapitel 6). Sie sind in mehreren Packages zusammengefaßt, von denen einige durch den Namensbestandteil OWA bis heute ihre ursprüngliche Verbindung mit dem Oracle Web Agent verraten, obwohl es ihn – zumindest unter diesem Namen – ab Version 2 gar nicht mehr gibt.

Die zum Web Developer's Toolkit gehörenden Packages werden im Rahmen der Installation und Konfiguration in der *Oracle-Datenbank* angelegt (vgl. die Abschnitte 5.3.2, 5.3.3 und 5.4.4). Unter Verwendung der von Oracle zur Verfügung gestellten PL/SQL-Prozeduren und -Funktionen schreibt der Entwickler nun neue PL/SQL-Prozeduren, die die Struktur der dynamischen Web-Seiten beschreiben und beim späteren Benutzerzugriff deren Inhalte generieren. Das Resultat dieses Vorgangs ist ein mit HTML-Anweisungen formatierter Text, der nach seiner Fertigstellung von einer statischen Seite nicht mehr zu unterscheiden ist und nun vom Web Agent an den Web Listener und von diesem an den Client übergeben wird.

Obwohl in der bisherigen Beschreibung stets der Singular verwendet und von *dem* Web Listener, *dem* Web Agent und *dem* Datenbankbenutzer gesprochen wurde, können diese Architektur-Komponenten auch mehrfach vorkommen. Zunächst ist es möglich, mehrere Listener-Prozesse zu konfigurieren. Das geschieht, wie Abbildung 5.1 zeigt, sogar bereits im Rahmen der Installation und Erstkonfiguration, weil Oracle vorschlägt, zwei Listener-Prozesse anzulegen, von denen einer für privilegierte Zugriffe durch den WebServer-Administrator, der andere für nicht privilegierte Zugriffe durch einfache Benutzer bestimmt ist. Standardmäßig werden dafür die TCP/IP-Portnummern 80 (nicht privilegiert) und 9999 (privilegiert) verwendet. Erreichen die Benutzerzahlen eine Größenordnung, die von einem Listener-Prozeß nicht mehr zu bewältigen ist, können aber auch mehrere Listener-Prozesse für nicht privilegierte Zugriffe aufgebaut und die Last auf diese verteilt werden.

Ebenso ist es möglich, die PL/SQL-Prozeduren, durch die dynamische Web-Seiten generiert werden, unter mehreren Datenbankbenutzern anzulegen. Geschieht dies, so ist die Konfiguration mehrerer Web-Agent-Prozesse erforderlich, da einem Web Agent immer nur genau ein Benutzer zugeordnet werden kann, unter dem er sich bei der Datenbank anmelden soll.

5.1.2 Version 2: Der Web Request Broker

Der Hauptunterschied zwischen den Versionen 1 und 2 besteht darin, daß in der Version 1 der Oracle Web Agent die einzige Erweiterung des Oracle Web Listeners, der einzige Weg zur Oracle-Datenbank und damit auch der einzige Weg zu dynamischen Web-Seiten ist, während die Version 2 mehrere, alternativ zu benutzende Wege zu diesem Ziel bereitstellt. Ein Prozeß, der die Erzeugung von dynamischen Web-Seiten mit Hilfe von PL/SQL-Prozeduren ermöglicht, existiert selbstverständlich weiterhin, doch kann er, da er nicht mehr den einzigen möglichen Weg darstellt, auch nicht mehr als Oracle Web Agent bezeichnet werden. Er trägt deshalb ab Version 2.0 den Namen *PL/SQL Agent*. Aus dem gleichen Grunde heißt das Oracle Web Developer's Toolkit ab Version 2.0 *PL/SQL Web Toolkit*. Diesem Zugangsweg über PL/SQL tritt mit dem *Java Interpreter* ein alternativer Zugangsweg zur Oracle-Datenbank zur Seite. Einen gänzlich anderen Typ von Dynamik, der nicht auf Datenbankabfragen, sondern auf dem Einfügen anderer Dokumente oder des durch andere Programme erzeugten Outputs in eine ansonsten statische Web-Seite beruht, bietet schließlich *LiveHTML*, Oracles Implementierung der ansonsten unter dem Namen *Server Side Includes (SSI)* bekannten Technik.

Durch die Implementierung alternativer Mechanismen für die Erzeugung dynamischer Web-Seiten wird die Bearbeitung von Client-Anfragen für den Oracle Web Listener schwieriger, weil die simple Arbeitsteilung, nach der er selbst für statische, der PL/SQL Agent (alias Oracle Web Agent) dagegen für dynamische Seiten zuständig sei, nun nicht mehr gilt, sondern bei jeder Anforderung einer dynamischen Web-Seite entschieden werden muß, welche Komponente für die Bearbeitung dieser Anfrage zuständig ist. Um diese zusätzliche Arbeit nicht dem Web Listener aufzubürden, wurde der *Web Request Broker* eingeführt, ein Prozeß, der alle Anforderungen dynamischer Web-Seiten vom Web Listener entgegennimmt und sie an die zuständige Instanz weiterleitet (vgl. Abbildung 5.2).

Der Web Request Broker, der zunächst wie ein bloßer Hilfsprozeß zur Entlastung des Web Listeners erscheinen mag, bildet in Wahrheit seit der Version 2.0 den Kern der WebServer-Architektur, da er auf zwei Seiten den Ausbau der Funktionalität ohne wesentliche Änderungen der Architektur ermöglicht:

▶ Die eine Seite ist die der *WebServer-Erweiterungen (WebServer Extensions)* oder *Cartridges*. PL/SQL Agent, Live HTML und Java Interpreter sind solche Cartridges – Komponenten, die in der Lage sind, HTML-formatierten Output zu erzeugen und an den Web Listener zu übergeben. Diese Architektur ist jedoch offen für beliebig viele weitere, von Oracle selbst oder anderen Herstellern implementierte Cartridges.

▶ Die andere Seite ist die der Web Listener. Ab Version 2.1 bietet Oracle die Möglichkeit, den Web Request Broker an die WebListener-Prozesse ande-

Die Architektur des Oracle WebServers

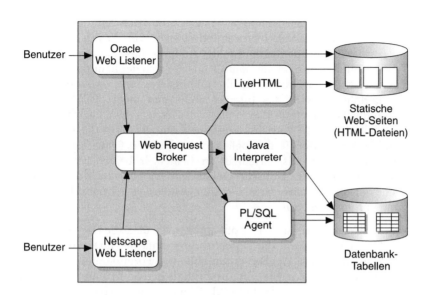

Abbildung 5.2: Architektur des Oracle WebServers (V2)

rer Hersteller anzukoppeln[2]. Um welche Hersteller es sich im Einzelnen handelt, hängt vom Betriebssystem ab. So werden unter Windows NT die WebServer von Netscape (FastTrack, Enterprise) und Microsoft (Internet Information Server), unter Solaris diejenigen von Netscape und Apache unterstützt.

Es ist kein Zufall, daß der Name *Web Request Broker* dem von der CORBA-Spezifikation her bekannten *Object Request Broker* sehr ähnlich ist. Oracle spricht zwar im Kontext der Version 2 noch nicht von CORBA, hat diese Architektur aber sehr wohl von Anfang an im Blick gehabt und schrittweise auf deren volle Unterstützung hingearbeitet.

5.1.3 Version 3: Eine Plattform für Applikationen

Was sich in der Version 2 bereits andeutete, wird mit Version 3 zum Programm: Der Oracle WebServer soll eine Plattform für den Einsatz beliebiger Web-Applikationen sein. Diese Zielsetzung sowie die Architektur der Version 3 gründen sich auf folgende Einschätzung der aktuellen Situation:

---

2. Diese Technik ist grundsätzlich verschieden von derjenigen, den Oracle Web Agent der Version 1 – der auch über die Version 1 hinaus im Lieferumfang enthalten ist – über die CGI-Schnittstelle an den WebListener-Prozeß anzukoppeln. Da nahezu jeder WebListener die CGI-Schnittstelle unterstützt, ist diese Art der Koppelung auch bei nahezu jedem WebServer möglich. Sie ist jedoch nicht so performant wie die Koppelung über den Web Request Broker, da das CGI-Programm sich bei jeder Anfrage neu bei der Datenbank anmelden muß. Die Koppelung über den Web Request Broker läuft nicht über die CGI-Schnittstelle, sondern über das API des jeweiligen WebServers (Netscape: NSAPI, Microsoft: ISAPI) ab und erfordert deshalb eine explizite Unterstützung für das API.

▶ Die Nutzung der Web-Technologie hat sich seit ihren Anfängen entscheidend gewandelt oder ist doch zumindest im Begriff, dies zu tun. War das ihr zugrundeliegende Konzept in der Anfangsphase das einer elektronischen Bibliothek (*Electronic Library*), aus der sich der Benutzer mittels einer sehr einfachen Technik die ihn interessierenden *Dokumente* beschaffen konnte, so wird das Internet mehr und mehr als Medium für Marketing und Vertrieb (*Electronic Commerce*) gesehen. Gleichzeitig läßt die weitestgehende Betriebssystemunabhängigkeit auf der Client-Seite den Einsatz der Web-Technologie auch in kleineren, firmeneigenen Netzwerken (Intranets) als vorteilhaft erscheinen. In beiden Fällen geht es aber nicht mehr um statische Dokumente, es geht auch nicht einmal mehr nur um dynamische Web-Seiten, sondern es geht um die Ausführung von *Applikationen*.

▶ Für die Unterstützung von Applikationen, die über die Darbietung kleiner Datenmengen und die Durchführung einfacher Interaktionen zwischen Benutzer und WebServer mit Hilfe von Formularen hinausgehen, ist die Web-Technologie in ihrer ursprünglichen Form aber gar nicht geeignet (vgl. Kapitel 7, Abschnitt 7.1). Um das angestrebte Ziel erreichen zu können, sind deshalb Erweiterungen, möglicherweise auch Veränderungen der Web-Technologie erforderlich.

▶ Diese Einsichten sind nicht völlig neu. Vielmehr arbeiten zahlreiche Hersteller seit längerer Zeit schon an entsprechenden Erweiterungen der Web-Technologie. Das Resultat der sich jetzt langsam ihrem Abschluß nähernden Pionierphase in diesem Bereich ist jedoch – wie bei Pionierphasen üblich – eine nahezu unüberschaubare Vielfalt von Konzepten und Produkten, die noch dazu in ständiger Wandlung begriffen sind. Applikationsentwicklung größeren Ausmaßes wird aber erst dann möglich, wenn eine gewisse Überschaubarkeit und Stabilität erreicht sind.

Oracle geht davon aus, daß Überschaubarkeit und Stabilität im Bereich der Web-Technologie in absehbarer Zeit nicht dadurch zu erreichen sein werden, daß sich ein Konzept oder ein Produkt gegen alle anderen durchsetzt. Wie die unterschiedlichen Ansprüche der Anwender dazu geführt haben, daß sich bis heute nicht ein Betriebssystem oder ein Netzwerkprotokoll gegenüber allen Konkurrenten durchgesetzt hat, sondern mehrere gleichzeitig existieren und möglicherweise sogar gleichzeitig in der gleichen Firma eingesetzt werden, so ist davon auszugehen, daß in der absehbaren Zukunft auch unterschiedliche Web-Technologien parallel existieren werden. Nach der Realisierung einer Datenbank-Architektur, die unabhängig von den eingesetzten Betriebssystemen, und der Realisierung einer Client/Server-Architektur, die unabhängig von den eingesetzten Netzwerken ist, sah sich Oracle deshalb zum dritten Mal vor die Aufgabe der Systemintegration gestellt. Diesmal bestand die Aufgabe in der Konzeption und Realisierung einer Architektur, die den Einsatz webfähiger Applikationen unabhängig von der verwendeten Web-Technologie ermöglicht. Das generelle Konzept dafür hat Oracle im Herbst 1996 unter dem Titel *Network Computing Architecture (NCA)*[3] vorgelegt.

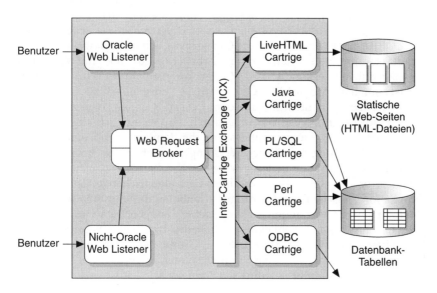

Abbildung 5.3:
Architektur des
Oracle WebServers
(V3)

Nun könnte beim Vergleich der Architekturen des Oracle WebServers in den Versionen 2 (Abbildung 5.2) und 3 (Abbildung 5.3) der Eindruck entstehen, die Wirklichkeit der Produktimplementierung halte mit solch hochfliegenden Plänen nicht Schritt. Abgesehen von dem neu hinzugekommenen Inter-Cartridge Exchange, gibt es keine neuartigen Komponenten, sondern lediglich mehr Komponenten des gleichen Typs: mehr Cartridges und mehr unterstützte Web Listener anderer Hersteller.

Richtig ist an diesem Eindruck, daß die für Version 2 aufgebaute Architektur beim Übergang zu Version 3 nicht völlig umgestoßen wird. Dazu besteht auch gar kein Anlaß, denn die aus Web Request Broker, Cartridges und Adaptern für die Ankoppelung an die Web Listener anderer Hersteller bestehende Grundstruktur bietet genau die Offenheit, die für ein System, das sich als Systemintegrator versteht, notwendig ist. Zu beachten ist aber, daß durch die Implementierung einer *ODBC Cartridge* nach der Unabhängigkeit von

---

3. Da Oracle zu denjenigen Firmen gehört, die sich sehr stark für den *Network Computer (NC)* einsetzen, ist das – durch die Ähnlichkeit der Bezeichnungen und Abkürzungen unterstützte – Mißverständnis aufgekommen, die Network Computing Architecture (NCA) gehöre zum Konzept des Network Computers (NC) und sei darüber hinaus nicht von Belang. Zwar läßt sich behaupten, daß der Network Computer erst dann sinnvoll einsetzbar wird, wenn es so etwas wie eine Network Computing Architecture gibt. Die Umkehrung, daß die Network Computing Architecture nur im Zusammenhang mit dem Network Computer sinnvoll sei, gilt jedoch nicht. Vielmehr ergibt sich deren Notwendigkeit, wie gezeigt wurde, aus dem derzeitigen Stand der Web-Technologie und ist völlig unabhängig von der Hardware- oder Software-Ausstattung der Client-Rechner.

den Applikationen und der Unabhängigkeit von den Web Listenern nun auch die Unabhängigkeit von den Datenbanksystemen erreicht wurde.

Unberechtigt ist dieser Eindruck aber insofern, als sich manche Eigenschaften und Funktionalitäten in einer Abbildung, die die Architektur-Komponenten zeigt, nur schwer darstellen lassen. Dazu gehört die Unterstützung der CORBA-Spezifikation[4], auf die Oracle zwar, wie im vorangehenden Abschnitt erwähnt, von Anfang an hingearbeitet hat, die aber mit Version 3.0 erstmals offiziell verkündet wird. Zu den Vorteilen von CORBA gehört zunächst einmal die Möglichkeit, Objekte (in der Terminologie des Oracle WebServers: Cartridges) nicht nur auf dem lokalen Rechner, sondern auch auf remoten Rechnern anzusprechen. Dadurch wird es möglich, die vom Web-Server angebotene Funktionalität sowie die damit verbundenen Anforderungen an Ressourcen und Rechenleistung auf mehrere Rechner zu verteilen, dem Benutzer aber weiterhin eine einzige Zieladresse anzubieten. Ein weiterer Vorteil ist die Existenz des Inter-Cartridge Exchange, das eine Kommunikation zwischen den Cartridges erlaubt, so daß der Entwickler einer Komponente die von anderen Komponenten angebotenen Dienste in Anspruch nehmen kann. Schließlich schafft die Wahl eines von zahlreichen Herstellern unterstützten Standards die Grundlage dafür, daß der Oracle WebServer kein alleinstehendes Produkt, sondern der Integrator für die Produkte (Cartridges) unterschiedlichster Anbieter sein kann.

Von erheblicher Bedeutung für die Applikationsentwicklung ist sodann die *Einführung des Transaktionskonzeptes* in die WebServer-Technologie. Kapitel 7 wird zeigen, daß die klassische Web-Technologie keinerlei Interesse an Mechanismen für die Identifikation und Wiedererkennung eines Clients sowie an der Verwaltung des in der Kommunikation mit diesem Client erreichten Zustands hatte, während derartige Mechanismen für den Zugriff auf ein Datenbanksystem von grundlegender Bedeutung sind. Die Verbindung von WebServern und Datenbanken kann diese Diskrepanz so lange ignorieren, wie sie sich darauf beschränkt, lediglich lesenden Zugriff auf Datenbankinhalte anzubieten. In dem Moment aber, in dem die Entwicklung anspruchsvollerer Web-Applikationen als Ziel angepeilt wird, muß sie zum zentralen Problem werden, weil ohne Sperrmechanismen und ein Transaktionskonzept Änderungen des Datenbestandes nur auf einem sehr niedrigen Niveau möglich sind. Den bisher erfolgreichsten Vorstoß in diese Richtung stellen die von Netscape vorgeschlagenen *Cookies* dar. Oracle möchte nun mit dem

---

4. CORBA ist – zumindest in PC-Anwender-Kreisen – längst nicht so bekannt wie der große Gegenspieler: die OLE-Architektur von Microsoft. Das liegt u. a. daran, daß OLE im wesentlichen von Microsoft allein konzipiert und daher schneller in für den Anwender verfügbare Software umgesetzt wurde, während CORBA das Resultat von Bemühungen zahlreicher Software-Hersteller ist, was sehr viel mehr Zeit für die Erarbeitung der Spezifikation erforderte. Es ist jedoch nicht zu übersehen, daß seit 1996 von vielen Herstellern – darunter Oracle – mit Hochdruck an der Umsetzung der CORBA-Spezifikation in verfügbare Produkte gearbeitet wird. Eine vorzügliche Einführung (einschließlich Vergleich mit OLE) bietet das von Robert Orfali, Dan Harkey und Jeri Edwards geschriebene Buch *The Essential Distributed Objects Survival Guide* (John Wiley & Sons).

WebServer 3.0 einen Schritt weitergehen und einen für den Applikationsentwickler ohne erheblichen Programmieraufwand verfügbaren Mechanismus für die Transaktionsverwaltung anbieten.

Die Auswahl derjenigen WebServer-Version, die der Darstellung in diesem Kapitel und in den folgenden Kapiteln zugrunde liegen soll, ist mir nicht leichtgefallen: Eine große Zahl von Oracle-Kunden wird noch längere Zeit mit der Version 7.3 des Oracle Servers arbeiten, zu deren Lieferumfang die Version 1.0 des Oracle WebServers gehört (kostenlos). Diese Version befindet sich auch auf allen Demo-CDs, die bei Oracle angefordert werden können. Während der Zeit, zu der das Manuskript erstellt wurde, war Version 2.1 die aktuellste Version, die Kunden zusätzlich erwerben konnten, doch war Version 3.0 bereits angekündigt. Zum Zeitpunkt des Manuskriptabschlusses war Version 3.0 für Solaris freigegeben, für Windows NT aber noch im Betastadium. Da erfahrungsgemäß zwischen der Beta- und der Produktionsversion erhebliche Unterschiede bestehen und auf die erste Produktionsversion meist sehr rasch eine zweite folgt, die die wichtigsten Probleme behebt, habe ich mich nicht entschließen können, eine Betaversion als Basis der gesamten Darstellung zu wählen. Die Beschreibung sowohl der Verwaltung als auch der Applikationsentwicklung (Kapitel 5 bis 8) basiert daher auf der Version 2.1 und gibt auf die für Version 3.0 zu erwartenden Erweiterungen nur Hinweise. Nach der Freigabe von Version 3.0 für Windows NT werde ich aber auf dem WebServer des Addison-Wesley Verlages Beispielapplikationen und Erläuterungen bereitstellen, die den Umgang mit den neuen Funktionalitäten (Transaktionsverwaltung, identifizierbarer Client, Bildverwaltung mit Oracle8) zeigen.

5.2 Installation der WebServer-Software

Der Oracle WebServer wird – wie fast alle Oracle-Produkte – mit dem Oracle Installer installiert. Die nachfolgende Beschreibung des Installationsablaufs bezieht sich auf die Version 2.1 des WebServers für Windows NT, die auf einer eigenen CD ausgeliefert wird. Sie mag sich bei anderen Versionen (bzw. Betriebssystemen) in Details, nicht aber im grundsätzlichen Ablauf unterscheiden.

Nach dem Starten des Installers und der Auswahl des WebServers im Fenster *Verfügbare Produkte* wird Ihnen die Möglichkeit geboten, zwischen einer Standardinstallation (*Typical Installation*) und einer benutzergesteuerten Installation (*Custom Installation*) zu wählen. Sofern Sie bereits den Internet Information Server von Microsoft installiert haben, stellt das Installationsprogramm dies fest und schlägt vor, auf das Einrichten eines weiteren Web-Listeners zu verzichten und statt dessen den Web Request Broker an den Internet Information Server anzukoppeln. Auf die Integration mit Listener-Prozessen anderer Hersteller wird Abschnitt 5.6 eingehen. Hier soll voraus-

5 Verwaltung des Oracle WebServers

gesetzt werden, daß kein WebServer eines anderen Herstellers installiert oder die Integration mit diesem nicht gewünscht ist. Da Sie bei der benutzergesteuerten Installation einige Einstellungen beeinflussen können, für die ansonsten Default-Werte verwendet werden, sollten Sie dafür die Option *Custom Installation* wählen.

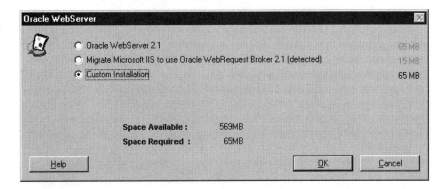

Abbildung 5.4:
Auswahl zwischen verschiedenen Installationstypen

Nach der Wahl des Installationstyps wird eine detaillierte Liste der auf der CD vorhandenen und für die Funktionstüchtigkeit des WebServers erforderlichen Produkte aufgeblendet.

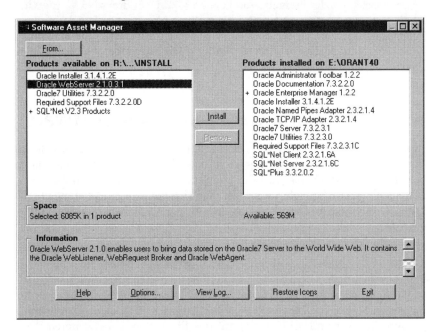

Abbildung 5.5:
Liste der installierbaren Produkte

Wenn Sie nicht wissen, welche Produkte im Einzelnen installiert werden müssen, sollten Sie lediglich den *Oracle WebServer* auswählen und so dem Installer die Prüfung überlassen, ob für das ordnungsgemäße Funktionieren

Installation der WebServer-Software

des ausgewählten Produkts die Installation weiterer Produkte erforderlich ist oder nicht. Diese Prüfung wird durchgeführt, nachdem Sie die Produktauswahl bestätigt haben, und ist für Sie an einem Fenster mit der Überschrift »Analysiere Abhängigkeiten« (*Analyzing Dependencies*) erkennbar.

Im nächsten Schritt werden Sie aufgefordert, den Namen des Rechners, auf dem der WebServer laufen soll, sowie einen Namen und eine Port-Nummer für den WebListener anzugeben. Der Name Ihres Rechners wird automatisch ermittelt, für Name und Port-Nummer des Listeners werden Defaultwerte vorgeschlagen. Es handelt sich hier um die Konfiguration eines Listener-Prozesses, der, wie der vorgeschlagene Name ADMIN bereits andeutet, später ausschließlich vom Administrator benutzt werden soll. Sie sollten die Defaultwerte daher nur beibehalten, wenn Sie einen WebServer für Test- oder Entwicklungszwecke aufbauen, sie ansonsten jedoch aus Sicherheitsgründen ändern.

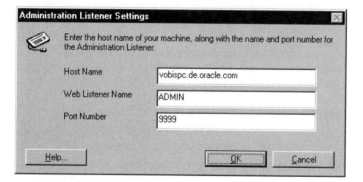

Abbildung 5.6: Konfiguration des WebListeners für den Administrator

Als weiterer Schutz vor unbefugten Zugriffen dienen ein Benutzername und ein Kennwort, die bei dem Versuch, über den für den Administrator vorgesehenen Listener-Prozeß auf den WebServer zuzugreifen, angegeben werden müssen. Als Defaultwert für den Benutzernamen wird SYSTEM vorgeschlagen. Sie sollten diesen Eintrag jedoch ändern, ein Kennwort festlegen und sich beide Einstellungen merken.

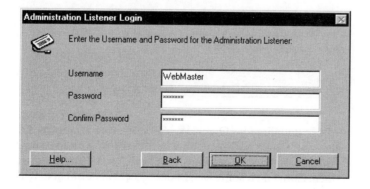

Abbildung 5.7: Festlegung des Benutzernamens und des Kennworts für den Administrator

5 Verwaltung des Oracle WebServers

Damit sind die vorbereitenden Abfragen abgeschlossen und die Installation der Software kann beginnen. Der Abschluß dieses Vorgangs weist einige Unterschiede für die einzelnen WebServer-Versionen auf:

▶ Bei der Installation von Version 1 wird am Ende ein Fenster aufgeblendet, das eine URL zeigt sowie die Aufforderung, nach dem Beenden des Oracle Installers einen Web Browser zu starten und sich mit dieser URL zu verbinden, um die erforderliche Konfiguration des WebServers durchzuführen.

▶ Bei der Installation von Version 2.0 wird statt dessen automatisch der Oracle PowerBrowser gestartet. Sie müssen zunächst einen Lizenzvertrag bestätigen, sodann eine Grundkonfiguration des Browsers durchführen, in der nach Ihrem Benutzernamen und Ihrer EMail-Adresse gefragt wird, und schließlich den von Ihnen während der Installation angegebenen Benutzernamen sowie das zugehörige Kennwort für den Zugriff auf den WebListener für den Administrator angeben. Danach wird eine Verbindung zu diesem Listener hergestellt und die *Oracle WebServer Installation Page* aufgeblendet, die Ihnen die Erstkonfiguration des WebServers ermöglicht. Sie können diesen Vorgang jedoch jederzeit abbrechen, wenn Sie die Erstkonfiguration später, mit einem anderen Browser oder von einem anderen Rechner durchführen möchten. Im folgenden Abschnitt wird beschrieben, wie Sie später zur *Oracle WebServer Installation Page* zurückkehren können.

▶ Zum Abschluß der Installation von Version 2.1 werden Sie nach Name und Portnummer für einen WebListener-Prozeß gefragt, der – im Gegensatz zu dem zuvor eingerichteten, Administratoren vorbehaltenen Listener-Prozeß – allen Benutzern zur Verfügung stehen soll. In den vorhergehenden Versionen wird das Einrichten dieses Listener-Prozesses erst im Rahmen der anschließenden Erstkonfiguration (vgl. Abschnitt 5.3) durchgeführt.

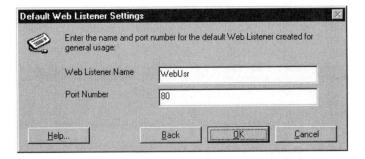

Abbildung 5.8: Einrichten des Listener-Prozesses für den Benutzerzugriff (V2.1)

Sofern Sie die Installation des Oracle WebServers unter Windows NT durchgeführt haben, sollten sie nach Abschluß der Installation und vor Beginn der Erstkonfiguration auf der Betriebssystem-Ebene zwei Veränderungen feststellen können. Zum einen sollte sich in der Systemsteuerung ein neues Icon

Erstkonfiguration

mit der Bezeichnung *OWL 2.1 Admin* befinden. Das zugehörige Programm ermöglicht grundlegende Verwaltungsvorgänge wie das Starten und Stoppen von WebListener-Prozessen. Zum anderen sollte die – ebenfalls über die Systemsteuerung erreichbare – Übersicht über die gestarteten *Dienste* den während der Installation konfigurierten WebListener-Prozeß für den Administrator (OracleWWWListenerADMIN), bei Version 2.1 außerdem den bereits eingerichteten WebListener-Prozeß für den Benutzerzugriff (OracleWWWListenerWebUsr) als neuen Dienst zeigen.

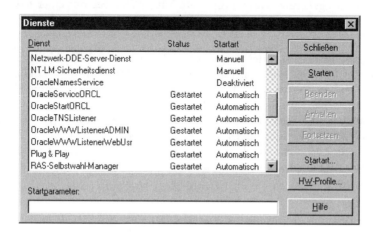

Abbildung 5.9: Die während der Installation eingerichteten WebListener-Prozesse als Windows NT-Dienste

5.3 Erstkonfiguration

Die Erstkonfiguration des WebServers wird auf der *Oracle WebServer Installation Page* durchgeführt. Wenn Sie Version 2.0 installiert und den automatisch gestarteten PowerBrowser nicht abgebrochen haben, sind Sie bereits mit dieser Seite verbunden. Ansonsten müssen Sie zunächst Ihren Browser starten und sich mit der URL

http://<host_name>:<admin_port>/ows-abin/boot

verbinden. Für <host_name> ist der Name des Rechners einzusetzen, auf dem der WebServer läuft, für <admin_port> die Port-Nummer des für den Administrator eingerichteten Listener-Prozesses. Die URL könnte also etwa lauten:

http://www.neustadt.com:9999/ows-abin/boot

Da Sie über den privilegierten Listener auf den WebServer zugreifen, müssen Sie sich zunächst durch Eingabe des Benutzernamens und des Kennworts als Administrator ausweisen. Gelingt Ihnen dies, wird die *Oracle WebServer Installation Page* aufgeblendet, die Sie vorab darüber unterrichtet, daß die Erstkonfiguration aus drei Schritten besteht:

1. *Konfiguration eines WebListener-Prozesses für den Benutzerzugriff:* Der Listener-Prozeß, den Sie im Verlauf der Installation eingerichtet haben und über den Sie derzeit auf den WebServer zugreifen, ermöglicht privilegierte Zugriffe und sollte deshalb nur dem Administrator zur Verfügung stehen. Deshalb ist es erforderlich, einen zweiten, nicht privilegierten Listener-Prozeß zu konfigurieren und zu starten, der allen anderen Benutzern zur Verfügung steht. Dieser Vorgang ist bei Version 2.1 bereits Bestandteil der Installation und wird deshalb an dieser Stelle als erledigt (»Done«) gekennzeichnet (vgl. Abb. 5.10). Wenn Sie mit einer früheren Version arbeiten, müssen Sie ihn als ersten Konfigurationsschritt ausführen.

2. *Konfiguration eines Database Connection Descriptors (DCD) für den Administrator:* Der Listener-Prozeß für den Administrator allein ermöglicht lediglich den Zugriff auf statische Web-Seiten – wie etwa diejenige, die Sie gerade sehen. Für den Aufbau dynamischer, auf Daten aus einer Oracle-Datenbank basierender Web-Seiten ist, wie in Abschnitt 5.1.2 erwähnt, ein *PL/SQL Agent* erforderlich, der seinerseits Angaben über die Zieldatenbank und den Datenbankbenutzer benötigt. Die Zusammenstellung dieser Angaben wird als Aufbau eines *Database Connection Descriptors* bezeichnet und ist hier für den privilegierten Listener-Prozeß durchzuführen.

3. *Konfiguration eines Database Connection Descriptors (DCD) für andere Benutzer:* Wie der privilegierte, so kann auch der nicht privilegierte WebListener nur über den PL/SQL Agent auf dynamische Web-Seiten zugreifen. Auch für diese Zugriffe ist ein Database Connection Descriptor erforderlich, damit der PL/SQL Agent weiß, auf welche Datenbank er unter welchem Benutzernamen zugreifen soll.

Die Durchführung dieser drei Schritte soll nun im Detail beschrieben werden.

5.3.1 WebListener für den Benutzerzugriff

Dieser Konfigurationsschritt ist ab Version 2.1 nicht mehr erforderlich. Die Konfiguration beginnt hier bereits mit dem in Abbildung 5.11 gezeigten Zustand.

Klicken Sie in der eben erläuterten Übersicht unter Punkt 1 auf das hervorgehobene Wort *Configure*, um den ersten Konfigurationsschritt durchzuführen. Sie bewegen sich dadurch zu dem für das Anlegen von Listener-Prozessen vorgesehenen Bereich der *Oracle WebServer Installation Page*.

Erstkonfiguration

Die Konfiguration des WebListener-Prozesses ist sehr einfach. Sie erfordert lediglich drei Einträge, von denen der erste ein frei wählbarer Name ist. Für die beiden anderen Einträge werden Werte vorgeschlagen, die in der Regel übernommen werden können. Im Einzelnen handelt es sich um folgende Angaben:

Listener Name	Vergeben Sie einen beliebigen, bis zu sechs Zeichen langen Namen, durch den dieser WebListener von dem bereits existierenden (ADMIN) unterschieden werden kann (z.B. USER).
Host Name	Der Name des Rechners, auf dem der WebServer läuft, kann in der Regel automatisch ermittelt werden, so daß Sie ihn unverändert lassen können.
Port Number	Standardmäßig wird für WebListener die TCP/IP-Portnummer 80 verwendet. Sie finden diesen Wert deshalb auch als Vorschlag in dem entsprechenden Feld. Ändern Sie ihn ab, wenn dieser Port bereits verwendet wird (z.B. von einem anderen WebListener) oder wenn Sie nicht wollen, daß beliebige Personen auf Ihren WebServer zugreifen können.

Bestätigen Sie die Angaben durch Klick auf den Button *Create Listener*. Als Lohn Ihres Bemühens sollte nach kurzer Zeit ein Sprung zurück an den Anfang der *Oracle WebServer Installation Page* erfolgen, und Sie sollten feststellen können, daß dieser Bereich sich in zweifacher Hinsicht verändert hat: Zum einen erscheint vor der Liste der drei Konfigurationsschritte eine Meldung, die Sie vom Erfolg (*Success!*) Ihrer Konfigurationsmaßnahme unterrichtet. Zum anderen wird der erste Punkt der Liste als erledigt (»Done«) abgehakt. Sie können diese Mitteilung überprüfen, indem Sie unter *Systemsteuerung* ⇨ *Dienste* nachsehen, ob es einen neuen Dienst mit dem Namen *OracleWWWListenerUSER* (bzw. mit dem von Ihnen gewählten Namen als letzter Komponente) gibt.

Wenn Sie statt dessen die Meldung *Error!* erhalten, sollten Sie vor allem prüfen, ob der Rechnername richtig geschrieben und die angegebene Portnummer noch frei ist. Handelt es sich nicht um die erste Installation, sondern um eine spätere Wiederholung, könnte es auch sein, daß noch ein alter Eintrag mit dem gleichen Service-Namen existiert.

Abbildung 5.10: Bestätigung der erfolgreichen WebListener-Konfiguration

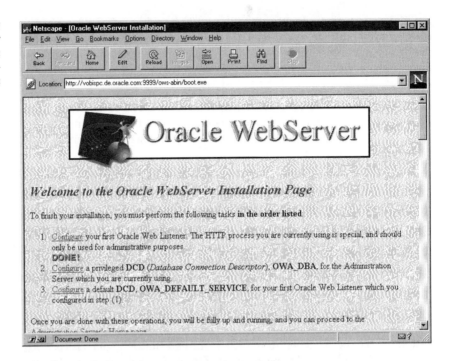

5.3.2 DCD für privilegierte Datenbankzugriffe

Klicken Sie nun unter Punkt 2 auf das Wort *Configure*, um sich zu der Stelle in der *Oracle WebServer Installation Page* zu begeben, an der Sie einen *Database Connection Descriptor (DCD)* für privilegierte Datenbankzugriffe einrichten können. Dabei geht es darum, dem privilegierten WebListener, über den der Administrator die Möglichkeit hat, den WebServer zu starten, zu stoppen und zu konfigurieren, einen Datenbankbenutzer zuzuordnen, der seinerseits privilegierte Datenbankzugriffe durchführen darf, so daß zumindest ein Teil der Datenbankverwaltung auf dem Weg über den WebServer durchgeführt werden kann. Sie können diese Zugriffsmöglichkeit später wieder beseitigen, wenn Sie der Meinung sind, daß sie ein zu hohes Sicherheitsrisiko für Ihre Datenbank darstellt, sollten aber nicht gleich zu Beginn darauf verzichten, weil standardmäß über diesen WebListener auch die von Oracle mitgelieferten Beispielapplikationen zugänglich sind.

Für die Konfiguration sind folgende Angaben erforderlich:

DCD Name — Wählen Sie den Namen OWA_DBA aus.

Username — Name eines Datenbankbenutzers, unter dem sich der PL/SQL Agent bei der Datenbank anmelden soll. Es kann sich dabei um einen bereits vorhandenen oder einen neu anzulegenden Benutzer handeln. Beachten Sie bei der Auswahl, daß dieser Benutzer Administratorenrechte bekommt. Standardwert ist WWW_DBA.

Erstkonfiguration

	Wenn Sie nicht mit einer Testdatenbank arbeiten, bei der es unerheblich ist, in welchem Tablespace neue Objekte angelegt werden, sollten Sie diesen Benutzer und alle anderen Datenbankbenutzer, unter denen sich PL/SQL Agents anmelden sollen, zuvor mit einem DBA-Werkzeug anlegen und ihnen explizit einen Default-Tablespace sowie eine entsprechende Quote zuweisen. Im Rahmen der WebServer-Konfiguration können zwar die erforderlichen Benutzer angelegt werden, doch wird ihnen der SYSTEM-Tablespace als Default-Tablespace zugewiesen.
Password	Das Kennwort des zuvor angegebenen Datenbankbenutzers.
ORACLE_HOME	Dieses Feld ist bereits mit dem lokalen ORACLE_HOME-Verzeichnis gefüllt. Der Eintrag muß also nur geändert werden, wenn es sich um eine remote Datenbank handelt oder wenn Sie mit einem Betriebssystem arbeiten, das mehrere ORACLE_HOME-Verzeichnisse zuläßt (z.B. UNIX).
Port Number	Die Port-Nummer des privilegierten WebListener-Prozesses. Sie können dieses Feld leer lassen, da diese Port-Nummer automatisch ermittelt werden kann.
ORACLE_SID	Soll der PL/SQL Agent auf ein lokales Datenbanksystem zugreifen, ist hier die entsprechende ORACLE_SID einzutragen. Beachten Sie bitte, daß Sie die Frage, ob es sich um eine lokale oder eine remote Datenbank handelt, nicht aus Ihrer Perspektive, sondern aus derjenigen des PL/SQL Agent betrachten müssen. Lokal ist die Datenbank dann, wenn sie sich auf dem gleichen Rechner befindet, auf dem der WebServer läuft. Ob Sie ebenfalls an diesem Rechner arbeiten oder von einem anderen Rechner aus zugreifen, ist unerheblich.
SQL*Net V2 Service	Soll der PL/SQL Agent dagegen auf eine Datenbank zugreifen, die sich auf einem für ihn remoten Rechner befindet, so muß SQL*Net V2 installiert und konfiguriert sein. Geben Sie hier den in der Datei TNSNAMES.ORA konfigurierten Aliasnamen für diese Datenbank an. Beachten Sie wiederum, daß es nicht auf die TNSNAMES.ORA ankommt, die sich eventuell auf Ihrem Client-Rechner befindet, sondern auf diejenige, die auf dem Rechner, auf dem auch der WebServer laufen soll, zur Verfügung steht.
DBA Username	Wird der PL/SQL Agent für den Zugriff auf eine remote Datenbank eingerichtet, ist hier die Angabe eines in der

DBA Password   Das Kennwort für den in der remoten Datenbank bereits existierenden DBA-Benutzer.

remoten Datenbank bereits eingerichteten Benutzers mit DBA-Rechten erforderlich. Dieser Benutzer wird verwendet, um den neuen Benutzer WWW_DBA einzurichten.

Bestätigen Sie Ihre Angaben, indem Sie auf den Button *Create Service* klicken. Treffen Ihre Angaben zu, können Sie jetzt eine kleine Pause einlegen, denn der Aufbau des konfigurierten Service kann – je nach Rechnerleistung – bis zu 5 Minuten dauern, da für den von Ihnen angegebenen Benutzer sämtliche zum PL/SQL Web Toolkit gehörenden Packages aufgebaut werden müssen. Der erfolgreiche Abschluß wird wiederum durch den Sprung zurück an den Beginn der *Oracle WebServer Installation Page*, eine Erfolgsmeldung und die Kennzeichnung des zweiten Listenpunktes als »erledigt« bekanntgemacht.

Die Erfolgsmeldung beinhaltet die Aufforderung, eine Datei namens OWA_DBA.lst im Verzeichnis %ORACLE_HOME%\OWS2x\LOG durchzusehen. Dieser Aufforderung sollten Sie Folge leisten, da in einigen wenigen Fällen auch dann eine Erfolgsmeldung ausgegeben wird, wenn in Wahrheit nicht alle PL/SQL-Packages erfolgreich aufgebaut werden konnten. Nach ordnungsgemäßem Ablauf des Vorganges sollte diese Datei in ihrem ersten Teil, in dem der Aufbau der Packages dokumentiert wird, ausschließlich Einträge der Form

```
Keine Fehler bei PACKAGE OWA_INIT
Anweisung verarbeitet
```

enthalten. Im zweiten Teil der Protokolldatei wird der Aufbau von privaten Synonymen für die DBA-Views dokumentiert. Sofern der verwendete Benutzer zuvor gar nicht vorhanden oder zumindest kein DBA war, dürfen hier Fehlermeldungen der Form

```
ORA-01434: Privates Synonym, das gelöscht werden soll, existiert nicht.
```

auftreten, da sie nur zeigen, daß der Benutzer zuvor keine gleichnamigen Synonyme besaß.

Probleme beim Einrichten des Database Connection Descriptors äußern sich hauptsächlich in zweierlei Weise:

- Die Aufforderung, den konfigurierten Service einzurichten, kann nach sehr kurzer Zeit mit einer Fehlermeldung abbrechen, die besagt, daß keine Verbindung zur Oracle-Datenbank bestehe. Dies ist zum Beispiel der Fall, wenn Sie unter Windows NT arbeiten, den Zugriff auf eine lokale (d.h. auf dem WebServer-Rechner befindliche) Datenbank konfigurieren wollen und den Eintrag DBA_AUTHORIZATION = BYPASS aus der Registry gelöscht haben. Dieser Löschvorgang ist eigentlich sinnvoll, führt aber dazu, daß die ORACLE_SID allein nicht ausreicht, um die Verbindung zur Datenbank aufzubauen. Tritt dieses Problem auf, können Sie entweder den genannten Eintrag kurzfristig wieder in die Registry einfügen oder unter Angabe eines SQL*Net-V2-Aliasnamens sowie eines Benutzernamens und eines Kennworts für einen existierenden DBA-Benutzer auf die lokale Datenbank so zugreifen, als handele es sich um eine remote.

▶ Stellen Sie bei der Durchsicht der Protokolldatei fest, daß beim Kompilieren einiger PL/SQL-Packages Fehler aufgetreten sind, so kann ein zu kleiner Shared Pool die Ursache sein. Erhöhen Sie den Wert des INIT.ORA-Parameters SHARED_POOL_SIZE und wiederholen Sie den Vorgang. Wenn Sie mit Windows NT arbeiten, sollten Sie außerdem prüfen, ob unter *Systemsteuerung* ⇨ *System* ⇨ *Multitasking* die Einstellung *Vorder- und Hintergrundanwendungen gleich schnelle Reaktionszeit* aktiviert ist.

5.3.3 DCD für nicht privilegierte Datenbankzugriffe

Das Einrichten eines Database Connection Descriptors für nicht privilegierte Datenbankzugriffe (OWA_DEFAULT_SERVICE) erfolgt analog zu dem im vorangehenden Abschnitt beschriebenen Vorgang. Wenn es in Ihrer Datenbank bereits einen Benutzer gibt, dessen Tabellen Sie über den WebServer zur Verfügung stellen wollen, können Sie diesen, ansonsten erst einmal den vorgeschlagenen Benutzer WWW_USER verwenden. Als Port-Nummer für den Listener ist hier die in Schritt 1 angegebene Nummer (Default: 80) zu verwenden.

Prüfen Sie auch in diesem Fall die Protokolldatei OWA_DEFAULT_SERVICE.1st. Sie muß mit dem ersten Teil von OWA_DBA.1st – dem Anlegen der PL/SQL-Packages – übereinstimmen, darf den zweiten Teil – das Anlegen der DBA-Synonyme – jedoch nicht enthalten.

5.3.4 Überprüfung der Erstkonfiguration

Auf zwei Möglichkeiten, den ordnungsgemäßen Ablauf der WebServer-Konfiguration zu prüfen, wurde bereits hingewiesen: Sofern Sie unter Windows NT arbeiten, können Sie über die Systemsteuerung feststellen, ob die beiden von Ihnen konfigurierten Listener-Prozesse als Windows NT-Services angelegt wurden. Zusätzlich können Sie die Protokolldateien OWA_DBA.1st und OWA_DEFAULT_SERVICE.1st auf Fehlermeldungen untersuchen.

Deuten die Ergebnisse dieser Überprüfungen darauf hin, daß Installation und Konfiguration der Software erfolgreich durchgeführt wurden, können Sie die Funktionstüchtigkeit Ihres WebServers und seine Fähigkeit, dynamische Web-Seiten aufzubauen, anhand einiger einfacher, von Oracle mitgelieferter Applikationen überprüfen. Sofern Sie an den Vorgaben nichts ändern, wird zwar, streng genommen, nur die Funktionstüchtigkeit des privilegierten WebListener-Prozesses überprüft, doch arbeitet, wenn Zugriffe über den einen Listener möglich sind, meist auch der andere zuverlässig.

5 Verwaltung des Oracle WebServers

Wenn Sie sich noch auf der *Oracle WebServer Installation Page* befinden, so werden Sie im Anschluß an die Liste der drei Konfigurationsschritte den folgenden Hinweis finden:

```
Once you are done with these operations, you will be fully up and
running, and you can proceed to the Administration Server's Home Page.
```

Klicken Sie in diesem Fall auf den Link zur *Administration Server's Home Page*. Sie können sie aber auch von jedem beliebigen anderen Standort aus durch Angabe der Zieladresse

```
http://<host_name>:<admin_port>/ows-doc/index.html
```

erreichen.

Der einfachste, weil keinerlei weitere Vorbereitungen erfordernde Test steht unter dem Titel *Browse Database* zur Verfügung. Wenn Sie zum ersten Mal auf dieses Icon klicken, werden Sie zunächst gefragt, ob Ihr WebBrowser HTML-Tabellen unterstützt. Nach der Beantwortung dieser Frage wird Ihnen eine Liste von Datenbankobjekten und -strukturen angeboten, über die Sie sich durch den WebServer Informationen verschaffen können. Abbildung 5.11 zeigt als Beispiel die Informationen, die nach Auswahl der Kategorie *Benutzer (User)* angezeigt werden.

Abbildung 5.11: Anzeige von Benutzer-Informationen über WebServer und Browser

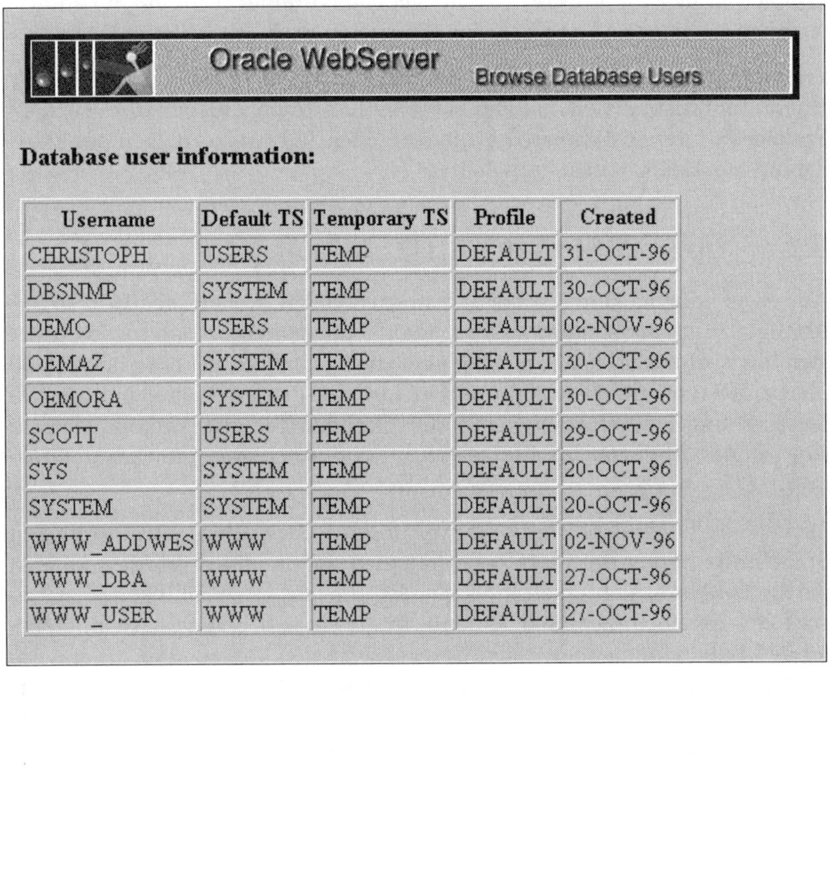

Oracle WebServer — Browse Database Users

Database user information:

Username	Default TS	Temporary TS	Profile	Created
CHRISTOPH	USERS	TEMP	DEFAULT	31-OCT-96
DBSNMP	SYSTEM	TEMP	DEFAULT	30-OCT-96
DEMO	USERS	TEMP	DEFAULT	02-NOV-96
OEMAZ	SYSTEM	TEMP	DEFAULT	30-OCT-96
OEMORA	SYSTEM	TEMP	DEFAULT	30-OCT-96
SCOTT	USERS	TEMP	DEFAULT	29-OCT-96
SYS	SYSTEM	TEMP	DEFAULT	20-OCT-96
SYSTEM	SYSTEM	TEMP	DEFAULT	20-OCT-96
WWW_ADDWES	WWW	TEMP	DEFAULT	02-NOV-96
WWW_DBA	WWW	TEMP	DEFAULT	27-OCT-96
WWW_USER	WWW	TEMP	DEFAULT	27-OCT-96

Erstkonfiguration

Die gezeigten Informationen werden den Data-Dictionary-Views entnommen und durch den PL/SQL-Agent als HTML-Seiten formatiert. Wenn die Informationen ohne Probleme angezeigt werden, ist also sichergestellt, daß die erforderlichen PL/SQL-Packages korrekt installiert wurden.

Gibt es bei der Abarbeitung der Datenbankabfragen Schwierigkeiten, wird leider nur die ziemlich nichtssagende Meldung

```
Request Failed
We were unable to process your request at this time.
Please try again later.
```

ausgegeben. Allerdings sind zu diesem Zeitpunkt die möglichen Fehlerquellen noch nicht sehr zahlreich. Wenn Sie diese Meldung erhalten, haben Sie vermutlich entweder einen Konfigurationsschritt vergessen oder es ist Ihnen entgangen, daß beim Aufbau der PL/SQL-Packages Fehler aufgetreten sind.

Eine weitere Testmöglichkeit bieten die über das nebenstehend abgebildete Icon zugänglichen Applikationen. Um sie ausführen zu können, muß zunächst für den Datenbank-Benutzer, der dem Database Connection Descriptor `OWA_DBA` zugeordnet ist, das Skript `%ORACLE_HOME%\OWS2x\SAMPLE\OWA\INST.SQL` gestartet werden, das die für den Aufbau der Seiten zuständigen PL/SQL-Prozeduren aufbaut. Diese Applikationen sind so einfach aufgebaut, daß sie keine einführenden Erklärungen erfordern. Einige von ihnen werden jedoch in den nachfolgenden Kapitel als Beispiele herangezogen.

Wesentlich komplexer ist die Applikation *Take the Train*, die ein Reisebüro nachbildet. Wenn die Konfiguration vollständig durchgeführt wurde, erfordert sie – zumindest ab Version 2.0 des WebServers – keine weiteren Vorbereitungen. Klicken Sie auf das nebenstehend abgebildete Icon und in der daraufhin erscheinenden Seite auf den Text *Take the Train now!*, der seinerseits einen Link zur Eingangsseite der Applikation darstellt. Diese Seite beinhaltet eine kleine Maske, die Sie auffordert, einen Benutzernamen und ein zugehöriges Kennwort einzugeben. Versuchen Sie nicht, hier mit `WWW_DBA`, `WWW_USER` oder gar `SCOTT/TIGER` zum Ziel zu kommen. Die Applikation beinhaltet eine eigene Benutzerverwaltung, so daß sie, wenn Sie sie zum ersten Mal starten, zunächst einen Benutzer anlegen müssen. Geben Sie daher einen beliebigen Namen und ein beliebiges Kennwort ein und aktivieren Sie den Button *Create*. Der weitere Ablauf der Applikation ist selbsterklärend.

Wenn Sie später einmal das Bedürfnis haben, herauszufinden, wie die Funktionalitäten dieser Applikation realisiert sind, so können Sie das erforderliche Material im Verzeichnis `%ORACLE_HOME%\OWS2x\DEMO` finden.

5.4 Spätere Erweiterungen der Konfiguration

5.4.1 Der WebServer Manager

Der Oracle WebServer verwaltet seine Konfigurationsinformationen in mehreren Konfigurationsdateien. Erfahrene WebServer-Verwalter können die Konfiguration direkt durch Editieren dieser Dateien ändern (vgl. Abschnitt 5.5). Für diejenigen Verwalter, die sich nicht mit den Konfigurationsdateien und -parametern beschäftigen wollen, stellt Oracle den *WebServer Manager* zur Verfügung. Dabei handelt es sich um eine Gruppe von Web-Seiten, die neben erläuternden Texten Eingabefelder für die Konfigurationsdaten enthalten. Die Erleichterung für den Verwalter besteht darin, daß er sich weder die Namen der Konfigurationsparameter noch ihre Zuordnung zu den einzelnen Dateien merken muß und daß er überdies zahlreiche Hilfestellungen bekommt. Es sind diese der Verwaltung dienenden Web-Seiten, für deren Aufruf der privilegierte Web-Listener-Prozeß (`ADMIN`) eingerichtet wurde.

Die Startseite des WebServer Managers erreichen Sie über das nebenstehende Icon auf der Standard-HomePage oder direkt über die URL

`http://<host_name>:<admin_port>/ows-adoc/Intro.html`

Sie bietet die folgenden vier Grundfunktionalitäten an:

Oracle7 Server	Starten und Stoppen der lokalen Datenbanksysteme
Oracle Web Listener	Konfiguration existierender und Anlegen neuer WebListener-Prozesse
PL/SQL Agent	Konfiguration existierender und Anlegen neuer DCDs
Web Request Broker	Einbinden zusätzlicher Applikationen

Wozu eine Seite dient, die die Möglichkeit bietet, lokale Datenbanksysteme zu starten oder zu stoppen, bedarf keiner weiteren Erklärung. Wichtige Konfigurationsaufgaben, die über die Option *Oracle Web Listener* durchzuführen sind, werden in den nachfolgenden Abschnitten 5.4.2 und 5.4.3 vorgestellt. Den am häufigsten auftretenden Konfigurationsvorgang, der die Benutzung der Optionen PL/SQL Agent und Web Request Broker erfordert, beschreibt Abschnitt 5.4.4.

5.4.2 Aufbau der virtuellen Verzeichnisstruktur

Es gibt zwei Strategien, die es dem Administrator ebenso wie den Benutzern eines WebServers ermöglichen, einen Überblick über die bereitgestellten Dokumente zu gewinnen und zu behalten. Beide gehen davon aus, daß den Benutzern nicht alle auf dem Server-Rechner befindlichen Dateien zur Verfü-

Spätere Erweiterungen der Konfiguration

gung gestellt werden sollen, sondern daß für die Besucher des WebServers lediglich ein Ausschnitt des Dateisystems sichtbar sein soll.

- Die erste Strategie besteht darin, daß man ein Verzeichnis auswählt, in dem sich die Dokumente, die für die Besucher sichtbar sein sollen, befinden müssen. Zwar ist es möglich, unterhalb des ausgewählten Verzeichnisses weitere Verzeichnisse anzulegen und so zusammengehörende Dokumente zu überschaubaren Gruppen zusammenzufassen. Verzeichnisse, die oberhalb oder neben dem ausgewählten angesiedelt sind, dürfen jedoch nicht verwendet werden. Diese Strategie wird hauptsächlich von kleinen, für den persönlichen Gebrauch gedachten WebServern – wie z.B. FrontPage von Microsoft – verwendet und genügt hier auch vollkommen, da das, was ein Einzelner anzubieten hat, sich sowohl vom Umfang als auch von der Struktur des Materials her in der Regel leicht auf diese Weise organisieren läßt.

- Wird dagegen ein WebServer auf einem großen Rechner eingerichtet, mit dem unterschiedliche Benutzer, Benutzergruppen oder gar Abteilungen arbeiten, und wollen sie alle Informationen über den WebServer anbieten, so wird diese simple Organisationsform kaum noch zu realisieren sein. Vielmehr werden sich die relevanten Dokumente an den unterschiedlichsten Stellen innerhalb des Dateisystems befinden. Um dem Administrator und dem Benutzer in dieser Situation die Navigation zu erleichtern, ermöglichen professionelle WebServer den Aufbau eines virtuellen Dateisystems, das ausschließlich aus den für den WebServer-Betrieb relevanten Verzeichnissen besteht und diese zu einer leicht überschaubaren Struktur zusammenfügt.

Der WebServer von Oracle unterstützt die zweite Strategie. Das aber besagt, daß der Verwalter des WebServers immer dann, wenn neue Dokumente oder Applikationen in einem bisher nicht benutzten Verzeichnis zur Verfügung gestellt werden sollen, das virtuelle Dateisystem entsprechend anpassen muß.

Da es hier zunächst nur um den Zugriff auf statische Web-Seiten geht und die Übermittlung statischer Seiten an die Benutzer allein vom WebListener-Prozeß durchgeführt wird, findet die Verwaltung des virtuellen Dateisystems im WebServer Manager unter der Rubrik *Oracle Web Listener* statt. Klicken Sie auf den entsprechenden Text oder das zugeordnete Bild, um sich in die *Oracle Web Listener Home Page* zu begeben. Der letzte Abschnitt des darauf befindlichen Textes enthält eine Liste der konfigurierten WebListener-Prozesse, in der allerdings der privilegierte Listener (ADMIN) nicht aufgeführt ist, weil Sie ihn gerade benutzen, so daß er nicht umkonfiguriert oder gar gestoppt werden kann.

5 Verwaltung des Oracle WebServers

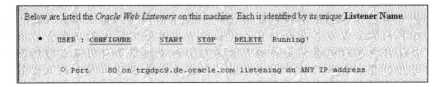

Abbildung 5.12:
Liste der
WebListener-
Prozesse

Bei der weiteren Beschreibung des Vorganges wird vorausgesetzt, daß Sie – wie in Abbildung 5.12 – bisher nur einen WebListener-Prozeß für den allgemeinen Zugriff angelegt und ihm die Portnummer 80 zugewiesen haben. Sollten Sie bereits über mehrere Listener-Prozesse verfügen, so wählen Sie denjenigen aus, dessen virtuelles Dateisystem Sie konfigurieren wollen.

Klicken Sie nun auf den hervorgehobenen Text CONFIGURE neben dem Listener-Namen. Sie gelangen daraufhin zu einer Seite mit der Überschrift *Oracle Web Listener Advanced Configuration for Listener <listener_name>*. Je nach Größe Ihres Bildschirms müssen Sie sich nun um eine oder zwei Bildschirmhöhen nach unten bewegen, um zu einer Liste der *Oracle Web Listener Configuration Parameters* zu gelangen. Dabei handelt es sich um Links zu Bookmarks, die Ihnen die schnelle Navigation innerhalb dieser ziemlich langen Seite ermöglichen sollen. Klicken Sie auf *Directory Mappings*.

Dies führt Sie zu einer Liste, die die bisherige Struktur des virtuellen Dateisystems beschreibt. Unmittelbar nach der Installation hat sie etwa folgendes Aussehen:

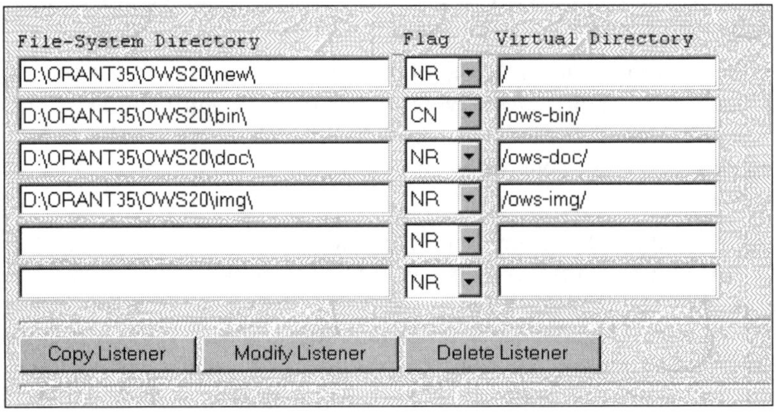

Abbildung 5.13:
Struktur des
virtuellen
Dateisystems nach
der Installation

File-System Directory	Flag	Virtual Directory
D:\ORANT35\OWS20\new\	NR	/
D:\ORANT35\OWS20\bin\	CN	/ows-bin/
D:\ORANT35\OWS20\doc\	NR	/ows-doc/
D:\ORANT35\OWS20\img\	NR	/ows-img/
	NR	
	NR	

[Copy Listener]   [Modify Listener]   [Delete Listener]

Nehmen Sie nun an, daß Sie das virtuelle Root-Verzeichnis, in das alle Benutzer gelangen, wenn sie nur den Rechnernamen (und eventuell die Portnummer) als Zieladresse spezifizieren, aus dem Default-Verzeichnis D:\ORANT35\OWS20\NEW in das Verzeichnis C:\WEBPAGES verlegen wollen. Weiterhin sei angenommen, daß Sie Kollegen aus den Abteilungen Marketing und Schulung die Möglichkeit geben wollen, in den Verzeichnissen E:\MARKETING\WEBPAGES und E:\SCHULUNG\WEBPAGES Dokumente zur Veröffentlichung über den WebServer abzulegen, und daß Sie sich mit Ihren Kol-

Spätere Erweiterungen der Konfiguration

legen darauf verständigt haben, alle verwendeten Bilder einheitlich unter E:\IMAGES\GIF abzulegen. Um das virtuelle Dateisystem entsprechend zu modifizieren, müßten[5] Sie folgende Änderungen vornehmen und diese durch Klicken auf den Button mit der Aufschrift *Modify Listener* bestätigen:

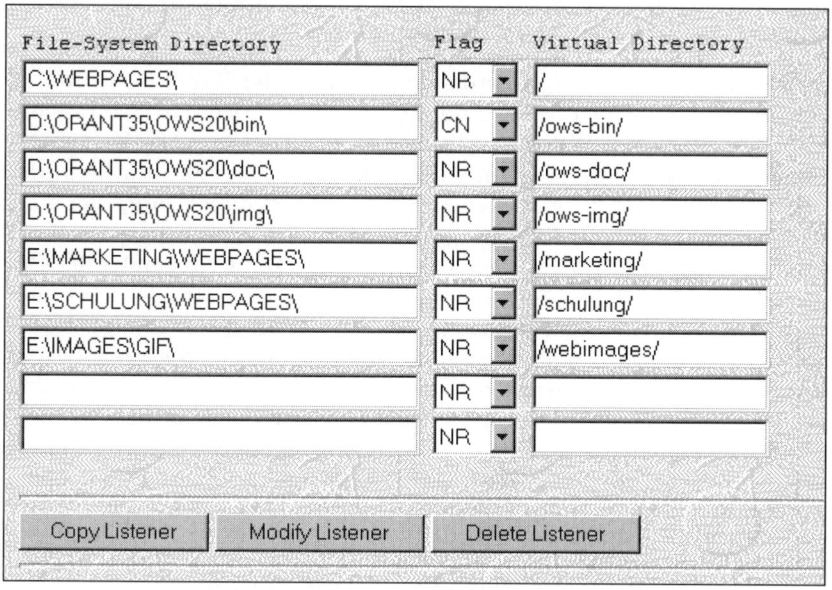

File-System Directory	Flag	Virtual Directory
C:\WEBPAGES\	NR	/
D:\ORANT35\OWS20\bin\	CN	/ows-bin/
D:\ORANT35\OWS20\doc\	NR	/ows-doc/
D:\ORANT35\OWS20\img\	NR	/ows-img/
E:\MARKETING\WEBPAGES\	NR	/marketing/
E:\SCHULUNG\WEBPAGES\	NR	/schulung/
E:\IMAGES\GIF\	NR	/webimages/
	NR	
	NR	

Abbildung 5.14: Modifikation des virtuellen Dateisystems

Durch Ihre Änderungen hätten Sie bewirkt, daß alle relevanten Verzeichnisse von den Gästen auf dem WebServer erreicht werden können. Die folgende Tabelle zeigt die Zuordnung von erreichbaren Verzeichnissen und zugeordneten URLs.

Verzeichnis	URL
C:\WEBPAGES	http://trgdpc9.de.oracle.com/
E:\MARKETING\WEBPAGES	http://trgdpc9.de.oracle.com/marketing/
E:\SCHULUNG\WEBPAGES	http://trgdpc9.de.oracle.com/schulung/

Weiterhin hätten Sie bewirkt, daß unterhalb der von Ihnen explizit bekanntgemachten Verzeichnisse beliebig viele Unterverzeichnisse angelegt und angesprochen werden können. Würde etwa die Marketing-Abteilung ein Unterverzeichnis produkt1 anlegen, so könnte dies über http://trgdpc9.

---

5. In diesem Beispiel wird der Konjunktiv verwendet, weil seine praktische Durchführung auf Ihrem WebServer nicht ratsam ist, sofern Sie nicht zufälligerweise über die angegebenen Verzeichnisse verfügen. Die Folge davon wäre nämlich, daß Sie den Listener-Prozeß nicht mehr starten könnten. Wählen Sie also auf Ihrem Server-Rechner existierende Verzeichnisse, wenn Sie eine Erweiterung des virtuellen Dateisystems vornehmen möchten.

de.oracle.com/marketing/produkt1 erreicht werden, ohne daß es von Ihnen bekanntgemacht werden müßte.

Schließlich hätten Sie bewirkt, daß Bilddateien durch Angabe des virtuellen Pfades /webimages/<dateiname> in Web-Seiten eingebunden werden können, ohne daß bei der Pfadspezifikation das Verzeichnis, in dem sich die Web-Seite selbst befindet, berücksichtigt werden muß.

Zwei weitere Konfigurationseinstellungen, die in der Rubrik *Miscellaneous Listener Parameters* angesiedelt sind, legen fest, wie sich der Web Listener verhalten soll, wenn ein Benutzer in der URL zwar ein korrektes Verzeichnis angibt, aber keine Spezifikation einer Seite (Datei) anschließt. Alle in der voranstehenden Tabelle enthaltenen URLs sind von dieser Form. Der erste Schritt besteht darin, in dem angegebenen Verzeichnis nach einer Datei mit einem Default-Namen zu suchen. Diesen Namen können Sie unter der Option *Initial File* festlegen. Die Voreinstellung lautet index.html. Daneben sind aber auch Namen wie index.htm, .index.html (UNIX), default.html oder default.htm üblich. Findet sich eine solche Datei nicht, so kann entweder eine Fehlermeldung ausgegeben oder eine Liste der im Verzeichnis enthaltenen Dateien angeboten werden. Die Wahl zwischen diesen beiden Möglichkeiten bietet Ihnen die ein wenig weiter unten befindliche Option *Directory Indexing*. Wählen Sie TRUE, wenn Sie die Verzeichnisse unter den genannten Umständen zum Durchsuchen freigeben möchten, ansonsten FALSE.

5.4.3 Definition zusätzlicher MIME-Typen

Ähnlich wie beim Datei-Manager oder Explorer durch Doppelklick auf einen Dateinamen, so kann bei einem Web-Browser durch einfachen Klick auf einen Link eine Datei geöffnet werden, ohne daß der Anwender durch Eingabe eines Kommandos erst noch erklären müßte, was dieses »Öffnen« bedeuten soll. Beim Datei-Manager oder Explorer wird diese Vereinfachung für den Anwender erst möglich ist, nachdem derjenige, der die Datei anlegt, durch Zuordnung einer Namenserweiterung ihren Typ angezeigt hat und derjenige, der sie benutzen will, durch Zuordnung eines Programms zu dieser Namenserweiterung festgelegt hat, wie dieser Dateityp zu behandeln ist. Ebenso setzt der für den Anwender verblüffend einfache Mechanismus der Dateibehandlung durch einen Web-Browser voraus, daß der WebServer dem WebBrowser eine Information über den Typ der übertragenen Datei mitgibt und daß der Anwender festlegt, wie er sich die Behandlung dieses Dateityps vorstellt.

Ob die von einem Benutzer ausgewählte Datei angezeigt oder als Datei gespeichert, durch ein Plug-in oder ein eigenständiges Programm behandelt werden soll, ist abhängig von den Fähigkeiten des Browsers, der verfügbaren Zusatzsoftware und den Wünschen des Benutzers. Für die Festlegung des Dateityps aber ist der Verwalter des WebServers zuständig. Sie erfolgt über die Zuordnung von *MIME-Typen (Multipurpose Internet Mail Extensions)* im Rahmen der WebServer-Konfiguration.

Die Festlegung der dem Oracle WebServer bekannten MIME-Typen erfolgt auf der gleichen Seite wie die Konfiguration des virtuellen Dateisystems (*Oracle Web Listener Advanced Configuration for Listener <listener_name>*). Der Weg zu dieser Seite wurde im vorangegangenen Abschnitt beschrieben. Wählen Sie in der Liste der *Oracle Web Listener Configuration Parameters* den Punkt *MIME Types*. Sie gelangen daraufhin zu einer Liste, in der Dateinamenserweiterungen und MIME-Typen einander zugeordnet werden. Die Zuordnung des MIME-Typs text/html zur Dateinamenserweiterung html etwa besagt, daß der WebServer zusammen mit jeder Datei <name>.html an den Browser die Information übermittelt, daß es sich dabei um eine Datei vom Typ text/html handelt. An dieser Information erkennt der Browser, daß er den Inhalt der Datei am Bildschirm anzeigen soll und daß er dies ohne die Hilfe einer anderen Applikation bewerkstelligen kann.

Die Spezifikation des MIME-Typs setzt sich aus einem Typ (*Type*) und einem Untertyp (*Subtype*) zusammen. Der Typ gibt grob die Art des Dokuments an (Text, Bild, ausführbares Programm etc.). Der Untertyp spezifiziert dann genauer das Format (z.B. Grafikformat, in dem das Bild abgespeichert wurde). Beide Teile werden durch einen Schrägstrich voneinander getrennt: image/gif, image/jpeg, image/bmp.

Leider sind die MIME-Typen nicht standardisiert. Es kann deshalb vorkommen, daß man als Benutzer bei der Übertragung mehrerer Microsoft-Word-Dateien von unterschiedlichen Servern die erste als appl/text, die zweite als application/msword, die dritte als application/octet-stream und die vierte als application/download angeboten bekommt. Das ist extrem unerfreulich, weil man unter solchen Umständen kaum noch in der Lage ist, seinen Browser so zu konfigurieren, daß er auf Word-Dateien immer in gleicher Weise reagiert. Vorerst ist es aber wohl zumindest beim Surfen im Internet kaum zu vermeiden. Im Intranet hingegen sollten Sie versuchen, sich an allgemein oder zumindest weithin eingehaltenen Konventionen zu orientieren, um Ihren Kollegen die Nutzung der von Ihnen bereitgestellten Informationen so leicht wie möglich zu machen. Die nachfolgende Tabelle zeigt einige auf WebServern häufig angebotene Dokument-Typen und die üblicherweise zugeordneten MIME-Typen.

Dokument-Typ	Erweiterung	MIME-Typ
Web-Seite	htm, html	text/html
Unformatierter Text	txt	text/plain
Microsoft Word	doc	application/msword
Microsoft PowerPoint	ppt	application/powerpoint
Microsoft Excel	xls	application/msexcel
Adobe Acrobat	pdf	application/pdf
Postscript	ps, eps	application/postscript
Bild im GIF-Format	gif	image/gif

Dokument-Typ	Erweiterung	MIME-Typ
Bild im JPEG-Format	jpg, jpe, jpeg	image/jpeg
MIDI-Datei	mid, midi	audio/midi
WAV-Datei	wav	audio/wav
Quicktime-Video	qt, mov, moov	video/quicktime
ZIP-Datei	zip	application/x-zip-compressed
Ausführbare Datei	exe	application/octet-stream

Wenn Sie eine größere Zahl unterschiedlicher Dokument-Typen auf Ihrem Server anbieten, kann eine Kennzeichnung des Dokuments durch ein entsprechendes Typen-Symbol für die Benutzer hilfreich sein – insbesondere, wenn Sie auf einer gesonderten Seite die Dokument-Typen sowie die dafür verwendeten Symbole und MIME-Typen erklären.

5.4.4 Einrichten zusätzlicher DCDs

Jeder Datenbankbenutzer, unter dem PL/SQL-Prozeduren für die Erzeugung dynamischer Web-Seiten angelegt werden, muß in Form eines Database Connection Descriptors bekanntgemacht werden, damit diese Prozeduren dem PL/SQL Agent und somit die dynamischen Web-Seiten den Benutzern zugänglich sind. Es wird deshalb in den meisten Fällen notwendig sein, zusätzlich zu den in der Erstkonfiguration angelegten DCDs (WWW_DBA und WWW_USER) weitere aufzubauen. Im Folgenden soll für den Benutzer ADDWES, dem die für die Beispielapplikation erforderlichen Tabellen gehören, ein Database Connection Descriptor aufgebaut werden.[6]

Starten Sie, um diese Aufgabe durchzuführen, den WebServer Manager und wählen Sie die Kategorie *PL/SQL Agent*. Wählen Sie in der daraufhin aufgeblendeten Seite *PL/SQL Agent Administration* die Option *Create New DCD*. Daraufhin wird Ihnen das bereits beim Einrichten der DCDs WWW_DBA und WWW_USER verwendete Formular angezeigt. Tragen Sie ADDWES als DCD-Name und als Datenbankbenutzer ein und gehen Sie ansonsten ebenso vor wie bei der Erstkonfiguration.

Wenn Sie diesen Vorgang erfolgreich abgeschlossen haben, ist der neue Database Connection Descriptor zwar bekannt, kann aber noch nicht genutzt werden, weil die Benutzer keine Möglichkeit haben, die unter diesem Descriptor verfügbaren dynamischen Seiten zu adressieren. Dazu muß ein Pfad im virtuellen Dateisystem des WebServers angelegt werden, der mit diesem Descriptor verknüpft ist und den Web Listener sofort erkennen läßt, daß es

---

[6]. Diese Darstellung geht davon aus, daß der Benutzer ADDWES und die ihm gehörenden Tabellen bereits existieren. Sofern dies in der von Ihnen verwendeten Datenbank noch nicht der Fall ist, informieren Sie sich bitte in Anhang A über die notwendigen Schritte.

sich bei Seiten in diesem »Verzeichnis« um dynamische Seiten handelt, deren Beschaffung dem PL/QSL Agent übertragen werden muß. Während es also im Abschnitt 5.4.2 darum ging, das virtuelle Dateisystem so aufzubauen, daß alle statischen Web-Seiten darin enthalten sind, geht es jetzt darum, »Verzeichnisse« zu schaffen, über die die dynamischen Seiten erreichbar sind.

Gehen Sie zum Anlegen eines solchen Verzeichnisses zurück zur Startseite des WebServer Managers und wählen Sie dort die Option *Web Request Broker*. Daraufhin wird eine Übersicht über die konfigurierten Web-Listener-Prozesse (mit Ausnahme des ADMIN-Listeners) angezeigt. Wählen Sie – sofern Sie mehr als einen Listener für unprivilegierten Zugriff angelegt haben – denjenigen Listener aus, über den die Seiten, die unter dem gerade bekanntgemachten Benutzer abgelegt wurden, erreichbar sein sollen. Die Auswahl führt dazu, daß eine Seite mit dem Titel *WRB Cartridge Administration for Listener <listener_name>* aufgeblendet wird. Suchen Sie auf dieser Seite den Abschnitt *Applications and Directories* und füllen Sie die drei Felder der nächsten leeren Zeile mit folgenden Einträgen:

Virtual Path   Tragen Sie hier das virtuelle Verzeichnis ein, über das die Seiten erreichbar sein sollen. Es soll aus dem DCD-Namen und einem anschließendes `owa` bestehen. Im Beispiel wäre also `/addwes/owa` als virtueller Pfad einzutragen.

App.   Hier ist die Applikation, d.h. die Cartridge einzutragen, die für den Aufbau der virtuellen Seiten in diesem Verzeichnis zuständig sein soll. Im Falle des PL/SQL Agent lautet der Eintrag `OWA` – eine Erinnerung an Version 1 (Oracle Web Agent).

Physical Path   Die Angabe eines physischen Pfades bezieht sich nicht auf die dynamischen Seiten, die ja in der Datenbank abgelegt sind, sondern auf das Verzeichnis, in dem sich das ausführbare Programm für die Cartridge befindet. Der Wert ist vom Betriebssystem, vom `ORACLE_HOME`-Verzeichnis und von der WebServer-Version abhängig. Für Windows NT und Version 2.1 könnte er `D:\ORANT40\OWS21\BIN` lauten.

Prüfen Sie, wenn Sie sich nicht sicher sind, die bereits vorhandenen Einträge. Im Zuge der Installation wurden mit Sicherheit virtuelle Verzeichnisse für die von Oracle gelieferten Beispielapplikationen (z.B. `/hr/owa`, `/tr/owa`) angelegt.

Gehen Sie, nachdem Sie die Eintragungen abgeschlossen haben, ans Ende der Seite und klicken Sie auf den Button *Modify WRB Configuration*. Die Erweiterung der Konfiguration wird, wie üblich, mit einer *Success*- oder *Error*-Meldung abgeschlossen.

Die vorgenommenen Änderungen der Konfiguration sind bisher nur in der Konfigurationsdatei des Web Request Brokers eingetragen, vom Web Listener aber noch nicht bemerkt worden. Der jetzt unmittelbar anschließende Versuch, eine unter dem neu eingerichteten »Verzeichnis« abgelegte dynamische Seite anzusprechen, würde daher nicht zum Erfolg, sondern zu der vom Web Listener ausgehenden Mitteilung führen, ihm sei das angegebene Verzeichnis unbekannt. Stoppen und starten Sie daher den für das angegebene Verzeichnis zuständigen Web Listener um ihn zum erneuten Einlesen der Verzeichnisliste zu bewegen.

Nachdem dies absolviert ist, könnte der Zugriff auf eine dynamische Web-Seite, die durch eine unter dem Benutzer ADDWES abgelegte PL/SQL-Prozedur namens BEISPIEL1 generiert wird, von einem Benutzer über die URL

http://www.neustadt.com/addwes/owa/beispiel1

angefordert werden.

5.4.5 Einrichten der PL/SQL-Web-Toolkit-Packages für mehrere Benutzer

Je mehr Datenbankbenutzer Sie auf die im vorigen Abschnitt beschriebene Weise einrichten, um ihnen die Programmierung dynamischer Web-Seiten in PL/SQL zu ermöglichen, desto mehr werden Sie sich wahrscheinlich fragen, ob es wirklich notwendig ist, die Packages des PL/SQL Web Toolkit für jeden Benutzer neu anzulegen. Die Antwort lautet, daß ein eigenes Exemplar der Packages für jeden Benutzer der einfachste, aber keineswegs der zwingend notwendige Weg ist.

Sofern Sie möchten, daß mehrere Benutzer ein gemeinsames Exemplar der Packages benutzen, können Sie dies in folgenden Schritten erreichen:

1. Richten Sie die Packages unter einem der in Frage kommenden Benutzer ein. Dieser Benutzer wird im weiteren Verlauf der Beschreibung als *Toolkit Owner* bezeichnet werden. Fahren Sie mit Schritt 2 fort, wenn die Packages für andere Benutzer bereits aufgebaut wurden, ansonsten mit Schritt 3.

2. Melden Sie sich unter Verwendung eines Kommandozeilen-Werkzeugs wie SQL*Plus oder Server Manager unter jedem anderen Datenbankbenutzer <user>, für den die Packages bereits aufgebaut wurden, an und löschen Sie die existierenden Packages mit den Kommandos

   ```
   drop package HTF;
   drop package HTP;
   drop package OWA_UTIL;
   drop package OWA;
   drop package OWA_PATTERN;
   drop package OWA_TEXT;
   ```

Spätere Erweiterungen der Konfiguration

```
drop package OWA_IMAGE;
drop package OWA_COOKIE;
drop package OWA_INIT;[7]
```

3. Melden Sie sich – wiederum mit einem Kommandozeilen-Werkzeug – unter dem Eigentümer der Toolkit-Packages bei der Datenbank an und führen Sie und führen Sie für jeden Benutzer <user>, der berechtigt sein soll, diese Packages zu nutzen, die folgenden Kommandos aus:

```
grant execute on HTF to <user>;
grant execute on HTP to <user>;
grant execute on OWA_UTIL to <user>;
grant execute on OWA to <user>;
grant execute on OWA_PATTERN to <user>;
grant execute on OWA_TEXT to <user>;
grant execute on OWA_IMAGE to <user>;
grant execute on OWA_COOKIE to <user>;
grant execute on OWA_INIT to <user>;
```

4. Melden Sie sich unter jedem einzelnen Benutzer <user> an und legen Sie für diesen Benutzer Synonyme an, die es ihm ermöglichen, die Toolkit-Packages so anzusprechen, als würden sie ihm gehören:

```
create synonym HTF for <Toolkit owner>.HTF;
create synonym HTP for <Toolkit owner>.HTP;
create synonym OWA_UTIL for <Toolkit owner>.OWA_UTIL;
create synonym OWA for <Toolkit owner>.OWA;
create synonym OWA_PATTERN for <Toolkit owner>.OWA_PATTERN;
create synonym OWA_TEXT for <Toolkit owner>.OWA_TEXT;
create synonym OWA_IMAGE for <Toolkit owner>.OWA_IMAGE;
create synonym OWA_COOKIE for <Toolkit owner>.OWA_COOKIE;
create synonym OWA_INIT for <Toolkit owner>.OWA_INIT;
```

PL/SQL-Prozeduren werden bekanntlich auch dann unter ihrem Eigentümer und mit den Rechten ihres Eigentümers ausgeführt, wenn sie durch einen anderen Benutzer, der das Ausführungsrecht besitzt, gestartet werden. Diese Regelung ist beim größten Teil der im PL/SQL Web Toolkit enthaltenen Prozeduren ohne jede Bedeutung, da sie nicht auf Datenbankobjekte zugreifen, sondern lediglich HTML-konforme Formatierungen mit Daten vornehmen, die auf anderem Wege ermittelt wurden. Lediglich die in der Package OWA_UTIL enthaltenen Prozeduren SHOWSOURCE und TABLEPRINT bilden hiervon eine Ausnahme. Sollte dies ein Sicherheitsrisiko für Sie darstellen, können Sie das Package OWA_UTIL für jeden Benutzer einzeln aufbauen, für alle anderen Packages dagegen das eben beschriebene Verfahren anwen-

---

[7] Die Liste der zu löschenden Packages ist nicht für alle Versionen identisch. Ermitteln Sie deshalb zunächst Anzahl und Namen der Web-Toolkit-Packages aus der Datei OWA_DEFAULT_SERVICE.lst im Verzeichnis %ORACLE_HOME\OWS2x\LOG und löschen Sie dann alle darin aufgeführten Packages.

den. Zum Anlegen des Package OWA_UTIL benötigen sie die Skripte PUB-UTIL.SQL und PRIVUTIL.SQL, die beide im Verzeichnis %ORACLE_HOME%\OWS<version>\ADMIN zu finden sind.

5.4.6 Weitere Konfigurationstätigkeiten

Eine Besonderheit, durch die sich die Entwicklung dynamischer Web-Seiten erheblich von anderen Arten der Applikationsentwicklung unterscheidet, liegt in der engen Verzahnung von Applikationsentwicklung und WebServer-Administration. Sie ist dadurch zu erklären, daß in diesem Fall ein erheblicher Anteil der Applikation nicht auf der Client-Seite abläuft, sondern in Form von PL/SQL-Prozeduren in der Datenbank gespeichert und dort auch ausgeführt wird. Aufgrund dieser engen Verzahnung werden nicht alle Aspekte der Konfiguration in diesem Kapitel behandelt. Für drei wichtige Themen sei vielmehr auf die beiden folgenden Kapitel verwiesen:

- Die Festlegung einer bei Systemfehlern auszugebenden Informationsseite wird in Kapitel 7, Abschnitt 7.2, vorgestellt.

- Der Schutz einzelner Seiten vor unbefugten Zugriffen wird in Kapitel 7, Abschnitt 7.5.3, erörtert.

- In Kapitel 8, Abschnitt 8.3, wird gezeigt, wie man die Standard-Funktionalität des Oracle WebServers durch Installation neuer Cartridges erweitern kann.

5.5 Konfigurations- und Protokolldateien

5.5.1 Konfigurationsdateien

Das Arbeiten mit einem privilegierten Web-Listener-Prozeß, dem überdies noch ein privilegierter Datenbankbenutzer zugeordnet ist, wird von manchen WebServer-Administratoren trotz der Möglichkeit, dafür einen beliebigen Port zu vergeben und ihn durch einen Benutzernamen sowie ein Kennwort zu schützen, als Sicherheitsrisiko empfunden. Sollten Sie diese Ansicht teilen, können Sie problemlos auf den privilegierten Web Listener verzichten, da alle Konfigurationsdaten, die Sie über den WebServer Manager eingeben, in Konfigurationsdateien abgelegt werden, die auch mit einem beliebigen Editor bearbeitet werden können, sofern Sie sich die Mühe machen, sich in die Bedeutung der Konfigurationsdateien und der Konfigurationsparameter einzuarbeiten.

Im folgenden wird lediglich die Aufgabe der Konfigurationsdateien beschrieben, da sich die Bedeutung der einzelnen Parameter und die für die Einträge erforderliche Syntax leicht durch einen Vergleich zwischen den im WebServer Manager angebotenen Eingabefeldern und den in den Konfigurationsdateien bereits vorhandenen Einträgen ermitteln läßt. Einzelne Konfigurationsparameter werden jedoch in den nachfolgenden Kapiteln noch genauer beschrieben. Sämtliche Konfigurationsdateien befinden sich im Verzeichnis

%ORACLE_HOME%\OWS2x\ADMIN

Die Datei owl.cfg enthält eine Liste aller konfigurierten Web-Listener-Prozesse mit Ausnahme des ADMIN-Listeners. Hier werden allerdings nur die grundlegendsten Eigenschaften (Name, Rechnername, Portnummer) aufgeführt. Die Details (Struktur des virtuellen Dateisystems, bekannte MIME-Typen usw.) werden in einem zweiten Typ von Konfigurationsdatei verwaltet, von dem für jeden Listener ein eigenes Exemplar existiert. Die Konfigurationsdateien dieses Typs heißen sv<listener_name>.cfg. Für einen Web Listener mit dem Namen USER würde die Datei demnach svUSER.cfg heißen. Diese Datei wäre zu editieren, um die in den Abschnitten 5.4.2 und 5.4.3 beschriebenen Konfigurationsmaßnahmen durchzuführen.

Die in Abschnitt 5.4.4 beschriebenen Konfigurationseinstellungen werden in owa.cfg und sv<listener_name>.app verwaltet. Die Datei owa.cfg, von der es nur ein Exemplar gibt, enthält eine Liste der bekannten DCDs. Der erste Teil der in Abschnitt 5.4.4 beschriebenen Erweiterung der Konfiguration würde also zusätzliche Eintragungen in dieser Konfigurationsdatei erfordern. Die Datei sv<listener_name>.app, die wiederum für jeden Web Listener gesondert angelegt wird, enthält u.a. die Liste der virtuellen Verzeichnisse, über die dynamische Web-Seiten abgerufen werden können. Sie wäre abschließend zu editieren, um auch den zweiten Teil des in Abschnitt 5.4.4 beschriebenen Vorgangs durchzuführen.

5.5.2 Protokolldateien

Konfigurationsdateien werden vom Administrator des WebServers angelegt und gepflegt. Sie legen fest, wie der WebServer arbeiten soll. Protokolldateien werden vom WebServer angelegt und gepflegt. Sie geben genauere Auskünfte über besondere Ereignisse beim Starten und während der Arbeit des WebServers. In der Regel handelt es sich bei diesen besonderen Ereignissen um Fehler. Alle Protokolldateien befinden sich im Verzeichnis

%ORACLE_HOME%\OWS<version>\LOG

Bei den Protokolldateien ist eine Zweiteilung festzustellen, doch weicht sie etwas von dem für die Konfigurationsdateien beschriebenen Schema ab. Einerseits existiert für jeden Web-Listener-Prozeß eine Protokolldatei namens sv<listener_name>.err, aus der in erster Linie zu entnehmen ist, ob der jeweilige Listener-Prozeß erfolgreich gestartet werden konnte oder ob beim Start Probleme aufgetreten sind. Ein solches Problem kann etwa auftreten, wenn ein physisches Verzeichnis gelöscht wurde, der entsprechende Eintrag in der Konfiguration des virtuellen Dateisystems aber noch enthalten ist. Zusätzlich existiert für jeden Database Connection Descriptor eine eigene

Protokolldatei mit dem Namen <dcd>.err. Sie ist die bei weitem ausführlichere und wichtigere, denn in ihr werden alle Fehlersituationen vermerkt, die bei der Abarbeitung oder versuchten Abarbeitung von PL/SQL-Prozeduren, die über diesen Database Connection Descriptor angesprochen werden, auftreten.

Der Oracle WebServer nimmt zwar Eintragungen in die genannten Protokolldateien vor, löscht sie jedoch von sich aus nicht wieder. Um die Dateien nicht zu groß werden zu lassen, sollte der Administrator von Zeit zu Zeit den WebServer stoppen und die vorhandenen Protokolldateien löschen.

5.6 Integration mit WebServern anderer Hersteller

Wenn Sie auf Ihrem Server-Rechner bereits den WebServer eines anderen Herstellers installiert haben und dieser WebServer zu der in Abschnitt 5.1.2 aufgeführten Liste gehört, können Sie den Oracle WebServer so installieren, daß sich der Web Request Broker an den vorhandenen WebListener-Prozeß ankoppelt. Die Vorgehensweise unterscheidet sich ein wenig für die einzelnen WebServer-Produkte. Sie wird hier für den Internet Information Server von Microsoft[8] beschrieben und durch einige Hinweise auf Abweichungen im Zusammenhang mit anderen WebServern ergänzt.

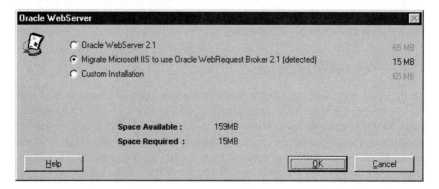

Abbildung 5.15: Alternativen bei der Installation des Oracle WebServers

Die wichtigste Besonderheit bei der Integration von Internet Information Server und Web Request Broker besteht darin, daß der bereits vorhandene WebServer bei der *Installation des Oracle WebServers* automatisch erkannt

---

8. Der Zugriff über den Internet Information Server auf eine Oracle-Datenbank ist auch ohne Installation des Oracle WebServers, nämlich über die Datenbank-Zugriffsmechanismen des Internet Information Servers und einen ODBC-Treiber für den Zugriff auf eine Oracle-Datenbank, möglich. Ich hoffe jedoch, in den drei nachfolgenden Kapiteln zeigen zu können, daß der Weg über den Web Request Broker und das Arbeiten mit dem PL/SQL Web Toolkit sowohl performanter als auch mächtiger ist.

Integration mit WebServern anderer Hersteller

wird (vgl. Abb. 5.15). Dies ist bei den WebServern anderer Hersteller nicht der Fall. Wählen Sie bei Verwendung des Internet Information Servers die Installationsoption *Migrate Microsoft IIS to use Oracle Web Request Broker 2.1* und beantworten Sie die anschließend vom Installationsprogramm gestellten Fragen wie in Abschnitt 5.2 beschrieben. Im Verlauf der Installation werden Sie nach der Portnummer des IIS-Listeners gefragt und nach deren Abschluß aufgefordert, den Listener-Prozeß neu zu starten.

Abbildung 5.16: Vom Oracle Installer angelegte virtuelle Verzeichnisse

Ein Blick auf die Eigenschaften des Internet Information Servers im Internet-Dienst-Manager zeigt, daß der Oracle Installer einige virtuelle Verzeichnisse angelegt hat. Diese entsprechen teilweise denjenigen, die für den privilegierten WebListener-Prozeß angelegt werden. Insbesondere ermöglicht das virtuelle Verzeichnis /ows-doc durch Spezifikation einer URL vom Typ

```
http://<iis_server>:<iis_port>/ows-doc/
```

den Zugriff auf die ansonsten nur über den privilegierten WebListener-Prozeß zugängliche Übersichtsseite, von der aus der WebServer Manager, die Dokumentation und die Beispielseiten aufgerufen werden können. Durch die Verwendung unterschiedlicher virtueller Verzeichnisse wurde allerdings dafür gesorgt, daß jeder Benutzer von dieser Startseite aus die Release Notes, die Dokumentation und die Beispielseiten, nicht jedoch den WebServer Manager starten kann.

5 Verwaltung des Oracle WebServers

Diese Regelung ist unter dem Aspekt der Sicherheit ganz gewiß wünschenswert, doch stellt sich damit die Frage, wie die *Konfiguration des Web Request Brokers*, die ja standardmäßig über den WebServer Manager erfolgt, durchgeführt werden soll. Der einfachere Weg besteht darin, neben dem allgemein zugänglichen IIS-WebListener zumindest zeitweise noch einen privilegierten Oracle-WebListener zu starten und die Konfiguration des Web Request Brokers mit dem WebServer Manager durchzuführen. Daneben bleibt ihnen natürlich auch die Möglichkeit, die erforderlichen Konfigurationsdateien manuell anzulegen und zu verwalten (vgl. Abschnitt 5.5.1). Bei der weiteren Beschreibung wird vorausgesetzt, daß Sie den WebServer Manager verwenden.

Der Web Request Broker muß zunächst einmal wissen, mit welchem Listener-Prozeß (bzw. welchen Listener-Prozessen) er es zu tun hat. Das ist beim Internet Information Server einfach, weil dessen Existenz ja bereits während der Installation bemerkt wurde. Bei anderen WebServern ist dies nicht der Fall. Hier ist es deshalb erforderlich, über die vom WebServer Manager angebotene Option *External Listener Registration* den vorhandenen WebListener bekanntzumachen. Eine Übersicht über die bekannten Listener erhalten Sie in der *Oracle Web Listener Home Page* des WebServer Managers. Abbildung 5.17 zeigt eine Konfiguration, bei der neben dem IIS-WebListener (Port 80) noch ein allgemein zugänglicher Oracle-WebListener (Port 2701) eingerichtet wurde. Letzterer ist natürlich nicht zwingend erforderlich.

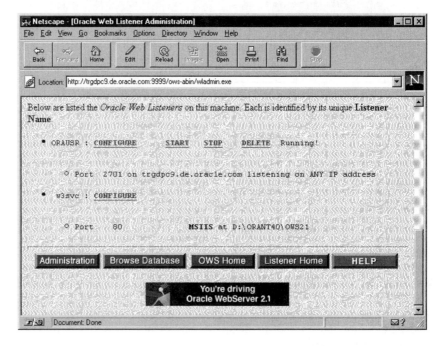

Abbildung 5.17: Liste der bekannten WebListener-Prozesse im Oracle WebServer Manager

Integration mit WebServern anderer Hersteller

Die Konfiguration der Listener-Eigenschaften (insbesondere der virtuellen Verzeichnisse und der MIME-Typen) wird nicht mit dem WebServer Manager, sondern mit dem Verwaltungswerkzeug des jeweiligen WebServers vorgenommen. Der WebServer Manager wird jedoch benötigt, um die DCDs und die zugeordneten virtuellen Verzeichnisse anzulegen. Ob Sie die Default-Verbindungen `OWA_DEFAULT_SERVICE` und `OWA_DBA` einrichten möchten, liegt in Ihrem Ermessen. Notwendig ist es nicht. Jedoch sollten Sie nach dem in Abschnitt 5.4.4 beschriebenen Verfahren DCDs und virtuelle Verzeichnisse für jeden Datenbankbenutzer anlegen, auf dessen Datenbestände über den WebServer zugegriffen werden soll. Die dabei gemachten Angaben werden, wie üblich, in der Konfigurationsdatei `sv<listener_name>.app` abgelegt. In dem in Abb. 5.17 gezeigten Beispiel wären sie also in der Datei `svw3svc.app` zu finden.

Nach Abschluß dieser Konfiguration und dem Einrichten von PL/SQL-Prozeduren, die dynamische Web-Seiten generieren, benötigen Sie nur noch den Mut, Ihrem Internet Information Server eine URL vom Typ

`http://<iis_server>:<iis_port>/addwes/owa/<package>.<prozedur>`

zuzumuten. Aufgrund der während der Installation eingerichteten Verbindung[9] zwischen IIS-Listener und Web Request Broker wird der IIS-Listener feststellen, daß es sich bei dem angegebenen Verzeichnis nicht um eines handelt, das Bestandteil des von ihm verwalteten virtuellen Dateisystems ist, und die Anfrage an den Web Request Broker weitergeben, der dann auf dem üblichen Wege dafür sorgt, daß die dynamische Web-Seite generiert wird.

---

9. Diese enge Verbindung zwischen Internet Information Server und Web Request Broker kann beim Upgrade anderer Oracle-Software zu Problemen führen. Sofern Sie bei der Installation die Meldung bekommen, daß ein Fehler beim Überschreiben von Dateien wie `CORE35.DLL`, `CORE350.DLL`, `ORA73.DLL` oder `NLSRTL32.DLL` aufgetreten ist, obwohl Sie sämtliche Oracle-Dienste gestoppt haben, sollten Sie zusätzlich den *WWW-Veröffentlichungsdienst* stoppen, um diese Dateien freizugeben.

6 Die Basisfunktionalität des PL/SQL Web Toolkit

6.1	Einführung	247
6.2	Die Print-Prozeduren	251
6.3	Grundstruktur einer Seite	254
6.4	Textgestaltung	255
6.5	Tabellen	261
6.6	Trenn- und Aufzählungszeichen	266
6.7	Links	269
6.8	Frames	277
6.9	Bilder	284
6.10	Formulare	289

Einführung

Um Web-Seiten anbieten zu können, die auf Daten aus einer Oracle-Datenbank basieren und im Moment der Anforderung durch den Benutzer dynamisch generiert werden, sind zwei Arten von PL/SQL-Prozeduren erforderlich. Dabei handelt es sich zum einen um die von Oracle bereitgestellten und im *PL/SQL Web Toolkit* zusammengefaßten Prozeduren, die die Bausteine darstellen, aus denen HTML-Seiten aufgebaut werden können. Zum anderen handelt es sich um Prozeduren, die der Verwalter des WebServers oder ein Anwendungsentwickler erstellt, und in denen beschrieben wird, welche Bausteine aus dem PL/SQL Web Toolkit in welcher Reihenfolge zusammengesetzt werden sollen, um die gewünschte Seite aufzubauen.

Abschnitt 6.1.1 gibt eine Übersicht über die Packages, aus denen sich das PL/SQL Web Toolkit zusammensetzt. Abschnitt 6.1.2 befaßt sich mit der Frage, welche Werkzeuge für die Entwicklung der von Ihnen selbst zu erstellenden Prozeduren in Betracht kommen. Im weiteren Verlauf dieses Kapitels sollen dann diejenigen Prozeduren und Funktionen aus dem PL/SQL Web Toolkit vorgestellt werden, die den HTML-Kommandos entsprechen und insofern als Grundbestand aufgefaßt werden können. Das Kapitel ist so aufgebaut, daß es zugleich als Einführung in HTML dienen kann, und sollte somit von Lesern, die noch keine HTML-Kenntnisse besitzen, gründlich durchgearbeitet werden, bevor sie sich den Datenbankzugriffen zuwenden. Diejenigen Leser dagegen, denen HTML bereits vertraut ist, werden es vielleicht vorziehen, sich zunächst nur einen ersten Eindruck von der Arbeitsweise des PL/SQL Web Toolkit zu verschaffen, dann das eigentlich Neue – die Möglichkeiten des Datenbankzugriffs – im nachfolgenden Kapitel kennenzulernen und erst beim Aufbau eigener Web-Seiten dieses Kapitel zu nutzen, um die PL/SQL-Entsprechungen zu den HTML-Kommandos nachzuschlagen.

6.1 Einführung

6.1.1 Struktur des PL/SQL Web Toolkit

Eine sehr kompakte Übersicht über die Packages, aus denen das PL/SQL Web Toolkit besteht, enthalten die Protokolldateien, in denen die Schritte beim Aufbau eines Database Connection Descriptors dokumentiert werden (z.B. `%ORACLE_HOME%\OWS21\LOG\OWA_DEFAULT_SERVICE.lst`). Das nachfolgende Beispiel zeigt einen Ausschnitt daraus.

```
No errors for PACKAGE HTF
Statement processed.
No errors for PACKAGE HTP
Statement processed.
No errors for PACKAGE OWA
Statement processed.
No errors for PACKAGE OWA_UTIL
Statement processed.
```

```
No errors for PACKAGE OWA_TEXT
Statement processed.
No errors for PACKAGE OWA_PATTERN
Statement processed.
No errors for PACKAGE OWA_IMAGE
Statement processed.
No errors for PACKAGE OWA_COOKIE
Statement processed.
```

Die größte Bedeutung für das Erstellen dynamischer Web-Seiten haben die Packages HTF (*HyperText Functions*) und HTP (*HyperText Procedures*). Die darin enthaltenen Funktionen und Prozeduren entsprechen jeweils einer HTML-Anweisung bzw. erzeugen genau diese HTML-Anweisung. So bewirkt – um ein einfaches Beispiel auszuwählen – das HTML-Kommando <HR> die Ausgabe einer horizontalen Linie im Browser-Fenster. Die Prozedur htp.hr bildet insofern die Entsprechung dazu, als sie, wenn sie aufgerufen wird, genau dieses HTML-Kommando generiert. Über den Unterschied zwischen den Packages HTF und HTP erfahren Sie in Abschnitt 6.2 Genaueres.

Die übrigen Packages enthalten Prozeduren und Funktionen, die weitaus seltener verwendet werden. Ihre Namen enthalten die Abkürzung OWA (für *Oracle Web Agent*). Aus der Liste der installierten Packages kann dasjenige mit dem Namen OWA ignoriert werden, da die in ihm enthaltenen Prozeduren nur vom PL/SQL Agent, nicht aber vom Anwendungsentwickler genutzt werden. Bei den übrigen Packages ist durch einen Zusatz bereits angedeutet, für welchen Spezialbereich sie zuständig sind:

- OWA_PATTERN enthält Prozeduren und Funktionen für die Bearbeitung kürzerer Zeichenketten (Datentyp VARCHAR2).

- OWA_TEXT enthält ebenfalls Prozeduren und Funktionen für die Bearbeitung von Texten. Sie wurden als Grundlage für diejenigen in OWA_PATTERN entwickelt, können jedoch auch direkt genutzt werden.

- OWA_IMAGE enthält Funktionen für die Bearbeitung von *Image Maps*, d.h. Bildern, bei denen der Benutzer durch Klicken auf unterschiedliche Bereiche verschiedenartige Aktionen auslösen kann.

- OWA_COOKIE enthält Prozeduren und Funktionen für die Verwendung von *Cookies*, einer von Netscape eingeführten Erweiterung zu HTML, durch die es möglich ist, sich Informationen über Eigenschaften und Zustände einer Client/Server-Verbindung über längere Zeit hinweg zu merken.

Die in OWA_UTIL zusammengefaßten Prozeduren und Funktionen lassen sich nicht so leicht einem bestimmten Themenbereich zuordnen. Sie enthalten verschiedenartige nützliche Hilfsmittel wie die Ausgabe einer Meldung in der Statuszeile oder den einfachen Ausdruck einer Datenbank-Tabelle.

Die Dokumentation der Packages sowie der darin enthaltenen Funktionen und Prozeduren erreichen Sie, indem Sie sich über den privilegierten Web-Listener (Portnummer 9999) bei Ihrem WebServer anmelden und auf der Default-Startseite durch Klicken auf das nebenstehende Icon die Startseite der

Einführung

Online-Dokumentation aktivieren. Sofern Sie mit Version 2.1 arbeiten, gelangen Sie dadurch zur *Oracle WebServer Documentation Roadmap* (vgl. Abbildung 6.1).

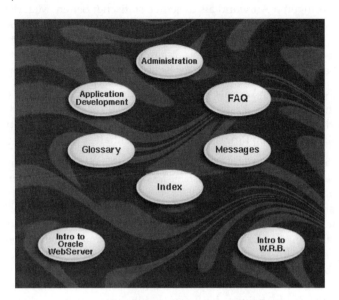

*Abbildung 6.1:
Oracle WebServer
Documentation
Roadmap*

Klicken Sie auf *Application Development*, suchen Sie auf der daraufhin erscheinenden Übersichtsseite den Punkt *PL/SQL Applications* und wählen Sie dessen als Verweis (Link) formatierten Unterpunkt *PL/SQL Web Toolkit Reference*. In anderen Versionen weicht die Vorgehensweise leicht von der beschriebenen ab.

6.1.2 Werkzeuge für die Erstellung der PL/SQL-Prozeduren

Die Verwendung dynamischer, mit dem PL/SQL Web Toolkit aufgebauter Web-Seiten hat, wenn man sich lediglich auf das zusammen mit dem Oracle WebServer ausgelieferte Material stützen kann, gegenüber der Verwendung statischer Web-Seiten derzeit einen Vorteil und einen Nachteil. Der Nachteil zeigt sich zuerst, denn er betrifft den erstmaligen Aufbau der Seiten: Während es für die Entwickler statischer Seiten inzwischen mehrere sehr leistungsfähige Werkzeuge gibt, die – wie etwa *Microsoft FrontPage* – nach dem WYSIWYG-Prinzip arbeiten und dem Entwickler nahezu jeden direkten Umgang mit HTML-Anweisungen ersparen, ist PL/SQL-Programmierung noch immer herkömmliche Programmierung: Der Entwickler erstellt einen Programmtext mit dem Editor, läßt diesen übersetzen und erfährt erst nach dem ersten erfolgreichen Start der von ihm erstellten Prozedur, wie das von ihr erzeugte Resultat in einem Browser aussieht.

6 Die Basisfunktionalität des PL/SQL Web Toolkit

Diesem Nachteil muß nun zunächst der große Vorteil dynamischer Web-Seiten gegenübergestellt werden: Sind die den Seiten zugrundliegenden PL/SQL-Prozeduren erst einmal aufgebaut, so erfordert ihre Pflege einen wesentlich geringeren Aufwand als diejenige statischer Seiten. Man denke nur an eine Seite vom Typ *What's new*, die bei Verwendung statischer Seiten regelmäßig manuell aktualisiert werden muß, um ihrem Titel gerecht zu werden, sich dagegen bei Verwendung dynamischer Seiten »von selbst« pflegt, wie die Seite »Neuerwerbungen« der Beispielapplikation zeigen wird.

Trotz dieses massiven Vorteils wird freilich jeder Entwickler nach Wegen suchen, um den für die Erstellung der PL/SQL-Prozeduren erforderlichen Aufwand zu reduzieren. Dazu bieten sich zunächst einmal zwei Strategien an, die für jede Art von Programmierung vorteilhaft sind:

- Ein gängiges Hilfsmittel für die eigentliche Programmierung sind *Editoren, die es erlauben, Funktionstasten oder Menüoptionen mit häufig wiederkehrenden Kommandos und Kommandofolgen zu belegen*. Dadurch läßt sich der Umfang der Schreibarbeit stark reduzieren. Im Hinblick auf die Korrektur der beim Übersetzen ausgegebenen Fehlermeldungen ist außerdem die Fähigkeit des Editors, bei Bedarf Zeilennummern anzuzeigen, wünschenswert. Im PC-Bereich erfüllt z.B. der *emacs* diese Anforderungen, der aber so komplex ist, daß er von Entwicklern, die nicht mit ihm vertraut sind, zunächst einmal nicht als Erleichterung der Arbeit empfunden wird. Bei der Erstellung der Beispiele für dieses Buch wurde ein Shareware-Editor namens *Dana* benutzt, der – unter den für die Weitergabe von Shareware üblichen Bedingungen auf der dem Buch beigegebenen CD zu finden ist (\WebServer\Dana).

- Ein generelles Prinzip der Programmierung besagt, daß es vorteilhaft ist, *häufig benötigte Funktionalitäten in selbständige Programmeinheiten (Prozeduren oder Funktionen) auszulagern*. Man kann dies gerade bei der WebServer-Programmierung sehr stark unterstützen, wenn man es nicht darauf anlegt, für jede Seite unbedingt ein eigenes Layout zu erfinden, sondern, im Gegenteil, eine starke Vereinfachung und Vereinheitlichung der Seiten anstrebt. Dadurch wird es möglich, die Struktur größerer Teile einer Seite oder gar der gesamten Seite einmal in Form einer Prozedur zu implementieren und deren konkrete Inhalte (Überschrift, Basistabelle, evtl. zu verwendende Bilder) im Einzelfall beim Prozeduraufruf als Parameter zu übergeben, was die Entwicklungszeit dramatisch reduziert.

Dies aber sind Strategien für eine effiziente *Programmierung*, und es wird vermutlich unter den Lesern dieses Buches nicht wenige geben, die Applikationen für PC-Arbeitsgruppen ohne oder doch zumindest mit sehr wenig Programmierarbeit erstellen wollen. In Kapitel 9 werden deshalb *Hilfsmittel für die Entwicklung von Applikationen auf der Basis des PL/SQL Web Toolkit* vorgestellt, die Ihnen die PL/SQL-Programmierung weitgehend ersparen.

Die etwas ungewöhnliche Reihenfolge, die für die Applikationsentwicklung verfügbaren Werkzeuge nicht am Anfang, sondern erst am Schluß der Darstellung zu erläutern, beruht auf der Tatsache, daß eines der vorzustellenden

Hilfsmittel gleichsam ein »Nebenprodukt« der in den Kapiteln 7 und 8 beschriebenen Entwicklungsarbeit an der Beispielapplikation ist: In Kapitel 7 wird sich herausstellen, daß mehrere Teile dieser Beispielapplikation nahezu gleich aufgebaut sind, und das wird zunächst einmal auf den Gedanken führen, die benötigte Funktionalität einmal in so allgemeiner Form zu erstellen, daß sie in allen Fällen benutzbar ist und die wenigen unterschiedlichen Merkmale beim Aufruf über Parameter eingestellt werden können. Dieser Gedanke wird dann in Kapitel 9 aufgenommen, von der Beispielapplikation losgelöst und so stark verallgemeinert, daß dabei eine in beliebigen Applikationen einsetzbare Teilkomponente entsteht. Sie ist geeignet, die für die Erstellung von Applikationen auf der Basis des PL/SQL Web Toolkit erforderliche Zeit dramatisch zu reduzieren.

Als Leser können Sie also zwischen zwei Wegen wählen: Der erste Weg führt Sie von dem Punkt aus, an dem Sie sich gerade befinden, weiter durch die Kapitel 6, 7 und 8. Er beginnt mit herkömmlicher PL/SQL-Programmierung, läßt Sie die Einsichten, wie man diese Programmierung vereinfachen kann, Schritt für Schritt nachvollziehen, und endet in Kapitel 9 damit, daß Sie nicht nur in der Lage sind, den dort vorgestellten *Web Application Wizard* zu verstehen, sondern ihn auch selbst zu programmieren und zu verbessern. Den zweiten Weg können Sie beschreiten, indem Sie die Lektüre des vorliegenden Kapitels an dieser Stelle abbrechen, zu Kapitel 9 übergehen und nach Abschluß der Lektüre sowie einem Test der dort vorgestellten Hilfsmittel entscheiden, ob diese Ihnen bereits alles Gewünschte bieten. Sollte das der Fall sein, können Sie vielleicht auf die Lektüre der Kapitel 6 bis 8 verzichten oder sie zumindest auf einen späteren Zeitpunkt verschieben.

6.2 Die Print-Prozeduren

Den Kern des gesamten PL/SQL Web Toolkit bildet die Prozedur htp.print[1], der die Aufgabe zukommt, Texte und HTML-Formatierungskommandos entgegenzunehmen und an den PL/SQL Web Agent weiterzuleiten. Der PL/SQL Web Agent sammelt diese Elemente, fügt sie zu einer Web-Seite zusammen und übergibt die vollständige Seite an den Web-Listener-Prozeß, der sie seinerseits dem Client (Web-Bowser) übermittelt. Die Prozedur htp.print stellt also das Verbindungsglied zwischen den Applikationen und dem PL/SQL Web Agent dar (vgl. Abbildung 6.2).

Wie wichtig htp.print ist, läßt sich einer etwas zugespitzten Überlegung entnehmen: Wenn diese Prozedur Texte und Formatierungskommandos – die ja außerhalb des Browsers auch nur Texte sind – entgegennimmt und an

---

1. Neben htp.print existieren noch einige Varianten (htp.prn, htp.prints) und Kurzformen (htp.p, htp.ps), die den Anlaß dafür bilden, daß in der Überschrift dieses Abschnitts von *den* Print-Prozedur*en* die Rede ist, die jedoch nicht von so großer Bedeutung sind, daß sie hier alle behandelt werden müßten.

*Abbildung 6.2:
Der Stellenwert der
Prozedur htp.print
bei Aufbau und
Übermittlung einer
dynamischen Web-
Seite in der Oracle-
Datenbank*

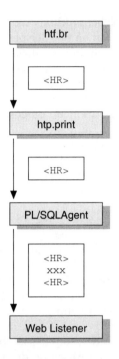

den PL/SQL Web Agent übergibt, dann können ihr beliebige Texte, die ebenfalls beliebige und beliebig viele HTML-Anweisungen enthalten, beim Aufruf als Parameter übergeben werden. Es ist also gar nicht zwingend erforderlich, die bereits erwähnte PL/SQL-Prozedur htp.hr aufzurufen, wenn eine horizontale Linie ausgegeben werden soll, denn diese generiert nur das HTML-Kommando <HR> und übergibt es an htp.print. Das ist ein Vorgang, den der Entwickler auch selbst erledigen kann:

htp.print ('<HR>');

In gleicher Weise kann er mit beliebig komplexen Kombinationen aus Texten und HTML-Anweisungen verfahren, und im Grunde könnte er eine komplette statische Web-Seite als Argument an htp.print übergeben.

Wenn das so ist – warum gibt es dann außer htp.print so viele weitere Funktionen im PL/SQL Web Toolkit, die, wie htp.hr, nur HTML-Anweisungen generieren? Und warum soll der Entwickler, dem HTML vertraut ist, sich die Mühe machen, all diese PL/SQL-Entsprechungen zu den HTML-Anweisungen zu erlernen und zu verwenden? Die Antwort lautet: Weil Sie mit dem eben angedeuteten Verfahren zwar eine statische Web-Seite in der Datenbank ablegen, daraus aber keine dynamische machen können. Dynamische Web-Seiten beruhen auf einer Verbindung von festem Text, aus der Datenbank ermittelten, wechselnden Daten und Formatierungsanweisungen. HTML als solches läßt sich aber mit Datenbankzugriffen, die SQL-Anweisungen, Variablen für die Aufnahme der Ergebniswerte und dergleichen mehr erfordern, nicht verbinden. An dieser Stelle wird PL/SQL als Vermitt-

Die Print-Prozeduren

ler eingesetzt, denn diese Programmiersprache unterstützt einerseits alle für den Datenbankzugriff erforderlichen Mechanismen und ist andererseits in der Lage, ermittelte Daten mit festem Text und HTML-Anweisungen zu verknüpfen.

Die Funktionen und Prozeduren, die Sie in diesem Kapitel kennenlernen werden, verteilen sich auf die Packages HTP und HTF. Diese beiden Packages unterscheiden sich nicht im Funktionsumfang, sondern in der Verwendungsweise. HTP (*HyperText Procedures*) enthält Prozeduren, die aufgerufen werden, wenn vollständige HTML-Anweisungen zu generieren und sofort an den PL/SQL Agent zu übergeben sind. HTF (*HyperText Functions*) enthält dagegen Funktionen, die verwendet werden müssen, wenn mehrere HTML-Anweisungen ineinander verschachtelt werden sollen. In diesem Fall müssen die untergeordneten HTML-Anweisungen zunächst zwischengespeichert und dann in die übergeordnete Anweisung integriert werden, bevor der gesamte Anweisungskomplex an den PL/SQL Agent übergeben werden kann.

Soll etwa zwischen der Hauptüberschrift und dem Text einer Web-Seite eine waagerechte Linie ausgegeben werden, so lautet die dafür erforderliche Anweisung:

```
htp.hr;
```

Ist dagegen beabsichtigt, zwei Textbausteine innerhalb eines Tabellenfeldes durch eine waagerechte Linie voneinander zu trennen, so ist die Anweisung zum Erzeugen der Linie Bestandteil der Anweisung, durch die ein Tabellenfeld aufgebaut wird. Sie lautet:

```
htp.tableData ('Text1' || htf.hr || 'Text2');
```

Alle im Package HTF enthaltenen Funktionen liefern lediglich Zeichenketten zurück, die von der Applikation im Arbeitsspeicher verwaltet werden müssen. Diese Funktionen leisten die eigentliche Arbeit beim Aufbau der HTML-Kommandos. Alle im Package HTP enthaltenen Prozeduren dagegen enthalten lediglich zwei Aufrufe, nämlich einerseits den Aufruf einer HTF-Funktion (so ruft htp.hr etwa htf.hr auf) und andererseits den Aufruf von htp.print, durch den die Weitergabe der aufgebauten Zeichenkette an den PL/SQL Agent veranlaßt wird.

> Es ist eine nützliche, weil den Respekt vor dem PL/SQL Web Toolkit mindernde Übung, mit diesem Wissen die Skripts durchzulesen, die für den Aufbau der Packages HTP und HTF verantwortlich sind. Es sind dies die Skripts PUBHT.SQL (Package Specification) und PRIVHT.SQL (Package Body) im Verzeichnis %ORACLE_HOME%\OWS2x\ADMIN. Die Minderung des Respekts wiederum ist notwendig, weil Sie verstehen sollten, daß das PL/SQL Web Toolkit keineswegs eine endgültige und abgeschlossene, sondern eine immer ergänzungsfähige und gelegentlich ergänzungsbedürftige Sammlung von PL/SQL-Routinen ist (vgl. Kapitel 8, Abschnitt 8.2).

6.3 Grundstruktur einer Seite

Eine HTML-Seite wird begrenzt durch die Formatbefehle (*Tags*) <HTML> (Anfang der Seite) und </HTML> (Ende der Seite). Sie besteht aus einem als *Header* bezeichneten ersten Teil, in dem sich Angaben über das Dokument befinden, und einem als *Body* bezeichneten zweiten Teil, der den sichtbaren Seiteninhalt beschreibt. Diese beiden Teile werden, ähnlich wie das gesamte Dokument durch zwei Formatbefehle eingefaßt, die Anfang und Ende markieren (<HEAD> und </HEAD> bzw. <BODY> und </BODY>).

Der einzige unbedingt erforderliche Eintrag im Header ist der *Titel* des Dokuments. Er ist nicht zu verwechseln mit der *Überschrift*: Während die Überschrift im Browser-Fenster angezeigt wird, ist der Titel dort nicht sichtbar. Dafür erscheint er in der Fensterleiste und als Beschreibung der Seite in einer vom Benutzer eventuell angelegten Liste von Lesezeichen (*Bookmarks*). Aus dieser zweiten Verwendung resultiert die Forderung, jeder Seite eine zwar kurze, jedoch aussagekräftige Beschreibung als Titel mitzugeben. Der Titel wird durch die Formatbefehle <TITLE> und </TITLE> begrenzt.

Das folgende Beispiel zeigt eine statische HTML-Seite mit der bisher beschriebenen Minimalausstattung:

```
<html>
<head>
<title>Kapitel 6, Beispiel 1a</title>
</head>
<body>
Dies ist einfacher Body-Text.
</body>
</html>
```

Eine PL/SQL-Prozedur, die genau diese Seite mit Hilfe des PL/SQL Web Toolkit generiert, hat folgenden Aufbau:

```
create or replace procedure bsp1a as
begin
   htp.htmlOpen;
   htp.headOpen;
   htp.title('Kapitel 6, Beispiel 1a');
   htp.headClose;
   htp.bodyOpen;
   htp.print('Dies ist einfacher Body-Text.');
   htp.bodyClose;
   htp.htmlClose;
end;
```

Die eindeutige Entsprechung zwischen den acht Zeilen der statischen HTML-Seite und den acht Aufrufen von Prozeduren des Package HTP ist so offenkundig, daß sie wohl keiner weiteren Erläuterung bedarf.

Dem Formatbefehl <BODY> können Optionen mitgegeben werden, die die Eigenschaften des sichtbaren HTML-Dokuments festlegen. Dazu gehört etwa der Hintergrund der Seite. Er kann durch Zuordnung einer Hintergrundfarbe oder eines Hintergrundbildes bestimmt werden. So sorgt die Anweisung

```
<body bgcolor="#FFD700">
```

für eine goldgelbe Einfärbung des Hintergrunds. Die entsprechende Anweisung lautet in einer PL/SQL-Prozedur

```
htp.bodyOpen (cattributes => 'bgcolor="#FFD700"');
```

Die gewünschte Farbe kann in jedem Fall durch einen RGB-Wert – wie in dem eben angeführten Beispiel – spezifiziert werden. In immer stärkerem Umfang wird auch die Verwendung von Farbnamen möglich. Farblisten können Sie sich anzeigen lassen, indem Sie die Prozeduren KAPITEL6.BSP3B sowie KAPITEL6.EXTRA starten.

Alternativ dazu kann mit der Anweisung

```
<body background="/AddWesKap6/bckOWS.jpg">
```

dafür gesorgt werden, daß der Hintergrund der Seite unter Verwendung der Bilddatei bckOWS.jpg aufgebaut wird. Das PL/SQL-Äquivalent lautet

```
htp.bodyOpen(cbackground => '/AddWesKap6/bckOWS.jpg');
```

oder einfach

```
htp.bodyOpen('/AddWesKap6/bckOWS.jpg');
```

> Alle Beispiele, auf die in diesem Kapitel Bezug genommen wird, sind im Package KAPITEL6 zusammengefaßt, das Sie auf der beiliegenden CD finden. Die drei soeben beschriebenen Varianten der Minimal-Seite sind in den Prozeduren BSP1A, BSP1B und BSP1C implementiert.

6.4 Textgestaltung

Der Body vieler HTML-Seiten besteht zum überwiegenden Teil aus Textelementen mit unterschiedlichen Funktionen und daher auch unterschiedlichen Formatierungen. In dieser Hinsicht lassen sich zunächst einmal *Überschriften* von einfachen Texten unterscheiden. HTML sieht sechs Überschriften-Ebenen vor, die durch eigenständige Formatbefehle gekennzeichnet werden und deren Darstellung noch durch zusätzliche Optionen beeinflußt werden kann. Wie bei allen Textbereichen beliebiger Länge, so werden auch bei Überschriften Anfang und Ende markiert:

```
<Hn>Text der Überschrift</Hn>,
```

wobei n eine Zahl von 1 bis 6 ist, die die Ebene der Überschrift angibt. Die Markierung des Überschriftenbeginns kann zudem einen Zusatz enthalten, der festlegt, daß die Überschrift am linken Seitenrand (align=left), am rechten Seitenrand (`align=right`) oder zentriert (`align=center`) ausgerichtet werden soll. Eine Überschrift auf der ersten Ebene, die zentriert dargestellt wird, erhält man also durch die Anweisung:

```
<H1 ALIGN=CENTER>Text der Überschrift</H1>
```

Das PL/SQL Web Toolkit enthält mit der Prozedur `htp.header` lediglich eine einzige Prozedur für den Aufbau von Überschriften. Alle weiteren Angaben werden über Parameter festgelegt: die Überschriften-Ebene über den Parameter `nsize`, der Überschriften-Text über den Parameter `cheader`, die Ausrichtung über den Parameter `calign`. Die zentriert dargestellte Überschrift auf der ersten Ebene läßt sich somit erzeugen über den Aufruf

```
htp.header (
   nsize => 1,
   cheader => 'Text der Überschrift',
   calign => 'center'
);
```

oder – da es sich um die ersten drei Parameter der Parameterliste handelt – durch die vereinfachte Form

```
htp.header (1, 'Text der Überschrift', 'center');
```

Die Prozedur `KAPITEL6.BSP2A` bietet ein einfaches Beispiel für die Formatierung von Überschriften.

Bereits im ersten Beispiel wurde die Prozedur `htp.print` verwendet, die dazu dient, einfachen, unformatierten Text auszugeben. Es gibt jedoch vielfältige Möglichkeiten, einzelne Teile eines Textes durch Formatierungen hervorzuheben, von denen hier die vier am häufigsten verwendeten vorgestellt werden sollen. Alle vier Verfahrensweisen werden in `KAPITEL6.BSP2B` vorgeführt.

Als erste Formatierungsmöglichkeit ist die *logische Textauszeichnung* zu erwähnen. Diese Bezeichnung besagt, daß der Designer der Seite die besondere Funktion eines Textelements kennzeichnet, die Details seiner Darstellung aber dem Browser überläßt. Das so gekennzeichnete Textelement kann also durch verschiedene Browser verschieden dargestellt werden. Die folgende Tabelle bietet eine Übersicht über einige unterstützte Funktionen von Textelementen, die zugehörigen HTML-Formatbefehle sowie die entsprechenden Web-Toolkit-Prozeduren:

Tabelle 6.1: Logische Textauszeichnung

Textfunktion	HTML-Anweisungen	Web-Toolkit-Prozedur
Zitat	`<CITE> ... </CITE>`	`htp.cite (ctext => '...');`
Quellcode	`<CODE> ... </CODE>`	`htp.code (ctext => '...');`
Definition	`<DFN> ... </DFN>`	`htp.dfn (ctext => '...');`
Beispiel	`<SAMP> ... </SAMP>`	`htp.sample (ctext => '...');`
Variable	`<VAR> ... </VAR>`	`htp.variable (ctext => '...');`

Textgestaltung

Der Vorteil der logischen Textauszeichnung besteht darin, daß Sie auch bei größeren, gegebenfalls sogar von mehreren Autoren erstellten Dokumenten sehr leicht für eine einheitliche Darstellung aller Textelemente mit gleicher Funktion sorgen können. Der Nachteil besteht darin, daß Sie die Eigenschaften, mit denen der vom Benutzer verwendete Browser die Textelemente versieht, nicht beeinflussen können. Kommt es Ihnen nun aber gerade auf eine bestimmte Darstellungsweise an, so können Sie sich der *physischen Textauszeichnung* bedienen. Auch sie bietet zahlreiche Möglichkeiten, deren wichtigste in der nachfolgenden Tabelle zu finden sind:

Textattribut	HTML-Anweisungen	Web-Toolkit-Prozedur
fett	`<B> ... </B>`	`htp.bold (ctext => '...');`
kursiv	`<I> ... </I>`	`htp.italic (ctext => '...');`
unterstrichen	`<U> ... </U>`	---
blinkend	`<BLINK> ... </BLINK>`	---
tiefgestellt	`<SUB> ... </SUB>`	`htp.sub (ctext => '...');`
hochgestellt	`<SUP> ... </SUP>`	`htp.sup (ctext => '...');`

Tabelle 6.2: Physische Textauszeichnung

Wie Sie aus der Tabelle ersehen können, gibt es keine Web-Toolkit-Prozedur, durch die sich das Unterstreichen oder Blinken eines Textes erreichen ließe. In der Beispielprozedur `KAPITEL6.BSP2B` wird jedoch gezeigt, daß man ohne große Mühe selbst PL/SQL-Funktionen schreiben kann, die die gewünschte Formatierung erzeugen.

Die Beispiele für die physische Textauszeichnung in `KAPITEL6.BSP2B` weisen außerdem auf den bereits erwähnten Umstand hin, daß die vom PL/SQL Web Toolkit unterstützten Formatierungsmöglichkeiten einerseits – im Package `HTP` – als Prozeduren, andererseits aber auch – im Package `HTF` – als Funktionen vorliegen. Es ist ja keineswegs immer so, daß – wie in den Beispielen für die logische Textauszeichnung – ganze Abschnitte formatiert werden müssen. Vielmehr handelt es sich oft nur um einzelne Worte oder Wortgruppen. In diesem Fall stehen Ihnen zwei syntaktische Möglichkeiten zur Verfügung: Sie können entweder jedes Textelement mit seiner besonderen Formatierung getrennt erzeugen und an den PL/SQL Agent übergeben oder zunächst die Elemente, aus denen ein Abschnitt besteht, erzeugen, bündeln, und abschließend den ganzen Abschnitt an den PL/SQL Agent übergeben. Im ersten Fall verwenden Sie ausschließlich Prozeduren, im zweiten auch Funktionen.

Der kurze und einfach aufgebaute Abschnitt

```
Dieser Text enthält ein kursiv dargestelltes Wort.
```

läßt sich somit entweder durch die aus mehreren Prozeduraufrufen bestehende Anweisungsgruppe

```
htp.print ('Dieser Text enthält ein ');
htp.italic ('kursiv');
htp.print (' dargestelltes Wort.');
```

erzeugen oder aber durch einen einzigen Prozeduraufruf mit eingeschachteltem Funktionsaufruf:

```
htp.print (
   'Dieser Text enthält ein ' ||
   htf.italic('kursiv') ||
   ' dargestelltes Wort.'
);
```

Die beiden letzten Beispiele für physische Textauszeichnung, in denen hoch- bzw. tiefgestellte Zeichen in bereits logisch formatierte Textelemente integriert werden, zeigen, daß auch eine mehrfache Verschachtelung möglich ist:

```
htp.print (
   'Die Formel ' ||
   htf.code (
      'c' || htf.sup('2') || ' = a' || htf.sup('2') ||
      ' + b' ||  htf.sup('2')
   ) ||
   ' enthält mehrere hochgestellte Zeichen.'
);
```

In sehr engem Zusammenhang mit der physischen Textauszeichnung stehen die Möglichkeiten der *Festlegung von Textfarbe und Schrifttyp*. Unter den dafür zur Verfügung stehenden HTML-Anweisungen hat das Anweisungspaar <FONT> ... </FONT>, dem die Prozeduren htp.fontOpen bzw. htp.fontClose entsprechen, die größte Bedeutung. Die Auswahl der Textfarbe erfolgt bei der <FONT>-Anweisung über die Option COLOR, bei htp.fontOpen über den Parameter ccolor. Ein roter Text wird demnach durch die HTML-Anweisung

```
<FONT COLOR="#FF0000">Dieser Text ist rot.</FONT>
```

angezeigt, die ihrerseits durch die Anweisungsgruppe

```
htp.fontOpen (ccolor => '#FF0000');
htp.print ('Dieser Text ist rot.');
htp.fontClose;
```

generierbar ist. Auch diese Anweisungsgruppe läßt sich übrigens durch Verwendung von Funktionen zu einer einzigen zusammenfassen. Versuchen Sie es! (Die Lösung ist in der Prozedur KAPITEL6.BSP2B zu finden).

Die Festlegung des Schrifttyps erfolgt in der gleichen Weise, jedoch über die Option FACE bzw. den Parameter cface, wobei für die Spezifikation der Schriftgröße nicht die sonst üblichen Punkt-Angaben verwendet werden, sondern Nummern, die von 1 (= kleinste Schrift) bis 7 (= größte Schrift) reichen:

Textgestaltung

```
htp.fontOpen (cface => 'Arial', csize => '2');
htp.print ('Hier wird Arial (Größe 2) benutzt.');
htp.fontClose;
```

Die letzte hier zu besprechende Möglichkeit schließlich ist die *Absatzgestaltung*. Wenn Sie bereits den Quelltext von KAPITEL6.BSP2B angeschaut haben, so kennen Sie bereits zwei wichtige Anweisungen aus diesem Bereich:

- Die HTML-Anweisung <BR> erzwingt einen Zeilenumbruch. Sie wird im PL/SQL Web Toolkit generiert durch die Prozeduraufrufe htp.nl oder htp.br. Es handelt sich dabei aber lediglich um zwei verschiedene Namen, nicht um verschiedene Funktionalitäten.

- Die HTML-Anweisungen <P> und </P> schließen einen Absatz (Paragraph) ein, der von anderen durch einen Abstand getrennt ist. Der Anweisung <P> entspricht der Aufruf der parameterlosen Prozedur htp.para, sofern lediglich der Beginn des Absatzes zu markieren ist. Sollen zusätzlich Parameter mitgegeben werden, die die genauere Gestaltung des Absatzes regeln, so ist die Prozedur htp.paragraph zu verwenden. Es gibt keine Entsprechung zu </P>, da Texte bei Verwendung des Web Toolkit nie allein stehen, sondern immer Parameter von Prozedur- oder Funktionsaufrufen bilden, so daß das Ende eines Absatzes auch ohne Markierung erkennbar ist.

Die Prozedur htp.paragraph wird insbesondere verwendet, um festzulegen, ob ein Absatz linksbündig, rechtsbündig oder zentriert ausgegeben werden soll:

```
htp.paragraph (calign => 'left');
```

Die Beispielprozedur KAPITEL6.BSP2B zeigt in ihrem letzten Teil eine kleine Spielerei, in der ein aus Sternen zusammengesetztes halbes Sechseck am linken Rand, das andere halbe am rechten Rand und ein ganzes Sechseck zentriert ausgegeben werden. Dabei finden sowohl die Prozedur htp.nl als auch die Prozedur htp.paragraph Verwendung.

Neben den Formatierungsmöglichkeiten sind im Zusammenhang der Textdarstellung die Möglichkeiten der Verwendung von *Sonderzeichen* zu erörtern. Was Sonderzeichen sind, hängt nicht unwesentlich davon ab, für welchen Benutzerkreis Ihre Web-Seiten gedacht sind: Wenn Sie Ihr Web-Seiten-Angebot für Mitarbeiter der gleichen Firma entwickeln, die alle den gleichen Web-Browser und vielleicht sogar das gleiche Betriebssystem benutzen, so können Sie hier wesentlich sorgloser ans Werk gehen als beim Entwurf von Web-Seiten für das Internet, wo Sie damit rechnen müssen, daß unterschiedlichste Software zum Betrachten Ihrer Web-Seiten benutzt wird. Mit dieser Einschränkung können drei Gruppen von Sonderzeichen unterschieden werden:

- Wenn Zeichen, die Bestandteil der HTML-Formatanweisungen sind, in Texten vorkommen, sollten sie maskiert werden, um dem Browser klarzumachen, daß er keine Formatanweisung, sondern einen einfachen Text zu erwarten hat. Es handelt sich dabei um die Zeichen < (»kleiner als«), > (»größer als«), " (»doppeltes Anführungszeichen«) und & (»Kaufmanns-Und«).

▶ Beim Aufbau von Web-Seiten werden oft Trenn- und Füllzeichen verwendet, die sich nicht direkt über die Tastatur eingeben lassen. Das wichtigste Zeichen dieser Gruppe ist ein Leerzeichen, nach dem garantiert kein Zeilenumbruch durchgeführt wird. Seine Bedeutung wird im folgenden Abschnitt bei der Besprechung der Tabellen klar werden.

▶ Sollen Web-Seiten im Internet zur Verfügung gestellt werden, so gehören auch alle sprach- und landesspezifischen Zeichen zu den Sonderzeichen, die in einer jedem Browser verständlichen Weise beschrieben werden müssen, damit sie korrekt dargestellt werden können.

Um die korrekte Darstellung all dieser Zeichen zu ermöglichen, wurden Umschreibungen entwickelt, die jeweils durch ein Kaufmanns-Und eingeleitet werden, auf das eine abkürzende Bezeichnung und ein abschließendes Semikolon folgen. So kann etwa das Zeichen »kleiner als« in Texten durch < (Abkürzung für *less than*), das kleine Umlautzeichen »ä« als ä umschrieben werden. Möglich, jedoch nicht so häufig benutzt und nicht so zu empfehlen, ist auch die Umschreibung durch Spezifikation der Zeichennummer (z.B. < für »kleiner als« und ä für »ä«).

Um die korrekte Ausgabe des Satzes

```
Die Schriftgröße muß später noch geprüft werden.
```

zu erzwingen, müßte er also in folgender Form geschrieben werden:

```
Die Schriftgr&ouml;&szlig;e mu&szlig; sp&auml;ter noch gepr&uuml;ft werden.
```

Starten Sie die Prozedur KAPITEL6.BSP2C, um eine umfangreichere – wenngleich durchaus nicht vollständige Liste – von Sonderzeichen und Umschreibungsmöglichkeiten zu erhalten.

Beachten Sie bitte, daß keine Komponente des Oracle WebServers oder des Oracle Servers eine solche Konvertierung automatisch durchführt. Wenn Sie der Meinung sind, daß Sie sie benötigen, sollten Sie eine Prozedur oder Funktion schreiben, die diese Aufgabe für Sie erledigt.

> Wenn Sie beabsichtigen, ein PL/SQL-Skript, in dem Sie Sonderzeichen unter Verwendung des Kaufmanns-Und umschrieben haben, mit *SQL*Plus* auszuführen, so sollten Sie vorab mit dem Kommando SET DEFINE OFF dafür sorgen, daß mit einem Kaufmanns-Und beginnende Zeichenketten nicht als Namen von Variablen interpretiert werden. Wenn Sie dagegen den *Server Manager* oder das *SQL Worksheet* einsetzen, sind keine derartigen Maßnahmen erforderlich.

6.5 Tabellen

Nachdem Sie bereits in KAPITEL6.BSP2C mit einer Tabelle konfrontiert wurden, ist es an der Zeit, die HTML-Anweisungen und PL/SQL-Prozeduren, die bei der Formatierung von Tabellen Verwendung finden, vorzustellen. Tabellen sind für den Designer von Web-Seiten von sehr großer Bedeutung. Das liegt nicht nur daran, daß die darzustellenden Informationen häufig in tabellarischer oder tabellenähnlicher Form vorliegen – obwohl dies gerade beim Oracle WebServer sehr häufig der Fall ist –, sondern auch daran, daß Tabellen derzeit nahezu das einzige Mittel darstellen, mit dem der Entwickler den Browser zwingen kann, Einzelelemente, aus denen die Seite besteht, in einer ganz bestimmten Weise anzuordnen. Hier soll zunächst auf die »eigentliche« Verwendung von Tabellen eingegangen werden.

Wie üblich, werden in HTML Anfang und Ende einer Tabelle markiert. Dazu dienen die Formatanweisungen <TABLE> und </TABLE>. Das gleiche, Ihnen nun bereits zur Genüge bekannte Prinzip gilt für die Zeilen, aus denen die Tabelle, und die Felder (bzw. Zellen), aus denen die Zeile besteht: Eine Tabellenzeile wird begrenzt durch <TR> (*Table Row*) und </TR>, eine Zelle, die eine Spaltenüberschrift enthält, durch <TH> (*Table Header*) und </TH>, eine einfache Datenzelle dagegen durch <TD> und </TD> (*Table Data*). Die Grundstruktur einer Tabelle ist also sehr einfach (wenn auch nicht immer sehr übersichtlich):

```
<TABLE>
   <TR>
      <TH>Überschrift Spalte 1</TH>
      <TH>Überschrift Spalte 2</TH>
   </TR>
   <TR>
      <TD>Wert Zeile 1, Spalte 1</TD>
      <TD>Wert Zeile 1, Spalte 2</TD>
   </TR>
   <TR>
      <TD>Wert Zeile 2, Spalte 1</TD>
      <TD>Wert Zeile 2, Spalte 2</TD>
   </TR>
</TABLE>
```

In Aufrufe von Web-Toolkit-Prozeduren übertragen, stellt sich diese Grundstruktur so dar:

```
htp.tableOpen;
   htp.tableRowOpen;
      htp.tableHeader ('Überschrift Spalte 1');
      htp.tableHeader ('Überschrift Spalte 2');
   htp.tableRowClose;
   htp.tableRowOpen;
      htp.tableData ('Wert Zeile 1, Spalte 1');
      htp.tableData ('Wert Zeile 1, Spalte 2');
   htp.tableRowClose;
   htp.tableRowOpen;
```

```
         htp.tableData ('Wert Zeile 2, Spalte 1');
         htp.tableData ('Wert Zeile 2, Spalte 2');
    htp.tableRowClose;
htp.tableClose;
```

Wenn Sie eine Seite mit dieser Tabellenspezifikation aufbauen und mit Ihrem Browser anzeigen lassen, werden Sie vermutlich enttäuscht sein: Die Tabelle wirkt äußerst unübersichtlich – vor allem deshalb, weil die Werte zu dicht beieinander stehen und weil die Zellen nicht durch Linien begrenzt sind. Diese Unübersichtlichkeit läßt sich freilich mit Hilfe von Attributen beseitigen, die entweder für die gesamte Tabelle oder für einzelne Zellen definierbar sind. Die folgende Übersicht faßt einige besonders wichtige Attribute zusammen:

- Die Position der Tabelle auf der Seite kann über die Attribute WIDTH und ALIGN beeinflußt werden. WIDTH definiert die Tabellenbreite, die entweder absolut (in Pixeln) oder in Prozent der Seitenbreite angegeben werden kann. Wird für die Tabelle nicht die gesamte Seitenbreite genutzt, so kann über ALIGN gesteuert werden, ob sie am rechten bzw. linken Rand ausgerichtet oder zentriert dargestellt werden soll:

```
<TABLE WIDTH="60%" ALIGN="LEFT">
```

Eine so spezifizierte Ausrichtung der Tabelle genügt allerdings oft nicht – insbesondere, wenn Sie eine zentrierte Ausgabe erreichen wollen. In diesem Fall kommt man mit folgenden Anweisungen zum Ziel:

```
<CENTER>
   <TABLE WIDTH="60%">
      [...]
   </TABLE>
</CENTER>
```

- Über die Attribute BORDER und CELLSPACING können die Begrenzungslinien beeinflußt werden. BORDER bezieht sich auf diejenigen Linien, die die gesamte Tabelle von ihrer Umgebung abgrenzen, CELLSPACING auf die Linien zwischen den einzelnen Zellen. Beiden Attributen werden einfache Zahlen zugewiesen, die die Breite in Pixeln festlegen:

```
<TABLE BORDER="3" CELLSPACING="1">
```

- Zur Vergrößerung des Abstands zwischen Begrenzungslinien und Zellinhalten kann das Attribut CELLPADDING verwendet werden. Auch er wird in Pixeln gemessen. Leider ist keine Unterscheidung zwischen dem Abstand zur oberen und unteren Begrenzungslinie einerseits sowie der rechten und linken Begrenzungslinie andererseits möglich.

```
<TABLE CELLPADDING="2">
```

- Schließlich ist es möglich, der Tabelle über das Attribut BGCOLOR eine eigene, von derjenigen der Seite abweichende Hintergrundfarbe zuzuweisen:

```
<TABLE BGCOLOR="9F9F5F">
```

Die Web-Toolkit-Prozedur `htp.tableOpen`, die der <TABLE>-Anweisung entspricht, weist nur für die Ausrichtung der Tabelle einen eigenen Parameter auf, der aber – wie bereits angemerkt – oft nicht den gewünschten Effekt erreicht. Alle übrigen Attribute müssen über den Parameter `cattributes` spezifiziert werden. Die zentrierte Ausgabe einer Tabelle mit den in den HTML-Beispielen benutzten Eigenschaften ist somit folgendermaßen zu erreichen:

```
htp.centerOpen;
htp.tableOpen (
  cattributes => 'width="60%" border="3" cellspacing="1" '
             || 'cellpadding="2" bgcolor="9F9F5F"'
);
[...]
htp.tableClose;
htp.centerClose;
```

Die Prozedur `KAPITEL6.BSP3A` enthält die vollständige Anweisungsfolge zu diesem Beispiel.

Auch die einzelnen Zellen können formatiert werden. Wichtig sind dafür folgende Attribute, die sowohl für Überschrifts- als auch für Datenzellen verwendet werden können, hier aber immer am Beispiel von Datenzellen vorgestellt werden:

▶ Das Attribut `WIDTH`, das auf Tabellen-Ebene angibt, ob die gesamte oder nur ein Teil der Seitenbreite von der Tabelle belegt werden soll, kann hier verwendet werden, um die Breite der einzelnen Spalten zu steuern. Wiederum ist die Angabe einer Zahl (Maßeinheit: Pixel) oder eines prozentualen Anteils möglich:

```
<TD WIDTH="33%"> ... </TD>
```

Das Attribut `HEIGHT`, das die Festlegung der Zellenhöhe ermöglichen soll, wird derzeit von den meisten Browsern nicht zur Kenntnis genommen.

▶ Über die Attribute `ALIGN` und `VALIGN` können Sie die Ausrichtung des Zelleninhalts innerhalb des Zellbereichs steuern. Mögliche Werte für `ALIGN` (horizontale Ausrichtung) sind `LEFT`, `CENTER` und `RIGHT`, mögliche Werte für `VALIGN` (vertikale Ausrichtung) `TOP`, `MIDDLE` und `BOTTOM`. Standardmäßig werden die Inhalte von Überschrifts-Zellen von den meisten Browsern zentriert, diejenigen von Datenzellen dagegen links ausgerichtet.

```
<TD ALIGN="CENTER" VALIGN="MIDDLE"> ... </TD>
```

▶ Das Attribut `BGCOLOR` ermöglicht die Zuweisung einer Hintergrundfarbe. Die Farbspezifikation kann als RGB-Wert, bei vielen Browsern inzwischen auch über einen Namen erfolgen:

```
<TD BGCOLOR="#FF0000"> ... </TD>
<TD BGCOLOR="RED"> ... </TD>
```

Die Prozedur `KAPITEL6.BSP3B` macht von dieser Möglichkeit Gebrauch, um eine Farbtabelle auszugeben.

▶ Gelegentlich ist es notwendig, mehrere Zellen zu einer einzigen zu verbinden. Handelt es sich dabei um mehrere Zellen in der gleichen Zeile, so kann die Verbindung durch das Attribut COLSPAN erreicht werden, während sich mit dem Attribut ROWSPAN eine Verbindung mehrerer Zeilen erreichen läßt:

```
<TD COLSPAN=2> ... </TD>
```

KAPITEL6.BSP2C macht von dieser Technik für die Ausgabe der Zwischenüberschriften Gebrauch.

Die Prozeduren htp.tableHeader und htp.tableData unterstützen die Attribute ALIGN, COLSPAN und ROWSPAN durch eigene Parameter. Die übrigen Attribute müssen wiederum über den Parameter cattributes spezifiziert werden:

```
htp.tableData (
  cvalue => 'Wert Zeile 1, Spalte 1',
  calign => 'center',
  cattributes => 'valign="middle" bgcolor="#FF0000"'
);
```

Diese prozedurale Schreibweise, die zuerst viel umständlicher zu sein scheint als das HTML-Äquivalent, eweist sich als unschätzbarer Vorteil, wenn Ihre Tabelle aus mehr als zwei oder drei Zeilen besteht. Wenn Sie eine Hilfsprozedur schreiben, die jeweils die für eine Zeile vorgesehenen Daten als Input erhält, sie Ihren Vorstellungen entsprechend aufbereitet und ausgibt, so erreichen Sie dadurch eine beträchtliche Einsparung von Programmierzeit, einen ebenso beträchtlichen Gewinn an Übersichtlichkeit und schaffen sich die Möglichkeit, die gesamte Tabelle später ohne großen Aufwand umzuformatieren. Vergleichen Sie die Prozeduren KAPITEL6.BSP2C und KAPITEL6.BSP3B mit den entsprechenden HTML-Anweisungen – die Sie sich ja jederzeit im Browser ansehen können – und überlegen Sie, welcher Aufwand jeweils erforderlich ist, um etwa nachträglich den Schrifttyp einer Spalte zu ändern.

An dieser Stelle muß auf ein sehr einfaches, aber wichtiges Element der Technik, HTML-Tabellen zu formatieren, hingewiesen werden. In Tabellen kommt es ja häufig vor, daß für einzelne Zellen keine Werte existieren, diese Zellen also leer auszugeben sind. Übernimmt man nun diese *Null Values* unbearbeitet in seine Ausgabeanweisungen, so liefert das – wie die Ausgabe von KAPITEL6.BSP3C in seiner oberen Hälfte zeigt – ein sehr unschönes Gesamtbild, weil für die leeren Zellen auch keine Begrenzungslinien gezogen werden. Damit wirklich leere Zellen – mit Begrenzungslinien – dargestellt werden, muß in ihnen also irgendein Wert enthalten sein. Für diesen Zweck verwendet man normalerweise das Sonderzeichen   (Leerzeichen ohne Zeilenumbruch), das in der Übersicht von KAPITEL6.BSP2C unter der Rubrik *Trenn- und Füllzeichen* zu finden ist. Die entsprechende Anweisung lautet in HTML:

```
<TD> </TD>
```

Tabellen

Als PL/SQL-Prozeduraufruf hat sie die Form:

```
htp.tableData (' ');
```

KAPITEL6.BSP3C zeigt in der unteren Hälfte der Ausgabe das Resultat des Eintrags von   in die leeren Zellen.

Wie wichtig es sein kann, dieses Sonderzeichen zu verwenden, wird noch deutlicher, wenn Sie Hintergrundfarben für die einzelnen Zellen festlegen möchten, weil diese Festlegung in leeren Zellen ignoriert wird, so daß als Gesamtergebnis eine seltsame Mischung aus explizit festgelegten und defaultmäßig verwendetem Hintergrund herauskommt. Betrachten Sie unter diesem Gesichtspunkt noch einmal den Code für KAPITEL6.BSP3B: Die Ausgabe der gewünschten Farben in den dafür vorgesehenen Zellen ist dort nur deshalb möglich, weil in die eigentlich leeren Zellen das Zeichen   eingetragen wurde.

Berücksichtigen Sie beim Entwurf von Web-Seiten mit dem PL/SQL Web Toolkit auch, daß für alle Formatierungen innerhalb einer Zelle, die nicht über Attribute der <TH>- und <TD>-Anweisungen erreichbar sind, sondern eigenständige HTML-Kommandos erfordern, in Ihren PL/SQL-Prozeduren nicht die HTP-Prozeduren, sondern die HTF-Funktionen verwendet werden müssen. KAPITEL6.BSP3B zeigt das am Beispiel einer Festlegung des Schrifttyps für die Spalten 1 und 3. Wenn Sie zwei Prozeduraufrufe ineinander verschachteln, erhalten Sie beim Übersetzen die Fehlermeldung

```
Error at line ..., column ...:
  PLS-00222: No function with name '...' exists in
            this scope.
```

wobei zwischen den Anführungszeichen im Text der Fehlermeldung der Name der von Ihnen fälschlich verwendeten Prozedur eingetragen wird.

Zu Beginn dieses Abschnitts wurde erwähnt, daß HTML-Tabellen nicht nur zur Ausgabe tabellenförmig aufgebauter Daten benutzt werden, sondern auch zur Festlegung einer vom Designer gewollten Anordnung mehrerer Elemente. Das Grundprinzip der Web-Technologie besagt ja, daß der Designer einer Web-Seite mit sehr einfachen Formatbefehlen auskommt, weil der Web-Browser weitestgehend über die Anordnung der einzelnen Elemente entscheidet. Nun kann es aber nicht ausbleiben, daß Designer hin und wieder eine sehr konkrete Vorstellung von der Anordnung der Elemente haben und den Browser zwingen möchten, diese Vorstellungen auch umzusetzen. Das mächtigste Mittel zur Erreichung dieses Ziels ist derzeit die Tabelle, weil durch sie prinzipiell die gesamte Seite mit einem beliebig feinen Raster überzogen und jede Zelle einzeln angesprochen werden kann. Aus der vorangehenden Darstellung wurde deutlich, daß die mit dem Aufbau von Tabellen zusammenhängenden Formatbefehle außerdem über ungewöhnlich viele Attribute verfügen, mit denen sich die Eigenschaften jeder einzelnen Zelle und ihres Inhalts steuern lassen.

*Abbildung 6.3:
Formatierung von
und mit Tabellen*

KAPITEL6.BSP3D bietet ein etwas fortgeschritteneres Beispiel für diese Technik (vgl. Abb. 6.3). Die Prozedur basiert auf KAPITEL6.BSP3C. In ihr wird die Ausgabe jedoch so modifiziert, daß die Gegenüberstellung der beiden Vorgehensweisen auch grafisch durch eine Gegenüberstellung der Tabellen zum Ausdruck kommt. Das Ziel wird durch den Aufbau einer äußeren Tabelle mit nur zwei nebeneinander stehenden Zellen und unsichtbaren Begrenzungslinien sowie die Einschachtelung der beiden in KAPITEL6.BSP3C generierten Tabellen in diese Zellen erreicht. Als Folge der Einschachtelung in eine äußere Tabelle müssen allerdings die Beschreibungen der beiden inneren Tabellen aus HTP-Prozeduraufrufen in HTF-Funktionsaufrufe geändert werden. Ebenso müssen die selbst erstellten Prozeduren Put4_V1 und Put4_V2 in Funktionen umgewandelt werden, deren Ergebniswert – eine Tabellenzeile – an die Prozedur htp.tableData übergeben werden kann.

6.6 Trenn- und Aufzählungszeichen

Wenn Web-Seiten längere Texte enthalten, kommt es nicht nur darauf an, daß einzelne Textelemente *formatiert* und dadurch hervorgehoben werden, sondern auch darauf, daß der gesamte Text *strukturiert* und dadurch dem Betrachter in leicht überschaubarer Form dargeboten wird. Zu den HTML-Sprachelementen, die die Strukturierung von Texten ermöglichen, zählen natürlich die Überschriften auf der zweiten bis sechsten Ebene, die bereits vorgestellt wurden. Hinzu kommen horizontale Trennlinien und Listen. Ihre Anwendung wird in der Prozedur KAPITEL6.BSP4 vorgeführt.

Trenn- und Aufzählungszeichen

Eine *horizontale Trennlinie* kann mit dem HTML-Kommando <HR> zwischen zwei Textabschnitten eingefügt werden. Das PL/SQL Web Toolkit stellt dafür die Prozedur

```
htp.hr;
```

zur Verfügung. Dem Kommando <HR> können prinzipiell einige Attribute mitgegeben werden, doch gehen der HTML-Standard, Netscape und Microsoft hier sehr unterschiedliche Wege, weshalb die Attribute nicht im Detail vorgestellt werden sollen.

Beim Aufbau von *Listen* (Aufzählungen) können Sie zwischen drei Typen wählen:

- Bei einer *numerierten Liste (Ordered List)* werden die einzelnen Einträge mit fortlaufenden Nummern versehen.
- Bei einer *nicht numerierten Liste (Unordered List)* werden die einzelnen Einträge lediglich mit einem Aufzählungszeichen (Bullet) versehen. Eine solche Liste lesen Sie gerade.
- Bei einem *Glossar (Definition List)* besteht jeder Eintrag aus einem Begriff und einer zugehörigen Erläuterung.

Numerierte und nicht numerierte Listen weisen einen sehr ähnlichen Aufbau auf. Eine numerierte Liste wird begonnen mit der Formatanweisung <OL> und mit der Formatanweisung </OL> abgeschlossen, während eine nicht numerierte Liste durch die Formatanweisungen <UL> und </UL> begrenzt wird. Die einzelnen Einträge werden in beiden Fällen mit der Anweisung <LI> begonnen. Das für den Abschluß zu erwartende Kommando </LI> existiert zwar, jedoch ist seine Anwendung nicht unbedingt erforderlich, da das Ende eines Eintrags durch den Beginn des nächsten oder den Abschluß der Liste bereits hinreichend deutlich markiert ist.

```
<!-- Numerierte Liste -->

<ol>
   <li>Erster Eintrag</li>
   <li>Zweiter Eintrag</li>
   <li>Dritter Eintrag</li>
</ol>

<!-- Nicht numerierte Liste -->

<ul>
   <li>Erster Eintrag</li>
   <li>Zweiter Eintrag</li>
   <li>Dritter Eintrag</li>
</ul>
```

Die »Übersetzung« in PL/SQL besteht aus folgenden Anweisungen:

```
-- Numerierte Liste
htp.olistOpen;
   htp.listItem ('Erster Eintrag');
   htp.listItem ('Zweiter Eintrag');
   htp.listItem ('Dritter Eintrag');
htp.olistClose;

-- Nicht numerierte Liste

htp.ulistOpen;
   htp.listItem ('Erster Eintrag');
   htp.listItem ('Zweiter Eintrag');
   htp.listItem ('Dritter Eintrag');
htp.ulistClose;
```

Auch für die nicht numerierte Liste gilt, daß einige Attribute zur Verfügung stehen, die z.B. die Auswahl des Aufzählungszeichens gestatten, jedoch nur von wenigen Browsern verstanden werden. In Abschnitt 6.8 wird ein anderer, allen Browsern verständlicher und deshalb weit verbreiteter Weg zu einer interessanteren Gestaltung von Aufzählungen gezeigt.

Das Glossar ist eine besondere Listenform, die – wie sein Name besagt – für Begriffserklärungen verwendet werden kann. Es wird in HTML durch die Formatanweisungen <DL> und </DL> begrenzt. Jeder Eintrag besteht aus einem zu erklärenden Text (z.B. einem Begriff) und einem erklärenden Text (Erläuterung). Der zu erklärende Text wird eingeschlossen in die Formatanweisungen <DT> und </DT>, die Erläuterung dazu wird begrenzt durch die Anweisungen <DD> und </DD>:

```
<DL>
   <DT>Begriff 1</DT>
      <DD>Erklärung von Begriff 1</DD>
   <DT>Begriff 2</DT>
      <DD>Erklärung von Begriff 2</DD>
   <DT>Begriff 3</DT>
      <DD>Erklärung von Begriff 3</DD>
</DL>
```

Die PL/SQL-Entsprechung dazu weist einen sehr ähnlichen Aufbau auf:

```
htp.dlistOpen;
   htp.dlistTerm ('Begriff 1');
      htp.dlistDef ('Erklärung von Begriff 1');
   htp.dlistTerm ('Begriff 2');
      htp.dlistDef ('Erklärung von Begriff 2');
   htp.dlistTerm ('Begriff 3');
      htp.dlistDef ('Erklärung von Begriff 3');
htp.dlistClose;
```

Der zu erklärende Begriff wird von den meisten Browsern linksbündig ausgegeben, die Erläuterung dazu in der folgenden Zeile, jedoch etwas eingerückt.

6.7 Links

Es ist wohl weder eine Übertreibung noch eine einseitige Darstellung, wenn man behauptet, daß Links (Verweise) den eigentlichen Kern und die Pointe der Web-Technologie darstellen. Das vom Hypertext-Konzept übernommene Verfahren, durch einfaches Klicken auf einen vom Designer »aktivierten« Bereich innerhalb der Seite – ein Wort, eine Wortgruppe oder auch ein Bild – zu einer anderen Seite zu springen, macht zunächst das gesamte World Wide Web zu einem einzigen großen Buch. Da aber in HTML-Seiten einem aktivierten Bereich nicht nur eine andere HTML-Seite als Sprungziel zugeordnet, sondern darüber hinaus die Übertragung beliebiger Dateien, das Ausführen von Programmen oder der Zugriff auf Daten in einer Datenbank veranlaßt werden kann, erweist sich die Web-Technologie als ein verblüffend einfaches Verfahren, mit dem sich der Benutzer die unterschiedlichsten Typen von Informationen verschaffen kann, ohne daß er sich mit der Frage, um was für einen Typ von Information es sich genau handelt und auf welchem Wege bzw. mit welchem Programm man sich diese Information verschafft, sehr intensiv auseinandersetzen müßte.

Links lassen sich in drei Gruppen einteilen:

1. Die »naheliegendsten« Verweise sind solche innerhalb der gleichen Seite. Bei dieser Technik werden innerhalb einer Seite beliebig viele Sprungmarken definiert, auf die man sich an anderer Stelle bezieht. Diese Sprungmarken werden in der Regel als *Anker*, gelegentlich auch als *Bookmarks* bezeichnet.

2. Die zweite Gruppe bilden Verweise auf andere, jedoch lokale Seiten, d.h. auf statische oder dynamische Seiten, die sich auf dem gleichen Server befinden wie diejenige Seite, in der der Verweis steht. Solche Ziele können spezifiziert werden, indem man den Standort innerhalb des virtuellen Dateisystems angibt.

3. Den dritten, größten und entferntesten Zielbereich bilden diejenigen Seiten, die sich auf anderen Servern befinden. Die Spezifikation des Zieles muß hier über die Angabe von *URLs* erfolgen.

Für die Gruppen 2 und 3 gilt gemäß dem zu Beginn dieses Abschnitts Gesagten, daß nicht nur HTML-Seiten als Ziele in Frage kommen, sondern auch beliebige Dateien (z.B. Software), Programme usw. Die Vielfalt der möglichen Ziele und die Form der dafür notwendigen URLs soll hier jedoch nicht erörtert werden. Die darstellung wird sich vielmehr auf HTML-Seiten konzentrieren und nur wenige Hinweise auf andere Ziele geben.

Verweise innerhalb einer Web-Seite werden häufig benutzt, wenn eine solche Seite sehr lange, jedoch durch Überschriften auf den Ebenen 2 bis 6 gegliederte Texte enthält. Diese Überschriften werden dann als mögliche Sprungziele deklariert und dem Text selbst wird ein Inhaltsverzeichnis vorangestellt, das nicht nur die Überschriften anzeigt, sondern diese überdies mit Links unterlegt, so der Benutzer durch einfaches Klicken auf eine Überschrift im Inhaltsverzeichnis zu dem entsprechenden Abschnitt springen kann. Die Beispielprozedur KAPITEL6.BSP5A demonstriert diese Technik. Eine weitere häufig vorkommende Anwendung ist der Sprung von einem im Text vorkommenden Begriff zu seiner Erklärung im Glossar.

Um einen Verweis innerhalb einer Seite realisieren zu können, müssen also zuerst die möglichen Sprungziele bekanntgemacht werden. Diese werden, wie bereits erwähnt, als *Anker (Anchor)*, gelegentlich – so z.B. von Microsoft FrontPage – auch als *Bookmarks* bezeichnet. Auf die Bezeichnung *Anchor* bezieht sich das HTML-Kommando, das das Arbeiten mit Verweisen ermöglicht. Es lautet schlicht <A>. Die Deklaration eines möglichen Sprungziels erfolgt dadurch, daß ein beliebiger Textausschnitt – z.B. eine Überschrift oder ein Begriff in einem Glossar – durch die Anweisungen <A> und </A> eingeschlossen und dem so markierten Bereich ein Name zugeordnet wird:

```
<A NAME="Thema1">Beliebiger Textausschnitt</A>
```

An einer beliebigen anderen Stelle innerhalb des Dokuments kann nun unter Verwendung des zugewiesenen Namens auf das Sprungziel verwiesen werden. Auch dies geschieht, indem ein Textbereich – z.B. die Überschrift im Inhaltsverzeichnis oder das erste Auftreten eines Begriffes im Text – durch <A> und </A> eingeschlossen wird. Diesmal wird jedoch statt des Attributs NAME, das ein Sprungziel definiert, das Attribut HREF, das ein Sprungziel referenziert, mitgegeben:

```
Weitere Informationen zu diesem Thema erhalten Sie
<A HREF="#Thema1">weiter unten</A> in diesem Dokument.
```

In den Versionen 1.0 und 2.0 arbeiten die HTF-Funktionen und HTP-Prozeduren, die als Entsprechung zu dieser HTML-Anweisung zur Verfügung gestellt werden, nicht ganz sauber. Bei der Umsetzung in PL/SQL müßte aus dem ersten Beispiel der Prozeduraufruf

```
htp.anchor2 (
    ctext => 'Beliebiger Textausschnitt',
    cname => 'Thema1'
);
```

werden, während das zweite Beispiel in

```
htp.print (
    'Weitere Informationen zu diesem Thema erhalten Sie '
);
htp.anchor2 (
    curl => '#Thema1',
    ctext => 'weiter unten'
);
htp.print (
    ' in diesem Dokument.'
);
```

umzuwandeln wäre. Der zweite Teil dieses Beispiels kann auch so geschrieben werden und arbeitet korrekt. Der erste Prozeduraufruf jedoch produziert eine Fehlermeldung beim Übersetzen, die besagt, daß nicht alle erforderlichen Parameter in der Parameterliste spezifiziert wurden. Grund dafür ist die Tatsache, daß `curl` von den Entwicklern der Prozedur (und der entsprechenden HTF-Funktion) als zwingend erforderlich gekennzeichnet wurde. Dies ist nun noch kein großes Unheil, denn PL/SQL erlaubt den Prozeduraufruf

```
htp.anchor2 (
   curl  => NULL,
   ctext => 'Beliebiger Textausschnitt',
   cname => 'Thema1'
);
```

Das eigentliche Problem besteht darin, daß dieser Prozeduraufruf nun akzeptiert wird, anschließend aber das HTML-Kommando

```
<A HREF="" NAME="Thema1">
```

generiert. Dadurch wird der markierte Text nicht nur – wie gewünscht – als Sprungziel, sondern überdies selbst als Verweis definiert – ein Verweis freilich, der völlig ins Leere führt. Mit anderen Worten: Der vom Designer der Seite gewünschte Verweis arbeitet korrekt, jedoch wird ein zusätzlicher Verweis angelegt, dem kein Sprungziel entspricht und der deshalb, wenn der Benutzer versehentlich darauf klickt, eine Fehlermeldung liefert.

Sie können dieses Problem umgehen, indem Sie entweder lange Texte nicht als dynamische, sondern als statische Seiten aufbauen – was ohnehin die Regel ist – oder selbst eine Prozedur bzw. Funktion schreiben, die den korrekten Output liefert (vgl. Kapitel 8).

Verweise auf andere lokale Seiten, d.h. auf solche, die sich auf dem gleichen Server befinden, kommen sehr häufig vor, da wohl auf kaum einem Web-Server die gesamte Information in Form einer einzigen Seite zur Verfügung gestellt wird. Ausgehend von der Home Page, wird eine Hierarchie von Seiten aufgebaut, über die der Benutzer zu immer spezielleren Informationen gelangt.

Verweise auf lokale Seiten setzen voraus, daß das virtuelle Dateisystem konfiguriert wurde und daß die Zielseite sich innerhalb des virtuellen Dateisystems befindet. Für statische Web-Seiten – also HTML-Dateien – bedeutet dies, daß das Verzeichnis, in dem sich die Datei befindet, entweder explizit als Bestandteil des virtuellen Dateisystems für den zu verwendenden Listener-Prozeß eingetragen wurde oder daß es sich um ein Unterverzeichnis eines solchen explizit bekanntgemachten Verzeichnisses handelt. Für dynamische Web-Seiten – also PL/SQL-Prozeduren, die als *Stored Procedures* in der Datenbank abgelegt wurden – ist es erforderlich, daß der »Zugriffspfad«, der hier ja im wesentlichen einen Alias für den Database Connection Descriptor (DCD) darstellt, dem Web Request Broker bekanntgemacht wurde.

Die Kommandos, mit denen Verweise auf andere lokale Seiten angelegt werden, unterscheiden sich syntaktisch nicht von denjenigen, die bei der Erörterung von Verweisen innerhalb eines Dokuments vorgestellt wurden. Es ist lediglich die Spezifikation der »Sprungmarke« durch die Spezifikation der Zieldatei (statische Seite) oder der Zielprozedur (dynamische Seite) zu ersetzen. In HTML stellt sich das so dar:

```
<A HREF="/AddWes/Kapitel6/Start.html">Statische Seite</A>
<A HREF="/addwes/owa/Kapitel6.bsp1a">Dynamische Seite</A>
```

Beachten Sie bitte, daß WebServer in der Regel auch dann, wenn sie nicht unter UNIX laufen, sich so verhalten, als würden sie unter UNIX laufen, d.h. zwischen Groß- und Kleinschreibung unterscheiden. Es ist also nicht egal, ob Sie den eben als Beispiel angeführten Link zu einer statischen Seite in der Form

```
<A HREF="/AddWes/Kapitel6/Start.html">Statische Seite</A>
```

oder in der Form

```
<A HREF="/addwes/kapitel6/start.html">Statische Seite</A>
```

schreiben.

Die Umwandlung der beiden Beispiele in PL/SQL ist nicht schwer:

```
htp.anchor2 (
   curl => '/AddWes/Kapitel6/Start.html',
   ctext => 'Statische Seite'
);
htp.anchor2 (
   curl => '/addwes/owa/Kapitel6.bsp1a',
   ctext => 'Dynamische Seite'
);
```

Für die Spezifikation des Zielpfades stehen Ihnen drei syntaktische Varianten zur Verfügung:

- ▶ Sie können sich bei einer statischen Seite auf den Namen der Zieldatei (im oben angeführten Beispiel: Start.html), bei dynamischen Seiten auf den Namen der zu startenden Prozedur (Kapitel6.bsp1a) beschränken. In diesem Fall wird für den fehlenden Zugriffspfad derjenige der aktuellen Seite eingesetzt. Bei statischen Seiten ist eine solche Spezifikation also funktionstüchtig, wenn sich die Zielseite im gleichen Verzeichnis befindet wie die aktuelle Seite, bei dynamischen Seiten, wenn Sie der gleiche virtuelle Pfad – und damit der gleiche Database Connection Descriptor – verwendet werden können.

- ▶ Die zweite in Betracht kommende Variante ist die Spezifikation eines relativen, d.h. vom aktuellen Standort abhängigen Pfades. Sie ist bei statischen Seiten häufig, bei dynamischen dagegen kaum einsetzbar. So wird häufig die Home Page, die angibt, über welche Themen der Server Informationen anbietet, im Root-Verzeichnis abgelegt, während für die einzelnen Themenbereiche Unterverzeichnisse (Thema1, Thema2 usw.) aufgebaut werden. Die Verweise von der Home Page aus auf die untergeordneten Seiten können dann nach dem Schema ThemaX/index.html aufgebaut sein. Ebenso könnte im voranstehenden Beispiel die Seite Start.html von einer Seite, die im Verzeichnis /AddWes abgelegt wurde, mit Kapitel6/Start.html aufgerufen werden. Beachten Sie bitte, daß der Schrägstrich am Anfang fehlen *muß*, weil das Verzeichnis Kapitel6 sonst direkt unterhalb des Root-Verzeichnisses gesucht – und natürlich erfolglos gesucht – würde.

▶ Schließlich kann, wie in der ersten Fassung des Beispiels geschehen, der absolute, vom aktuellen Standort unabhängige Pfad angegeben werden. Er ist am Schrägstrich zu Beginn des Pfades zu erkennen. Streng genommen, ist auch eine solche absolute Pfadangabe nicht vollständig, da sie keinen Rechnernamen, keine Portnummer und keine Protokollspezifikation enthält, doch erfüllt sie ihren Zweck, sofern es sich wirklich um eine lokale Seite handelt, die auf dem gleichen Rechner wie die aktuelle Seite zu finden ist.

Welcher Variante Sie den Vorzug geben sollten, hängt von Ihren Ansprüchen und Ihren Erwartungen ab. Generell gilt, daß die Adresse um so sicherer ihr Ziel trifft, je vollständiger sie ist, daß aber die Benutzung relativer Pfadangaben eine größere Flexibilität bietet. Die Gefahr bei relativen Pfadangaben liegt darin, daß Sie sich bei der Konstruktion »verrechnet« oder irgendeinen verschlungenen Navigationspfad nicht in Betracht gezogen haben und daß als Folge davon vom Browser des Benutzers eine inkorrekte Zieladresse konstruiert wird. Der Vorteil wird immer dann sichtbar, wenn Seiten oder ganze Gruppen von Seiten auf einen anderen Server verlagert werden sollen. Das ist nicht nur bei den diesem Buch mitgegebenen Beispielen der Fall, die möglichst ohne langwierige Anpassungsarbeit auf dem Server jedes Käufers lauffähig sein sollen, sondern kann auch Ihnen geschehen, wenn Sie, zunächst einmal als Spielerei, einen kleinen WebServer aufbauen, die von Ihnen angebotenen Informationen dann aber für so viele Benutzer interessant sind, daß aus dem Spiel Ernst wird und Sie Ihre Dokumente auf eine leistungsstärkere Maschine verlagern müssen. In dieser Situation werden Sie sich zu jedem Link beglückwünschen, in dem Sie keine absolute, sondern eine relative Pfadangabe vewendet haben.

Selbstverständlich können Sie den Verweis auf ein anderes Dokument kombinieren mit dem Verweis auf eine Sprungmarke innerhalb eines Dokuments:

```
htp.anchor2 (
   curl => '/addwes/owa/Kapitel6.bsp5a#LinkSeiteLokal',
   ctext => 'Verweise zu anderen lokalen Seiten'
);
```

Die Prozedur KAPITEL6.BSP5B bietet Ihnen die Möglichkeit, Verweise auf statische und dynamische lokale Seiten zu testen.

Verweise auf andere remote Seiten zu setzen erfordert einerseits umfangreichere Adressen, in denen der Zielrechner genauer spezifiziert wird, andererseits die technische Möglichkeit, auf den so spezifizierten Server zuzugrei-

Verweise auf andere remote Seiten setzen

fen – bei Servern, die sich außerhalb eines firmeneigenen Intranets befinden, also einen Internet-Zugang. Die Form der hier zu verwendenden Adressen wird als *URL (Uniform Resource Locator)* bezeichnet, weil sie es ermöglichen, Zielobjekte (Ressourcen) im Internet in einer für zahlreiche Zugriffsprotokolle weitestgehend einheitlichen Weise zu spezifizieren.

URLs für den Zugriff auf HTML-Seiten beinhalten

- die Spezifikation des Zugriffsprotokolls (HTTP),
- den Namen des Server-Rechners,
- die Port-Nummer des Web-Listener-Prozesses,
- den Standort des Dokuments im virtuellen Dateisystem des WebServers.

Die Portnummer des Web-Listener-Prozesses kann weggelassen werden, wenn der Default-Port (80) verwendet wird. Die Spezifikation des Standortes im virtuellen Dateisystem folgt den Regeln, die auch für Verweise auf andere lokale Seiten gelten.

Hier einige Beispiele, bei denen, abweichend von der sonst verwendeten Schreibweise, die Namen der Parameter weggelassen wurden, um Zeilenumbrüche innerhalb der URLs zu vermeiden. An erster Stelle steht jeweils der parameter curl, an zweiter Stelle der Parameter ctext.

```
htp.anchor2 (
    'http://www.neustadt.com:4711/index.html',
    'Link 1'
);
htp.anchor2 (
    'http://www.neustadt.com/index.html',
    'Link 2'
);
htp.anchor2 (
    'http://www.neustadt.com/',
    'Link 3'
);
htp.anchor2 (
    'http://www.neustadt.com/AddWes/Kapitel6/Start.html',
    'Link 4'
);
htp.anchor2 (
    'http://www.neustadt.com/AddWes/Kapitel6/',
    'Link 5'
);
htp.anchor2 (
    'http://www.neustadt.com/AddWes/Kapitel6',
    'Link 6'
);
htp.anchor2 (
    'http://www.neustadt.com/addwes/owa/Kapitel6.bsp5b',
    'Link 7'
);
```

Das Beispiel *Link 1* zeigt eine vollständige URL mit Spezifikation des Zugriffsprotokolls, des Rechnernamens, der Listener-Portnummer, des virtuellen Verzeichnisses und des Dateinamens. Die Datei befindet sich direkt im Root-Verzeichnis und heißt index.html – eine Kombination von Merkmalen, die in der Regel die Home Page des Servers auszeichnet. In *Link 2* wurde die Portnummer weggelassen. Der Verweis wird dennoch zum Ziel führen, sofern der Web-Listener auf www.neustadt.com so konfiguriert wurde, daß er die Portnummer 80 benutzt. *Link 3* zeigt eine URL, wie Sie sie mit Sicherheit schon gesehen und selbst benutzt haben, wenn Sie einen Internet-Zugang besitzen. Hier wurde nicht nur die Portnummer weggelassen, sondern auch der Dateiname. Die Ergänzung des fehlenden Namens wird nicht durch den Browser, sondern durch den WebServer vorgenommen. Der dabei zu verwendende Name ist nicht generell vorgeschrieben, sondern wird vom Verwalter des WebServers im Rahmen der WebServer-Konfiguration festgelegt. In der Regel wird dafür index.htm, index.html – unter UNIX auch .index.html –, default.htm oder default.html verwendet. *Link 4* verweist auf eine Seite, die sich nicht im Root-Verzeichnis befindet.

Die Beispiele *Link 5* und *Link 6* sollen auf ein »Fettnäpfchen« hinweisen, in das schon viele Web-Surfer getreten sind. Zunächst einmal verhalten sich *Link 5* und *Link 4* zueinander wie *Link 3* und *Link 2*: In beiden Fällen entsteht die kürzere Fassung der Adresse durch Weglassen des Dateinamens. *Link 5* wird also nur dann erfolgreich sein, wenn es auf dem angesprochenen Server im virtuellen Verzeichnis /AddWes/Kapitel6 eine Datei mit dem auf diesem Server verwendeten Default-Namen (z.B. index.html) gibt. In *Link 6* wird nun aber der abschließende Schrägstrich weggelassen. Das *könnte* korrekt sein – nämlich unter der Voraussetzung, daß es im Verzeichnis /AddWes eine Datei mit dem Namen Kapitel6.htm[l] gibt. Wahrscheinlicher aber ist, daß es sich hier um einen Fehler handelt und der Versuch, den Link zu benutzen, mit einer Fehlermeldung endet.

Link 7 zeigt einen Verweis auf eine remote dynamische Seite, der nun keinerlei Überraschungen mehr enthalten sollte.

Es wurde bereits erwähnt, daß neben den Verweisen auf andere HTML-Seiten noch andere Verweis-Typen bzw. Übertragungsprotokolle unterstützt werden. Der Einsatz all dieser Verweis-Typen erfordert aber keine zusätzlichen Kenntnisse über das PL/SQL Web Toolkit, sondern lediglich das Wissen, wie die entsprechenden URLs aufzubauen sind. Dieses Wissen zu vermitteln, ist aber nicht das Ziel des vorliegenden Buches. Von den übrigen Verweis-Typen soll hier lediglich der **mailto-Verweis** noch etwas genauer betrachtet werden – einerseits deshalb, weil er auf keinem WebServer fehlen darf, andererseits, weil er der einzige ist, für den eine spezielle Web-Toolkit-Prozedur existiert.

Es ist üblich, zumindest in die Home Page einen Link zu integrieren, der es dem Benutzer ermöglicht, dem Verwalter des WebServers oder dem Designer der Seite(n) per Mail Fragen, Kommentare oder Wünsche zukommen zu lassen. Ein solcher Link hat im HTML-Format die Form

```
Kommentare und Fragen zu dieser Seite richten Sie bitte an
den <A HREF="mailto:ckersten@de.oracle.com">WebMaster</A>.
```

Die Form der Zieladresse ist zwar neu, die Struktur des Kommandos aber haben Sie bereits mehrfach in diesem Abschnitt gesehen. Überträgt man nun dieses HTML-Kommando nach dem Vorbild der bisher erörterten Verweise in PL/SQL, so ergibt sich:

```
htp.print (
   'Kommentare und Fragen zu dieser Seite richten ' ||
   'Sie bitte an den '
);
htp.anchor2 (
   curl   => 'mailto:ckersten@de.oracle.com',
   ctext  => 'WebMaster'
);
htp.print ('.');
```

Gegen diese Fassung ist nichts einzuwenden: Sie ist vollkommen funktionstüchtig. Es gibt jedoch, wie bereits erwähnt, für mailto-Verweise eine eigenständige HTP-Prozedur und eine äquivalente HTF-Funktion. Dadurch wird eine alternative Formulierung möglich:

```
htp.print (
   'Kommentare und Fragen zu dieser Seite richten ' ||
   'Sie bitte an den '
);
htp.mailto (
   caddress => 'ckersten@de.oracle.com',
   ctext    => 'WebMaster'
);
htp.print ('.');
```

Von den meisten Browsern werden mit Verweisen belegte Texte standardmäßig blau und unterstrichen dargestellt, wenn von den Verweisen noch kein Gebrauch gemacht wurde, während Verweise, die bereits mindestens einmal benutzt worden sind, violett und unterstrichen dargestellt werden. Diese Einstellungen lassen sich sowohl vom Benutzer innerhalb des Browsers – was hier nicht von Interesse ist – als auch vom Designer beim Aufbau der Seite ändern. Die farbliche Darstellung von Verweisen gehört zu den Eigenschaften des sichtbaren Teils einer Seite, also des Rumpfes (Body). Entsprechend können der Anweisung <BODY> die Attribute LINK (= noch nicht benutzter Verweis), VLINK (*Visited Link* = bereits benutzter Verweis) und ALINK (*Active Link* = Link, auf den der Benutzer gerade klickt) mitgegeben werden. Als Werte können RGB-Einstellungen oder Farbbezeichnungen mitgegeben werden:

```
<BODY BGCOLOR="White"
      LINK="Green" VLINK="Green" ALINK="Purple">
```

Die PL/SQL-Übersetzung dieses Kommandos lautet:

```
htp.bodyOpen (
  cattributes => 'bgcolor="White" ' ||
     'link="Green" vlink="Green" alink="Purple"'
);
```

Anhand der Prozeduren KAPITEL6.BSP5A und KAPITEL6.BSP5B können Sie das Default-Verhalten beobachten. In KAPITEL6.BSP6 – der Beispielprozedur für den folgenden Abschnitt – werden die Einstellungen so verändert, daß mit Verweisen belegte Textabschnitte auch nach mehrmaliger Benutzung des Verweises ihre Anfangsfarbe beibehalten.

6.8 Frames

Das von der Firma Netscape entwickelte Konzept der Frames (»Rahmen«) sieht die Möglichkeit vor, das Anzeigefenster des Web-Browsers in mehrere Teilbereiche zu zerlegen. Da die Verteilung von unterschiedlichen, jedoch vom Benutzer gleichzeitig benötigten Informationen im Grunde nur ein Kernkonzept der grafischen Benutzeroberflächen in die Web-Technologie einführt, überrascht es nicht, daß der Vorschlag mit Begeisterung aufgenommen und die Unterstützung von Frames sehr schnell in alle gängigen Browser integriert wurde. Mußte noch vor kurzer Zeit ein Entwickler für jede Web-Seite, in der er von der Frame-Technologie Gebrauch machte, eine alternative Seite für Benutzer von nicht frame-fähigen Browsern liefern, so tritt eine derartige Anforderung heute nur noch in Ausnahmefällen auf. Sie wird deshalb hier auch nur als Randerscheinung behandelt.

Falls Sie den Nutzen von Frames für eine übersichtliche Darstellung von Informationen nicht bereits durch andere Seiten kennengelernt haben, so wird Ihnen das Starten der Prozedur KAPITEL6.BSP6 einen Eindruck davon vermitteln. In diesem Beispiel wird der Anzeigebereich des Browsers vertikal in zwei sehr ungleich große Bereiche geteilt. Der linke, 20 Prozent der Bildschirmbreite einnehmende Bereich enthält eine Übersicht aller im Package KAPITEL6 enthaltenen Beispielprozeduren. Jeder Eintrag in dieser Liste ist als Link angelegt, so daß der Benutzer etwa durch Klicken auf den Eintrag Beispiel 2a die Prozedur KAPITEL6.BSP2A starten kann. Der von den gestarteten Prozeduren generierte Output wird jeweils im rechten Bildschirmbereich angezeigt (Abbildung 6.4).

Um eine derartige Funktionalität zu erhalten, sind mindestens drei HTML-Seiten erforderlich: In der ersten (KAPITEL6.BSP6) wird die Aufteilung des Bildschirms und die Zuordnung der Anfangsseiten festgelegt, die zweite (KAPITEL6.BSP6_INHALT) stellt die Anfangsseite für den linken Frame, die dritte (KAPITEL6.BSP6_SEITE) die Anfangsseite für den rechten Frame dar. Im Beispiel 6 – und das ist typisch für eine solche Frame-Struktur – werden sogar noch mehr Seiten benötigt, weil zwar im linken Frame kein Wechsel stattfindet, die Anfangsseite also die einzige angezeigte Seite bleibt, im rechten Frame aber jedesmal, wenn der Benutzer einen Link aktiviert, eine neue Seite anzuzeigen ist.

6 Die Basisfunktionalität des PL/SQL Web Toolkit

Abbildung 6.4:
Teilung des
Browser-Fensters in
zwei Teilbereiche

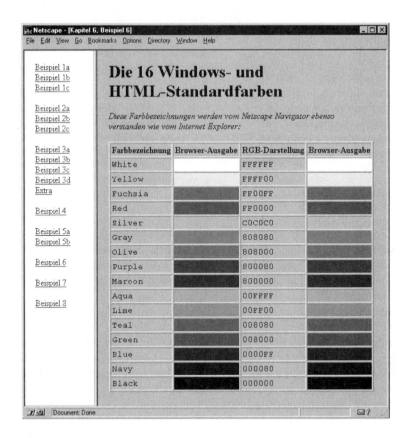

Die Aufteilung des Bildschirms in Teilbereiche erfolgt in der ersten Seite über die Definition von *FrameSets*. Der folgende Code liefert ein Beispiel dafür:

```
<HTML>

<HEAD>
<TITLE>Beispiel für FrameSets</TITLE>
<META http-equiv="Content-Type"
      content="text/html; iso-8859-1">
</HEAD>

<FRAMESET ROWS="15%,85%">
  <FRAME SRC="titel.html" NAME="frameTitel"
       MARGINWIDTH="10" MARGINHEIGHT="15">
  <FRAMESET COLS="35%,65%">
    <FRAME SRC="inhalt.html" NAME="frameInhalt"
         MARGINWIDTH="10" MARGINHEIGHT="15">
    <FRAME SRC="details.html" Name="frameDetails"
         MARGINWIDTH="10" MARGINHEIGHT="15">
  </FRAMESET>
```

```
<NOFRAMES>
<BODY>
   <P> [...] </P>
</BODY>
</NOFRAMES>

</FRAMESET>

</HTML>
```

Das Beispiel zeigt zunächst, daß beim Aufbau einer Seite, die die Bildschirmaufteilung steuern soll, die FrameSet-Definition nicht Bestandteil des Seiten-Rumpfes (Body) ist, sondern die durch <BODY> und </BODY> eingeschlossene Beschreibung des sichtbaren Teils der Seite *ersetzt*. Das ist auch durchaus nachvollziehbar, denn die Rahmen-Struktur stellt ja jetzt das Grundgerüst des sichtbaren Bereichs dar. Statt durch <BODY> und </BODY> wird die Beschreibung des sichtbaren Teils jetzt durch die HTML-Anweisungen <FRAMESET> und </FRAMESET> abgeschlossen.

Mit der Definition eines FrameSet können Sie einen Anzeigebereich entweder horizontal oder vertikal in mehrere Teilbereiche zerlegen. Um anzugeben, welche Aufteilungsrichtung Sie verwenden möchten, geben Sie der Anweisung <FRAMESET> entweder das Attribut ROWS (horizontale Teilung) oder das Attribut COLS (vertikale Teilung) mit. Beiden Attributen können Werte zugewiesen werden, aus denen sich ergibt, an welcher Stelle die Teilung erfolgen soll. In der Regel wird diese Festlegung durch die Angabe prozentualer Anteile vorgenommen, doch sind auch absolute Zahlen (Angabe in Pixel) möglich. Die Anweisung

```
<FRAMESET ROWS="15%,85%">
```

besagt demnach, daß der Anzeigebereich horizontal zerlegt werden soll und daß der obere Teilbereich 15 %, der untere dagegen 85 % des ursprünglichen Anzeigebereichs einnehmen soll:

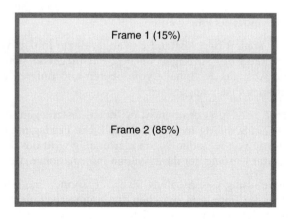

Abbildung 6.5:
Horizontale Teilung
des Anzeigebereichs

Die Anweisung

`<FRAMESET COLS="20%,80%">`

dagegen, die – allerdings in PL/SQL übersetzt – in KAPITEL6.BSP6 verwendet wird, bedeutet dagegen, daß der Anzeigebereich vertikal zerlegt werden soll und daß für den linken Teilbereich 20 %, für den rechten 80 % des ursprünglichen Anzeigebereichs verwendet werden sollen.

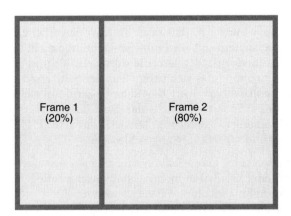

Abbildung 6.6:
Vertikale Teilung des
Anzeigebereichs

Eingeschlossen in die Anweisungen <FRAMESET> und </FRAMESET>, folgt nun eine Liste von <FRAME>-Anweisungen, durch die den einzelnen Teilbereichen weitere Eigenschaften zugewiesen werden:

- Das Attribut NAME ordnet dem Frame einen Namen zu, auf den Sie sich in nachfolgenden HTML-Anweisungen beziehen können. Das ist von Bedeutung, wenn Sie später steuern wollen, in welchem Frame bestimmte Seiten angezeigt werden sollen.

- Das Attribut SRC ordnet dem Frame eine Seite zu, die unmittelbar nach dem Aufbau des Frames darin angezeigt werden soll. Diese Seite kann später durch andere ersetzt werden.

- MARGINWIDTH steuert den Abstand des angezeigten Inhalts vom rechten und linken Rand des Anzeigebereiches. Entsprechend steuert MARGINHEIGHT den Abstand des Inhalts vom oberen und unteren Rand. Beide Werte werden in Pixeln angegeben.

- Das Attribut SCROLLING ermöglicht es Ihnen, festzulegen, ob innerhalb des Frames ein Scrolling möglich sein soll. Die Festlegung erfolgt über die Zuweisung von YES oder NO. Standardmäßig wird das Scrolling aktiviert, wenn der Umfang der dargestellten Informationen dies erfordert.

- Durch Verwendung des Attributs NORESIZE können Sie bewirken, daß der Benutzer die Trennlinie zwischen den Teilbereichen nicht verschieben kann. Standardmäßig ist dies möglich.

- Schließlich kann über das Attribut FRAMEBORDER die Breite des um den Anzeigebereich gezogenen Rahmens festgelegt werden. Die Angabe erfolgt, wie üblich, in Pixeln. Durch Spezifikation von FRAMEBORDER = 0 lassen sich *Borderless Frames* aufbauen, die gar keinen sichtbaren Rahmen mehr aufweisen. Den angezeigten Seiten werden in diesem Fall meist unterschiedliche Hintergrundfarben zugewiesen. Der Benutzer sieht also mehrere farblich verschiedene, jedoch nicht durch einen Rahmen getrennte Flächen. Dieses von Microsoft eingeführte Attribut wird jedoch zur Zeit nur von wenigen Browsern unterstützt.

Selbstverständlich sind Sie nicht auf eine Zweiteilung des Anzeigebereiches beschränkt. Schon innerhalb eines FrameSets sind mehr als zwei Frames möglich:

```
<FRAMESET ROWS="15%,70%,15%">
  <FRAME SRC="titel.html" NAME="frameTop">
  <FRAME SRC="inhalt.html" NAME="frameMain">
  <FRAME SRC="hinweis.html" NAME="frameBottom">
</FRAMESET>
```

Darüber hinaus können FrameSets ineinandergeschachtelt werden. Dies ist in dem zu Beginn dieses Abschnitts angeführten Beispiel geschehen. Dort wird der Anzeigebereich zunächst einmal horizontal in einen oberen und einen unteren und anschließend der untere noch einmal vertikal in einen rechten und einen linken Frame zerlegt. Die Syntax dafür ist sehr einfach: Die <FRAME>-Anweisung für den Teilbereich der noch einmal zerlegt werden soll, wird entfernt und durch eine weitere FrameSet-Definition ersetzt.

Die PL/SQL-Entsprechung hält sich, wie üblich, sehr eng an Struktur und Abfolge der HTML-Anweisungen:

```
htp.htmlOpen;

htp.headOpen;
htp.title ('Beispiel für FrameSets');
htp.meta (
   chttp_equiv => 'Content-Type',
   ccontent => 'text/html; iso-8859-1'
);
htp.headClose;

htp.framesetOpen (crows => '15%,85%');
  htp.frame (
    csrc => 'titel.html', cname => 'frameTitel',
    cmarginwidth => '10', cmarginheight => '15'
  );
  htp.framesetOpen (ccols => '35%,65%');
    htp.frame (
      csrc => 'inhalt.html', cname => 'frameInhalt',
      cmarginwidth => '10', cmarginheight => '15'
    );
```

```
   htp.frame (
     csrc => 'details.html', cname => 'frameDetails',
     cmarginwidth => '10', cmarginheight => '15'
   );
 htp.framesetClose;

 htp.noframesOpen;
 htp.bodyOpen;
    htp.print (' ... ');
 htp.bodyClose;
 htp.noframesClose;

htp.framesetClose;
htp.htmlClose;
```

Sowohl in der HTML- als auch in der PL/SQL-Fassung des Beispiels finden Sie am Ende der FrameSet-Definition einen Bereich, in dem eine alternative Darstellung des Dokuments für Browser, die Frames nicht unterstützen, enthalten sein kann. Im HTML-Beispiel wird er durch die Anweisungen <NOFRAMES> und </NOFRAMES>, im PL/SQL-Beispiel durch die Prozeduraufrufe htp.noframesOpen und htp.noframesClose begrenzt.

In vielen Fällen werden Frames verwendet, um dem Benutzer eine bessere Übersicht über die verfügbaren Informationen und eine möglichst einfache Navigationsmöglichkeit zwischen den einzelnen Seiten zu bieten. Dies ist auch in KAPITEL6.BSP6 der Fall: Der linke Frame enthält eine knappe Übersicht über alle im Package KAPITEL6 enthaltenen Beispielprozeduren. Ein Klick des Benutzers auf einen beliebigen Eintrag in dieser Liste führt dazu, daß der Output der dadurch aktivierten Beispielprozedur im rechten Frame angezeigt wird. Es besteht also zwischen den beiden Frames und ihren Inhalten ein Verhältnis, das in der Datenbank-Terminologie als *Master-Detail-Verhältnis* bezeichnet wird.

Wenn Sie ein solches Verhalten erreichen wollen, müssen Sie beim Aufbau der Master-Seite – im Beipiel 6 also beim Aufbau der Inhaltsübersicht – dafür sorgen, daß statische oder dynamische Seiten, die durch einen Link von dieser Seite aus aktiviert werden, nicht, wie das defaultmäßig geschieht, im gleichen, sondern in einem anderen Frame angezeigt werden. Dies können Sie bewirken, indem Sie in den *Header* (!) der Master-Seite eine Anweisung einfügen, die den Zielbereich (*Target Frame*) der durch Links aktivierten Seiten spezifiziert. In der HTML-Fassung stellt sich der Header dann folgendermaßen dar:

```
<HEAD>
<TITLE>Kapitel 6, Beispiel 6 (Inhaltsübersicht)</TITLE>
<META HTTP-EQUIV="Content-Type"
      CONTENT="text/html; charset=iso-8859-1">
<BASE TARGET="Kap6Seiten">
</HEAD>
```

Das PL/SQL-Äquivalent dazu lautet:

```
htp.headOpen;
htp.title ('Kapitel 6, Beispiel 6 (Inhaltsübersicht)');
htp.base (ctarget => 'Kap6Seiten');
htp.meta (
   chttp_equiv => 'Content-Type',
   cname       => NULL,
   ccontent    => 'text/html; charset=iso-8859-1'
);
htp.headClose;
```

Sie können aber auch bei jedem einzelnen Link angeben, in welchem Frame die Seite, auf die Sie verweisen, angezeigt werden soll:

```
<A HREF="/addwes/owa/kapitel6.bsp3b" TARGET="Kap6Seiten">
Link mit Angabe des Target Frame</A>
```

Bei den im Lieferumfang des PL/SQL Web Toolkit enthaltenen Prozeduren unterscheiden sich htp.anchor und htp.anchor2 gerade dadurch, daß letztere einen eigenen Parameter für die Spezifikation des Traget Frame vorsieht:

```
htp.anchor2 (
   curl    => '/addwes/owa/kapitel6.bsp3b',
   ctarget => 'Kap6Seiten',
   ctext   => 'Link mit Angabe des Target Frame'
);
```

Sehr wichtig – insbesondere beim Aufbau umfangreicherer Applikationen mit wechselnden Frame-Strukturen – ist die Kenntnis der vordefinierten Frame-Namen (*Implicit Frame Names*):

- Die Zielangabe _self verweist auf den aktuellen Frame. Die Anzeige über Links aktivierter Seiten erfolgt – wie bereits erwähnt – standardmäßig in dem Frame, von dem aus sie aktiviert wurde, so daß in diesem Fall keine explizite Zielangabe notwendig ist. Sie ist jedoch erforderlich, wenn für eine Seite generell ein Target Frame festgelegt wurde, in einem einzelnen Fall aber davon abgewichen werden soll. So könnte man, falls noch sehr viele Prozeduren in das Package KAPITEL6 integriert würden, die Inhaltsübersicht auf zwei Seiten verteilen und an den Schluß jeder Seite einen Verweis auf die jeweils andere setzen. Die Anzeige dieser Seiten müßte dann, abweichend von der Anzeige der Beispielseiten, im linken Frame erfolgen.

- Die Zielangabe _parent verweist auf den übergeordneten Frame. Das ist bei ineinander verschachtelten FrameSets jeweils der ursprüngliche, durch den eingefügten FrameSet geteilte Frame, ansonsten der gesamte Fensterbereich.

- Über die Zielangabe _top kann der gesamte Fensterbereich auch bei ineinander verschachtelten Frames von jedem beliebigen Standort aus angesprochen werden. Dies ist wohl der wichtigste der vordefinierten

Namen, denn er ermöglicht es, einmal aufgebaute Frame-Strukturen wieder zu beseitigen bzw. durch andersartige zu ersetzen. In KAPITEL6.BSP6_INHALT wird er beim Aufruf von KAPITEL6.BSP6 verwendet, da ansonsten der Output von KAPITEL6.BSP6 – der Prozedur, die die Frame-Struktur aufbaut – im rechten Frame angezeigt, dieser also noch einmal in zwei Teilbereiche zerlegt würde.

Von etwas anderem Charakter ist der vordefinierte Name _blank. Er kann überall da verwendet werden, wo die Angabe eines Target Frame vorgesehen ist, bewirkt aber, daß ein völlig *neues Browser-Fenster* geöffnet wird. Da das alte Fenster erhalten bleibt und beim Schließen oder Minimieren des neuen Fensters wieder sichtbar wird, kann diese Methode immer dann verwendet werden, wenn die Erweiterung der aufgebauten Frame-Struktur um einen zusätzlichen Teilbereich den Bildschirm unübersichtlich werden lassen würde.

6.9 Bilder

Bilder werden in Web-Seiten mit sehr unterschiedlichen Zielsetzungen eingebunden. Zunächst einmal können sie eingesetzt werden, um das Interesse des Betrachters zu erregen und ihn zur weiteren Erkundung der auf dem Server angebotenen Informationen anzuregen. Eine derartige Zielsetzung ist oft auf Startseiten (Home Pages) deutlich erkennbar. Sodann können sie dazu dienen, in Textform dargestellte Informationen zu veranschaulichen und zu ergänzen. Dies ist z.B. sinnvoll, wenn ein Hersteller seine Produkte bekanntmachen möchte. Schließlich werden sie auch häufig als Ersatz für Elemente verwendet, die sich in einfacher, aber nach dem Geschmack des Designers zu einfacher und zu wenig ansprechender Form auch mit HTML-Anweisungen generieren lassen. Aufzählungszeichen, Buttons und Links sind Beispiele, auf die im weiteren Verlauf dieses Abschnitts noch näher eingegangen werden soll. Jeder, der bereits im *World Wide Web* gesurft und am *World Wide Wait* teilgenommen hat, weiß freilich auch, daß man des Guten leicht zu viel tun kann und daß der Reiz einer grafisch noch so attraktiv gestalteten Seite drastisch abnimmt, wenn man mehrere Minuten warten muß, bevor man sie in voller Schönheit zu Gesicht bekommt.

Für das Einbinden von Bildern im GIF- oder JPEG-Format, die in Dateien abgelegt wurden, benötigen Sie lediglich die HTML-Anweisung <IMG>. Sie tritt nicht, wie viele andere HTML-Anweisungen im Paar mit einer abschließenden Anweisung auf, sondern steht für sich allein. Das einzige unbedingt erforderliche Attribut lautet SRC. Es gibt die Datei an, in der sich das einzubindende Bild befindet:

<IMG SRC="/AddWes/Bilder/welcome.gif">

Der <IMG>-Anweisung entsprechen im PL/SQL Web Toolkit die Prozeduren htp.img bzw. htp.img2 sowie die Funktionen htf.img und htf.img2. Welche der beiden alternativen Prozeduren bzw. Funktionen Sie wählen, ist im Hin-

Bilder

Abbildung 6.7:
Die Beispielapplikation »Deutsche Brauereien im Internet«

blick auf die in diesem Abschnitt zu betrachtende Funktionalität gleichgültig. Die Unterschiede werden erst relevant, wenn Sie von den – im übernächsten Kapitel zu behandelnden – *Image Maps* Gebrauch machen wollen.

```
htp.img2 (
  curl => '/AddWes/Bilder/welcome.gif',
);
```

An dieser Stelle ist der Hinweis auf einen wichtigen Unterschied zwischen statischen und dynamischen Web-Seiten notwendig: Beim Entwurf statischer Dokumente werden HTML-Datei und Bild-Dateien gern im gleichen Verzeichnis abgelegt, weil dann beim Referenzieren der Bilder keine Pfadangabe, sondern lediglich die Spezifikation des Dateinamens erforderlich ist:

```
<IMG SRC="welcome.gif">
```

Dynamische Seiten werden nicht im Dateisystem, sondern in der Datenbank abgelegt, so daß eine derartige Vorgehensweise nicht möglich ist. In Kapitel 8 wird zu zeigen sein, daß es ohne Zusatzsoftware sehr schwierig ist, für die Verwendung durch den WebServer bestimmte Bilder in der Datenbank zu verwalten, solange Sie nicht den Oracle8 Server einsetzen. Deshalb sollten Sie ein Verzeichnis auswählen, in dem – bzw. in dessen Unterverzeichnissen – Sie alle Bilder ablegen, für dieses Verzeichnis in Ihren Packages eine Konstante definieren und diese Konstante in den einzelnen Prozeduren verwenden. Die konkrete Vorgehensweise können Sie aus dem Package KAPITEL6 entnehmen: In der *Package Specification* wird eine Konstante mit dem Namen PICT_PATH definiert, die dann im *Package Body* statt der physischen Pfadangabe eingesetzt wird. Dieses Verfahren hat den Vorteil, daß Sie bei einer Änderung des Verzeichnisses, beim Übertragen des Package auf einen anderen Rechner oder auch beim Umstieg auf eine Bildverwaltung mit der Datenbank nicht sämtliche Bild-Referenzen manuell aktualisieren müssen.

Von den optionalen Attributen ist zunächst das Attribut ALT zu nennen. Es ermöglicht die Angabe eines Textes, der alternativ zum Bild ausgegeben werden kann. Ursprünglich mit Rücksicht auf Benutzer von nicht grafikfähigen Browsern entwickelt, ist dieses Attribut auch heute noch von Bedeutung, weil der alternative Text auch von grafikfähigen Browsern angezeigt wird, *solange* die Grafik beim Laden der Seite noch nicht oder *wenn* sich herausgestellt hat, daß sie – z. B. nach einem Umbenennen oder Verschieben der Datei ohne entsprechende Anpassung der HTML-Dokumente – gar nicht zur Verfügung steht. Microsofts Internet Explorer zeigt den alternativen Text aber auch nach abgeschlossenem Ladevorgang an, wenn der Betrachter mit dem Mauszeiger auf das Bild deutet. Es ist also durchaus lohnend, sich über den Wortlaut einige Gedanken zu machen.

Besonders nützlich ist das beschriebene Verhalten, wenn der Entwickler der Seite zusätzlich zum ALT-Attribut durch Verwendung der Attribute HEIGHT und WIDTH die Größe des Bildes bzw. der Bilder angibt, denn dann zeigen die meisten Browser die alternativen Texte in Rahmen der angegebenen Größe an, so daß der Benutzer bei langsamen Netzwerkverbindungen erkennen kann, wie viele Bilder welcher Größe noch zu laden sind, und auf dieser Basis entscheiden kann, ob er den Ladevorgang abbrechen oder bis zum Ende fortsetzen möchte. Eine HTML-Anweisung mit derartigen Angaben könnte lauten:

```
<IMG SRC="welcome.gif" ALT="Welcome!" WIDTH="212"
    HEIGHT="52">
```

Ein mögliches PL/SQL-Äquivalent dazu wäre:

```
htp.img2 (
  curl       => PICT_PATH || 'welcome.gif',
  calt       => 'Welcome!',
  cattributes => 'width="212" height="52"'
);
```

Die Angabe der Breite und der Höhe erfolgt, wie üblich, in Pixeln. Zur Ermittlung dieser Angaben können Sie nahezu jedes Grafik-Programm verwenden. Auch viele Werkzeuge für die Erstellung statischer Web-Seiten sind einsetzbar, wenn Sie das Bild in eine Test-Seite einbinden und anschließend den generierten HTML-Code betrachten.

Soll das Bild mit Text kombiniert werden, so ist insbesondere das Attribut ALIGN von Bedeutung, dem bei den PL/SQL-Prozeduren und -Funktionen der Parameter calign entspricht. Dabei ist jedoch zu unterscheiden zwischen einer kurzen, erläuternden *Beschriftung* des Bildes einerseits und andererseits der *Einbettung* des Bildes in einen längeren Text, so daß das Bild vom Text umflossen wird.

Bilder

Soll das Bild in einen fortlaufenden Text eingebettet werden, so können Sie über das Attribut ALIGN festlegen, ob das Bild am linken (ALIGN="LEFT") oder am rechten Seitenrand (ALIGN="RIGHT") ausgerichtet werden soll. Eine Option für die Ausrichtung in der Mitte existiert nicht, doch kann sie durch die Anweisungsfolge

```
<CENTER>
<IMG SRC="welcome.gif">
</CENTER>
```

bzw. die Prozeduraufrufe

```
htp.centerOpen;
htp.img2 (curl => PICT_PATH || 'welcome.gif');
htp.centerClose;
```

ersetzt werden. Der horizontale und vertikale Abstand zwischen Bild und umgebendem Text kann über die Attribute HSPACE und VSPACE eingestellt werden. Ein Beispiel für ein in Text eingebettetes Bild finden Sie in KAPITEL6.BSP7_DETAILS. Die Beschreibung der Startseite (IF-Zweig), die angezeigt wird, solange der Betrachter noch keine Brauerei ausgewählt hat, enthält folgende Anweisungen:

```
htp.img2 (
   curl       => PICT_PATH || 'welcome.gif',
   calign     => 'left',
   calt       => 'Welcome!',
   cattributes => 'width="212" height="52" hspace="10"'
);
htp.em (
   'Willkommen bei "Brauereien im Internet" ...'
);
```

Das hier verwendete Bild ist übrigens kein Java Applet, sondern eine animierte GIF-Datei.

Soll das Bild nicht in einen längeren Text eingefügt, sondern mit einer kurzen Erläuterung versehen werden, so können Sie über das ALIGN-Attribut die Position des erläuternden Textes festlegen. Zu den möglichen Werten gehören TOP (rechts oben), MIDDLE (rechts in der Mitte) und BOTTOM (rechts unten). Weitere mögliche Werte bieten zwar Varianten dieser drei Grundeinstellungen, ändern aber nichts daran, daß wichtige grundlegende Möglichkeiten wie etwa die Beschriftung links vom Bild oder unterhalb des Bildes fehlen. Die Beschriftung unterhalb des Bildes kann aber durch eine Anweisungsfolge nach dem Schema

```
<IMG SRC="diebels.jpg">
<BR CLEAR="ALL">
<EM>Firmenlogo der Brauerei Diebels</EM>
```

bzw. die Prozeduraufrufe

```
htp.img2 (curl => PICT_PATH || 'brauereien/diebels.jpg');
htp.nl   (cclear => 'all');
htp.em   ('Firmenlogo der Brauerei Diebels');
```

erreicht werden. Die Beschriftung links vom Bild – wie auch alle komplexeren Anordnungen von Texten und Bildern – erreichen Sie durch den Aufbau einer Tabelle. Beispiele für die Integration von Bildern in Tabellen finden Sie in den Prozeduren KAPITEL6.BSP7_LAENDER, KAPITEL6.BSP7_ORTE und KAPITEL6.BSP7_DETAILS.

Grafische Elemente werden – wie anfangs erwähnt – auch häufig eingesetzt, um strukturierende oder funktionale Bestandteile einer Web-Seite, die durch HTML-Anweisungen in einer einfachen Form aufgebaut werden können, ansprechender zu gestalten. Nachfolgend werden einige derartige Bestandteile aufgeführt:

- Mit der HTML-Anweisung <HR> lassen sich einfache horizontale *Linien* in ein Dokument einfügen. Microsoft hat zwar Attribute vorgeschlagen, über die sich deren Aussehen (z.B. die Farbe) steuern lassen soll, doch werden diese Attribute – zumindest zu dem Zeitpunkt, zu dem dieser Text geschrieben wird – von fast allen Browsern außer dem Internet Explorer ignoriert. Deshalb werden von den meisten Entwicklern Linien, die als Grafiken vorliegen, bevorzugt. Liniengrafiken haben zwar den Nachteil, daß sie sich nicht automatisch der Bildschirm- bzw. Seitenbreite anpassen, doch wird dieser Nachteil dadurch ausgeglichen, daß sie in allen erdenklichen Formen, Farben, Farbkombinationen und sogar mit Animationen existieren.

- Ganz ähnlich verhält es sich mit den *Aufzählungszeichen*, die zur Strukturierung nicht numerierter Listen verwendet werden. Hier hat Netscape einige Erweiterungen vorgeschlagen, die sich aber ebenfalls noch nicht allgemein durchgesetzt haben. Deshalb werden auch in diesem Fall die durch HTML-Anweisungen erzeugten Aufzählungszeichen gern durch grafische Elemente ersetzt. Die Beispielapplikation zu diesem Abschnitt zeigt die Vorgehensweise in der Prozedur KAPITEL6.BSP7_ORTE, deren Output im Frame links unten zu sehen ist. Um die Vielfalt des hier Möglichen zumindest anzudeuten, wurde jedem Bundesland ein anderes Aufzählungszeichen zugeordnet – ein Verfahren, das man für reale Applikationen allerdings nicht empfehlen kann.

Je größer die Aufzählungszeichen werden, desto unbefriedigender wird allerdings das Resultat, das sich ergibt, wenn man den Text einfach neben der Grafik anordnet. Selbst mit dem ALIGN-Attribut erzielt man oft nicht das gewünschte Resultat. Der Ausweg ist – wieder einmal – der Aufbau einer Tabelle, die es erlaubt, Grafik und Text exakt an einer gemeinsamen Mittellinie auszurichten. KAPITEL6.BSP7_ORTE zeigt sowohl die einfache Anordnung (Prozedur PutListEntry) als auch die Verwendung einer Tabelle (Prozedur PutListEntry2).

- *Verweise* können nicht nur an Worte bzw. Wortgruppen, sondern auch an Grafiken gebunden werden. Um dies zu erreichen, wird zwischen den Anweisungen <A> und </A> – also da, wo ansonsten der Text steht, an den der Verweis gebunden ist – eine <IMG>-Anweisung eingetragen:

```
<A HREF="kapitel6.bsp7_orte?p_land=BY">
  <IMG SRC="bayern.jpg" BORDER="2" WIDTH="50" HEIGHT="53">
</A>
```

Auch in PL/SQL wird lediglich der Text durch eine Bild-Referenz ersetzt:

```
htp.anchor2 (
  curl  => 'kapitel6.bsp7_orte?p_land=BY',
  ctext => htf.img2 (
           curl        => 'bayern.jpg',
           cattributes => 'border="2" width="50"' ||
                          'height="53"'
         )
);
```

Bei der mit einem Fragezeichen an den Aufruf von KAPITEL6.BSP7_ORTE angeschlossenen Zeichenkette handelt es sich um eine Parameterliste. Genaueres dazu finden Sie im folgenden Abschnitt. Das Attribut BORDER legt fest, ob ein Rahmen um das Bild gezeichnet werden soll. Standardmäßig wird um einfache Bilder kein Rahmen gezeichnet – was Sie durch Zuweisung eines Wertes > 0 ändern können –, während Bilder, an die Verweise gebunden sind, mit der für Verweise eingestellten Farbe umrahmt werden – was Sie mit der Einstellung BORDER="0" ändern können.

An Bilder gebundene Verweise werden in KAPITEL6.BSP7_LAENDER verwendet. Wenn Sie KAPITEL6.BSP7 starten, sehen Sie im oberen Frame Wappen von Bundesländern. Durch Klicken auf ein Wappen wird KAPITEL6.BSP7_LAENDER aktiviert, was zur Folge hat, daß im linken unteren Frame eine Liste der in diesem Bundesland angesiedelten Brauereien ausgegeben wird.

- HTML stellt auch Anweisungen bereit, mit denen Buttons generiert werden können. Die grafischen Gestaltungsmöglichkeiten dieser Buttons sind jedoch sehr beschränkt, so daß auch in diesem Zusammenhang oft von Grafiken Gebrauch gemacht wird. Wichtige Anwendungsfälle für Buttons werden im folgenden Abschnitt vorgestellt.

6.10 Formulare

Mit den bisher vorgestellten HTML-Formatanweisungen und ihren PL/SQL-Äquivalenten können Sie bereits inhaltlich und grafisch anspruchsvolle Web-Seiten erstellen. Freilich stellen solche Web-Seiten den Betrachter vor eine ziemlich simple Alternative: Entweder er nutzt Ihr Angebot oder er ignoriert es. *Formulare* dagegen sind Web-Seiten, in denen der Betrachter aufgefordert wird, bestimmte Angaben zu machen. Diese Angaben werden anschließend vom WebServer oder einem vom WebServer angestoßenen Programm verarbeitet, so daß eine – wenn auch in ihren Möglichkeiten durchaus begrenzte – Interaktion zwischen Anbieter und Betrachter möglich ist. Eine solche Interaktion kann im Interesse des Anbieters liegen, der z.B. einige Angaben zur Person des Betrachters einholen möchte, bevor er ihm den Zugriff auf Informationen oder Software gestattet. Sie kann aber auch dazu benutzt werden, zunächst die Interessen des Betrachters zu erfragen und dann das Angebot auf die mitgeteilten Interessen abzustimmen.

Im Package KAPITEL6 sind zwei Prozeduren enthalten, anhand derer Sie den Aufbau und das Verhalten von Formularen studieren können:

- KAPITEL6.EXTRA verwendet ein sehr einfaches Formular, in dem der Benutzer wählen kann, ob die auszugebende Farbtabelle nach Farbnamen oder RGB-Werten sortiert sein soll.

- KAPITEL6.BSP8 – das Beispiel, auf das sich dieser Abschnitt bezieht – bietet ein komplexeres Formular, über das der Benutzer Textelemente und Eigenschaften einer Web-Seite festlegen und die von ihm gestaltete Seite ausgeben kann.

Damit ein Formular sinnvoll eingesetzt werden kann, muß außer der Seite, die dem Benutzer dieses Formular zeigt, auf dem Server-Rechner noch ein Programm oder eine Prozedur zur Verfügung stehen, die in der Lage ist, die vom Benutzer eingegebenen Daten entgegenzunehmen und auszuwerten. In welcher Sprache dieses Programm erstellt wurde, ob es bereits compiliert und gelinkt ist oder zur Laufzeit interpretiert wird, ob es in den WebServer integriert oder von diesem gänzlich unabhängig ist, ob es in einem eigenen Prozeß abläuft oder nicht – all dies spielt keine Rolle, solange es nur konform ist zu einer Programmierschnittstelle, die als *Common Gateway Interface (CGI)* bezeichnet wird. Im Falle des Oracle WebServers ist es aber glücklicherweise nicht notwendig, in dieses komplexe Thema genauer einzusteigen, denn hier ist die verarbeitende Komponente in aller Regel schlicht eine weitere PL/SQL-Prozedur. Diese Grundstruktur ist in den beiden Beispielen deutlich zu erkennen:

- KAPITEL6.EXTRA gibt das Formular aus, das dem Benutzer die Auswahl des Sortierkriteriums ermöglicht. KAPITEL6.EXTRA_BUILD_TABLE nimmt die Benutzereingabe entgegen und baut die Farbtabelle wie gewünscht auf.

- KAPITEL6.BSP8 gibt das Formular aus, in dem der Benutzer die Eigenschaften der Web-Seite festlegen kann (vgl. Abbildung 6.8). KAPITEL6.BSP8_PROC nimmt die ausgewählten Werte entgegen. Diese Prozedur führt zwar die Verarbeitung nicht selbst durch, sondern überläßt sie entweder KAPITEL6.BSP8_KONTROLLE oder KAPITEL6.BSP8_AUSGABE, doch ist das ein Implementierungsdetail, das lediglich der Übersichtlichkeit dienen soll. Es wäre problemlos möglich gewesen, die gesamte Verarbeitung in BSP8_PROC zu integrieren.

Formulare

Für die Übergabe der Daten an die verarbeitende Prozedur stehen zwei Methoden zur Verfügung, die als *GET* und *POST* bezeichnet werden. Bei der GET-Methode werden die eingegebenen Daten an die Zieladresse (URL) der mit ihrer Verarbeitung beauftragten Prozedur angehängt, während sie bei der POST-Methode getrennt über den Standard-Eingabekanal übergeben werden. Durch das Anhängen der Daten an die Zieladresse ergeben sich – zumindest bei einigen älteren WebServern – Längenbeschränkungen (typischerweise auf 256 Zeichen), die bei der POST-Methode nicht auftreten, so daß, obwohl die GET-Methode als Default verwendet wird, die POST-Methode vorzuziehen ist, wenn das für die Verarbeitung zuständige Programm sie unterstützt. Da dies beim PL/SQL Agent der Fall ist, sollten Sie standardmäßig von der POST-Methode Gebrauch machen.

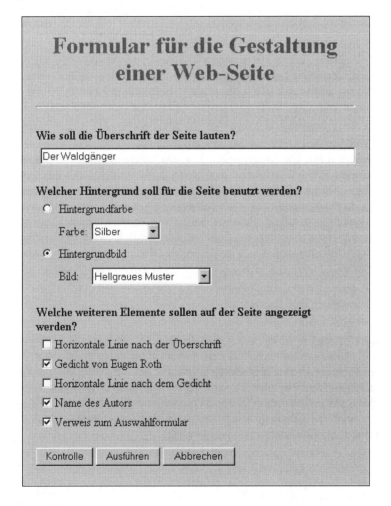

Abbildung 6.8: Formular für die individuelle Gestaltung einer Web-Seite

Nach diesen Vorbemerkungen sind Sie für den Aufbau der Formularseite gerüstet. Das Formular ist ein abgegrenzter – aber nicht notwendigerweise der einzige – Bereich innerhalb der Seite. Die Abgrenzung geschieht, wie üblich, durch eine einleitende und eine abschließende Formatanweisung. Bei der einleitenden Anweisung sind als Attribute die Zieladresse (URL) des für die Verarbeitung zuständigen Programms – hier also der zuständigen PL/SQL-Prozedur – und die Methode der Datenübergabe zu spezifizieren:

```
<FORM ACTION="kapitel6.bsp8_proc" METHOD="POST">
   [...]
</FORM>
```

Diese Anweisungen sind folgendermaßen in PL/SQL umzusetzen:

```
htp.formOpen (
   curl    => 'kapitel6.bsp8_proc',
   cmethod => 'POST'
);
   [...]
htp.formClose;
```

Das Formular kann beliebige Elemente – insbesondere erläuternde Texte und Bilder – enthalten. Die interaktive Funktionalität kommt jedoch durch die Eingabefelder zustande. Der größte Teil davon läßt sich über die Anweisung <INPUT> erzeugen. Hier sollen die wichtigsten Typen von Eingabefeldern vorgestellt werden.

Das *Textfeld* bietet die Möglichkeit, kürzere Zeichenketten einzugeben. Es kann durch eine <INPUT>-Anweisung erzeugt werden, der das Attribut TYPE="TEXT" mitgegeben wird. Weitere Attribute ermöglichen es, einen Namen für das Eingabefeld, die Größe des angezeigten Feldes (in Zeichen), die maximale Länge der Zeichenkette (ebenfalls in Zeichen) sowie einen voreingestellten Default-Wert zu spezifizieren. Das Textfeld wird in der Prozedur KAPITEL6.BSP8 verwendet, um dem Benutzer die Eingabe der Überschrift zu ermöglichen.

```
<INPUT TYPE="text" NAME="p_titel"
       SIZE="60" MAXLENGTH="256"
       VALUE="Der Waldgänger">
```

Bei der Umsetzung in PL/SQL ist hier – wie bei allen anderen Eingabefeldern – zu beachten, daß *der Name des Eingabefeldes identisch sein muß mit dem Namen des Parameters in der verarbeitenden Prozedur,* da über die beiden Namen die Zuordnung hergestellt wird. Im Beispiel wird dem Textfeld nur deshalb der – ansonsten für ein Textfeld eher eigenartige – Name p_titel zugewiesen, weil der Inhalt dieses Feldes über den Parameter p_titel an die Prozedur BSP8_PROC übergeben werden soll.

```
htp.formText (
   cname      => 'p_titel',
   csize      => '60',
   cmaxlength => '256',
   cvalue     => 'Der Waldgänger'
);
```

Formulare

Beachten Sie auch, daß es keine direkte Entsprechung zum Attribut TYPE gibt, weil das PL/SQL Web Toolkit für jeden Typ von Eingabefeld eine eigene HTP-Prozedur sowie eine eigene HTF-Funktion bereitstellt.

Für die verdeckte Eingabe, wie sie insbesondere bei der Eingabe von Kennworten erforderlich ist, steht in Form des *Password-Feldes* eine erste Variante des Textfeldes zur Verfügung. Es unterstützt alle beim Textfeld zulässigen Attribute, wird jedoch durch die Angabe TYPE="PASSWORD" erzeugt. Die Umsetzung in PL/SQL erfolgt über die Prozedur htp.formPassword oder die Funktion htf.formPassword, die ebenfalls die gleiche Parameterliste aufweisen wie htp.formText.

Eine zweite Variante stellt das *mehrzeilige Textfeld* dar. Wie der Name andeutet, kann es sich über mehrere Zeilen erstrecken und ermöglicht somit die Eingabe längerer Texte. Um ein mehrzeiliges Textfeld in Ihr Formular zu integrieren, verwenden Sie die Anweisung <TEXTAREA>. Neben dem Namen können als weitere allgemein unterstützte Attribute die Anzahl der anzuzeigenden Zeilen (ROWS) und Spalten (COLS) mitgegeben werden. Nicht von allen Browsern unterstützt wird das Attribut WRAP, das das Verhalten beim Zeilenumbruch regelt: Die Einstellung WRAP="VIRTUAL" bewirkt, daß automatisch in die nächste Zeile gesprungen wird, wenn der Benutzer beim Schreiben den rechten Rand des Eingabefeldes erreicht, daß jedoch die so erzeugten Zeilenumbrüche nicht übertragen werden. WRAP="PHYSICAL" sorgt für automatischen Zeilenumbruch und Übertragung der generierten Umbrüche. Bei der Einstellung WRAP="OFF" sind alle Zeilenumbrüche manuell vorzunehmen. Im Gegensatz zur <INPUT>-Anweisung steht die <TEXTAREA>-Anweisung nicht allein, sondern ist mit der schließenden </TEXTAREA>-Anweisung zu kombinieren. Zwischen beiden kann ein Text, der dem Benutzer vorgegeben werden soll, stehen.

Das mehrzeilige Textfeld ist in KAPITEL6.BSP8 nicht verwendet worden. Sollte dies nachträglich geschehen, wären etwa folgende Anweisungen zu verwenden:

```
<TEXTAREA NAME="p_kommentar" ROWS="5" COLS="80"
WRAP="virtual">Hier können Sie Ihren Kommentar
eingeben ...</TEXTAREA>
```

Die Übersetzung in PL/SQL würde dann lauten:

```
htp.formTextareaOpen2 (
   cname    => 'p_kommentar',
   nrows    => '5',
   ncolumns => '80',
   cwrap    => 'virtual');
htp.print (
   'Hier können Sie Ihren Kommentar eingeben ...'
);
htp.formTextareaClose;
```

Die Auswahl genau einer von mehreren vorgegebenen Optionen ist über eine Gruppe von Optionsfeldern möglich. Die <INPUT>-Anweisung ermöglicht das Anlegen von Optionsfeldern, wenn Sie ihr das Attribut TYPE="RADIO" mitgeben. Weitere wichtige Attribute sind der Name des Feldes, der ihm zugeordnete Wert sowie gegebenenfalls die Festlegung, welche Option per Vorauswahl eingestellt sein soll. Achten Sie darauf, daß allen Optionsfeldern der gleiche Name zugeordnet wird, damit sie eine Gruppe bilden, daß sie sich aber durch die Werte, die sie repräsentieren, unterscheiden. Unmittelbar hinter der <INPUT>-Anweisung steht der Text, mit dem das Optionsfeld beschriftet werden soll:

```
<INPUT TYPE="radio" NAME="P_hintergrund" VALUE="F" CHECKED>
  Hintergrundfarbe
<INPUT TYPE="radio" NAME="p_hintergrund" VALUE="B">
  Hintergrundbild
```

Beim Erstellen von PL/SQL-Prozeduren, die derartige Optionsfelder ausgeben sollen, ist wiederum darauf zu achten, daß der Name der Gruppe mit dem Namen des Parameters, an den der ausgewählte Wert übergeben werden soll, identisch sein muß:

```
htp.formRadio (
  cname => 'p_hintergrund',
  cvalue => 'F',
  cchecked => 'TRUE');
htp.print ('Hintergrundfarbe');
htp.nl;
htp.formRadio (
  cname => 'p_hintergrund',
  cvalue => 'B',
);
htp.print ('Hintergrundbild');
htp.nl;
```

Auswahlfelder erlauben im Unterschied zu Optionsfeldern die Auswahl mehrerer Optionen. Sie können mit der <INPUT>-Anweisung und dem Zusatz TYPE="CHECKBOX" erstellt werden. Im Unterschied zu den Optionsfeldern werden sie nicht zu Gruppen zusammengefaßt, sondern bekommen eigene Namen. Die weiteren Attribute entsprechen denjenigen der Optionsfelder:

```
<INPUT TYPE="checkbox" name="p_hr1" value="ON" CHECKED>
  Horizontale Linie nach der Überschrift
<INPUT TYPE="checkbox" name="p_gedicht" value="ON">
  Gedicht von Eugen Roth
<INPUT TYPE="checkbox" name="p_hr2" value="ON">
  Horizontale Linie nach dem Gedicht
<INPUT TYPE="checkbox" name="p_name" value="ON">
  Name des Autors
<INPUT TYPE="checkbox" name="p_frmlink" value="ON">
  Verweis zum Auswahlformular
```

Formulare

Die PL/SQL-Entsprechung dazu lautet:
```
htp.formCheckbox (
  cname => 'p_hr1', cvalue => 'ON', cchecked => "TRUE"
);
htp.print ('Horizontale Linie nach der Überschrift');
htp.nl;
htp.formCheckbox (
  cname => 'p_gedicht', cvalue => 'ON'
);
htp.print ('Gedicht von Eugen Roth');
htp.nl;
htp.formCheckbox (
  cname => 'p_hr2', cvalue => 'ON'
);
htp.print ('Horizontale Linie nach dem Gedicht');
htp.nl;
htp.formCheckbox (
  cname => 'p_name', cvalue => 'ON'
);
htp.print ('Name des Autors');
htp.nl;
htp.formCheckbox (
  cname => 'p_frmlink', cvalue => 'ON'
);
htp.print ('Verweis zum Auswahlformular');
htp.nl;
```

In diesem Beispiel wird jedem Auswahlfeld ein eigener Parameter zugeordnet. Kreuzt der Benutzer die Option an, so wird der Wert 'ON' übertragen, ansonsten kein Wert. In der für die Bearbeitung zuständigen Prozedur werden dann die fünf Parameter daraufhin geprüft, ob sie auf 'ON' gesetzt sind oder nicht. So weit kommt es allerdings nur, wenn für diese Parameter Default-Werte gesetzt wurden. Ansonsten genügt eine einzige vom Benutzer nicht angekreuzte Option, um eine Fehlersituation zu produzieren, weil nicht genügend Parameter übergeben wurden.

Daß man die Bearbeitung einer solchen Liste von Auswahlfeldern auch anders programmieren kann, zeigt ein im Lieferumfang des Oracle WebServers enthaltenes Beispiel. Unter der Rubrik *PL/SQL Agent Sample* finden Sie einen Eintrag mit dem Titel *Variable Number of Form Fields with Same Name*. Wenn Sie dieses Beispiel starten, wird Ihnen zunächst eine Liste mit Schriftstellern angeboten. Da es sich um Auswahlfelder handelt, können Sie beliebig viele Schriftsteller ankreuzen. Nachdem Sie auf den Button mit der Aufschrift *Go!* geklickt haben, erfolgt die Bearbeitung Ihrer Auswahl, die dazu führt, daß Sie für jeden ausgewählten Schriftsteller den Satz

```
<schriftsteller> has some very interesting writings.
```

auf dem Bildschirm sehen.

So langweilig dies Resultat nun auch als Web-Seite sein mag, so interessant ist der zugrundliegende Code, den Sie sich über die Option *Show Source* anzeigen lassen können[2]. Anders als in KAPITEL6.BSP8 erhalten hier nämlich alle Optionsfelder den gleichen Namen (COLS), was nicht etwa dazu führt, daß die ausgewählten Werte sich gegenseitig überschreiben, sondern bewirkt, daß aus ihnen eine *PL/SQL-Tabelle* aufgebaut wird. Dieser Tabelle entspricht in der auswertenden Prozedur SAMPLE2_RESULT ein Parameter COLS vom Typ OWA_UTIL.IDENT_ARR, d.h. von einem Datentyp, der im Package OWA_UTIL definiert wurde und dazu dient, beim Arbeiten mit dem PL/SQL Web Toolkit derartige array-ähnliche Datenstrukturen an andere Prozeduren übergeben und in diesen bearbeiten zu können.

Ein anderer interessanter Aspekt dieses Beispiels ist die Verwendung eines *versteckten Eingabefeldes*. Versteckte Eingabefelder sind für den Benutzer nicht sichtbar (und daher eigentlich auch keine Eingabefelder), können aber gleichwohl Werte aufnehmen und an aufgerufene Prozeduren weitergeben. Sie dienen in der Regel dazu, Daten, die – wie etwa die aktuelle Uhrzeit – nicht eigens vom Benutzer erfragt werden müssen oder die die Arbeitsumgebung des Benutzers beschreiben und von diesem nicht verändert werden sollen, im Hintergrund zu übergeben. In SAMPLE2 wird ein solches Feld benutzt, um die Notwendigkeit der Definition eines Default-Wertes zu umgehen: Der Inhalt des versteckten Feldes wird generell als erstes Element der PL/SQL-Tabelle übergeben, wodurch sich garantieren läßt, daß diese niemals leer ist, ein Fehler aufgrund einer zu geringen Anzahl von Übergabeparametern also nicht auftreten kann. In der bearbeitenden Prozedur wird das erste Element dann einfach ignoriert, so daß wirklich nur die vom Benutzer gewählten Schriftsteller angezeigt werden.

Auch versteckte Eingabefelder werden mit der <INPUT>-Anweisung aufgebaut. Das TYP-Attribut muß in diesem Fall den Wert "HIDDEN" zugewiesen bekommen. Weitere mögliche Attribute sind der Name und der Wert des Feldes:

```
<INPUT TYPE="hidden" NAME="COLS" value="dummy">
```

Auch das PL/SQL Web Toolkit sieht, wie das beschriebene Beispiel zeigt, die Verwendung versteckter Eingabefelder vor:

```
htp.formHidden (cname => 'COLS', cvalue => 'dummy');
```

Als Alternative vor allem zu den Optionsfeldern, gelegentlich aber auch zu den Auswahlfeldern bietet sich die *Auswahlliste* an. Sie wird nicht mit der <INPUT>-Anweisung, sondern mit der <SELECT>-Anweisung aufgebaut, was – wie beim mehrzeiligen Textfeld – daran liegt, daß eine ergänzende, das Ende der Liste markierende Anweisung benötigt wird (</SELECT>), die die <INPUT>-Anweisung nicht bietet. Über Attribute können der Name des Aus-

---

[2]. Sollten Sie mit der Version 2.1 (oder höher) des Oracle WebServers arbeiten und beim Versuch, den PL/SQL-Code anzuzeigen, eine Fehlermeldung erhalten, so informieren Sie sich bitte in Kapitel 8, Abschnitt 8.1.1, über die Ursache dieses Verhaltens und mögliche Maßnahmen zu seiner Beseitigung.

Formulare

wahllistenfeldes (NAME), seine Höhe (SIZE) und die Anzahl der wählbaren (MULTIPLE) Werte festgelegt werden. Bei Zuweisung des Wertes 1 an das SIZE-Attribut wird die Liste als Drop-Down-Liste realisiert, ansonsten als Listenfeld, das so viele Werte zeigt wie angegeben und bei Bedarf ein Scrolling ermöglicht. Die Breite des Listenfeldes ist – leider – nicht über ein Attribut steuerbar, sondern wird vom Browser anhand der in der Liste enthaltenen Werte festgelegt. Wenn Sie der <SELECT>-Anweisung das Attribut MULTIPLE (ohne zusätzlichen Wert) mitgeben, ist eine Mehrfachauswahl möglich. Ansonsten kann nur ein Wert ausgewählt werden.

Um die Liste mit Werten zu füllen, benötigen Sie das Anweisungspaar <OPTION> und </OPTION>. Die einfachere Verwendungsweise besteht darin, zwischen diese beiden Anweisungen lediglich einen Text zu schreiben. In diesem Fall ist der Text sowohl der angezeigte als auch der übergebene Wert:

```
<OPTION>#FF0000</OPTION>
```

Häufig ist es allerdings erwünscht, intern einen codierten Wert zu verwenden, dem Benutzer aber eine leichter verständliche Beschreibung anzubieten, so daß angezeigter und übergebener Wert nicht identisch sind. In diesem Fall kann der intern zu verwendende Wert als Attribut der <OPTION>-Anweisung mitgegeben werden:

```
<OPTION VALUE="#FF0000">Rot</OPTION>
```

Zur Voreinstellung der Auswahl dient das Attribut SELECTED:

```
<OPTION SELECTED VALUE="#FF0000">Rot</OPTION>
```

Der Aufbau einer Auswahlliste, die dem Benutzer Farbnamen anbietet, diese aber intern in RGB-Werte umsetzt, erfordert demnach etwa folgende Anweisungen:

```
<SELECT NAME="p_hintergrundfarbe" SIZE="1">
  <OPTION SELECTED VALUE="#C0C0C0">Silber</OPTION>
  <OPTION VALUE="#8FBC8F">Blaßgrün</OPTION>
  <OPTION VALUE="ADEAEA">Türkis</OPTION>
</SELECT>
```

Die PL/SQ-Entsprechung ist – in etwas abgewandelter Form – in KAPITEL6.BSP8 zu finden:

```
htp.formSelectOpen (
  cname => 'p_hintergrundfarbe',
  nsize => '1'
);
  htp.formSelectOption (
    cvalue      => 'Silber',
    cselected   => 'TRUE',
    cattributes => 'value="#C0C0C0"'
  );
  htp.formSelectOption (
    cvalue      => 'Blaßgrün',
```

```
    cattributes => 'value="#8FBC8F"'
  );
  htp.formSelectOption (
    cvalue      => 'Türkis',
    cattributes => 'value="#ADEAEA"'
  );
htp.formSelectClose;
```

Die letzte vom Benutzer in einem Formular durchzuführende Eingabe besteht immer in der Mitteilung, daß alle erforderlichen Daten eingetragen wurden und daher an den WebServer übermittelt werden können. Dafür wird ein Button zur Verfügung gestellt, auf den der Benutzer zwar – wie auf andere Buttons auch – lediglich klicken muß, um das Absenden der Daten zu veranlassen, der aber innerhalb von HTML aus gleich zu erklärenden Gründen ebenfalls als Eingabefeld behandelt wird. Es ist üblich, aber nicht zwingend erforderlich, außerdem einen zweiten Button bereitzustellen, über den der Benutzer die von ihm durchgeführten Eintragungen löschen und die Übermittlung an den WebServer unterbinden kann. Diese beiden Buttons werden als *Submit Button* und *Reset Button* bezeichnet und mit den HTML-Anweisungen

```
<INPUT TYPE="submit" NAME="cmdSubmit" VALUE="Ausführen">
```

beziehungsweise

```
<INPUT TYPE="reset" NAME="cmdReset" VALUE="Zurücksetzen">
```

aufgebaut. Zu den Attributen NAME und VALUE ist gleich noch eine Anmerkung zu machen. Zuvor jedoch sollen die PL/SQL-Äquivalente vorgestellt werden. Sie lauten

```
htp.formSubmit (
  cname  => 'cmdSubmit',
  cvalue => 'Ausführen'
);
```

beziehungsweise

```
htp.formReset (
  cvalue      => 'Reset',
  cattributes => 'name="cmdReset"
');
```

Der dem Attribut VALUE zugeordnete Wert wird zunächst einmal als Aufschrift des Buttons verwendet. Darüber hinaus wird er aber auch an die aufgerufene Prozedur übergeben, sofern dem Button ein Name zugeordnet wurde. Wie üblich, wird dann erwartet, daß die Prozedur einen Parameter bereitstellt, der so heißt wie der Button. Diesen Mechanismus kann man ausnutzen, um *mehrere Submit Buttons* zur Verfügung zu stellen, die zwar alle die gleiche Prozedur aufrufen, jedoch zu einer unterschiedlichen Behandlung der übermittelten Daten führen. Beispiele dafür finden Sie an vielen

Formulare

Stellen im WebServer Manager sowie in KAPITEL6.BSP8. In diesem Beispiel werden als Abschluß des Formulars zwei Submit Buttons sowie ein Reset Button angeboten:

```
htp.formSubmit (
  cname  => 'p_button',
  cvalue => 'Kontrolle'
);
htp.formSubmit (
  cname  => 'p_button',
  cvalue => 'Ausführen'
);
htp.formReset (
  cvalue     => 'Abbrechen',
  cattributes => 'name="cmdReset"'
);
```

Der Submit Button mit der Aufschrift – und dem Übergabewert – »Kontrolle« bewirkt, daß die an die Prozedur BSP8_PROC übergebenen Daten angezeigt werden, so daß Sie kontrollieren können, ob die Parameterübergabe ordnungsgemäß funktioniert. Der Button mit der Aufschrift – und dem Übergabewert – »Ausführen« bewirkt dagegen, daß die Seite mit den gewählten Eigenschaften erstellt wird. Innerhalb der Prozedur BSP8_PROC wird zu diesem Zweck der über den Parameter p_button übergebene Wert abgefragt und die weitere Bearbeitung in Abhängigkeit von diesem Wert entweder der Prozedur BSP8_KONTROLLE oder BSP8_AUSGABE übertragen.

Beachten Sie bei der Erstellung eigener Prozeduren, daß bei Verwendung eines Namens für den Submit Button in jedem Fall versucht wird, den zugeordneten Wert an einen gleichnamigen Parameter zu übergeben. Existiert ein solcher Parameter nicht, tritt ein Fehler auf. Wenn Sie also an der Übergabe eines Wertes nicht interessiert sind, müssen Sie dafür sorgen, daß der Button keinen Namen zugeordnet bekommt. Dies kann implizit, d.h. durch Weglassen des Parameters cname, oder explizit durch eine Anweisung wie

```
htp.formSubmit (
  cname  => NULL,
  cvalue => 'Ausführen'
);
```

erreicht werden. Beim Reset Button dagegen brauchen Sie in dieser Hinsicht nichts zu beachten, da ja gar kein Prozeduraufruf – und somit auch keine Parameterübergabe – stattfindet.

Beim Erstellen der Prozedur, die die Verarbeitung durchführen soll, kommt es in formaler Hinsicht vor allem darauf an, daß die im Laufe dieses Abschnitts beschriebenen Entsprechungen korrekt aufgebaut wurden. Sie sollen hier noch einmal in Form einer Check-Liste zusammengestellt werden – insbesondere deshalb, weil die vom PL/SQL Web Toolkit verwendete Form der Aufruf- und Parameterspezifikation erfahrungsgemäß Entwicklern, die zwar mit einer herkömmliche Programmiersprache, nicht aber mit HTML vertraut sind, anfangs etwas undurchsichtig erscheint:

1. Als Attribut der <FORM>-Anweisung bzw. als Parameter beim Aufruf der Prozedur htp.formOpen wird diejenige Prozedur genannt, die die Verarbeitung der eingegebenen Daten durchführen soll. Dies ist also der eigentliche *Prozeduraufruf*.

2. Jedes Eingabefeld bzw. jede Gruppe von Eingabefeldern muß einen frei wählbaren Namen erhalten. Im Gegenzug muß für die verarbeitende Prozedur eine *Parameterliste* aufgebaut werden, die nicht nur – wie sonst bei Programmiersprachen üblich – im Hinblick auf *Anzahl* und *Datentyp* den im Formular enthaltenen Eingabefeldern entspricht. Vielmehr ist auch eine Übereinstimmung der *Namen* erforderlich, da durch die Prozedur, die das Formular ausgibt, niemals eine Parameterliste aufgebaut wird und die Felder im Formular in beliebiger Reihenfolge angeordnet sein können, so daß eine Zuordnung zwischen Eingabefeldern und Parametern nicht über die Reihenfolge, sondern ausschließlich über die Namen möglich ist. Als Sonderfall dieser Regelung ist der Submit Button zu betrachten, dem, sofern ihm ein Name zugewiesen wurde, ebenfalls ein Parameter entsprechen muß, während eine Submit Button ohne Namen keinen zugeordneten Parameter benötigt.

3. Vom Formular werden nur die Inhalte der mit Defaultwerten oder mit Benutzereinträgen gefüllten Eingabefelder an die verarbeitende Prozedur übermittelt. Um die Gefahr eines Fehlers aufgrund einer zu geringen Anzahl übergebener Parameter zu vermeiden, sollten für alle Parameter, bei denen die Übergabe eines Wertes nicht zu garantieren ist, *Defaultwerte* spezifiziert werden. Sofern Sie nicht zusätzlich zu HTML eine Skript-Sprache (z.B. JavaScript) verwenden, läßt sich eine solche Garantie aber nur für Gruppen von Optionsfeldern und Auswahllisten übernehmen, bei denen bereits im Rahmen des Formularaufbaus ein Standardwert ausgewählt wird, außerdem für Gruppen von Optionsfeldern, sofern ihre Inhalte nicht einzeln, sondern – wie oben beschrieben – gemeinsam als PL/SQL-Tabelle übergeben werden und dabei von einem versteckten Eingabefeld Gebrauch gemacht wird.

Ist die Verwendung von Default-Werten nicht akzeptabel, müssen etwas komplexere Vorgehensweisen gewählt werden. Vorschläge dafür finden Sie im folgenden Kapitel.

7 Einbindung von Datenbankzugriffen

7.1	Das Grundproblem der Integration von WebServer und Datenbank	303
7.2	Fehlerbehandlung	305
7.3	Datenbankabfragen	310
7.4	Datenmanipulation	329
7.5	Sicherheit und Zustandsverwaltung	342

Das Grundproblem der Integration von WebServer und Datenbank

Wenn Sie das vorangegange Kapitel durchgearbeitet haben und PL/SQL bereits beherrschen, so liegen die wesentlichen Hürden schon hinter Ihnen, und es wird für Sie in diesem Kapitel nur noch darum gehen, zwei bekannte Bereiche miteinander zu verbinden. Wenn Sie mit PL/SQL noch nicht vertraut sind, so sollten Sie einen der beiden folgenden Wege beschreiten:

- Sie können sich zunächst anhand von Anhang C mit PL/SQL und, falls notwendig, anhand von Anhang B mit SQL vertraut machen, um danach zu diesem Kapitel zurückzukehren.

- Sie können aber auch versuchen, die in diesem Kapitel und in den Beispielapplikationen enthaltenen PL/SQL-Prozeduren zu verstehen, ähnliche Prozeduren selbst zu erstellen und unklare Anweisungen in den genannten Anhängen nachzuschlagen.

Die nachfolgende Darstellung bezieht sich auf die WebServer-Implementierung der auch in den übrigen Teilen dieses Buches verwendeten Beispielapplikation (»Informations- und Verwaltungsprogramm der Stadtbibliothek Neustadt«). Genauere Informationen dazu finden Sie in den Abschnitten »Das Datenmodell«, »Allgemeine Applikationsstruktur« und »Besonderheiten der Implementierung mit dem PL/SQL Web Toolkit« des Anhangs A. Da diese Beispielapplikation in der endgültigen Ausbaustufe verhältnismäßig umfangreich ist, enthält das Verzeichnis \WebServer\Kap7 auf der beiliegenden CD mehrere Packages, deren Benennung sich auf die Abschnitte dieses Kapitels bezieht (z.B. K7_3_1 für Abschnitt 7.3.1) und die den im jeweiligen Abschnitt erreichten Stand enthalten.

7.1 Das Grundproblem der Integration von WebServer und Datenbank

In der Netzwerktechnologie werden zwei verwandte, jedoch nicht identische Begriffspaare verwendet, um gegensätzliche Kommunikationsformen zu bezeichnen. Das eine Paar besteht aus den Begriffen *verbindungslos* und *verbindungsorientiert*, das andere aus den Begriffen *zustandslos* und *zustandsorientiert*.

Bei einer verbindungsorientierten Netzwerkkommunikation wird eine *Verbindung* zwischen den Kommunikationspartnern vor Beginn des Datenaustauschs aufgebaut, während des Datenaustauschs gepflegt und nach dem Ende des Datenaustauschs wieder abgebaut. Eine Verbindung ist im Kern ein Verwaltungsmechanismus, der es den beiden Partnern ermöglicht, einander über mehrere einzelne Kommunikationsvorgänge hinweg zu identifizieren. Dadurch entsteht ein Zusammenhang zwischen den einzelnen Kommunikationsvorgängen, der seinerseits die Grundlage für eine Verwaltung des bisher erreichten *Zustands* und das spätere Aufsetzen auf diesem Zustand bietet.

Ein klassisches Beispiel für diese Kommunikationsform ist der *Datenbank-Server*. Wenn ein in einer Client/Server-Umgebung arbeitender Benutzer sich bei einer im Netzwerk verfügbaren Datenbank anmeldet, wird ein Verwaltungsmechanismus zwischen dem Client- und dem Server-Rechner aufgebaut, der sich auf der Netzwerk-Ebene als Verbindung, auf der Datenbank-Ebene als Benutzer-Sitzung (*Session*) ausprägt. Durch ihn wird zugleich der bisher in der Kommunikation erreichte Zustand verwaltet. Allein aufgrund eines solchen Mechanismus ist es möglich, mehrere DML-Anweisungen, die unabhängig voneinander an den Datenbank-Server geschickt werden, zu einer Transaktion zusammenzufassen oder eine mehrere Hundert Datensätze umfassende Ergebnismenge in mehreren Schritten vom Server an den Client zu übertragen.

Bei einer verbindungslosen Netzwerkkommunikation unterbleibt der Verbindungsaufbau. Jeder einzelne Kommunikationsvorgang (Anfrage-Antwort-Paar) ist hier ein eigenständiges, von allen anderen Kommunikationsvorgängen völlig isoliertes Ereignis. Die Verwaltung eines Zustands ist unter diesen Voraussetzungen zwar nicht völlig unmöglich, doch wird sie in der Regel allein schon deshalb nicht implementiert, weil da, wo die verbindungslose Kommunikationsform gewählt wird, in der Tat Kommunikationsvorgänge vorliegen, die nichts miteinander zu tun haben, so daß eine Zustandsverwaltung schlichtweg sinnlos wäre.

Ein klassisches Beispiel für die verbindungslose Kommunikation ist ein *Name Server*, wie er in größeren Netzwerken eingesetzt wird, um die Zuordnung von Rechnernamen und Netzwerkadressen zu verwalten (DNS im TCP/IP-Kontext, NDS im SPX/IPX-Kontext). Ein Client-Rechner wendet sich an einen Name Server, indem er ihm einen Rechnernamen sendet und um Übermittlung der entsprechenden Netzwerkadresse bittet. Der Name Server antwortet darauf mit einer Nachricht, die entweder die gewünschte Adresse enthält oder die Mitteilung, der angegebene Rechnername sei nicht bekannt. Dieser Kommunikationsvorgang läßt sich mit zwei Netzwerkpaketen vollständig abhandeln, so daß der Aufbau einer Verbindung oder die Verwaltung eines Zustands überflüssiger Aufwand wäre.

Ein weiteres Beispiel für den Einsatz der verbindungslosen Kommunikation ist – Sie werden es inzwischen ahnen – die *Web-Technologie*. Grund für die Entscheidung, die Kommunikation zwischen einem Client und einem Web-Server verbindungslos ablaufen zu lassen, war allerdings nicht die Sinnlosigkeit einer Verbindungs- und Zustandsverwaltung, sondern der für eine solche Verwaltung erforderliche zusätzliche Kommunikationsaufwand, der angesichts der im Internet zur Verfügung stehenden (oder vielmehr: nicht zur Verfügung stehenden) Kapazitäten und der mit Modems erreichbaren Übertragungsgeschwindigkeiten als nicht tragbar erschien. Schon heute sprechen Spötter vom *World Wide Wait* statt vom *World Wide Web*. Die damit gekennzeichnete Situation wäre bei Verwendung einer verbindungsorientierten Kommunikation noch erheblich schlimmer.

Aus dieser Charakterisierung ergibt sich, daß eine Integration von WebServer- und Datenbank-Technologie technisch weder naheliegend noch leicht zu realisieren ist. Gleichwohl wird sie derzeit von zahlreichen Herstellern mit Nachdruck vorangetrieben, weil das Internet als Medium für Marketing und Vertrieb interessant erscheint und selbst im Intranet die Vorteile einer Technologie, die die Applikationsentwicklung weitestgehend unabhängig vom Betriebssystem des Client-Rechners macht, bedeutend sind. Marketing und Vertrieb im Internet bedeuten aber im wesentlichen, daß in einer Datenbank verwaltete Produktinformationen in Form von Web-Seiten angeboten und Bestellungen eines Kunden in eine Datenbank eingetragen werden. Und auch Applikationen für mehr oder weniger große Anwendergruppen innerhalb eines firmeneigenen Netzwerks kommen selten ohne Datenbankzugriffe aus.

Der Kern des Problems, das zu lösen ist, wenn eine überzeugende Synthese von WebServer- und Datenbank-Technologie erreicht werden soll, läßt sich mit dem Begriff *Zustandsverwaltung* bezeichnen. Sie ist notwendig, um Ergebnismengen schrittweise übermitteln und Transaktionen durchführen zu können. Daß eine Zustandsverwaltung auch bei verbindungsloser Kommunikation möglich ist, wurde bereits angedeutet. Sie kann aber nicht auf der Netzwerk-, sondern muß auf der Applikationsebene implementiert werden.

Viele Hersteller haben in der jüngsten Vergangenheit Erweiterungen der Web-Technologie vorgeschlagen, die eine mehr oder minder umfangreiche Zustandsverwaltung ermöglichen sollen. Sie reichen von den durch Netscape eingeführten *Cookies* (vgl. Abschnitt 7.5.4), die die Zustandsverwaltung auf die Client-Seite verlagern, bis zur Implementierung des Transaktionskonzeptes in der Version 3.0 des Oracle WebServers. Dieser Bereich befindet sich auch weiterhin in ständiger Bewegung, so daß in diesem Kapitel kein definitiver Stand der Technik, sondern nur ein erreichter Zwischenstand beschrieben werden kann.

7.2 Fehlerbehandlung

Es ist, weil es nicht gerade den besten Eindruck macht, unüblich, die Darstellung eines Verfahrens der Anwendungsentwicklung mit der Erörterung der darin enthaltenen Mechanismen für die Erkennung und Behandlung von Fehlern zu beginnen. Dies ist jedoch im vorliegenden Fall, in dem es darum geht, die im vorangegangenen Kapitel eingeführten Prozeduren und Funktionen für die dynamische Erstellung und Formatierung von Web-Seiten mit der dynamischen Abfrage der Seiten-Inhalte aus der Datenbank zu verbinden, notwendig, da das Standard-Verhalten des Oracle WebServers beim Auftreten von Fehlern der Vielfalt der möglichen Fehlersituationen nicht gerecht wird.

Das Standard-Verhalten ist für den Zugriff auf statische (HTML-Dateien) und auf dynamische Web-Seiten (PL/SQL-Prozeduren) verschieden. Im ersten Fall besteht das Standard-Problem darin, daß die gewünschte HTML-Datei nicht gefunden und deshalb die Seite nicht angezeigt werden kann. Das kann daran liegen, daß der Benutzer sich bei der manuellen Eingabe der URL vertippt hat, oder daran, daß die Datei umbenannt, an einen anderen Standort verschoben oder gar gelöscht wurde, Verweise, die von anderen Seiten aus diese Datei referenzieren, aber nicht angepaßt wurden. Kann eine Datei nicht gefunden werden, so erhält der Benutzer die präzise Fehlermeldung

```
The requested URL was not found.
```

Können dagegen einzelne Komponenten einer Seite nicht gefunden werden, so zeigt der Browser in der Regel die verfügbaren Elemente der Seite an und ignoriert die fehlenden entweder ohne weiteren Kommentar (so z.B. im Falle eines spezifizierten, aber nicht auffindbaren Hintergrundbildes) oder markiert sie durch ein Symbol (so z.B. im Falle einer nicht auffindbaren Abbildung).

Im Fall des Zugriffs auf dynamische Web-Seiten sind die möglichen Fehlersituationen ungleich zahlreicher, weil nicht nur die Situation eintreten kann, daß die vom Benutzer angegebene PL/SQL-Prozedur nicht existiert, sondern darüber hinaus Fehler im Zusammenhang mit der prozeduralen Struktur (z.B. falsch aufgebaute Parameterliste) und den Datenbankzugriffen (z.B. nicht vorhandene Tabelle) auftreten können, die dazu führen, daß die gesamte Seite nicht angezeigt werden kann. Dieser Vielfalt der möglichen Fehlersituationen steht nun aber eine sehr pauschale Default-Fehlerbehandlung durch den Oracle WebServer gegenüber, der unabhängig vom Charakter des Problems lediglich die Nachricht ausgibt:

```
Request Failed
We were unable to process your request at this time.
Please try again later.
```

Das mag für den Besucher eines WebServers akzeptabel sein, läßt aber den Entwickler, der eine von ihm erstellte PL/SQL-Prozedur testet und beim Auftreten von Fehlern Hinweise auf deren Ursache und Lokalisierung benötigt, völlig im Stich. Es ist daher ratsam, den Prozeß der Anwendungsentwicklung mit dem Einrichten von Mechanismen zu beginnen, die beim Auftreten eines Fehlers sachdienliche Hinweise liefern.

Dafür ist es erforderlich, die vom PL/SQL Agent durchgeführte Unterscheidung zwischen *Anwendungsfehlern (Application Errors)* und *Systemfehlern (System Errors)* zu verstehen. Anwendungsfehler treten innerhalb einer PL/SQL-Prozedur auf und können mit den für alle PL/SQL-Programmeinheiten gültigen Methoden erkannt und behandelt werden. Wird eine solche Fehlerbehandlung durchgeführt, bemerkt der PL/SQL Agent das Auftreten des Fehlers gar nicht. Systemfehler treten auf, wenn der PL/SQL Agent eine angeforderte PL/SQL-Prozedur nicht starten kann, weil sie unter dem angegebenen Namen nicht auffindbar oder die Parameterliste nicht korrekt aufgebaut ist. Weiterhin tritt ein Systemfehler auf, wenn ein Anwendungsfehler von der Prozedur, die ihn verursacht, nicht behandelt wird. Jeder Systemfeh-

Fehlerbehandlung

ler führt standardmäßig dazu, daß eine Seite mit der eben erwähnten Fehlermeldung ausgegeben wird, jedoch kann der Verwalter des WebServers veranlassen, daß sie durch eine andere Seite ersetzt wird, die Sie nach Ihren Vorstellungen gestalten können.

Damit ergeben sich zwei einander ergänzende Wege zu genaueren Informationen im Fehlerfall:

1. Indem Sie in jede PL/SQL-Prozedur, die am Generieren einer Web-Seite oder am Zugriff auf die zugrundeliegenden Daten beteiligt ist, eine – und sei es auch eine noch so anspruchslose – *Fehlerbehandlung* einbauen, können Sie bereits dafür sorgen, daß Sie im Fehlerfall sofort erkennen können, ob es sich um einen Anwendungs- oder einen Systemfehler handelt, weil die Standard-Fehler-Seite nur noch bei Systemfehlern ausgegeben wird. Wie gleich zu zeigen sein wird, läßt sich überdies mit verhältnismäßig geringem Aufwand dafür sorgen, daß beim Auftreten eines Anwendungsfehlers Informationen über dessen Art und Kontext ausgegeben werden.

2. Indem Sie eine aussagekräftigere *Standard-Fehler-Seite* entwickeln und diese dem WebServer bekanntmachen oder – sofern Sie nicht die erforderlichen Rechte besitzen – den Verwalter bitten, dies für Sie zu tun, können Sie dafür sorgen, daß Sie auch bei Systemfehlern weiterführende Informationen erhalten.

Tritt innerhalb einer PL/SQL-Prozedur ein Fehler auf, so wird eine *Exception* ausgelöst, die zum Abbruch der Prozedur mit Fehlerstatus führt, sofern sie nicht in einem *Exception Handler* behandelt wird.

Im Exception Handler kann mit Anweisungen vom Typ

```
WHEN <exception_name> THEN <anweisung[en]>;
```

eine gesonderte Reaktion auf jeden einzelnen Fehler programmiert werden. Für die häufigsten Fehler existieren vordefinierte Namen, darüber hinaus gibt es aber auch Sprachmittel, um selbst Namen für Exceptions zu definieren. Für alle nicht explizit aufgeführten Fehler kann in der Anweisung

```
WHEN OTHERS THEN <anweisung[en]>;
```

eine Standard-Fehlerbehandlung festgelegt werden:

```
exception
  when others then
    CommProc.ShowErrorInfo (
      p_procnam => 'Benutzer.AutorenListe',
      p_errmsg  => SQLERRM(SQLCODE)
    );
end AutorenListe;
```

Dieser Exception Handler ist in der Prozedur AutorenListe enthalten, die ihrerseits Bestandteil des Package Benutzer ist. Da er lediglich eine WHEN OTHERS-Anweisung, aber keine Behandlung einzelner Fehler enthält, führt er dazu, daß in *jedem* Fehlerfall die – im Package CommProc enthaltene – Proze-

7 Einbindung von Datenbankzugriffen

dur ShowErrorInfo aufgerufen wird, die als Eingabeparameter den Namen der Prozedur sowie – unter Verwendung von SQLCODE und SQLERRM – den Originaltext der Oracle-Fehlermeldung erhält. Natürlich könnte man auch den Fehlercode selbst übergeben und die Ermittlung des Fehlertextes der Prozedur ShowErrorInfo überlassen, doch weist das hier gezeigte Verfahren den Vorteil auf, daß sich die Standard-Fehlermeldung jederzeit durch einen selbst formulierten Fehlertext ersetzen läßt, ohne daß für dessen Ausgabe eine neue Prozedur geschrieben werden müßte.

Den Kern der Prozedur ShowErrorInfo bilden folgende Anweisungen:

```
procedure ShowErrorInfo (
   p_procnam in varchar2,
   p_errmsg  in char
) is
begin
  htp.htmlOpen;

  htp.headOpen;
    htp.title ('Fehler-Information');
    htp.meta (
      chttp_equiv => 'Content-Type',
      cname       => NULL,
      ccontent    => 'text/html; iso-8859-1'
    );
  htp.headClose;

  htp.bodyOpen;
    htp.header (1, 'Fehler-Information');
    htp.header (4, 'In der Prozedur ' || p_procnam ||
      ' ist folgender Oracle-Fehler aufgetreten:');
    htp.em (p_errmsg);
  htp.bodyClose;

  htp.htmlClose;
end ShowErrorInfo;
```

Ist diese Fehlerbehandlungsprozedur einmal erstellt, kann sie in allen Prozeduren, die Web-Seiten generieren oder Datenbestände ermitteln, verwendet werden, um Hinweise auf die Ursache eventuell auftretender Fehler zu liefern. So würde etwa, wenn in der Prozedur Benutzer.AutorenListe eine SQL-Anweisung enthalten wäre, in der versucht würde, Daten aus einer – nicht vorhandenen – Tabelle DUMMY_TABELLE zu lesen, eine Seite mit folgendem Text ausgegeben werden:

```
Fehler-Information
In der Prozedur Benutzer.AutorenListe ist folgender
Oracle-Fehler aufgetreten:
ORA-20001: Cannot resolve object DUMMY_TABELLE
```

Um die Standard-Fehler-Seite, die bei Systemfehlern angezeigt wird, durch eine von Ihnen selbst gestaltete, aussagekräftigere Seite zu ersetzen, benöti-

Fehlerbehandlung

gen Sie das Recht, als Administrator auf den Oracle WebServer zuzugreifen. Eine solche Ersetzung wird nicht generell für den gesamten WebServer, sondern getrennt für jeden einzelnen *Database Connection Descriptor* vorgenommen. Das gibt Ihnen die Möglichkeit, applikationsspezifische Hinweise in die Seite zu integrieren.

Öffnen Sie, um die Ersetzung durchzuführen, den WebServer Manager. Wählen Sie dort die Kategorie *PL/SQL Agent* und auf der daraufhin erscheinenden Seite *PL/SQL Agent Administration* den Database Connection Descriptor, für den Sie eine neue Fehler-Seite festlegen möchten. Daraufhin wird eine Seite mit der Überschrift *Modify DCD (Database Connection Descriptor)* angezeigt. Tragen Sie in das Feld mit der Beschriftung *HTML Error Page* den Pfad und den Namen der gewünschten Seite ein. Sofern Sie nicht bereits eine eigene Datei erstellt haben, können Sie die im Verzeichnis /WebServer/Seiten befindliche Datei errinfo.html verwenden. Diese muß aber, um in Ihrer Umgebung voll funktionsfähig zu sein, an einer – gleich zu beschreibenden – Stelle modifiziert werden.

Beachten Sie bitte, daß bei der Spezifikation der Datei der *physische Pfad* – also z.B. D:\WebPages\errinfo.html – angegeben werden muß. Die Verwendung virtueller Verzeichnisse ist nicht zulässig. Außerdem darf an dieser Stelle keine dynamische Seite (PL/SQL-Prozedur), sondern nur eine *statische Seite* (HTML-Datei) verwendet werden.

Klicken Sie, nachdem Sie die Eintragung vorgenommen haben, auf den weiter unten befindlichen Button mit der Aufschrift *Modify Service*. Sofern Sie daraufhin mitgeteilt bekommen, daß der Änderungsversuch erfolgreich war, müssen Sie noch denjenigen Listener, der für den geänderten Database Connection Descriptor zuständig ist, stoppen und neu starten. Erst danach ist die Änderung wirksam.

Leider gibt es keine Möglichkeit, in einer derartigen Web-Seite auf Informationen über den zuletzt aufgetretenen Systemfehler zuzugreifen. Der einzige Ort, an dem aufgetretene Systemfehler dokumentiert werden, sind die *Fehler-Dateien*, die – wie auch die Fehler-Seiten – für jeden Database Connection Descriptor getrennt verwaltet werden. Diese Dateien sind zu finden unter

%ORACLE_HOME%\OWS<version>\LOG\<dcd>.ERR

Dabei stehen <version> für die Versionsnummer und <dcd> für den Namen des Database Connect Descriptors. Ein möglicher Pfad wäre demnach

C:\ORANT\OWS21\LOG\ADDWES.ERR

Die darin enthaltenen Einträge lassen sich aber nicht eindeutig einem Benutzer zuordnen, so daß nur die Möglichkeit bleibt, nach einem aufgetretenen Systemfehler die Fehlerdatei zu öffnen und an ihrem Ende nach dem relevanten Eintrag zu suchen. Sofern Sie allein oder mit einer kleinen Gruppe von Kollegen Entwicklung betreiben, dürfte sich der in Frage kommende Bereich und damit auch der erforderliche Suchaufwand in sehr engen Grenzen halten.

Sofern Sie nicht direkt an dem Rechner entwickeln, auf dem der WebServer läuft, können Sie sich den Zugriff erleichtern, wenn Sie einen Verweis auf die relevante Fehler-Datei in die von Ihnen erstellte Fehler-Seite aufnehmen. Dies ist in der bereits erwähnten Beispielseite errinfo.html geschehen. Bevor Sie diesen Link in Ihrer eigenen Umgebung nutzen können, müssen aber vermutlich Pfad und/oder Name der Datei angepaßt sowie das Verzeichnis, in dem sich die Fehlerdateien befinden, in Ihr virtuelles Dateisystem aufgenommen werden. Darüber hinaus sollten Sie darauf achten, daß die Fehlerdatei ab und an gelöscht wird, damit sie nicht zu umfangreich wird.

Abschließend sei darauf hingewiesen, daß die in diesem Abschnitt enthaltenen Vorschläge den Prozeß der *Anwendungsentwicklung* im Auge haben. Sobald ein WebServer oder eine WebServer-Applikation in den Produktionsbetrieb übergeht, wird darauf von Benutzern zugegriffen werden, die in die internen Abläufe nicht Einblick nehmen sollen und dies in der Regel auch nicht einmal wollen. Für solche Benutzer sind Fehler-Seiten angemessener, die neben allgemeineren Informationen insbesondere einen Hinweis enthalten, an wen sie sich bei auftretenden Problemen wenden können.

7.3 Datenbankabfragen

7.3.1 Implizite Abfrage und Formatierung

Datenbankabfragen sind diejenigen Datenbankzugriffe, die sich am leichtesten mit der Web-Technologie verbinden lassen, weil sie – von einer einzigen, für die Praxis allerdings nicht ganz unwichtigen Ausnahme (vgl. Abschnitt 7.3.2) abgesehen – als isolierter Vorgang behandelt werden können und daher ohne die Pflege von Client-Status-Informationen auskommen. Unter den Datenbankabfragen sind wiederum diejenigen mit dem geringsten Aufwand realisierbar, die sich auf eine einzige Tabelle oder View zurückführen lassen und deren Ergebnisse in einer schlichten Tabellendarstellung angezeigt werden sollen, weil Ihnen in diesem Falle die im Package owa_util enthaltene Funktion tableprint den größten Teil der Arbeit abnimmt.

Diese Funktion soll verwendet werden, um eine erste, noch sehr einfache Version des Autorenkatalogs für das »Informations- und Verwaltungsprogramm der Stadtbibliothek Neustadt« mit folgender Struktur zu erstellen:

▸ Durch die Prozedur KatalogAuswahl soll ein Formular aufgebaut werden, in dem der Benutzer aus einer Liste von fünf Autoren einen auswählen kann. Dieses Verfahren, das dem Benutzer die Bestände der Bibliothek eher verschweigt als offenlegt, ist natürlich nur als Provisorium gedacht. Es wird in Abschnitt 7.3.3 durch eine echte Auswahlliste ersetzt werden.

Datenbankabfragen

- Durch die Prozedur KatalogAnzeige soll eine Liste derjenigen Bücher des gewählten Autors ausgegeben werden, die in der Bibliothek vorhanden sind. Dabei soll von der Funktion owa_util.tableprint Gebrauch gemacht werden.
- Beide Prozeduren sollen im Package K7_3_1 zusammengefaßt werden. Vorgänge, bei denen zu erwarten ist, daß sie immer wieder benötigt werden, sollen in ein Package mit dem Namen CommProc (*Common Procedures*) ausgelagert werden.

Da die Funktion owa_util.tableprint unter den für die Realisierung dieser Applikation erforderlichen Sprachelementen das einzige neue darstellt, kann sofort mit der Vorstellung ihrer Parameter begonnen werden:

ctable	Name der auszugebenden Tabelle. Auch Views und Synonyme sind zulässig.
cattributes	Attribute des <TABLE>-Kommandos und zugehörige Werte für die Formatierung der Tabelle
ntable_type	OWA_UTIL.PRE_TABLE für Browser, die keine HTML-Tabellen anzeigen können, sonst OWA_UTIL.HTML_TABLE (Default). Diese Werte sind numerische Konstanten, dürfen also nicht in Hochkommas eingeschlossen werden!
ccolumns	Liste).
cclauses	WHERE-, ORDER BY- oder sonstige Klauseln, die Bestandteil der Abfrage sein sollen.
ccol_aliases	Aliasnamen, sofern nicht die Spaltennamen als Überschriften verwendet werden sollen. Die Liste muß im Hinblick auf Anzahl und Reihenfolge der Spalten mit derjenigen übereinstimmen, die beim Parameter ccolumns angegeben wurde.
nrow_min	Nummer des ersten Datensatzes aus der Ergebnismenge, der ausgegeben werden soll.
nrow_max	Nummer des letzten Datensatzes aus der Ergebnismenge, der ausgegeben werden soll.

Die Funktion liefert einen Ergebniswert vom Typ Boolean zurück, der anzeigt, ob bereits alle in der Ergebnismenge enthaltenen Datensätze angezeigt wurden (FALSE) oder ob noch weitere Datensätze zur Ausgabe bereitstehen (TRUE). Dieser Ergebniswert kann zusammen mit den Parametern nrow_min und nrow_max eingesetzt werden, um eine große Ergebnismenge in mehreren Schritten auszugeben (vgl. Abschnitt 7.3.2).

Der in der Prozedur K7_3_1.KatalogAnzeige verwendete Aufruf der Funktion basiert auf der zusammen mit den Beispieltabellen aufgebauten View BUCH_INFO, die vor allem dafür sorgt, daß die Verlags- und Sachgebietsnummern durch die entsprechenden Namen ersetzt werden. Er wird hier der besseren Übersichtlichkeit wegen leicht vereinfacht wiedergegeben:

```
more_records := owa_util.tableprint (
  ctable      => 'buch_info',
  cattributes => 'border="3" cellspacing="1"',
  ccolumns    => 'titel, verlag_name, jahr, gebiet',
  ccol_aliases => 'Titel, Verlag, Jahr, Sachgebiet',
  cclauses    => 'where autor_nr = ' || p_autor_nr ||
                 ' order by titel',
);
```

Es ist offenkundig, daß diese Funktion einen sehr einfachen und schnellen Weg zu dynamischen, auf Daten aus einer Oracle-Datenbank beruhenden Web-Seiten bietet. Die Festlegung der Ergebnismenge und die Gestaltung der Tabelle lassen sich mit wenigen Parametern steuern. Darüber hinaus bietet die Tatsache, daß die einzelnen Bausteine, aus denen die SELECT-Anweisung zusammengesetzt werden soll, als Parameter übergeben werden, den unschätzbaren Vorteil, daß Sie diese Bausteine zur Laufzeit festlegen und somit *Dynamisches SQL* (vgl. Abschnitt 7.3.4) verwenden können, ohne es selbst programmieren zu müssen.

Abbildung 7.1:
Ausgabe der Buch-
Informationen mit
OWA_UTIL-
TABLEPRINT

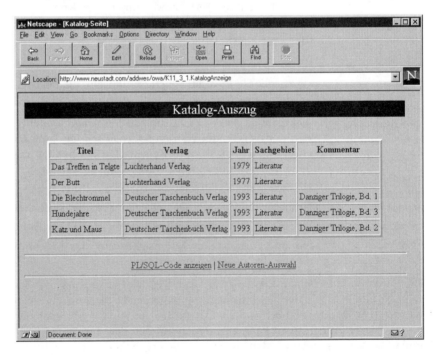

Werden mit owa_util.tableprint Felder ausgegeben, die keine Werte enthalten (*Null Values*), so tritt das bereits im vorangehenden Kapitel erörterte unschöne Phänomen auf, daß um die betroffenen Zellen keine Begrenzungslinien gezogen und diese auch nicht mit der auf Tabellen-Ebene festgelegten

Datenbankabfragen

Hintergrundfarbe gefüllt werden. Dieses Phänomen läßt sich jedoch leicht beseitigen, indem man die im vorangehenden Kapitel vorgeschlagene Eintragung des Sonderzeichens   in ansonsten nicht gefüllte Zellen in die View-Definition aufnimmt. Dies läßt sich am einfachsten unter Verwendung der numerischen Entsprechung (160) realisieren:

```
create or replace view buch_info as
select b.autor_nr autor_nr,
  b.titel titel,
  nvl (v.name_lang, chr(160)) verlag_name,
  nvl (to_char(b.jahr), chr(160)) jahr,
  g.bez gebiet,
  nvl (b.kommentar, chr(160)) kommentar
from buch b, verlag v, gebiet g
where b.verlag_nr = v.nr and b.gebiet_abk = g.abk;
```

7.3.2 Schrittweises Anzeigen der Ergebnismenge

Im vorigen Abschnitt wurde bereits darauf hingewiesen, daß `owa_util.tableprint` die Anzeige der durch eine SELECT-Anweisung ermittelten Ergebnismenge in mehreren Schritten unterstützt. Die Implementierung einer schrittweisen Anzeige ist dann ratsam, wenn die Ergebnismenge auch bei sachgemäßer Bedienung das auf einem Bildschirm Darstellbare erheblich überschreiten kann oder dem Anwender bei der Formulierung der Abfrage soviel Freiheit gelassen wird, daß die Ergebnismenge durch unsachgemäße Bedienung einen sehr großen Umfang annehmen kann.

Das Package K7_3_2 enthält eine modifizierte Fassung der im vorigen Abschnitt erstellten Applikation, die von der Möglichkeit der schrittweisen Anzeige Gebrauch macht. Dafür wurden folgende Veränderungen vorgenommen:

- Der Aufruf von `owa_util.tableprint` wurde um die Parameter `nrow_min` und `nrow_max` erweitert.
- In die Parameterliste der Funktion `KatalogAnzeige` wurden zusätzlich die Parameter `p_start_rec` (Nummer des ersten anzuzeigenden Datensatzes) und `p_anz_recs` (maximale Anzahl auf einer Seite anzuzeigender Datensätze) aufgenommen. Aus gleich zu erläuternden Gründen mußte ihnen der Datentyp VARCHAR2 zugewiesen werden, obwohl innerhalb der Prozedur mit den Werten gerechnet werden muß und daher numerische Parameter angemessener gewesen wären.
- Als Obergrenze für die Anzahl der darstellbaren Datensätze wurde der Wert 8 verwendet, um auch auf Bildschirmen, die eine Auflösung von 800 x 600 Pixeln verwenden, alle mit einem Schritt gelieferten Datensätze sichtbar machen zu können. Um eine schnelle und dennoch konsistente Änderung dieser Einstellung zu ermöglichen, wurde eine Konstante namens `SHOW_N_RECS` angelegt. Dies mußte in der Package Specification geschehen, da die Konstante dort bereits bei der Vereinbarung der Prozedur `KatalogAnzeige` benötigt wird.

- Um die Ausgangswerte für p_start_rec und p_anz_recs vom Auswahlformular aus an die Prozedur KatalogAusgabe übergeben zu können, ohne sie überflüssigerweise vom Benutzer abfragen zu müssen, wurden dem Formular zwei versteckte, diesen beiden Parametern zugeordnete Felder hinzugefügt

- Handelt es sich bei den bisher beschriebenen Schritten um vorbereitende Maßnahmen, so erfolgt deren Nutzung im fünften, am Ende der Prozedur KatalogAnzeige implementierten Schritt. Dort wurden – was funktional völlig bedeutungslos ist – die Texte, an die in K7_3_1 die Verweise gebunden waren (»PL/SQL-Code anzeigen«, »Neue Autoren-Auswahl«) durch Bilder ersetzt, die Buttons darstellen. Darüber hinaus wurde jedoch ein neuer Verweis eingefügt, durch den die nächste Gruppe von Datensätzen angefordert werden kann, sofern die Ergebnismenge Datensätze enthält, die noch nicht angezeigt wurden.

Der PL/SQL-Code, durch den der fünfte Schritt realisiert wird, soll noch etwas genauer betrachtet werden. Wiederum wird der Original-Code leicht verändert, um Unübersichtlichkeit durch ungewollte Zeilenumbrüche zu vermeiden.

```
if more_records then
  -- Aufbau des URL-Strings (Prozedur-Aufruf)
  url_buf := 'K7_3_2.KatalogAnzeige?p_autor_nr=';
  url_buf := url_buf || p_autor_nr;
  url_buf := url_buf || '&p_start_rec=';
  url_buf := url_buf || to_char (p_start_num + p_anz_num);
  url_buf := url_buf || '&p_anz_recs=';
  url_buf := url_buf || to_char (p_anz_num);
  -- Anzeige des Buttons mit hinterlegtem Verweis
  htp.anchor2 (
    curl  => url_buf,
    ctext => htf.img2 (
      curl       => PICT_PATH || 'btNextRecSet.gif',
      cattributes => 'width="73" height="57" border="0"',
      calt       => 'Blättern'
    )
  );
end if;
```

Beim Vergleich dieser Anweisungen mit denjenigen, die zur Ausgabe der beiden anderen Buttons führen, ist zunächst festzustellen, daß der Button »Blättern«, über den die nächste Datensatzgruppe angefordert werden kann, nur dann ausgegeben wird, wenn noch weitere Datensätze zur Verfügung stehen. Dies ist möglich, weil der Rückgabewert der Funktion owa_util.tableprint, der in der Variablen more_records gespeichert wird, genau diese Information liefert.

Da das Anfordern weiterer Datensatzgruppen nicht mehr über ein Auswahlformular erfolgen muß, wurde von der Möglichkeit Gebrauch gemacht, die Namen der Parameter und die ihnen aktuell zugeordneten Werte in

Form eines Query-Strings an den Namen der Prozedur anzuhängen. Dafür muß zunächst der neue Startwert berechnet, danach unter Verwendung dieses Wertes der gesamte URL-String aufgebaut und dieser URL-String schließlich für den Aufbau des an den Button gebundenen Verweises verwendet werden. Sie können hier also noch einmal den Unterschied zwischen den beiden in Kapitel 6 beschriebenen Aufrufmethoden GET und POST studieren.

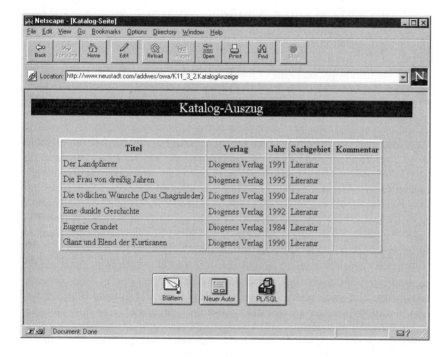

Abbildung 7.2:
Schrittweise
Ausgabe der Buch-Informationen mit
OWA_UTIL.
TABLEPRINT

Glücklicherweise hat Honoré de Balzac im Laufe seines Lebens sehr viele Romane geschrieben und glücklicherweise ist der für die Anschaffungspolitik der Stadtbibliothek Neustadt Verantwortliche ein Verehrer Balzacs, so daß Sie an diesem Autor die Funktionsfähigkeit des implementierten Verfahrens testen können. Betrachten Sie, während Sie die einzelnen Datensatzgruppen anfordern, das Adreßfeld Ihres Browsers. Nach dem Anfordern der ersten Datensatzgruppe vom Formular aus zeigt es lediglich den virtuellen Pfad und den Prozedurnamen:

[...]/K7_3_2.KatalogAnzeige

Nach dem Anfordern weiterer Datensatzgruppen über den Button »Blättern« dagegen ist an diesen Pfad ein Query-String der Form

?p_autor_nr=2&p_start_rec=9&p_anz_recs=8

angehängt. Wenn Ihnen die Nutzung von zwei verschiedenen Verfahren in einer Applikation nicht gefällt, so können Sie entweder beim Aufruf der Prozedur KatalogAnzeige vom Auswahlformular aus die Methode GET verwenden oder für die Anforderung der weiteren Datensatzgruppen von KatalogAnzeige aus ein Dummy-Formular aufbauen, das ausschließlich aus versteckten Feldern und einem Submit-Button besteht.

Erstaunen mag den einen oder anderen Leser, daß die Prozedur KatalogAnzeige sich im URL-String selbst aufruft. Der Aufruf einer Prozedur durch sich selbst, der als *Rekursion* bezeichnet wird, ist in älteren Programmiersprachen – wie COBOL oder FORTRAN – verboten, in neueren – wie PASCAL oder C – dagegen erlaubt. In Wahrheit handelt es sich hier aber nur um eine scheinbare Rekursion, denn die Prozedur KatalogAnzeige ist, wenn die Katalog-Seite am Bildschirm des Benutzers erscheint, längst vollständig abgearbeitet und beendet, kann sich also gar nicht mehr selbst aufrufen. Sie hat lediglich einen Verweis in die von ihr erzeugte Web-Seite eingebaut, der es dem Benutzer ermöglicht, sie durch einen einfachen Mausklick erneut aufzurufen.

Abschließend sei auf einen Umstand hingewiesen, den Sie beim Design Ihrer Applikation unbedingt im Auge haben sollten: Der Eindruck, daß der Oracle WebServer Ihnen »die nächsten Datensätze aus der Ergebnismenge« liefert, wenn Sie auf den Button »Blättern« klicken, täuscht. Ein solches Verfahren ist einerseits deshalb nicht möglich, weil der Oracle7 Server es nach Möglichkeit vermeidet, die gesamte Ergebnismenge zu erzeugen und zwischenzuspeichern, bevor die ersten Datensätze an den Benutzer gesendet werden, sondern vielmehr den Inhalt der Datensatzgruppen erst zu dem Zeitpunkt ermittelt, zu dem sie angefordert werden. Andererseits ist es auch deshalb nicht möglich, weil der Oracle WebServer vor der Version 3 ebensowenig wie alle anderen WebServer ein Sitzungs- oder Transaktionskonzept kennt und sich daher nicht auf einen zuvor erreichten Zustand beziehen kann. Folglich muß die SELECT-Anweisung bei jeder Anforderung einer Datensatzgruppe wieder von Anfang an ausgeführt und der bereits bearbeitete Teil der Ergebnismenge dabei ignoriert werden. Das ist akzeptabel, wenn die zu ermittelnde Ergebnismenge nicht zu groß ist und die Zugriffe durch geeignete Indizes unterstützt werden. Ansonsten kann sie aber zu einer erheblichen Belastung des Servers führen.

7.3.3 Explizite Abfrage und Formatierung

Die Funktion owa_util.tableprint basiert auf der Annahme, daß Daten aus einer Oracle-Datenbank in Tabellenform ausgegeben werden sollen[1]. Für diese Aufgabenstellung bietet sie einen einfachen und flexiblen Mechanismus. Je weiter sich aber die Form, in der der Entwickler die ermittelten Da-

---

1. Dies gilt auch für die mit Version 2.1 neu hinzugekommene, ebenfalls in owa_util enthaltene Funktionsgruppe owa_util.cellsprint. Sie bietet zwar eine deutlich größere Flexibilität als owa_util.tableprint, weil sie die Übergabe einer kompletten, WHERE- und ORDER-BY-Klauseln enthaltenden SQL-Anweisung unterstützt. An der Ausgabe in Tabellenform ändert sich dadurch jedoch nichts.

Datenbankabfragen

ten darstellen möchte, von der Tabellenform entfernt, desto schwieriger wird es, mit owa_util.tableprint das gewünschte Ziel zu erreichen. Nun ist aber Abweichung von der starren Tabellenform in dynamischen Web-Seiten nicht eben selten. Es verhält sich ja keineswegs so, daß Datenbanken außer Produkt- und Preislisten nichts enthalten könnten, was für den Aufbau von Web-Seiten von Belang wäre. Dieser Abschnitt und die zugehörige Beispielapplikation K7_3_3 sollen zumindest andeuten, wie vielfältig die Möglichkeiten der Nutzung einer Oracle-Datenbank beim Aufbau von Web-Seiten sind. Weiterhin sollen sie zeigen, welche PL/SQL-Sprachmittel erforderlich sind, um Abfrage und Formatierung der Daten explizit zu programmieren.

Abfrage der Applikationsstruktur aus Verwaltungstabellen

Zu den offenkundigen Unterschieden zwischen der in K7_3_3 implementierten Version und den zuvor erstellten Versionen der Beispielapplikation gehört die Tatsache, daß die neue Version nicht mehr mit der Seite »Auswahl eines Autors« beginnt, sondern mit einer Startseite, die aus zwei Frames besteht. Im linken Frame werden permanent die dem Benutzer zur Verfügung stehenden Arbeitsbereiche (vorerst nur *Katalog* und *Links*) angezeigt, so daß das Zurückblättern zur Startseite nach Abschluß eines Arbeitsvorgangs nicht notwendig ist. Der rechte Frame bildet das Arbeitsfenster für den Benutzer. In ihm werden nach der Auswahl eines Arbeitsbereichs die zu diesem Bereich gehörenden möglichen Aktivitäten (im Falle des Katalogs z.B. *Autorenkatalog*, *Länderkatalog* und *Neuerwerbungen*) sowie alle auf die Auswahl einer Aktivität folgenden Seiten angezeigt.

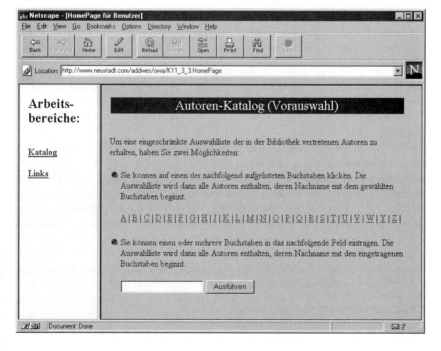

Abbildung 7.3: Startseite mit Anzeige der Arbeitsbereiche und Autorenkatalog

Das Entscheidende an dieser Startseite ist, daß die Listen der Arbeitsbereiche und möglichen Aktivitäten nicht im Package K7_3_3 codiert, sondern in Datenbanktabellen abgelegt sind. Mit dieser Vorgehensweise soll demonstriert werden, daß bei der Entwicklung dynamischer Web-Seiten mit dem PL/SQL Web Toolkit nicht nur ab und an von Daten aus der Oracle-Datenbank Gebrauch gemacht, sondern daß die gesamte Applikationsstruktur in der Datenbank verwaltet werden kann.

Das Ausmaß, in dem dies möglich und notwendig ist, hängt von der Art des Materials ab, das über den WebServer angeboten werden soll. Je mehr es sich dabei um einzelne Dokumente oder Software-Pakete handelt, die von sich aus keinen Zusammenhang aufweisen, desto notwendiger ist eine indexartige Hierarchie von Überblicks- und Auswahlseiten, die sich leicht und mit großem Vorteil für den mit ihrer Pflege Betrauten als dynamische Seiten implementieren lassen. Je mehr es sich dagegen um Seiten handelt, die – wie etwa Formulare und als Reaktion auf die darin vorgenommenen Eingaben erscheinende Seite(n) – bereits unter sich zusammenhängen, desto weniger wird noch die Herstellung eines zusätzlichen Zusammenhangs erforderlich sein. Mit anderen Worten: Liegt dem WebServer das Konzept der elektronischen Bibliothek zugrunde, so ist eine Strukturierung der darin enthaltenen Dokumente notwendig und die Verwaltung dieser Struktur in der Datenbank vorteilhaft. Sind aber die angebotenen Seiten applikationsartig organisiert, so bilden sie bereits von sich aus einen Zusammenhang und erfordern keine zusätzliche Verwaltung der Applikationsstruktur. Eine Ausnahme davon bilden Applikationen, die mehrere Teilfunktionalitäten zur Auswahl anbieten, wie das in K7_3_3 ansatzweise der Fall ist und in den nachfolgenden Versionen in immer stärkerem Ausmaß sein wird. Hier leistet die über die Datenbank verwaltete und dem Benutzer in Form von Links angebotene Grobstruktur der Applikation das, was in klassischen Windows-Applikationen ein Menü leistet.

Die Verwaltung der Applikationsstruktur erfolgt für die Beispielapplikation in den Tabellen HOMEPAGE_ABSCHNITT (Arbeitsbereiche) und HOMEPAGE_EINTRAG (mögliche Aktivitäten), die durch das Skript WebTabs.sql angelegt werden, das sich auf der beiliegenden CD ROM im Verzeichnis \WebServer\Skripts befindet. Diese beiden Tabellen fallen ein wenig komplexer aus, als das sonst der Fall ist, weil darin außer der globalen Applikationsstruktur auch der Umfang der in den einzelnen Versionen der Beispielapplikation zur Verfügung stehenden Funktionalität verwaltet wird. So enthält die Spalte STATUS_K7_3_3 in der Tabelle HOMEPAGE_ABSCHNITT die Information, ob der Arbeitsbereich für das Package K7_3_3 bereits zur Verfügung stehen soll ('ON') oder nicht ('OFF'), und die Spalte PROZEDUR_K7_3_3 in HOMEPAGE_EINTRAG den Namen der PL/SQL-Prozedur, die die Startseite für die jeweilige Aktivität generiert. Zur Vereinfachung der Abfragen stehen versionsspezifische Views zur Verfügung, die auf der Tabelle HOMEPAGE_EINTRAG basieren.

Die Liste der Arbeitsbereiche wird durch die Prozedur HomePageContents, die Liste der möglichen Aktivitäten durch die Prozedur HomePageMain ausgegeben. Viel Aufwand ist dafür nicht erforderlich: Jede Prozedur enthält

Datenbankabfragen

die Vereinbarung eines Cursors, eine entsprechende Cursor-For-Schleife und im Schleifenrumpf Anweisungen, die die ermittelten Daten als Link formatieren. So wird in `HomePageContents` zunächst ein Cursor für eine Abfrage vereinbart, die die Nummern (Primärschlüssel) und Beschreibungen derjenigen Arbeitsbereiche ermittelt, die für alle Benutzer freigegeben (TYP = 'B') und Bestandteil der Version K7_3_3 sind:

```
cursor c_abschnitt_benutzer is
  select nummer, beschreibung
  from homepage_abschnitt
  where typ = 'B' and status_K7_3_3 = 'ON'
  order by nummer;
```

Die ermittelten Datensätze werden in einer Cursor-For-Schleife in Links umgesetzt und als Überschriften 4. Grades ausgegeben:

```
for r_abschnitt in c_abschnitt_Benutzer loop
  v_url := 'K7_3_3.HomePageMain?p_abschnitt_nr='
           || to_char(r_abschnitt.nummer);
  htp.header (
    nsize   => 4,
    cheader => htf.anchor2 (
                 curl  => v_url,
                 ctext => r_abschnitt.beschreibung
               )
  );
end loop;
```

Die – der besseren Übersichtlichkeit wegen in der Variablen `v_url` zwischengespeicherte – URL besteht aus dem Aufruf der Prozedur `K7_3_3.HomePageMain` und einem angefügten Query-String, in dem als Wert für den Parameter `p_abschnitt_nr` die Nummer des ausgewählten Arbeitsbereichs übergeben wird, die dann in der aufgerufenen Prozedur `HomePageMain` als Grundlage für die Abfrage der innerhalb dieses Arbeitsbereiches möglichen Aktivitäten dient.

Dem Aufbau einer Liste von Links zu Verlagen, die eigene WebServer anbieten, liegt die gleiche Technik zugrunde. Der einzige Unterschied besteht darin, daß der Link nicht an den Text (Name des Verlags), sondern an ein zugeordnetes Link-Symbol gebunden ist und daß der Benutzer auf dieses Symbol klicken muß, um den Link zu aktivieren. Diese Links sind – zumindest zu dem Zeitpunkt, zu dem dies Buch geschrieben wird – alle gültig und funktionstüchtig. Sie können sie also nutzen, sofern Sie über einen Anschluß an das Internet verfügen.

> Wenn die in der Datenbank abgespeicherte Applikationsstruktur nicht sehr einfach und sehr geringen Umfangs ist, werden Sie sich vermutlich bald eine Applikation für die komfortablere Pflege der Tabelleninhalte wünschen. Eine solche Applikation kann mit dem PL/SQL Web Toolkit, ebenso jedoch auch mit anderen Werkzeugen (z.B. Access und ODBC)

7 Einbindung von Datenbankzugriffen

> entwickelt werden. Die in diesem Buch beschriebenen Techniken der Applikationsentwicklung können sich also durchaus ergänzen. Ein – allerdings etwas komplexeres – Beispiel für eine derartige Applikation ist der *Web Application Wizard*, der in Kapitel 9 vorgestellt wird.

Aufbau von Auswahllisten

Die zweite Neuerung, durch die sich K7_3_3 von den Vorgängerversionen unterscheidet, ist ein Verfahren für die Auswahl eines Autors, durch das der Benutzer Zugriff auf sämtliche in der Bibliothek vertretenen Autoren hat. Es wird realisiert in den Prozeduren KatalogAuswahlAutor und KatalogAuswahl2.

Nach der Auswahl des Arbeitsbereichs *Katalog* und der Aktivität *Autorenkatalog* gelangt der Benutzer zu der durch KatalogAuswahlAutor generierten Seite mit der Überschrift *Autoren-Katalog (Vorauswahl)*. Sie gibt dem Benutzer die Möglichkeit, einschränkende Kriterien für die Namen Autoren festzulegen (vgl. Abb 7.3). Dafür werden zwei alternative Wege angeboten:

- Der erste Weg besteht in der Auswahl eines Buchstabens aus einer vorgegebenen Liste. Die anschließende Auswahlliste enthält daraufhin alle Autoren, deren Nachname mit diesem Buchstaben beginnt. In der Beispielapplikation werden die angezeigten Buchstaben aus der Tabelle AUTOR ermittelt, weil in dem sehr kleinen Bestand von Beispieldaten einige Anfangsbuchstaben nicht vorkommen. Bei mehreren Tausend Autoren-Datensätzen würde sich ein solches Vorgehen aus Performancegründen verbieten. Es würde aber vermutlich auch unnötig werden, weil irgendwann der Punkt erreicht wäre, an dem ohnehin alle im Alphabet vorkommenden Buchstaben im Bestand der Autoren vertreten wären. Diese oder eine ähnliche Art der Vorauswahl sollte immer dann angeboten werden, wenn man davon ausgehen muß, daß es Benutzer gibt, die nicht gezielt nach einer Information suchen, sondern erst einmal herausfinden wollen, »was es gibt«.

- Der zweite Weg eignet sich für Benutzer, die schon genau wissen, worüber sie sich informieren wollen. In der Beispielapplikation wird einem solchen Benutzer ein kleines Formular angeboten, das lediglich aus einem Textfeld und einem Submit Button besteht. Der Benutzer kann in das Textfeld beliebig viele Anfangsbuchstaben des Autorennamens oder gar den ganzen Namen eingeben und so die Auswahl stärker einschränken als das durch die Wahl eines Anfangsbuchstabens möglich ist.

In beiden Fällen wird abschließend die Prozedur KatalogAuswahl2 aufgerufen. Diese sorgt zunächst durch die Anweisung

```
v_init := initcap (p_init);
```

für die Umwandlung des eingegebenen Wertes in eine Schreibweise, bei der der erste Buchstabe groß geschrieben ist, alle nachfolgenden dagegen klein. Dies ist für den zweiten Weg erforderlich, weil ansonsten Benutzern, die den

Datenbankabfragen

Wert Mann eingeben, in der darauffolgenden Auswahlliste Heinrich, Klaus und Thomas Mann angeboten wird, diejenigen dagegen, die mann oder MANN eintippen, eine leere Auswahlliste vorfinden.

Sodann wird ein Formular aufgebaut, das – neben einem Submit und einem Reset Button – aus einer Auswahlliste besteht. Die Elemente der Auswahlliste[2] werden durch eine Datenbankabfrage ermittelt, in der das bei der Vorauswahl festgelegte Kriterium berücksichtigt wird.

```
htp.formOpen (
  curl    => 'K7_3_3.KatalogAnzeige',
  cmethod => 'POST'
);
  htp.formSelectOpen (cname => 'p_autor_nr', nsize => 5);
  for arec in c_autor (p1 => v_init || '%') loop
    htp.formSelectOption (
      cvalue     => arec.lname,
      cattributes => 'value="' || to_char(arec.nr) || '"'
    );
  end loop;
  htp.formSelectClose;
  htp.formSubmit (cname => NULL, cvalue => 'Ausführen');
  htp.formReset (cvalue => 'Zurücksetzen');
htp.formClose;
```

Es sind, wenn man bereits einige Erfahrungen mit SQL und PL/SQL gesammelt hat, nicht die einzelnen Anweisungen, die die Hauptschwierigkeit bei der Implementierung solcher Abläufe ausmachen. Wenn Sie die Prozeduren HomePageContents, HomePageMain, KatalogAuswahlAutor und KatalogAuswahl2 miteinander vergleichen, werden Sie feststellen, daß darin immer wieder die gleichen Anweisungen in der gleichen Reihenfolge auftreten: das Grundgerüst einer HTML-Seite, die Vereinbarung eines Cursors, eine zugehörige Cursor-For-Schleife und die Formatierung der ermittelten Daten. Die Schwierigkeit besteht vielmehr darin, eine Darstellungsweise für die Daten zu finden, die mit den begrenzten Interaktions- und Gestaltungsmöglichkeiten, die HTML bietet, auskommt, die Gefahr einer versehentlichen Abfrage sehr großer Datenmengen vermeidet und dennoch weder unübersichtlich wird, noch dem Benutzer ein Dutzend Vorauswahl-Seiten zumutet, bevor er sein Ziel erreicht.

Die schrittweise Übertragung einer Ergebnismenge, die aus Abschnitt 7.3.2 bereits bekannt ist, kann in der Regel eingesetzt werden, um gleichartige Datensätze zu übertragen und den eben aufgezählten Kriterien gerecht zu werden. Schwieriger wird es, wenn Abhängigkeiten zwischen Tabellen bestehen und diese Abhängigkeiten – meist Master-Detail-Verhältnisse – auch dargestellt werden müssen. Ein einfaches Beispiel sowie die typische Lösung bie-

---

2. Die ab V2.1 verfügbare Prozedur owa_util.listprint kann an dieser Stelle nicht eingesetzt werden, da sie die Umsetzung interner Werte (Autornummern) in externe Werte (Autornamen) nicht unterstützt.

ten die beiden im vorangehenden Abschnitt vorgestellten Tabellen zur Verwaltung der Applikationsstruktur: Das Master-Detail-Verhältnis wird hier umgesetzt in zwei durch Links miteinander verbundene Frames. Ein etwas komplexeres Beispiel stellt die im vorangehenden Kapitel als Beispiel für die Verwendung von Bildern diskutierte Applikation KAPITEL6.BSP7 (*Brauereien im Internet*) dar. Zwar basiert sie nicht auf Datenbanktabellen, doch schreit sie geradezu nach einer Neuimplementierung, bei der die Informationen über Bundesländer, Städte und Brauereien in der Datenbank abgelegt werden. In jedem Fall zeigt sie ein Master-Detail-Detail-Verhältnis, das auch durch drei Frames dargestellt wird.

Wenn die Beziehungen zwischen mehr als drei Tabellen darzustellen sind oder die Master-Tabelle so viele Datensätze enthält, daß sie dem Benutzer nicht mehr alle gleichzeitig angeboten werden können, bleibt nur noch die Möglichkeit, die Informationen auf mehrere, zeitlich aufeinanderfolgende Seiten zu verteilen, da zu viele Frames und zu lange Seiten der Übersichtlichkeit schaden. Letzteres ist bei der Tabelle AUTOR der Fall. Würde der Autorenkatalog sofort mit der durch KatalogAuswahl2 aufgebauten Autorenliste beginnen, so würde sich bereits beim Umfang der Beispieldaten eine etwas unhandliche Liste, beim Bestand einer durchschnittlich großen Bibliothek aber ein Monstrum ergeben. In solchen Fällen kommt man nicht umhin, durch Mechanismen wie die in diesem Abschnitt vorgestellten eine Vorauswahl zu treffen.

Aufbau eines interaktiven Katalogs

Nach dem Abschluß von Vorauswahl und Auswahl wird dem Benutzer ein Katalog-Auszug angeboten, der alle in der Bibliothek vorhandenen Bücher des von ihm gewählten Autors enthält. Eine solche Übersicht gab es zwar auch in den früheren Versionen schon, doch hat die in K7_3_3 enthaltene einen völlig anderen Charakter: Während die früheren Versionen schlicht eine Tabelle anzeigten, die der Benutzer betrachten konnte, präsentiert K7_3_3 die Bücherliste als Formular, das die Auswahl einzelner Bücher sowie die Vormerkung der gewählten Bücher für die Ausleihe gestattet. Man darf wohl behaupten, daß es sich bei einem derartigen Formular um *den* Prototyp für derzeit gängige Web-Applikationen handelt, die einen Produktkatalog vorstellen und die Bestellung der Produkte ermöglichen.

Nun muß zunächst klargestellt werden, daß K7_3_3 noch nicht die gesamte, für einen interaktiven Katalog erforderliche Funktionalität enthält. Implementiert ist bereits die Darstellung der »Produkte« innerhalb eines Formulars (Prozedur KatalogAnzeige) sowie die Weitergabe einer Liste ausgewählter Bücher an die Prozedur BuchVormerkung. Die Prozedur BuchVormerkung führt jedoch beim in K7_3_3 erreichten Stand lediglich eine Kontrollausgabe auf den Bildschirm aus. Dies wird sich erst im Verlauf der Abschnitte 7.4 und 7.5 ändern.

Datenbankabfragen

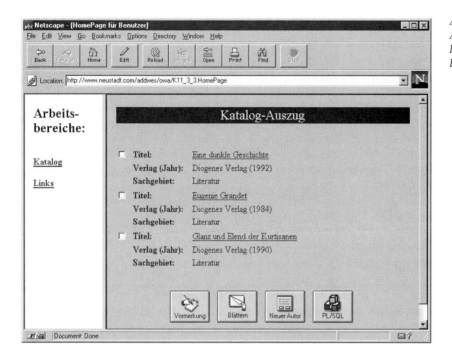

*Abbildung 7.4:
Ausgabe der Buch-
Informationen als
Bestellformular*

Grundsätzlich gleicht der in `KatalogAnzeige` implementierte Vorgang demjenigen von `KatalogAuswahl2`: Die Ergebnismenge einer Datenbankabfrage liefert das Material für den Aufbau eines Formulars. Daß das Formular dort eine Auswahlliste (*Select List*), hier dagegen Auswahlfelder (*Checkboxes*) enthält, ist für die Applikationsentwicklung kein wesentlicher Unterschied. Auf drei bemerkenswerte Details aber ist hinzuweisen.

Zunächst soll bei der Ausgabe der Katalogseite die Beschränkung auf maximal acht Bücher pro Seite beibehalten werden. Im Gegensatz zu den in den beiden vorangehenden Abschnitten vorgestellten Prozeduren genügt hier also die Implementierung eines Cursors und einer Cursor-For-Schleife nicht. Da `owa_util.tableprint` keine Möglichkeit bietet, die Formatierung der Ausgabe zu beeinflussen, wurde für das Package K7_3_3 die Funktion `GetRows` implementiert, Datensätze aus der Ergebnismenge ermittelt und wie `owa_util.tableprint` die Angabe des ersten und letzten gewünschten Datensatzes ermöglicht, die Ergebniswerte jedoch nicht am Bildschirm ausgibt, sondern zur weiteren Bearbeitung bereitstellt. Im Gegensatz zu `owa_util.tableprint` ist `GetRows` aber auf die Abfrage der Buch-Informationen spezialisiert. Die Unterstützung von Abfragen beliebiger Datenbestände würde nicht nur dynamische SQL-Anweisungen (vgl. Abschnitt 7.3.4), sondern überdies die Implementierung einer Strategie für die Übergabe beliebiger vieler Ergebniswerte über Parameter erfordern.

Sodann ist zu beachten, daß die Übergabe der Ergebnisse nicht in Form einzelner Werte, sondern über PL/SQL-Tabellen erfolgt. Dies reduziert die Anzahl der erforderlichen Funktionsaufrufe. Die erforderlichen Typvereinbarungen finden Sie zu Beginn des Package Body.

Schließlich sei auf das in Kapitel 6 noch nicht vorgestellte Element des grafischen Submit-Buttons hingewiesen. Er wird benötigt, um die hier erstmals – wenn auch nur teilweise – implementierte Funktionalität der Vormerkung anzustoßen. Da alle anderen Buttons bereits in K7_3_2 durch Grafiken ersetzt wurden, schien es wünschenswert, an dieser Stelle keinen gänzlich anders aussehenden Button einzuführen, sondern ihn den übrigen ähnlich zu gestalten. Die Verwendung einer Grafik als Submit-Button läßt sich durch eine HTML-Anweisung der Form

```
<INPUT TYPE="image" NAME="p_submit" SRC="/AddWes/Bilder/btVormerkung.gif"
       WIDTH="73" HEIGHT="57" BORDER="0" HSPACE="5">
```

erreichen. Die entsprechende, in K7_3_3.KatalogAnzeige zu findende PL/SQL-Anweisung lautet:

```
htp.formImage (
   cname      => 'p_submit',
   csrc       => '/AddWes/Bilder/btVormerkung.gif',
   cattributes => 'width="73" height="57" border="0" hspace="5"'
);
```

7.3.4 Dynamische SQL-Anweisungen in PL/SQL-Prozeduren

An zahlreichen Stellen dieses Buches wird darauf hingewiesen, daß es für die Performance einer Applikation von großer Wichtigkeit ist, wechselnde Bestandteile einer SQL-Anweisung nicht als Text, sondern in Form von Variablen in die Anweisung zu integrieren. Variablen können jedoch nur dann verwendet werden, wenn es sich bei den wechselnden Bestandteilen um *unterschiedliche Werte* handelt:

```
select nr, name, vorname
from autor
where land = v_land;
```

Derartige SQL-Anweisungen sind unproblematisch, weil bei ihrer wiederholten Ausführung nur die jeweils aktuellen Werte der Variablen berücksichtigt werden müssen, die Struktur der SQL-Anweisung jedoch völlig unverändert bleibt, so daß kein neuerliches Übersetzen erforderlich ist. Handelt es sich bei den wechselnden Bestandteilen jedoch um *unterschiedliche Spalten- oder Tabellennamen*, so ändert sich bei jedem Wechsel die Struktur der SQL-Anweisung, was ein neuerliches Übersetzen der Anweisung erforderlich macht. In diesem Fall können nicht Variablen, sondern müssen Methoden für die Bearbeitung dynamischer SQL-Anweisungen eingesetzt werden.

Als *statisch* werden SQL-Anweisungen bezeichnet, die zum Zeitpunkt der Applikationsentwicklung bereits bekannt sind und die entweder ausschließlich feste Bestandteile oder feste Bestandteile und wechselnde Werte enthalten. Als *dynamisch* werden dagegen SQL-Anweisungen bezeichnet, deren Struktur zum Zeitpunkt der Applikationsentwicklung ganz oder teilweise unbekannt ist. Der Extremfall einer dynamischen SQL-Anweisung tritt bei der Programmierung von Werkzeugen wie SQL*Plus, Oracle Browser oder Microsoft Query auf, die es dem Benutzer erlauben, zur Laufzeit eine beliebige Anweisung einzugeben oder zu erzeugen. Eine dynamische SQL-Anweisung liegt jedoch bereits dann vor, wenn bei der Ausführung einer ansonsten völlig gleich bleibenden Abfrage unterschiedliche WHERE-Bedingungen verwendet werden sollen:

```
select nr, name, vorname
from autor
where land = v_land;
select nr, name, vorname
from autor
where gebjahr > v_jahr;
```

Diese beiden Anweisungen sind, für sich betrachtet, statische SQL-Anweisungen und sie lassen sich auch so programmieren – unter der Bedingung freilich, daß man den gesamten Gang der Abarbeitung doppelt – und bei drei oder vier Varianten entsprechend dreifach oder vierfach – programmiert: Jede Variante erfordert einen eigenen Cursor, eine eigene Ausführung und eine eigene FETCH-Schleife. Wollen Sie dagegen die Abarbeitung aller möglichen Varianten zusammenfassend programmieren, so erfordert dies die Verwendung einer dynamischen SQL-Anweisung der Form:

```
select nr, name, vorname
from autor
where <wechselnde Bedingung>;
```

Diese Situation liegt im Package K7_3_4 vor, in der alle vorgesehenen Katalogvarianten (Autorenkatalog, Länderkatalog, Liste der Neuerwerbungen) implementiert werden. Bei der Implementierung wird versucht, ähnliche Funktionalitäten möglichst zusammenzufassen, um den Aufwand bei der Applikationsentwicklung zu reduzieren und dem Benutzer gleichartige Funktionalitäten immer auf der gleichen Seite anzubieten. Dadurch ergab sich die in Abbildung 7.5 dargestellte Aufrufstruktur: Sowohl der Autoren- als auch der Länderkatalog bieten dem Benutzer zunächst eine Vorauswahl (KatalogAuswahlAutor: Auswahl eines Anfangsbuchstabens, KatalogAuswahlLand: Auswahl eines Landes), bei der ein Abfragekriterium für den Aufbau einer Autorenliste durch KatalogAuswahl2 generiert wird. Die Prozedur KatalogAuswahl2 muß demnach so implementiert werden, daß sie sowohl die Übergabe eines Anfangsbuchstabens als auch die Übergabe eines Ländercodes als Abfragekriterium unterstützt. KatalogNeuerwerbungen übergibt den vom Benutzer gewünschten Zeitraum direkt an KatalogAnzeige, doch bedeutet das, daß KatalogAnzeige entweder (von KatalogAuswahl2) einen Autorennamen oder (von KatalogNeuerwerbungen) einen Zeitraum als Abfragekriterium erhält und somit ebenfalls dynamisch implementiert werden muß. Allerdings wurde die Abfrage der anzuzeigenden

7 Einbindung von Datenbankzugriffen

Datensätze in die Funktion GetRows ausgelagert, so daß die Verwendung einer dynamischen SQL-Anweisung nicht in KatalogAnzeige selbst, sondern in GetRows erfolgen muß.

Abbildung 7.5: Aufrufstruktur im Package K7_3_4

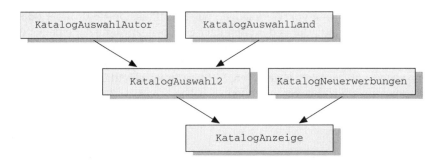

Bevor geklärt wird, auf welche Weise sich dynamische SQL-Anweisungen in PL/SQL-Prozeduren einbinden lassen, muß noch auf einen wichtigen Punkt hingewiesen werden: Die Gegenüberstellung der Verwendung von Variablen und von dynamischen SQL-Anweisungen zu Beginn dieses Abschnitts darf nicht so verstanden werden, daß dynamische SQL-Anweisungen keine Variablen enthalten dürfen. Dies ist nicht nur möglich, sondern sogar die Regel. Die Gegenüberstellung sollte vielmehr zeigen, bis zu welchem Punkt man allein mit der Verwendung von Variablen gelangen kann und in welchen Fällen diese allein nicht mehr genügt, sondern zusätzliche Mechanismen erfordert. Bei der Bearbeitung dynamischer SQL-Anweisungen werden zwei Arten bzw. zwei Verwendungsweisen von Variablen unterschieden:

▶ *Eingabevariablen:* Diese Variablen enthalten die wechselnden Werte, die zur Vervollständigung einer SQL-Anweisung erforderlich sind. Sie treten zumeist in WHERE-Bedingungen auf. Das Einfügen der aktuellen Werte in die ausführbare Form der SQL-Anweisung wird als *Binden (Bind)* bezeichnet. Eingabevariablen heißen daher im Englischen *Bind Variables*.

▶ *Ergebnisvariablen:* Diese Variablen dienen dazu, die Ergebniswerte aufzunehmen. Sie sind offenkundig nur dann erforderlich, wenn es sich bei der dynamischen SQL-Anweisung um eine Datenbankabfrage (SELECT-Anweisung) handelt. Bevor Ergebnisvariablen im Zusammenhang mit dynamischen SQL-Anweisungen verwendet werden können, müssen Typ und Größe bekanntgemacht werden – ein Vorgang, der als *Definieren (Define)* der Ergebniswerte bezeichnet wird.

Das zum PL/SQL Web Toolkit gehörende Package OWA_UTIL stellt seit Version 1.0 die Prozedur owa_util.tableprint bereit, die, wie in Abschnitt 7.3.1 bereits bemerkt, eine mit sehr geringem Programmieraufwand verbundene Möglichkeit, dynamische SQL-Anweisungen abzuarbeiten, darstellt. Diese Prozedur wurde mit Version 2.1 um einige weitere Funktionen und Prozeduren ergänzt, die in der Dokumentation (*PL/SQL Web Toolkit Refe-*

Datenbankabfragen

rence) unter dem Stichwort *OWA_UTIL Dynamic SQL Utilities* beschrieben sind. Durch sie wurden folgende Fortschritte erzielt:

- Die Prozedur owa_util.tableprint unterstützt bei der Festlegung des auszugebenden Datenbestandes lediglich die Angabe eines Tabellennamens. Zusätzliche Angaben – wie WHERE- oder ORDER BY-Klauseln – sind nicht möglich. Die vier Varianten der mit V2.1 implementierten Prozedur owa_util.cellsprint ermöglichen dagegen die Angabe einer SQL-Anweisung, die sämtliche nach der SQL-Syntax zulässigen Klauseln enthalten darf.

- Durch Verwendung der Funktion owa_util.bind_variables ist es möglich, neben festen Bestandteilen auch Eingabevariablen in der SQL-Anweisung zu berücksichtigen.

- Schließlich bieten die zwei Varianten der Prozedur owa_util.listprint die Möglichkeit, aus der Datenbank ermittelte Werte nicht nur in Form einer Tabelle, sondern auch in Form einer Auswahlliste darzustellen. Dies ist sicherlich ein häufig auftretender Fall der Verwendung von Datenbankabfragen.

Trotz dieser Fortschritte stößt man als Applikationsentwickler immer wieder an die Grenzen der *OWA_UTIL Dynamic SQL Utilities*. Das ist immer dann der Fall, wenn man besondere Formatierungswünsche hat. Dies betrifft einerseits stärkere Abweichungen von der Tabelle als Darstellungsform, andererseits die Notwendigkeit, das generierte Objekt (z.B. eine Auswahlliste) in ein umgreifendes Objekt (z.B. eine Tabelle) einzubinden, was nicht möglich ist, weil dafür Funktionen erforderlich wären, owa_util.tableprint und owa_util.listprint aber nur als Prozeduren vorliegen.

In solchen Fällen muß man sich auf die Mechanismen stützen, die PL/SQL im allgemeinen für die Bearbeitung dynamischer SQL-Anweisungen bietet. Sie sind im Package DBMS_SQL zusammengefaßt, das standardmäßig in Ihrer Datenbank verfügbar sein sollte[3]. Im folgenden wird der Einsatz der in diesem Package enthaltenen Funktionen und Prozeduren anhand ihrer Verwendung in der Prozedur K7_3_4.GetRows erläutert. Die Darstellung beschränkt sich jedoch auf die wichtigsten Punkte, da es sich bei dieser Thematik um eine allgemeine Technik der PL/SQL-Programmierung, nicht aber um eine speziell für den WebServer relevante handelt. Weiterführende Informationen bietet der *Oracle Server Application Developer's Guide*.

Da jede SQL-Anweisung zu ihrer Ausführung einen Cursor benötigt (vgl. Anhang C, Abschnitt C.4.3), der (vollständige) Text einer dynamischen SQL-Anweisung zum Zeitpunkt der Applikationsentwicklung noch nicht feststeht, muß zunächst einmal ein Cursor als eigenständiges Objekt angelegt werden:

```
c_buch := dbms_sql.open_cursor;
```

---

[3]. Das Package wird beim Ausführen von CATPROC.SQL während des Datenbank-Aufbaus angelegt.

Der Rückgabewert der Funktion dbms_sql ist ein ganzzahliger Wert, der in allen nachfolgenden Prozeduraufrufen verwendet werden muß, um den Cursor zu identifizieren.

Der nächste Schritt besteht darin, dem Cursor ein SQL-Anweisung zuzuordnen, deren Text übergeben werden muß. Die SQL-Anweisung kann, wie bereits erwähnt, Eingabevariablen enthalten. Diese sind durch einen vorangestellten Doppelpunkt als solche zu kennzeichnen:

```
v_sqlstmt := 'select nr, titel, jahr '
          || 'from buch '
          || 'where autor_nr = :v_autor';
```

In der Funktion K7_3_4.GetRows werden anhand eines übergebenen numerischen Wertes (p_numval) und eines Parameters (p_sql_typ), der erkennen läßt, ob der übergebene Wert eine Autornummer oder ein Zeitraum ist, unterschiedliche SQL-Anweisungen aufgebaut. Die Zuordnung sowie das Übersetzen der SQL-Anweisung erfolgt dann durch die Prozedur dbms_sql.parse:

```
dbms_sql.parse (c_buch, v_sqlstmt, DBMS_SQL.V7);
```

Die symbolische Konstante DBMS_SQL.V7 gibt an, daß es sich bei dem Zielsystem um einen Oracle Server der Version 7.x handelt.

Auf dem Weg zum Ziel der Übertragung von Daten aus der Datenbank ist es sodann erforderlich, die Ergebnisvariablen bekanntzumachen. Dieser Vorgang ist an sich einfach, kann jedoch durch zwei Umstände erschwert werden: Zum einen gibt es verschiedene Versionen der für das Bekanntmachen von Ergebnisvariablen zuständigen Prozedur dbms_sql.define_column, von denen jede einem bestimmten Datentyp zugeordnet ist. Die einzelnen Versionen weisen eine unterschiedliche Anzahl von Parametern auf:

```
dbms_sql.define_column (c_buch, 1, v_buchnr);
dbms_sql.define_column (c_buch, 2, v_titel, 250);
dbms_sql.define_column (c_buch, 3, v_jahr);
```

Als erster Parameter ist in jedem Fall die Cursor-Nummer, als zweiter die Position der betreffenden Spalte in der SELECT-Klausel und als dritter die Ergebnisvariable zu übergeben. Bezieht sich der Vorgang auf eine Textspalte, so ist jedoch zusätzlich als vierter Parameter die Größe der bereitgestellten Textvariablen und damit die maximal übertragbare Textgröße anzugeben.

Eine weitere Schwierigkeit ergibt sich in der Funktion K7_3_4.GetRows daraus, daß für die Aufnahme der Ergebniswerte PL/SQL-Tabellen benutzt werden sollen, die Angabe einer Tabelle aber von dbms_sql.define_column nicht akzeptiert wird. In diesem Fall muß ein etwas umständlicherer Weg beschritten werden, der z.B. im Bereitstellen von anderweitig gar nicht benötigten, an dieser Stelle aber einsetzbaren Variablen bestehen kann.

Enthält die SQL-Anweisung Eingabevariablen, so sind auch diese bekanntzumachen, da der in der SQL-Anweisung verwendete Name nur als Platzhalter dient und nicht dem Namen derjenigen Variablen entsprechen muß, die den zur Laufzeit zu verwendenden Wert enthält. So wird etwa der für die Variable v_autor zu verwendende Wert über den Parameter p_numval an die Funktion übergeben. Diese Zuordnung kann folgendermaßen bekanntgemacht werden:

```
dbms_sql.bind_variable (c_buch, 'v_autor', p_numval);
```

Beachten Sie bitte die Notwendigkeit der Hochkommas beim zweiten und ihr Fehlen beim dritten Parameter.

Damit steht die ausführbare Form der SQL-Anweisung vollständig fest. Ihre Ausführung – worunter bei einer Datenbankabfrage nicht sehr viel zu verstehen ist, da das Übertragen der Ergebnismenge nicht dazu gehört – wird durch einen einfachen Funktionsaufruf bewirkt:

```
dbms_sql.execute (c_buch);
```

Handelt es sich bei der SQL-Anweisung um eine INSERT-, UPDATE- oder DELETE-Anweisung, so erfährt man über den Rückgabewert der Funktion dbms_sql.execute die Anzahl der bearbeiteten Datensätze. Handelt es sich um eine SELECT-Anweisung, ist der Wert undefiniert. Er muß zwar aus Gründen der Syntax abgefragt, kann aber ignoriert werden.

Satzweise kann nun die Ergebnismenge mit der Prozedur dbms_sql.fetch_rows übertragen werden:

```
dbms_sql.fetch_rows (c_buch);
```

Der letzte Schritt besteht dann darin, die im aktuellen Datensatz enthaltenen Werte in die Ergebnisvariablen zu übertragen:

```
dbms_sql.column_value (c_buch, 1, v_buchnr);
dbms_sql.column_value (c_buch, 2, v_titel);
dbms_sql.column_value (c_buch, 3, v_jahr);
```

An dieser Stelle können, wie K7_3_4.GetRows zeigt, auch Records oder PL/SQL-Tabellen verwendet werden.

7.4 Datenmanipulation

Wie hoch auch immer die Ansprüche an die Formatierung der Daten sein mögen – die Aufbereitung aus der Datenbank ermittelter Daten für die Darstellung innerhalb einer Web-Seite ist immer eine vergleichsweise einfache Aufgabe, weil sie zwar statische Seiteninhalte ganz oder teilweise durch dynamische, d.h. von Fall zu Fall wechselnde ersetzt, insgesamt aber doch nur Formatierungsoperationen ausführt, die beim Design von HTML vorgesehen wurden und die daher durch HTML angemessen unterstützt werden. In dem Moment jedoch, in dem man über die bloße Darstellung der Daten hinaus dem Benutzer auch die Möglichkeit zur Manipulation der Daten bieten möchte, begibt man sich aus dem Bereich der bloßen Formatierung hinaus in den Bereich der Programmierung von Abläufen und damit in einen Bereich, der HTML fremd ist. Infolgedessen stößt man auf all die Schwierigkeiten, die in Abschnitt 7.1 skizziert wurden, und man darf getrost behaupten, daß die Entwicklung derartiger Applikationen weniger eine Entwicklung *mit* als vielmehr eine Entwicklung *gegen* HTML ist.

Dennoch soll hier der Versuch unternommen werden, zu zeigen, daß und wie die Implementierung der Datenmanipulation auf der Basis des PL/SQL Web Toolkit – und damit letztlich auf der Basis von HTML – möglich ist. Hier und in Kapitel 9, in dem die Erörterungen dieses Abschnitts weitergeführt werden, wird HTML bis zur Grenze des Möglichen strapaziert werden. Das Resultat aber wird eine Applikation – oder vielmehr: das Grundgerüst einer Applikation – sein, die neben der bloßen Abfrage auch das Ändern, Einfügen und Löschen von Datensätzen ermöglicht.

Wurde als Beispiel für die theoretischen Erörterungen in den vorangehenden Abschnitten die Katalogkomponente der Beispielapplikation herangezogen, so bietet der thematische Übergang von der Datenabfrage zur Datenmanipulation den Anlaß und die Möglichkeit, nun auch die Verwaltungskomponente in Angriff zu nehmen. Daneben wird die Katalogkomponente um Funktionalität für die Bestellung von Büchern durch den Benutzer ergänzt. Der entsprechende Code ist in den Dateien K7_4V.SQL (Verwaltungskomponente) und K7_4K.SQL (Katalogkomponente) zu finden.

7.4.1 Das Einfügen von Datensätzen und die Validierung der Eingabe

Im Hinblick auf die in Abschnitt 7.1 beschriebene Problematik der (in HTML und HTTP fehlenden) Zustandsverwaltung ist das Einfügen eines neuen Datensatzes die am wenigsten problematische Operation, da sie zwar den Umfang des Datenbestandes erweitert, auf den bereits existierenden Datenbestand jedoch – mit Ausnahme der Forderung nach Eindeutigkeit der Primärschlüsselwerte – nicht Bezug nimmt. Das Einfügen eines neuen Datensatzes kann daher im wesentlichen mit den Mitteln realisiert werden, die in Kapitel 6 für den Aufbau und die Abarbeitung eines Formulars vorgestellt wurden: Zu implementieren ist eine Prozedur, die für den Aufbau eines Formulars verantwortlich ist, über das der Benutzer die im neuen Datensatz enthaltenen Werte eingeben kann, und eine weitere Prozedur, die durch Klicken auf den Submit-Button aktiviert wird und die übergebenen Werte in die Datenbank einfügt.

Abbildung 7.6: Struktur der PL/ SQL-Prozeduren und Seiten beim Einfügen eines neuen Datensatzes

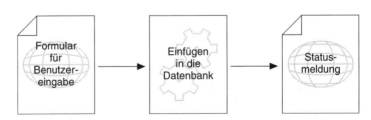

Datenmanipulation

Ein Beispiel für diese Struktur bieten die Prozeduren BenutzerNeu und BenutzerNeuDB im Package K7_4V. Erstere gibt ein Formular aus, letztere faßt die vom Mitarbeiter der Bibliothek in das Formular eingetragenen Daten über den neuen Benutzer zu einem Datensatz zusammen und fügt diesen in die Datenbank ein. Ein weiteres Beispiel, das etwas komplexer wirkt, weil es in einen komplexeren Zusammenhang eingebettet ist, in Wahrheit jedoch den gleichen Aufbau zeigt, besteht aus den Prozeduren FormularAutor und KatalogAutorEinfügen.

Beachten Sie, daß jeweils nur die erste dieser beiden Prozeduren über HTP/HTF-Aufrufe HTML-Kommandos generiert, während es sich bei der zweiten um eine reine PL/SQL-Prozedur handelt, die ausschließlich Datenbankzugriffe durchführt und keinerlei Ausgaben vornimmt. Das bedeutet freilich, daß sich an die Ausführung der zweiten, datenbankorientierten Prozedur die Ausführung einer dritten anschließen muß, durch die der Benutzer über Erfolg oder Fehlschlag seiner DML-Operation informiert wird. Auf die Frage, was das für eine Prozedur sein sollte, wird in Abschnitt 7.4.4 noch zurückzukommen sein.

Es kann wünschenswert sein, dem Benutzer Eingabefelder für mehrere Datensätze anzubieten, so daß er nicht jeden Datensatz einzeln eintragen und abschicken muß. Dies ist unter Verwendung einer in Kapitel 6, Abschnitt 6.9 beschriebenen Technik verhältnismäßig leicht zu realisieren: Legen Sie die erforderlichen Eingabefelder an, achten Sie darauf, daß alle Felder, die der gleichen Spalte zuzuordnen sind, den gleichen Namen tragen und nehmen Sie die Eingabewerte in der verarbeitenden Prozedur über Parameter vom Typ PL/SQL-Tabelle entgegen. Die Prozeduren FormularBuecherNeu und KatalogBuecherNeuDB im Package K7_4V bieten ein Beispiel für diese Vorgehensweise. Sie ermöglichen das gleichzeitige Eintragen mehrerer neuer Bücher eines zuvor ausgewählten Autors (Abbildung 7.6).

Allerdings bringt diese Technik auch einige Probleme mit sich. So ist im Hinblick auf die Performance zu beachten, daß ein Web-Browser im Gegensatz zu echten Datenbank-Entwicklungswerkzeugen wie Oracle Forms, Oracle Power Objects oder Microsoft Access nicht über die Möglichkeit verfügt, die Identität mehrerer Auswahllisten in einer tabellarischen, mehrere Datensätze umfassenden Darstellung zu erkennen und deren Elemente zwischenzuspeichern. Deshalb ist es in K7_4V.FormularBuecherNeu erforderlich, für jeden angezeigten Datensatz die kompletten Listen aller Sachgebiete und aller Verlage vom WebServer an den Browser zu übertragen. Je mehr Datensätze Sie anzeigen, desto größer ist also die aus diesem Verfahren resultierende Belastung des Netzwerks.

Ein zweites Problem ist die Behandlung von Fehlern. Bevor Sie sich dafür entscheiden, dem Benutzer das gleichzeitige Eintragen mehrerer Datensätze anzubieten, sollten Sie überlegen, wie Sie vorgehen wollen, wenn einer von mehreren übertragenen Datensätzen fehlerhaft ist, und ob der Ihnen geeignet erscheinende Algorithmus mit erträglichem Aufwand realisierbar ist.

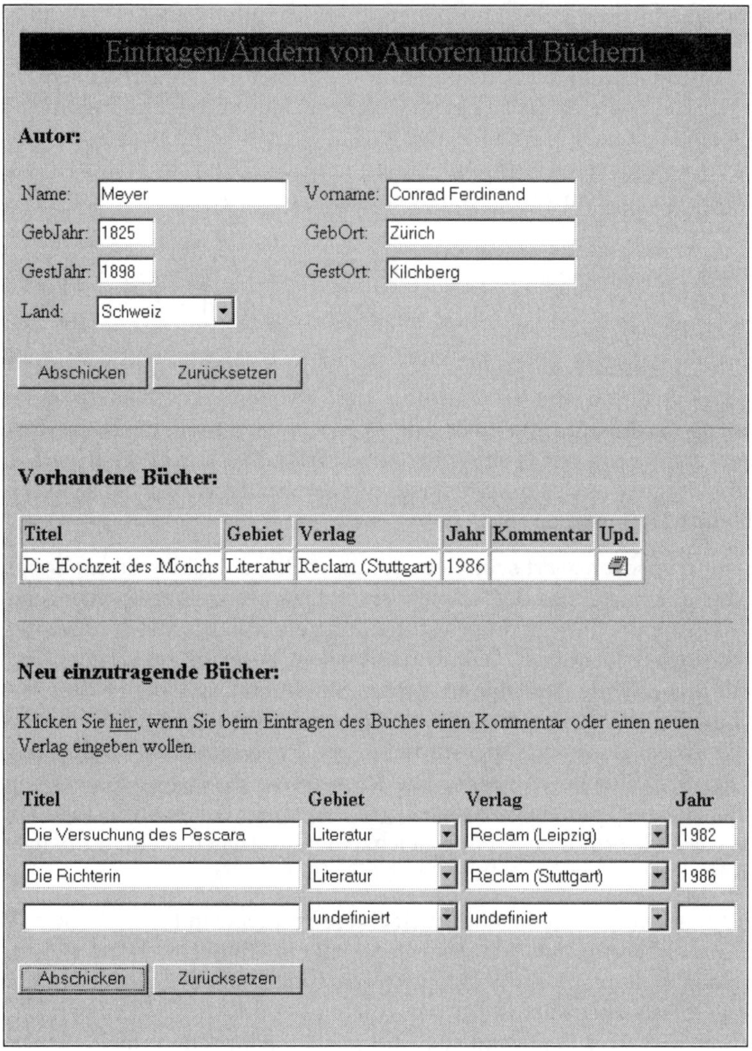

7 Einbindung von Datenbankzugriffen

Abbildung 7.7:
Formular für das
gleichzeitige
Einfügen mehrerer
Bücher

Eine Frage, die nicht davon abhängig ist, ob Sie das Einfügen eines Datensatzes oder mehrerer Datensätze ermöglichen wollen, sondern die sich in beiden Fällen stellen kann, betrifft wiederum die Wertelisten. Solche Wertelisten können ja einerseits den Benutzer einschränken, indem sie nur die Auswahl eines vorgegebenen Wertes erlauben, können aber andererseits auch erweiterbar sein. Mit Ausnahme vielleicht der Liste der Sachgebiete gehören alle in der Beispielapplikation vorkommenden Wertelisten zu diesem zweiten Typ. So ist etwa die Liste der Verlage keineswegs als Einschränkung gedacht, sondern soll nur der Vereinfachung der Eingabe dienen. In dem Moment, in dem die Bibliothek ein Buch beschafft, das von einem bisher noch nicht vertretenen Verlag herausgegeben wurde, muß die Liste zwangsläufig erweitert werden.

Datenmanipulation

Für diesen Fall kann man ein eigenes Formular vorsehen, das auf der Tabelle VERLAG basiert. Besonders beliebt wird man sich aber bei den Benutzern seiner Applikation nicht machen, wenn dies die einzige Lösung ist, da die meisten Benutzer erst dann merken werden, daß der benötigte Verlag in der Werteliste nicht vorkommt, wenn sie gerade beim Eintragen eines neuen Buches sind. Es ist ein generelles Problem der Applikationsentwicklung, wie man mit solchen »nebenbei« durchzuführenden Erweiterungen von Wertelisten umzugehen hat. Im Falle der Web-Technologie wird es aber noch dadurch kompliziert, daß aufgrund der fehlenden Statusverwaltung die üblicherweise genutzte Möglichkeit, die Erweiterung in einem neu aufgeblendeten Fenster durchführen zu lassen, nicht in Frage kommt.

Abbildung 7.8: Formular für das Einfügen und Ändern eines Buches sowie die gleichzeitige Erweiterung der Verlagsliste

Einen Lösungsvorschlag enthält die Prozedur KatalogBuchAendern im Package K7_4V (vgl. Abb. 7.8). Wie der Name erkennen läßt, dient das von dieser Prozedur aufgebaute Formular primär zum Ändern einer bereits vorhandenen Katalogeintragung, doch kann es auch zum Eintragen eines neuen Buches verwendet werden, weil die tabellarische Darstellung, die das gleichzeitige Einfügen mehrerer Bücher ermöglicht, aus Platzgründen nicht sämtliche, sondern nur die wichtigsten Felder enthält. Dieses Formular enthält nun aber neben Feldern, die die Spalten der Tabelle AUTOR repräsentieren, auch Felder, in die die notwendigen Angaben zu einem neuen Verlag eingetragen werden können. Sämtliche Feldinhalte werden an die Prozedur KatalogBuchAendernDB übergeben. Stellt diese fest, daß die für das Eintragen eines neuen Verlags vorgesehenen Felder (bzw. die entsprechenden Parameter) Werte enthalten, so wird zunächst der neue Verlag in die Datenbank eingetragen, so daß beim anschließenden Einfügen des Buches bereits auf diesen Eintrag Bezug genommen werden kann.

Die Schwierigkeit, vor der Sie als Entwickler am häufigsten stehen werden, ist allerdings die allgemeine Validierung der Eingabewerte und hier insbesondere die Überprüfung, ob alle Felder, die NOT-NULL-Spalten repräsentieren, vom Benutzer gefüllt wurden. Einer derartigen Aufgabe ist HTML als Formatierungssprache in keiner Weise gewachsen. Es gibt deshalb nur zwei Wege, die Sie beschreiten können:

▶ Der eine Weg besteht darin, die eingegebenen Werte ungeprüft vom Client an den Server zu übergeben und die Validierung auf dem Server durchführen zu lassen. Nun wäre es freilich nicht sehr freundlich dem Benutzer gegenüber, würde man ihm nach dem Fehlschlag der Validierung lediglich eine entsprechende Mitteilung zukommen lassen und ihn zwingen, die gesamte Eingabe zu wiederholen. Wünschenswert wäre es vielmehr, das mit den bereits eingegebenen Werten gefüllte Formular erneut aufzublenden und dem Benutzer zusätzlich einen Hinweis zu geben, an welcher Stelle er eine Ergänzung oder Korrektur vornehmen soll. Das aber bedeutet, daß das Formular auf dem Server unter Berücksichtigung der bereits vorhandenen Werte neu aufgebaut werden und an den Client übertragen werden muß. Daß dieser Weg zum Ziel führt, demonstrieren die Prozeduren K7_4V.BenutzerNeu und K7_4V.BenutzerNeuDB. Deutlich ist aber auch, daß er mit einer erheblichen Menge an Netzwerkkommunikation verbunden ist, die vermeidbar wäre, wenn die Validierung vor dem Abschicken auf dem Client-Rechner durchgeführt werden könnte.

▶ Funktionalität, wie sie etwa bei der Validierung der Eingabe benötigt wird, aber in HTML nicht enthalten ist, bieten Skriptsprachen wie JavaScript oder VBScript an. Der Einsatz von Skriptsprachen als Ergänzung der HTML-Anweisungen löst viele Probleme, setzt jedoch voraus, daß die Benutzer Browser verwenden, die diese Sprachen unterstützen. Eine Einführung in die Skriptsprachen ist nicht Thema dieses Buches, doch wird in Kapitel 8, Abschnitt 8.4, ein einfaches Beispiel für ihren Einsatz im Zusammenhang mit der Validierung der Eingabe vorgestellt.

7.4.2 Das Ändern von Datensätzen und die Simulation von Sperren

Von allen DML-Anweisungen erfordert das UPDATE den höchsten Implementierungsaufwand. Dies zeigt sich bereits an der Struktur der erforderlichen PL/SQL-Prozeduren: Während das INSERT, wie eben beschrieben, mit zwei Prozeduren auskommt, fordert das UPDATE mindestens drei, da außer einem Formular, das die Eingabe der Änderungen ermöglicht, und einer Prozedur, die die Änderungen in die Datenbank überträgt, noch eine zusätzliche Web-Seite erforderlich ist, die der Auswahl des zu ändernden Datensatzes dient. Diese Auswahlseite kann natürlich beliebig gestaltet werden. Häufig wird jedoch eine Implementierung verwendet, bei der die Auswahlseite eine mehrere Datensätze zeigende tabellarische Übersicht und die Seite für das Eintragen der Änderungen ein nur einen Datensatz enthaltendes Formular ist. Die dritte Prozedur ist wiederum nur datenbankorientiert und baut keine HTML-Seite auf.

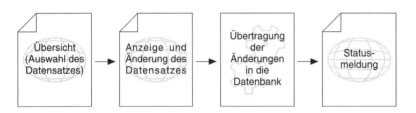

Abbildung 7.9: Struktur der PL/SQL-Prozeduren und Seiten beim Ändern eines neuen Datensatzes

Diese Struktur wird in K7_4V demonstriert durch die Prozeduren BenutzerTabelle, BenutzerAendern und BenutzerAendernDB. Dabei ist allerdings zu berücksichtigen, daß die in BenutzerTabelle verwendete einfache tabellarische Darstellungsform in diesem Kontext nur deshalb akzeptabel ist, weil die Tabelle BENUTZER sehr wenige Einträge enthält. Würde man die Implementierung an den Verhältnissen einer realen Bibliothek orientieren, so müßte man entweder einen völlig anderen Auswahlmechanismus wählen (z.B. Auswahl über Eingabe der Benutzernummer) oder die Auswahl auf mehrere Schritte – und somit auf mehrere Prozeduren – verteilen. Eine derartige Struktur liegt vor in der Abfolge der Prozeduren KatalogAuswahlAutor KatalogAuswahl2 KatalogAendernAutorBuch KatalogBuchAendern KatalogBuchAendernDB. Hier wird zunächst über die – ihrerseits in mehreren Schritten erfolgende – Auswahl eines Autors die Menge der anzuzeigenden Bücher begrenzt und schließlich aus dieser Menge der zu ändernde Datensatz ausgewählt.

Unter der Voraussetzung, daß die Vorauswahl letztlich mit einer tabellarischen Darstellung abgeschlossen wird, die alle für ein UPDATE in Betracht kommenden Datensätze enthält, bietet es sich an, den Übergang von dieser tabellarischen Darstellung zu dem Formular, in dem der Benutzer die Änderungen vornehmen kann, über einen Verweis (Link) zu realisieren. Die Ziel-URL dieses Verweises muß außer dem Namen derjenigen Prozedur, die das Formular aufbauen soll, eine eindeutige Identifikation des zu ändernden

Datensatzes enthalten, da das Formular ja nicht leer sein, sondern den aktuellen Zustand des Datensatzes zeigen soll. Im Sinne einer optimalen Performance sollten Sie als eindeutige Identifikation die *RowId des Datensatzes* verwenden, was natürlich nur möglich ist, wenn Sie diese bereits beim Aufbau der tabellarischen Darstellung zusätzlich zu den anzuzeigenden Werten ermitteln, um den Verweis konstruieren zu können.

Ein Beispiel für diese Vorgehensweise finden Sie in der Prozedur Formular-BuecherVorh, die nach erfolgter Auswahl eines Autors eine tabellarische Übersicht über die bereits vorhandenen Bücher dieses Autors ausgibt. Die SELECT-Anweisung, auf deren Ergebnissen die Darstellung basiert, ermittelt neben den anzuzeigenden Spalten auch die RowId jedes Datensatzes:

```
cursor c_buch (p1 varchar2) is
  select b.rowid row_id, b.titel, b.gebiet_abk, b.verlag_nr, b.jahr,
       b.kommentar, v.name_kurz verlag, g.bez sachgebiet
  from buch b, gebiet g, verlag v
  where b.autor_nr = p1
  and b.gebiet_abk = g.abk
  and b.verlag_nr = v.nr(+)
  order by b.titel;
```

Im weiteren Verlauf wird nun jeder Datensatz als Zeile einer HTML-Tabelle formatiert, die zusätzlich zu den anzuzeigenden Informationen über das Buch ein Feld für den Verweis enthält. In der URL dieses Verweises wird die Prozedur K7_V.KatalogBuchAendern aufgerufen und mit der für die GET-Methode üblichen Syntax die RowId des aktuellen Datensatzes an den Parameter p_rowid übergeben:

```
for r_buch in c_buch (p_autor_nr) loop
  htp.tableRowOpen;
    htp.tableData (cvalue => r_buch.titel);
    htp.tableData (cvalue => r_buch.sachgebiet);
    htp.tableData (cvalue => r_buch.verlag);
    htp.tableData (cvalue => r_buch.jahr);
    htp.tableData (cvalue => r_buch.kommentar);
    htp.tableData (
      cvalue  => htf.anchor2 (
              curl  => 'K7_4V.KatalogBuchAendern?p_rowid=' ||
                   r_buch.row_id,
              ctext => htf.img2 (
                   curl => '/addwes/bilder/notepad.gif',
                   calign => 'middle',
                   cattributes => 'border="0"'
                )
            ),
      calign    => 'center',
      cattributes => 'valign="top" bgcolor="white"'
    );
  htp.tableRowClose;
end loop;
```

Datenmanipulation

Repräsentiert wird der Link, wie Abb. 7.10 zeigt, durch ein kleines Notepad-Symbol, auf das der Benutzer klicken kann, um den gewählten Datensatz in einem Formular anzuzeigen, das die Eingabe der Änderungen ermöglicht.

Vorhandene Bücher:					
Titel	Gebiet	Verlag	Jahr	Kommentar	Upd.
Bauern, Bonzen und Bomben	Literatur	Rowohlt	1995		
Der eiserne Gustav	Literatur	Aufbau	1997		
Wer einmal aus dem Blechnapf frißt	Literatur	Aufbau			
Wolf unter Wölfen	Literatur	Rowohlt	1994		

Abbildung 7.10: Tabellarische Darstellung mit Verweis zum Änderungsformular

In stärkerem Maße noch als die Zahl der Prozeduren und der Aufbau eines Verweises für die Verknüpfung der tabellarischen Darstellung (erzeugt durch Prozedur 1) mit dem Änderungsformular (erzeugt durch Prozedur 2) ist jedoch für den erhöhten Implementierungsaufwand der in Abschnitt 7.1 beschriebene Widerspruch zwischen einer Web-Technologie, die nur isolierte Aktionen kennt, und einer Datenbanktechnologie, die eine geordnete Abfolge von Teilschritten fordert, verantwortlich. Dieser führt nämlich dazu, daß bei der nun sich anschließenden Verknüpfung des Änderungsformulars (erzeugt durch Prozedur 2) mit der Prozedur, die die Änderungen in die Datenbank übertragen soll (Prozedur 3), wesentlich mehr als nur die Übergabe der neuen Werte zu implementieren ist.

In der allen relationalen Datenbanksystemen zugrundeliegenden Theorie hat man die Probleme, die sich ergeben, wenn die Abfolge der einzelnen Schritte und die Bezüge zwischen diesen Schritten nicht überwacht werden, genau zusammengestellt. Eines dieser Probleme ist das der verlorenen Änderung (*Lost Update*): Wenn zwei Benutzer gleichzeitig den gleichen Datensatz einlesen, wenn anschließend Benutzer 1 den Wert in Spalte 1 und Benutzer 2 den Wert in Spalte 2 ändert, wenn Benutzer 1 seine Änderung vor Benutzer 2 in der Datenbank abspeichert und wenn schließlich beide Benutzer eine UPDATE-Anweisung verwenden, in deren SET-Klausel sämtliche Spalten der Tabelle vorkommen, dann überschreibt Benutzer 2 (unwissentlich) den durch Benutzer 1 geänderten Wert wieder mit dem alten Wert, so daß die von Benutzer 1 durchgeführte Änderung verloren ist. Die meisten Datenbank-Entwicklungswerkzeuge stellen den Applikationen automatisch Funktionalität zur Verfügung, durch die sie derartige Situationen erkennen und darauf reagieren können. Bei der Nutzung der Web-Technologie muß sich dagegen der Entwickler selbst um solche Funktionalität kümmern.

Es gibt mehrere Wege, die der Entwickler beschreiten kann, um Aktionen, die zu einem inkonsistenten Datenbestand führen würden, zu erkennen und rechtzeitig abzubrechen. Sie alle stellen jedoch nur Varianten einer Grundstrategie dar, die auf dem Gedanken beruht, *daß unmittelbar vor der Durchführung einer vom Benutzer veranlaßten Änderung geprüft wird, ob der Inhalt des zu ändernden Datensatzes noch mit demjenigen identisch ist, den der Benutzer eingelesen und auf dem er seine Änderung aufgebaut hat.* Ist dies der Fall, kann die Änderung durchgeführt, ist dies aber nicht der Fall, muß sie zurückgewiesen werden.

Bezieht man diesen Gedanken auf die zu Beginn dieses Abschnitts beschriebene Struktur der erforderlichen PL/SQL-Prozeduren, so ergibt sich die Konsequenz, daß Prozedur 2 (Formular für die Eingabe der Änderungen) die alten und die neuen Werte getrennt verwalten und auch beide Wertemengen an Prozedur 3 (Übertragung der neuen Werte in die Datenbank) übergeben muß. Prozedur 3 muß dann mit Hilfe der übergebenen alten Werte zunächst prüfen, ob der zu ändernde Datensatz noch mit dem ursprünglich vom Benutzer gelesenen identisch ist, und die Ausführung der Änderung ablehnen, wenn dies nicht der Fall ist. Dies geschieht am einfachsten durch eine UPDATE-Anweisung der Form

```
UPDATE <Tabelle>
SET <Spalte1> = <NeuerWert1>, <Spalte2> = <NeuerWert2>, ...
WHERE <Spalte1> = <AlterWert1> AND <Spalte2> = <AlterWert2> AND ...
```

Unter der Voraussetzung, daß der Datensatz einen eindeutigen Primärschlüsselwert enthält und/oder daß die RowId für die Formulierung der WHERE-Bedingung herangezogen wird, wird jede zwischenzeitlich durch einen anderen Benutzer vorgenommene Änderung dazu führen, daß die WHERE-Bedingung auf keinen Datensatz mehr zutrifft, so daß die UPDATE-Anweisung fehlschlägt.

Der Haupteinwand gegen eine Implementierung der Strategie in dieser reinen Form besteht darin, daß sie schnell zu sehr umfangreichen Parameterlisten führt. Version 2.1 des PL/SQL Web Toolkit enthält deshalb das neue Package `OWA_OPT_LOCK`. Die darin zusammengefaßten Prozeduren bieten Varianten der eben beschriebenen Strategie an, die den Implementierungsaufwand reduzieren. Dies ist bereits bei der Prozedur `owa_opt_lock.hidden_fields` der Fall, die die Zwischenspeicherung der alten Werte in versteckten Feldern übernimmt, so daß sie nicht mehr vom Entwickler ausprogrammiert werden muß. Damit ist jedoch offenkundig nur eine Erleichterung für den Entwickler verbunden, während der Einsatz der in zwei Varianten verfügbaren Prozedur `owa_opt_lock.checksum` außerdem zu einer Verminderung der zu übergebenden Datenmenge führt und deshalb weitaus empfehlenswerter ist. Wie der Name dieser Prozedur bereits andeutet, wird hier von Prozedur 2 auf der Basis der alten Werte eine Prüfsumme generiert. Nur diese Prüfsumme wird von Prozedur 2 an Prozedur 3 übergeben. Prozedur 3 generiert unmittelbar vor der Ausführung des UPDATE erneut eine Prüfsumme und vergleicht die selbst ermittelte mit der übergebenen. Sind beide identisch, wird die Änderung durchgeführt, sind sie verschieden, wird die Änderung abgelehnt.

Datenmanipulation

Einfache Applikationen, die den Einsatz der in OWA_OPT_LOCK enthaltenen Prozeduren zeigen, sind bereits in den standardmäßig zusammen mit dem Oracle WebServer ausgelieferten Beispielen enthalten. In K7_4V wird owa_opt_lock.checksum an mehreren Stellen eingesetzt. Das in Kapitel 9 zu beschreibende Package DynaDML basiert zwar nicht auf OWA_OPT_LOCK, sondern auf der Übergabe der alten und der neuen Werte sowie der Konstruktion einer entsprechenden UPDATE-Anweisung, doch geschieht dies nur, um auch denjenigen den Einsatz von DynaDML zu ermöglichen, die noch nicht über Version 2.1 des Oracle WebServers verfügen.

7.4.3 Das Löschen von Datensätzen

Das Löschen ist auf sehr ähnliche Weise zu realisieren wie das Ändern von Datensätzen. Auch in diesem Zusammenhang wird dem Benutzer in der Regel zunächst eine tabellarische Übersicht angeboten werden, die nach einer Vorauswahl alle für den Löschvorgang in Betracht kommenden Datensätze enthält. Wie beim Ändern, so wird auch hier dafür gesorgt werden müssen, daß dem Benutzer ein Verweis zur Verfügung steht, über den er die Löschprozedur aufrufen und über den er ihr die RowId des zu löschenden Datensatzes übergeben kann. Schließlich wird es auch hier erforderlich sein, vor dem Löschen zu prüfen, ob der Datensatz zwischen Lese- und Löschvorgang nicht durch einen anderen Benutzer geändert wurde.

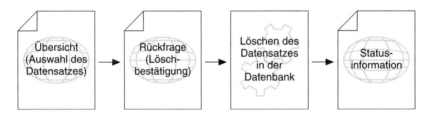

Abbildung 7.11: Struktur der PL/SQL-Prozeduren und Seiten beim Löschen eines Datensatzes

Ob für die Implementierung des Löschvorganges zwei Prozeduren – nämlich die tabellarische Übersicht und die datenbankorientierte Löschprozedur – ausreichen oder ob noch eine dritte, zwischen beide einzuschaltende Prozedur benötigt wird, ist eine vom Entwickler zu beantwortende Frage. Zwar wird nicht – wie beim Ändern – ein zwischengeschaltetes Formular benötigt, in das der Benutzer den von ihm gewünschten neuen Zustand des Datensatzes eintragen kann. Der Zustand des Datensatzes nach einem Löschvorgang bedarf keiner weiteren Spezifikation. Das Problem einer Implementierung, in der durch Klicken auf ein Löschsymbol sofort die Löschprozedur aktiviert wird, besteht jedoch darin, daß der Benutzer auch versehentlich auf ein solches Symbol klicken könnte und der betreffende Datensatz dann unbeabsichtigt gelöscht würde.

Die Lösungsmöglichkeiten für dieses Problem ähneln den für die Validierung von Benutzereingaben verfügbaren: Sie können – wie beim UPDATE – eine Formulardarstellung generieren lassen, die den gewählten Datensatz zeigt, aber keine Änderungen der Werte, sondern nur eine Bestätigung oder einen Abbruch des Löschvorganges ermöglicht. In diesem Fall benötigen Sie eine zusätzliche PL/SQL-Prozedur. Sie können die Rückfrage aber auch mit den Mitteln einer Skriptsprache realisieren. In diesem Fall benötigen Sie keine zusätzliche PL/SQL-Prozedur.

7.4.4 Zusammenfassung

In den vorangehenden Abschnitten wurden Prozedur- und Seitenstrukturen für die einzelnen DML-Operationen vorgestellt. Versucht man nun, diese Strukturen zusammenzufassen und dabei auch die Datenbankabfragen zu berücksichtigen, ergibt sich ein Bild, das weitaus weniger komplex ist, als man zunächst meinen könnte (vgl. Abb. 7.12).

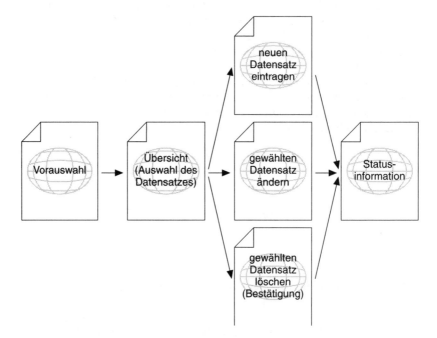

Abbildung 7.12: Struktur der HTML-Seiten für die Unterstützung von Datenbankabfragen und Datenmanipulationen

Zunächst wird dem Benutzer in jedem Fall (mindestens) eine Seite anzubieten sein, in der die Vorauswahl, d.h. die Festlegung von Abfragekriterien für die tabellarische Darstellung durchgeführt werden kann. Die sich daran anschließende Seite wird in einer tabellarischen Darstellung den gesamten Tabelleninhalt oder die vom Benutzer gewünschte Teilmenge anzeigen. Von dieser Darstellung aus sollten die drei übrigen Seiten aufgerufen werden können, die das Einfügen, Ändern und Löschen eines Datensatzes ermöglichen. Nach Abschluß der DML-Operation kann man entweder eine eigene Status-Seite zeigen, die den Benutzer über des Ergebnis informiert, oder zur tabellarischen Übersicht zurückkehren, die dann allerdings – zusätzlich zum standardmäßigen Inhalt – irgendeinen Hinweis auf das Ergebnis der zuvor durchgeführten Operation enthalten sollte.

Je mehr Freiheit man dem Benutzer (z.B. bei der Vorauswahl) läßt, desto mehr wird sich allerdings herausstellen, daß die Seiten für die Vorauswahl sowie für das Einfügen, Ändern und Löschen eines Datensatzes weitestgehend identisch aufgebaut sind. Man könnte deshalb die Strukturbeschreibung auf zwei Seiten reduzieren, von denen eine nur einen einzigen Datensatz in Formularform, die andere mehrere Datensätze in einer tabellarischen Übersicht zeigt. Allerdings würde sich bei einer solchen Beschreibung eine etwas undurchsichtige Aufrufstruktur ergeben, so daß man besser von *zwei Seitentypen* und *fünf Seiten* spricht.

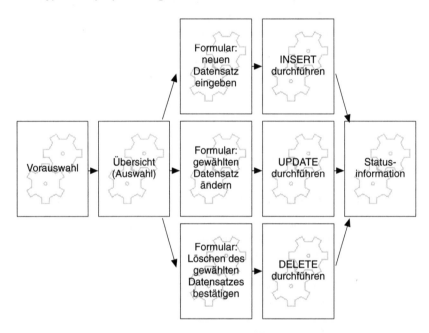

Abbildung 7.13: Struktur der PL/SQL-Prozeduren für die Unterstützung von Datenbankabfragen und Datenmanipulationen

Ähnlich liegen die Dinge im Hinblick auf die Struktur der PL/SQL-Prozeduren. Sie muß, wie Abb. 7.13 zeigt, neben je einer Prozedur für jede in der Seitenstruktur vorgesehene Seite drei datenbankorientierte Prozeduren enthalten, die die INSERT-, UPDATE- und DELETE-Operationen ausführen. Aber auch auf dieser Ebene kann man sich fragen, ob sich nicht alle Formulardarstellungen durch eine gemeinsame Prozedur generieren und alle DML-Operationen durch eine gemeinsame Prozedur ausführen lassen. Die Antwort auf diese Frage kann allerdings nicht in allgemeingültiger Weise gegeben werden, sondern hängt von den Randbedingungen ab. Wie auch immer Sie sich aber im Hinblick auf dieses Detail entscheiden mögen, die eigentlich wichtige Erkenntnis lautet, *daß letztlich jede Applikation oder Teilapplikation die gleiche grundlegende Seitenstruktur und damit die gleiche Struktur der PL/SQL-Prozeduren aufweisen wird.*

Was das bedeutet, wird klar, wenn man einen Blick auf die Verwaltungskomponente der Beispielapplikation wirft. Bisher wurden zwar nur Seiten, die auf den Tabellen AUTOR, BUCH und BENUTZER basieren, als Beispiele herangezogen, doch benötigt die Applikation auch Funktionalität für die Verwaltung der Inhalte von VERLAG, LAND und GEBIET, die mit der bereits für BENUTZER implementierten nahezu vollständig identisch sein wird. Wenn die eben durchgeführte Analyse richtig ist, dann heißt das aber, daß nicht nur im Rahmen der Beispielapplikation mehrere Teilkomponenten mit nahezu gleicher Struktur und Funktionalität benötigt werden, sondern daß auch außerhalb der Beispielapplikation, d.h. in den Applikationen, die Sie vielleicht später entwickeln werden, immer wieder gleichartige Teilkomponenten notwendig sein werden. Es erscheint daher als wenig sinnvoll, die Teilapplikationen *Verlagsverwaltung*, *Länderverwaltung* und *Verwaltung der Sachgebiete* in gleicher Weise zu implementieren wie die Benutzerverwaltung. Vielmehr liegt es nahe, nach einem Weg zu suchen, der es möglich macht, *einmal* eine generische Teilkomponente zu implementieren und diese so dynamisch zu gestalten, daß sie später *immer wieder* und in den verschiedensten Kontexten genutzt werden kann. Diese Aufgabe wird in Kapitel 9 in Angriff genommen werden.

7.5 Sicherheit und Zustandsverwaltung

7.5.1 Sicherheitsprobleme in der Beispielapplikation

Spätestens in dem Moment, in dem neben der Katalogkomponente auch die Verwaltungskomponente als Web-Applikation vorliegt, werden Sicherheitsprobleme erkennbar. Deren größtes besteht darin, daß mit der Verteilung der zwei Komponenten auf zwei verschiedene PL/SQL-Packages zwar der *Ansatz* eines Mechanismus geschaffen wurde, durch den die Benutzer auf die Ausführung der Katalogkomponente beschränkt und an der Ausführung der Verwaltungskomponente gehindert werden, daß es sich dabei aber eben auch lediglich um einen Ansatz, keineswegs um einen zuverlässigen Mechanismus handelt. Der gesamte Schutz beruht auf der Hoffnung, daß der Benutzer das Verwaltungspackage und dessen Aufruf nicht kennt. Ein zufälliger Blick des Benutzers auf den Bildschirm eines Mitarbeiters aber würde genügen, um seine Unwissenheit zu beseitigen, denn vermutlich ist dort im Adreßfeld des Web-Browsers die URL der Verwaltungsapplikation in voller Schönheit zu besichtigen.

Ein zweites, ebenso wichtiges Problem resultiert nicht aus der Applikation selbst, sondern aus dem Umfeld, in dem sie eingesetzt wird. Dieses wird man sich ja so vorstellen müssen, daß in der Bibliothek einige PC-Arbeitsplätze existieren, an denen die Benutzer den Katalog durchsuchen und Buchbestellungen vornehmen können. Bevor ein Benutzer eine Bestellung durchführen kann, wird er sich – z.B. durch Eingabe des Namens und der Benutzernummer – ausweisen müssen. Geschieht dies aber in der Art, in der man sich üblicherweise mit einem Werkzeug oder einer Applikation bei der Oracle-Datenbank anmeldet – nämlich so, daß nach einmaliger Anmeldung beliebig viele Aktionen unter dem angegebenen Datenbankbenutzer ausgeführt werden können –, so besteht die Gefahr, daß, nachdem ein Benutzer den Arbeitsplatz verlassen hat, ein zweiter Benutzer Bücher unter dem Namen des ersten bestellt. Dieser Mißbrauch könnte zwar noch rechtzeitig festgestellt werden, da sich an die Bestellung der Bücher noch ihre Ausgabe durch einen Mitarbeiter der Bibliothek anschließen muß, sie würde jedoch den Bibliotheksbetrieb erheblich in Unordnung bringen können.

Nun könnte man sich auf den Standpunkt stellen, das an zweiter Stelle beschriebene Problem sei ein für Web-Applikationen nicht eben typisches, da normalerweise jeder Benutzer vor seinem eigenen PC sitzt und einsam im Web surft. Dieser Einwand würde auf einer Verwechselung von Applikationen, die für das Internet, und solchen, die für ein Intranet bestimmt sind, beruhen. In bezug auf Applikationen für das Internet ist er wahrscheinlich berechtigt, nicht jedoch im Hinblick auf Web-Applikationen, die in einem Intranet genutzt werden und die klassischen Applikationen für den Datenbankzugriff ersetzen oder ergänzen sollen. In diesem letzteren Kontext sind all die bekannten Probleme, die daraus resultieren, daß ein Benutzer sich an einem Rechner anmeldet, eine Applikation startet und dann seinen Rechner verläßt, ohne die Applikation zu schließen und sich abzumelden, durchaus akut.

In den nachfolgenden Abschnitten sollen unter Bezugnahme auf die eben geschilderten Probleme in der Beispielapplikation Maßnahmen beschrieben werden, die ergriffen werden können, um die Sicherheit des Datenbestandes zu erhöhen. Mit keiner dieser Maßnahmen kann allein schon eine auch nur annähernd vollständige Sicherheit erreicht werden. Sinnvolle, dem Kontext angemessene Kombinationen können jedoch oft einen hinreichenden Schutz gewährleisten.

> Bitte beachten Sie, daß sich die Diskussion der Sicherheitsmechanismen entsprechend der Thematik dieses Buches (Applikationen für Arbeitsgruppen) auf Applikationen für das Intranet beschränkt. Beim Aufbau von WebServern und Applikationen für das Internet müßten weitere Sicherheitsmechanismen wie Firewalls, Benutzeridentifikation (*Authentication*) usw. berücksichtigt werden.

7.5.2 Maßnahmen im Rahmen des Datenbank- und Applikationsdesigns

Wichtige Voraussetzungen für die Implementierung wirksamer Sicherheitsmechanismen können bereits im Rahmen des Datenbankdesigns geschaffen werden. Zu diesen gehört insbesondere die Berücksichtigung der Frage, wie viele *Datenbankbenutzer* benötigt werden und wie die *Tabellenverteilung* vorgenommen werden soll.

Im Sinne einer möglichst einfachen Installation des auf der CD mitgelieferten Materials wurde für die Beispielapplikation nur ein einziger Datenbankbenutzer namens ADDWES angelegt, der Eigentümer sämtlicher Beispieltabellen, PL/SQL-Packages und sonstigen Objekte ist. Es liegt aber auf der Hand, daß es im Sinne einer wirksamen Trennung zwischen den für Benutzer bestimmten Daten und Applikationen und der nur für Mitarbeiter gedachten Funktionalität wünschenswert wäre, zwei verschiedene Datenbankbenutzer (z.B. KATALOG und VERWALTUNG) einzurichten. Die Tabellen wären[4] dann unter dem Benutzer VERWALTUNG anzulegen, der dem Benutzer KATALOG lediglich Leserechte auf sie gewähren würde, so daß unerwünschte DML-Übergriffe von Seiten der Benutzer verhindert werden könnten. Beim Einrichten des WebServers müßten dann zwei verschiedenen DCDs angelegt werden, damit der PL/SQL Agent die unterschiedlichen Benutzer für den Zugriff verwenden kann. Diese Maßnahme würde zwar das in Abschnitt 7.5.1 beschriebene Problem, daß ein Benutzer mit Hilfe der zufällig herausgefundenen URL die Verwaltungskomponente starten kann, nicht verkleinern, aber eine gute Basis für weitere Schritte schaffen.

Das Anlegen mehrerer Benutzer könnte aber auch zu einer Verteilung der Tabellen oder zu einer Änderung des Tabellendesigns führen. So könnte man sich die Frage stellen, ob die Tabelle AUSLEIHE, in die gemäß der Implementierung der Beispielapplikation sowohl die Benutzer ihre Bestellungen als auch die Mitarbeiter die Ausleih- und Rückgabevorgänge eintragen, nicht im Sinne größerer Sicherheit in eine Tabelle BESTELLUNG, die dann dem Benutzer KATALOG gehören würde, und eine beim Benutzer VERWALTUNG verbleibende, jedoch weniger Spalten enthaltende Tabelle AUSLEIHE geteilt werden sollte. Unter der Voraussetzung, daß der Benutzer VERWALTUNG sämtliche Rechte für die Tabelle BESTELLUNG erhielte, würde dies die Implementierung des Ausleihvorganges nicht erschweren. Nachteilig allerdings würde es sich auf die Performance der Katalogapplikation auswirken, da diese sowohl die Tabelle BESTELLUNG als auch die Tabelle AUSLEIHE durchsuchen müßte, um herauszufinden, ob ein Buch ausgeliehen, bereits bestellt oder noch bestellbar ist.

Daß der Verwendung unterschiedlicher Datenbankbenutzer auf der Ebene des *Applikationsdesigns* die Aufteilung der Funktionalität auf verschiedene PL/SQL-Packages entsprechen sollte, braucht nicht weiter erörtert zu werden, da es in der Beispielapplikation bereits berücksichtigt wurde. Hingewiesen sei aber an dieser Stelle auf die Möglichkeit, die in einem Package enthaltenen Prozeduren als private oder öffentlich zugängliche zu implementieren: Öffentlich zugänglich sind alle Prozeduren, die in der *Package Specification* bekanntgemacht werden, während alle anderen privat sind, d.h.

---

4. Die Erörterungen dieses Abschnitts sind weitgehend im Konjunktiv gehalten, weil sie dem Leser Maßnahmen vorschlagen, die er selbständig mit dem zur Beispielapplikation gehörenden Material implementieren *kann*, die aber weder Bestandteil der auf der CD mitgelieferten Implementierung noch zwingend erforderlich sind. Durch die Berücksichtigung dieser Maßnahmen hätte sich die Installation der Beispieltabellen und der Beispielapplikation erheblich komplizierter gestaltet.

Sicherheit und Zustandsverwaltung

nur von den zum Package gehörenden Prozeduren, nicht aber von außen aufgerufen werden können (vgl. Anhang C, Abschnitt C.6.2). Es ist ganz offenkundig sinnvoll, den mißbräuchlichen Aufruf von Prozeduren dadurch einzuschränken, daß man alle Prozeduren, bei denen dies möglich ist, als private Prozeduren implementiert. Allerdings sind der Anwendung dieses Verfahrens gerade bei für den PL/SQL Agent bestimmten Packages Grenzen gesetzt, weil jede Prozedur, die vom PL/SQL Agent aufgerufen werden soll, eine öffentlich zugängliche sein muß. Insofern ist es z.B. nicht möglich, eine Prozedur, die die vom Benutzer in ein Formular eingegebenen Werte verarbeiten soll, als private Prozedur zu gestalten, was eigentlich wünschenswert wäre, um den Aufruf der Prozedur ohne vorheriges Starten des Formulars zu verhindern.

Bei der Verwendung von PL/SQL-Prozeduren und -Packages müssen stets auch die Schutzmechanismen berücksichtigt werden, die sich daraus ergeben können, daß jede PL/SQL-Programmeinheit, unabhängig davon, welcher Benutzer sie startet, zur Laufzeit unter ihrem Eigentümer ausgeführt wird (vgl. Anhang C, Abschnitt C.6.3), so daß derjenige, der sie gestartet hat, während der Laufzeit über alle Rechte ihres Eigentümers verfügt, sie mit Beendigung der Abarbeitung aber sofort wieder verliert. Daraus folgt für die Beispielapplikation, daß die Beispieltabellen und sämtliche PL/SQL-Packages unter dem Benutzer VERWALTUNG angelegt werden könnten und daß es nicht notwendig wäre, dem Benutzer KATALOG das unbeschränkte Leserecht für die Beispieltabellen zu gewähren, sondern es genügen würde, ihm das Ausführungsrecht für die Katalogapplikation (z.B. Package K7_4K) zuzugestehen. Man könnte, falls man auch einem Mißbrauch der Benutzer vorbeugen möchte, sogar noch einen Schritt weiter gehen und Tabellen sowie Packages unter einem dritten Benutzer (z.B. ADDWES) anlegen, der dann das Ausführungsrecht für die Katalogapplikation an KATALOG und das für die Verwaltungsapplikation an VERWALTUNG zu vergeben hätte.

> In diesem Zusammenhang sei noch einmal auf die bereits in Kapitel 5 erwähnte Tatsache hingewiesen, daß der Web Listener für den privilegierten Zugriff und der zugeordnete *Database Connection Descriptor* WWW_DBA von Oracle im wesentlichen für Test- und Entwicklungsphasen gedacht sind, in produktiven Systemen aber ein großes Sicherheitsrisiko darstellen. Der während der Erstkonfiguration angelegte Datenbankbenutzer WWW_DBA sollte beim Übergang in die Produktionsphase mindestens durch Entzug aller außergewöhnlichen Rechte auf den Status eines einfachen Benutzers zurückgestuft, wenn nicht gar gänzlich gelöscht werden. Die Möglichkeit, auch auf den privilegierten Web Listener zu verzichten, wurde in Kapitel 5 diskutiert.

7.5.3 Einschränkung des Zugriffs auf Web-Seiten

Der Oracle WebServer bietet die Möglichkeit, den Zugriff auf statische und dynamische Web-Seiten einzuschränken. Diese Maßnahme, für die Sie das Administratorrecht Ihres WebServers benötigen, soll erläutert werden anhand der Aufgabe, das Starten der Verwaltungsapplikation in der bisher implementierten Fassung (K7_4V) auf den Kreis der Bibliotheksmitarbeiter zu beschränken.

Die Festlegung derartiger Einschränkungen kann – wie fast alle Verwaltungsaufgaben – entweder mit dem WebServer Manager oder durch direktes Editieren der Konfigurationsdateien vorgenommen werden. Hier soll zunächst der erste Weg beschrieben werden. Starten Sie also den WebServer Manager, wählen Sie zunächst die Kategorie *Oracle Web Listener*, danach in der *Oracle Web Listener Home Page* die Option *CONFIGURE* für denjenigen Listener-Prozeß, über den der Zugriff auf die Beispielapplikation erfolgt, und in der anschließend erscheinenden Übersicht *Oracle Web Listener Configuration Parameters* die Option *Security: Access Control and Encryption*.

Durch diese Auswahlschritte gelangen Sie zu einer Seite mit dem Titel *Oracle Web Listener Security for Listener <ListenerName>*. Die Seite beginnt mit einigen Erläuterungen. Deren erste beschreibt die vier unterstützten Formen der Zugriffsbeschränkung:

▶ *Basic Authentication*: Diese Form der Zugriffsbeschränkung verwendet Benutzernamen und Kennworte. Die Kennworte werden unverschlüsselt über das Netzwerk gesendet.

▶ *Digest Authentication*: Dieses Verfahren gleicht der Basic Authentication, sendet jedoch die Kennworte in verschlüsselter Form über das Netzwerk.

▶ *IP-based Restriction*: Dieses Verfahren ist nicht auf einzelne Benutzer, sondern auf Rechner bezogen, denen der Zugriff gestattet werden soll. Die Rechner werden durch ihre IP-Adresse identifiziert.

▶ *Domain-based Restriction*: Diese letzte Form der Zugriffsbeschränkung bezieht sich ebenfalls auf Rechner, verwendet für deren Identifikation aber nicht IP-Adressen, sondern Host- und Domänen-Namen.

Da in der Bibliothek nicht die Rechner, sondern nur die an ihnen arbeitenden Personen wechseln, kommen für die als Beispiel gewählte Aufgabe nur *Basic* und *Digest Authentication* in Betracht. Nach der eben gegebenen Erklärung scheint die *Digest Authentication* zwar wirksamer zu sein, in der Praxis wird derzeit aber dennoch meist die *Basic Authentication* gewählt, da zahlreiche Browser die Verschlüsselung noch nicht unterstützen. Diese soll auch im Beispiel verwendet werden. Klicken Sie deshalb auf die Option *Basic Authentication*.

Sie gelangen zu einem Formular, das aus 3 Abschnitten mit den Überschriften *Basic Users*, *Basic Groups* und *Basic Realms* besteht. Diese Dreistufigkeit

Sicherheit und Zustandsverwaltung

ermöglicht es, Benutzer zu größeren Gruppen zusammenzufassen, so daß nicht für jede einzelne zu schützende Seite alle zugriffsberechtigten Benutzer einzeln aufgeführt werden müssen. Dabei besteht eine Gruppe (*Group*) aus mehreren Benutzern (*Users*) und ein *Realm* aus mehreren Gruppen.

Tragen Sie nun unter der Überschrift *Basic Users* einige Benutzernamen und zugehörige Kennworte ein. Im Beispiel werden die Benutzernamen `CKersten`, `BLauer` sowie `VZell` sowie in allen drei Fällen das Kennwort `neustadt` verwendet (vgl. Abb. 7.14).

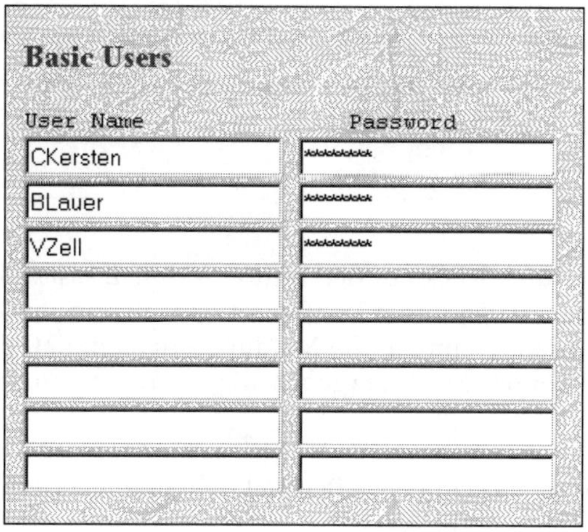

Abbildung 7.14: Liste der zugriffsberechtigten Benutzer

Fassen Sie anschließend die eingetragenen Benutzer zur Gruppe `Mitarbeiter` zusammen. Die Benutzernamen werden dabei im Feld *User(s)* eingetragen und durch Leerzeichen getrennt (vgl. Abb. 7.15).

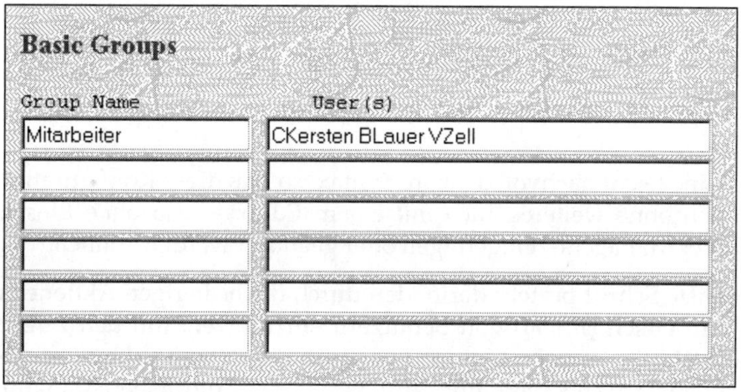

Abbildung 7.15: Zusammenfassung mehrerer Benutzer zu einer Gruppe

Schließlich muß noch ein Realm angelegt werden, der aus einer Gruppe oder mehreren Gruppen bestehen kann. Im Beispiel trägt er den Namen `BiblNeustadt` und besteht lediglich aus der Gruppe `Mitarbeiter` (vgl. Abb. 7.16), was zunächst wenig sinnvoll zu sein scheint, jedoch spätere Modifikationen – wie das Hinzufügen einer weiteren Benutzergruppe – vereinfacht.

Abbildung 7.16: Aufbau eines Realms aus einer Gruppe oder mehreren Gruppen

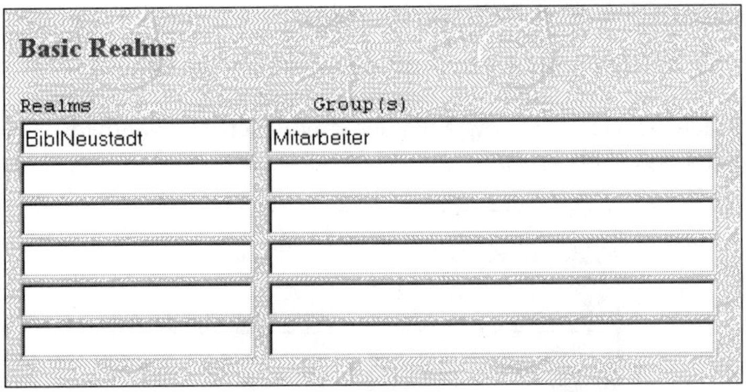

Basic Realms

Realms	Group(s)
BiblNeustadt	Mitarbeiter

Veranlassen Sie durch Klick auf den Button *Modify Listener*, daß die von Ihnen eingegebenen Daten in die Konfigurationsdatei des Listener-Prozesses geschrieben werden. Wenn Sie die Meldung erhalten, daß das Übertragen erfolgreich war, können Sie das Ergebnis dieses Vorgangs in der Datei

```
%ORACLE_HOME%\OWSxx\ADMIN\sv<ListenerName>.cfg
```

überprüfen. Für das beschriebene Beispiel sieht es folgendermaßen aus:

```
[Security]
Basic {
(Users)
CKersten: neustadt
BLauer: neustadt
VZell: neustadt
(Groups)
Mitarbeiter: CKersten BLauer VZell
(Realms)
BiblNeustadt: Mitarbeiter
}
```

Das ist eine leicht nachvollziehbare Syntax, so daß diese Konfigurationseinstellungen ohne weiteres auch mit einem Editor – also ohne Einsatz des WebServer Managers – eingetragen oder geändert werden können.

Der nächste Schritt besteht darin, den durch die bisherigen Aktionen abgegrenzten Bereich (*Realm*) von Benutzern einzusetzen, um den Zugriff auf einzelne Web-Seiten oder Gruppen von Web-Seiten zu beschränken. Version 1.0 des Oracle WebServers unterstützte nur die Zugriffsbeschränkung auf der Ebene virtueller Verzeichnisse. Sie finden diese Möglichkeit auch noch im WebServer Manager der Version 2.x, wenn Sie sich auf der bisher verwendeten Seite *Oracle Web Listener Security for Listener <ListenerName>* weiter nach unten bewegen, bis Sie den Abschnitt mit der Überschrift *Protection* er-

Sicherheit und Zustandsverwaltung

reichen. Ab Version 2.0 bietet der Oracle WebServer jedoch die Möglichkeit, die Festlegung der Zugriffsrechte für einzelne Seiten vorzunehmen.

Diese Möglichkeit, von der hier Gebrauch gemacht werden soll, erfordert, daß Sie die bisher benutzte Seite verlassen, zur *Oracle WebServer Manager Home Page* zurückkehren und in die Kategorie *Web Request Broker* verzweigen. Wählen Sie in der Seite mit der Überschrift *Modify Web Request Broker Configuration* wiederum den Listener-Prozeß, der für den Zugriff auf die Beispielapplikation benutzt wird (*Modify*), und navigieren Sie auf der daraufhin erscheinenden Seite (*WRB Cartridge Administration for Listener <Listener-Name>*) nach unten bis zu dem Abschnitt mit der Überschrift *Protecting Applications*. Er enthält ein Formular, dessen Eingabefelder und zugeordnete Beschriftungen leider nicht recht harmonieren. Nehmen Sie darin folgende Eintragungen vor:

Virtual Path	`/addwes/owa/K/_4V.Welcome`
Basic/Digest	`Basic`
Realm	`BiblNeustadt`

Alle übrigen Felder können leer bleiben, da sie nur dazu dienen, den Realm durch zusätzliche IP-Adressen, Domänen oder Benutzergruppen zu erweitern. Abbildung 7.17 zeigt den Zustand des Formulars unmittelbar vor der Bestätigung, die durch Klick auf den Button *Modify WRB Configuration* vorgenommen werden kann.

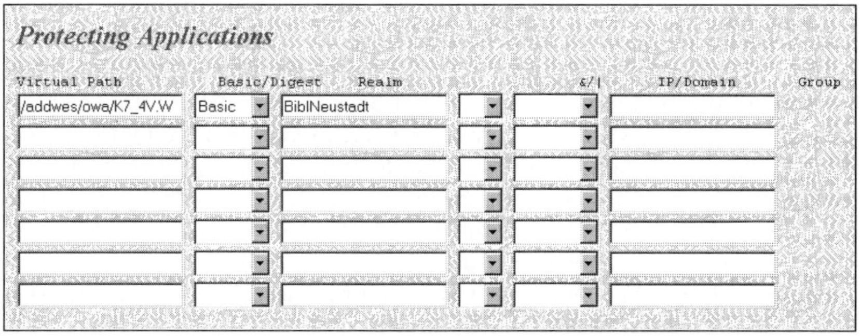

Abbildung 7.17: Zugriffsbeschränkung für die Startseite der Verwaltungsapplikation

Wenn Ihnen das alles zu unübersichtlich ist, können Sie auch die im gleichen Verzeichnis wie `sv<ListenerName>.cfg` befindliche Datei `sv<Listener-Name>.app` mit einem Editor öffnen und an deren Ende den folgenden kleinen Abschnitt anhängen:

```
[AppProtection]
/addwes/owa/K7_4V.Welcome Basic(BiblNeustadt)
```

Falls ein Abschnitt mit der Übeschrift `[AppProtection]` bereits existiert, ist natürlich nur die zweite Zeile dieses Beispiels an dessen Ende anzufügen.

7 Einbindung von Datenbankzugriffen

Damit ist die Zugriffsbeschränkung definiert, dem Listener-Prozeß aber noch nicht bekannt. Stoppen Sie deshalb den für die Verwaltungsapplikation zuständigen Web Listener und starten Sie ihn erneut. Wenn Sie nun versuchen, auf die Startseite der Verwaltungsapplikation zuzugreifen, wird vor dem Start der Applikation ein kleines Fenster aufgeblendet, das Sie, sofern Sie selbst Verwalter eines Oracle WebServers sind, bereits vom Zugriff auf den WebServer Manager her kennen. Es fordert Sie zur Eingabe eines Benutzernamens und eines Kennwortes auf (vgl. Abb. 7.18).

Abbildung 7.18: Abfrage von Benutzername und Kennwort für eine geschützte Seite

Wie Sie bemerken werden, bewirkt der definierte Zugriffsschutz, daß Sie die Applikation nicht starten können, wenn Sie einen falschen Benutzernamen und/oder ein falsches Kennwort eingeben. Bei weiteren Versuchen werden Sie aber auch zwei weitere Eigenschaften dieses Mechanismus kennenlernen. Zum einen nämlich wirkt er sich *nur beim ersten Zugriff* auf die geschützte Seite aus. Ein weiterer Aufruf der gleichen Seite führt nicht wieder zur Abfrage von Benutzername und Kennwort, solange Sie nicht zwischen beiden Aufrufen Ihren Browser schließen und neu starten. Das liegt, wie noch zu zeigen sein wird, daran, daß der Browser sich die von Ihnen eingegebenen Daten merkt, so lange er aktiv ist. Zum anderen – und das ist wesentlich unerfreulicher – wirkt sich der Schutz *nur auf die angegebene Seite* aus. Wenn Sie wissen, daß auf die Seite Welcome die Seite HomePage folgt und nach dem Start Ihres Browsers nicht K7_4V.Welcome, sondern K7_4V.HomePage aufrufen, erfolgt ebenfalls keine Abfrage von Benutzername und Kennwort. Eine mögliche Lösung zur Beseitigung dieser Sicherheitslücke beschreiben die beiden folgenden Abschnitte.

7.5.4 Zustandsverwaltung I: Mechanismen

Ein Programm, das in einer herkömmlichen Programmiersprache wie COBOL oder C geschrieben wurde, bietet in der Regel einen genau definierten Einstiegspunkt und eine sehr genau vorgegebene Schrittfolge bei der Abarbeitung an. Das Programm überprüft die Einhaltung der Schrittfolge und verwaltet den erreichten Status. Eine Applikation, die mit einem Werkzeug wie Oracle Forms oder Access entwickelt wurde, bietet zwar dem Benutzer im Hinblick auf die möglichen Schrittfolgen sehr viel mehr Freiheit, überprüft aber gleichwohl die Zulässigkeit der Schrittfolgen und überwacht den Status. Im Gegensatz zu derartigen Applikationen kann man ein Gebilde

Sicherheit und Zustandsverwaltung

wie das Package K7_4V nur in einem uneigentlichen Sinne als »Applikation« bezeichnen. Vor Ihrem und vor meinem »geistigen Auge« mag klar sein, welche Zusammenhänge zwischen den zu diesem Package gehörenden Prozeduren bestehen, welche Schrittfolgen sinnvoll sind und welche nicht, und es mag auch erkennbar sein, daß es sich um eine sinnvolle Einheit handelt. Aus einer rein technischen Perspektive dagegen – und das ist die Perspektive des PL/SQL Agent – handelt es sich um eine Ansammlung von völlig unabhängigen Prozeduren, die völlig zusammenhanglose Web-Seiten aufbauen. Eine der daraus resultierenden Folgen ist die eben beobachtete Tatsache, daß der Schutz des Einstiegspunktes nicht genügt, um die gesamte Applikation zu schützen. Einmal mehr also muß man feststellen, daß das Fehlen jeglicher Zustandsverwaltung bei HTML und HTTP nicht eben die besten Voraussetzungen für die Entwicklung echter Applikationen bietet.

Eine mögliche Konsequenz dieser Einsicht ist die Abkehr von HTML und die Hinwendung zu Java. Wer diesen Schritt nicht tun möchte und dennoch eine mehr oder weniger anspruchsvolle Zustandsverwaltung in seiner Applikation benötigt, muß diese selbst implementieren. »Zustandsverwaltung« besagt dabei, daß der Entwickler die Zusammenhänge, die er vor dem »geistigen Auge« sieht, selbst im Code implementieren muß, so daß ein ungültiger Einstiegspunkt erkannt, eine unerlaubte Schrittfolge zurückgewiesen und zumindest ungefähr der erreichte Punkt innerhalb eines Gesamtverlaufs bestimmt werden kann. Da es keine übergeordnete Instanz gibt, die den Verlauf überblicken könnte, kann dies nur dadurch geschehen, daß alle Informationen, aus denen sich ein Bild des Gesamtverlaufs und des Standorts ergibt, von Prozedur zu Prozedur weitergereicht werden. Durch dieses Weiterreichen erfolgt – bzw. dieses Weiterreichen ist – die Konstruktion des Zusammenhanges.

Für das Weiterreichen von Informationen, die für den Kontext – und damit eventuell auch für die Sicherheit – relevant sind, stehen prinzipiell vier Mittel zur Verfügung:

- *Parameter* sind das jedem Programmierer geläufige Mittel für den Datenaustausch zwischen Programmeinheiten. Ihr Nachteil besteht darin, daß der Benutzer durch Konstruktion einer geeigneten URL die Parameterübergabe von einer Prozedur an eine andere simulieren kann. Sie sind somit für den Austausch von Informationen, die der Sicherheit dienen sollen, nicht geeignet.

- *Versteckte Felder* werden in der Literatur häufig als Alternativen bezeichnet, sind es aber eigentlich nicht, da ihnen auf der Seite der aufgerufenen Prozedur ein Parameter entsprechen muß. Es handelt sich dabei also nur um eine Variante der Parameterübergabe.

- Die von Netscape entwickelten *Cookies* stellen einen leistungsfähigeren Mechanismus dar, weil sie einerseits eine Zustandsverwaltung auch über mehrere Browser-Sitzungen hinweg ermöglichen und andererseits den Datenaustausch so durchführen, daß er normalerweise für den Benutzer nicht sichtbar und von ihm nicht beeinflußbar ist.

▶ Für Applikationen, die auf eine *Datenbank* zugreifen, besteht immer auch die Möglichkeit, die Datenbank für die Zustandsverwaltung zu benutzen. Sowohl im Hinblick auf die Langzeitspeicherung als auch in bezug auf die Möglichkeit, das Geschehen für den Benutzer unsichtbar zu machen, ist diese Vorgehensweise dem Einsatz von Cookies gleichwertig.

Da die Parameterübergabe sowie die Verwendung sichtbarer und versteckter Felder bereits vorgestellt und in zahlreichen Beispielen genutzt wurden, kann sich die Diskussion der Zustandsverwaltung auf die zwei verbleibenden Mechanismen konzentrieren. Von diesen ist der Datenbankzugriff als solcher aus den bisherigen Erörterungen des gegenwärtigen Kapitels hinreichend bekannt. Somit ist zunächst für die mit Cookies nicht vertrauten Leser kurz deren Wirkungsweise zu skizzieren, bevor auf ihre Nutzung im Rahmen des PL/SQL Web Toolkit eingegangen und ein Vergleich zwischen dem Einsatz von Cookies und der Nutzung der Datenbank versucht werden kann.

Cookie heißt eigentlich »Keks«. Was den Anlaß für diese Bezeichnung gegeben hat, ist nicht mehr ganz nachvollziehbar. Dagegen zeigt ein Blick in Zeitschriften und Bücher, daß der Name seinerseits Anlaß für zahlreiche Wortspiele gibt. So hat etwa Joachim Schwarte unlängst in der Zeitschrift *internet WORLD* (7/97) einen knappen, aber lesenswerten Artikel über die Wirkungsweise sowie die Vor- und Nachteile von Cookies unter dem Titel *Immer Ärger mit den Krümeln ...* veröffentlicht.

Etwas seriöser und für eine Analyse geeigneter ist der Titel eines oft als »Spezifikation« bezeichneten Dokuments von Netscape: *Persistent Client State – HTTP Cookies*. Cookies ist demnach primär die Aufgabe zugedacht, eine Verwaltung des Zustands (*State*) zu ermöglichen. Wenn Informationen, die irgendeinen Zustand beschreiben, über die Grenzen kleinerer Einheiten (z.B. Prozeduren oder Browser-Sitzungen) hinweg erhalten bleiben sollen, so müssen sie in irgendeiner Art von »globalen Variablen« verwaltet und gegebenenfalls in Form einer Datei auf der Festplatte permanent abgelegt werden. Ein Cookie ist im Grunde eine globale Variable. Es kann einen einfachen (einer skalaren Variable entsprechenden) Wert oder eine (einem Array entsprechende) Gruppe gleichartiger Werte vewalten und besitzt einen Namen, über den es angesprochen werden kann. Da globale Variablen wegen der Zustandslosigkeit von HTTP auf der Server-Seite nicht genutzt werden können, werden Cookies auf den Client-Rechnern verwaltet (daher *Client State*) und dem Server bei jedem Aufruf unaufgefordert mitgeschickt, so daß die Zustandsbeschreibung auf dem Server zumindest immer dann zur Verfügung steht, wenn der Server für diesen speziellen Client tätig ist. Die Verwaltung eines Cookies kann im Einzelfall ausschließlich im Arbeitsspeicher des Client-Rechners erfolgen. In den meisten Fällen wird der Wert jedoch in einer Datei abgespeichert, um ihn dauerhaft (*persistent*), also insbesondere auch über mehrere Browser-Sitzungen hinweg zur Verfügung zu haben. Die Entscheidung ergibt sich in erster Linie aus der vom Entwickler geforderten Lebenszeit des Cookies (s.u.).

Das PL/SQL Web Toolkit enthält mit `OWA_COOKIE` ein kleines Package, das es dem Entwickler ermöglicht, Cookies von PL/SQL-Prozeduren aus zu verwalten. Wichtig sind vor allem drei Komponenten daraus:

`owa_cookie.send`   Mit dieser Prozedur kann ein neues Cookie angelegt werden. Neben dem Namen und dem Wert bzw. den Werten kann der Entwickler einige weitere Eigenschaften des Cookies festlegen. Von besonderem Interesse ist die geforderte Lebenszeit. Wird diese Angabe weggelassen, existiert das Cookie für die Dauer der Browser-Sitzung.

`owa_cookie.get`   Mit dieser Funktion kann der aktuelle Wert eines Cookies ermittelt werden.

`owa_cookie.cookie`   Dieser Datentyp beschreibt den Rückgabewert der Funktion `owa_cookie.get`. Es handelt sich dabei um einen Record, der seinerseits aus einer Zeichenkette (Name des Cookies), einer PL/SQL-Tabelle (Wert bzw. Wertegruppe) und einem numerischen Wert (Anzahl der in der PL/SQL-Tabelle enthaltenen Werte) besteht.

Das klassische Verfahren, ein Cookie zu löschen, besteht darin, ihm einen neuen Wert zuzuweisen und dabei eine Lebensdauer festzusetzen, deren Endpunkt in der Vergangenheit liegt. Genau dies tut auch die Prozedur `owa_cookie.remove`.

7.5.5 Zustandsverwaltung II: Beispiele

Die Beispielapplikationen `K7_4K` (Katalogkomponente) und `K7_4V` (Verwaltungskomponente) enthalten drei Beispiele für die Zustandsverwaltung, die in unterschiedlicher Weise implementiert sind.

`K7_4K` und `K7_4V` verwenden unterschiedliche Farben für den linken Frame und die Überschrift. Der Katalog soll jedoch auch von der Verwaltungskomponente aus aufrufbar sein und sich dann deren Farbgestaltung anpassen. Diese Funktionalität wurde *ausschließlich über Cookies* realisiert: Die Startprozedur eines jeden Package speichert die benötigte Farbe der Überschrift in einem Cookie (`UB1_COLOR`) ab, dessen aktueller Wert von allen nachfolgenden Prozeduren vor der Ausgabe der Überschrift ausgelesen wird. Der Aufruf des Katalogs von der Verwaltungskomponente aus beginnt nicht mit der Startseite, sondern mit einer späteren Seite, so daß die Prozeduren aus dem Package `K7_4K` den von `K7_4V.Welcome` gesetzten Wert übernehmen können. Da es sich bei der Farbe der Überschrift nicht gerade um einen sicherheitsrelevanten Wert handelt, wäre das gleiche Ergebnis auch durch Einsatz eines entsprechenden Parameters, über den der Wert von einer Prozedur zur nächsten weitergegeben wird, erreichbar gewesen.

Dieses Beispiel mag etwas unbedeutend wirken. Gleichwohl repräsentiert es ein wichtiges Einsatzgebiet von Cookies, das erkennbar wird, wenn Sie daran denken, daß die gewünschte Farbe der Überschrift ja nicht unbedingt von der Startprozedur festgelegt werden muß, sondern auch vom Benutzer erfragt werden kann, und daß dies nicht nur für die Farbe von Überschriften, sondern für beliebig viele weitere Umgebungseinstellungen – von Farben und Größen bis hin zur gewünschten Sprache – möglich ist. Die Festlegung benutzerbezogener Umgebungseinstellungen und ihre Bereitstellung über die Grenze einzelner Prozeduren hinweg läßt sich mit Hilfe von Cookies vorzüglich realisieren.

Ein klassisches Einsatzgebiet von Cookies ist auch die Verwaltung von »Warenkörben«: Ein Benutzer kann in einem interaktiven Katalog »blättern«, Produkte provisorisch auswählen, die Auswahl eventuell nachträglich noch korrigieren und zum Schluß die endgültige Bestellung vornehmen. Cookies sind in diesem Zusammenhang insbesondere deshalb von Interesse, weil durch ihre Abspeicherung auf der Festplatte die bisher durchgeführten Bestellungen nach Absturz und Neustart des Browsers oder nach einer Unterbrechung der Netzwerkverbindung nicht verloren sind, sondern der Einkauf an dem Punkt weitergeführt werden kann, an dem er unterbrochen wurde. Da die Bestellung der Bücher, die ein Benutzer ausleihen möchte, von K7_4K aus diesem Applikationstyp nachgebildet ist, scheint auch dies auf den ersten Blick ein Anwendungsfall für Cookies zu sein. Die in Abschnitt 7.5.1 beschriebene Gefahr, daß ein Benutzer Bücher unter dem Namen eines anderen Benutzers bestellen könnte, ließe sich dann dadurch beseitigen, daß die Bestellungen zunächst provisorisch in einem Cookie verwaltet und abschließend durch Übertragen in die Datenbank (unter Angabe von Benutzername und Benutzernummer) bestätigt würden.

Die Lösung in K7_4K beruht aber nicht auf Cookies, sondern auf der sofortigen Abspeicherung aller Bestellungen in der *Datenbank*. Anlaß für diese Entscheidung war die Tatsache, daß ein Versandhaus die angebotenen Produkte in großer Zahl vorrätig hat, eine Bibliothek dagegen in den meisten Fällen nur über ein einziges Exemplar eines Buches verfügt. Da der Katalog dem interessierten Benutzer Auskunft darüber geben soll, ob ein Buch ausgeliehen, bestellt oder noch ausleihbar ist, stellt ein privater, auf dem Client-Rechner verwalteter »Warenkorb« in diesem Fall ein ungeeignetes Mittel dar, weil er für andere Benutzer nicht einsichtig ist. Diese würden möglicherweise das Buch ebenfalls bestellen und erst im Nachhinein erfahren, daß dies gar nicht mehr möglich war. Zu verwalten ist also einerseits der Status des Produkts, andererseits der Status des Warenkorbs. Das Versandhaus kann sich auf den Status des Warenkorbs konzentrieren, weil es über hinlängliche viele Exemplare eines jeden Produkts verfügt. Im Katalog- und Bestellprogramm einer Bibliothek aber muß der Status des »Produkts« im Mittelpunkt stehen, weil es nur in sehr geringer Zahl verfügbar ist.

Dieses Beispiel macht einen wichtigen Unterschied zwischen den beiden hauptsächlich für die Zustandsverwaltung in Betracht kommenden Mechanismen sichtbar: Während sich Cookies für die Verwaltung von Zustandsin-

Sicherheit und Zustandsverwaltung

formationen eignen, die nur für einen einzelnen Benutzer von Belang sind und nur von diesem genutzt werden sollen, ermöglicht die Abspeicherung in der Datenbank mehreren Benutzern den Zugriff auf die gleiche Zustandsbeschreibung.

Der dritte Fall von Zustandsverwaltung in der Beispielapplikation soll unbefugte Prozeduraufrufe verhindern. In Abschnitt 7.5.1 wurde festgestellt, daß ein Benutzer, der zufällig die korrekte URL herausfindet, jede zum Verwaltungsprogramm gehörende Prozedur aufrufen kann. In Abschnitt 7.5.3 wurde die Startseite (K7_4V.Welcome) durch Festlegung der zugriffsberechtigten Benutzer geschützt. Diese Maßnahme wirkt sich jedoch nur auf die Startseite selbst, nicht auf die nachfolgenden Seiten aus. Das Problem kann nur dadurch gelöst werden, daß ein Zusammenhang zwischen den Prozeduren definiert wird, der dazu führt, daß die zweite Prozedur nur nach der ersten und somit auch nur von den Benutzern gestartet werden kann, die die erste starten dürfen.

Die Implementierung dieser Maßnahme in K7_4V beruht *sowohl auf Cookies als auch auf der Datenbank*. Eine solche Mischung der beiden Mechanismen wird in erster Linie dann eingesetzt, wenn die Sicherheit erhöht werden soll, weil das Ineinandergreifen einer auf dem Client und einer weiteren, auf dem Server durchgeführten Statusverwaltung die Manipulationsmöglichkeiten böswilliger Benutzer stark einschränkt.

Der zu schaffende Zusammenhang beginnt bei der Prozedur K7_4V.Welcome, da diese ja als einzige geschützt ist. Nach erfolgreicher Anmeldung generiert sie zunächst einen numerischen Schlüssel, was im Ernstfall durch einen beliebig trickreichen Algorithmus geschehen kann, hier jedoch lediglich auf dem Aneinanderfügen der zu Datum und Uhrzeit gehörenden Ziffern beruht. Der Benutzername und der generierte Schlüssel werden nun einerseits in Cookies (Client-Seite), andererseits in der Tabelle SITZUNG (Server-Seite) abgespeichert. Der eingegebene Benutzername steht in der CGI-Umgebungsvariablen REMOTE_USER zur Verfügung und kann deshalb von der Applikation aus über die Funktion owa_util.get_cgi_env, die in Kapitel 8, Abschnitt 8.1.2, genauer vorgestellt wird, abgefragt werden.

Ein auf dem Server angelegtes Cookie wird zusammen mit der HTML-Seite an den Client gesendet. Damit dieser es erkennen und richtig interpretieren kann, muß es sich ganz am Anfang der übertragenen Informationen befinden. In bezug auf das PL/SQL Web Toolkit bedeutet dies, daß Cookies vor der eigentlichen HTML-Seite aufgebaut und in einen eigenen Header eingeschlossen werden müssen:

```
owa_util.mime_header ('text/html', FALSE);
  owa_cookie.send ('USER_NAME', vUsername);
  owa_cookie.send ('SESSION_ID', vSessionId);
owa_util.http_header_close;
htp.htmlOpen;
[...]
```

In diesen Aufrufen von owa_cookie.send werden nur die beiden zwingend erforderlichen Parameter (Name und Wert) übergeben, alle anderen möglichen Parameter jedoch nicht genutzt. Insbesondere unterbleibt die Festlegung einer gewünschten Lebensdauer. Dies geschieht nicht aus didaktischen Gründen, sondern dient dem Ziel der gesamten Maßnahme: Ein Cookie, für das keine Lebensdauer angegeben wurde, existiert während der gesamten Browser-Sitzung, wird beim Schließen des Browsers aber gelöscht. Genau dies Verhalten ist erwünscht, denn nach dem neuerlichen Start des Browsers soll der Benutzer sich auch wieder neu anmelden.

> Die Festlegung der Lebensdauer wird in einem der standardmäßig zusammen mit dem Oracle WebServer ausgelieferten Beispielprogramme (HTTP Cookie) genutzt. Diese Beispielapplikation zählt die Anzahl der von einem einzelnen Client durchgeführten Zugriffe auf eine Seite und behandelt damit ein ebenfalls sehr populäres Einsatzgebiet von Cookies.

Abschließend speichert K7_4V.Welcome den eigenen Namen in der Datenbank – und nur in der Datenbank – ab, wodurch dokumentiert wird, daß sie im Kontext der durch Benutzername und Schlüssel identifizierten Sitzung zuletzt aktiv war.

Alle nachfolgenden Prozeduren ermitteln nun, bevor sie sich ihrer eigentlichen Aufgabe zuwenden, aus den Cookies USER_NAME und SESSION_ID, die ja bei ihrem Aufruf vom Browser automatisch an den Server übermittelt wurden, den vom Client gesendeten Benutzernamen und Schlüsselwert. Diese Informationen verwenden sie, um den zugehörigen Datensatz in der Tabelle SITZUNG abzufragen. Die Abfrage kann drei unterschiedliche Ergebnisse liefern:

▶ Es ist möglich, daß kein zugehöriger Datensatz aufgefunden werden kann. Das deutet darauf hin, daß der Kontext auf der Client-Seite entweder gar nicht verfügbar ist oder manipuliert wurde. Folglich wird die weitere Ausführung der Prozedur und somit der Aufbau der angeforderten Web-Seite abgelehnt.

▶ Es ist möglich, daß zwar ein Datensatz ermittelt werden kann, dieser aber den Namen einer Prozedur enthält, die nicht berechtigt ist, die gerade aktivierte Prozedur aufzurufen. Welche Prozeduren zum Aufruf berechtigt sind, legt der Entwickler explizit fest (s.u.). Dieses Ergebnis deutet darauf hin, daß der Benutzer versucht hat, durch bewußte Konstruktion einer URL die vorgesehene Abarbeitungsreihenfolge zu umgehen. Folglich wird die weitere Ausführung auch in diesem Fall abgelehnt.

▶ Schließlich ist es möglich, daß ein Datensatz ermittelt werden kann und dieser auch einen zulässigen Prozedurnamen enthält. Der Aufruf ist also in einem zulässigen Kontext erfolgt, so daß der weiteren Abarbeitung nichts im Wege steht.

Sicherheit und Zustandsverwaltung

Nach der Abarbeitung der aufgerufenen Prozedur modifiziert diese den Kontext, indem sie nun ihren eigenen Namen in der Tabelle SITZUNG vermerkt.

Das Überprüfen und das Modifizieren des Kontextes erfolgt in K7_4V durch die Prozeduren CheckContext und ModifyContext. Eine kleine Schwierigkeit bei der Implementierung von CheckContext ergibt sich daraus, daß keineswegs immer nur eine einzige Prozedur berechtigt ist, eine andere aufzurufen. So muß etwa der Rücksprung in die Übersicht der möglichen Aktivitäten (HomePageMain) von nahezu allen anderen Prozeduren aus erlaubt sein. Vor dem Aufruf von CheckContext wird deshalb jeweils eine PL/SQL-Tabelle aufgebaut, die die Liste der zulässigen Prozeduren enthält. Für die Prozedur KatalogAendernAutorBuch sieht das folgendermaßen aus:

```
tValidProcs(1) := 'K7_4V.HomePageMain';
tValidProcs(2) :- 'K7_4V.KatalogAuswahl2';
tValidProcs(3) := 'K7_4V.KatalogAutorEinfuegen';
CheckContext (tValidProcs, vUserName, vClientAddr, vSessionId);
```

Die Implementierung eines derartigen Zugriffsschutzes erfordert also eine gründliche Analyse bzw. ein sauberes Design der Aufrufstruktur innerhalb der Applikation.

8 Erweiterungen der Basisfunktionalität

8.1 Prozeduren aus OWA_UTIL 361
8.2 Die Erweiterung des PL/SQL Web Toolkit und die Einbindung von Applets 367
8.3 Das Einbinden zusätzlicher Cartridges und die Bildverwaltung 376
8.4 Die Nutzung von Skriptsprachen 386

In Kapitel 7 wurde die in den Packages HTF und HTP implementierte Basisfunktionalität des PL/SQL Web Toolkit vorgestellt. Sie kann als Basisfunktionalität bezeichnet werden, weil sie den Sprachumfang von HTML in PL/SQL-Funktionen und -Prozeduren abbildet. In diesem Kapitel sollen mehrere Arten von Erweiterungen betrachtet werden:

- Das PL/SQL Web Toolkit besteht nicht nur aus den beiden genannten Packages, sondern beinhaltet *weitere Packages*, mit denen sich Spezialaufgaben lösen lassen. In Abschnitt 8.1 wird der Einsatz einiger Funktionen und Prozeduren aus dem in Kapitel 7 bereits benutzten Package OWA_UTIL gezeigt.

- Die von Oracle als Bestandteil des PL/SQL Web Toolkit gelieferten Pakkages können durch *selbst erstellte Packages* erweitert werden. Abschnitt 8.2 beschreibt den Aufbau von zwei Packages namens HTPX und HTFX, durch die in der Version 2.x nicht berücksichtigte HTML-Kommandos in den unterstützten Sprachumfang integriert werden sollen. Im Detail erläutert wird dabei die Struktur von Prozeduren und Funktionen für die Einbindung von *Java Applets* in dynamische Web-Seiten, die ihrerseits eine bedeutsame Möglichkeit zur Erweiterung der mit HTML implementierbaren Funktionalität darstellen.

- Die Funktionalität des Oracle WebServers kann sodann durch *zusätzliche Cartridges* erweitert werden. Auf der dem Buch beiligenden CD befindet sich eine solche Cartridge, durch die die Bildverarbeitung erleichtert wird. In Abschnitt 8.3 wird deren Einbindung und Nutzung beschrieben.

- Schließlich können *Skript-Sprachen* wie JavaScript oder VBScript eingesetzt werden, um die Client-Seite aus der Rolle des bloß passiv Hinnehmenden zu befreien und sie mit eigener Aktivität auszustatten. Abschnitt 8.4 erläutert dies am Beispiel der Überprüfung von Benutzereingaben vor dem Absenden an den Server.

Die Integration der in diesem Kapitel vorgestellten Techniken in die Beispielapplikation erfolgt nicht mehr so, daß für jeden Abschnitt eine eigene Version der PL/SQL-Skripts bereitgestellt wird. Sie finden vielmehr im Verzeichnis \WebServer\Kap8 der beiliegenden CD die Skripts Katalog.sql und Verwaltung.sql, die den am Ende des Kapitels erreichten Zustand beinhalten. In den einzelnen Abschnitten werden jedoch Hinweise auf die Stellen gegeben, an denen das gerade Vorgestellte genutzt wird.

8.1 Prozeduren aus OWA_UTIL

Das Package OWA_UTIL ist Ihnen aus Kapitel 7 bereits vertraut. Dort wurden Prozeduren wie owa_util.tableprint oder owa_util.cellsprint vorgestellt, die die Darstellung von Daten aus einer Oracle-Datenbank ohne großen Programmieraufwand, freilich auch ohne nennenswerten Einfluß auf ihre Formatierung, ermöglichen. Angesichts der großen Zahl und der bunten Mischung der in diesem Package enthaltenen Prozeduren scheint es nicht angebracht, die Erläuterung *sämtlicher* Prozeduren anzustreben. Die beiden nachfolgenden Abschnitte bieten vielmehr eine Auswahl, die Sie zum Studium der vollständigen Dokumentation anregen soll.

8.1.1 Statische und dynamische Seiten

Zwei im Package OWA_UTIL enthaltene Prozeduren sind von besonderem Interesse für den Umgang eines Entwicklers oder Verwalters mit dynamischen Seiten. Es sind dies die Prozeduren owa_util.showsource sowie owa_util.showpage. Erstere ermöglicht die Anzeige des einer dynamischen Web-Seite zugrundeliegenden PL/SQL-Codes am Bildschirm, letztere die Umwandlung einer dynamischen in eine statische Seite.

Mit owa_util.showsource haben Sie vermutlich bereits Bekanntschaft geschlossen, da diese Prozedur sowohl von den im Lieferumfang enthaltenen Beispielen als auch von der in Kapitel 7 entwickelten Beispielapplikation benutzt wird, um Ihnen Einblick in den PL/SQL-Code zu gewähren, der die sichtbare Darstellung zustandebringt. Möglicherweise verbinden Sie aber mit dieser Prozedur auch bereits unerfreuliche Erlebnisse, weil der Oracle WebServer ab Version 2.1 die Anzeige des PL/SQL-Codes standardmäßig verbietet und der Administrator die in owa_util.showsource implementierte Funktionalität erst explizit über einen Konfigurationsparameter freigeben muß.

Die Syntax für den Aufruf von owa_util.showsource ist denkbar einfach: Die Prozedur erwartet die Übergabe einer Zeichenkette, die den Namen einer PL/SQL-Prozedur, einer PL/SQL-Funktion oder eines Package darstellt:

```
owa_util.showsource (cname => 'BspProc');
```

Handelt es sich um einen einfachen Prozedur- oder Funktionsnamen, so wird der PL/SQL-Code dieser Programmeinheit ausgegeben. Handelt es sich um eine Prozedur oder Funktion, die Bestandteil eines Package ist, oder um den Namen eines Package, so wird der Code für das gesamte Package ausgegeben. Der Aufruf

```
owa_util.showsource (cname => 'kapitel6.bsp1a');
```

führt also nicht zur Anzeige des PL/SQL-Codes für die angegebene Prozedur, sondern zur Anzeige des Codes für das gesamte Package.

In der Regel wird dem Benutzer die Möglichkeit, den zugrundeliegenden PL/SQL-Code zu betrachten, in Form eines Verweises angeboten:

```
http://<server>/<dçd>/owa/owa_util.showsource?cname=k7_3_3.HomePage
```

Der direkte Aufruf der Prozedur owa_util.showsource und ihre indirekte Aktivierung über einen Verweis haben zwar letztlich die gleiche Wirkung, werden von Oracle jedoch als unterschiedlich risikoreich eingeschätzt und deshalb auf unterschiedliche Weise geschützt. Wenn der Entwickler die Prozedur explizit aufruft, so geht Oracle davon aus, daß er weiß, was er tut und warum er es tut, und legt ihm keine weiteren Hindernisse in den Weg. Das Anzeigen des PL/SQL-Codes über eine URL aber kann nicht nur von einem Entwickler veranlaßt werden, sondern auch von einem beliebigen Benutzer, der die korrekte URL mehr oder weniger zufällig herausgefunden hat und sie in das Adreßfeld seines Browsers eingibt. Oracle stellt deshalb seit Version 2.1 einen Konfigurationsparameter zur Verfügung, über den die Anzeige des Codes über eine URL ein- und ausgeschaltet werden kann. Standardmäßig ist sie deaktiviert.

Leider ist dies zumindest in der Version 2.1 nicht gerade so dokumentiert, daß jeder Verwalter zwangsläufig auf die entsprechende Information stößt. So kann es geschehen, daß man längere Zeit vergeblich versucht, den PL/SQL-Code der mitgelieferten Beispiele zur Anzeige zu bringen, und statt dessen immer nur die Standard-Fehlerseite sowie in der Error-Datei den nicht eben aussagekräftigen Eintrag

```
OWS-05101: Agent : execution failed due to Oracle error 20004
ORA-20004: syntax error attempting to parse "*****owa_util.*****"
ORA-06512: at "SYS.DBMS_DESCRIBE", line 57
ORA-06512: at line 1
ORA-00931: missing identifier
```

erhält.

Starten Sie, um dieses Verhalten zu ändern, den WebServer Manager und wählen Sie die Kategorie *Web Request Broker*. Suchen Sie in der Liste der verfügbaren Listener-Prozesse denjenigen aus, über den auf den PL/SQL-Code zugegriffen werden soll, und klicken Sie auf die Option *Modify*. Bewegen Sie sich in der daraufhin erscheinenden Seite *Web Request Broker Administration* zum Abschnitt *Cartridges*, suchen Sie dort den Eintrag OWA und klicken Sie erneut auf *Modify*. Sie erreichen daraufhin eine Seite mit den *Cartridge Parameters*. Für die OWA-Cartridge (PL/SQL Agent) ist an dieser Stelle lediglich der Parameter Protect_OWA_Pkg zu finden, doch bereitet eben dieser Parameter die Schwierigkeiten. Ändern Sie die Defaulteinstellung TRUE in FALSE und klicken Sie auf *Modify Cartridge Configuration*, um die Änderung in die Konfigurationsdatei zu übertragen. Verlassen Sie den WebServer Manager wieder, sofern die Änderung erfolgreich war, und starten Sie den WebListener-Prozeß neu.

Alternativ dazu können Sie den entsprechenden Eintrag auch ohne Benutzung des WebServer Managers direkt in der Konfigurationsdatei sv<Listener>.app ändern:

```
[OWA]
Protect_OWA_Pkg = FALSE
```

Der Neustart des Listener-Prozesses ist allerdings auch bei dieser Vorgehensweise erforderlich.

Abbildung 8.1:
Freigeben der
Anzeige von PL/
SQL-Prozeduren
über owa_util.
showsource

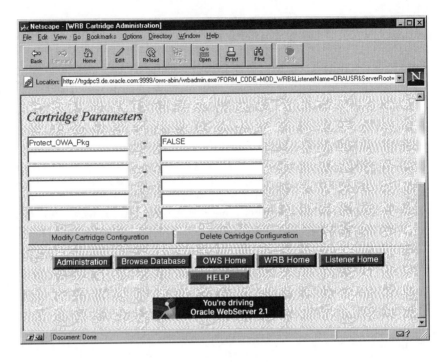

Eine weitere, in manchen Fällen sehr nützliche Prozedur ist owa_util.showpage. Sie ermöglicht die Umwandlung einer dynamischen in eine statische WebSeite. Dies ist sinnvoll, wenn sich der Inhalt dynamischer Web-Seiten zyklisch – z.B. täglich oder wöchentlich – ändert, und in diesem Falle vorteilhaft, weil die Anzeige statischer Seiten mit wesentlich geringerem Aufwand verbunden und somit schneller ist.

Die Nutzung von owa_util.showpage erfordert ein Kommandozeilenwerkzeug wie etwa SQL*Plus. Starten Sie das Werkzeug, melden Sie sich bei der Datenbank als der Eigentümer der PL/SQL-Prozedur an und sorgen Sie dafür, daß die durch Skripts erzeugte Ausgabe sowohl am Bildschirm angezeigt als auch in eine Datei geschrieben wird:

```
SQL> set serveroutput on
SQL> spool C:\AddWes\Work\HomePage.html
```

Starten Sie nun diejenige PL/SQL-Prozedur, die die dynamische Seite erzeugt, rufen Sie anschließend owa_util.showpage auf und verlassen Sie dann das Kommandozeilenwerkzeug:

```
SQL> execute K7_3_4.HomePage
SQL> execute owa_util.showpage
SQL> exit
```

Die im Spool-Kommando angegebene Datei enthält anschließend die durch die PL/SQL-Prozedur erzeugten HTML-Anweisungen. Die Datei läßt sich somit als statische Web-Seite (HTML-Datei) verwenden.

8.1.2 Informationen über die Umgebung

Einige im Package OWA_UTIL enthaltene Prozeduren und Funktionen ermöglichen es, Informationen über die Umgebung abzufragen. Dazu gehören Eigenschaften des Clients (z.B. der Typ des verwendeten Web-Browsers oder die Internet-Adresse des Client-Rechners), Eigenschaften des Servers (z.B. der Typ des verwendeten Web-Servers) sowie Informationen über die gerade abgerufene Web-Seite, die von der CGI-Schnittstelle in sogenannten CGI-Umgebungsvariablen verwaltet werden.

Der einfachste Weg zu einem Überblick über die verfügbaren Informationen besteht im Aufruf der Prozedur `owa_util.print_cgi_env`. Sie gibt alle zum Aufrufzeitpunkt mit Werten belegten CGI-Umgebungsvariablen am Bildschirm aus. Welche Umgebungsvariablen belegt sind und welche dem Anwender angezeigt werden, hängt einerseits vom Typ des Web-Servers, andererseits von den gerade durchgeführten Aktionen ab, so daß die Liste der angezeigten Variablen nicht immer die gleiche ist. Sie wird jedoch etwa so aussehen wie in dem nachfolgenden Beispiel, in dem der Aufruf der Prozedur `owa_util.print_cgi_env` in das Package K7_3_4 (Aufbau der Home-Page) integriert und die Verbindung zum Web Request Broker über den Internet Information Server von Microsoft hergestellt wurde (vgl. Kapitel 5, Abschnitt 5.6):

```
SERVER_SOFTWARE = Microsoft-IIS/3.0
SERVER_NAME = www.neustadt.com
GATEWAY_INTERFACE = CGI/1.1
REMOTE_ADDR = 100.0.0.1
HTTP_ACCEPT = image/gif, image/x-xbitmap, image/jpeg, image/pjpeg, */*
SERVER_PROTOCOL = HTTP/1.0
SERVER_PORT = 80
SCRIPT_NAME = /addwes/owa
PATH_INFO = /k7_3_4.homepagemain
PATH_TRANSLATED = D:\ORANT40\OWS21\bin\K7_3_4.HomePageMain
```

Haben Sie sich einmal einen Überblick über die existierenden CGI-Umgebungsvariablen verschafft, so können Sie diese mit Hilfe der Funktion `owa_util.get_cgi_env` einzeln abfragen. Die Funktion erwartet als Eingabeparameter den Namen einer gültigen Umgebungsvariable. Das Funktionsergebnis wird nicht am Bildschirm ausgegeben, sondern steht für eine beliebige Verwendung innerhalb des PL/SQL-Codes (z.B. Zuweisung an eine Variable) zur Verfügung. In der nachfolgenden Beispielprozedur wird diese Möglichkeit verwendet, um aus den Inhalten einiger Umgebungsvariablen eine URL zu konstruieren, über die die Prozedur »sich selbst aufrufen« kann:

```
create or replace procedure TestPage as
  v_prot   varchar2(10);
  v_url    varchar2(200);
begin
  htp.htmlOpen;
  htp.headOpen;
```

8 Erweiterungen der Basisfunktionalität

```
    htp.title ('TestPage');
    htp.meta  (
      chttp_equiv => 'Content-Type',
      cname => NULL,
      ccontent => 'text/html; iso-8859-1'
    );
    htp.headClose;
    htp.bodyOpen;
    owa_util.print_cgi_env;
    htp.br; htp.br;
    v_prot := substr (owa_util.get_cgi_env ('SERVER_PROTOCOL'), 1, 4);
    if v_prot = 'HTTP' then
      v_url := 'http://';
      v_url := v_url
             || owa_util.get_cgi_env ('SERVER_NAME') || ':'
             || owa_util.get_cgi_env ('SERVER_PORT')
             || owa_util.get_cgi_env ('SCRIPT_NAME')
             || owa_util.get_cgi_env ('PATH_INFO');
      htp.anchor2 (
        curl => v_url,
        ctext => 'Link zur Testseite'
      );
    else
      htp.print ('Keine HTTP-URL!');
    end if;
    htp.bodyClose;
    htp.htmlClose;
end TestPage;
```

Die Namen der Umgebungsvariablen SCRIPT_NAME und PATH_INFO sind etwas unglücklich gewählt. Man würde erwarten, daß die Variable PATH_INFO den virtuellen Pfad, SCRIPT_NAME dagegen den Namen der Prozedur liefert. Es verhält sich jedoch genau umgekehrt. Da der den virtuellen Pfad liefernde Aufruf

```
var := owa_util.get_cgi_env ('SCRIPT_NAME');
```

besonders häufig benötigt wird, steht als Alternative der vereinfachte Aufruf

```
var := owa_util.get_owa_service_path;
```

zur Verfügung.

Eine weitere häufig genutzte Einsatzmöglichkeit der Abfrage von CGI-Umgebungsvariablen besteht darin, immer dann, wenn Sie HTML-Kommandos nutzen, die nicht zum Sprachstandard gehören, sondern nur von einzelnen Browsern unterstützt werden, den Typ des vom Benutzer verwendeten Browsers abzufragen und entsprechend darauf zu reagieren. Ein Beispiel dafür, das jedoch nicht auf der normalerweise verwendeten Umgebungsvariablen HTTP_USER_AGENT, sondern auf HTTP_CONTENT_TYPE basiert, stellt das in Abschnitt 8.3.3 zu erörternde Formular für das Laden von Bildern in die Datenbank dar.

Schließlich sei daran erinnert, daß bereits in Kapitel 7, Abschnitt 7.5.5, gezeigt wurde, welche Bedeutung der Abfrage von Umgebungsvariablen zukommt, wenn die Sicherheit der Applikation – und damit die Sicherheit des Datenbestandes – erhöht werden soll.

8.2 Die Erweiterung des PL/SQL Web Toolkit und die Einbindung von Applets

8.2.1 Grundlagen

Bei der Vorstellung der Basisfunktionalität in Kapitel 6 traten bereits einige Fälle auf, in denen eine Ergänzung der Packages HTF und HTP wünschenswert erschien:

▷ In Abschnitt 6.3 zeigte sich, daß die Standard-Packages zwar die Textattribute *fett* und *kursiv*, nicht aber *unterstrichen* und *blinkend* unterstützen. Entwickler, die diese Attribute benötigen, werden sich deren Implementierung wünschen.

▷ In Abschnitt 6.6 wurde festgestellt, daß die Funktion htf.anchor2 und die Prozedur htp.anchor2 nicht ganz korrekt implementiert wurden, woraus sich der Wunsch nach einer modifizierten Fassung dieser Programmeinheiten ergab.

Nun muß zunächst einmal klargestellt werden, daß das Schließen derartiger Lücken die Implementierung zusätzlicher Funktionen und Prozeduren nicht zwingend erfordert. Die Funktionen des Package HTF und die Prozeduren des Package HTP dienen ja nur dem Ziel, dem mit PL/SQL vertrauten Entwickler das Erlernen der HTML-Syntax zu ersparen und ihm statt dessen die vertrauten Mechanismen der Funktions- und Prozeduraufrufe zur Verfügung zu stellen. Intern aber setzen diese Funktionen und Prozeduren die übergebenen Parameter zu HTML-Kommandos zusammen und übergeben sie mit Hilfe der Prozedur htp.print an den PL/SQL Agent (vgl. Kapitel 6, Abschnitt 6.2). Genau dies können Sie aber auch selbst tun. Wenn Sie den Text »Stadtbibliothek Neustadt« blinkend darstellen möchten, können Sie dies durch den Prozeduraufruf

```
htp.print ('<BLINK>Stadtbibliothek Neustadt</BLINK>');
```

erreichen, ohne eine eigene Prozedur für die Ausgabe blinkender Texte erstellen zu müssen. Gleiches gilt für alle anderen HTML-Kommandos. Das Bedürfnis nach eigenen Funktionen und Prozeduren ergibt sich also zumindest im Zusammenhang der Ergänzung des unterstützten Sprachumfangs nicht aus einer technischen Notwendigkeit, sondern eher aus einer »Programmierästhetik«, die es als unschön empfindet, HTF-Funktionen und HTP-Prozeduren mit HTML-Anweisungen im Klartext zu mischen.

Wenn Sie - wie ich selbst - ein Anhänger einer solchen Programmierästhetik sind, dann sei Ihnen ein Blick in das Verzeichnis \WebServer\HTPX der beiliegenden CD empfohlen. Darin befinden sich zwei PL/SQL-Skripts, mit denen die Packages HTFX und HTPX in der Datenbank erstellt werden können. HTFX (*HyperText Function eXtensions*) enthält einige Funktionen zur Ergänzung des Package HTF, HTPX (*HyperText Procedure eXtensions*) einige Prozeduren zur Ergänzung des Package HTP. Darunter befinden sich Funktionen und Prozeduren für die Ausgabe unterstrichener und blinkender Textteile sowie die modifizierte Fassung der Funktion bzw. Prozedur anchor2. Diese sollen hier jedoch nicht genauer erläutert werden.

Statt dessen soll auf die Implementierung von drei weiteren Funktionen bzw. Prozeduren eingegangen werden, durch die die *Einbindung von Java-Applets* in dynamische Web-Seiten und somit eine weitere wichtige Ergänzung der Funktionalität möglich wird. Vergleichbare Funktionen und Prozeduren sind zwar ab V3.0 in den Packages HTF und HTP enthalten, doch kommt es hier ja weniger auf Originalität als auf die Darstellung der Vorgehensweise an.

8.2.2 Beispiel 1: LEDSign

Applets erfordern neben dem Aufruf in der Regel die Übergabe von Parametern, wobei jedoch Anzahl und Bedeutung der erforderlichen Parameter für die einzelnen Applets verschieden sind. HTML wird dem durch die Bereitstellung von drei Kommandos gerecht:

▶ Das Kommando <APPLET> leitet den Aufruf ein. Ihm können die für jedes Applet gültigen Attribute CODEBASE (URL des Standortes), CODE (Klassendatei), ALIGN (Ausrichtung innerhalb des umgebenden Fensters), WIDTH (Breite), HEIGHT (Höhe), HSPACE (Freiraum rechts und links), VSPACE (Freiraum oben und unten) sowie ALT (alternativer Text) beigegeben werden.

▶ Das Kommando <PARAM> ermöglicht die Angabe eines appletspezifischen Parameters. Es kann beliebig oft wiederholt werden.

▶ Das Kommando </APPLET> (ohne Attribute) schließt den Aufruf ab

Um die Syntax an einem Beispiel konkretisieren zu können, wird das von Darrick Brown erstellte Applet *LEDSign* verwendet, das die Ausgabe eines über den Bildschirm laufenden Textes ermöglicht. Sie finden dessen Komponenten auf der beiliegenden CD im Verzeichnis \WebServer\LEDSign, dessen Unterverzeichnis Original zudem in der Datei LEDSignV27_tar.gz die originale, gepackte Form enthält.

Die nachfolgenden Anweisungen bieten ein Beispiel für den Aufruf dieses Applets unter Verwendung der drei eben genannten Anweisungen:

```
<APPLET CODEBASE="/LEDSign/LED" CODE="LED.class"
        ALIGN="middle" WIDTH="500" HEIGHT="48">
<PARAM NAME="border" VALUE="2">
<PARAM NAME="bordercolor" VALUE="100,130,130">
```

Die Erweiterung des PL/SQL Web Toolkit und die Einbindung von Applets

```
<PARAM NAME="font" VALUE="/Applet/LEDSign/Fonts/Default.font">
<PARAM NAME="ht" VALUE="9">
<PARAM NAME="ledsize" VALUE="3">
<PARAM NAME="script" VALUE="/LEDSign/Scripts/AddWes.led">
<PARAM NAME="spacewidth" VALUE="3">
<PARAM NAME="wth" VALUE="122">
</APPLET>
```

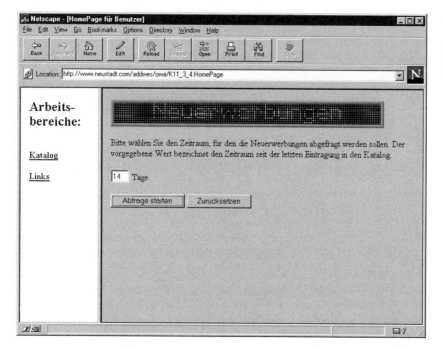

Abbildung 8.2:
Verwendung eines Applets in einer dynamischen Web-Seite

Es bietet sich an, bei der Abbildung der HTML-Anweisungen auf PL/SQL-Funktionen und -Prozeduren die aus drei Kommandos bestehende Struktur beizubehalten. Soll ein Applet sowohl als eigenständiges Objekt als auch als Bestandteil eines übergeordneten Objekts (z.B. einer Tabelle) in eine dynamische Seite eingebunden werden können, sind zudem die Kommandos – wie im PL/SQL Web Toolkit üblich – sowohl in Funktionen als auch in Prozeduren umzusetzen.

Die drei Funktionen haben die Aufgabe, aus den übergebenen Parametern die ihnen entsprechenden HTML-Anweisungen zusammenzufügen und die vollständigen Anweisungen als Funktionsergebnis zurückzugeben. Alle Funktionen liefern somit ein Ergebnis vom Typ VARCHAR2 zurück. Der nachfolgende Auszug aus dem Skript HTFX.SQL zeigt ihre Implementierung unter Verwendung einer aus dem Package HTF kopierten Funktion IFNOTNULL, die eine erhebliche Vereinfachung der Formulierungen ermöglicht.

```
-- HTFX: Package Header
create or replace package htfx as
  function appletOpen (
    ccode        in varchar2,
    ccodebase    in varchar2,
    calign       in varchar2 DEFAULT NULL,
    cwidth       in varchar2 DEFAULT NULL,
    cheight      in varchar2 DEFAULT NULL
  ) return varchar2;
  function appletParameter (
    cname        in varchar2,
    cvalue       in varchar2
  ) return varchar2;
  function appletClose return varchar2;
end htfx;
/

-- HTFX: Package Body
create or replace package body htfx as
  -- Aus Package HTF übernommene Funktionen -------------------------
  function IFNOTNULL (str1 in varchar2, str2 in varchar2)
  return varchar2 is
  begin
    if (str1 is NULL) then
      return (NULL);
    else
      return (str2);
    end if;
  end;
  -- Funktionen für die Einbindung von Applets ----------------------
  function appletOpen (
    ccode        in varchar2,
    ccodebase    in varchar2,
    calign       in varchar2 DEFAULT NULL,
    cwidth       in varchar2 DEFAULT NULL,
    cheight      in varchar2 DEFAULT NULL
  ) return varchar2 is
  begin
    return (
      '<APPLET' ||
      ' CODE="' || ccode || '"' ||
      ' CODEBASE="' || ccodebase || '"' ||
      IFNOTNULL (calign, ' ALIGN="' || calign || '"') ||
      IFNOTNULL (cwidth, ' WIDTH="' || cwidth || '"') ||
      IFNOTNULL (cheight, ' HEIGHT="' || cheight || '"') ||
      '>'
    );
  end appletOpen;
```

Die Erweiterung des PL/SQL Web Toolkit und die Einbindung von Applets

```
  function appletParameter (
    cname        in varchar2,
    cvalue       in varchar2
  ) return varchar2 is
  begin
    return (
      '<PARAM ' ||
      ' NAME="' || cname || '"' ||
      ' VALUE="' || cvalue || '"' ||
      '>'
    );
  end appletParameter;
  function appletClose return varchar2 is
  begin
    return ('</APPLET>');
  end appletClose;
end htfx;
```

Noch einfacher ist die Implementierung der entsprechenden Prozeduren: Sie müssen lediglich die soeben erstellten Funktionen aufrufen, die erhaltenen Parameterwerte an sie weitergeben und das von den Funktionen gelieferte Ergebnis (HTML-Anweisung) mit Hilfe der Funktion htp.print an den PL/SQL Agent übergeben. In dem nachfolgenden Auszug aus HTPX.SQL wird statt der Langform htp.print die – funktional äquivalente – Kurzform htp.p verwendet.

```
-------------------------------------------------------------------------
-- HTPX: Package Header
-------------------------------------------------------------------------
create or replace package htpx as
  procedure appletOpen (
    ccode        in varchar2,
    ccodebase    in varchar2,
    calign       in varchar2 DEFAULT NULL,
    cwidth       in varchar2 DEFAULT NULL,
    cheight      in varchar2 DEFAULT NULL
  );
  procedure appletParameter (
    cname        in varchar2,
    cvalue       in varchar2
  );
  procedure appletClose;
end htpx;
/
-------------------------------------------------------------------------
-- HTPX: Package Body
-------------------------------------------------------------------------
create or replace package body htpx as
  -- Prozeduren für die Einbindung von Applets ---------------------------
  procedure appletOpen (
    ccode        in varchar2,
    ccodebase    in varchar2,
```

8 Erweiterungen der Basisfunktionalität

```
    calign      in varchar2 DEFAULT NULL,
    cwidth      in varchar2 DEFAULT NULL,
    cheight     in varchar2 DEFAULT NULL
  ) is
  begin
    htp.p (htfx.appletOpen (ccode, ccodebase, calign, cwidth, cheight) );
  end;
  procedure appletParameter (
    cname       in varchar2,
    cvalue      in varchar2
  ) is
  begin
    htp.p (htfx.appletParameter (cname, cvalue) );
  end;
  procedure appletClose is
  begin
    htp.p (htfx.appletClose);
  end;
end htpx;
```

Diese Prozeduren werden in `Katalog.KatalogNeuerwerbungen` verwendet, um die bisherige, invers dargestellte Überschrift durch den von rechts nach links über den Bildschirm laufenden Text »Neuerscheinungen« zu ersetzen:

```
htpx.appletOpen (
  ccode       => 'LED.class',
  ccodebase   => '/LEDSign/LED',
  calign      => 'middle',
  cwidth      => '500',
  cheight     => '48'
);
htpx.appletParameter ('border', '2');
htpx.appletParameter ('bordercolor', '100,130,130');
htpx.appletParameter ('font', '/LEDSign/Fonts/Default.font');
htpx.appletParameter ('ht', '9');
htpx.appletParameter ('ledsize', '3');
htpx.appletParameter ('script', '/LEDSign/Scripts/AddWes.led');
htpx.appletParameter ('spacewidth', '3');
htpx.appletParameter ('wth', '122');
htpx.appletClose;
```

8.2.3 Beispiel 2: PieChart

Beschränkte sich vor noch gar nicht langer Zeit der Nutzen von Applets darauf, Buchstaben oder Bilder über den Bildschirm hüpfen zu lassen, so gibt es inzwischen eine große Zahl von Applets, die wesentliche Erweiterungen der Darstellungs- und der Interaktionsmöglichkeiten bieten. Damit einhergegangen ist freilich auch der Wandel von Applets, die durch Privatpersonen erstellt und kostenlos im Internet bereitgestellt wurden, zu solchen, die durch Softwarehäuser erstellt werden und käuflich erworben werden müssen.

Die Erweiterung des PL/SQL Web Toolkit und die Einbindung von Applets

Im Kontext des Zugriffs auf Datenbanken sind sicherlich diejenigen Applets von großem Interesse, die den Aufbau von Diagrammen auf der Basis des aktuellen Datenbestandes ermöglichen. Eine Übersicht über verfügbare Applets aller Preis- und Qualitätsklassen, die dies leisten, finden Sie auf

http://www.gamelan.com/

unter der Rubrik *Graphs and Charts*. Im nachfolgenden Beispiel wird das von Gary T. Desrosiers entwickelte PieChart-Applet verwendet, weil es kostenlos von

http://www.pcnet.com/

geladen werden kann und daraus deutlich wird, daß Sie nicht unbedingt ein teures Applet mit eigener Datenbankschnittstelle benötigen, wenn Sie dynamische Web-Seiten mit dem PL/SQL Web Toolkit erstellen und Diagramme einbinden wollen. Der Nachteil dieses Applets besteht freilich darin, daß es nicht mit allen Browsern einwandfrei zusammenarbeitet. So treten insbesondere bei Verwendung des Internet Explorers von Microsoft Probleme auf, die bei Verwendung des Netscape Navigators (bzw. Communicators) nicht zu beobachten sind.

Abbildung 8.3: Anzeige eines Diagramms unter Verwendung eines Java Applets

Wenn Sie das nachfolgende Beispiel gleichwohl praktisch nachvollziehen möchten, so kopieren Sie zunächst die Dateien PieChart.java (Java-Code), PieChart.class (Klassendatei) und PieChart.html (Originalseite von www.pcnet.com mit zwei Beispielaufrufen) in ein Verzeichnis, das zum virtuellen Dateisystem Ihres WebServers gehört. Im Beispiel wird das Verzeichnis /Applet/PieChart verwendet.

Erstellen Sie sodann ein Package namens ChartTest und zwei darin enthaltene Prozeduren namens PieChart und ShowDetails. Die Prozedur PieChart soll die Anzahl der pro Sachgebiet vorhandenen Bücher ermitteln und unter Verwendung des PieChart-Applets ausgeben. Dieses Applet bietet die Möglichkeit, hinter jedem Segment des Diagramms die URL einer Web-Seite zu hinterlegen, die durch Klicken des Benutzers auf das Segment aktiviert wird. Im Beispiel soll durch Klicken auf ein Segment (Sachgebiet) die Liste aller darin vertretenen Autoren mit der Anzahl der von ihnen vorhandenen Bücher angezeigt werden. Diese Anzeige soll durch die Prozedur ShowDetails generiert werden.

Nachfolgend ist nicht das gesamte Package, sondern lediglich die Prozedur PieChart abgedruckt. Sie startet das PieChart-Applet unter Verwendung der in Abschnitt 8.2.1 implementierten Prozeduren und übergibt die aus der Datenbank ermittelten Werte als Parameter. Dabei stellen die Parameter *v0, v1, ..., vn* die ermittelten Werte (Anzahl der Bücher), die Parameter *t0, t1, ..., tn* die zugeordneten Bezeichnungen (für die Anzeige in der Legende) und die Parameter *u0, u1, ..., un* die URLs für den Aufruf der Prozedur ShowDetails (mit Abkürzung des Sachgebiets als Parameter) dar. Alle unterstützten Parameter sind in der Beispielseite von Gary Desrosiers (PieChart.html) dokumentiert.

```
procedure PieChart is
  v_reccnt    binary_integer;
  v_url       varchar2(100);
  cursor c_bestand is
    select g.abk abk, g.bez bez, count(b.nr) anz
    from gebiet g, buch b
    where g.abk = b.gebiet_abk
    group by g.abk, g.bez
    order by g.bez desc;
begin
  htp.htmlOpen;
  htp.headOpen;
  htp.title ('PieChart Java Applet');
  htp.meta (
    chttp_equiv => 'Content-Type',
    cname       => NULL,
    ccontent    => 'text/html; iso-8859-1'
  );
  htp.headClose;
  htp.bodyOpen ('bgcolor="#COCOCO" link="#0000FF" vlink="#0000FF"');
  htp.centerOpen;
```

```
   htp.header (2, 'Buchbestand nach Sachgebieten');
   v_url := 'http://'
         || owa_util.get_cgi_env ('SERVER_NAME') || ':'
         || owa_util.get_cgi_env ('SERVER_PORT')
         || owa_util.get_cgi_env ('SCRIPT_NAME') || '/'
         || 'ChartTest.ShowDetails?p_gebiet=';
   htpx.appletOpen (
     ccode => 'PieChart.class',
     ccodebase => '/Applet/PieChart',
     cwidth => '500',
     cheight => '300'
   );
   -- Vx-Parameter: Werte (Anzahl der Bücher pro Sachgebiet) ------------
   v_reccnt := 0;
   for r_bestand in c_bestand loop
     htpx.appletParameter (
       cname => 'v' || to_char (v_reccnt),
       cvalue => to_char (r_bestand.anz)
     );
     v_reccnt := v_reccnt + 1;
   end loop;
   -- Tx-Parameter: Bezeichnungen der Sachgebiete (für Legende) ---------
   v_reccnt := 0;
   for r_bestand in c_bestand loop
     htpx.appletParameter (
       cname => 't' || to_char (v_reccnt),
       cvalue => r_bestand.bez
     );
     v_reccnt := v_reccnt + 1;
   end loop;
   -- Ux-Parameter: URLs für Aufruf von Detail-Seiten -------------------
   v_reccnt := 0;
   for r_bestand in c_bestand loop
     htpx.appletParameter (
       cname => 'u' || to_char (v_reccnt),
       cvalue => v_url || r_bestand.abk
     );
     v_reccnt := v_reccnt + 1;
   end loop;
   -- Parameter zur Steuerung von Eigenschaften der Darstellung ---------
   htpx.appletParameter (cname => 'BackgroundColor', cvalue => 'white');
   htpx.appletParameter (cname => 'LegendTextColor', cvalue => 'black');
   htpx.appletParameter (cname => 'LegendFontSize', cvalue => '12');
   htpx.appletParameter (cname => 'PieTextColor', cvalue => 'black');
   htpx.appletParameter (cname => 'PieFontSize', cvalue => '12');
   htpx.appletClose;
   htp.centerClose;
   htp.bodyClose;
   htp.htmlClose;
end PieChart;
```

Nach dem Start der Prozedur wird Ihr Browser bei korrekter Ausführung des Applets ein Bild zeigen, das dem in Abbildung 8.3 gezeigten ähnlich ist. Als Beschriftung der einzelnen Diagrammsegmente wird der prozentuale Anteil verwendet. Die zugrundeliegenden absoluten Werte werden angezeigt, wenn Sie den Mauszeiger über das Diagramm bewegen. Durch Klikken auf die Segmente schließlich können die Detail-Seiten aktiviert werden, sofern Sie sie implementiert haben.

Die gesamte hier beschriebene Funktionalität finden Sie im Package Verwaltung in Form der Prozeduren StatistikGebieteBestand, StatistikGebieteAusleihe sowie StatistikDetails implementiert.

8.3 Das Einbinden zusätzlicher Cartridges und die Bildverwaltung

In diesem Abschnitt werden zwei Themen, die nicht zwingend zusammengehören, miteinander verbunden. Primär geht es darum, zu zeigen, wie durch das Einbinden zusätzlicher Cartridges die Funktionalität des Oracle WebServers erweitert werden kann. Als Beispiel dafür wird eine Cartridge vorgestellt, die es ermöglicht, Bilder, die Bestandteile von Web-Seiten werden sollen, in einer Oracle-Datenbank abzuspeichern und zur Laufzeit aus der Datenbank abzufragen. Dies gibt Anlaß zu einigen weitergehenden Erörterungen über die Möglichkeiten der Bildverarbeitung mit dem Oracle WebServer.

8.3.1 Einbinden von OWAREPL

Bevor die einzelnen Schritte beschrieben werden, die erforderlich sind, um eine zusätzliche Cartridge in den Oracle WebServer einzubinden, ist eine allgemeine Bemerkung zu der hier als Beispiel verwendeten Cartridge OWAREPL vonnöten. Diese Cartridge wurde von dem Oracle-Mitarbeiter Thomas Kyte entwickelt. Es handelt sich dabei jedoch nicht um eine offizielle Produktentwicklung, sondern um eine »private Bastelei«. Insofern darf das Programm ohne Beschränkungen eingesetzt und weitergegeben werden[1], doch muß dabei klar sein, daß es nicht den Status eines Oracle-Produktes hat und daß Sie keinerlei Support von Oracle erwarten dürfen. Die Nutzung geschieht also auf eigenes Risiko. Ist dies einmal klargestellt, kann freilich angefügt werden, daß die Cartridge derzeit in mehreren Systemen produktiv eingesetzt wird und daß sie sich bei diesem Einsatz bewährt hat.

Die Bezeichnung OWAREPL steht für *Oracle Web Agent Replacement*. Sie will besagen, daß die Cartridge nicht nur als Erweiterung des von Oracle gelieferten PL/SQL Agent zu verstehen ist, sondern diesen vollständig ersetzen

---

1. Vgl. \WebServer\OwaRepl\Doc\dnld.html auf der beiliegenden CD sowie die Ausführungen in Kapitel 9, Abschnitt 9.2.1.

Das Einbinden zusätzlicher Cartridges und die Bildverwaltung

kann. Ich empfinde es jedoch nicht als sinnvoll, auf diesen Aspekt genauer einzugehen, da Oracle den PL/SQL Agent von Version zu Version weiterentwickeln wird, während dies bei OWAREPL in keiner Weise sichergestellt ist. OWAREPL wird hier also ausschließlich beschrieben werden als eine Cartridge, die die standardmäßig vorhandene Funktionalität des Oracle WebServers um eine bessere Bildverarbeitung erweitert.

Die nachfolgende Darstellung bezieht sich auf die Einbindung der Cartridge unter Windows NT. Dafür ist ein Oracle WebServer der Version 2.0.3 oder 2.1 erforderlich. Die Einbindung unter UNIX sowie die Nutzung von OWAREPL als CGI-Programm zusammen mit dem Oracle WebServer in einer Version < 2.0.3 oder zusammen mit einem anderen WebServer wird in \WebServer\OwaRepl\Doc\direct.html beschrieben.

Diejenigen Leser, die den Oracle WebServer unter Windows NT einsetzen, finden alle erforderlichen Dateien im Verzeichnis \WebServer\OwaRepl und den zugehörigen Unterverzeichnissen. Der in der Originaldokumentation von Tom Kyte beschriebene erste Schritt des Entpackens entfällt für sie. Sofern Sie dagegen ein UNIX-System einsetzen, müssen Sie Software und Dokumentation zunächst vom WebServer der Abteilung *Oracle Government* laden. Genauere Anweisungen dafür finden Sie in Kapitel 9, Abschnitt 9.2.1.

Die »Installation« von OWAREPL besteht darin, die Datei \WebServer\OwaRepl\NTbin\owarepl.dll von der CD auf Ihre Platte zu kopieren. Sie können frei entscheiden, ob das Zielverzeichnis unterhalb von ORACLE_HOME oder außerhalb der Oracle-Verzeichnisstruktur liegen soll. Ebenso liegt es in Ihrem Ermessen, ob Sie nur die angegebene Datei oder das gesamte OwaRepl-Verzeichnis kopieren wollen. Sinnvoll ist sicherlich letzteres, da Sie dann immer auch die Dokumentation auf der Platte zur Verfügung haben. Die einzelnen Verzeichnisse haben folgende Bedeutung:

Doc	Originaldokumentation von Tom Kyte
Example	Beispiel einer Konfigurationsdatei (vgl. nachfolgende Beschreibung)
NTbin	ausführbare Formen: owarepl.dll und owarepl.exe (Cartridge und CGI-Programm)
SQL	Beispiel einer Applikation, die OWAREPL nutzt (vgl. Abschnitt 8.3.3)
Src	Für diejenigen, die es ganz genau wissen oder besser machen möchten, enthält dieses Verzeichnis den Quellcode.

Die neue Cartridge muß nun dem Web Request Broker bekanntgemacht werden. Starten Sie dafür den WebServer Manager und wählen Sie die Kategorie *Web Request Broker*. Wählen Sie sodann aus der Liste der angezeigten WebListener-Prozesse denjenigen aus, über den Sie die Cartridge zugänglich machen möchten. Dies darf auch der WebListener-Prozeß eines nicht von Oracle stammenden WebServers sein, sofern der WebServer sich mit dem Web Request Broker verbinden läßt (vgl. Kapitel 5, Abschnitt 5.6). Soll die

8 Erweiterungen der Basisfunktionalität

Cartridge über mehrere Listener-Prozesse genutzt werden, so ist der hier beschriebene Vorgang mehrfach auszuführen.

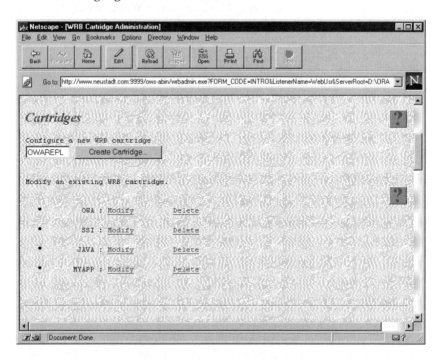

Abbildung 8.4:
Bekanntmachen
einer neuen
Cartridge

Suchen Sie innerhalb der Seite *WRB Cartridge Administration for Listener <ListenerName>* den Abschnitt *Cartridges*. Tragen Sie in das Textfeld neben dem Button *Create Cartridge* den Namen OWAREPL (oder einen beliebigen anderen Namen) ein und klicken Sie auf den Button (vgl. Abbildung 8.4). Daraufhin wird die Ihnen bereits vom Aktivieren der Prozedur owa_util.showsource her bekannte Seite *WRB Cartridge Configuration for Listener <ListenerName>* aufgeblendet. Für die Funktionstüchtigkeit der Cartridge ist das Eintragen von drei Parametern erforderlich (vgl. Abbildung 8.5):

owa.cfg   Für diesen Parameter ist der vollständige Pfad (einschließlich Dateiname) der Konfigurationsdatei für den PL/SQL Agent anzugeben. Sie heißt owa.cfg und befindet sich im Verzeichnis %ORACLE_HOME%\OWS2x\ADMIN.

server.cfg   An dieser Stelle ist der vollständige Pfad der Konfigurationsdatei für den WebListener-Prozeß anzugeben. Sofern Sie den WebListener des Oracle WebServers verwenden, befindet sich die Datei im gleichen Verzeichnis wie owa.cfg und heißt sv<ListenerName>.cfg. Sofern Sie den WebListener eines anderen Herstellers zusammen mit Web Request Broker und OWAREPL einsetzen möchten, sollten Sie die im Verzeichnis \OwaRepl\Ex-

Das Einbinden zusätzlicher Cartridges und die Bildverwaltung

ample abgelegte Konfigurationsdatei an Ihre Umgebung anpassen und unter dem erforderlichen Namen in %ORACLE_HOME%\OWS2x\ADMIN ablegen.

dirSeparator Geben Sie hier dasjenige Zeichen an, durch das das Betriebssystem Ihres Server-Rechners Verzeichnisebenen trennt (bei PC-Systemen also »\«, bei UNIX »/«).

Schließen Sie die Eintragungen ab durch Klick auf den Button *Modify Cartridge Configuration* und kehren Sie, sofern die Übertragung Ihrer Eingaben in die Konfigurationsdateien vom WebServer Manager erfolgreich durchgeführt werden kann, durch Klicken auf den Link *Go back to WRB configuration for this listener* zur Übersichtsseite der WRB-Konfiguration zurück. Dort sollte OWAREPL nun als neuer Eintrag im Abschnitt *Cartridges* zu finden sein.

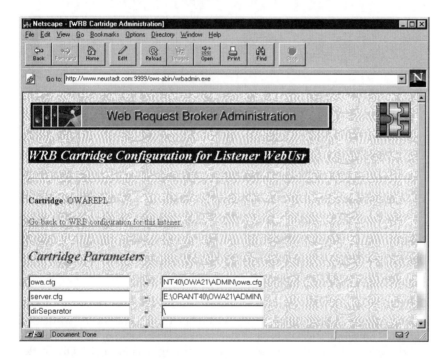

Abbildung 8.5: Festlegen von Konfigurationsparametern für die neue Cartridge

Im nächsten Schritt muß dem Web Request Broker mitgeteilt werden, wo das ausführbare Programm für die Cartridge zu finden ist. Dies geschieht auf der WRB-Übersichtsseite im Abschnitt *Applications and Objects* (vgl. Abbildung 8.6). Die zu füllenden Spalten haben folgende Bedeutungen:

App. Name der Cartridge, der ein ausführbares Programm zugeordnet werden soll. Tragen Sie hier OWAREPL bzw. den von Ihnen gewählten Namen ein.

Object Path Pfad und Name des als Cartridge zu startenden Programms (owarepl.dll, nicht owarepl.exe!).

Entry Point	Einstiegsfunktion für den Aufruf der Cartridge. Tragen Sie hier owarepl_entry ein.
Min	Minimale Anzahl von Ausführungseinheiten (WRBXs) für diese Cartridge. Geben Sie den Wert »1« ein.
Max	Maximale Anzahl von Ausführungseinheiten (WRBXs) für diese Cartridge. Geben Sie den Wert »100« ein.
Thread	Legt fest, ob die Cartridge als Prozeß oder als Thread gestartet werden soll. Geben Sie den Wert »P« ein.

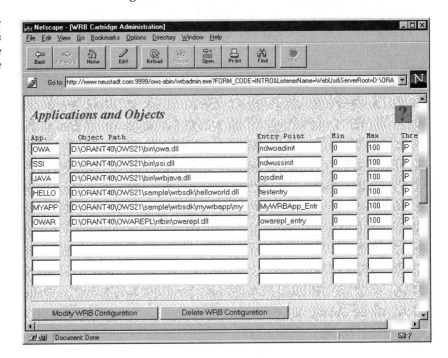

Abbildung 8.6: Festlegen des Programms für die neue Cartridge

Im letzten Schritt schließlich ist ein virtueller Pfad festzulegen, an dessen Auftreten in einer URL der Web Request Broker erkennen kann, daß die Cartridge OWAREPL für die Bearbeitung des Auftrags zuständig ist. Die Festlegung erfolgt im Abschnitt *Applications and Directories* der WRB-Übersichtsseite, den Sie bereits von der Festlegung virtueller Pfade für das Starten von PL/SQL-Prozeduren durch den PL/SQL Agent her kennen (vgl. Kapitel 5, Abschnitt 5.4.4). Tragen Sie in der Spalte *Virtual Path* das gewünschte virtuelle Verzeichnis (z. B. /owarepl), in der Spalte *App.* den Namen der Cartridge (OWAREPL) und in der Spalte *Physical Path* den Standort von owarepl.dll, jedoch ohne den Namen der Datei, ein (vgl. Abbildung 8.7).

Wie üblich, können Sie die Parameter und ihre Werte auch ohne Benutzung des WebServer Managers direkt in die Konfigurationsdatei sv<ListenerName>.app eintragen. Aus der nachfolgend als Beispiel dafür abgedruckten

Das Einbinden zusätzlicher Cartridges und die Bildverwaltung

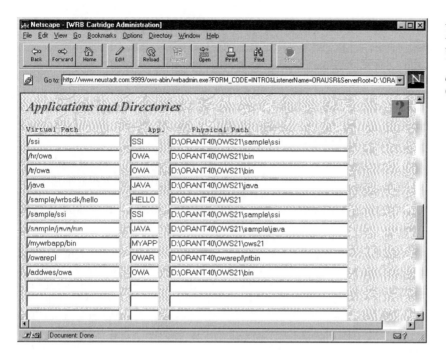

Abbildung 8.7:
Festlegen eines
virtuellen
Verzeichnisses für
den Zugriff auf die
Cartridge

Konfigurationsdatei wurden der besseren Übersichtlichkeit wegen alle Abschnitte und Parameter entfernt, die sich nicht entweder auf den PL/SQL Agent (OWA) oder auf OWAREPL beziehen.

```
#
[Apps]
OWA        D:\ORANT40\OWS21\bin\owa.dll            ndwoadinit      0  100  P
OWAREPL    D:\ORANT40\OWAREPL\ntbin\owarepl.dll    owarepl_entry   0  100  P
#
[AppDirs]
/hr/owa       OWA        D:\ORANT40\OWS21\bin
/tr/owa       OWA        D:\ORANT40\OWS21\bin
/addwes/owa   OWA        D:\ORANT40\OWS21\bin
/owarepl      OWAREPL    D:\ORANT40\OWAREPL\ntbin
#
[OWA]
Protect_OWA_Pkg    = FALSE
#
[OWAREPL]
owa.cfg      = D:\ORANT40\OWS21\admin\owa.cfg
server.cfg   = D:\ORANT40\OWS21\admin\svWebUsr.cfg
dirSeparator = \
```

Beispiele für URLs, die OWAREPL ansprechen, und für die Nutzung dieser Cartridge bietet Abschnitt 8.3.3.

8.3.2 Bildverarbeitung ohne OWAREPL

Wenn man mit PL/SQL dynamische Web-Seiten aufbaut, die auf Daten aus einer Oracle-Datenbank basieren, dann liegt der Gedanke nicht gar so fern, man könnte auch die in diesen Seiten zu verwendenden Bilder in der Datenbank ablegen. Indessen ist sowohl die Unterstützung des Oracle Servers (vor Version 8) als auch des Oracle WebServers (vor Version 3) für die Verwaltung von Grafiken so schwach ausgeprägt, daß von einem Versuch in dieser Richtung eher abgeraten werden muß.

Der Oracle7 Server kennt zwar die Datentypen LONG (für die *Abspeicherung* von Texten mit einer Länge > 2 KB) und LONG RAW (für die *Abspeicherung* von binären Objekten wie Grafiken oder Videos) und mit einer für beide Datentypen geltenden Maximalgröße von 2 Gigabyte wäre der Entwickler, der mit dem PL/SQL Web Toolkit dynamische Seiten entwickeln möchte, auch mehr als reichlich bedient, doch sind die Mittel, die für die *Verarbeitung* derartiger Objekte zur Verfügung stehen, äußerst bescheiden, wenn man nicht zu einer Programmiersprache der 3. Generation (wie C oder FORTRAN) Zuflucht nimmt. Das Äußerste, was PL/SQL – also die Programmiersprache, auf die es beim Arbeiten mit dem PL/SQL Web Toolkit ankommt – bietet, ist die Möglichkeit, eine Grafik aus der Datenbank in eine Variable vom Typ VARCHAR2 zu laden. Da Werte, die solchen Variablen zugewiesen werden, eine Größe von 32 KB nicht überschreiten dürfen, folgt, daß selbst diese trickreiche Methode versagt, wenn die Grafik, die Sie in die oder aus der Datenbank laden möchten, größer als 32 KB ist. Nun mag es im Hinblick auf die derzeitige Leistungsfähigkeit des Internet durchaus ratsam sein, in Seiten, die über das Internet angeboten werden sollen, nur kleinere Grafiken einzubauen. Gleichwohl wird sich ein Entwickler in diesem Fall und erst recht im Falle der Entwicklung von Seiten für die Benutzung innerhalb eines Intranet nicht gern von den Grenzen eines PL/SQL-Datentyps gängeln lassen wollen. Es scheint mir deshalb nicht sinnvoll, auf die angedeutete Methode hier genauer einzugehen[2].

Als realistisch sind wohl nur die folgenden drei Strategien anzusehen:

▷ Wenn Sie bereits mit dem Oracle8 Server arbeiten, so stehen Ihnen mit der Image Cartridge und den neuen Datentypen für die Abspeicherung größerer binärer Objekte wesentlich leistungsfähigere Mechanismen zur Verfügung als sie der Oracle7 Server bietet.

▷ Ist dies nicht der Fall, so können Sie prüfen, ob Sie für einen Übergangszeitraum die hier vorgestellte Cartridge OWAREPL einsetzen wollen.

▷ Können oder wollen Sie dies nicht, so sollten Sie Grafiken, die Sie in Web-Seiten verwenden, (vorerst) in Dateien ablegen.

---

2. Der Vollständigkeit halber sei darauf hingewiesen, daß es auch möglich ist, Grafiken, die größer sind als 32 KB, stückweise aus der Datenbank auszulesen und die Teilstücke anschließend zusammenzusetzen. Ich bezweifle aber, daß die Behandlung dieser Methode in einem Buch über Oracle-Applikationen für PC-Arbeitsgruppen angebracht ist.

8.3.3 Bildverwaltung mit OWAREPL

Unterhalb von \WebServer\OwaRepl auf der CD bzw. unterhalb desjenigen Verzeichnisses auf Ihrer Platte, in das Sie die OwaRepl-Verzeichnisstruktur kopiert haben, befindet sich das Verzeichnis SQL. Von den beiden darin abgelegten Skripts ist IMAGE.SQL für die Bildverarbeitung von Interesse, weil es sowohl die für die Bildverwaltung benötigte Tabelle als auch eine einfache Applikation für das Laden von Grafiken in diese Tabelle und das Betrachten des Tabelleninhalts in der Datenbank anlegt. Bevor Sie dieses Skript starten, sollten Sie überlegen, ob Sie den vorgegebenen Tabellennamen IMAGE verwenden können bzw. wollen, denn der Name – jedoch nicht die Struktur – der Tabelle kann geändert werden. Für die Beispielapplikation wurde von dieser Möglichkeit Gebrauch gemacht und der Tabellenname BILD gewählt.

Diese Änderung muß sowohl der Cartridge bekanntgemacht als auch im PL/SQL-Skript berücksichtigt werden. Die Mitteilung an die Cartridge erfolgt über einen Konfigurationsparameter, den Sie entweder über den Web-Server Manager auf der bereits bekannten Seite *WRB Cartridge Configuration for Listener <ListenerName>* oder direkt in der Konfigurationsdatei sv<ListenerName>.app eintragen können. Fügen Sie zu den drei bereits vorhandenen Parametern den Parameter <dcd>_image_tname hinzu und weisen Sie ihm den von Ihnen gewünschten Tabellennamen zu. Für <dcd> ist dabei diejenige DCD zu verwenden, die für den Zugang zur Datenbank benutzt werden soll. Für den Fall, daß als DCD addwes und als Tabellenname BILD verwendet werden soll, müßte die Konfigurationsdatei also folgenden Inhalt haben:

```
[OWAREPL]
owa.cfg              = D:\ORANT40\OWS21\admin\owa.cfg
server.cfg           = D:\ORANT40\OWS21\admin\svWebUsr.cfg
dirSeparator         = \
addwes_image_tname   = bild
```

Im PL/SQL-Skript IMAGE.SQL müssen die für das Anlegen der Tabelle und den Zugriff auf die Tabellen benutzten SQL-Anweisungen an den gewählten Tabellennamen angepaßt werden. Um Ihnen diese Arbeit zu erleichtern, wurde im gleichen Verzeichnis, in dem Sie IMAGE.SQL gefunden haben, das Skript IMAGE2.SQL abgelegt, in dem alle Stellen, an denen eine Änderung erforderlich ist, mit der Zeichenkette <table_name> markiert wurden. Ersetzen Sie diese Markierungen durch den von Ihnen gewählten Tabellennamen und starten Sie das Skript unter demjenigen Datenbankbenutzer, den der PL/SQL Agent bei Verwendung der zuvor festgelegten DCD für den Datenbankzugriff benutzt.

Die durch IMAGE.SQL angelegte einfache Applikation zum Laden von Grafiken in eine Oracle-Datenbank verwendet die verhältnismäßig neue und zum Zeitpunkt, zu dem dies Buch geschrieben wird, nur vom Netscape Navigator unterstützte Option

```
enctype="multipart/form-Data"
```

des HTML-Kommandos <FORM>. Dies hat zur Folge, daß das *Laden* von Grafiken in die Datenbank derzeit nur mit dem Netscape Navigator (ab Version 2.0) durchgeführt werden kann[3]. Eine vergleichbare Beschränkung für das *Abfragen* der in die Datenbank geladenen Bilder existiert aber nicht.

Wenn Sie über einen die erforderliche Funktionalität unterstützenden Browser verfügen, so starten Sie diesen und aktivieren Sie die soeben angelegte Applikation durch Angabe einer URL der Form

http://www.neustadt.com/owarepl/addwes/owaup/imgload.show_form

Dabei ist www.neustadt.com durch Name und Portnummer Ihres Servers, owarepl durch das von Ihnen gewählte virtuelle Verzeichnis für den Aufruf der Cartridge und addwes durch die für den Zugriff auf die Bildverwaltungstabelle zu verwendende DCD zu ersetzen. Die Angabe des virtuellen Verzeichnisses owaup ist erforderlich, weil die Cartridge OWAREPL aus mehreren Teilen besteht, von denen owaup (*Oracle Web Agent Upload*) das Laden von Bildern in die Datenbank und owai (*Oracle Web Agent Image*) die Abfrage von Bildern aus der Datenbank durchführt.

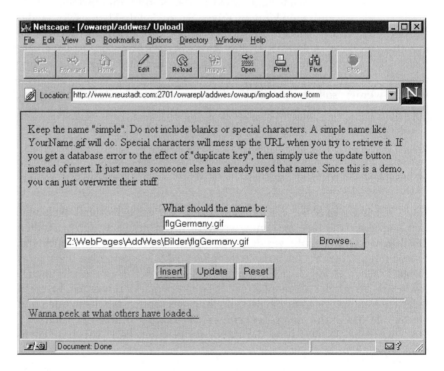

Abbildung 8.8: Laden von Grafiken in eine Oracle-Datenbank

Abbildung 8.8 zeigt das Formular für das Laden einer Grafik nach erfolgreichem Start der Applikation. Wenn der Button mit der Aufschrift *Browse* in

---

3. Ausführlichere Informationen zu dieser Einschränkung sind in der Originaldokumentation (owablob.html) zu finden.

der Anzeige fehlt, so deutet dies darauf hin, daß der verwendete Browser die für das Laden erforderliche HTML-Funktionalität nicht unterstützt. Ist er dagegen vorhanden, so betätigen Sie ihn, um über einen Dialog eine Datei für das Laden in die Datenbank auszuwählen. Wie Sie aus der Liste der Namenserweiterungen ersehen können, sind Sie dabei keineswegs auf Grafikdateien beschränkt, sondern können auch beliebige andere Dokumente, Objekte und sogar ausführbare Programme laden. Hier wird jedoch weiterhin nur das Arbeiten mit Grafikdateien erörtert.

Nachdem Sie die zu ladende Datei ausgewählt haben, müssen Sie noch einen Namen angeben, unter dem der Inhalt der Datei in der Datenbank abgelegt werden soll. Aus gleich anzuführenden Gründen ist es ratsam, hierfür den unveränderten Dateinamen – einschließlich Namenserweiterung – zu verwenden.

Schließen Sie das Laden eines neuen Bildes durch Klick auf den Button *Insert*, das Laden einer neuen Version eines bereits vorhandenen Bildes durch Klick auf den Button *Update* ab. Das Löschen eines einmal geladenen Bildes ist in der von Thomas Kyte erstellten Applikation nicht implementiert, doch sollte es Ihnen nach dem Studium der beiden vorangegangenen Kapitel keine große Mühe bereiten, das Package `IMGLOAD` um diese Funktionalität zu erweitern. Durch Klick auf den am Seitenende befindlichen Text *Wanna peek at what others have loaded* gelangen Sie zu einem weiteren Formular, das Ihnen in Form einer Tabelle Informationen über die bereits geladenen Grafiken liefert. Der Name einer jeden Grafik ist als Link implementiert, durch den Sie die Anzeige der Grafik im Browser veranlassen können.

Diese Links haben die Form

`http://www.neustadt.com/owarepl/addwes/owai/<bild_name>`

Auf Grafiken verweisende Links haben demnach immer die Form

`http://www.neustadt.com/<virtuelles_verzeichnis>/<bild_name>`

wobei `<virtuelles_verzeichnis>` durch einen Pfad zu ersetzen ist, der letztlich auf ein Verzeichnis innerhalb des Dateisystems verweist, wenn Sie die Grafiken als Dateien abgelegt haben, dagegen durch einen Pfad, der auf die Cartridge `OWAREPL` verweist, wenn Sie diese Cartridge verwenden sollen, um in der Datenbank abgelegte Grafiken verwenden zu können. Sofern Sie den in Kapitel 6 formulierten Rat, alle Grafikdateien in einem einzigen Verzeichnis abzulegen und für dieses in Ihren PL/SQL-Packages eine symbolische Konstante zu verwenden, befolgt haben, ist die Umstellung einer Web-Applikation von Grafikdateien auf in der Datenbank abgelegte Grafiken also in wenigen Sekunden zu erledigen. Sie brauchen lediglich eine Anweisung wie etwa

```
PICT_PATH constant varchar2(50) := '/AddWes/Bilder/';
```

zu ersetzen durch eine Anweisung der Form

```
PICT_PATH constant varchar2(50) := '/owarepl/addwes/owai/';
```

und das PL/SQL-Skript neu zu starten. Unter der Voraussetzung, daß Sie – wie oben empfohlen – als Namen für die Grafiken in der Datenbank die Namen der Dateien verwendet haben, aus denen sie geladen wurden, ist die Umstellung Ihrer Applikation damit beendet und keine weitere Anpassung erforderlich.

8.4 Die Nutzung von Skriptsprachen

Die von HTML bereitgestellte Funktionalität beschränkt sich darauf, vom Server übertragene Texte und Bilder anzuzeigen, über Verweise andere Seiten anzusprechen und Benutzereingaben in Formularen entgegenzunehmen. Mit diesen Mitteln lassen sich zwar, wie an einigen Beispielen (vgl. insbesondere Kapitel 7, Abschnitt 7.4.2) bereits gezeigt wurde, durchaus weitgehende Formen der Interaktion programmieren, doch erfordern sie einen erheblichen Aufwand an Netzwerkkommunikation, da die Prüfung der Benutzereingaben und die Reaktion darauf nur auf dem Server möglich sind.

Skript-Sprachen wie JavaScript (Netscape) und VBScript (Microsoft) haben die Aufgabe, vom Server an den Client übertragene Web-Seiten mit zusätzlicher Funktionalität auszustatten, die es dem Client (Browser) ermöglicht, ohne Hilfe des Servers auf Benutzereingaben zu reagieren. Dies eröffnet vielfältige Möglichkeiten, von denen hier lediglich eine im Kontext des Datenbankzugriffs besonders bedeutsame diskutiert werden soll: die Reaktion auf unsinnige oder fehlende Eingaben innerhalb von Formularen. Skript-Sprachen ermöglichen es, die Unangemessenheit bzw. das Fehlen von Eingaben bereits durch den Browser festzustellen und die Übertragung von Daten, die beim Zugriff auf die Datenbank ohnehin zu einem Fehlschlag führen würden, im Vorfeld zu verhindern.

Die Integration von JavaScript- oder VBScript-Code in die HTML-Anweisungen, die den Aufbau einer Seite beschreiben, erfolgt folgendermaßen:

▶ Die Skriptsprachen definieren Ereignisse (*Events*), die insbesondere im Zusammenhang mit denjenigen Komponenten auftreten können, die als Bestandteile eines Formulars verwendbar sind (Textfelder, Buttons usw.). Diese Ereignisse ähneln denjenigen, die Sie bereits kennen, wenn Sie jemals mit Access, Visual Basic, Oracle Forms oder einem anderen Datenbankentwicklungswerkzeug gearbeitet haben (*onChange*, *onClick*, *onFocus* usw.). Innerhalb der HTML-Anweisung, durch die die Komponente in die Seite integriert wird, kann ihr eine Behandlungsroutine (Event Handler) zugeordnet werden, die festlegt, was beim Eintreten des betreffenden Ereignisses geschehen soll.

▶ Besteht die Behandlungsroutine aus einer einzigen Anweisung oder einer sehr kurzen Anweisungsfolge, so wird sie meist an Ort und Stelle notiert. Umfangreichere Anweisungsfolgen können aber auch an beliebiger Stelle innerhalb der Seite als eigenständige Programmeinheiten definiert und dann in einer HTML-Anweisung aufgerufen werden. In einer

Die Nutzung von Skriptsprachen

Skriptsprache geschriebene Programmeinheiten werden durch die HTML-Anweisungen <SCRIPT> und </SCRIPT> eingeschlossen. Um Browser, die die Skriptsprachen nicht verstehen, von der Ausgabe des Skripts in Form eines sichtbaren Textes abzuhalten, wird die Programmeinheit selbst in der Regel als Kommentar notiert.

Wie für die Einbindung von Applets, so empfiehlt sich auch für die Einbindung von Skripts in dynamische Web-Seiten der Aufbau eigener Prozeduren und Funktionen (ab V3.0 standardmäßig verfügbar). Da jedoch im Gegensatz zur Einbindung von Applets bei der Einbindung eines Skripts zwischen den beiden begrenzenden HTML-Anweisungen nicht beliebig viele Parameter stehen können, sondern lediglich ein einziges – wenn auch beliebig langes – Skript anzutreffen ist, genügt die Implementierung einer einzigen Funktion bzw. Prozedur, die als Parameter den Text der Programmeinheit und die Angabe der verwendeten Skriptsprache erwartet. Eine derartige Funktion (Prozedur) wurde im Package HTFX (HTPX) implementiert:

```
-- Package HTFX -----------
function script (
  cscript     in varchar2,
  clanguage   in varchar2
) return varchar2;
-- Package HTPX -----------
procedure script (
  cscript     in varchar2,
  clanguage   in varchar2
);
```

Ein Beispiel für die Nutzung bietet die Prozedur Verwaltung.BenutzerNeu, in der eine einfache JavaScript-Funktion verwendet wird, um sicherzustellen, daß alle erforderlichen Angaben über einen neuen Benutzer vom Bibliotheksmitarbeiter eingetragen wurden. Der nachfolgend wiedergegebene Ausschnitt zeigt zunächst den Aufbau der JavaScript-Funktion unter Verwendung der selbst erstellten Prozedur htpx.script, sodann – als Bestandteil des Aufrufs von htp.formOpen – die Zuordnung dieser Funktion zum Ereignis *onSubmit*, das ausgelöst wird, wenn der Benutzer auf den Submit Button des Formulars klickt. Beachten Sie die Zuweisung des Namens Form1 an gleicher Stelle, der verwendet wird, um das Formular von der JavaScript-Funktion aus zu identifizieren.

```
begin
  PageHeader ('Angaben zu neuem Benutzer');
  htp.header( 1, 'Eingabe der Benutzerdaten');
  htpx.script (
    'function CheckInput() {
      if (document.frmBenutzerNeu.p_name.value == "") {
        alert ("Der Name des Benutzers muß eingegeben werden!");
        return false;
      }
      if (document.frmBenutzerNeu.p_vorname.value == "") {
        alert ("Der Vorname des Benutzers muß eingegeben werden!");
```

```
        return false;
      }
      if (document.frmBenutzerNeu.p_hausnr.value == "") {
        alert ("Die Hausnummer muß eingegeben werden!");
        return false;
      }
      else {
        return true;
      }
    }',
    clanguage => 'JavaScript'
);
htp.formOpen (
    curl       => 'K7_4.BenutzerNeuDB',
    cmethod    => 'POST',
    cattributes => 'name="frmBenutzerNeu" onSubmit="return CheckInput()"'
);
htp.tableOpen (cattributes => 'border="0"');
[...]
```

Zur Laufzeit bewirkt die Funktion zunächst, daß eine Meldung ausgegeben wird, wenn eines der überprüften Eingabefelder keinen Wert enthält (vgl. Abb. 8.9). Darüber hinaus wird jedoch durch Rückgabe des Statuswertes FALSE das Übermitteln der Eingabewerte an den Server unterbunden. Die Übermittlung erfolgt nur, wenn alle Eingabefelder gefüllt sind und die Funktion CheckInput den Statuswert TRUE zurückgibt.

Abbildung 8.9:
Validierung der
Benutzereingabe
durch eine
JavaScript-Funktion

9 Hilfsmittel für die Entwicklung von Applikationen mit dem PL/SQL Web Toolkit

9.1	Überblick	391
9.2	WebAlchemy	395
9.3	Das Package DynaDML und der Web Application Wizard	404

9.1 Überblick

Die Entwicklung von Applikationen mit dem PL/SQL Web Toolkit wurde in den drei vorangehenden Kapiteln präsentiert als herkömmliche Programmierung, für die lediglich ein Editor und ein Compiler benötigt werden, wobei der Compiler-Aufruf in diesem Fall zu ersetzen ist durch den Aufruf eines Kommandozeilenwerkzeugs wie *SQL*Plus* oder *SQL Worksheet*, das die Abspeicherung der erstellten PL/SQL-Programmeinheiten in der Datenbank ermöglicht. Wie bei jeder anderen Art von Programmierung auch, kann man sich die Arbeit dadurch erleichtern, daß man häufig wiederkehrende Kommandos und Kommandosequenzen entweder hinter Funktionstasten bzw. Menüoptionen hinterlegt, sofern man über einen Editor verfügt, der dies unterstützt, oder in aufrufbaren Programmeinheiten zusammenfaßt.

Nun lassen sich allerdings durchaus Zweifel daran anmelden, daß dies eine zeitgemäße oder gar eine für PC-Arbeitsgruppen geeignete Art der Applikationsentwicklung ist. Insbesondere drei Umstände geben Anlaß zu solchen Zweifeln:

▷ Nach einer ersten Phase, in der Texte und HTML-Kommandos von den Entwicklern in gleicher Weise mit einem einfachen Editor erstellt wurden, und einer zweiten Phase, in der das Einfügen von HTML-Kommandos durch spezielle HTML-Editoren vereinfacht wurde, ist heute eine dritte Phase erreicht, in der die Entwickler statischer Web-Seiten vom Umgang mit den HTML-Kommandos selbst weitestgehend befreit sind. Werkzeuge wie *Microsoft FrontPage* präsentieren dem Entwickler das endgültige Erscheinungsbild der Seite und verwalten die Formatierungskommandos im Hintergrund. Es ist verständlich, daß der Komfort, den diese Werkzeuge bieten, sehr hoch eingeschätzt und als Maßstab für die Bewertung alternativer Entwicklungsmethoden verwendet wird. So gesehen, erscheint die Entwicklung mit dem PL/SQL Web Toolkit wie ein Rückschritt in Phase 1. Wenn auch mit einem gut präparierten Editor die Erstellung dynamischer Seiten in vielen Fällen nicht mehr Zeit beansprucht als die Erstellung vergleichbarer statischer Seiten mit einem grafischen Entwicklungswerkzeug und wenn auch die anschließende Pflege dynamischer Seiten sich sehr viel einfacher gestaltet als die Pflege ihrer statischen Gegenstücke, so wird doch der Entwickler grafisch anspruchsvoller Seiten den Verzicht auf das WYSIWYG-Prinzip und der unter Zeitnot leidende Entwickler kleinerer Applikationen die Notwendigkeit, jedes Kommando wieder explizit zu programmieren, als erheblichen Nachteil empfinden.

▷ Auch der Rat, häufig benötigte Funktionalitäten in eigenständigen, von jeder Applikation aus aufrufbaren Programmeinheiten zusammenzufassen, wird spätestens dann auf Zweifel und Unbehagen stoßen, wenn der Entwickler an jenem Punkt angekommen ist, an dem ganz bewußt in Kapitel 7 die Erörterung der DML-Operationen abgebrochen wurde – dem Punkt nämlich, an dem er erkennt, daß fast alle Applikationen auf den gleichen grundlegenden Strukturen und Funktionalitäten basieren. Wenn das aber so ist, warum soll dann eigentlich jeder Entwickler wieder aufs Neue die gleichen grundlegenden Komponenten implementieren? Entwicklungswerkzeuge wie Visual Basic, die auf dem Prinzip der *ComponentWare* basieren, sind ja keineswegs zufällig so populär geworden. Der Gedanke, daß die meisten Applikationen aus einer begrenzten Anzahl von Bausteinen bestehen, daß man diese Bausteine in fertiger, wenn auch konfigurierbarer Form allgemein zur Verfügung stellen kann und daß der einzelne Entwickler nur noch den zur Verbindung der Bausteine erforderlichen Code schreiben muß, hat insbesondere für die Entwickler einfacherer Applikationen etwas unmittelbar Überzeugendes. Allgemein zugängliche Komponenten scheinen aber im Bereich des PL/SQL Web Toolkit zu fehlen.

▶ Zeitgemäße Datenbank-Entwicklungswerkzeuge – mögen sie nun Microsoft Access oder Oracle Forms heißen – stellen dem Entwickler nicht nur Komponenten zur Verfügung, sondern generieren überdies einen mehr oder weniger großen Teil des für die Verbindung der Komponenten erforderlichen Codes. Das weitgehende Fehlen derartiger Generatorfunktionalität hat etwa im Bereich der Microsoft-Produkte dazu geführt, daß nur wenige Entwickler Visual Basic für die Implementierung von Applikationen mit Datenbankzugriff einsetzen, während die Mehrzahl zu Access greift. Was also sollte für den Einsatz des PL/SQL Web Toolkit sprechen, dem es auch an den bescheidensten Ansätzen zu solcher Generatorfunktionalität fehlt?

Natürlich ahnen Sie schon, daß die Aufzählung solcher Zweifel zu Beginn eines Kapitels – und zumal des letzten Kapitels – nicht als der Weisheit letzter Schluß gedacht ist, sondern daß das Ziel darin besteht, die Zweifel zu entkräften. Gleichwohl ist sie nicht einfach als rhetorisches Element zu verstehen. Es ist vielmehr notwendig, die Einwände klar zu formulieren, bevor ich als Autor versuchen kann, darauf zu antworten, und bevor Sie als Leser beurteilen können, ob meine Antwort Sie überzeugt.

Eine summarische Beschreibung der Situation habe ich bereits in der Einleitung gegeben: Oracle liefert zusammen mit dem Oracle WebServer und dem PL/SQL Web Toolkit kein Entwicklungswerkzeug aus. Das heißt aber nicht, daß Oracle für Entwickler, die auf dem PL/SQL Web Toolkit basierende Applikationen entwickeln wollen, gar kein Werkzeug anbietet. Vielmehr steht im Rahmen der *Designer/2000*-Produktfamilie ein *WebServer Generator* zur Verfügung, der aufgrund der eingegebenen Daten Web-Applikationen generiert. Somit gibt es die an dritter Stelle in der Liste der Einwände genannte Generatorfunktionalität durchaus. Allerdings ist der *Designer/2000* ein sehr mächtiges, besonders für die Entwicklung komplexerer Applikationen gedachtes Produkt, dessen Nutzung eine gründliche Schulung voraussetzt. Entwickler, denen der *Designer/2000* von anderen Projekten her vertraut ist, werden damit zwar mühelos auch einfachere Applikationen generieren können. Entwicklern, die nur ab und an einfachere Applikationen mit dem PL/

Überblick

SQL Web Toolkit realisieren möchten, wird der mit dem Erwerb und dem Erlernen des *Designer/2000* verbundene Aufwand aber vermutlich etwas zu hoch erscheinen[1].

Die Frage, die hier zu beantworten ist, lautet also konkreter: Welche Hilfsmittel gibt es für Entwickler von Applikationen für PC-Arbeitsgruppen, die zwar den Oracle WebServer und das PL/SQL Web Toolkit, nicht aber den Designer/2000 benutzen möchten? Bitte beachten Sie, daß in dieser Frage sowie in der Überschrift dieses Kapitel bewußt nicht von »Entwicklungswerkzeugen«, sondern nur von »Hilfsmitteln« die Rede ist. Ich möchte Ihnen in diesem Kapitel zwei Programme vorstellen, die beide nicht den Anspruch erheben, voll ausgereifte Entwicklungsumgebungen darzustellen, die aber dennoch die Applikationsentwicklung erheblich vereinfachen können. Zu den soeben angeführten Zweifeln verhalten sie sich folgendermaßen:

▶ Ganze Web-Applikationen oder zumindest einzelne Seiten können sehr stark »HTML-lastig« sein. Das bedeutet, daß nur ein geringer Teil des Codes für die Realisierung der Datenbankzugriffe erforderlich, der überwiegende Teil dagegen für aufwendige Formatierungen und grafische Aufbereitungen zuständig ist. In solchen Fällen wird man beim Entwurf der Seite kaum auf ein grafisches Entwicklungswerkzeug verzichten können. Da es zahlreiche Werkzeuge gibt, die das grafische Design in HTML-Kommandos umsetzen können, und da die Aufrufe der in den Packages HTP und HTF implementierten Prozeduren und Funktionen, wie in Kapitel 6 gezeigt, nur »Übersetzungen« der HTML-Kommandos darstellen, hat der australische Oracle-Mitarbeiter *Alan Hobbs* ein Übersetzungsprogramm entwickelt, das HTML-Kommandos in die entsprechenden PL/SQL-Aufrufe umsetzt. Das Programm wurde von seinem Entwickler auf den Namen *WebAlchemy* getauft, weil es das statische Blei in dynamisches Gold verwandelt. Neben dem Einsatz im Rahmen der Applikationsentwicklung eignet es sich vorzüglich für die Einarbeitung in das PL/SQL Web Toolkit, da man es nur mit einer Folge von HTML-Kommandos zu »füttern« braucht, um deren Entsprechung in PL/SQL zu erfahren. Dieses Programm wird in Abschnitt 9.2 genauer vorgestellt.

▶ Der Eindruck, daß für die Arbeit mit dem PL/SQL Web Toolkit keine wiederverwendbaren Komponenten zur Verfügung stehen, täuscht. Das Package OWA_UTIL stellt nichts anderes als eine Sammlung wiederverwendbarer Komponenten dar. Allerdings sind viele Komponenten sehr elementar, so daß immer noch viel Programmierarbeit erforderlich ist, um sie zu einer ganzen Applikation zu verbinden, oder zwar umfassender, aber nicht flexibel genug, um in verschiedenartigen Kontexten ein-

---

[1] Die Designer/2000-Produktfamilie umfaßt Generatoren für den Aufbau der Datenbank ebenso wie für den Aufbau der Applikationen. Mit dem *Oracle Database Designer* hat Oracle unlängst eine stark vereinfachte und leicht zu bedienende Fassung der für das Datenbankdesign zuständigen Komponente vorgelegt. Entsprechend vereinfachte Versionen der Applikationsgeneratoren sind jedoch nicht verfügbar.

setzbar zu sein. Viele Projekte erzeugen deshalb gleichsam nebenbei wiederverwendbare Komponenten. Die insbesondere mit Version 2.1 vorgenommenen Erweiterungen des Umfangs von `OWA_UTIL` beinhalten zu einem erheblichen Teil derartige »Nebenprodukte« aus Projekten, die von Oracle-Mitarbeitern durchgeführt wurden.

Welche Dimensionen solche Komponenten erreichen könnten, wurde in Kapitel 7 deutlich, als sich zeigte, daß die gesamte, Abfrage, Ändern, Einfügen und Löschen von Datensätzen umfassende Funktionalität in der Beispielapplikation in völlig gleichartiger Weise für die Tabellen `BENUTZER`, `GEBIET`, `LAND` und `VERLAG` realisiert werden müßte. An diesem Punkt wurde die Erörterung abgebrochen und eine allgemeingültige, auf dynamischem SQL basierende Lösung in Aussicht gestellt. Diese Lösung, die nicht nur Teile einer Web-Seite, sondern eine aus mehreren Seiten bestehende Teilapplikation als wiederverwendbare Komponente anbietet, liegt vor in dem eigens für dieses Buch erstellten Package *DynaDML*, das in Abschnitt 9.3 ausführlich beschrieben wird.

▶ Wenn eine aus mehreren Seiten bestehende und im Grunde eine Applikation für sich darstellende Komponente als Teilapplikation innerhalb beliebiger anderer Applikationen verwendbar sein soll, so benötigt sie hinlänglich viel Flexibilität. Diese ist nur über eine verhältnismäßig große Zahl von Konfigurationsparametern erreichbar. Aus Gründen, die in Abschnitt 9.3 noch genauer darzustellen sind, ist es ratsam, die Konfigurationseinstellungen nicht erst zur Laufzeit in Form einer Parameterliste zu übergeben, sondern bereits vorab festzulegen und in der Datenbank abzuspeichern. Um diesen Vorgang komfortabler zu gestalten, wurde der *Web Application Wizard* entwickelt. Er stellt zunächst einmal kaum mehr dar als eine Gruppe – übrigens selbst auf *DynaDML* basierender – Formulare für den Zugriff auf diejenigen Tabellen, in denen die Konfigurationsparameter abgespeichert werden. Da DynaDML jedoch nichts weiter ist als das »Gerippe« einer Applikation und die gesamte Beschreibung des Kontextes über die Konfigurationsparameter erfolgt, können die Konfigurationseinstellungen auch als Basis für das *Generieren* einer unabhängig von DynaDML benutzbaren Applikation verwendet werden. Der *Web Application Wizard* leistet dies zwar in der dem Buch beigegebenen Version 1.0 noch nicht, doch wird die nächste Version diese Funktionalität beinhalten.

Bei der Lektüre der Abschnitte 9.2 und 9.3 werden Sie feststellen, daß die beiden beschriebenen Hilfsmittel komplementäre Stärken und Schwächen haben. *WebAlchemy* stellt aufgrund seiner Arbeitsweise keinerlei Bedingungen im Hinblick auf Art und Abfolge der auf einer Seite zusammengefaßten Elemente. Es kann die komplexesten Formatierungen problemlos in PL/SQL übersetzen. Das Programm hilft Ihnen jedoch nicht mehr weiter, wenn es darum geht, diese Formatierungen mit Datenbankzugriffen zu verbinden. Im Gegensatz dazu stellen Ihnen *DynaDML* und der *Web Application Wizard* alle Möglichkeiten der Abfrage und der Manipulation von Datenbank-Daten gleichsam »auf Knopfdruck« zur Verfügung. Dies ist jedoch nur möglich unter der Voraussetzung einer festen bzw. innerhalb genau festgelegter Grenzen variierenden Seitenstruktur. Allerdings bieten beide Hilfsmittel auch Möglichkeiten für Weiterentwicklungen, durch die die Schwächen, die sich aus ihren Grundkonzepten ergeben, zumindest teilweise ausgeglichen werden können.

9.2 WebAlchemy

9.2.1 Die Quelle

Wie Sie aus Abschnitt 9.1 bereits entnehmen konnten, gehört WebAlchemy zu den vielen Hilfsmitteln, die Oracle-Mitarbeiter zunächst für ihren eigenen Gebrauch entwickeln, die dann auf breiteres Interesse stoßen und an andere Mitarbeiter, in manchen Fällen auch an Kunden weitergegeben werden, die aber dennoch keine offiziellen Oracle-Produkte sind. Das muß nicht unbedingt so bleiben. Nicht wenige Oracle-Produkte sind zunächst solche »Privatbasteleien« gewesen, dann aber in die offizielle Produktpalette übernommen worden. Bei WebAlchemy ist dies zwar bisher nicht geschehen, doch hat Oracle gleichwohl erkannt, daß dieses kleine Programm eine wichtige Lücke schließt, und deshalb beschlossen, es auf einem WebServer bereitzustellen, von dem es jeder Interessierte kostenlos herunterladen darf, nachdem er zur Kenntnis genommen hat, daß es sich nicht um ein offizielles Produkt handelt, und diese Kenntnisnahme bestätigt hat[2].

Dieser Beschluß ist der Grund dafür, daß Sie WebAlchemy nicht auf der dem Buch beigefügten CD finden. Um das Programm zu erhalten, können Sie aber, sofern Sie über einen Internet-Anschluß verfügen, Ihren Browser starten und sich mit der Adresse

http://206.181.245.194/download_pkg.license

verbinden, die Sie zum WebServer der Abteilung *Oracle Government and Education* führt[3]. Die angegebene Seite ist ein Lizenzvertrag, der es Ihnen gestattet, die auf der nachfolgenden Seite angebotene Software unentgeltlich vom Server zu laden und zu verwenden, Sie jedoch darauf hinweist, daß es sich dabei nicht um offizielle Oracle-Produkte handelt, Sie also keinen Anspruch auf Support haben. Außerdem wird Ihnen untersagt, ein Reverse Engineering der Software durchzuführen oder diese zu verändern.

---

2. Diese Feststellung beschreibt selbstverständlich den Stand der Dinge zum Zeitpunkt der Fertigstellung des Buchmanuskripts (August 1997). Über eventuelle Änderungen können Sie sich auf dem WebServer des Addison-Wesley Verlages unter der am Ende der Einleitung genannten Adresse informieren.
3. Zu diesem Rechner gelangen Sie auch über den Link *Oracle Government* auf der Startseite des WebServers http://www.oracle.com.

9 Hilfsmittel für die Entwicklung von Applikationen mit dem PL/SQL Web Toolkit

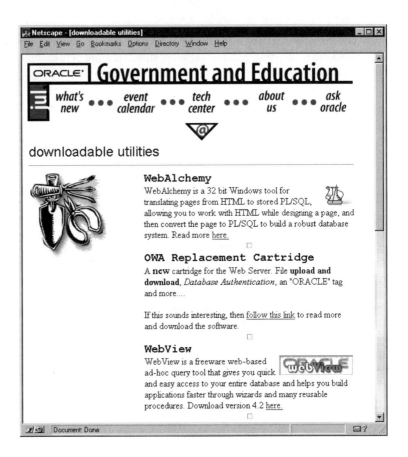

Abbildung 9.1:
Angebot von
Freeware-
Produkten auf dem
WebServer von
Oracle Government

Wenn Sie den Lizenzvertrag durch Klicken auf den *Accept*-Button bestätigen, wird eine Seite aufgeblendet, die eine gewisse Ähnlichkeit mit der in Abbildung 9.1 gezeigten haben sollte. Nicht alle auf dieser Seite angebotenen Hilfsmittel sind von gleich großem Interesse, da einige von ihnen inzwischen in das Package OWA_UTIL – und somit in den offiziellen Lieferumfang des Oracle WebServers – aufgenommen wurden. Neben *WebAlchemy*, das Thema dieses Abschnitts ist, und der *OWA Replacement Cartridge* (*OWAREPL*), deren Nutzen für die Bildverarbeitung bereits in Kapitel 8 dargestellt wurde, ist vor allem auf *WebView* hinzuweisen. Bei letzterem handelt es sich um ein mit dem Oracle Browser oder Microsoft Query vergleichbares Abfragewerkzeug, das Ihnen lesenden und teilweise auch ändernden Zugriff auf Ihre Datenbankobjekte bietet. Selbst wenn Sie keinen dringenden Bedarf an einem derartigen Werkzeug haben, sollten Sie es herunterladen und installieren, da es eine nahezu unerschöpfliche Fundgrube von Anregungen für die eigene Applikationsentwicklung bildet.

WebAlchemy ist ein 32-Bit-Windows-Programm. Um es nutzen zu können, sollten Sie die vom WebServer geladene Datei auf einem Windows 95- oder Windows NT-Rechner in einem Verzeichnis Ihrer Wahl entpacken und in ei-

WebAlchemy

nem Ordner Ihrer Wahl eine Verknüpfung zu der beim Entpacken angelegten Datei `webalchy.exe` erstellen. Sie ist an dem nebenstehenden Icon erkennbar. Weitere Maßnahmen sind nicht erforderlich, da WebAlchemy nur aus dieser einen ausführbaren Datei besteht, keinerlei Registry-Einträge erfordert und somit auf ein Installationsprogramm verzichtet werden konnte.

9.2.2 Die Arbeitsweise

WebAlchemy ist leicht zu bedienen: Laden Sie über die Menüoption *File* ⇨ *Open* oder den entsprechenden Button eine HTML-Datei. Diese wird in einem eigenen Fenster dargestellt und kann darin bei Bedarf auch editiert werden. Durch Auswahl der Menüoption *Generate* ⇨ *Generate PL/SQL* oder durch Klicken auf den mit dem WebAlchemy-Icon gekennzeichneten Button starten Sie die Konvertierung. Der generierte PL/SQL-Code wird ebenfalls in einem eigenen Fenster angezeigt. Wie bei vielen Windows-Programmen können Sie auch hier entweder das für Sie gerade interessante Fenster so vergrößern, daß es den gesamten Arbeitsbereich ausfüllt, oder über die Menüoption *Window* festlegen, auf welche Weise beide Fenster gleichzeitig angezeigt werden sollen (*Cascade*, *Tile Horizontally*, *Tile Vertically*).

Abbildung 9.2: HTML- und PL/SQL-Code in den Arbeitsfenstern von WebAlchemy

Vor dem Generieren können Sie über die Menüoption *Generate* ⇨ *Preferences* einige Merkmale des zu generierenden Codes festlegen:

▶ *Stored Subprogram Type:* WebAlchemy wandelt den Inhalt einer HTML-Datei in eine PL/SQL-Prozedur um. Sie haben die Möglichkeit, diese Prozedur als selbständige Prozedur, als Bestandteil eines neu anzulegenden Package oder als Bestandteil eines bereits existierenden Package generieren zu lassen. Wählen Sie ein noch nicht existierendes Package (Zieldatei nicht vorhanden), so wird der für das Anlegen des Package notwendige Code mitgeneriert. Wählen Sie ein bereits existierendes Package (Zieldatei muß bereits vorhanden sein und eine Package-Definition enthalten), so wird die neue Prozedur in dieses Package eingefügt.

▶ *Procedure Call Notation:* An dieser Stelle können Sie festlegen, ob beim Aufbau der Parameterlisten die positionale Notation (nur Werte) oder die namentliche Notation (Parameternamen und zugeordnete Werte) verwendet werden soll.

▶ *WebServer Toolkit:* Legen Sie hier fest, ob beim Generieren der Funktionsumfang von Version 1 oder von Version 2 des PL/SQL Web Toolkit zugrundegelegt werden soll.

▶ *Comments:* Mit diesem weniger wichtigen Parameter können Sie veranlassen, daß Ihr Name unter der Rubrik *Author* im Kopf des generierten PL/SQL-Codes eingetragen wird.

▶ *'Unknown to WebAlchemy':* Wenn Sie diese Option ankreuzen, fügt WebAlchemy immer dann, wenn es auf ein unbekanntes HTML-Kommando stößt, einen Kommentar dieses Wortlauts in den PL/SQL-Code ein, so daß Sie anschließend über die Funktion *Suchen* Ihres Editors sehr leicht diejenigen Stellen auffinden können, die der Nachbearbeitung bedürfen.

▶ *Images Directory:* Wenn Sie diese Option aktivieren und ein (virtuelles) Verzeichnis eintragen, so wird im PL/SQL-Code eine Konstante `images-Dir` angelegt, von jedem in der HTML-Datei gefundenen Verweis auf ein Bild die Pfadangabe entfernt und im PL/SQL-Code durch `imagesDir` ersetzt. Auf den Nutzen einer derartigen Vorgehensweise wurde bereits an anderer Stelle hingewiesen (vgl. insbesondere Kapitel 8, Abschnitt 8.3.3).

▶ *HTML Page has Editor Safe Tables:* Diese Option kann von Interesse sein, wenn Sie vor dem Generieren bereits PL/SQL-Anweisungen in die HTML-Datei integrieren möchten – eine Möglichkeit, die sogleich genauer zu erörtern sein wird (Abbildung 9.3).

WebAlchemy bietet die Möglichkeit, an einigen wenigen, jedoch entscheidenden Stellen PL/SQL-Anweisungen in Form von Kommentaren in die HTML-Datei zu integrieren. Beim Generieren werden die Anweisungen von WebAlchemy erkannt und in die PL/SQL-Prozedur übernommen. Diese Möglichkeit ist dann von Interesse, wenn Sie mit dem Design der Seite nicht mehr zufrieden sind und es mit Hilfe irgendeines Werkzeugs überarbeiten möchten: Die PL/SQL-Anweisungen, die Sie als Kommentare in die HTML-

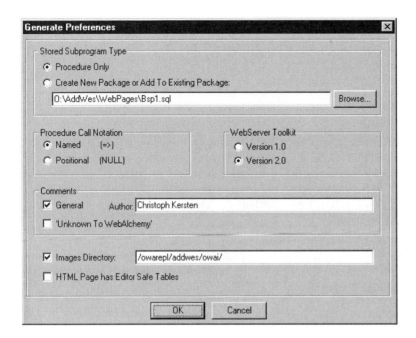

Abbildung 9.3:
Konfigurationseinstellungen für die Arbeit von WebAlchemy

Datei eingefügt haben, überleben diesen Vorgang, während alle nachträglich in den generierten PL/SQL-Code eingefügten Anweisungen nach dem neuerlichen Generieren verloren sind. Sämtliche unterstützten Stellen und Kommandotypen sind in der zusammen mit WebAlchemy erhältlichen Datei README.TXT dokumentiert. Hier soll nur auf die Integration von Tabellendesign und Datenbankzugriff als die mit Abstand wichtigste derartige Möglichkeit eingegangen werden.

Wenn Sie vorhaben, aus einer Oracle-Datenbank ermittelte Daten als Bestandteil einer Web-Seite anzuzeigen, so werden Sie die Daten in der Regel in eine irgendwie gestaltete Tabelle aufnehmen. In diesem Fall entwerfen Sie mit dem Werkzeug Ihrer Wahl zunächst eine Tabelle, die nur eine einzige, aus leeren Zellen bestehende Zeile enthält, und speichern Ihren Entwurf in einer HTML-Datei ab. Das nachfolgende Beispiel zeigt eine derartige, mit FrontPage 97 entwickelte Seite, die eine aus drei Spalten bestehende Tabelle enthält:

```
<!DOCTYPE HTML PUBLIC "-//IETF//DTD HTML//EN">
<html>
<head>
<meta http-equiv="Content-Type" content="text/html; charset=iso-8859-1">
<meta name="GENERATOR" content="Microsoft FrontPage 2.0">
<title>Verlage im Internet</title>
</head>
<body bgcolor="#C0C0C0">
<h1>Verlage im Internet</h1>
<table border="0">
```

9 Hilfsmittel für die Entwicklung von Applikationen mit dem PL/SQL Web Toolkit

```
    <tr>
      <td> </td>
      <td> </td>
      <td> </td>
    </tr>
  </table>
</body>
</html>
```

Der nächste Schritt besteht darin, die gewünschten PL/SQL-Anweisungen in die HTML-Datei einzufügen. Dies mag in manchen Fällen mit dem Entwicklungswerkzeug selbst möglich sein. In den meisten Fällen wird es jedoch vorteilhafter sein, dafür einen einfachen Texteditor zu benutzen, mit dem sich Position und Wortlaut der eingefügten Kommentare genau kontrollieren lassen.

Im Beispiel sollen die Inhalte der Spalten NAME_KURZ, ORT und URL aus der Tabelle VERLAG angezeigt werden. Dafür ist es erforderlich, zunächst einen Cursor für die Abfrage zu definieren, sodann eine Schleife aufzubauen, die die einzelnen Datensätze ermittelt, und schließlich die ermittelten Werte den bisher leeren Spalten der HTML-Tabelle zuzuordnen. Der nachfolgende Code zeigt die entsprechenden Modifikationen:

```
<!--PL/SQL
  cursor crsVerlage is
    select name_kurz, ort, url
    from verlag
    order by name_lang;
-->
<!DOCTYPE HTML PUBLIC "-//IETF//DTD HTML//EN">
<html>
<head>
<meta http-equiv="Content-Type" content="text/html; charset=iso-8859-1">
<meta name="GENERATOR" content="Microsoft FrontPage 2.0">
<title>Verlage im Internet</title>
</head>
<body bgcolor="#COCOCO">
<h1>Verlage im Internet</h1>
<table border="0">
<!--PL/SQL for recVerlage in crsVerlage loop -->
  <tr>
    <td><!--PL/SQL recVerlage.name_kurz --></td>
    <td><!--PL/SQL recVerlage.ort --></td>
    <td><!--PL/SQL recVerlage.url --></td>
  </tr>
<!--PL/SQL end loop; --></table>
</body>
</html>
```

Da es HTML-Editoren gibt, die etwas unwirsch reagieren, wenn sie zwischen den Kommandos <TABLE> und <TR> einen Kommentar finden, unterstützt WebAlchemy die Möglichkeit, die PL/SQL-Anweisung für den Schleifenbeginn vor <TR> und diejenige für das Schleifenende nach </TR> einzufügen:

```
<!--PL/SQL for recVerlage in crsVerlage loop -->
<table border="0">
  <tr>
    <td><!--PL/SQL recVerlage.name_kurz --></td>
    <td><!--PL/SQL recVerlage.ort --></td>
    <td><!--PL/SQL recVerlage.url --></td>
  </tr>
</table>
<!--PL/SQL end loop; -->
```

Diese Syntax, die Alan Hobbs als *Editor Safe Table* bezeichnet, bewirkt nicht, daß mehrere Tabellen ausgegeben werden, sondern wird von WebAlchemy als Schleife um die Ausgabe eines einzelnen Datensatzes interpretiert, wenn die Konfigurationseinstellung *HTML Page has Editor Safe Tables* aktiviert wurde.

Überzeugen Sie sich davon, daß auch nach diesen manuellen Veränderungen die HTML-Datei von Ihrem Entwicklungswerkzeug geladen und interpretiert werden kann und daß die eingefügten Kommentare auch nach Änderungen, die Sie mit dem Entwicklungswerkzeug vorgenommen haben, und neuerlichem Abspeichern erhalten bleiben.

Die so vorbereitete Datei können Sie nun in WebAlchemy laden. Das Resultat des Generierens wird etwa folgendermaßen aussehen:

```
-------------------------------------------------------------------------
VerlagsInfo
===========
Author: Christoph Kersten
Date:   30 July 1997
Copyright (C) Oracle Services
-------------------------------------------------------------------------
CREATE OR REPLACE PROCEDURE VerlagsInfo AS
  cursor crsVerlage is
    select name_kurz, ort, url
    from verlag
    order by name_lang;
  imagesDir  CONSTANT VARCHAR2(100) := '/owarepl/addwes/owai/';
BEGIN
  htp.htmlOpen;
  htp.headOpen;
  htp.meta( chttp_equiv => 'Content-Type', ccontent => 'text/html;
    charset=iso-8859-1');
  htp.meta( cname => 'GENERATOR', ccontent => 'Microsoft FrontPage 2.0');
  htp.title( 'Verlage im Internet');
  htp.headClose;
  htp.bodyOpen( cattributes => ' bgcolor="#COCOCO"' );
  htp.header( 1, 'Verlage im Internet');
```

```
      htp.tableOpen( cattributes => ' border="0"' );
      for recVerlage in crsVerlage loop
        htp.tableRowOpen;
        htp.tableData( recVerlage.name_kurz
        );
        htp.tableData( recVerlage.ort
        );
        htp.tableData( recVerlage.url
        );
        htp.tableRowClose;
      end loop;
      htp.tableClose;
      htp.bodyClose;
      htp.htmlClose;
END;
/
```

Wenn Sie dieses mit FrontPage 97 erzeugte und mit WebAlchemy in PL/SQL übersetzte PL/SQL-Skript ausführen, werden Sie den Hinweis erhalten, daß bei der Ausführung Fehler aufgetreten sind, und auf Nachfrage folgendes erfahren:

```
SQLWKS> show errors
Errors for PROCEDURE VERLAGE1:
LINE/COL ERROR
--------------------------------------------------------------
11/2     PLS-00306: wrong number or types of arguments in call to 'META'
11/2     PL/SQL: Statement ignored
12/2     PLS-00306: wrong number or types of arguments in call to 'META'
12/2     PL/SQL: Statement ignored
```

Diese Fehlermeldung beruht nicht auf einem Fehler von WebAlchemy, sondern auf einer nicht ganz korrekten Implementierung von htf.meta bzw. htp.meta. Die Parameterlisten von Funktion und Prozedur enthalten jeweils die drei Parameter chttp_equiv, cname und ccontent. Alle drei sind als zwingend erforderliche Parameter implementiert, obwohl neben ccontent immer nur *einer* der beiden übrigen Parameter benötigt wird. Wie Sie mit diesem Problem umgehen, ist ein wenig Geschmackssache. Ich selbst ergänze jeweils den ersten Aufruf von htp.meta um den geforderten, aber eigentlich nicht erforderlichen Parameter und lösche den zweiten Aufruf komplett:

```
htp.headOpen;
htp.meta (
  chttp_equiv => 'Content-Type',
  cname       => NULL,
  ccontent    => 'text/html; charset=iso-8859-1'
);
htp.title ('Verlage im Internet');
htp.headClose;
```

9.2.3 Die Grenzen

Jeder, der die vorangehenden Seiten gelesen hat, wird wohl unmittelbar den Nutzen von WebAlchemy für die Applikationsentwicklung und für das Erlernen der Applikationsentwicklung mit dem PL/SQL Web Toolkit erkennen. WebAlchemy weist aber auch einige Schwächen auf, die mir nicht zufälliger, sondern prinzipieller Natur zu sein scheinen.

Die für den Entwickler am stärksten spürbare Schwachstelle wurde in Abschnitt 9.1 bereits erwähnt und im soeben vorgestellten Beispiel verdeutlicht: WebAlchemy kann HTML-Kommandos übersetzen, kann auch bis zu einem gewissen Grade manuell eingefügte PL/SQL-Kommandos interpretieren und vor der Zerstörung durch Werkzeuge, die PL/SQL nicht verstehen, schützen, kann Sie aber nicht bei der Erstellung dieser PL/SQL-Kommandos unterstützen. Das Programm bietet zwar einen Button und eine Menüoption an, die erkennen lassen, daß Alan Hobbs einen *PL/SQL Wizard* geplant hat, doch wurde dieser bisher nicht realisiert.

Das ist vermutlich nicht nur auf Zeitmangel zurückzuführen, sondern Indiz für die prinzipiellen Schwierigkeiten, in die man gerät, wenn man davon ausgeht, daß die Erstellung von dynamischen Web-Seiten mit einem nicht PL/SQL-fähigen Werkzeug durchgeführt wird, dessen Produkte dann in PL/SQL übersetzt werden. Das Konzept, die für den Datenbankzugriff erforderlichen PL/SQL-Anweisungen in Kommentaren zu verstecken, ist nämlich nur in sehr bescheidenem Umfang realisierbar. Es funktioniert, wie das Beispiel gezeigt hat, wenn es sich bei den Anweisungen entweder um Deklarationen oder einfache Zugriffe auf Spalteninhalte handelt. Weitergehende Bearbeitungsschritte lassen sich aber aufgrund der sehr verschiedenartigen Syntax von HTML und PL/SQL kaum in dieser Weise behandeln. Versuchen Sie einmal, das in Abschnitt 9.2.2 vorgestellte Beispiel so abzuändern, daß die URL des Verlages nicht als einfacher Text, sondern als aktiver Link formatiert wird, daß dennoch eine weitere Bearbeitung der Seite durch einen HTML-Editor möglich ist und daß diese die manuell aufgebaute Formatierung nicht zerstört. Wenn Sie nach mehr oder weniger langer Zeit aufgeben, wissen Sie, was ich meine.

Eine weitere, wenn auch weniger wichtige und prinzipiell behebbare Schwäche besteht darin, daß die Übersetzungen der HTML-Anweisungen fest vorgegeben sind und sich nicht vom Anwender beeinflussen lassen. Daß dies wichtig sein könnte, zeigen die in diesem Buch gegebenen Hinweise auf nicht gänzlich korrekte Implementierungen von HTF-Funktionen und HTP-Prozeduren. So wurde in Kapitel 6, Abschnitt 6.6, auf eine Schwierigkeit beim Aufruf von `htp.anchor2`, im vorangehenden Abschnitt auf eine vergleichbare Schwierigkeit beim Aufruf von `htp.meta` hingewiesen. Wie in Kapitel 8 gezeigt wurde, ist es aufgrund der Struktur des PL/SQL Toolkit und der Arbeitsweise des PL/SQL Agent sehr einfach, selbst Prozeduren zu schreiben, mit denen sich die Schwierigkeiten beheben lassen. Es ist jedoch nicht möglich, WebAlchemy mitzuteilen, daß solche alternativen oder ergänzenden Prozeduren existieren und daß sie in der Übersetzung berücksichtigt werden sollen.

9.3 Das Package *DynaDML* und der *Web Application Wizard*

9.3.1 Der Status

DynaDML und *Web Application Wizard (WAW)* wurden eigens für dieses Buch entwickelt. Diese Software ist als Freeware zu betrachten. Sie dürfen sie also kostenlos, jedoch auf eigenes Risiko nutzen und an andere weitergeben, sofern dies ebenfalls unentgeltlich geschieht. Im Unterschied zu den in der Regel für Freeware geltenden Bestimmungen ist es Ihnen auch ausdrücklich erlaubt, Veränderungen daran vorzunehmen, um die Software Ihren eigenen Bedürfnissen anzupassen.

> Die nachfolgenden Abschnitte beschreiben die Funktionalität von DynaDML und Web Application Wizard zum Zeitpunkt der Fertigstellung des Buchmanuskriptes. Zu diesem Zeitpunkt war die Implementierung der Software jedoch noch nicht abgeschlossen. Ergänzende Angaben zu der zusammen mit dem Buch ausgelieferten Software finden Sie auf der beiliegenden CD in der Datei \WebServer\WAW\readme.txt. Sofern Sie über einen Internet-Anschluß verfügen, sollten Sie außerdem auf dem WebServer des Addison-Wesley Verlages prüfen, ob inzwischen eine neuere Version der Software verfügbar ist. Die Adresse finden Sie am Ende der Einleitung zu diesem Buch.

9.3.2 Das Konzept

Als Ausgangspunkt für das dem Package DynaDML und dem Web Application Wizard zugrundliegende Konzept sei noch einmal auf Kapitel 7, Abschnitt 7.4.6 verwiesen. Dort wurde festgestellt, daß für die Verwaltung der Bibliotheksbenutzer (Tabelle BENUTZER), der in der Bibliothek vertretenen Sachgebiete (Tabelle GEBIET), der durch Autoren vertretenen Länder (Tabelle LAND) sowie der Verlage (Tabelle VERLAG) lediglich in bezug auf die Basistabelle verschiedene, im Hinblick auf die Struktur jedoch völlig identische Teilapplikationen benötigt werden, daß die immer wieder neue Entwicklung der immer wieder gleichen Funktionalität eine ziemlich langweilige Angelegenheit ist und daß die Entwicklung einer allgemeingültigen Version auf der Basis von dynamischem SQL und PL/SQL wesentlich mehr Spaß und auch wesentlich mehr Nutzen verspricht.

Nun darf der Einsatz von PL/SQL nicht darüber hinwegtäuschen, daß das letzte Resultat jedes Zugriffs auf den WebServer eine mit HTML-Anweisungen formatierte Seite ist, daß die Kommunikation zwischen Client und WebServer über das zustandslose Protokoll HTTP abgewickelt wird und daß man sich deshalb bei der Implementierung solch komplexer Gebilde wie einer dynamischen Teilapplikation, die das Abfragen, Ändern, Einfügen und Löschen von Datensätzen einer Basistabelle ermöglicht, auf das Niveau von

HTML und HTTP begeben muß. Das bedeutet insbesondere, daß keinerlei globale Variablen zur Verfügung stehen, durch die alle zur Teilapplikation gehörenden Seiten miteinander verbunden werden und über die sie Informationen austauschen könnten. Die einzige Möglichkeit des Datenaustauschs, die HTML bietet, besteht in der Nutzung sichtbarer und versteckter Formularfelder, deren Inhalt von den PL/SQL-Prozeduren über Parameter entgegengenommen werden kann.

Es liegt auf der Hand, daß in einer dynamisch implementierten Teilapplikation nicht nur Informationen über die Details einer einzelnen Anfrage, sondern alle Informationen über den Kontext auf diesem Wege von Seite zu Seite weitergegeben werden müssen. Während es in einer Applikation, die speziell zu dem Zweck implementiert wurde, die verfügbaren Bücher eines gegebenen Autors anzuzeigen, genügt, die Nummer oder den Namen des Autors von einem Eingabeformular an die für den Aufbau der Seite zuständige Prozedur weiterzuleiten, muß einer dynamisch implementierten Teilapplikation zunächst einmal mitgeteilt werden, daß es um Autoren und Bücher gehen soll, daß die dafür relevanten Informationen in den Tabellen AUTOR und BUCH abgelegt wurden, daß Listen der zulässigen Sachgebiete, Länder und Verlage in den Tabellen GEBIET, LAND und VERLAG zur Verfügung stehen, daß bei der Anzeige des Verlags manchmal die Kurz- und manchmal die Langform des Namens gewünscht wird usw. Selbst wenn man sich bei der Implementierung der dynamischen Funktionalität auf das zwingend erforderliche Minimum beschränkte, würden sich bereits Parameterlisten von imposanter Länge ergeben. Wollte man darüber hinaus dem Anwender auch noch die Möglichkeit geben, Eigenschaften der Darstellung – wie die Farbe der Überschriften oder als Buttons zu verwendende Grafiken – selbst festzulegen, so wären wahre Monstren von Parameterlisten die unausweichliche Folge. Und solch monströse Parameterlisten wären nicht ab und an, sondern permanent erforderlich, da aufgrund des Fehlens globaler Variablen sämtliche relevanten Informationen von einer Prozedur an die nächste weitergegeben werden müssen. Wird diese Kette auch nur an einer Stelle unterbrochen, so ist der Kontext verloren.

In dieser Situation sind auch Cookies wenig hilfreich. Zum einen nämlich ändern sie nichts daran, daß bei jedem Prozeduraufruf der gesamte Kontext der Applikation über das Netzwerk transportiert werden muß. Zum anderen müßte ein komplizierter Verwaltungsmechanismus geschaffen werden, um sicherzustellen, daß beim Wechsel von einer Teilapplikation zur nächsten (z.B. beim Wechsel von der Benutzerverwaltung zum Eintragen eines neuen Verlages) der gesamte Kontext ausgetauscht wird.

Außer (nicht existenten) globalen Variablen und (in diesem Fall ungeeigneten) Cookies gibt es aber mit der Oracle-Datenbank noch eine dritte Instanz, die in der Lage ist, Informationen über die Grenzen einzelner HTTP-Kommunikationsvorgänge hinaus zu verwalten. Von dieser Möglichkeit wurde bei der Implementierung von *DynaDML* Gebrauch gemacht: Die Beschreibung des Kontexts wird nicht über eine umfangreiche Parameterliste von der aufrufenden Applikation an DynaDML und dann von jeder DynaDML-

Prozedur an die nächste übergeben, sondern vorab vom Entwickler zusammengestellt und unter einem Namen in der Datenbank abgespeichert. Der Aufruf des Package DynaDML von einer anderen Applikation – wie etwa der Verwaltungsapplikation für die Mitarbeiter der Stadtbibliothek Neustadt – aus gestaltet sich dann sehr einfach, weil nur noch der Name zu übergeben ist, unter dem die Beschreibung des Kontexts in der Datenbank abgelegt wurde.

Allerdings bedeutet dieses Verfahren, daß eine nicht unbeträchtliche Menge von Konfigurationsdaten in der Datenbank abgelegt und verwaltet werden muß. Dieser Umstand läßt eine Applikation wünschenswert erscheinen, die die einfache interaktive Eingabe und Verwaltung der Daten ermöglicht. Ich habe lange erwogen, diese Applikation – den *Web Application Wizard (WAW)* – mit Visual Basic zu entwickeln. Dadurch hätten sich nicht nur reichhaltigere grafische Gestaltungsmöglichkeiten und elegantere Lösungen für die geplante Generatorkomponente geboten. Es wäre auch durchaus reizvoll gewesen, am Ende eines Buches über die Nutzung von klassischen Middlewareprodukte (ODBC, OO4O) und PL/SQL Web Toolkit eine Applikation vorzustellen, in der beide Techniken vereint werden. Daß ich mich dann doch dafür entschieden habe, auch die Verwaltungsapplikation mit dem PL/SQL Web Toolkit zu implementieren, liegt hauptsächlich daran, daß ich Ihnen die Möglichkeit geben wollte, die Applikation Ihren eigenen Bedürfnissen anzupassen. Wenn Sie überhaupt an DynaDML und am Web Application Wizard interessiert sind, dann verfügen Sie vermutlich auch über das PL/SQL Web Toolkit, und die Kapitel 6 bis 8 dieses Buches vermitteln Ihnen alle Kenntnisse, die Sie benötigen, um eine unter Verwendung des PL/SQL Web Toolkit erstellte Applikation zu verstehen und zu modifizieren. Wenn Sie aber über das PL/SQL Web Toolkit verfügen, dann verfügen Sie nicht notwendigerweise auch über Visual Basic und die Fähigkeit, Applikationen mit Visual Basic zu entwickeln.

Eine weitere wichtige Entscheidung bestand darin, den Web Application Wizard nicht vollständig neu, sondern unter Benutzung von DynaDML zu implementieren. Die enge Verzahnung von dynamischer Applikation (DynaDML) und Konfigurationswerkzeug (WAW) hat vor allem den Vorteil, daß Sie die Auswirkungen jeder Konfigurationsmaßnahme sofort interaktiv betrachten können. Sie führt aber natürlich dazu, daß die Anforderungen an die Leistungsfähigkeit von DynaDML steigen. Insbesondere ist damit die Notwendigkeit verbunden, auch Master-Detail-Verhältnisse zwischen Tabellen darstellen zu können – eine Forderung, die in der in Kapitel 7 formulierten Aufgabenstellung noch nicht enthalten war.

Selbst wenn man berücksichtigt, daß das hier vorzustellende, aus DynaDML und WAW bestehende Hilfsmittel nicht den Anspruch erhebt, ein Werkzeug für die Entwicklung beliebig komplexer Applikationen zu sein, sondern sich primär an Entwickler wendet, die einfachere Applikationen mit möglichst geringem Aufwand erstellen möchten, muß man sich klarmachen, daß das Konzept einer wiederverwendbaren, auf dynamischem SQL und PL/SQL beruhenden Komponente, die die allgemeine Applikationsstruktur enthält, und eines Konfigurationswerkzeugs, mit dem der Kontext einer konkreten Applikation in der Datenbank abgespeichert werden kann, einige Schwachstellen enthält. Dies sind vor allem die folgenden drei:

▶ *Performanceeinbußen:* Führt bereits der Einsatz von dynamischem SQL und PL/SQL zu zusätzlichen Funktionsaufrufen und damit zu längerer Laufzeit, so ergeben sich aus der Notwendigkeit, die in der Datenbank abgelegten Konfigurationsparameter zur Laufzeit abzufragen, zusätzliche Performanceeinbußen.

▶ *Fester Seitenaufbau:* Beim Aufbau des Grundgerüstes einer Applikation in einer wiederverwendbaren Komponente müssen Abfolge und Aufbau der einzelnen Seiten weitestgehend vorgegeben werden. Der Entwickler hat also nur geringen Einfluß auf die Gestaltung der Seiten.

▶ *Fehlen einer grafischen Entwicklungsumgebung:* Ein formularartiges Konfigurationswerkzeug mag die Eingabe von Daten in die Datenbank vereinfachen, stellt aber deshalb noch lange kein grafisches Entwicklungswerkzeug dar.

Diese Schwachstellen muß man bis zu einem gewissen Grade einfach akzeptieren, da es nicht möglich ist, ein Werkzeug zu schaffen, das sowohl auf Knopfdruck eine fertige Applikation bereitstellt als auch dem Entwickler volle Kontrolle über sämtliche Aspekte dieser Applikation bietet. Wenn man die volle Kontrolle haben möchte, muß man mehr Arbeit investieren. Wenn man nicht viel Arbeit investieren möchte, muß man Defaulteinstellungen akzeptieren. DynaDML und WAW wenden sich primär an Entwickler, die möglichst schnell zum Ziel kommen wollen und bereit sind, dafür Defaulteinstellungen hinzunehmen. Gleichwohl enthalten sie einige Funktionalitäten, die geeignet sind, den genannten Schwächen entgegenzuwirken:

▶ Der effizienteste Weg zur Reduzierung der Performanceeinbußen besteht im Verzicht auf die dynamische Komponente. Dieser Verzicht muß aber nicht notwendigerweise die Rückkehr zur traditionellen Programmierung bedeuten. Wenn nämlich DynaDML nur ein ganz allgemeines Grundgerüst enthält und alle zur Ausgestaltung einer konkreten Applikation erforderlichen Angaben in der Datenbank abgespeichert werden, dann muß es auch möglich sein, auf der Basis dieser Angaben eine eigenständige, auf dynamisches SQL und PL/SQL ebenso wie auf die Benutzung von DynaDML verzichtende Applikation zu generieren. Es wurde bereits erwähnt, daß eine solche *Generatorkomponente* erst in der nächsten Version enthalten sein wird. Abschnitt 9.3.9 skizziert aber bereits kurz das Konzept der geplanten Komponente.

▶ Die Verwendung eines Standardwerkzeugs und eine weitgehende Kontrolle über den Aufbau der Seiten müssen kein Widerspruch sein, wie sämtliche Berichtsgeneratoren beweisen. Die Technik, die diese Werkzeuge einsetzen, um die beiden widersprüchlichen Anforderungen zu verbinden, besteht darin, die Seiten in *Schnipsel* zu zerlegen, dem Entwickler freie Hand bei der Ausgestaltung der Schnipsel zu lassen und lediglich Anzahl und Reihenfolge der Schnipsel pro Seite vorzugeben.

Diese Technik verwendet auch der Web Application Wizard. Sie kann vom Entwickler benutzt werden, um den Standard-Aufbau einer Seite durch zusätzliche Elemente zu ergänzen oder um Standard-Elemente durch selbst definierte Elemente zu ersetzen (vgl. Abschnitt 9.3.8).

▶ Der Web Application Wizard bietet in der Tat keine grafische Entwicklungsoberfläche. Eine solche ist aber auch gar nicht notwendig, wenn der Entwickler DynaDML und WAW primär aus Gründen der Zeitersparnis einsetzt und sich mit dem Standard-Aufbau der Seiten zufriedengibt. Macht er dagegen von der eben erwähnten Schnipsel-Technik Gebrauch, um den Seitenaufbau zu modifizieren, so dürfte die Möglichkeit, *die Applikation unmittelbar vom Konfigurationswerkzeug aus zu starten* und so die Auswirkungen der durchgeführten Konfigurationsmaßnahme zu kontrollieren, einen hinlänglichen Ersatz darstellen.

9.3.3 Die Installation

Wenn Sie die in Anhang A, Abschnitt A.1.2, vorgeschlagenen Installationsschritte vollständig ausgeführt haben, so müssen Sie die nachfolgend beschriebenen Maßnahmen nicht mehr durchführen, da diese Bestandteil der dort beschriebenen Vorgehensweise sind.

Um DynaDML und den WebApplication Wizard nutzen zu können, sind drei Maßnahmen erforderlich. Zunächst einmal sollten Sie prüfen, ob das aus den Kapiteln 7 und 8 bereits bekannte Package *CommProc* bereits installiert ist. Sollte dies nicht der Fall sein, so holen Sie die Installation jetzt bitte nach, da DynaDML Prozeduren, die Bestandteil von CommProc sind, aufruft. Das dafür erforderliche Skript commproc.sql befindet sich auf der beiliegenden CD im Verzeichnis \WebServer\CommProc.

Sodann sollten Sie alle im Verzeichnis \WebServer\WAW\Dateien befindlichen Dateien in ein Verzeichnis kopieren, das zum virtuellen Dateisystem Ihres WebServers gehört. Es handelt sich dabei um Bilder und Hilfetexte, die zum Funktionsumfang des Web Application Wizard gehören. Die WAW-Implementierung geht von der Annahme aus, daß das virtuelle Verzeichnis, in dem diese Elemente abgelegt werden, den Namen /waw trägt. Sollten Sie dies anders einrichten wollen oder müssen, so müßten Sie den Wert der Konstanten WAWDIR im Skript waw_pages.sql entsprechend anpassen, bevor Sie den dritten Installationsschritt ausführen.

Schließlich sind die Skripts waw_tables.sql, dynadml.sql und waw_pages.sql (in dieser Reihenfolge!) zu starten. Alternativ dazu können Sie das Skript wawinst.sql starten, das die drei Skripts in der richtigen Reihenfolge aufruft. Alle vier Skripts befinden sich auf der CD im Verzeichnis \WebServer\WAW\DBSkripts. Der Datenbankbenutzer, unter dem Sie sich vor der Ausführung der Skripts anmelden, muß für den PL/SQL Agent über einen Database Connection Descriptor (DCD) zugänglich sein bzw. gemacht werden.

9.3.4 Die Datenbanktabellen

Die Struktur der für die Abspeicherung der Kontextbeschreibungen in der Datenbank verwendeten Tabellen ergibt sich aus folgenden Grundsätzen:

1. Der Gesamtumfang derjenigen Funktionalität, die erforderlich ist, um das Abfragen, Ändern, Einfügen und Löschen von Datensätzen einer Tabelle zu ermöglichen, wird als *Applikation* bezeichnet. Eine Applikation basiert also immer auf genau einer Tabelle.

2. Jede Applikation besteht aus vier oder fünf *Seiten*, die sich jedoch auf zwei Grundtypen reduzieren lassen. Der erste Grundtyp ist eine Seite, auf der nur ein einziger Datensatz in Formularform angezeigt wird, der zweite eine Seite, auf der prinzipiell beliebig viele Datensätze in Tabellenform dargestellt werden. Von diesen zwei Grundtypen leiten sich die vier oder fünf elementaren Seiten einer Applikation als Implementierungsvarianten ab. So ist etwa eine Seite, die dem Einfügen eines neuen Datensatzes dient, als Formular mit *leeren*, eine Seite, die dem Ändern eines bereits vorhandenen Datensatzes dient, dagegen als Formular mit bereits *gefüllten* Feldern zu implementieren.

3. Jede Tabelle besteht aus *Spalten*, die in den meisten Fällen nicht alle in gleicher Weise zu behandeln sind. So sind etwa in einem Formular für das Einfügen eines neuen Datensatzes manche Spalten als einfache Textfelder, manche als Wertelisten, manche (z.B. Primärschlüsselspalten, für die automatisch Werte generiert werden) auch gar nicht darzustellen.

4. Es ist möglich, einzelne Applikationen zu umfangreicheren Applikationen zusammenzufügen. Im einfacheren Fall geschieht dies dadurch, daß mehrere, auf unterschiedlichen Tabellen (z.B. BENUTZER, GEBIET und VERLAG) von einer übergeordneten Seite (z.B. einer HomePage) aus aufgerufen werden können, dabei jedoch unabhängig voneinander bleiben. Im schwierigeren Fall besteht zwischen den Basistabellen der beteiligten Applikationen ein Master-Detail-Verhältnis (z.B. Applikationen auf der Basis der Tabellen AUTOR und BUCH).

Aus den Punkten 1 – 3 ergibt sich die Notwendigkeit, Applikationen, Seiten und Spalten in Tabellen zu verwalten. Diesem Zweck dienen die Tabellen WAW_APPLICATIONS, WAW_PAGES und WAW_COLUMNS. Die Beziehungen zwischen den zu einer komplexeren Gesamtapplikation zusammengefaßten (Teil-)Applikationen werden aus noch zu erörternden Gründen auch dann nicht in einer eigenen Tabelle verwaltet, wenn es sich um Master-Detail-Beziehungen handelt, obwohl dies nach den Regeln des Datenbankdesigns eigentlich zu erwarten wäre.

Zwei weitere Tabellen müssen zwar als Hilfstabellen bezeichnet werden, haben aber dennoch entscheidende Bedeutung für die Möglichkeit, Seiten flexibel gestalten zu können: Die Tabelle WAW_LOV bietet die Möglichkeit, Wertelisten anzulegen, deren Werte keiner existierenden Tabelle entnommen werden können. Ein Beispiel dafür ist eine aus den Werten *Ja* und *Nein* bestehende Liste. In der Tabelle WAW_SNIPPETS können dagegen HTML-formatierte Texte oder Aufrufe von PL/SQL-Prozeduren abgelegt werden, durch die der vorgegebene Seitenaufbau erweitert oder modifiziert werden soll. Diese *Snippets* sind die in Abschnitt 9.3.2 erwähnten »Schnipsel«, die der Entwickler verwenden kann, um den vorgegebenen Seitenaufbau zu modifizieren.

9.3.5 Die Seiten einer einzelnen Applikation

In einer Darstellung, die sich am Prozeß der Applikationsentwicklung orientiert, wäre es zwar logisch, zunächst die Konfiguration und erst danach die sich aus der Konfiguration ergebende Seitenstruktur zu beschreiben. Da aber der Web Application Wizard auf der durch DynaDML vorgegebenen Seitenstruktur basiert, müssen Sie diese Seitenstruktur verstehen, um ihn benutzen zu können. Deshalb wird die Beschreibung der Seiten hier vorgezogen.

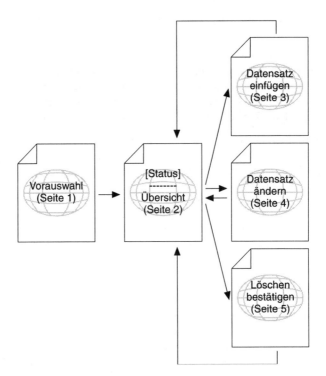

Abbildung 9.4: Die Seitenstruktur einer DynaDML-Applikation

Jede auf DynaDML basierende Applikation besteht mindestens aus einer, maximal aus fünf Seiten:

▶ Den Mittelpunkt, zu dem der Benutzer nach jedem Arbeitsschritt immer wieder zurückkehrt, bildet die einzige Seite, die eine tabellarische Darstellung der Daten enthält (*Multi Record Page*). Die Anzeige kann alle in der Basistabelle enthaltenen Datensätze oder nur eine Teilmenge davon enthalten. Ebenso kann sie alle zur Tabelle gehörenden Spalten oder nur einen Teil davon anzeigen. Diese Seite wird als Seite 2 (*Page2*) bezeichnet. Sie gehört zwingend zu jeder Applikation.

▶ Seite 1 (*Page1*) ist ein vorgeschaltetes Formular (*Single Record Page*), das dem Benutzer die Möglichkeit gibt, Abfragekriterien zu definieren und so die Menge der Daten, die auf Seite 2 angezeigt werden soll, einzuschränken. Es liegt im Ermessen des Entwicklers, welche Spalten dem Benutzer auf diesem Formular angeboten werden sollen. Zudem kann er beim Aufruf von DynaDML über einen Parameter veranlassen, daß diese Seite übersprungen wird, falls die Basistabelle nur sehr wenige Datensätze enthält, wie dies etwa bei den Tabellen GEBIET und LAND der Fall ist.

▶ Seite 3 (*Page3*) entspricht äußerlich fast vollständig der Seite 1. Ihre Aufgabe besteht jedoch darin, das Einfügen eines neuen Datensatzes zu ermöglichen. Die vom Benutzer eingetragenen Werte werden also nicht zur Konstruktion von Abfragebedingungen verwendet, sondern als Bestandteile eines neuen Datensatzes aufgefaßt. Die Möglichkeit, diese Seite zu aktivieren – und damit die Möglichkeit, neue Datensätze einzufügen – kann vom Entwickler über einen Konfigurationsparameter ausgeschaltet werden.

▶ Seite 4 (*Page4*) dient dem Ändern bereits vorhandener Datensätze. Diese Seite zeigt – wie die Seiten 1 und 3 – nur einen einzigen Datensatz, jedoch sind die Felder beim Aufblenden der Seite bereits mit Werten gefüllt. Auch die Möglichkeit, Datensätze zu ändern, kann vom Entwickler ausgeschaltet werden.

▶ Seite 5 (*Page5*) schließlich dient dem Löschen von Datensätzen bzw. der Rückfrage an den Benutzer, ob der gewählte Datensatz wirklich gelöscht werden soll. Selbstverständlich kann auch die Möglichkeit, Datensätze zu löschen, vom Entwickler deaktiviert werden.

Wie bereits erwähnt, bildet Seite 2 den Mittelpunkt, von dem aus der Benutzer alle Aktionen startet und zu dem er nach Beendigung der Aktionen wieder zurückkehrt. Abbildung 9.5 zeigt diese Seite am Beispiel einer Applikation, die auf der Tabelle AUTOR basiert.

Zunächst einmal lassen sich unschwer Überschrift und Datenbereich erkennen. Ein Vergleich der Abbildung mit der Basistabelle macht deutlich, daß in dieser tabellarischen Übersicht aus Platzgründen nur ein Teil der zur Tabelle gehörenden Spalten angezeigt wird. Die am unteren Rand des Arbeitsbereichs angezeigten Verweise sind darauf zurückzuführen, daß die Applikation direkt vom Web Application Wizard aus gestartet wurde. Von hier aus hat der Benutzer die Möglichkeit, datensatzbezogene und datensatzunabhängige Aktionen zu starten.

*Abbildung 9.5:
Übersichtsseite
(Seite 2) für eine
Applikation auf der
Basis der Tabelle
AUTOR*

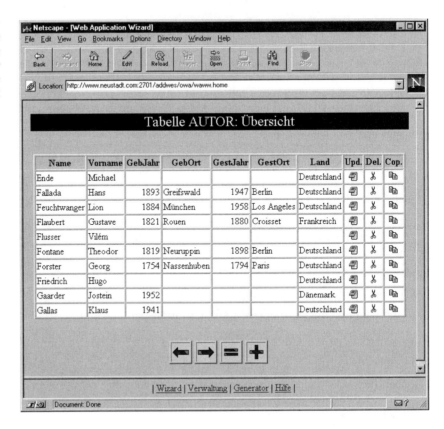

Als *datensatzbezogene Aktionen* stehen in jeder Applikation das *Ändern* und das *Löschen* einzelner Datensätze zur Verfügung, sofern sie nicht vom Entwickler ausgeschaltet wurden. Das Einfügen eines neuen Datensatzes ist keine datensatzbezogene Aktion, weil es sich nicht auf einen in der Basistabelle vorhandenen bezieht und deshalb auch nicht davon abhängig ist, welche Datensätze gerade auf dem Bildschirm angezeigt werden. In manchen Fällen existieren jedoch viele Gemeinsamkeiten zwischen einem bereits vorhandenen und einem neu anzulegenden Datensatz, so daß das Kopieren und anschließende Ändern einfacher ist als der vollständige Neuaufbau. Das *Kopieren* eines Datensatzes, das von DynaDML ebenfalls unterstützt wird, stellt im Gegensatz zum Einfügen eine datensatzbezogene Aktion dar. Basiert eine Applikation auf einer Tabelle, die als Master-Tabelle fungiert, von der also Detail-Tabellen abhängen, so ist auch die *Verzweigung zu den Detail-Datensätzen* eine datensatzbezogene Aktion.

Die Möglichkeit, datensatzbezogene Operationen auszuführen, wird durch zusätzliche, nicht mit Daten, sondern mit Symbolen gefüllte Spalten in der tabellarischen Übersicht dargestellt. In Abbildung 9.5 zeigen die Spalten mit den Überschriften »Upd.«, »Del.« und »Kop.«, daß es dem Benutzer erlaubt ist, Datensätze zu ändern, zu löschen oder zu kopieren. Die Aktion wird ausgelöst durch Klicken auf das entsprechende Symbol in der Zeile des zu bearbeitenden Datensatzes. Ebenso führt ein Klick auf das in der Spalte »Bücher« enthaltene Symbol zur Verzweigung in die auf der Tabelle BUCH basierende Applikation, wobei jedoch die Nummer desjenigen Autors, in dessen Zeile das Klicken ausgeführt wurde, als Parameter übergeben wird. Eine datensatzbezogene Aktion kann aufgrund dieser Vorgehensweise nur ausgeführt werden, wenn der Datensatz, auf den sie sich bezieht, am Bildschirm angezeigt wird.

Für *datensatzunabhängige Operationen* gilt dies nicht. Zu ihnen gehören neben dem bereits erwähnten *Einfügen* neuer Datensätze das *Vorwärts- und Rückwärtsblättern* in der Ergebnismenge, das dann erforderlich ist, wenn die Ergebnismenge einer Abfrage mehr Datensätze beinhaltet, als auf einer Seite dargestellt werden können, der *Rücksprung zu Seite 1* zum Zweck der Festlegung neuer Abfragekriterien sowie – falls es sich um eine Detail-Applikation handelt – der *Rücksprung zur Master-Applikation*. Datensatzunabhängige Aktionen werden ausgelöst über Buttons, die sich außerhalb der tabellarischen Darstellung befinden, wobei der Entwickler festlegen kann, ob dafür einfache HTML-Buttons (vgl. Abbildung 9.6) oder Grafiken (vgl. Abbildung 9.5) verwendet werden sollen.

9.3.6 Die Konfiguration einer einzelnen Applikation

Die nicht auf DynaDML basierende Funktionalität des Web Application Wizard ist im Package WAWW implementiert. Da die Startseite einfach den Namen Home trägt, ist für den Aufruf eine URL der Form

http://www.neustadt.com/addews/owa/WAWW.Home

notwendig. Auf der Startseite unterrichtet Sie WAW darüber, daß das Programm vier Arbeitsbereiche anbietet:

▷ Im Arbeitsbereich *Wizard* sind einige häufig benötigte Aktionsfolgen so zusammengefaßt, daß Sie sie mit einem Schritt ausführen können. Auf ein Beispiel dafür wird sogleich einzugehen sein.

▷ Der Arbeitsbereich *Verwaltung* beinhaltet den auf DynaDML basierenden Teil des Web Application Wizard. Er dient vor allem dazu, einzelne Eigenschaften von Applikationen, Seiten und Spalten festzulegen oder zu ändern.

▷ Im Arbeitsbereich *Generator* kann die Generatorkomponente des Web Application Wizard gestartet werden.

▷ Im Bereich *Hilfe* stehen Ihnen Erläuterungen zu den Arbeitsbereichen und zu den Konfigurationsparametern zur Verfügung.

Anlegen eines Prototyps

Als Beispiel für einen Konfigurationsvorgang soll nun der Aufbau einer Applikation auf der Basis der Tabelle AUTOR beschrieben werden. Um dies durchzuführen, stehen Ihnen prinzipiell zwei Wege zur Verfügung:

- Sie können den Arbeitsbereich *Wizard* und dort die Aktion *Aufbau einer neuen Applikation* wählen. Wählen Sie diesen Weg, so brauchen Sie zunächst nur die Basistabelle der Applikation festzulegen. Der Wizard wird Ihnen dann die Applikation, sämtliche Seiten und sämtliche Spalten einrichten und dafür Defaulteinstellungen verwenden, die Sie nachträglich ändern können.
- Sie können aber auch den Arbeitsbereich *Verwaltung* wählen und dort über *Einfügen* und *Kopieren* die Applikation, die Seiten und die Spalten in Einzelschritten einrichten.

In den meisten Fällen werden Sie sich vermutlich für den ersten Weg entscheiden, da insbesondere die getrennte Konfiguration jeder einzelnen Tabellenspalte trotz der Möglichkeit des Kopierens sehr mühsam werden kann, während die Verwendung des Wizards den Vorteil hat, daß nach wenigen Sekunden ein kompletter Prototyp der Applikation zur Verfügung steht.

Wählen Sie also im *Wizard* die Option *Aufbau einer neuen Applikation*. Eigentlich möchte der Wizard von Ihnen nur erfahren, welche Tabelle der neu anzulegenden Applikation zugrundeliegen soll. Da hierfür jedoch außer denjenigen Tabellen, die dem Datenbankbenutzer, unter dem Sie über den PL/SQL Agent angemeldet sind, gehören, auch alle Tabellen in Frage kommen, die ihm zwar nicht gehören, für die er aber von den Eigentümern Zugriffsrechte erhalten hat, wird Ihnen zunächst ein Formular angeboten, in dem Sie festlegen können, welche Objekte in der Auswahlliste enthalten sein sollen. Kreuzen Sie die Option *Tabellen, die dem Benutzer gehören* an.

> Wenn Sie die Applikation im Arbeitsbereich *Verwaltung* aufbauen, können Sie auch ein Synonym oder eine View als Basis der Applikation verwenden. Der *Wizard* unterstützt diese Möglichkeiten derzeit jedoch noch nicht.

Sofern Sie für Ihren Zugriff denjenigen Benutzer gewählt haben, dem die in diesem Buch verwendeten Beispieltabellen gehören, wird in der anschließend angebotenen Liste die Tabelle AUTOR enthalten sein. Wählen Sie diese Tabelle und klicken Sie auf den Button *Applikation aufbauen*. Der Wizard wird daraufhin für die neue Applikation einen Eintrag in der Tabelle WAW_APPLICATIONS, für jede Seite einen Eintrag in der Tabelle WAW_PAGES und für jede Spalte einen Eintrag in der Tabelle WAW_COLUMNS anlegen. Dabei werden zahlreiche Defaulteinstellungen verwendet, zu denen auch die Regel gehört, daß sämtliche Spalten auf sämtlichen Seiten anzuzeigen sind. Die Verwendung dieser Defaulteinstellungen führt dazu, daß Sie am Ende des eben beschriebenen, wohl kaum als sehr aufwendig zu bezeichnenden Vorgangs bereits über einen lauffähigen Prototyp der Applikation verfügen.

Das Package DynaDML und der Web Application Wizard

Nach Abschluß aller Eintragungen fragt Sie der Wizard, wie Sie weiter verfahren möchten. Sie können die neu angelegte Applikation sofort starten, zu einer tabellarischen Darstellung aller existierenden Applikationen verzweigen oder vor der Verzweigung zur tabellarischen Darstellung Auswahlkriterien für die Abfrage festlegen. Da Sie zu dem Zeitpunkt, zu dem Sie dies lesen, vermutlich noch keine sehr große Zahl von Applikationen angelegt haben, sollten Sie unmittelbar zur tabellarischen Übersicht verzweigen. Das gilt auch dann, wenn Sie jetzt gern erst einmal prüfen möchten, wie der Prototyp der Applikation aussieht, denn die Applikation kann nicht nur von dieser Auswahlseite, sondern auch von der tabellarischen Übersicht aus gestartet werden.

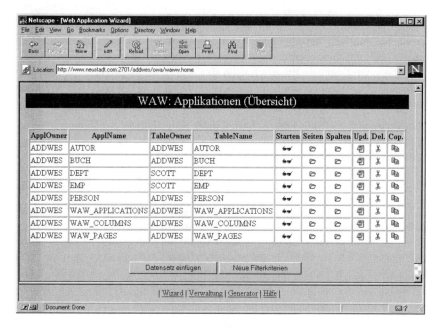

Abbildung 9.6:
Die Übersichtsseite des Web Application Wizard

Wenn Sie die Abbildungen 9.5 und 9.6 vergleichen, werden Sie unschwer erkennen, daß die tabellarische Übersicht über die bereits angelegten Applikationen eine durch DynaDML erzeugte Seite vom Typ 2 ist. Sie befinden sich nun also in dem auf DynaDML basierenden Teil des Web Application Wizard, der dem Arbeitsbereich *Verwaltung* entspricht. Neben den selbstverständlich verschiedenen Spaltennamen lassen die beiden Abbildungen nur zwei Unterschiede erkennen: Von der dieser Anzeige zugrundeliegenden Basistabelle WAW_APPLICATIONS hängen zwei Detail-Tabellen ab, zu denen von den Spalten *Seiten* (WAW_PAGES) und *Spalten* (WAW_COLUMNS) aus verzweigt werden kann. Sodann ist in Abb. 9.6 ein in Abb. 9.5 nicht vorhandener Symboltyp (Brille) in der Spalte mit der Überschrift *Starten* zu erkennen. Jeder Brille ist ein Link zugeordnet, über den Sie die entsprechende Applikation starten können. Bevor Sie dies für die neu aufgebaute Applikation AUTOR tun, sollten Sie sich ein Bookmark für diese Übersichtsseite anlegen, da die Applikation AUTOR ja an sich unabhängig vom Web Application Wizard ist und deshalb keine Rücksprungmöglichkeit beinhaltet.

Anpassung der Applikationseigenschaften

Beim Ausprobieren des Prototyps wird Ihnen vermutlich die eine oder andere Eigenschaft auffallen, mit der Sie nicht zufrieden sind. Kehren Sie deshalb, nachdem Sie sich ein Bild vom Funktionsumfang des Prototyps gemacht haben, zu der Übersichtsseite im Arbeitsbereich *Verwaltung* zurück und klicken Sie zunächst in dieser Übersicht auf das der Applikation AUTOR zugeordnete Update-Symbol. Daraufhin erscheint eine Seite vom Typ 4, d.h. eine Seite, die es ermöglicht, einen Datensatz aus der Tabelle WAW_APPLICATIONS zu ändern. Es sollen nun hier keine Vorschläge für Änderungen gemacht, sondern lediglich die Konfigurationsparameter und ihre Bedeutungen beschrieben werden. Sie lassen sich in vier Gruppen zusammenfassen, die grundlegende Eigenschaften der Applikation, allgemeine Seiteneigenschaften, Angaben über die zu verwendenden Grafiken sowie Angaben zur Erweiterung und Modifikation der Funktionalität beinhalten.

Zu den grundlegenden Eigenschaften jeder Applikation gehören:

Eigentümer der Applikation	Dieser Eintrag scheint trivial zu sein. Die Verwaltung des Applikationseigentümers in einer gesonderten Spalte macht es jedoch möglich, die WAW-Tabellen unter einem einzigen Datenbankbenutzer anzulegen und dennoch die durch unterschiedliche Benutzer angelegten Applikationen darin abzuspeichern, ohne daß diese Benutzer die Namen der Applikationen untereinander abstimmen müßten.
Name der Applikation	Wenn Sie die Applikation mit dem Wizard aufgebaut haben, ist dieser Name identisch mit dem Namen der Basistabelle. Er kann jedoch nachträglich geändert werden. Dies ist insbesondere dann erforderlich, wenn Sie mehrere Applikationen auf der Basis der gleichen Tabelle aufbauen wollen (vgl. Abschnitt 9.3.7).
Eigentümer der Basistabelle	Fehlt dieser Eintrag, wird angenommen, daß die Basistabelle demjenigen Benutzer gehört, unter dem Sie gerade angemeldet sind.
Name der Basistabelle	Diese Angabe ist zwingend erforderlich, da es keine Applikation ohne zugeordnete Basistabelle geben kann.

Ändern erlaubt?	Haben Sie die Einstellung *Ja* (in der Datenbank: Y) gewählt, steht in der Übersicht (Seite 2) das Symbol »Ändern« zur Verfügung, über das die Update-Seite (Seite 4) aufgerufen werden kann.
Löschen erlaubt?	Haben Sie die Einstellung *Ja* gewählt, steht in der Übersicht das Symbol »Löschen« zur Verfügung.
Kopieren erlaubt?	Haben Sie die Einstellung *Ja* gewählt, steht in der Übersicht das Symbol »Kopieren« zur Verfügung.

Allgemeine Seiteneigenschaften gelten für sämtliche Seiten einer Applikation. Im Hinblick darauf, daß die vier oder fünf Seiten einer Applikation funktional sehr eng zusammengehören und dies auch auf der Ebene des grafischen Designs deutlich gemacht werden sollte, wurden die folgenden Eigenschaften in diese Rubrik aufgenommen:

Farbe der Überschriften	Für die Farbe der Überschriften steht eine Auswahlliste zur Verfügung, die standardmäßig nur die 16 Basisfarben enthält. Der Umfang dieser Liste wird jedoch in der Tabelle `WAW_LOV` festgelegt und kann demnach leicht von Ihnen erweitert werden.
Farbe der Titelzellen	Hintergrundfarbe derjenigen Zellen einer Tabelle, die Überschriften enthalten.
Farbe der Datenzellen	Hintergrundfarbe derjenigen Zellen einer Tabelle, die Daten enthalten.

In der dritten Parametergruppe legen Sie fest, welche Darstellungsmittel benutzt werden sollen, um die möglichen Aktionen zu repräsentieren. Von entscheidender Bedeutung sind drei Parameter dieser Gruppe:

Verweismodus	Dieser Parameter legt fest, auf welche Weise dem Benutzer die datensatzbezogenen Aktionen angeboten werden sollen. Wählen Sie hier *Grafik*, so werden die Werte, die Sie den Parametern *Text/Symbol für »Ändern«*, *Text/Symbol für »Löschen«* und *Text/Symbol für »Kopieren«* zuordnen, als Namen von Grafik-Dateien interpretiert. Wählen Sie *Text*, so werden die Werte für diese Parameter als Texte interpretiert, die in den Feldern der jeweiligen Spalten ausgegeben werden sollen.
Schaltflächenmodus	Dieser Parameter legt fest, auf welche Weise dem Benutzer die datensatzunabhängigen Aktionen angeboten werden sollen. Wählen Sie hier *Grafik*,

so werden die Werte, die Sie den Parametern *Text/Symbol für »Blättern rückwärts«*, *Text/Symbol für Blättern vorwärts*, *Text/Symbol für »Einfügen«*, *Text/Symbol für »Abfragebedingungen«* und *Text/Symbol für »Master«* zuordnen, als Namen von Grafik-Dateien interpretiert. Wählen Sie Text, so werden für die Formulare Standard-Buttons und die Werte für diese Parameter als deren Beschriftungen verwendet.

Standort der Symbole An dieser Stelle können Sie ein gemeinsames Verzeichnis angeben, in dem sich alle zu verwendenden Grafiken befinden. Ordnen Sie diesem Parameter keinen Wert zu, müssen alle Spezifikationen von Grafik-Dateien mit einer ausreichenden Pfadspezifikation versehen sein. Wählen Sie für *Verweismodus* und/oder *Schaltflächenmodus* die Option *Text*, wird dieser Parameter für den entsprechenden Bereich ignoriert.

Hinzuweisen ist darauf, daß die datensatzbezogenen Aktionen in jedem Fall über Verweise (Links) ausgelöst werden. Die datensatzunabhängigen Aktionen werden über Verweise ausgelöst, wenn Sie mit Grafiken, hingegen über Submit-Buttons, wenn Sie mit Texten arbeiten. Das bedeutet, daß die aktuellen Parameterwerte bei der Verwendung von Grafiken in die URL integriert (GET-Methode), bei der Verwendung von Texten dagegen über versteckte Felder (POST-Methode) übergeben werden. Wie in Kapitel 6 erwähnt, gelten bei einigen WebServern für die GET-Methode stärkere Einschränkungen als für die POST-Methode. Sollten Sie also wegen der Länge der URL auf Schwierigkeiten stoßen oder ganz einfach nicht wollen, daß die Parameterwerte in der Statuszeile des Browsers sichtbar sind, können Sie den Schaltflächenmodus *Text* wählen.

Die übrigen auf dieser Seite angezeigten Parameter werden nur benötigt, wenn Sie eine Master-Detail-Beziehung zwischen zwei Applikationen herstellen (vgl. Abschnitt 9.3.7) oder die Funktionalität der Applikation modifizieren (vgl. Abschnitt 9.3.8) wollen.

Nehmen Sie alle von Ihnen gewünschten Änderungen an den Eigenschaften der Applikation vor und bestätigen Sie diese durch Klicken auf den Button *Änderungen durchführen*. Nach dem Übertragen der Änderungen in die Datenbank wird wieder die tabellarische Übersicht (Seite 2) auf dem Bildschirm erscheinen.

Anpassung der Seiteneigenschaften

Klicken Sie nun in der Zeile, die die neu angelegte Applikation repräsentiert, auf das Symbol »Öffnen« in der Spalte mit der Überschrift *Seiten*. Dadurch verzweigen Sie in die Übersichtsseite (Seite 2) einer anderen Applikation, die auf der Tabelle WAW_PAGES basiert. In diesem Fall wird jedoch die Seite 1

(Abfragebedingungen) übersprungen und statt dessen die Nummer der von Ihnen gewählten Applikation als Abfragebedingung übergeben. Auf dem Bildschirm sehen Sie deshalb eine Übersicht über die zur Applikation AUTOR gehörenden Seiten in der Ihnen nun wohl schon vertrauten Darstellungsform.

Klicken Sie auch hier auf das Update-Symbol, um Änderungen an den Seiteneigenschaften vorzunehmen. Von den daraufhin angezeigten Eigenschaften ist aber zu diesem Zeitpunkt lediglich *Seitenüberschrift* von Interesse. Die Bedeutung der Eigenschaften *Text vor dem Datenbereich* und *Text nach dem Datenbereich* wird in Abschnitt 9.3.8 erläutert.

Anpassung der Spalteneigenschaften

Kehren Sie noch einmal zur Ausgangsseite *WAW: Applikationen (Übersicht)* zurück und klicken Sie nun auf das Symbol »Öffnen« in der Spalte mit der Überschrift *Spalten*. Sie gelangen dadurch zu einer weiteren Übersicht, die Ihnen alle zur Basistabelle der Applikation AUTOR gehörenden Spalten anzeigt.

Die erste Gruppe der hier angezeigten Parameter bezieht sich auf die Identifikation der Spalte in der Darstellung:

Spaltenname	Name der Spalte in der Datenbank
Spaltenposition	Position des die Spalte repräsentierenden Feldes in der Anzeige
Spaltenbezeichner (lang)	Beschriftung des Feldes. Die Langform wird auf denjenigen Seiten verwendet, auf denen nur ein Datensatz dargestellt wird.
Spaltenbezeichner (kurz)	Beschriftung des Feldes. Die Kurzform wird in der tabellarischen Übersicht verwendet.
Sichtbar auf Seite 1?	Legt fest, ob das Feld Bestandteil derjenigen Seite sein soll, die zur Festlegung der Abfragekriterien dient.
Sichtbar auf Seite 2?	Legt fest, ob das Feld Bestandteil der tabellarischen Übersicht sein soll. Auf dieser Seite müssen häufig Spalten aus Platzgründen werden.
Sichtbar auf Seite 3?	Legt fest, ob das Feld Bestandteil derjenigen Seite sein soll, die dem Einfügen eines neuen Datensatzes dient. Hier werden insbesondere Spalten auszublenden sein, für die automatisch Werte über Sequenzen generiert werden. Die für Seite 3 (Einfügen) festgelegte Regelung wird für die Seiten 4 (Ändern) und 5 (Bestätigung des Löschvorganges) übernommen.

Die zweite Parametergruppe ist für die Konstruktion der SQL-Anweisungen und eventuell vor deren Ausführung vorzunehmende Prüfungen relevant:

Order By (Position) — Geben Sie hier eine Null für alle Spalten ein, die nicht in der ORDER BY-Klausel berücksichtigt werden sollen. Ist der einer Spalte zugeordnete Wert größer als Null, wird die Spalte an der angegebenen Position in die ORDER BY-Klausel aufgenommen.

Null Value erlaubt? — Bei allen Feldern, bei denen Sie diesen Parameter auf *Nein* einstellen, wird vor dem INSERT und UPDATE geprüft, ob die Felder Werte enthalten.

Sequenz — Tragen Sie hier den Namen einer Sequenz ein, wenn der Wert für die Spalte beim Einfügen eines Datensatzes unter Verwendung dieser Sequenz automatisch generiert werden soll.

Die dritte Gruppe schließlich bietet Ihnen die Möglichkeit, Felder in unterschiedlicher Weise darzustellen:

Feldtyp — Wählen Sie hier die Art des Feldes aus. Derzeit werden einfache Textfelder und Auswahllisten unterstützt.

Feldgröße — Dieser Wert gibt bei Textfeldern die Breite (in Zeichen), bei Listen die Höhe (gleichzeitig sichtbare Werte) an.

LOV: Tabelle — Geben Sie hier die Tabelle an, aus der die Elemente der Liste ermittelt werden sollen, sofern Sie zuvor festgelegt haben, daß das Feld als Auswahlliste dargestellt werden soll.

LOV: externer Wert — Name der Spalte, die die in der Liste anzuzeigenden Werte (z.B. Verlagsnamen) enthält.

LOV: interner Wert — Name der Spalte, die die intern zu verwendenden Werte (z.B. Verlagsnummern) enthält. Lassen Sie dieses Feld leer, wenn nicht zwischen einem internen und einem externen Wert unterschieden, sondern der angezeigte Wert selbst in die Datenbank eingetragen werden soll.

LOV: Listenname — Geben Sie hier den Namen der zu verwendenden Liste an, wenn die Listenelemente in der Tabelle WAW_LOV abgelegt wurden.

Für das Verständnis dieser dritten Parametergruppe dürfte eine Verdeutlichung am Beispiel der Applikation AUTOR nützlich sein:

- Die Primärschlüsselwerte der Tabelle AUTOR, die in der Spalte NR enthalten sind, werden durch die Sequenz AUTOR$NR generiert. Ordnen Sie daher den Namen der Sequenz dem Parameter *Sequenz* für die Spalte NR zu, um zu veranlassen, daß beim Einfügen eines neuen Datensatzes von dieser Sequenz Gebrauch gemacht wird.

- Informationen über die Länder liegen vor in der Tabelle LAND. Sie werden daher vermutlich die Spalte AUTOR.LAND durch eine Auswahlliste auf den Formularen darstellen wollen. Tragen Sie zu diesem Zweck für *LOV: Tabelle* den Wert LAND (oder auch ADDWES.LAND), für *LOV:externer Wert* den Wert NAME und für *LOV: interner Wert* den Wert NR ein. Diese Eintragungen bewirken, daß auf der Übersichtsseite der Name statt der Nummer des Landes erscheint und daß auf allen anderen Seiten die Spalte in Form einer Auswahlliste dargestellt wird.

9.3.7 Der Aufbau komplexerer Applikationen

Applikationen, die auf die im vorangehenden Abschnitt beschriebene Weise angelegt werden, sind eigentlich unvollständig. Dies wird schon aus der Situation erkennbar, die in Kapitel 7 die Entwicklung einer dynamischen und wiederverwendbaren Komponente nahegelegt hatte. Das dort aufgetretene Bedürfnis richtete sich ja nicht auf eigenständige Applikationen, sondern auf eine Möglichkeit, weitestgehend identische *Teile* einer übergreifenden Applikation (Verwaltungsprogramm der Bibliothek) nicht mehrfach implementieren zu müssen. DynaDML setzt daher im Prinzip die Existenz einer zusätzlichen Seite voraus, die nicht auf DynaDML basiert, sondern gerade das Package DynaDML unter Angabe der zu verwendenden Konfiguration aufruft.

Rein technisch gesehen, kann der Benutzer auch ohne eine zusätzliche Seite zum Ziel kommen, wenn er den Aufruf von DynaDML und die erforderlichen Parameter in die URL integriert:

```
http://www.neustadt.com/addwes/owa/DynaDML.StartPage?
prmUserName=ADDWES&prmApplName=AUTOR&prmStartWith=1
```

In den meisten Fällen wird es aber wünschenswert sein, dem Benutzer dies zu ersparen, indem man der Seite, die der Festlegung der Abfragekriterien gewidmet ist (Seite 1) eine Startseite (HomePage) voranstellt, die sich über eine etwas einfachere URL aufrufen läßt. Das Erstellen einer Startseite für die konfigurierte Applikationskomponente ist also der erste und einfachste Weg zur Vervollständigung der Applikation.

Wenn Sie eine statische Startseite verwenden möchten, so werden Sie in diese einen Link der eben angeführten Form einbauen müssen, um dem Benutzer die Möglichkeit zum Start des auf DynaDML basierenden Applikationsteils zu geben. Bauen Sie dagegen unter Verwendung des PL/SQL Web Toolkit eine dynamische Startseite auf[4], so können Sie DynaDML durch einen Prozeduraufruf aktivieren:

```
DynaDML.StartPage (
  prmUserName  => 'ADDWES',
  prmApplName  => 'AUTOR',
  prmStartWith => 1
);
```

Die Prozedur `StartPage` ist der Einstiegspunkt für von außen kommende Aufrufe des Package DynaDML. Das Verständnis der drei Parameter dürfte nach den Erläuterungen des vorangehenden Abschnitts keine Schwierigkeiten mehr bereiten: Über den Parameter `prmUserName` ist der Eigentümer der Applikation, über `prmApplName` ihr Name und über `prmStartWith` die Nummer der zuerst aufzublendenden Seite zu übergeben. Für den Parameter `prmStartWith` sind nur die Werte 1 und 2 zulässig. Wird der Parameter weggelassen, beginnt die Abarbeitung der Applikation mit Seite 1.

Ein wenig komplexer, jedoch nicht grundsätzlich davon verschieden ist der Weg, den man einschlagen muß, um die Verwaltungskomponente der Beispielapplikation mit Hilfe von DynaDML zu vervollständigen. Letztlich reduziert sich der Unterschied darauf, daß man mehrere Konfigurationen durchführen muß, um die gewünschte Funktionalität für den Zugriff auf die Tabellen `LAND`, `GEBIET`, `VERLAG` und `BENUTZER` bereitzustellen und daß man mehrere DynaDML-Aufrufe in die Verwaltungsapplikation einfügen muß. Damit enthält die Verwaltungsapplikation zwar mehrere auf DynaDML basierende Teilapplikationen, doch bleiben diese völlig isoliert voneinander.

Ein neuer Aspekt kommt erst dann ins Spiel, wenn zwei oder mehr Teilapplikationen zu einer komplexeren Applikation zusammengefügt werden und deren Basistabellen in Master-Detail-Verhältnissen zueinander stehen. Daß es möglich ist, beim Einsatz des Web Application Wizard Master-Detail-Verhältnisse zu berücksichtigen und wie sie sich für den Benutzer einer auf DynaDML basierenden Applikation darstellen, haben Sie im vorangehenden Abschnitt bereits erfahren, als Sie von der Übersichtsseite über alle bekannten Applikationen (Master: `WAW_APPLICATIONS`) zunächst zu einem Überblick über die zu einer einzelnen Applikation gehörenden Seiten (Detail 1: `WAW_PAGES`) und danach zu einem Überblick über die zur Basistabelle dieser Applikation gehörenden Spalten (Detail 2: `WAW_COLUMNS`) verzweigen konnten: Eine Master-Detail-Beziehung läßt sich repräsentieren durch eine Verknüpfung von zwei an sich selbständigen, auf verschiedenen Tabellen basierenden Applikationen. Die Existenz einer Detail-Tabelle wird dem Benutzer der auf der Master-Tabelle basierenden Applikation in Form einer Spalte angezeigt, die das Symbol »Öffnen« (oder ein anderes vom Entwick-

---

[4]. Wenn Sie nicht besondere Anforderungen an die graphische Gestaltung berücksichtigen müssen, sondern mit einer einfachen Startseite zufrieden sind, können Sie dafür auf die Prozedur `CommProc.HomePage` zurückgreifen.

ler festgelegtes Symbol) enthält und über dieses den Wechsel zu der auf der Detail-Tabelle basierenden Applikation ermöglicht.

Bei dieser Art der Verbindung dürfen die Teilapplikationen nicht mehr isoliert bleiben. Vielmehr muß festgelegt werden, daß auf der Datenbank-Ebene ein Zusammenhang zwischen den beiden Basistabellen besteht, der auf der Applikationsebene repräsentiert werden soll, und über welche Primär- und Fremdschlüsselspalte(n) die beiden Tabellen zu verknüpfen sind. Die Eigenschaften der Verknüpfung werden im Rahmen der Konfiguration derjenigen Applikation durchgeführt, die auf der Detail-Tabelle basiert. Dafür werden drei bisher nicht vorgestellte Konfigurationsparameter benötigt, von denen zwei Eigenschaften der Applikation darstellen (also in der Tabelle WAW_APPLICATIONS abgelegt werden) und der dritte eine Eigenschaft einzelner Spalten bildet (somit in WAW_COLUMNS abgelegt wird):

Aliasname der Applikation	Dies ist eine Eigenschaft der Detail-Applikation. Der hier angegebene Name wird innerhalb der tabellarischen Übersicht in der Master-Applikation als Überschrift für diejenige Spalte verwendet, die über das Symbol »Öffnen« die Verzweigung zur Detail-Applikation ermöglicht.
Master-Applikation	Auch dies ist eine Eigenschaft der Detail-Applikation. Geben Sie hier den Namen der Master-Applikation an. Über diesen Eintrag findet sowohl die Master-Applikation ihre Details als auch jede Detail-Applikation ihren Master.
Referenzierte Spalte	Dies ist eine Eigenschaft einzelner Spalten derjenigen Tabelle, die der Detail-Applikation zugrundeliegt. Jede Spalte, für die diese Eigenschaft nicht NULL ist, wird als Fremdschlüsselspalte behandelt. Der zugeordnete Wert muß dann der Name der zugeordneten Primärschlüsselspalte sein, wobei der Name der Spalte allein genügt, da sich der Name der Tabelle aus der Konfiguration der Master-Applikation ergibt.

Als Beispiel soll die zuvor konfigurierte Applikation auf der Basis der Tabelle AUTOR mit einer zweiten, neu anzulegenden Applikation auf der Basis der Tabelle BUCH verknüpft werden, so daß der Benutzer die Möglichkeit hat, aus der Übersicht über die Autoren zu einer Übersicht über die in der Bibliothek vorhandenen Bücher eines einzelnen Autors zu verzweigen. Gehen Sie dabei ebenso vor wie bei der Konfiguration der Applikation AUTOR, führen Sie jedoch zusätzlich die folgenden Konfigurationsschritte durch:

▶ Weisen Sie der Applikation den Aliasnamen Bücher zu und wählen Sie aus der vorgegebenen Liste die Applikation ADDWES.AUTOR (bzw. den inzwischen von Ihnen geänderten Namen dieser Applikation) als Master-Applikation aus.

9 Hilfsmittel für die Entwicklung von Applikationen mit dem PL/SQL Web Toolkit

▸ Tragen Sie bei der Konfiguration der einzelnen Spalten für die Spalte AUTOR_NR unter der Eigenschaft *Referenzierte Spalte* den Wert NR ein, um festzulegen, daß die Verknüpfung der beiden Tabellen über die Spalten BUCH.AUTOR_NR und AUTOR.NR hergestellt werden soll.

Starten Sie nach Abschluß der Konfiguration die Applikation AUTOR entweder vom Web Application Wizard oder von einer zwischenzeitlich erstellten Startseite aus neu. Die Übersichtsseite sollte nun eine zusätzliche Spalte mit der Überschrift »Bücher« enthalten und von dort aus die Verzweigung zu einer Übersicht über die Bücher jedes einzelnen Autors ermöglichen. Beachten Sie auch, daß die Übersichtsseite der Applikation Bücher einen Button enthält, der Sie zur Autorenübersicht zurückführt.

9.3.8 Die Modifikation der vorgegebenen Seiteninhalte

In Abschnitt 9.3.2 wurde bereits die »Schnipsel-Technik« erwähnt, die einen Kompromiß zwischen dem Wunsch, Web-Seiten auf einfache Weise und in kurzer Zeit erstellen zu können, und dem Bedürfnis, Einfluß auf deren Gestaltung zu nehmen, ermöglichen soll. Abbildung 9.7 zeigt die dem Web Application Wizard zugrundeliegende Seitenstruktur.

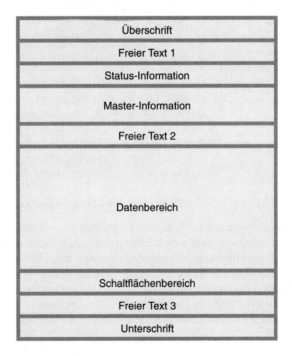

Abbildung 9.7: Die von WAW verwendete Seitenstruktur

Gemäß dieser Struktur besteht eine Seite aus 9 »Schnipseln« oder Bereichen, von denen jedoch nicht alle auf jeder Seite wirklich vorkommen müssen. In der nachfolgenden Übersicht werden die Schnipsel genauer beschrieben und zugleich die Änderungsmöglichkeiten erörtert:

- *Überschrift*: Dieser Bereich ist für alle Seitentypen vorgesehen. Die Ausgabe der Überschrift wird realisiert durch die Prozedur `CommProc.ShowTitle`. Einige Eigenschaften der Überschrift lassen sich durch Konfigurationsparameter auf der Applikationsebene einstellen (vgl. Abschnitt 9.3.6.2). Seitenspezifisch läßt sich die Ausgabe der Überschrift mit Hilfe des Konfigurationsparameters *Standardüberschrift anzeigen?* ausschalten, was dann sinnvoll ist, wenn Sie die Überschrift durch ein grafisches Element ersetzen möchten (vgl. folgenden Abschnitt).

- *Freier Text 1*: Dieser Bereich ist zwar für alle Seitentypen vorgesehen, wird jedoch standardmäßig nicht genutzt. Er bietet dem Entwickler die Möglichkeit, vor den Status- und Master-Informationen Elemente beliebiger Art und Anzahl anzeigen zu lassen, ist jedoch primär für den Fall vorgesehen, daß der Entwickler die Standardüberschrift durch ein grafisches Element oder ein Applet ersetzen möchte. In diesem Fall kann die Ausgabe der Standardüberschrift ausgeschaltet (vgl. vorangehenden Abschnitt) und an dieser Stelle der Ersatz dafür definiert werden. Die Vorgehensweise bei der Nutzung von Schnipseln des Typs *Freier Text n* wird weiter unten beschrieben.

- *Status-Information*: Dieser Bereich ist nur für den Seitentyp 2 (Übersichtsseite) vorgesehen. In ihm wird nach einer `INSERT`-, `UPDATE`- oder `DELETE`-Operation eine Erfolgs- oder Fehlermeldung angezeigt. Mit Ausnahme der Möglichkeit, grafische Elemente als Symbole für »Erfolg« und »Fehler« festzulegen, kann dieser Bereich nicht vom Entwickler beeinflußt werden.

- *Master-Information*: Auch dieser Bereich ist nur in Übersichtsseiten enthalten. In ihm wird nach der Verzweigung in eine Detail-Applikation der aktuelle Datensatz aus der Master-Applikation angezeigt. Gestaltungsmöglichkeiten durch den Entwickler sind derzeit nicht vorgesehen.

- *Freier Text 2*: Dieser Bereich entspricht dem Freien Text 1, wird jedoch vor dem Datenbereich angezeigt.

- *Datenbereich*: Dieser Bereich beinhaltet auf einer Seite vom Typ 2 die tabellarische Darstellung der Daten, bei allen anderen Seitentypen die Darstellung eines einzigen Datensatzes in Formularform. Die Darstellung kann durch zahlreiche, aus Abschnitt 9.3.6 bekannte Konfigurationsparameter beeinflußt werden.

- *Schaltflächenbereich*: Dieser Bereich kann entweder Standard-HTML-Buttons oder Grafiken enthalten, mit denen datensatzunabhängige Operationen ausgelöst werden. Er ist auf allen Seitentypen vorgesehen, umfaßt jedoch auf den einzelnen Seitentypen Buttons unterschiedlicher Anzahl und Bedeutung. Auch die Konfigurationsparameter für diesen Bereich wurden bereits in Abschnitt 9.3.6 vorgestellt.

▷ *Freier Text 3*: Dieser Bereich entspricht dem Freien Text 1, wird jedoch nach dem Schaltflächenbereich angezeigt.

▷ *Unterschrift*: Dieser Bereich enthält eine die Seite abschließende Information der Form: `Diese Seite wurde erzeugt vom PL/SQL Agent am <Datum> um <Uhrzeit>`. Die Anzeige einer derartigen Unterschrift kann durch den Parameter *Unterschrift anzeigen?* auf Applikationsebene ein- und ausgeschaltet werden.

Alle Anweisungen und Anweisungsfolgen, die in Schnipseln vom Typ *Freier Text n* untergebracht werden sollen, müssen in der Tabelle `WAW_SNIPPETS` abgelegt werden. Dort wird ihnen ein Name und ein »Schnipsel-Typ« (*Snippet Type*) zugeordnet. Zwei Schnipsel-Typen werden unterstützt:

▷ *HTML*: Wenn das, was Sie in dem Schnipsel unterbringen möchten, von Datenbankinhalten unabhängig ist, können Sie einen mit HTML-Kommandos formatierten Text verwenden, ohne ihn in PL/SQL übersetzen zu müssen. Stößt DynaDML beim Aufbau einer Seite auf einen Schnipsel dieses Typs, so wird die Prozedur `htp.print` aufgerufen und der in `WAW_SNIPPETS` abgelegte Text als Argument an sie übergeben. Diese Vorgehensweise dient dem Ziel, zumindest einen Teil der von WebAlchemy gebotenen Flexibilität in den Web Application Wizard zu übernehmen.

▷ *PL/SQL*: Wenn Sie auf Datenbankinhalte Bezug nehmen oder aus einem anderen Grund einen aus PL/SQL-Anweisungen bestehenden Schnipsel verwenden möchten, so müssen Sie die gewünschte Anweisungsfolge zu einer vollständigen Prozedur zusammenfassen und deren Namen im Web Application Wizard angeben. In diesem Fall wird also in `WAW_SNIPPETS` nicht die Anweisungsfolge selbst, sondern nur der Name der aufzurufenden Prozedur abgelegt. Zur Laufzeit wird die angegebene Prozedur an der vorgesehenen Stelle von DynaDML gestartet.

Beachten Sie bitte, daß es sich bei `WAW_SNIPPETS.STEXT` zwar um eine Spalte vom Typ `LONG` handelt, daß deren Inhalt aber in eine PL/SQL-Variable vom Typ `VARCHAR2` übernommen wird und deshalb nicht länger als 32 KByte sein darf. Allerdings gilt diese Einschränkung nur für Schnipsel vom Typ HTML, da, wie eben beschrieben, bei Verwendung von PL/SQL-Schnipseln nicht die Anweisungsfolge, sondern der Prozedurname in der Tabelle abgespeichert wird.

9.3.9 Die Generatorkomponente des Web Application Wizard

Die in den Abschnitten 9.3.5 bis 9.3.8 enthaltene Beschreibung geht stillschweigend davon aus, daß die in der Datenbank abgespeicherten Applikationskontexte genutzt werden, indem zur Laufzeit DynaDML aufgerufen und von diesem Package auf die Konfigurationsdaten zugegriffen wird. Es wurde bereits erwähnt, daß der Web Application Wizard als Alternative zu dieser Vorgehensweise in Zukunft eine Generatorkomponente anbieten soll, die es ermöglicht, aus den in der Datenbank abgespeicherten Konfigurationsdaten eigenständige, d. h. nicht auf DynaDML basierende Applikationen zu generieren Die Nutzung einer wiederverwendbaren Komponente und das Generieren eigenständiger Applikationen bieten unterschiedliche Vor- und Nachteile:

- Der Ausgangspunkt für die Implementierung von DynDML war der in Kapitel 7 aufgetretene Wunsch, dem mit dem PL/SQL Web Toolkit arbeitenden Entwickler dadurch die Arbeit zu erleichtern, daß man ihm eine wiederverwendbare Komponente zur Verfügung stellt, die die erforderliche Funktionalität in generischer Form enthält. Die Arbeit des Entwicklers reduziert sich durch DynaDML auf die Zuordnung von Werten zu einigen Konfigurationsparametern, was sicherlich in einem Bruchteil der Zeit zu leisten ist, die für die Entwicklung einer eigenen Applikation erforderlich wäre. Dieser Vorteil gilt allerdings nicht nur bei Verwendung von DynaDML, sondern auch bei Verwendung der Generatorkomponente des Web Application Wizard, da diese die gleichen Konfigurationsdaten nutzt. In Bezug auf den Arbeitsaufwand gibt es also keinen wesentlichen Unterschied zwischen der Benutzung von DynaDML und dem Einsatz des WAW-Generators.

- Einen Unterschied zwischen beiden Strategien gibt es allerdings in bezug auf den Ressourcenverbrauch. In aller Regel wird durch den Einsatz von DynaDML Arbeitsspeicher eingespart werden können, da diese Komponente, nachdem sie einmal in den Arbeitsspeicher geladen wurde, aufgrund ihrer tabellenunabhängigen Implementierung Web-Seiten auf der Basis beliebiger und beliebig vieler unterschiedlicher Tabellen erzeugen kann. Im Gegensatz dazu muß bei tabellenspezifisch implementierten Seiten beim Zugriff auf jede zusätzliche Tabelle auch zusätzlicher PL/SQL-Code geladen werden. Auf der anderen Seite kann die tabellenunabhängige Implementierung von DynaDML zu Performanceeinbußen führen, weil zur Laufzeit erst der gesamte Applikationskontext aus der Datenbank ermittelt werden muß, während dieser Kontext in einer tabellenspezifisch implementierten Applikation bereits enthalten ist.

- Schließlich unterscheiden sich beide Strategien in bezug auf die Möglichkeit, Details der Applikation den eigenen Wünschen gemäß zu gestalten. In dieser Hinsicht stellt der Einsatz einer wiederverwendbaren Komponente ganz gewiß einen Nachteil dar, weil sie nur an den Stellen modifizierbar ist, an denen Konfigurationsparameter zur Verfügung stehen. Im Gegensatz dazu läßt sich der durch einen Generator erstellte Code im Anschluß leicht manuell modifizieren – was allerdings wieder mit dem Nachteil verbunden ist, daß die so vorgenommenen Änderungen nach neuerlichem Generieren verloren sind.

Es kann hier nicht darum gehen, die eine oder andere Strategie zu empfehlen, da die »richtige« Entscheidung von zu vielen Faktoren – wie Hardwareausstattung des Servers, Größe des Datenbestandes, Anzahl der Benutzer, Häufigkeit der Änderungen an der Applikation, Kenntnisse der Entwickler

– abhängt. Was aber getan werden kann, ist dies: beide Verfahren anzubieten und dem Entwickler die Wahl zu überlassen.

Der Generator ist diejenige Komponente, deren Anforderungen am stärksten gegen eine Implementierung des Web Application Wizard auf der Basis der Web-Technologie sprechen. Allein schon die Unmöglichkeit, den auf dem WebServer generierten Code direkt in eine Datei auf dem Client-Rechner zu übertragen, verheißt erhebliche Schwierigkeiten. Gleichwohl soll der gesamten Web Application Wizard auch in Zukunft auf dem PL/SQL Web Toolkit basieren. Den wichtigsten Grund dafür habe ich in Abschnitt 9.3.1 bereits genannt: In der jetzigen Entwicklungsphase, in der der Web Application Wizard ganz gewiß noch kein ausgereiftes Werkzeug ist, scheint es mir wichtig zu sein, daß jeder Entwickler, der das Programm einsetzen möchte und dabei auf Probleme stößt, die Möglichkeit hat, es selbst den eigenen Vorstellungen gemäß zu verändern. Um dieses Ziel zu erreichen, müssen beim Generator einige Umwege in Kauf genommen werden. Sie bestehen darin, daß der generierte Code zunächst einmal in einer Datenbanktabelle zwischengespeichert wird, da der WebServer keinen Zugriff auf den Client-Rechner und dessen Dateisystem hat. Aus dieser Tabelle kann er dann mit Hilfe einer Prozedur, die `owa_util.showsource` sehr ähnlich ist, ausgelesen, als einfaches Textdokument (d.h. ohne HTML-Formatierung) im Browser dargestellt und von dort aus in einer Datei auf dem Client-Rechner abgespeichert werden.

A Beispieltabellen und Beispielapplikationen

A.1 Die Beispieltabellen 431
A.2 Die Beispielapplikation 436

Die Beispieltabellen

Neben zahlreichen kleineren Programmen, die die Nutzung einzelner Funktionalitäten in möglichst überschaubarer Form zeigen sollen, wird in dem vorliegenden Buch vor allem das »Informations- und Verwaltungsprogramm der Stadtbibliothek Neustadt« als Beispiel verwendet. Wie sein Name bereits andeutet, besteht es aus zwei Komponenten, deren erste im wesentlichen den für die Benutzer der Bibliothek bestimmten Katalog darstellt, während die zweite von den Mitarbeitern verwendet wird, um die anfallenden Verwaltungsvorgänge durchzuführen. Die schrittweise Entwicklung dieser Applikation auf der Basis von ODBC oder Oracle Objects for OLE einerseits und des PL/SQL Web Toolkit andererseits wird im Text des Buches beschrieben, so daß jeder Leser in der Lage ist, sie selbst durchzuführen. Die vollständigen Implementierungen sowie wichtige Zwischenstufen sind jedoch auch auf der dem Buch beigegebenen CD zu finden.

Die nachfolgenden Abschnitte beschreiben zunächst die Struktur derjenigen Tabellen, auf denen das »Informations- und Verwaltungsprogramm der Stadtbibliothek Neustadt« basiert, sowie die Schritte, die erforderlich sind, um diese Tabellen in Ihrer Datenbank aufzubauen und sie mit Beispieldaten zu füllen. Im Anschluß daran werden die allgemeine, allen Implementierungen zugrundeliegende Struktur der Beispielapplikation sowie die Besonderheiten der Impementierung mit ODBC oder den Oracle Objects for OLE und mit dem PL/SQL Web Toolkit erläutert.

A.1 Die Beispieltabellen

A.1.1 Das Datenmodell

Eine grafische Darstellung der 10 Tabellen, auf denen das »Informations- und Verwaltungsprogramm der Stadtbibliothek Neustadt« basiert, sowie der Beziehungen zwischen ihnen (*Entity Relationship Diagram*) ist auf einem Faltblatt am Ende des Buches zu finden. Hier soll auf die einzelnen Tabellen etwas genauer eingegangen werden.

Im Mittelpunkt des Tabellengefüges steht, wie die Abbildung sehr schön erkennen und der Name der Applikation ja auch erwarten läßt, die Tabelle BUCH. Bevor von Büchern die Rede sein kann, werden aber erst einmal Autoren benötigt. Die Informationen über alle Autoren, von denen mindestens ein Buch in der Stadtbibliothek Neustadt vorhanden ist, befinden sich in der Tabelle AUTOR:

```
Column Name                   Null?    Type
-----------------------       -------- ----
NR                            NOT NULL NUMBER(4)
NAME                          NOT NULL VARCHAR2(80)
VORNAME                       NOT NULL VARCHAR2(80)
GEBJAHR                                NUMBER(4)
GEBORT                                 VARCHAR2(80)
GESTJAHR                               NUMBER(4)
```

```
GESTORT                         VARCHAR2(80)
LAND                            NUMBER(2)
```

Der einfacheren Verwaltbarkeit wegen wird hier – wie auch in den meisten anderen Tabellen – als Primärschlüssel eine fortlaufende Nummer verwendet. Beim Einfügen neuer Autoren-Datensätze werden die erforderlichen Nummern über die Sequenz AUTOR$NR generiert. Diese Wahl des Primärschlüssels macht zwar die Implementierung zusätzlicher Funktionalität erforderlich, wenn verhindert werden soll, daß der gleiche Autor mehrfach eingetragen wird, doch bietet sie insbesondere beim Zugriff über ODBC Performancevorteile, wie in Kapitel 4 gezeigt wird.

An der Struktur der Tabelle BUCH wird erkennbar, daß das Tabellendesign bewußt einfach gestaltet wurde und daß dabei an einigen Stellen die Präzision geopfert werden mußte:

```
Column Name                     Null?     Type
-----------------------------   --------  ----
NR                              NOT NULL  NUMBER(5)
AUTOR_NR                        NOT NULL  NUMBER(4)
TITEL                           NOT NULL  VARCHAR2(250)
GEBIET_ABK                      NOT NULL  CHAR(1)
VERLAG_NR                                 NUMBER(3)
KOMMENTAR                                 VARCHAR2(500)
JAHR                                      NUMBER(4)
EINTRAG_DATUM                             DATE
```

Die Spalte NR dient wiederum als Primärschlüsselspalte, während AUTOR_NR die Fremdschlüsselspalte darstellt, die die Verknüpfung mit der Tabelle AUTOR ermöglicht. Die Beziehung zwischen AUTOR und BUCH ist also als 1:n-Beziehung dargestellt, was insbesondere den Verhältnissen im Bereich der EDV-Literatur nicht gerecht wird, in dem die meisten Bücher von zwei oder mehr Autoren geschrieben werden. Mitautoren werden ebenso wie die Namen von Übersetzern oder die Tatsache, daß ein Buch Bestandteil einer aus mehreren Bänden bestehenden Reihe ist, in der Spalte KOMMENTAR vermerkt. All diese Notbehelfe dienen dazu, die Anzahl der Tabellen und ihrer Spalten zu reduzieren und damit überschaubarer zu gestalten. In einer produktionsreifen Version sollten dafür natürlich andere Lösungen gefunden werden.

Mit den Regeln des Datenbankdesigns konform ist dann aber wieder die Auslagerung der Informationen über Verlage, Sachgebiete und Länder in eigene Tabellen. Die Namen und Informationen über die Flaggen der Länder – die z.B für einen nach Ländern geordneten Autorenkatalog benötigt werden – sind in der Tabelle LAND enthalten:

```
Column Name                     Null?     Type
-----------------------------   --------  ----
NR                              NOT NULL  NUMBER(3)
NAME                            NOT NULL  VARCHAR2(80)
FLAGGE_BMP                                VARCHAR2(80)
FLAGGE_GIF                                VARCHAR2(80)
```

Auf die Nummern der Länder (Primärschlüsselspalte) wird in der Tabelle AUTOR Bezug genommen. Die Spalten FLAGGE_BMP und FLAGGE_GIF enthalten – wie schon die Größe erkennen läßt – nicht die Grafik selbst, sondern nur Namen, über die die Grafiken entweder in Betriebssystemdateien oder in der im weiteren Verlauf dieses Abschnitts noch vorzustellenden Tabelle BILD aufgefunden werden können. Die Bitmap-Versionen der Flaggen (FLAGGE_BMP) finden bei der Implementierung mit ODBC oder den Oracle Objects for OLE Verwendung, die GIF-Versionen bei der Implementierung mit dem Oracle WebServer.

Die Informationen über die in der Bibliothek vertretenen Verlage werden in der Tabelle VERLAG verwaltet. Der Primärschlüssel ist wiederum eine fortlaufende Nummer, auf die in der Tabelle BUCH Bezug genommen wird. Der Name des Verlags wird in einer Kurz- und einer Langform gespeichert, zwischen denen der Entwickler nach Maßgabe des auf dem Bildschirm verfügbaren Platzes auswählen kann. Falls der Verlag über einen eigenen WebServer verfügt, wird dessen Adresse in der Spalte URL abgespeichert, wobei es sich keineswegs um fiktive, sondern um – zumindest zum Zeitpunkt des Manuskript-Abschlusses – funktionstüchtige Adressen handelt:

```
Column Name                    Null?    Type
------------------------------ -------- ----
NR                             NOT NULL NUMBER
NAME_KURZ                      NOT NULL VARCHAR2(80)
NAME_LANG                      NOT NULL VARCHAR2(80)
ORT                                     VARCHAR2(80)
URL                                     VARCHAR2(256)
```

Schließlich werden die Sachgebiete, nach denen die Bücher in der Stadtbibliothek Neustadt geordnet sind, in einer eigenen Tabelle GEBIET verwaltet. Als Besonderheit ist hier lediglich zu vermerken, daß der Primärschlüssel nicht als Nummer, sondern als Buchstabe (ABK = »Abkürzung«) realisiert ist.

```
Column Name                    Null?    Type
------------------------------ -------- ----
ABK                            NOT NULL CHAR(1)
BEZ                            NOT NULL VARCHAR2(80)
```

Bücher sollen nicht nur angeschafft und im Katalog verwaltet, sondern auch ausgeliehen werden. Dafür sind Personen erforderlich, die entweder einfache Benutzer oder Mitarbeiter der Bibliothek sein können. Auf diese Unterscheidung bezieht sich die Spalte TYP. Alle anderen Spalten dürften selbsterklärend sein:

```
Column Name                    Null?    Type
------------------------------ -------- ----
NR                             NOT NULL NUMBER(4)
TYP                            NOT NULL CHAR(1)
NAME                           NOT NULL VARCHAR2(80)
VORNAME                        NOT NULL VARCHAR2(80)
STRASSE                        NOT NULL VARCHAR2(80)
HAUSNR                         NOT NULL NUMBER(3)
```

A Beispieltabellen und Beispielapplikationen

```
PLZ                             NOT NULL VARCHAR2(5)
ORT                             NOT NULL VARCHAR2(80)
GESCHLECHT                      NOT NULL CHAR(1)
```

Als Hilfestellung beim Eintragen eines neuen Benutzers dient die Tabelle STRASSE. In ihr werden die Neustädter Straßen sowie die zugehörige Postleitzahl und Ortsbezeichnung verwaltet, so daß die Applikation eine Liste der verfügbaren Straßen anbieten und als Reaktion auf eine Auswahl die Eintragung der Postleitzahl und des Ortes automatisch vornehmen kann:

```
Column Name                     Null?    Type
------------------------------- -------- ----
STR                             NOT NULL VARCHAR2(80)
PLZ                                      NUMBER(5)
ORT                                      VARCHAR2(80)
```

Die Ausleihvorgänge selbst werden in der Tabelle AUSLEIHE verwaltet. Neben den zu erwartenden Spalten für die Nummer des Buches, die Benutzernummer, den Ausleihtermin und den Rückgabetermin enthält sie eine Spalte VORMERKUNG, die benutzt wird, wenn der Benutzer von der Katalogapplikation aus ein Buch für die Ausleihe bestellt:

```
Column Name                     Null?    Type
------------------------------- -------- ----
BUCH_NR                         NOT NULL NUMBER(5)
PERSON_NR                       NOT NULL NUMBER(4)
VORMERKUNG                               DATE
AUSLEIHE                        NOT NULL DATE
RUECKGABE                                DATE
```

Auch dieses Tabellendesign wurde im Hinblick auf seine Einfachheit gewählt. In einer Produktionsumgebung wären aus Sicherheitsgründen andere Lösungen vorzuziehen (vgl. Kapitel 7).

Die Sitzungen der Mitarbeiter, die in einem gegenüber den Benutzern privilegierten Modus arbeiten, werden in der Tabelle SITZUNG verwaltet, die insbesondere in der Implementierung mit dem PL/SQL Web Toolkit von Bedeutung ist (vgl. Kapitel 7).

```
Column Name                     Null?    Type
------------------------------- -------- ----
BENUTZER                        NOT NULL VARCHAR2(80)
CLIENT_ADDR                     NOT NULL VARCHAR2(80)
SCHLUESSEL                               VARCHAR2(80)
PROZEDUR                                 VARCHAR2(80)
```

Für die Abspeicherung von Grafiken, die in der Datenbank verwaltet werden sollen, ist die Tabelle BILD vorgesehen:

```
Column Name                     Null?    Type
------------------------------- -------- ----
NAME                            NOT NULL VARCHAR2(255)
MIME_TYPE                                VARCHAR2(30)
```

Die Beispieltabellen

```
IMG_SIZE                        NUMBER
IMAGE                  NOT NULL LONG RAW
IMG_DESC                        VARCHAR2(2000)
```

Sie stellt die einzige Tabelle dar, deren Spalten nicht deutsche, sondern englische Namen tragen. Diese Inkonsistenz beruht nicht auf Nachlässigkeit, sondern darauf, daß die in Kapitel 8 vorgestellte *OWA Replacement Cartridge* eine genau vorgegebene Tabellenstruktur erfordert. Eine Abweichung von dieser Struktur hätte zu der Notwendigkeit geführt, die im ODBC-Teil benötigten Bitmaps und die im WebServer-Teil benötigten GIF- bzw. JPEG-Dateien in zwei verschiedenen Tabellen zu verwalten. Dies schien mir nicht erstrebenswert, und so habe ich die englischen Spaltennamen als das kleinere Übel in Kauf genommen.

> Informationen über die definierten Constraints, Indizes, Views usw. finden Sie in der Datei CreateTables.sql, die sich im Verzeichnis \Beispieltabellen\Skripts der beigefügten CD befindet. Die Sequenzen werden dagegen in denjenigen Skripts definiert, die die Beispieldaten in die angelegten Tabellen eintragen, weil die Startnummer von der Anzahl der bereits existierenden Datensätze abhängt. Die Sequenz AUTOR$NR wird also angelegt in Autor.sql, BUCH$NR in Buch.sql usw. Alle diese Dateien befinden sich ebenfalls in \Beispieltabellen\Skripts.

A.1.2 Das Anlegen der Beispieltabellen

Das auf der beigegebenen CD bereitgestellte Material bietet Ihnen die Auswahl zwischen zwei verschiedenen Vorgehensweisen für den Aufbau der Beispieltabellen. Beide setzen voraus, daß zuvor ein Datenbankbenutzer angelegt wurde, der eigene Tabellen, Indizes und Sequenzen aufbauen darf. Sofern Sie nicht einen bereits vorhandenen Benutzer verwenden, sondern einen neuen Benutzer anlegen anlegen wollen, empfiehlt es sich, diesen ADD-WES zu nennen, da er auch im Text des Buches stets unter diesem Namen angesprochen wird.

Sämtliche für den Aufbau der Beispieltabellen relevanten Dateien sind im Verzeichnis \Beispieltabellen zu finden. Dieses Verzeichnis enthält drei Unterverzeichnisse, die sich zu den beiden möglichen Vorgehensweisen folgendermaßen verhalten:

▶ Das Unterverzeichnis Export enthält in der Datei AddWes.dmp einen Export aller Beispieltabellen und der darin enthaltenen Daten. Wenn Sie über das *Import Utility* von Oracle verfügen, so können Sie AddWes.dmp benutzen, um die Beispieltabellen mit Hilfe dieses Werkzeugs aufzubauen.

▶ Wenn Sie nicht über das Import Utility verfügen, Schwierigkeiten beim Importieren haben oder sich aus irgendwelchen anderen Gründen gegen diese Strategie entscheiden, können Sie die im Unterverzeichnis Skripts enthaltenen SQL-Skripts benutzen, um die Beispieltabellen unter Verwendung eines Kommandozeilenwerkzeugs wie *SQL*Plus*, *SQL Worksheet* oder *Server Manager* anzulegen. Beachten Sie aber bitte, daß es auf diesem Wege zwar möglich ist, *Tabelle* BILD anzulegen, nicht aber, sie mit *Daten* (Grafiken) zu füllen. Die beiden Vorgehensweisen liefern also nicht das gleiche Resultat. Wenn Sie mit Grafiken aus der Datenbank arbeiten möchten, müssen Sie diese anschließend manuell unter Verwendung der in den Beispielapplikationen enthaltenen Teilapplikationen laden. Die dafür erforderlichen Bitmap-Dateien finden Sie im Unterverzeichnis Bitmaps, während die GIF- und JPEG-Dateien gesondert im Hauptverzeichnis \WebServer abgelegt wurden.

Wenn Sie sich für das Importieren entscheiden, sollten Sie nicht die grafische, im *Oracle Data Manager* enthaltene Version, sondern das entsprechende Kommandozeilenwerkzeug (z.B. IMP73.EXE) verwenden, in der – ebenfalls im Unterverzeichnis Export enthaltenen – Datei AddWesImp.par den Wert des Parameters TOUSER anpassen, falls der Benutzer, unter dem Sie die Tabellen anlegen möchten, nicht ADDWES heißt, und dann das Import Utility so starten, daß es die in der Parameterdatei festgelegten Einstellungen verwendet:

```
IMP73 PARFILE=AddWesImp.par
```

Falls Sie lieber die Skripts verwenden möchten, um die Tabellen aufzubauen, brauchen Sie nicht alle im Unterverzeichnis Skripts enthaltenen SQL-Skripts explizit zu starten, sondern lediglich CreateTables.sql. Dieses ruft alle anderen Skripts in der richtigen Reihenfolge auf.

> Bitte beachten Sie, daß sich zwischen dem Abschluß des Buchmanuskripts und der Fertigstellung der CD noch Änderungen ergeben haben können. Prüfen Sie deshalb, ob sich im Verzeichnis \Beispieltabellen eine Datei mit dem Namen readme.txt befindet. Sollte dies der Fall sein, so lesen Sie sie bitte, bevor Sie mit dem Aufbau der Beispieltabellen beginnen.

A.2 Die Beispielapplikation

A.2.1 Allgemeine Applikationsstruktur

Die Beispielapplikation besteht, wie bereits erwähnt, aus zwei Hauptkomponenten: Das »Informationsprogramm der Stadtbibliothek Neustadt«, das im Buch häufig auch als »Katalogkomponente« bezeichnet wird, soll den Benutzern zur Verfügung stehen und ihnen Einsicht in den Katalog, der in einer Oracle-Datenbank abgelegt ist, sowie die Online-Bestellung von Büchern, die sie ausleihen möchten, ermöglichen. Das »Verwaltungsprogramm der Stadtbibliothek Neustadt«, auch als »Verwaltungskomponente« bezeichnet, ist für die Mitarbeiter gedacht und soll ihnen die Durchführung ihrer Aufgaben ermöglichen.

Die Beispielapplikation

Die *Katalogkomponente* soll im einzelnen mindestens folgende Funktionalitäten anbieten:

- *Autorenkatalog*: Der Benutzer soll die Möglichkeit haben, alle in der Bibliothek vorhandenen Bücher eines gegebenen Autors abzufragen. Der Autorenkatalog soll auch die Möglichkeit bieten, einen Autor, an dessen Namen sich der Benutzer nur unvollständig erinnert, zu suchen.

- *Länderkatalog*: Der Benutzer soll in der Lage sein, alle in der Bibliothek vertretenen Autoren eines Landes und deren Bücher abzufragen.

- *Neuerwerbungen*: Eine weitere Teilkomponente soll den Benutzer über alle Bücher informieren, die während der letzten n Tage angeschafft wurden, wobei der Benutzer in der Lage sein soll, den Wert für n selbst festzulegen.

- *Bücherbestellung*: Stößt der Benutzer beim »Blättern« im Katalog auf ein Buch, das er ausleihen möchte, soll er es von der Katalogkomponente aus bestellen können.

Diese Funktionalitäten wurden weniger im Hinblick auf die Frage ausgewählt, wie eine derartige Applikation in einer realen Bibliothek aussehen müßte. Entscheidend für die Auswahl war vielmehr der Gesichtspunkt des Nutzens für die Darstellung. So bietet der Länderkatalog die Möglichkeit, unter Verwendung der Flaggen das Arbeiten mit Bildern vorzustellen, während sich anhand der Liste der Neuerwerbungen zeigen läßt, wie einfach sich die bei statischen Web-Seiten so aufwendige Pflege von Seiten des Typs »What's new« gestaltet, wenn ihre Inhalte aus einer Datenbank ermittelt werden. Andere Funktionalitäten, wie etwa ein Stichwortkatalog, der in einem realen Katalog nicht fehlen dürfte, unterscheiden sich dagegen von den ausgewählten meist lediglich durch die zu verwendende SQL-Anweisung und sind daher für die Darstellung nicht sehr ergiebig.

Die Formulierung »mindestens folgende Funktionalitäten« soll darauf hinweisen, daß im Einzelfall zusätzliche Teilkomponenten implementiert sein können. So bietet etwa die WebServer-Implementierung der Katalogkomponente dem Benutzer zusätzlich eine Übersicht über diejenigen unter den in der Bibliothek vertretenen Verlagen, die eigene WebServer im Internet anbieten, und ermöglicht über aktive Links den Aufbau einer Verbindung dorthin.

Die Verwaltungskomponente soll mindestens folgende Aufgaben unterstützen:

- *Katalogverwaltung*: Die Verwaltung des Katalogs umfaßt das Eintragen und Ändern von Informationen über Autoren, Bücher, Verlage, Sachgebiete und Länder.

- *Benutzerverwaltung*: Die Benutzerverwaltung ermöglicht das An- und Abmelden von Benutzern sowie die zwischenzeitliche Änderung von Benutzerdaten.

▶ *Bücherausleihe*: Die Ausgabe vom Benutzer bestellter Bücher und deren Rücknahme erfolgt durch Mitarbeiter der Bibliothek. Beide Vorgänge müssen in der Datenbank verbucht werden.

▶ *Statistik*: Diese Teilkomponente wurde vor allem aufgenommen, um die Darstellung von Daten in Diagrammform erörtern zu können. Sie bietet in der Regel Übersichten über die Verteilung der vorhandenen Bücher einerseits und der ausgeliehenen Bücher andererseits auf die einzelnen Sachgebiete, die die Frage beantworten sollen, ob die Anschaffungspolitik der Bibliothek dem Leserinteresse entspricht.

▶ *Bildverwaltung*: In den Bereich der Verwaltungskomponente gehört auch die Aufgabe, von den Applikationen benötigte Bilder in die Datenbank zu laden und dafür zu sorgen, daß die Applikationen auf sie zugreifen können.

Auch die Verwaltungskomponente kann im Einzelfall über zusätzliche Teilkomponenten verfügen. So bietet etwa die Implementierung auf der Basis von ODBC und Oracle Objects for OLE die Möglichkeit zur Erstellung von Mahnbriefen (Serienbriefen), die in der WebServer-Implementierung aus leicht nachvollziehbaren Gründen nicht enthalten ist.

A.2.2 Besonderheiten der Implementierung mit ODBC und Oracle Objects for OLE

Um dem besonderen Charakter von Middlewaretechnologien wie ODBC und Oracle Objects for OLE, die die Nutzung durch zahlreiche Werkzeuge gestatten, gerecht zu werden, wurde die Beispielapplikation in vier Teile zerlegt, die ihrerseits mit vier verschiedenen Werkzeugen implementiert wurden:

▶ Die gesamte Katalogkomponente sowie die Bildverwaltung wurde mit *Visual Basic 4.0* unter Verwendung der Oracle Objects für OLE implementiert.

▶ Der überwiegende Teil der Verwaltungskomponente wurde mit *Access 7.0* unter Verwendung der ODBC-Schnittstelle realisiert.

▶ Für die Teilkomponente Statistik wurden *Excel 7.0* und die Oracle Objects for OLE gewählt.

▶ Die Erstellung von Mahnbriefen dient als Beispiel für die Erstellung von Serienbriefen mit Microsoft Word, deren Detaildaten aus einer Oracle-Datenbank ermittelt werden sollen. Sie wird in zwei Fassungen vorgeführt: Die einfachere, auch mit *Word 7.0* realisierbare Fassung (Kapitel 2) basiert auf ODBC, die anspruchsvollere, nur mit *Word 97* realisierbare Fassung (Kapitel 4) basiert auf den Oracle Objects for OLE.

Das Überwiegen der Oracle Objects for OLE gegenüber der ODBC-Schnittstelle erklärt sich daraus, daß die Verwendung der ODBC-Schnittstelle mit den genannten Werkzeugen sehr viel besser dokumentiert ist und das weit verbreitete Vorurteil, die Oracle Objects for OLE seien eine ausschließlich im Zusammenhang mit Visual Basic (als Entwicklungswerkzeug) einsetzbare Schnittstelle, widerlegt werden sollte.

Diese Teilkomponenten sowie die im Buch diskutierten kleineren Beispielapplikationen finden Sie auf der CD im Verzeichnis \Middleware, das seinerseits die vier Unterverzeichnisse Access, Excel, VisualBasic und Word97 enthält.

Die Access-Datenbank neustadt.mdb enthält alle für die Beispielapplikation erforderlichen Tabellen als eingebundene Tabellen. Bei der Erstellung wurden der ODBC-Treiber von Oracle in der Version 2.0.3 und eine ODBC-Datenquelle mit dem Namen AddWesDB verwendet.

> Bitte beachten Sie auch in diesem Fall, daß sich nach Abschluß des Buchmanuskripts noch Änderungen ergeben haben können und überprüfen Sie deshalb den Inhalt der Datei \Middleware\readme.txt.

A.2.3 Besonderheiten der Implementierung mit dem PL/SQL Web Toolkit

Obwohl die Implementierung des »Informations- und Verwaltungsprogramms der Stadtbibliothek Neustadt« nicht – wie die auf ODBC und den Oracle Objects for OLE basierende – mit verschiedenen Werkzeugen, sondern vollständig mit dem PL/SQL Web Toolkit durchgeführt wurde, ist das auf der CD im Verzeichnis \WebServer bereitgestellte Material sehr vielfältig und komplex. Dies liegt vor allem an zwei Gründen:

- In den Kapiteln über ODBC und die Oracle Objects for OLE liegt das Schwergewicht des Interesses auf den Middlewareprodukten und es wird versucht, von den einzelnen Entwicklungswerkzeugen so weit wie möglich zu abstrahieren. In den Kapiteln über den WebServer und das PL/SQL Web Toolkit stehen Middlewaretechnologie und Entwicklungsumgebung dagegen gleichermaßen im Blickpunkt. Deshalb werden die einzelnen Entwicklungsschritte im Text sehr viel detaillierter beschrieben und auf der CD sehr viel häufiger in Form eigenständiger Applikationen angeboten, so daß der Leser den Fortgang der Applikationsentwicklung auch anhand der immer umfangreicher und komplexer werdenden Versionen der Beispielapplikationen nachvollziehen kann.
- Die Kapitel 5 bis 9 beschreiben nicht nur das Arbeiten mit dem PL/SQL Web Toolkit, sondern machen den Leser auch mit ergänzenden Produkten und Werkzeugen bekannt, die sich zum großen Teil ebenfalls auf der CD befinden.

Die Installation all dieser Materialien sollten Sie in drei Teilschritten vornehmen: Zunächst sind die *statischen Komponenten* von der CD in eine Verzeichnis ihres WebServer-Rechners zu kopieren. Sodann sind die *PL/SQL-Packages* in der Datenbank anzulegen. Im dritten Schritt können dann die *Zusatzprodukte* installiert werden.

Mit dem Begriff *statische Komponenten* sind all diejenigen Materialien gemeint, die in Dateiform auf der CD bereitgestellt und später auch in dieser Form genutzt werden. Das sind vor allem statische Web-Seiten (HTML-Dateien) und Bilder. Diese Materialien befinden sich auf der CD im Verzeichnis \WebServer\AddWes, das die Unterverzeichnisse Bilder (für GIF- und JPEG-Dateien) und Seiten (für HTML-Dateien) enthält. Es ist empfehlenswert, das Verzeichnis AddWes mit allen darin enthaltenen Unterverzeichnissen und Dateien auf den WebServer-Rechner zu kopieren und es so in das virtuelle Dateisystem Ihres WebServers einzubauen, daß es über das virtuelle Verzeichnis /AddWes angesprochen werden kann. Können oder wollen Sie dies nicht tun, müssen Sie vor der Ausführung von Installationsschritt 2 in den meisten PL/SQL-Packages den Wert der Konstanten PICT_PATH ändern, da bei deren Programmierung vorausgesetzt wurde, daß sich alle Bilder im virtuellen Verzeichnis /AddWes/Bilder befinden. Diese Konstante wird in der Regel zu Beginn des Package Body, in einigen Fällen auch bereits in der Package Specification angelegt.

Bei der Installation der *PL/SQL-Packages* können Sie zwischen zwei Vorgehensweisen wählen: Sie können entweder alle in den Kapiteln 6 bis 9 besprochenen Packages sowie die zugehörigen Tabellen *gleichzeitig* installieren oder die Kapitel 6 bis 9 nacheinander durcharbeiten und die einzelnen Packages *nacheinander* aufbauen, wenn sie benötigt werden. Wenn Sie den ersten Weg beschreiten möchten, so finden Sie alle erforderlichen SQL- und PL/SQL-Skripts im Verzeichnis \WebServer\InstallAll, wenn Ihnen dagegen der zweite Weg lieber ist, so finden Sie die Skript-Dateien thematisch geordnet in den Unterverzeichnissen CommProc, HTPX, Kapitel6, Kapitel7, Kapitel8, Skripts und WAW des Verzeichnisses \WebServer.

Sofern Sie alle Tabellen und Skripts gleichzeitig aufbauen möchten, brauchen Sie nur ein Kommandozeilenwerkzeug wie SQL*Plus, SQL Worksheet oder den Server Manager aufzurufen und das Skript InstallAll.sql zu starten. Dieses ruft alle anderen Skripts in der richtigen Reihenfolge auf. Alle Skripts sind so gestaltet, daß sie auch wiederholt ausgeführt werden können. Sie enthalten deshalb u.a. DROP-TABLE-Anweisungen, die bei der ersten Ausführung Fehlermeldungen der Form

```
drop table webcolors
           *
ORA-00942: table or view does not exist
```

zur Folge haben. Diese Fehlermeldungen sind jedoch ebenso unbedenklich wie die Fehlermeldung

```
MGR-00110: Illegal SET option.
```

Sie tritt auf, wenn die Skripts nicht von SQL*Plus, sondern einem anderen Werkzeug aus gestartet werden. Verursacht wird sie durch die Anweisungen SET DEFINE OFF und SET DEFINE ON, die eingefügt wurden, um SQL*Plus von der Meinung abzubringen, Ausdrücke wie ' ' seien Namen von Variablen. SQL*Plus versteht diese Anweisungen auch, dem Server Manager und dem SQL Worksheet sind sie jedoch unbekannt.

Die Beispielapplikation

Der letzte Schritt besteht in der Installation all der *Zusatzkomponenten*, die – wie die Applets *LEDSign* und *PieChart* oder die *OWA Replacement Cartridge* – in Kapitel 8 vorgestellt werden. In diesem Kapitel befinden sich neben Anleitungen zur Nutzung auch Installationshinweise, die hier wohl nicht wiederholt zu werden brauchen, da die Funktionstüchtigkeit der in den Kapitel 6 und 7 besprochenen Applikationen bereits nach den ersten beiden Installationsschritten gegeben ist und die Installation der Zusatzkomponenten nicht voraussetzt.

Bitte beachten Sie auch in diesem Fall, daß sich nach Abschluß des Buchmanuskripts noch Änderungen ergeben haben können und überprüfen Sie deshalb den Inhalt der Datei `\WebServer\readme.txt`.

B Einführung in SQL

B.1	Grundlagen	445
B.2	Datenabfrage (Data Query Language)	450
B.3	Datenmanipulation (Data Manipulation Language)	460
B.4	Datenbeschreibung (Data Definition Language)	466
B.5	Datenverwaltung (Data Control Language) .	473
B.6	Anmerkungen zur Performance von SQL-Anweisungen	474

B.1 Grundlagen

B.1.1 Was ist SQL?

Relationale Datenbanksysteme wie der Oracle Server lassen sich in Kürze durch vier Haupteigenschaften beschreiben:

- Unabhängig davon, wie die in der Datenbank abgelegten Daten physisch gespeichert werden, werden sie dem Betrachter in Form von *Tabellen* (oder: *Relationen*) präsentiert.

- Zum Datenbanksystem gehört zwingend eine *Abfragesprache*, die den Zugriff auf die Daten ermöglicht. In echten relationalen Datenbanksystemen – wie dem Oracle Server – stellt diese Abfragesprache den einzigen möglichen Zugriffsweg dar. In Datenbanksystemen, die ursprünglich nicht relational waren und erst nachträglich mit einer relationalen Schnittstelle ausgestattet wurden, stellt sie meist einen unter mehreren möglichen Zugriffswegen dar.

- Die Abfragesprache ist *nicht-prozedural*. Das bedeutet, daß der Benutzer in ihr nur formuliert, *was* – d.h. welche Daten – er bearbeiten möchte, daß er aber im Gegensatz zur traditionellen Programmierung nicht angeben muß, *wie* – d.h. auf welchem Wege – diese Daten aus der Datenbank ermittelt werden können.

- Das Datenbanksystem selbst enthält eine als *Optimizer* bezeichnete Komponente, die dafür zuständig ist, die nicht-prozedurale SQL-Anweisung in eine prozedurale Schrittfolge umzusetzen. Der Name Optimizer rührt daher, daß sich für eine SQL-Anweisung in vielen Fällen mehrere unterschiedliche Schrittfolgen als Alternativen anbieten und daß die Aufgabe des Optimizers dann darin besteht, die möglichen Schrittfolgen zu ermitteln und dann die optimale – d.h. die am schnellsten ausführbare – auszuwählen.

Diese kurze Charakterisierung macht deutlich, daß es weniger das Tabellenkonzept als solches ist, das den relationalen Datenbanksystemen ihre Überzeugungskraft verschafft, als vielmehr die Kombination aus Abfragesprache und Optimizer. Wenn die Anwender, um von ihnen gewünschte Daten zu sehen, nur eine einzige Abfrage statt eines vollständigen Programms benötigen, und wenn sie diese Abfrage sofort selbst erstellen können, statt auf den Zeitplan der Applikationsentwicklungsabteilung Rücksicht nehmen zu müssen, so erweist sich dies überall da als großer Vorteil, wo es nicht – wie bei der Reservierung von Sitzplätzen – auf die Abwicklung standardisierter Zugriffe ankommt, sondern – wie in der wissenschaftlichen Forschung oder bei der Auswertung von Umsatzzahlen – auf flexible Auswertungsmöglichkeiten.

SQL hat sich frühzeitig als Standard gegen andere Abfragesprachen durchsetzen können. Die Abkürzung steht für *Structured Query Language* (»Strukturierte Abfragesprache«), was ziemlich nichtssagend ist und überdies – wie der Begriff »Abfragesprache« überhaupt – eine Untertreibung darstellt. SQL ermöglicht nämlich nicht nur die Abfrage von Daten, die sich bereits in der Datenbank befinden, sondern auch die Durchführung derjenigen Schritte, die erforderlich sind, damit sich überhaupt Daten in der Datenbank befinden können. SQL umfaßt vielmehr vier Teilbereiche:

> *Data Query Language:* Dieser Bereich umfaßt nur eine einzige, allerdings sehr mächtige Anweisung, mit der Daten aus der Datenbank abgefragt werden können.

> *Data Manipulation Language (DML):* Dieser Bereich umfaßt alle Anweisungen, die dem Einfügen neuer sowie dem Ändern oder Löschen bereits in der Datenbank befindlicher Daten dienen. Dazu gehört auch die in Abschnitt A.3.2 beschriebene Transaktionsverwaltung.

> *Data Definition Language (DDL):* Dieser Bereich umfaßt alle Anweisungen, die dem Anlegen und Verwalten von Tabellen sowie von anderen Datenbankobjekten dienen.

> *Data Control Language (DCL):* Die in diesem Bereich enthaltenen Anweisungen ermöglichen die Steuerung der Zugriffsrechte auf die Tabellen. Eine solche Steuerung ist notwendig, wenn es sich nicht um eine persönliche, sondern um eine von zahlreichen Anwendern genutzte Datenbank handelt.

Daß SQL sich als Standard-Abfragesprache durchgesetzt hat, bedeutet zwar, daß SQL im Laufe der Jahre alle »Konkurrenten« ausgeschaltet hat und daß nahezu alle Hersteller, die überhaupt eine relationale Schnittstelle zu ihrem Datenbanksystem anbieten, diese als SQL-Schnittstelle implementieren. Es bedeutet aber keineswegs, daß die SQL-Implementierungen aller Hersteller völlig identisch sind. Zwar gibt es SQL-Standards, doch haben die frühen Standards – wie der inzwischen von vielen Herstellern vollständig unterstützte SQL89-Standard – nur den kleinsten gemeinsamen Nenner definiert und viele wichtige Bereiche ausgeklammert, während der derzeit gültige SQL92-Standard zwar wesentlich anspruchsvoller, dafür aber auch bisher noch von keinem Hersteller vollständig unterstützt wird.

B.1.2 Verwendung von SQL

Die Grundidee von SQL bestand – wie im vorangegangenen Abschnitt dargestellt – darin, eine Sprache zu schaffen, mit der ein interaktiv arbeitender Benutzer jederzeit auf den Datenbestand einer relationalen Datenbank zugreifen kann. Dies erfordert ein Werkzeug, das SQL-Anweisungen vom Benutzer entgegennimmt und deren Ausführung veranlaßt. Da solche interaktiv abgesetzten SQL-Anweisungen in ihrer überwiegenden Mehrheit Datenbankabfragen sind, spricht man von Werkzeugen für *Ad-hoc-Abfragen*. Ad-hoc-Abfragen sind sinnvoll, wenn selten oder bisher noch gar nicht berücksichtigte Zusammenhänge untersucht werden sollen. Für Routine-Auf-

Grundlagen

gaben ist dagegen das immer wieder neue Eingeben von SQL-Anweisungen nicht effizient. Im einfacheren Fall handelt es sich dann darum, daß eine komplexe SQL-Anweisung oder eine Gruppe von SQL-Anweisungen in einer Datei abgespeichert und diese – als *SQL-Skript* bezeichnete – Datei später wieder zur Ausführung gebracht wird. Dafür ist ein Werkzeug erforderlich, das SQL-Skripts laden und ausführen kann. Im komplexeren Fall ist die Aufgabe mit SQL allein nicht zu lösen, weil Ein- und Ausgaben, Fallunterscheidungen, Wiederholungen, Fehlerbehandlungen – kurz: all die Aktionen notwendig sind, die zwar mit herkömmlichen prozeduralen Programmiersprachen, nicht aber mit dem nicht-prozeduralen SQL möglich sind. In diesem Fall sind die *Einbettung von SQL in eine prozedurale Programmiersprache* und Werkzeuge, die mit dieser Sprachkombination umgehen können, erforderlich.

Im Bereich der Werkzeuge für Ad-hoc-Abfragen lassen sich zwei Gruppen unterscheiden. Das sind einerseits die – in der Regel älteren – Werkzeuge im Kommandozeilen-Modus, die vom Benutzer das Eintippen einer SQL-Anweisung und folglich SQL-Kenntnisse verlangen, andererseits Werkzeuge im grafischen Modus, die es dem Benutzer ermöglichen, die Spezifikation der gewünschten Ergebnismenge durch Mausklicks vorzunehmen und dabei weitestgehend ohne SQL-Kenntnisse auszukommen. Beispiele für Kommandozeilen-Werkzeuge von Oracle sind *SQL*Plus* sowie – vor allem für Datenbankverwalter *SQL*DBA, Server Manager* und *SQL Worksheet*. Werkzeuge im grafischen Modus sind sowohl von Oracle (*Oracle Browser*) als auch von anderen Herstellern (z.B. das in Kapitel 2 beschriebene *Microsoft Query*) erhältlich.

Die Möglichkeit, SQL-Skripts abzuarbeiten, wird in der Regel von den Werkzeugen für Ad-hoc-Abfragen ebenfalls angeboten, sofern sie im Kommandozeilen-Modus arbeiten. Das ist ein Grund dafür, daß die Kommandozeilen-Werkzeuge trotz der Existenz der Werkzeuge im grafischen Modus nicht etwa aussterben, sondern, ganz im Gegenteil, immer weiter ausgebaut werden.

Die Einbettung von SQL in eine andere Programmiersprache kennzeichnet den Bereich der Applikationsentwicklung. Auch hier lassen sich zwei grundsätzliche Möglichkeiten unterscheiden. Die erste ist die *Einbettung von SQL in eine herkömmliche Programmiersprache* wie COBOL, FORTRAN oder C (*Embedded SQL*). Die Schwierigkeit bei diesem Verfahren besteht darin, daß die SQL-Anweisungen Fremdkörper innerhalb des Programms darstellen, die beim Übersetzen zu Fehlermeldungen durch den Compiler führen würden und deshalb entweder durch den Programmierer oder ein als *Precompiler* bezeichnetes Werkzeug in für den Compiler verdauliche Funktionsaufrufe umgewandelt werden müssen. Die zweite Möglichkeit ist die Verwendung von Programmiersprachen, bei denen SQL zum Sprachumfang gehört. Bei Oracle ist das entweder PL/SQL (vgl. Anhang C) oder Oracle Basic (verwendet z.B. innerhalb von Oracle Power Objects). Die Schwierigkeit dieses Verfahrens besteht darin, daß die Programmiersprachen, die SQL integrieren, herstellerspezifisch und nicht standardisiert sind.

B.1.3 Was ist eine Tabelle?

Zwar wurde in Abschnitt A.1.1 behauptet, das Tabellenkonzept sei gar nicht das wichtigste Merkmal relationaler Datenbanken, doch spielen Tabellen in ihnen immerhin eine so zentrale Rolle, daß einige Begriffe, die mit dem Tabellenkonzept zusammenhängen, geklärt werden müssen, damit die folgende Darstellung verständlich wird.

Eine Tabelle (*Table*) besteht einerseits aus Spalten (*Columns*), andererseits aus Datensätzen oder Zeilen (*Records*). Anzahl und Datentyp der Spalten werden beim Datenbankdesign festgelegt. Sie ändern sich während der Lebenszeit der Tabelle gar nicht oder sehr selten. Die Anzahl der Datensätze ergibt sich durch kontinuierliches Einfügen neuer und eventuell das Löschen alter Datensätze. Sie ist prinzipiell veränderlich, wenn es auch einzelne Tabellen gibt, deren Inhalt nur selten verändert wird. Jeder Datensatz besteht aus einem oder mehreren Feldern (*Fields*). Jedes Feld bildet den Schnittpunkt einer Zeile und einer Spalte.

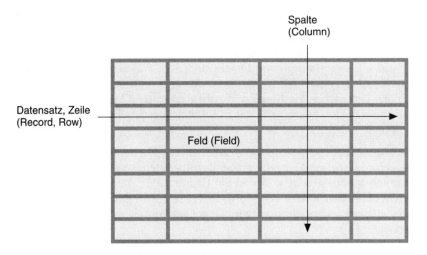

Abbildung B.1: Grundstruktur einer Tabelle

Die Grundidee, die auch das Datenbankdesign steuern sollte, besagt, daß jede Tabelle einem Objekttyp, jede Spalte einer allen Objekten dieses Typs zukommenden Eigenschaft, jeder Datensatz einem einzelnen Objekt und jedes Feld einer Eigenschaft des einzelnen Objekts entspricht. Tabellen sollten also keine Ansammlungen beliebiger Spalten sein, sondern sondern sinnvolle Einheiten im Sinne dieser Grundidee bilden.

Die Datensätze in einer Tabelle sind prinzipiell ungeordnet. Wenn der Benutzer sie in einer bestimmten Reihenfolge sehen möchte, so muß er dies in der Datenbankabfrage angeben. Datensätze dürfen jedoch nicht doppelt vorkommen, sondern müssen eindeutig identifizierbar sein. Oft werden Tabellen so entworfen, daß der Inhalt einer einzigen Spalte genügt, um einen Datensatz eindeutig zu identifizieren. Das ist bei fast allen Beispieltabellen der Fall. Viele Tabellen enthalten eine Spalte NR, in der jedem Datensatz eine eindeutige Nummer zugewiesen wird, einige eine Spalte, in der eine eindeutige Abkürzung die gleiche Rolle spielt. Manchmal sind jedoch die Inhalte mehrerer – im Extremfall: aller – Spalten erforderlich, um einen Datensatz eindeutig identifizieren zu können. Die Spalte oder Spaltengruppe, über die sich ein Datensatz identifizieren läßt, wird als *Primärschlüssel* bezeichnet.

Es ist nicht erforderlich, daß in jedem Datensatz alle Felder gefüllt sind. Enthält ein Feld keinen Wert, so spricht man von einem *Null Value* (vgl. Abschnitt B.2.3).

B.1.4 Hinweise für die Ausführung von SQL-Anweisungen

Um Ihnen den Nachvollzug der in den folgenden Abschnitten angeführten Beispiele und das Erstellen eigener SQL-Anweisungen zu erleichtern, sollen vorab einige Hinweise gegeben werden.

1. Beachten Sie, daß nicht jeder Benutzer in einer Oracle-Datenbank alles tun darf. Wählen Sie deshalb für Ihre praktischen Übungen entweder den Eigentümer der Tabellen, mit denen Sie arbeiten wollen, oder einen anderen Benutzer, der die erforderlichen Zugriffsrechte hat.

2. Groß- und Kleinschreibung spielt in SQL-Anweisungen keine Rolle. Um die SQL-Anweisungen deutlicher vom umgebenden Text abzusetzen, werden sie hier – wie in den meisten Büchern – groß geschrieben. Dies ist jedoch nicht zwingend erforderlich. Ausgenommen von dieser Regel sind Textkonstanten (vgl. die Bemerkungen über den Aufbau der WHERE-Bedingung im folgenden Abschnitt).

3. Auch die Gestaltung der SQL-Anweisung spielt keine Rolle. Ob Sie eine längere SQL-Anweisung auf eine oder mehrere Zeilen verteilen, an welchen Stellen sich die Zeilenumbrüche befinden und ob Sie statt eines Leerzeichens mehrere oder ein Tabulatorzeichen einfügen, ist funktional völlig bedeutungslos. Wichtig ist jedoch, daß die SQL-Anweisung mit einem Semikolon – in einigen Werkzeugen alternativ mit einem Schrägstrich – abgeschlossen wird.

4. Informieren Sie sich vorab über die Formatierungsmöglichkeiten, die das von Ihnen verwendete Werkzeug bietet, um die Ausgabe übersichtlicher zu gestalten. Für Server Manager und SQL Worksheet kommen vor allem die Anweisungen SET NUMWIDTH und SET CHARWIDTH in Betracht, für SQL*Plus die COLUMN-Anweisung.

B.2 Datenabfrage (Data Query Language)

B.2.1 Die SELECT-Anweisung

Als Sprachmittel für die Datenbankabfrage bietet SQL die SELECT-Anweisung. Sie besteht mindestens aus der SELECT- und der FROM-Klausel. In der FROM-Klausel wird angegeben, welche Tabelle abgefragt werden soll, in der SELECT-Klausel werden die anzuzeigenden Spalten spezifiziert:

```
select name, vorname, gebjahr, gebort
from autor;
```

Sollen sämtliche Spalten der Tabelle angezeigt werden, kann als Abkürzung ein Stern verwendet werden:

```
SELECT *
FROM AUTOR;
```

Davon sollte jedoch nur bei interaktiven Abfragen, nicht jedoch bei der Applikationsentwicklung Gebrauch gemacht werden, weil ansonsten die Änderung der Tabellenstruktur zu Problemen bei der Abarbeitung der Applikation führen kann.

In den meisten Fällen möchte der Anwender nicht sämtliche in der Tabelle enthaltenen Datensätze sehen. Durch Hinzufügen einer WHERE-Klausel ist es deshalb möglich, eine Auswahl zu treffen:

```
SELECT NAME, VORNAME, GEBJAHR, GEBORT
FROM AUTOR
WHERE GEBJAHR < 1900;
```

Für die Formulierung der Auswahlbedingung können fast alle Operatoren und Funktionen (vgl. Abschnitt A.2.2) eingesetzt werden. Am wichtigsten sind jedoch die Vergleichsoperatoren (<, >, =, <=, >=, !=) und die logischen Operatoren (AND, OR, NOT). Bei Textvergleichen werden häufig der Operator LIKE und die Stellvertretersymbole % (für beliebig viele Zeichen) sowie _ (für ein Zeichen) benötigt. So liefert die Anweisung

```
SELECT NAME, VORNAME, GEBJAHR, GEBORT
FROM AUTOR
WHERE NAME LIKE 'B%';
```

Informationen über alle Autoren, deren Nachname mit B beginnt. Beachten Sie, daß die Groß- und Kleinschreibung zwar im Text der SQL-Anweisung unerheblich ist, in Textkonstanten jedoch die Schreibweise der Werte in der Datenbank beachtet werden muß. Wenn die in der Datenbank abgespeicherten Autorennamen mit einem Großbuchstaben beginnen, liefert die Anweisung

Datenabfrage (Data Query Language)

```
SELECT NAME, VORNAME, GEBJAHR, GEBORT
FROM AUTOR
WHERE NAME LIKE 'b%';
```

also keinen einzigen Datensatz.

Die Spezifikation einer Ober- und einer Untergrenze läßt sich durch Verwendung des Operators BETWEEN vereinfachen. So kann statt

```
SELECT NAME, VORNAME, GEBJAHR, GEBORT
FROM AUTOR
WHERE GEBJAHR >= 1800 AND GEBJAHR <= 1900;
```

einfacher geschrieben werden:

```
SELECT NAME, VORNAME, GEBJAHR, GEBORT
FROM AUTOR
WHERE GEBJAHR BETWEEN 1800 AND 1900;
```

Sortierkriterien lassen sich in der ORDER BY-Klausel angeben. Sie kann eine einzige Spalte oder eine Liste von Spalten enthalten. So kann, um die vor 1900 geborenen Autoren nach ihrem Geburtsjahr und bei gleichem Geburtsjahr nach dem Namen zu sortieren, folgende Anweisung verwendet werden:

```
SELECT NAME, VORNAME, GEBJAHR, GEBORT
FROM AUTOR
WHERE GEBJAHR < 1900
ORDER BY GEBJAHR, AUTOR;
```

Die Reihenfolge der Klauseln ist nicht beliebig. Vielmehr muß die hier gezeigte Reihenfolge eingehalten werden.

Es ist möglich, Daten, die auf mehrere Tabellen verteilt sind, miteinander zu verknüpfen. Eine solche Verknüpfung wird als *Join* bezeichnet. Ein Join kann zwar mit beliebigen Tabellen durchgeführt werden, er liefert jedoch nur dann ein sinnvolles Ergebnis, wenn zwei Bedingungen erfüllt sind:

- Die Notwendigkeit eines Joins muß beim Aufbau der Tabellen berücksichtigt worden sein. Das ist dann der Fall, wenn von zwei Tabellen, die miteinander verknüpft werden sollen, die eine einen *Primärschlüssel* enthält, die andere einen *Fremdschlüssel*. Ein Primärschlüssel ist eine Spalte oder Spaltengruppe, in der jeder Wert nur einmal vorkommt, so daß sich über die Angabe dieses Wertes ein Datensatz eindeutig identifizieren läßt. Dies ist z.B. in der Tabelle AUTOR die Spalte NR: Jeder Autor bekommt eine eindeutige Nummer zugeordnet. Ein Fremdschlüssel ist eine Spalte oder Spaltengruppe in einer anderen Tabelle, die genauso aufgebaut ist wie der Primärschlüssel und deren Werte auf die in der ersten Tabelle enthaltenen Werte Bezug nehmen. Einen solchen Fremdschlüssel enthält etwa die Tabelle BUCH: Deren Spalte AUTOR_NR (SQL-Syntax: BUCH.AUTOR_NR) enthält Autorennummern, die in der Spalte NR der Tabelle AUTOR (SQL-Syntax: AUTOR.NR) enthalten sind. Ähnlich verhalten sich die Spaltenpaare AUTOR.LAND und LAND.NR, BUCH.VERLAG_NR und VERLAG.NR

B Einführung in SQL

und zahlreiche andere. In Abschnitt B.4.1 wird gezeigt, wie sich Primär- und Fremdschlüssel mitttels *Constraints* definieren lassen.

▶ Die Beziehung zwischen Primärschlüsselspalte(n) und Fremdschlüsselspalte(n) – das *Join-Kriterium* bzw. die *Join-Kriterien* – muß in der SELECT-Anweisung angegeben werden. Geschieht dies nicht, wird jeder Datensatz der ersten Tabelle mit jedem Datensatz der zweiten Tabelle verknüpft, was eine zwar große, in der Regel aber sinnlose Ergebnismenge liefert.

Die Spezifikation der Join-Kriterien erfolgt in der WHERE-Klausel:

```
SELECT NAME, VORNAME, TITEL
FROM   AUTOR, BUCH
WHERE  BUCH.AUTOR_NR = AUTOR.NR
ORDER  BY NAME, TITEL;
```

Werden mehr als zwei Tabellen verknüpft, sind auch mehr Join-Kriterien erforderlich. Wenn sämtliche für den Join relevanten Primär- und Fremdschlüssel aus lediglich einer Spalte bestehen, gilt die Regel, daß für eine Verknüpfung von *n* Tabellen *n-1* Join-Kriterien erforderlich sind:

```
SELECT NAME, VORNAME, TITEL, BEZ, NAME_KURZ
FROM   AUTOR, BUCH, GEBIET, VERLAG
WHERE  BUCH.AUTOR_NR   = AUTOR.NR
AND    BUCH.GEBIET_ABK = GEBIET.ABK
AND    BUCH.VERLAG_NR  = VERLAG.NR;
```

Bestehen die Schlüssel aus mehreren Spalten, erhöht sich die Zahl der erforderlichen Join-Kriterien. Außerdem können WHERE-Bedingungen hinzukommen, die – wie zuvor beschrieben – nicht als Join-Kriterium, sondern als Einschränkung der gewünschten Ergebnismenge dienen.

Treten in den zu verknüpfenden Tabellen mehrere Spalten mit dem gleichen Namen auf, so muß auch in der SELECT-Klausel durch Voranstellen des Tabellennamens klargestellt werden, welche Spalte gemeint ist. Die meisten Entwickler bevorzugen es allerdings, dies grundsätzlich zu tun:

```
SELECT AUTOR.NAME, AUTOR.VORNAME, BUCH.TITEL,
       GEBIET.BEZ, VERLAG.NAME_KURZ
FROM   AUTOR, BUCH, GEBIET, VERLAG
WHERE  BUCH.AUTOR_NR   = AUTOR.NR
AND    BUCH.GEBIET_ABK = GEBIET.ABK
AND    BUCH.VERLAG_NR  = VERLAG.NR;
```

Eine noch genauere Spezifikation ist erforderlich, wenn derjenige, der die Abfrage ausführt, nicht Eigentümer der Tabellen ist. In diesem Fall ist es erforderlich, den Eigentümer zu benennen:

```
SELECT ADDWES.AUTOR.NAME,
       ADDWES.AUTOR.VORNAME,
       ADDWES.BUCH.TITEL,
       ADDWES.GEBIET.BEZ,
```

Datenabfrage (Data Query Language)

```
           ADDWES.VERLAG.NAME_KURZ
FROM       ADDWES.AUTOR, ADDWES.BUCH, ADDWES.GEBIET,
           ADDWES.VERLAG
WHERE      ADDWES.BUCH.AUTOR_NR    = ADDWES.AUTOR.NR
AND        ADDWES.BUCH.GEBIET_ABK  = ADDWES.GEBIET.ABK
AND        ADDWES.BUCH.VERLAG_NR   = ADDWES.VERLAG.NR;
```

Um den Schreibaufwand zu reduzieren und die SQL-Anweisung übersichtlicher zu gestalten, können Aliasnamen für die Tabellen vergeben werden:

```
SELECT  A.NAME, A.VORNAME, B.TITEL, G.BEZ, V.NAME_KURZ
FROM    ADDWES.AUTOR A, ADDWES.BUCH B, ADDWES.GEBIET G,
        ADDWES.VERLAG V
WHERE   B.AUTOR_NR    = A.NR
AND     B.GEBIET_ABK  = G.ABK
AND     B.VERLAG_NR   = V.NR;
```

Sind die Spaltennamen nicht aussagekräftig genug oder durch die Verwendung von Operatoren und Funktionen verunstaltet, so können auch für sie Aliasnamen vergeben werden. Diese werden dann statt der originalen Spaltennamen als Überschriften verwendet. Diese Möglichkeit ist hauptsächlich bei Ad-hoc-Abfragen, nur selten aber bei der Applikationsentwicklung interessant:

```
SELECT  A.NAME       "Name",
        A.VORNAME    "Vorname",
        B.TITEL      "Buchtitel",
        G.BEZ        "Sachgebiet",
        V.NAME_KURZ  "Verlag"
FROM    ADDWES.AUTOR A, ADDWES.BUCH B, ADDWES.GEBIET G,
        ADDWES.VERLAG V
WHERE   B.AUTOR_NR    = A.NR
AND     B.GEBIET_ABK  = G.ABK
AND     B.VERLAG_NR   = V.NR;
```

B.2.2 Operatoren und Funktionen

Im vorangegangenen Abschnitt wurde bereits gezeigt, wie die zum Sprachumfang von SQL gehörenden Vergleichsoperatoren und logischen Operatoren eingesetzt werden, um Vergleichsausdrücke für WHERE-Bedingungen zu konstruieren. Die zahlreichen Operatoren und Funktionen, die teils im Standard-SQL enthalten sind, teils Oracle-Erweiterungen darstellen, können aber auch in der SELECT-Klausel verwendet werden, um aus der Datenbank ermittelte Werte vor der Übergabe an die Applikation zu verändern.

Da für die mathematischen Operationen die üblichen Zeichen verwendet werden und die für die Konstruktion von Vergleichsausdrücken erforderlichen Operatoren bereits behandelt wurden, bleibt hier nur noch der häufig verwendete Operator für die Verknüpfung von zwei Zeichenketten (*Konkatenation*) zu erwähnen. Er wird durch zwei senkrechte Striche (||) dargestellt. Im folgenden Beispiel werden Nach- und Vorname der Autoren nicht in zwei getrennten Spalten ausgegeben, sondern zu einer einzigen zusammengefügt, wobei zwischen die beiden Namen noch ein Komma eingefügt wird:

```
SELECT NAME || ', ' || VORNAME "Autor", TITEL "Titel"
FROM AUTOR, BUCH
WHERE BUCH.AUTOR_NR = AUTOR.NR
ORDER BY "Autor";
```

In Fällen wie diesem bietet es sich an, mit Aliasnamen für Spalten zu operieren, weil der Name der ersten Spalte ansonsten NAME || ', ' || VORNAME lauten würde. Wurde der Aliasname aber einmal vergeben, so stellt er von da an den gültigen Spaltennamen dar, wie die ORDER BY-Klausel zeigt. Wenn nicht mit Aliasnamen gearbeitet wird, kann in der ORDER BY-Klausel auch die Nummer derjenigen Spalte in der SELECT-Liste angegeben werden, die das Sortierkriterium bilden soll:

```
SELECT NAME || ', ' || VORNAME, TITEL
FROM AUTOR, BUCH
WHERE BUCH.AUTOR_NR = AUTOR.NR
ORDER BY 1;
```

Von den zahlreichen Funktionen kann hier nur eine kleine Auswahl vorgestellt werden. Sie enthält diejenigen Funktionen, die in den Beispiel-Applikationen dieses Buches besonders häufig vorkommen. Dazu gehört die Funktion SUBSTR (Substring), die das Herauslösen einer Teilzeichenkette aus einer größeren Zeichenkette – also die Umkehroperation der soeben dargestellten Konkatenation – ermöglicht. Als Parameter verlangt sie – in dieser Reihenfolge – die ursprüngliche Zeichenkette, die Position, an der die Teilzeichenkette beginnen soll, und die Länge der Teilzeichenkette. Eine in den Beispielapplikationen immer wieder vorkommende Aufgabe besteht darin, dem Benutzer die Einschränkung in Frage kommender Autoren durch Angabe des Anfangsbuchstabens zu ermöglichen, wobei aber nicht das gesamte Alphabet angezeigt werden soll, sondern nur eine Liste derjenigen Buchstaben, zu denen es auch Autoren gibt. Der erste Schritt zur Lösung dieser Aufgabe besteht darin, die Anfangsbuchstaben aller Autoren zu ermitteln:

```
SELECT SUBSTR(NAME, 1, 1)
FROM AUTOR
ORDER BY 1;
```

Die durch diese SQL-Anweisung ermittelte Ergebnismenge weist freilich den kleinen Schönheitsfehler auf, daß sie mehrfach den gleichen Buchstaben enthält, wenn mehrere Autoren existieren, deren Nachnamen mit dem gleichen Buchstaben beginnen. Die Forderung, jeden vorkommenden Buchstaben nur einmal auszugeben, führt zu dem wichtigen, aber nicht ganz einfachen Thema der *Gruppenbildung*. Sie tritt dann auf, wenn die in einem ersten Arbeitsschritt ermittelten Datensätze zu Gruppen zusammengefaßt, in einem zweiten Schritt aus jeder Gruppe ein einziger neuer Datensatz konstruiert und die Menge der im zweiten Schritt erzeugten Datensätze als Ergebnismenge an den Anwender übergeben wird. Das gerade diskutierte Beispiel ist ein sehr einfacher Fall von Gruppenbildung: Alle Datensätze mit gleichem Inhalt werden zu einer Gruppe zusammengefaßt und aus jeder Gruppe wird nur ein Vertreter ausgegeben. Er kommt so häufig vor, daß dafür ein Schlüsselwort in der SQL-Syntax enthalten ist:

```
SELECT DISTINCT SUBSTR(NAME, 1, 1)
FROM AUTOR
ORDER BY 1;
```

Die meisten Typen von Gruppenbildung werden aber über Funktionen realisiert, die man unter dem Titel *Gruppenfunktionen* zusammenfaßt. Dazu gehören u.a. die Funktionen AVG (Durchschnitt), COUNT (Anzahl), MAX (Maximum), MIN (Minimum) und SUM (Summe). Die Applikation dieser Funktionen ist einfach, wenn sie sich auf eine einzige Gruppe (gesamter Tabelleninhalt, gesamte Ergebnismenge) beziehen. Um etwa die Anzahl der in der Bibliothek vorhandenen Bücher zu ermitteln, kann die SQL-Anweisung

```
SELECT COUNT(NR) "Anzahl"
FROM BUCH;
```

verwendet werden. Bei der Formulierung einer derartigen Abfrage ist allerdings zu beachten, daß nur die Datensätze gezählt werden, in denen die angegebene Spalte einen Wert enthält. Somit sollte entweder eine Spalte verwendet werden, für die die Eingabe eines Wertes erzwungen wird (NOT NULL-Spalte; vgl. den folgenden Abschnitt) oder – und dies ist die üblicherweise angewandte Lösung – die Kombination sämtlicher Spalten, die sich hier in Analogie zur SELECT-Klausel durch einen Stern ersetzen läßt:

```
SELECT COUNT(*) "Anzahl"
FROM BUCH;
```

Schwieriger wird es, wenn die zunächst ermittelte Ergebnismenge in mehrere Gruppen zerlegt und die Gruppenfunktion dann auf jede einzelne Teilgruppe angewandt werden soll. Dafür ist in der SELECT-Anweisung die Klausel GROUP BY vorgesehen. Sie bewirkt wie das Schlüsselwort DISTINCT eine Zusammenfassung gleichartiger Datensätze zu Gruppen. So liefert etwa die Anweisung

```
SELECT GEBIET_ABK
FROM BUCH
GROUP BY GEBIET_ABK;
```

die gleiche Ergebnismenge wie die Anweisung

```
SELECT DISTINCT GEBIET_ABK
FROM BUCH;
```

Im Unterschied zu DISTINCT ermöglicht sie jedoch die Aufnahme weiterer Spalten und deren Bearbeitung durch Gruppenfunktionen:

```
SELECT GEBIET_ABK, COUNT(*)
FROM BUCH
GROUP BY GEBIET_ABK;
```

Diese Anweisung liefert eine Übersicht über die Sachgebiete und die pro Sachgebiet vorhandenen Bücher. Natürlich geht das auch noch ein bißchen schöner:

```
SELECT GEBIET.BEZ "Sachgebiet", COUNT(*) "Anzahl Bücher"
FROM GEBIET, BUCH
WHERE GEBIET.ABK = BUCH.GEBIET_ABK
GROUP BY GEBIET.BEZ;
```

Beachten Sie, daß in der GROUP BY-Klausel *nicht* der Aliasname, sondern die originale Spaltenbezeichnung (GEBIET.BEZ) verwendet wird.

Und es geht auch noch ein bißchen schwieriger:

```
SELECT GEBIET.BEZ "Sachgebiet",
       COUNT(BUCH.NR) "Anzahl Bücher",
       COUNT(DISTINCT BUCH.AUTOR_NR) "Anzahl Autoren"
FROM GEBIET, BUCH
WHERE GEBIET.ABK = BUCH.GEBIET_ABK
GROUP BY GEBIET.BEZ;
```

Hier wird eine zweistufige Gruppenbildung durchgeführt: Im ersten Schritt werden die Datensätze nach Sachgebieten gruppiert, im zweiten werden innerhalb der Sachgebiete mit DISTINCT noch einmal die identischen Autoren zu Untergruppen zusammengefaßt. Es kann aber auch notwendig sein, auch die zweite Gruppenbildung mit einem GROUP BY durchzuführen, weil auf die Untergruppen noch einmal eine Gruppenfunktion angewendet werden soll. Dies ist etwa der Fall, wenn für alle Sachgebiete ermittelt werden soll, wie viele Bücher pro Jahr angeschafft wurden. In dieser Aufgabenstellung verbirgt sich eine kleine Tücke, auf die gleich einzugehen sein wird. Der erste Schritt hin zur Lösung gehört jedoch noch zum Thema Gruppenbildung:

```
SELECT GEBIET.BEZ "Sachgebiet",
       BUCH.EINTRAG_DATUM "Anschaffungsjahr",
       COUNT(*) "Anzahl Bücher"
FROM GEBIET, BUCH
WHERE GEBIET.ABK = BUCH.GEBIET_ABK
GROUP BY GEBIET.BEZ, BUCH.EINTRAG_DATUM;
```

Die zweistufige Gruppenbildung ist in der GROUP BY-Klausel deutlich erkennbar: Zuerst wird nach dem Sachgebiet (GEBIET.BEZ), dann innerhalb jedes Sachgebietes noch einmal nach dem Datum des Katalogeintrags (BUCH.EINTRAG_DATUM) gruppiert. Zum Schluß werden die Datensätze innerhalb der Untergruppen gezählt.

Wenn Sie dieses Beispiel ausführen, werden Sie feststellen, daß trotz der Spaltenüberschrift Anschaffungsjahr nicht nur das Jahr, sondern das vollständige Datum angezeigt wird. Schlimmer noch: Die Gruppierung erfolgt sogar nach der internen Darstellung des Datentyps DATE, also mit Sekundengenauigkeit! Wünschenswert wäre nun, aus dieser Kombination von Datum und Uhrzeit sowohl für die Anzeige als auch für die Sortierung lediglich die Jahresangabe herauszulösen. Vielleicht kommt Ihnen an dieser Stelle die Funktion SUBSTR in den Sinn, aber sie kann hier nicht eingesetzt werden, weil es sich bei dem Ausgangswert nicht um eine Zeichenkette, sondern um einen Wert vom Datentyp DATE handelt.

Für derartige – sehr häufig auftretende Fälle – bietet SQL eine Reihe von Funktionen für die *Datentypkonvertierung*. Wichtig sind vor allem die Funktionen TO_CHAR, (Umwandlung einer Zahl oder eines Datums in eine Zeichenkette), TO_NUMBER (Umwandlung einer Zeichenkette in eine Zahl) und TO_DATE (Umwandlung einer Zeichenkette in ein Datum).

In den meisten Fällen ist die gegenseitige Konvertierung von Zeichenketten und Zahlen einfach, weil dabei nur der Ausgangswert als Parameter mitgegeben werden muß. Das zeigt das folgende Beispiel, in dem das als Zahl abgespeicherte Geburtsdatum in eine Zeichenkette konvertiert werden muß, damit eine Konkatenation durchgeführt werden kann:

```
SELECT 'Das Geburtsjahr von ' || NAME ||
       ' ist ' || TO_CHAR(GEBJAHR) || '.'
FROM AUTOR;
```

Etwas aufwendiger ist die gegenseitige Konvertierung von Zeichenketten und Datumswerten, weil sie eine Formatbeschreibung erfordert. Dafür existieren zahlreiche Formatbeschreiber. Die wichtigsten sind DD (Tag), MM (Monat), YY (Jahr zweistellig) oder YYYY (Jahr vierstellig), HH24 (Stunde), MI (Minute), SS (Sekunde). Durch Verwendung der Funktion TO_CHAR und der entsprechenden Formatbeschreibung läßt sich nun die Aufgabe, eine Übersicht über die Anschaffungen pro Sachgebiet und Jahr zu liefern, vollständig lösen:

```
SELECT GEBIET.BEZ "Sachgebiet",
       TO_CHAR (BUCH.EINTRAG_DATUM, 'YYYY') "Jahr",
       COUNT(*) "Anzahl Bücher"
FROM GEBIET, BUCH
WHERE GEBIET.ABK = BUCH.GEBIET_ABK
GROUP BY GEBIET.BEZ, TO_CHAR (BUCH.EINTRAG_DATUM, 'YYYY');
```

Die Umkehrfunktion TO_DATE ist vor allem dann erforderlich, wenn bei der Eingabe von Datumswerten ein anderes als das von Oracle erwartete Datumsformat verwendet werden soll.

Beim Arbeiten mit Datumswerten ist die Funktion SYSDATE von großer Bedeutung. Sie liefert das aktuelle Datum (einschließlich Uhrzeit):

```
SELECT SYSDATE
FROM DUAL;
```

In dieser Abfrage wird die standardmäßig angelegte Tabelle DUAL verwendet. Sie besteht aus einer Zeile und einer Spalte, ist für alle (lesend) zugänglich und dient als Hilfstabelle für Abfragen, in denen eine Tabelle eigentlich gar nicht benötigt wird, aus Gründen der SQL-Syntax aber dennoch angegeben werden muß.

Mit Datumswerten kann auch gerechnet werden. Die Operatoren + und – erhöhen bzw. vermindern einen Datumswert in Verbindung mit ganzen Zahlen um die angegebene Anzahl von Tagen, in Verbindung mit Brüchen um Stunden oder Minuten. Die folgende SQL-Anweisung ermittelt alle Bücher, die innerhalb der letzten 4 Wochen angeschafft wurden:

```
SELECT A.NAME, A.VORNAME, B.TITEL
FROM AUTOR A, BUCH B
WHERE B.AUTOR_NR = A.NR
AND B.EINTRAG_DATUM >= (SYSDATE - 28);
```

Neben diesen Operatoren gibt es zahlreiche Funktionen, die das Rechnen mit Datumswerten vereinfachen.

B.2.3 Null Values

Es kann vorkommen, daß beim Design einer Tabelle Spalten für Informationen vorgesehen wurden, die nicht immer zur Verfügung stehen. Dafür gibt es verschiedene Gründe. In der Tabelle AUTOR etwa können Eintragungen in den Spalten GESTJAHR (Todesjahr) und GESTORT (Sterbeort) fehlen, weil der betreffende Autor noch lebt. Es ist aber auch möglich, daß Eintragungen in den Spalten GEBJAHR und GEBORT fehlen, weil derjenige, der den Datensatz in die Tabelle eingefügt hat, die entsprechenden Werte nicht kannte und seither auch nicht ermitteln konnte.

Benutzer der Datenbank stehen nun nicht selten vor der Aufgabe, Felder, in denen sich kein Eintrag befindet, gezielt anzusprechen. Die Tatsache, daß ein Feld leer ist, muß sich deshalb in SQL beschreiben lassen. Zu diesem Zweck wurde das Schlüsselwort NULL eingeführt und die zunächst etwas befremdliche Sprachregelung getroffen, daß das, was sich in einem Feld befindet, wenn sich nichts darin befindet, als *Null Value* zu bezeichnen ist. Es ist gerade im Deutschen wichtig, diesen *Null Value* zu unterscheiden von dem numerischen Wert 0. Letzterer besagt, daß einem Objekt im Hinblick auf eine bestimmte Eigenschaft ein Wert von 0 Maßeinheiten (0 °C, 0 DM) zukommt. Dieser Wert kann zwar – z. B. bei einem Kontostand – ein unerfreulicher sein, er ist aber jedenfalls ein bekannter Wert, während die treffendste Übersetzung für *Null Value* schlichtweg »unbekannt« ist. Ebenso verhält es sich mit einer leeren (aus 0 Zeichen bestehenden) Zeichenkette und einem *Null Value*.

Da ein *Null Value* eigentlich kein Wert ist, kann man ihn schlecht mit einem anderen Wert vergleichen. Wenn das Vorhandensein oder Nichtvorhandensein eines Wertes Abfragekriterium ist, dürfen deshalb nicht die Vergleichsoperatoren verwendet werden. Vielmehr steht dafür der Operator IS zur Verfügung. Um etwa eine Liste aller noch lebenden Autoren zu erhalten, müßte folgende SQL-Anweisung aufgebaut werden:

```
SELECT NAME, VORNAME, GEBJAHR, GEBORT
FROM AUTOR
WHERE GESTJAHR IS NULL
ORDER BY GEBJAHR, NAME;
```

Die Umkehrung – es ist ein Wert vorhanden, egal welcher – wird durch IS NOT NULL ausgedrückt. Die folgende Anweisung ermittelt alle Autoren, die nach 1900 geboren und bereits verstorben sind:

Datenabfrage (Data Query Language)

```
SELECT NAME, VORNAME, GEBJAHR, GESTJAHR
FROM AUTOR
WHERE GEBJAHR > 1900 AND GESTJAHR IS NOT NULL;
```

Wie mit *Null Values* umgegangen wird, hängt sehr stark von der einzelnen Applikation ab. In manchen Fällen ist es wünschenswert, daß die Applikation das Nichtvorhandensein eines Wertes mitgeteilt bekommt und dann selbst darauf reagiert. In anderen Fällen dagegen ist es vorteilhaft, die nicht darstellbaren *Null Values* vom Oracle Server vor der Weitergabe an die Applikation in darstellbare Werte umwandeln zu lassen. Für diesen zweiten Fall stellt SQL die Funktion NVL zur Verfügung. Im folgenden Beispiel werden alle *Null Values* durch Fragezeichen ersetzt:

```
SELECT NAME, VORNAME,
       NVL (TO_CHAR(GEBJAHR), '?'),
       NVL (TO_CHAR(GESTJAHR), '?')
FROM AUTOR
WHERE GEBJAHR > 1900
ORDER BY GEBJAHR;
```

In diesem Beispiel wird auf das dritte und das vierte Element der SELECT-Liste die NVL-Funktion angewandt. Dadurch ergibt sich eine Formulierung vom Typ

```
NVL (GESTJAHR, '?')
```

Diese Formulierung besagt:

```
Wenn das Feld GESTJAHR einen Wert enthält, dann
  gib den Feldinhalt aus;
ansonsten
  gib den Wert '?' aus.
```

Das ist offenkundig ein einfaches prozedurales Element (IF-ELSE), das aber im Sprachumfang von SQL nicht enthalten ist und deshalb für diesen Fall in Form einer Funktion zur Verfügung gestellt wird. Die Funktion NVL unterstützt beliebige Datentypen, erwartet jedoch, daß das zu betrachtende Feld und der Ersatzwert vom gleichen Datentyp sind. Genau das ist aber hier nicht der Fall: Geburts- und Todesjahr sind numerische Spalten, der Ersatzwert hingegen ist eine Zeichenkette. Die Formulierung

```
NVL (GESTJAHR, '?')
```

führt deshalb zu der Fehlermeldung

```
ORA-01722: invalid number
```

während die Angabe eines numerischen Ersatzwertes wie etwa in

```
NVL (GESTJAHR, 0)
```

ohne Murren hingenommen würde. Wenn der Entwickler auf der Verwendung des Fragezeichens besteht, bleibt ihm, da die Umwandlung des Fragezeichens in einen numerischen Wert nicht in Betracht kommt, nur die Möglichkeit, den numerischen Datumswert vor der Übergabe an die NVL-Funktion mittels TO_CHAR in eine Zeichenkette umzuwandeln:

NVL(TO_CHAR(GESTJAHR), '?')

Um einen sinnvollen Datenbestand gewährleisten zu können, ist es beim Anlegen einer Tabelle fast immer erforderlich, für eine Spalte oder mehrere Spalten das Eintragen eines Wertes zu erzwingen bzw. das Vorhandensein von *Null Values* zu verbieten. So ist es völlig sinnlos, einen neuen Datensatz in die Tabelle AUTOR einzufügen, die Felder NAME und VORNAME aber leer zu lassen, oder ein neues Buch eintragen zu wollen, ohne dessen Titel anzugeben. Die Syntax dafür wird in Abschnitt B.4.1 vorgestellt. Die Existenz derartiger Vorschriften ist der Grund dafür, daß die NVL-Funktion in dem eben erörterten Beispiel zwar auf die Spalten GEBJAHR und GESTJAHR, nicht dagegen auf NAME und VORNAME angewandt wurde.

B.3 Datenmanipulation (Data Manipulation Language)

B.3.1 Die SQL-Anweisungen

Auch wenn das Wort »Manipulation« im Deutschen einen negativen Beiklang hat und der Begriff »Datenmanipulation« deshalb gelegentlich auf Befremden stößt, wird er hier verwendet, weil er sich nicht nur eng an das englische Original hält, sondern auch am ehesten geeignet ist, alle Arten der Änderung des Datenbestandes zusammenzufassen. Eine Änderung des Datenbestandes ist auf dreierlei Weise möglich:

▷ Dem vorhandenen Datenbestand können neue Datensätze hinzugefügt werden. Für diesen Vorgang stellt SQL die INSERT-Anweisung zur Verfügung.

▷ Einzelne Datensätze aus dem vorhandenen Datenbestand können verändert werden. Für diesen Vorgang stellt SQL die UPDATE-Anweisung zur Verfügung.

▷ Einzelne Datensätze aus dem vorhandenen Datenbestand können gelöscht werden. Für diesen Vorgang stellt SQL die DELETE-Anweisung zur Verfügung.

Beim Einfügen eines neuen Datensatzes müssen in der INSERT-Anweisung die Zieltabelle, die Liste der zu füllenden Spalten sowie die zugehörigen Werte angegeben werden[1]:

---

1. Beachten Sie beim Ausprobieren der hier als Beispiel angeführten oder von Ihnen selbst erstellten SQL-Anweisungen, daß jede Datenmanipulation zwingend Bestandteil einer *Transaktion* sein muß. Es ist daher ratsam, zunächst diesen und den nachfolgenden, das Transaktionskonzept erläuternden Abschnitt zu lesen, bevor Sie versuchen, DML-Anweisungen selbst auszuführen.

Datenmanipulation (Data Manipulation Language)

```
INSERT INTO AUTOR (NR, NAME, VORNAME, GEBJAHR, GEBORT)
VALUES (1, 'Böll', 'Heinrich', 1917, 'Köln');
```

Die dem Tabellennamen folgende Liste der Spalten kann entfallen, wenn sämtliche Spalten gefüllt werden, doch sollten Sie von dieser Möglichkeit zumindest im Rahmen der Applikationsentwicklung keinen Gebrauch machen, da ansonsten die Erweiterung der Tabelle um eine zusätzliche Spalte dazu führen würde, daß die Applikationen nicht mehr ordnungsgemäß arbeiten.

Falls für einzelne Spalten noch keine Werte zur Verfügung stehen, können sie beim interaktiven Arbeiten einfach weggelassen werden, wie das in dem eben angeführten Beispiel geschehen ist. Bei der Applikationsentwicklung ist das oft nicht so einfach möglich. Deshalb ist es auch möglich, einen fehlenden Wert durch das Schlüsselwort NULL zu kennzeichnen:

```
INSERT INIO AUTOR (NR, NAME, VORNAME, GEBJAHR, GEBORT)
VALUES (10, 'Mishima', 'Yukio', NULL, NULL);
```

Das Weglassen des Wertes ist jedoch nicht für alle Spalten zulässig. Fehlt ein Wert für eine Spalte, die beim Anlegen der Tabelle als NOT NULL-Spalte gekennzeichnet wurde, so weist der Oracle Server den Datensatz zurück:

```
ORA-01400: mandatory (NOT NULL) column is missing
           or NULL during insert
```

Die UPDATE-Anweisung wird für alle Änderungen verwendet, die nicht mit dem Anlegen oder Löschen eines Datensatzes verbunden sind. Dabei kann es sich darum handeln, ein bisher noch nicht mit einem Wert belegtes Feld erstmals zu füllen, den in einem Feld enthaltenen Wert zu verändern oder den in einem Feld enthaltenen Wert zu löschen. Erforderlich dafür ist die Angabe der Zieltabelle und der darin zu ändernden Spalte(n), die Spezifikation des neuen Wertes oder eines Ausdrucks, aus dem sich der neue Wert ergibt und – sofern nicht alle in der Tabelle enthaltenen Datensätze geändert werden sollen – eine WHERE-Bedingung, die angibt, welche Datensätze von der Änderung betroffen sind:

```
UPDATE AUTOR
SET GEBJAHR = 1925, GEBORT = 'Tokio'
WHERE NR = 10;
```

Es ist für den Wortlaut dieser Anweisung unerheblich, ob sich in den angeführten Feldern bereits Werte befinden oder nicht und ob die WHERE-Bedingung auf einen Datensatz zutrifft oder auf mehrere. Das Löschen eines einmal eingetragenen Wertes kann wiederum unter Verwendung des Schlüsselwortes NULL erfolgen:

```
UPDATE AUTOR
SET GEBORT = NULL
WHERE NR = 10;
```

Das Löschen eines ganzen Datensatzes ermöglicht die DELETE-Anweisung. Das folgende Beispiel bewirkt, daß alle Bücher, die vor mehr als 10 Jahren angeschafft wurden, aus dem Katalog gestrichen werden (wobei das Jahr schematisch mit 365 Tagen angesetzt wird):

```
DELETE FROM BUCH
WHERE EINTRAG_DATUM < (SYSDATE - 3650);
```

B.3.2 Das Transaktionskonzept

Eine SQL-Anweisung ist ein grundlegender, unteilbarer und daher auch als *atomar* bezeichneter Vorgang, dessen vom Optimizer ermittelte interne Verarbeitungsschritte entweder vollzählig oder gar nicht ausgeführt werden. Solch grundlegende Vorgänge sind für SQL das Einfügen eines neuen Datensatzes, das Ändern eines Datensatzes oder einer Datensatzgruppe sowie das Löschen eines Datensatzes oder einer Datensatzgruppe.

Nun kommt es freilich häufig vor, daß in dem Kontext, in dem relationale Datenbanken eingesetzt werden, grundlegende Vorgänge existieren, denen keine SQL-Anweisung entspricht, sondern die sich nur durch mehrere SQL-Anweisungen realisieren lassen. Damit tritt ein Widerspruch zwischen zwei Sichten auf: Für SQL handelt es sich um einen aus mehreren Schritten bestehenden Vorgang, für den Anwender dagegen um einen, der ebenso unteilbar (atomar) ist wie eine SQL-Anweisung. Das häufig benutzte, weil ebenso einfache wie einleuchtende Beispiel dafür ist eine Überweisung. Sie besteht für SQL aus dem Ändern des Datensatzes, von dem Geld abgehoben wird, sowie dem Ändern des Datensatzes, auf den das Geld überwiesen wird. Dafür sind zwei UPDATE-Anweisungen erforderlich und somit ist es möglich, daß eine Anweisung erfolgreich abgearbeitet werden kann, während die andere fehlschlägt. Für den Anwender freilich handelt es sich um einen einzigen Vorgang, der ganz oder gar nicht durchgeführt werden muß, wenn nicht die gesamte Buchhaltung in Unordnung geraten soll.

Um diesem Sachverhalt Rechnung zu tragen, wurde das Konzept der *Transaktion* eingeführt. Eine Transaktion ist ein Vorgang, für den es keine SQL-Anweisung gibt und der deshalb aus mehreren SQL-Anweisungen aufgebaut werden muß, der aber der Sache nach einen unteilbaren Vorgang darstellt. Es geht davon aus, daß die einzelnen SQL-Anweisungen zunächst einmal nur provisorisch ausgeführt werden. Schlägt eine der erforderlichen SQL-Anweisungen fehl und stellt sich bei der Prüfung heraus, daß das zugrundeliegende Problem vorerst nicht zu beheben ist, so können alle seit Transaktionsbeginn durchgeführten Änderungen wieder rückgängig gemacht werden. Lassen sich dagegen alle erforderlichen SQL-Anweisungen problemlos ausführen, so können die durchgeführten Änderungen bestätigt und dadurch von dem Status des Provisorischen befreit werden.

Für den Transaktionsabschluß werden herstellerunabhängig die Anweisungen COMMIT (Bestätigung aller seit Transaktionsbeginn durchgeführten Änderungen) und ROLLBACK (Zurücksetzen aller geänderten Datensätze auf den Zustand vor Transaktionsbeginn) verwendet. Für den Transaktionsbeginn gibt es keine einheitliche Regelung. Bei Oracle ist normalerweise keine ei-

Datenmanipulation (Data Manipulation Language)

gene Anweisung erforderlich, um den Transaktionsbeginn zu markieren, da er sich implizit aus dem Auftreten der ersten DML-Anweisung nach einem `COMMIT` oder `ROLLBACK` ergibt. Zwar beinhaltet das Oracle-SQL die Anweisung `SET TRANSACTION`, mit der eine Transaktion explizit beginnt, doch wird sie nur in Spezialfällen eingesetzt.

Aus dieser Feststellung folgt, daß es nicht dem Anwender oder Applikationsentwickler überlassen bleibt, zu entscheiden, ob vom Transaktionskonzept Gebrauch gemacht werden soll oder nicht. Vielmehr ist jede Datenmanipulation zwingend und automatisch Bestandteil einer Transaktion – selbst wenn diese Transaktion dann nur aus einer einzigen DML-Anweisung und einem anschließenden `COMMIT` oder `ROLLBACK` besteht.

Als Beispiel sei hier zunächst eine erfolgreiche Überweisung vorgestellt. Unter der Voraussetzung, daß sich auf den Konten 4711 und 4712 vor der Überweisung jeweils 2500 DM befinden und 500 DM von 4711 auf 4712 überwiesen werden sollen, würde sie folgendermaßen ablaufen:

```
SQL> UPDATE KONTEN
     SET KONTOSTAND = 2000
     WHERE KONTONR = 4711;
1 row processed.
SQL> UPDATE KONTEN
     SET KONTOSTAND = 3000
     WHERE KONTONR = 4712;
1 row processed.
SQL> COMMIT;
Statement processed.
```

Um eine abgebrochene Transaktion und das Zurückrollen der bereits durchgeführten Änderungen zu demonstrieren, sei angenommen, daß die 500 DM fälschlicherweise auf das nicht existierende Konto 5712 überwiesen werden:

```
SQL> UPDATE KONTEN
     SET KONTOSTAND = 2000
     WHERE KONTONR = 4711;
1 row processed.
SQL> UPDATE KONTEN
     SET KONTOSTAND = 3000
     WHERE KONTONR = 5712;
0 rows processed.
SQL> ROLLBACK;
Statement processed.
```

Das Beispiel zeigt, daß sich das Fehlschlagen einer SQL-Anweisung nicht unbedingt in einer Oracle-Fehlermeldung äußern muß und daß es unter Umständen dem Anwendungsentwickler überlassen bleibt, zu prüfen, ob die Transaktion den vorgesehenen Verlauf nimmt.

B.3.3 Sicherung der Datenkonsistenz in Multi-User-Systemen

Wenn mehrere Benutzer mit der gleichen Datenbank arbeiten können, wie das bei einer Oracle-Datenbank der Fall ist, dann ist nicht auszuschließen, daß sie sich bei ihrer Arbeit gegenseitig stören: Zwei Benutzer könnten zur gleichen Zeit den gleichen Datensatz ändern wollen. Oder ein Benutzer könnte Datensätze ändern wollen, die von einem anderen gerade gelesen werden.

Damit ändernde Benutzer sich nicht gegenseitig stören, ist in jedem relationalen Datenbanksystem, das den Zugriff mehrerer Benutzer zur gleichen Zeit unterstützt, ein Sperrmechanismus implementiert. Der Benutzer, der sich als erster entschließt, einen Datensatz zu ändern, sperrt ihn in einem Modus, der – zumindest bei Oracle – anderen lesewilligen Benutzern den Zugriff weiterhin gestattet, anderen änderungswilligen Benutzern den Zugriff jedoch verwehrt. Eine solche Sperre wird als *Lock* bezeichnet. Ist die Änderung – und das heißt: die Transaktion – abgeschlossen, wird der Datensatz wieder freigegeben.

Die einzelnen Datenbanksysteme unterscheiden sich im Hinblick auf die Frage, welcher Bereich gesperrt wird. Oracle verwendet standardmäßig das *Row Level Locking*, d.h. die Sperre nur derjenigen Datensätze, die wirklich bearbeitet werden. Daneben existiert jedoch auch ein *Table Level Locking*, das dann effizienter ist, wenn ein großer Teil der in einer Tabelle enthaltenen Datensätze geändert werden soll.

Das Sperren der zu ändernden Datensätze erfolgt automatisch, muß also vom Benutzer oder Applikationsentwickler nicht explizit veranlaßt werden. SQL-Anweisungen, mit denen Sperren veranlaßt werden, sind nur dann erforderlich, wenn vom Standardverhalten abgewichen werden soll. Das ist einerseits dann der Fall, wenn statt der Sperre auf Datensatzebene eine Sperre auf Tabellenebene durchgeführt werden soll, andererseits dann, wenn der Zeitpunkt, zu dem die Datensätze gesperrt werden, vorverlegt werden soll.

Zum Sperren einer gesamten Tabelle steht die SQL-Anweisung LOCK zur Verfügung. Sie erfordert die Angabe der zu sperrenden Tabelle, des Sperrmodus und der gewünschten Reaktion, falls die Anweisung aufgrund einer bereits existierenden Sperre nicht ausgeführt werden kann:

LOCK TABLE AUTOR IN EXCLUSIVE MODE NOWAIT;

Eine Sperre im Exklusivmodus ermöglicht es dem Eigentümer der Sperre, sämtliche Datensätze zu verändern, während andere Benutzer während der Dauer der Sperre keinerlei Änderungen am Datenbestand der Tabelle vornehmen können. Daneben gibt es weitere Modi, die jedoch nur in Spezialfällen erforderlich sind. Kann die Anweisung wegen mindestens eines anderen Locks nicht ausgeführt werden, so wartet die Applikation standardmäßig, bis die Tabelle wieder zur Verfügung steht. Die Option NOWAIT verhindert dies. Sie veranlaßt, daß eine Fehlermeldung ausgegeben wird, wenn die Anweisung nicht sofort ausgeführt werden kann.

Datenmanipulation (Data Manipulation Language)

Zu ändernde Datensätze werden standardmäßig in dem Moment gesperrt, in dem die Abarbeitung der UPDATE- oder DELETE-Anweisung beginnt. Von Applikationen werden Datensätze aber in der Regel zunächst eingelesen und dem Benutzer zur Betrachtung angeboten, bevor Veränderungen veranlaßt und durchgeführt werden. Somit vergeht zwischen dem Einlesen und dem Ändern der Datensätze ein mehr oder weniger langer Zeitraum und es ist möglich, daß die betroffenen Datensätze innerhalb dieses Zeitraums bereits von einem anderen Benutzer geändert wurden. Es hängt vom Charakter der Applikation und den Möglichkeiten des Entwicklungswerkzeugs ab, wie mit dieser Situation umgegangen wird. Eine Möglichkeit besteht jedenfalls darin, die zwischenzeitliche Veränderung der Datensätze von vornherein auszuschließen, indem man mit dem Sperren der Datensätze nicht bis zur Ausführung der DML-Anweisung wartet, sondern dieses bereits im Rahmen der Abfrage durchführt:

```
SELECT NAME, VORNAME, GEBJAHR, GEBORT, GESTJAR, GESTORT
FROM AUTOR
WHERE NAME = 'Mishima'
FOR UPDATE OF NAME;
```

Die Syntax fordert, daß Sie in der Klausel FOR UPDATE OF mindestens eine Spalte angeben. Dies ist jedoch zumindest im Oracle-Kontext völlig bedeutungslos: Da unabhängig davon, welche Spalte(n) Sie angeben, der gesamte Datensatz gesperrt wird, können anschließend auch die nicht aufgeführten Spalten geändert werden.

Beachten Sie, daß bei Anwendung dieses Verfahrens die Datensätze für einen wesentlich längeren Zeitraum gesperrt sind, als dies normalerweise der Fall wäre, und somit die Zugriffsmöglichkeiten für andere Benutzer eingeschränkt werden. Sie sollten also von der Möglichkeit der vorzeitigen Sperre nur Gebrauch machen, wenn es sich als notwendig erweist, und durch geeignete WHERE-Bedingungen die Zahl der gesperrten Datensätze so klein wie möglich halten.

Sowohl im Falle der LOCK-Anweisung als auch im Falle des SELECT FOR UPDATE werden die gesetzten Sperren durch das Transaktionsende (COMMIT oder ROLLBACK) aufgehoben.

Oracle sorgt automatisch dafür, daß lesende und schreibende Benutzer sich nicht gegenseitig behindern. Möchte ein Benutzer Datensätze ändern, die zur gleichen Zeit von einem anderen Benutzer gelesen werden, so läßt Oracle die Änderung zu, verwaltet aber gleichzeitig für den lesenden Benutzer den Zustand der Daten vor der Änderung. Dadurch sind sowohl die *Lesekonsistenz* der Ergebnismenge für den lesenden Benutzer als auch der ungehinderte Zugriff auf die Daten für den ändernden Benutzer garantiert. Damit dieser Mechanismus ordnungsgemäß funktionieren kann, sind zwar einige Vorarbeiten vom Datenbankverwalter, jedoch keine besonderen Maßnahmen vom Applikationsentwickler erforderlich.

B.4 Datenbeschreibung (Data Definition Language)

B.4.1 Das Verwalten von Tabellen

Damit Daten in Tabellen eingefügt und aus ihnen gelesen werden können, müssen die Tabellen zuerst einmal angelegt werden. Dies ist in SQL mit der Anweisung `CREATE TABLE` möglich, für die hier sofort ein Beispiel gegeben werden soll:

```
CREATE TABLE AUTOR (
  NR       NUMBER(4)
           CONSTRAINT PK_AUTOR PRIMARY KEY,
  NAME     VARCHAR2(80)
           CONSTRAINT NN_AUTOR_NAME NOT NULL,
  VORNAME  VARCHAR2(80)
           CONSTRAINT NN_AUTOR_VORNAME NOT NULL,
  GEBJAHR  NUMBER(4),
  GEBORT   VARCHAR2(80),
  GESTJAHR NUMBER(4),
  GESTORT  VARCHAR2(80),
  LAND     NUMBER(2)
);
```

In der Anweisung wird zunächst angegeben, wie die Tabelle heißen, danach in einer durch Klammern eingeschlossenen Liste, welche Spalten sie umfassen soll. Für die dabei verwendeten Namen gelten folgende Regeln:

Namen dürfen bis zu 30 Zeichen lang sein. Als Zeichen gelten die im Englischen üblichen Buchstaben, Ziffern und das Unterstreichungszeichen. Die Zeichen $ und # sind zwar erlaubt, jedoch wird von ihrem Gebrauch abgeraten, da sie für Systemtabellen verwendet werden. Umlaute, Leerzeichen und andere Sonderzeichen sind nicht erlaubt – eine Regel, die gelegentlich Schwierigkeiten macht, wenn Tabellen aus PC-Datenbanken in eine Oracle-Datenbank übernommen werden sollen.

▶ Die Groß- oder Kleinschreibung der Namen spielt – wie auch sonst in SQL – keine Rolle. Hüten müssen Sie sich allerdings vor Anweisungen wie der folgenden:

```
CREATE TABLE "Autor" (
  "Nr"    NUMBER(4),
  "Name"  VARCHAR2(80),
  [...]
);
```

Durch eine derartige Schreibweise läßt sich die Unterscheidung von Groß- und Kleinschreibung erzwingen. Allerdings werden Sie an der so angelegten Tabelle wenig Freude haben, denn Sie müssen anschließend

Datenbeschreibung (Data Definition Language)

den Tabellen- und die Spaltennamen auch in jeder SELECT- und DML-Anweisung in Anführungszeichen einschließen.

- Die in SQL verwendeten Schlüsselworte sind reserviert und dürfen nicht als Tabellennamen verwendet werden. Ein Tabelle kann also nicht TABLE oder SELECT heißen.

Den Spaltennamen folgen die Datentypen und die Angaben der Maximallängen. Zu den häufig verwendeten Datentypen gehören:

- NUMBER(m,n): Eine Spalte dieses Typs kann numerische Werte aufnehmen. In Klammern können (!) die Maximalzahl zulässiger Stellen (*m*) sowie der – darin enthaltenen – Nachkommastellen (*n*) angegeben werden.

- VARCHAR2(n): Eine Spalte dieses Typs kann kürzere Zeichenketten aufnehmen. In Klammern muß (!) die Maximalzahl zulässiger Zeichen angegeben werden (*n*). Derzeit (V7.3) wird eine Feldlänge bis zu 2000 Zeichen unterstützt. Ist die vom Benutzer eingegebene Zeichenkette kürzer, so wird bei der Abspeicherung lediglich der für die Zeichenkette erforderliche Platz reserviert.

- CHARACTER(n): Dieser Datentyp entspricht weitgehend VARCHAR2, doch wird bei der Abspeicherung eine Zeichenkette, deren Länge unter der Maximallänge liegt, mit Leerzeichen aufgefüllt, so daß in jedem Fall genau *n* Byte für die Abspeicherung eines Wertes erforderlich sind.

- DATE: Eine Spalte dieses Typs kann eine Kombination aus Datum und Uhrzeit aufnehmen. Bei der Eingabe fehlende Komponenten werden durch Defaults ersetzt.

- LONG: Dieser Datentyp entspricht VARCHAR2, ist jedoch für die Abspeicherung längerer Texte (maximal 2 GB) geeignet.

- LONG RAW: Wie LONG, so kann auch LONG RAW Werte bis zu 2 GB Länge aufnehmen. LONG RAW ist jedoch nicht für Texte gedacht, sondern für Binärdaten (z. B. Bilder).

Um die Integrität der Daten sicherzustellen, können den einzelnen Spalten oder der gesamten Tabelle *Constraints* zugeordnet werden. Ein Constraint ist eine Vorschrift, die festlegt, unter welchen Bedingungen ein eingegebener Wert gültig ist, und die bei jeder Eingabe neuer Daten automatisch und unabhängig von der Applikation überprüft wird. Entspricht ein neuer Datensatz allen definierten Regeln, so wird er akzeptiert, ansonsten mit einer Fehlermeldung zurückgewiesen (vgl. die Bemerkungen zum Konzept der *semantischen Datenbank* zu Beginn von Anhang C). Hier seien die vier am häufigsten vorkommenden Constraints erwähnt:

- PRIMARY KEY: Der Constraint legt fest, daß es sich bei der angegebenen Spalte um die *Primärschlüsselspalte* handelt. Er sorgt dafür, daß jeder Wert innerhalb nur einmal vorkommt und erzwingt einen Eintrag bzw. verbietet *Null Values*. Dadurch garantiert er, daß jeder Datensatz über seinen Primärschlüsselwert eindeutig zu identifizieren ist.

- REFERENCES: Der Constraint legt fest, daß es sich bei der angegebenen Spalte um eine *Fremdschlüsselspalte* handelt, deren Inhalte sich auf Inhalte einer Spalte in einer anderen Tabelle beziehen. Er sorgt dafür, daß ein neu einzutragender Wert nur dann akzeptiert wird, wenn er auch in der referenzierten Spalte vorkommt. Diese Korrespondenz ermöglicht, wie in Abschnitt A.2.1 beschrieben, den *Join* zwischen zwei Tabellen. Die referenzierte Spalte ist in der Regel die Primärschlüsselspalte der anderen Tabelle.

- NOT NULL: Durch Verwendung dieses Constraints kann auch für Spalten, die nicht zum Primärschlüssel der Tabelle gehören, die Eingabe eines Wertes erzwungen werden.

- CHECK: Dieser Constraint ermöglicht es, zusätzliche Prüfungen festzulegen. Am häufigsten wird er eingesetzt, um sicherzustellen, daß neu einzutragende Werte sich innerhalb eines durch eine Unter- und eine Obergrenze definierten Bereichs befinden oder Elemente einer durch Aufzaählung festgelegten Menge sind. Letzteres ist etwa in dem nachfolgenden Beispiel der Fall, in dem festgelegt wird, daß eine neu einzutragende Person entweder Mitarbeiter ('M') oder Benutzer ('B') der Bibliothek sein muß:

```
create table person (
  nr     number(4)
         constraint pk_person primary key,
  typ    char(1)
         constraint nn_person_typ not null
         constraint ch_person_typ check (typ in ('M', 'B')),
  [...]
);
```

Dieses Beispiel zeigt zugleich, daß und auf welche Weise mehrere Constraints für eine Spalte angelegt werden können.

Wenn Primär- bzw. Fremdschlüssel aus mehreren Spalten bestehen, können die Constraints nicht einer Spalte zugeordnet, sondern müssen auf Tabellen-Ebene angelegt werden. Die nachfolgende Anweisung bietet ein Beispiel dafür.

```
create table ausleihe (
  buch_nr    number(5)
             constraint fk_ausl_buch references buch(nr),
  person_nr  number(4)
             constraint fk_ausl_pers references person(nr),
  ausldat    date,
  rueckdat   date,
  constraint pk_ausl primary key (buch_nr, person_nr),
  constraint ch_ausl check (
             ausldat is not null or rueckdat is not null
             )
);
```

Datenbeschreibung (Data Definition Language)

Alle Kommandozeilenwerkzeuge von Oracle unterstützen das Kommando DESCRIBE, mit dem die Definition einer Tabelle (allerdings – mit Ausnahme von NOT NULL – ohne Constraint-Informationen) angezeigt werden kann:

```
SQL> DESCRIBE GEBIET
Name                            Null?    Type
------------------------------- -------- ----
ABK                             NOT NULL CHAR(1)
BEZ                             NOT NULL VARCHAR2(80)
```

Mit dem Kommando ALTER TABLE kann die Tabellenstruktur nachträglich verändert werden. Das kann sich als notwendig erweisen, wenn eine numerische Spalte mit einer Begrenzung auf maximal vier Stellen angelegt wurde, später aber fünfstellige Zahlen erforderlich werden:

```
ALTER TABLE PERSON
MODIFY (
  NR            NUMBER(5)
);
```

Ebenso kann es notwendig werden, eine neue Spalte hinzuzufügen:

```
ALTER TABLE PERSON
ADD (
  TEL_VORWAHL   NUMBER(5),
  TEL_NR        NUMBER(10)
);
```

Das Kommando DROP TABLE kann benutzt werden, um eine Tabelle zu löschen. Enthält die Tabelle noch Datensätze, muß durch Zusatz der Klausel INCLUDING CONTENTS bestätigt werden, daß Tabelle und Datensätze gelöscht werden sollen:

```
DROP TABLE PERSON
INCLUDING CONTENTS;
```

B.4.2 Weitere Datenbankobjekte

Datenbanken enthalten nicht nur Tabellen, sondern weitere Objekte unterschiedlichen Typs. Dazu gehören Objekte, für deren Verwaltung der Datenbankadministrator zuständig ist (z.B. die *Rollback-Segmente*, die benötigt werden, um das ROLLBACK-Kommando realisieren zu können), Objekte die vom Oracle Server automatisch angelegt werden (z.B. die *Temporären Segmente*, die für die Durchführung umfangreicher Sortiervorgänge notwendig sind), aber auch Objekte, die für die Applikationsentwicklung von Bedeutung sind und bei denen der Applikationsentwickler entweder selbst für die Verwaltung zuständig ist oder bei denen er zumindest im Zuge der Applikationsentwicklung prüfen sollte, ob alle aus seiner Sicht notwendigen Objekte angelegt wurden. Zu dieser letzten Gruppe gehören *Indizes*, *Views* und *Sequenzen*.

Ein *Index* ist eine Datenstruktur, die das Suchen einzelner Datensätze in größeren Tabellen erheblich beschleunigt, sich jedoch als wirkungslos oder gar nachteilig erweist, wenn die Datenmenge sehr klein und/oder der Anteil der Ergebnismenge am gesamten Datenbestand der Tabelle sehr groß ist. Aufbau und Wirkungsweise ähneln dem Index eines Buches: Statt, auf der Suche nach einem Begriff, das gesamte Buch von der ersten bis zur letzten Seite durchzulesen, kann der Leser den Begriff im Index nachschlagen, wo er wegen des geringeren Umfangs des Index, der alphabetischen Anordnung der Begriffe darin und der durch diese Anordnung gegebenen Einsprungpunkte bei jedem neuen Buchstaben wesentlich schneller aufzufinden ist. Anhand der im Index aufgefundenen Seitenzahlen kann der Leser dann gezielt die für ihn notwendigen Seiten aufschlagen. Handelt es sich aber nicht um ein Buch, sondern nur um ein Informationsblatt oder interessiert sich der Leser für einen Begriff, zu dem auf fast jeder Seite des Buches Wichtiges steht, so hilft ihm der Index nicht viel.

Indizes werden implizit durch manche Constraints (z.B. PRIMARY KEY) aufgebaut. In anderen Fällen müssen sie explizit angelegt werden. Wo Indizes notwendig sind, kann nur durch eine Untersuchung der Applikationen festgestellt werden. Hauptkriterium ist die Frage, welche Spalten häufig in WHERE-Bedingungen auftreten. Für die so ermittelten Spalten müssen dann der Umfang des Datenbestands und das Größenverhältnis zwischen typischer Ergebnismenge und Gesamtdatenbestand ermittelt werden.

Für die Beispieltabellen wären Indizes angesichts ihrer geringen Größe eigentlich gar nicht notwendig. Unterstellt man aber einmal die Größenverhältnisse, die in einer typischen Bibliothek gegeben wären, so wäre die Spalte NAME in der Tabelle AUTOR ein aussichtsreicher Kandidat, da Abfragen über den Autorennamen häufig vorkommen und sich häufig auch ganz gezielt auf einen Autor richten werden. Ein solcher Index kann mit der Anweisung

```
CREATE INDEX IDX_AUTOR_NAME ON AUTOR(NAME);
```

angelegt und jederzeit mit der komplementären Anweisung

```
DROP INDEX IDX_AUTOR_NAME;
```

wieder gelöscht werden.

Views können eine erhebliche Vereinfachung bei Datenbankabfragen darstellen. Im Grunde ist eine View nichts anderes als eine Abfrage, deren Wortlaut sich nicht der Benutzer merkt, sondern die Datenbank. Das ist für den Benutzer insbesondere dann sinnvoll, wenn es sich um eine komplexe Abfrage handelt. Als Beispiel dafür sei auf die aus Abschnitt B.2.2 bekannte Abfrage zurückgegriffen, durch die ermittelt wird, wie viele Bücher pro Sachgebiet und Jahr angeschafft wurden:

```
CREATE VIEW ANSCHAFFUNGEN AS
SELECT GEBIET.BEZ SACHGEBIET,
       TO_CHAR (BUCH.EINTRAG_DATUM, 'YYYY') JAHR,
```

Datenbeschreibung (Data Definition Language)

```
       COUNT(*) ANZAHL
FROM GEBIET, BUCH
WHERE GEBIET.ABK = BUCH.GEBIET_ABK
GROUP BY GEBIET.BEZ, TO_CHAR (BUCH.EINTRAG_DATUM, 'YYYY');
```

Die vom Anwender zu formulierende Abfrage ist nach dieser View-Definition wesentlich einfacher geworden:

```
SELECT * FROM ANSCHAFFUNGEN;
```

Der Anwender ist jedoch nicht darauf beschränkt, die gespeicherte Abfrage unverändert aufzurufen. Er kann – wie bei direkten Tabellen-Abfragen auch – einzelne Spalten auswählen, Operatoren und Funktionen anwenden, die Datensätze sortieren usw.:

```
SELECT JAHR, SACHGEBIET, ANZAHL
FROM ANSCHAFFUNGEN
ORDER BY JAHR, SACHGEBIET;
```

Vielleicht ist Ihnen aufgefallen, daß die Aliasnamen für die Spalten nicht – wie in den anderen Beispielen – klein mit großem Anfangsbuchstaben geschrieben und in Anführungszeichen gesetzt, sondern mit Großbuchstaben und ohne Anführungszeichen geschrieben wurden. Das hängt damit zusammen, daß Oracle bei Tabellen- und Spaltennamen normalerweise nicht zwischen Klein- und Großschreibung unterscheidet, durch Anführungszeichen aber gezwungen werden kann, dies doch zu tun. Nun wurden die Aliasnamen in den zuvor angeführten Beispielen lediglich als Spaltenüberschriften bei der Ausgabe benutzt – eine Funktion, bei der Abweichungen von der üblichen Schreibweise völlig ungefährlich sind. Im Zusammenhang mit der View-Definition kommt ihnen dagegen eine erheblich größere Bedeutung zu, weil der Anwender sich auf sie beziehen muß wie auf Spaltennamen einer Tabelle. Bei erzwungener Groß-Klein-Schreibung würde aber die Anweisung

```
SELECT JAHR, SACHGEBIET, ANZAHL
FROM ANSCHAFFUNGEN;
```

fehlschlagen und der Anwender müßte statt dessen schreiben:

```
SELECT "Jahr", "Sachgebiet", "Anzahl"
FROM ANSCHAFFUNGEN;
```

Das ist sicher zumutbar, aber vielen Anwendern und auch Anwendungsentwicklern nicht bekannt und würde daher vermutlich zu Verwirrungen führen.

Eine *Sequenz (Sequence)* ist ein Mechanismus, mit dem sich in einfacher Weise fortlaufende Nummern generieren lassen. Die Beispieltabellen und -applikationen zeigen, wie wichtig fortlaufende Nummern z.B. als Primärschlüssel sein können. Der klassische Weg, fortlaufende Nummern zu erzeugen, besteht aus folgenden Schritten:

1. Sperre die Tabelle, in die ein neuer Datensatz eingefügt werden soll. Das ist deshalb notwendig, weil sonst möglicherweise zwei Anwender zur gleichen Zeit versuchen könnten, einen neuen Datensatz einzufügen, und dann beide die gleiche »nächste« Nummer ermitteln würden. Das würde im harmloseren Fall dazu führen, daß eine der beiden anschließenden INSERT-Anweisungen fehlschlüge, im unangenehmeren Fall dazu, daß aufgrund eines unsauberen Datenbankdesigns beide Anweisungen akzeptiert würden und damit die Eindeutigkeit der Primärschlüssels zerstört wäre.
2. Ermittle den aktuellen Maximalwert in der Primärschlüsselspalte und erhöhe ihn um die übliche Schrittweite (normalerweise 1).
3. Füge den neuen Datensatz unter Verwendung des ermittelten Primärschlüsselwertes in die Tabelle ein.
4. Schließe die Transaktion ab und hebe dadurch zugleich die Sperre der Tabelle auf.

Der Vorteil dieses Algorithmus besteht darin, daß er *lückenlose* fortlaufende Nummern garantiert, sein Nachteil darin, daß er sehr aufwendig ist. Wenn es nicht auf die Lückenlosigkeit, sondern nur auf die Eindeutigkeit ankommt, sollte statt dessen die wesentlich weniger aufwendigere Sequenz verwendet werden. Die folgende SQL-Anweisung zeigt, wie eine Sequenz für den Primärschlüssel der Tabelle BUCH angelegt wird:

```
CREATE SEQUENCE BUCH$NR
INCREMENT BY 1
MINVALUE 1;
```

Diese Anweisung besagt, daß eine Sequenz mit dem Namen BUCH$NR angelegt werden, daß die Zählung mit dem Wert 1 beginnen und 1 auch die Schrittweite sein soll. Eine solche Sequenz kann auf zwei Werte hin abgefragt werden: CURRVAL ist der letzte bereits vergebene, NEXTVAL der nächste Wert in der Zählung. Eine INSERT-Anweisung, die ein neues Buch unter Verwendung der nächsten fortlaufenden Nummer in die Tabelle BUCH eintragen soll, lautet demnach:

```
INSERT INTO BUCH (NR, AUTOR_NR, TITEL, GEBIET_ABK)
VALUES (BUCH$NR.NEXTVAL, 10, 'Schnee im Frühling', 'L');
```

Lücken in der fortlaufenden Nummernfolge sind bei diesem Verfahren deshalb möglich, weil die neue Nummer vor dem eigentlichen Einfügen der Daten vergeben wird und beim Fehlschlag nicht »zurückgegeben« werden kann.

B.5 Datenverwaltung (Data Control Language)

Eine Datenbank, auf die möglicherweise mehrere hundert Benutzer zugreifen, wäre innerhalb kürzester Frist schrottreif, wenn jeder Benutzer damit all das tun dürfte, was ihm gerade in den Sinn kommt. Deshalb dürfen Benutzer nur das tun, wozu sie explizit berechtigt wurden. Das im Einzelnen sehr komplizierte Konzept der Rechtevergabe bei Oracle läßt sich auf einer allgemeinen Ebene in drei einfachen Regeln zusammenfassen:

1. *Systemprivilegien*, die vom Datenbankverwalter vergeben werden, steuern, wer welche Art von Objekt anlegen darf. Wer keines der erforderlichen Privilegien besitzt, darf auch keine eigenen Objekte anlegen.

2. Wer das Recht erhalten hat, eigene Objekte (z.B. Tabellen) anzulegen, und von diesem Recht Gebrauch macht, ist danach der *Eigentümer* des von ihm angelegten Objekts. Der Eigentümer besitzt in bezug auf dieses Objekt sämtliche möglichen Rechte. Alle anderen Datenbankbenutzer haben dagegen keinerlei Zugriffsrecht darauf.

3. *Objektprivilegien*, die vom Eigentümer vergeben werden, steuern, wer außer dem Eigentümer selbst auf die Objekte zugreifen darf.

Für die Verwaltung der Objektprivilegien – nur von dieser soll hier die Rede sein – stehen die SQL-Anweisungen GRANT (Vergabe eines Privilegs) und REVOKE (Entzug eines Privilegs) zur Verfügung. Vergeben oder entzogen werden können die folgenden Privilegien:

ALTER	Dieses Recht erlaubt die Veränderung der Objektdefinition. Es kann für Tabellen (ALTER TABLE) und Sequenzen (ALTER SEQUENCE) vergeben werden.
DELETE	Dieses Recht erlaubt das Löschen von Datensätzen. Es kann, außer für Tabellen, auch für Views vergeben werden.
INDEX	Dieses Recht erlaubt es, Indizes für Spalten der Tabelle aufzubauen.
INSERT	Dieses Recht erlaubt das Einfügen von Datensätzen. Es kann, außer für Tabellen, auch für Views vergeben werden.
REFERENCES	Dieses Recht erlaubt es, sich in einem REFERENCES-Constraint, der zu einer anderen Tabelle gehört, auf diese Tabelle zu beziehen. Es kann auf einzelne Spalten der Tabelle eingeschränkt werden.
SELECT	Dieses Recht erlaubt die Abfrage von Dateninhalten. Es kann für Tabellen, Views und Sequenzen werden.
UPDATE	Dieses Recht erlaubt das Ändern von Dateninhalten. Es kann für Tabellen und Views vergeben und auf einzelne Spalten beschränkt werden.

Die Kommandos GRANT und REVOKE sind sehr klar aufgebaut und daher leicht zu verstehen. Sie verlangen zunächst die Angabe eines Objektprivilegs (oder einer Liste von Objektprivilegien), danach die Angabe des Objekts, für die es gelten soll und schließlich den Namen des Datenbankbenutzers, dem das Recht zugeteilt oder entzogen werden soll:

```
GRANT SELECT, DELETE, UPDATE, REFERENCES(NR)
ON VERLAG
TO MUELLER;
```

Durch diese Anweisung werden dem Benutzer MUELLER das SELECT- und DELETE-Recht, das nicht eingeschränkte UPDATE-Recht und das auf die Spalte NR beschränkte REFERENCES-Privileg zugeteilt. Da aber Benutzer MUELLER mit dem DELETE-Privileg etwas zu freizügig umgeht, wird es ihm etwas später wieder entzogen:

```
REVOKE DELETE ON VERLAG FROM MUELLER;
```

B.6 Anmerkungen zur Performance von SQL-Anweisungen

Abschließend sollen zumindest Hinweise auf diejenigen Faktoren gegeben werden, die erheblichen Einfluß auf die für die Abarbeitung einer SQL-Anweisung erforderliche Zeit haben. Um die Bedeutung dieser Faktoren begreifen zu können, muß man wissen, daß SQL-Anweisungen, unabhängig davon, ob sie vom Anwender interaktiv eingegeben werden oder Bestandteil lange zuvor geschriebener Applikationen sind, erst zu dem Zeitpunkt, zu dem der Anwender sie absetzt, in Textform an den Oracle Server geschickt werden und von diesem erst in eine ausführbare Form zu übersetzen sind. Der Übersetzungsprozeß spielt sich in zwei Schritten ab, die als *Parsen* und *Optimieren* (vgl. Abschnitt B.1.1) bezeichnet werden, eine entfernte Ähnlichkeit mit dem Compilieren und Linken von Programmen haben und sehr zeitaufwendig sind.

Um die Systembelastung durch das Parsen und Optimieren zu verringern und dadurch die Performance bei der Abarbeitung von SQL-Anweisungen zu steigern, legt Oracle einen als *Shared Pool* bezeichneten *Cache* im Arbeitsspeicher des Server-Rechners an, in dem die ausführbaren Formen häufig benutzter SQL-Anweisungen gespeichert werden. Es ist die Aufgabe des Datenbankverwalters, die Größe dieses Cache so zu konfigurieren, daß sie dem Bedarf entspricht. Der Applikationsentwickler aber sollte darauf achten, daß SQL-Anweisungen, die die gleiche Ergebnismenge ermitteln sollen, möglichst auch den gleichen Wortlaut haben, da nur bei gleichem Wortlaut der SQL-Anweisung die im Cache abgelegte ausführbare Form genutzt werden kann.

Einen wichtigen und häufig vorkommenden Spezialfall dieser allgemeinen Regel bildet die Formulierung von WHERE-Bedingungen, insbesondere bei einem *Master-Detail*-Verhältnis zwischen zwei Tabellen. Darunter ist eine Beziehung zwischen einer übergeordneten, allgemeine Informationen enthaltenden, und einer untergeordneten, Detailinformationen liefernden Tabelle zu verstehen, bei der Informationen aus der Detail-Tabelle in der Regel über die Master-Tabelle abgefragt werden. Ein Beispiel dafür liefern die Tabellen AUTOR und BUCH. Die Information darüber, welche Autoren in der Bibliothek vertreten sind, ist die allgemeinere, die Angabe, welche Bücher des jeweiligen Autors im einzelnen vorhanden sind, die speziellere. Der Zugriffsweg aber wird – wie im Falle des Autorenkatalogs – häufig der sein, daß zunächst ein Autor ausgewählt und dann geprüft wird, welche Bücher von ihm zur Verfügung stehen. Dazu ist eine SQL-Anweisung der Form

```
SELECT <spaltenliste>
FROM BUCH
WHERE AUTOR_NR = <autorennummer>;
```

erforderlich. Eine derartige Anweisung kann einerseits gebildet werden, indem man die Autorennummer direkt verwendet:

```
SELECT TITEL, JAHR
FROM BUCH
WHERE AUTOR_NR = 2;
```

Diese Vorgehensweise hat jedoch den Nachteil, daß Oracle die Autorennummer als zum Text der Anweisung gehörend auffaßt, deshalb die Anweisung

```
SELECT TITEL, JAHR
FROM BUCH
WHERE AUTOR_NR = 3;
```

als eine davon völlig verschiedene betrachtet und diese neu übersetzt. Deshalb sollte in solchen Fällen von der Möglichkeit, *Variablen* zu verwenden, Gebrauch gemacht werden. Diese Möglichkeit wird von fast allen Werkzeugen, die für den Zugriff auf Oracle-Datenbanken geeignet sind, unterstützt. Allerdings unterscheiden sie sich in der Syntax für die Kennzeichnung von Variablen. Im folgenden Beispiel wird die SQL*Plus-Syntax verwendet:

```
SELECT TITEL, JAHR
FROM BUCH
WHERE AUTOR_NR = &v_autornr;
```

In Kapitel 4 finden Sie Meßwerte, die belegen, daß die Berücksichtigung von Variablen die für die Abarbeitung derartiger SQL-Anweisungen erforderliche Zeit erheblich reduzieren kann.

Ein weiterer wichtiger und mit der Arbeit des Optimizers zusammenhängender Faktor ist die *Erzeugung statistischer Informationen über Tabellen und Indizes*. Diese Informationen, die u.a. über die Anzahl der in einer Tabelle enthaltenen Datensätze, den von ihr belegten Speicherplatz und die bei der Benutzung eines Index erforderliche Anzahl von Suchschritten Auskunft geben, werden vom Optimizer benötigt, um korrekte Entscheidungen über den schnellsten Zugriffsweg treffen zu können. Dafür seien nur zwei Beispiele genannt:

- Bei der Vorstellung des Index wurde bereits darauf hingewiesen, daß die Index-Benutzung in jedem Fall ineffizient ist, wenn es sich um eine sehr kleine Tabelle handelt. Um hier richtig entscheiden zu können, muß der Optimizer also die Größe der angesprochenen Tabelle kennen.

- Ähnlich verhält es sich, wenn ein Join zwischen zwei Tabellen durchzuführen ist. Beginnt die Abarbeitung eines Joins mit der kleineren Tabelle und schließt daran das Durchsuchen der größeren an, so ist sie in der Regel wesentlich schneller als bei der umgekehrten Reihenfolge. Wiederum ist es also für den Optimizer wichtig, die Größenverhältnisse zu kennen.

Diese statistischen Informationen werden nicht automatisch generiert, sondern müssen von einem dafür Verantwortlichen erzeugt werden. Dies wird in vielen Fällen der Datenbankverwalter, insbesondere bei Test-Datenbanken vielleicht aber auch ein Applikationsentwickler sein.

Das Erzeugen der statistischen Informationen muß für jede einzelne Tabelle mit der Anweisung ANALYZE veranlaßt werden:

```
ANALYZE TABLE AUTOR
COMPUTE STATISTICS;
```

Der damit verbundene Aufwand ist jedoch weit geringer als man zunächst zu glauben geneigt ist, weil eine einmalige oder regelmäßige Wiederholung der Analyse nur für die Tabellen erforderlich ist, deren Größe erheblich schwankt. In allen Fällen, in denen die anfängliche Größe ungefähr erhalten bleibt, kann man es bei der ersten Analyse bewenden lassen.

Für große Tabellen kann alternativ zum Schlüsselwort COMPUTE das Schlüsselwort ESTIMATE eingesetzt werden. Es veranlaßt, daß die Analyse nur für einen Teil der Tabelle durchgeführt und deren Ergebnis dann auf den gesamten Datenbestand hochgerechnet wird. Die Frage, wann eine Tabelle groß ist, läßt sich in diesem Fall sehr leicht beantworten: Wenn Ihnen die Analyse bei Verwendung von COMPUTE zu lange dauert.

Auf die Bedeutung von *Indizes* für die Abarbeitung von SQL-Anweisungen wurde bereits in Abschnitt B.4.2 hingewiesen. Dort wurden auch bereits einige Hinweise auf die Einsatzkriterien gegeben. Es soll an dieser Stelle jedoch noch einmal nachdrücklich daran erinnert werden, daß eine gründliche Analyse der in den Applikationen verwendeten WHERE-Bedingungen und der dadurch ermittelten Ergebnismengen erforderlich ist. Durch das Anlegen eines usrsprünglich nicht vorgesehenen, aber sachlich erforderlichen Index kann die für die Abarbeitung einer SELECT-Anweisung erforderliche Zeit oft von mehreren Minuten auf wenige Sekunden reduziert werden.

Schließlich sollten Sie auch dann, wenn Sie für die Applikationsentwicklung kein Werkzeug verwenden, in dem PL/SQL als Programmiersprache eingesetzt wird, über die Verwendung von *PL/SQL* auf der Datenbank-Seite nachdenken. Das kann insbesondere dann für die Performance Ihrer Applikationen entscheidend sein, wenn Sie in einer Client/Server-Umgebung arbeiten, nicht gerade über das schnellste Netzwerk verfügen und häufig Gruppen von SQL-Anweisungen einsetzen.

Als Beispiel sei noch einmal die Überweisung angeführt: Sie besteht aus zwei UPDATE-Anweisungen und einer COMMIT- oder ROLLBACK-Anweisung. Das bedeutet, daß drei Aufträge vom Client- an den Server-Rechner und drei Statusinformationen vom Server- an den Client-Rechner übermittelt werden müssen. Die Zahl der Kommunikationsvorgänge läßt sich aber dadurch reduzieren, daß die gesamte Transaktion in einer PL/SQL-Prozedur zusammengefaßt und in der Datenbank abgelegt wird. Die Client-Applikation muß dann nur noch die Prozedur aufrufen und erhält von dieser eine abschließende Statusinformation zurück.

Technische Informationen zur Syntax von PL/SQL und zur Vorgehensweise beim Abspeichern von PL/SQL-Prozeduren in der Datenbank finden Sie in Anhang C. Einige Meßergebnisse, die das Ausmaß der durch den Einsatz von PL/SQL-Prozeduren erzielbaren Performancesteigerung dokumentieren, werden in Kapitel 4 diskutiert.

C Einführung in PL/SQL

C.1 Grundlagen 481
C.2 PL/SQL-Blöcke 484
C.3 Der Vereinbarungsteil 492
C.4 Der Anweisungsteil 495
C.5 Der Fehlerbehandlungsteil 507
C.6 Aufruf von Programmeinheiten 512

C.1 Grundlagen

C.1.1 Was ist PL/SQL?

PL/SQL ist eine von Oracle entwickelte und nur für den Zugriff auf Oracle-Datenbanken verwendbare Programmiersprache. Bereits der Name zeigt an, daß sie das nicht-prozedurale **SQL** mit den für prozedurale Programmiersprachen – **PL** steht für *Procedural Language* – typischen Konstrukten verbindet. Diese Verbindung stellt sich nicht so dar wie bei der Einbettung von SQL-Anweisungen in COBOL-, FORTRAN- oder C-Programme (*Embedded SQL*), bei der die SQL-Anweisungen Fremdkörper im Programm sind und erst in Funktionsaufrufe umgewandelt werden müssen. Vielmehr ist SQL hier integraler Bestandteil der Programmiersprache, was nicht nur bedeutet, daß SQL-Anweisungen jederzeit und ohne vor- oder nachbereitende Maßnahmen verwendet werden dürfen, sondern auch, daß prozedurale und nicht-prozedurale Sprachelemente weitestgehend aneinander angepaßt wurden. So können etwa die innerhalb von SQL bekannten Datentypen auch beim Anlegen von Variablen oder die im Sprachumfang von SQL enthaltenen Operatoren und Funktionen auch in Bedingungen von IF-Anweisungen verwendet werden.

Für die Einführung einer solchen Programmiersprache gab es hauptsächlich zwei Gründe:

1. In den Anfangsjahren der relationalen Datenbanktechnologie hatte man die Datenbank lediglich als einen Behälter verstanden, in dem interaktiv arbeitende Anwender und programmierte Anwendungen beliebige Daten ablegen konnten. In der praktischen Anwendung sind die Daten, die in eine Datenbank eingefügt werden dürfen, aber in der Regel nicht beliebig. Vielmehr wird zwischen gültigen und ungültigen, zulässigen und unzulässigen, regelkonformen und regelwidrigen Daten unterschieden. Die Wehrlosigkeit der Datenbank führte dazu, daß die Prüfungen, die erforderlich waren, um die Zulässigkeit und Regelkonformität neuer Daten sicherzustellen, in den Applikationen – und das heißt: in *allen* Applikationen – ausprogrammiert werden mußten.

   Um die Anwendungsentwicklung zu entlasten und sicherstellen zu können, daß auch interaktiv arbeitende Anwender die geltenden Integritätsregeln nicht umgehen können, wurde das Konzept der *semantischen Datenbank* eingeführt. Damit ist gemeint, daß das Datenbanksystem die ankommenden Daten nicht verständnis- und willenlos entgegennimmt, sondern daß es die geltenden Integritätsregeln kennt, die eintreffenden Daten prüft und sie zurückweist, sofern sie die Integritätsregeln verletzen.

   Um dieses Konzept zu realisieren, ist es erforderlich, die zuvor in den Anwendungen enthaltene Prüffunktionalität in die Datenbank zu verlagern. Die elementaren, in jeder Datenbank vorkommenden Konsistenzregeln wurden als *Constraints* in den Sprachumfang von SQL aufgenommen (vgl. Anhang B). Speziellere und komplexere Prüfungen können aber nicht standardmäßig bereitgestellt, sondern nur vom Anwender selbst programmiert werden. Somit war es notwendig, eine Sprache für die *Datenbankprogrammierung* zu entwickeln, d.h. für die Entwicklung von Programmeinheiten, die nicht Bestandteil einer Applikation, sondern Bestandteil der Datenbank sind. Eben dies ist PL/SQL.

2. Etwa zum gleichen Zeitpunkt stellte sich heraus, daß die in den Anfangsjahren gehegte Hoffnung, Werkzeuge für die Anwendungsentwicklung bereitstellen zu können, bei deren Einsatz der Entwickler ohne jegliche explizite Programmierung auskommen würde, sich nicht erfüllte. Zwar gelang es, große Teile der erforderlichen Funktionalität als Default-Funktionalität zur Verfügung zu stellen, für deren Vorhandensein der Entwickler nicht eigens zu sorgen brauchte. Die schrittweise Einführung des objektorientierten Paradigmas brachte darüber hinaus die Möglichkeit, zusätzliche Bereiche in Form deklarativer Programmierung abzuhandeln, bei der lediglich Eigenschaftslisten mit Werten gefüllt werden müssen. Die vollständige Anpassung einer Applikation an die Erwartungen der Benutzer ist jedoch selten ohne zusätzliche Programmierung möglich.

Da PL/SQL Datenbankzugriff und prozedurale Steuerung miteinander verbindet, weist es genau den Funktionalitätsumfang auf, der für die Entwicklung datenbankorientierter Applikationen erforderlich ist. Somit war es nicht erforderlich, für die Applikationsentwicklung eine eigene Sprache bereitzustellen. Vielmehr wird PL/SQL als gemeinsame Programmiersprache für Datenbankprogrammierung und Applikationsentwicklung benutzt[1].

Abschließend sei darauf hingewiesen, daß die Existenz einer Programmiersprache für den eben beschriebenen Einsatzbereich keine Besonderheit von Oracle ist. Vor der Notwendigkeit, SQL um prozedurale Elemente zu erweitern, standen aus den gleichen Gründen auch andere Hersteller relationaler Datenbanksysteme. Im Gegensatz zum nicht-prozeduralen Bereich, in dem sich SQL sehr schnell als Standard etabliert hat, ist eine Standardisierung des prozeduralen Bereichs aber bisher ausgeblieben.

---

1. Dies gilt zumindest für die klassischen, in der *Developer/2000*-Produktfamilie zusammengefaßten Entwicklungswerkzeuge von Oracle. Power Objects weicht davon ab und verwendet Visual Basic, weil es sich an Entwickler im Windows-Umfeld wendet, die mit dieser Programmiersprache bereits vertraut sind. Davon abgesehen, ließe sich behaupten, daß PL/SQL bei Oracle die Bedeutung zukommt, die Basic bei Microsoft hat.

Grundlagen

C.1.2 Wie werden PL/SQL-Programmeinheiten erstellt?

Angesichts der unterschiedlichen Bereiche, in denen PL/SQL verwendet wird, liegt es auf der Hand, daß es weder ein einziges Werkzeug noch eine immer gültige Schrittfolge für den Aufbau von PL/SQL-Programmeinheiten geben kann. Da aber keines der Werkzeuge, in denen PL/SQL als Programmiersprache für die Applikationsentwicklung verwendet wird, Thema dieses Buches ist, sondern bei der Nutzung eines Middleware-Produkts ebenso wie bei der Erstellung dynamischer Web-Seiten ausschließlich in der Datenbank gespeicherte PL/SQL-Prozeduren eine Rolle spielen, läßt sich die allgemeine Frage, wie PL/SQL-Programmeinheiten erstellt werden, hier einschränken auf die leichter zu beantwortende Frage, wie PL/SQL-Prozeduren in der Datenbank gespeichert werden.

Wie bei der herkömmlichen Programmierung besteht der erste Schritt darin, daß der PL/SQL-Code *als Text erstellt* wird. Für diese Aufgabe kann prinzipiell jeder Editor eingesetzt werden, der den eingegebenen Code als reinen Text – ohne jegliche Formatierung -abspeichert und die Textdatei nach dem Abspeichern nicht sperrt, sondern sie zur Benutzung durch ein anderes Programm freigibt, obwohl er selbst aktiv bleibt. Vorteilhaft ist ein etwas komfortablerer Editor, der die Anzeige von Zeilennummern sowie das Belegen von Funktionstasten oder Buttons mit häufig vorkommenden Anweisungsfolgen unterstützt. Das Resultat dieses ersten Schrittes ist eine Textdatei, die ein PL/SQL-Skript mit allen erforderlichen Anweisungen enthält.

Ist die Texterstellung abgeschlossen, folgt als zweiter Schritt die *Übersetzung und Abspeicherung* der Prozeduren in der Datenbank. Dazu ist ein Werkzeug erforderlich, mit dem man sich bei einer Oracle-Datenbank anmelden und ein SQL- oder PL/SQL-Skript ausführen kann. In Betracht kommen dafür *SQL*Plus*, der *Server Manager* im Zeilenmodus oder das zum Enterprise Manager gehörende *SQL Worksheet*.

Der zur Developer/2000-Produktfamilie gehörende *Procedure Builder* vereinigt beide Funktionalitäten in einem Werkzeug. Leider beschränkt er zu dem Zeitpunkt, zu dem dieses Buch geschrieben wird, die Textgröße auf 32 K (Windows 95) bzw. 64 K (Windows NT) – Obergrenzen, die insbesondere dann schnell erreicht sind, wenn ein aus mehreren Prozeduren bestehendes Package erstellt werden soll.

Nicht jeder Datenbank-Benutzer darf PL/SQL-Programmeinheiten in der Datenbank erstellen. Voraussetzung dafür ist das System-Privileg `CREATE PROCEDURE`. Außerdem muß sichergestellt sein, daß der Benutzer, der die Programmeinheit anlegt, die erforderlichen Zugriffsrechte für alle in der Prozedur angesprochenen Tabellen besitzt. Nach der erfolgreichen Erstellung kann der Eigentümer das Ausführungsrecht (`EXECUTE`-Privileg) für die in der Datenbank gespeicherte Programmeinheit an andere Benutzer vergeben.

Auf der beiliegenden CD finden Sie im Verzeichnis `\AnhangC` ein PL/SQL-Skript mit dem Namen `anh_c.pls`. Starten Sie dieses Skript mit SQL*Plus, Server Manager oder SQL Worksheet. Unter der Voraussetzung, daß Sie Ihrem CD-ROM-Laufwerk den Laufwerksbuchstaben R zugeordnet haben, ist dies von SQL*Plus aus mit dem Kommando

`start R:\AnhangC\anh_c.pls`

möglich. Das entsprechende Kommando für den Server Manager lautet:

`@R:\AnhangC\anh_c.pls`

Im SQL Worksheet können Sie ein Skript über die Menüoption *Worksheet* ⇨ *Run Script* starten.

C.2 PL/SQL-Blöcke

C.2.1 Einteilung

PL/SQL ist eine blockorientierte Sprache. Beliebig viele Anweisungen können zu Blöcken zusammengefaßt und diese gleichberechtigt nebeneinander gestellt oder ineinander verschachtelt werden. Blöcken können Namen zugeordnet werden, doch muß dies nicht geschehen. Blöcke, denen ein Name zugeordnet wurde, heißen *benannte Blöcke* oder *Programmeinheiten*. Blöcke, denen kein Name zugeordnet wurde, heißen *unbenannte Blöcke*.

Unbenannte Blöcke können nicht in der Datenbank gespeichert werden, da es keine Möglichkeit gibt, sie nach der Speicherung zu aktivieren. Sie können aber Bestandteil gespeicherter Programmeinheiten und als solche für den Programmablauf von Bedeutung sein. Ein Beispiel für die Verwendung unbenannter Blöcke innerhalb von Programmeinheiten ist in Abschnitt C.5.2 zu finden.

PL/SQL-Programmeinheiten weisen die aus den meisten anderen Programmiersprachen bekannten Eigenschaften auf. Dazu gehören:

▶ Eine in der Datenbank gespeicherte PL/SQL-Programmeinheit kann über ihren Namen gestartet (»aufgerufen«) werden. Die genaue Syntax für einen solchen Aufruf hängt von dem Werkzeug ab, von dem aus er erfolgt.

▶ Eine PL/SQL-Programmeinheit, die eine andere aufruft, kann an diese Eingabeparameter übermitteln oder von ihr Ergebnisparameter zurückerhalten.

▶ PL/SQL-Programmeinheiten werden eingeteilt in Funktionen, die über die Ergebnisparameter hinaus noch einen Statuswert zurückgeben, und Prozeduren, die dies nicht tun. Sind diese Programmeinheitn in der Datenbank abgespeichert, spricht man von *Stored Procedures* und *Stored Functions*.

Mehrere PL/SQL-Programmeinheiten, die sachlich zusammengehören, können zu einem *Package* zusammengefaßt werden. Der Vorteil einer solchen Bündelung besteht darin, daß weniger Datenbankobjekte verwaltet und weniger Abhängigkeiten zwischen Datenbankobjekten berücksichtigt werden müssen. Der Nachteil besteht in größeren Textdateien, längeren Übersetzungszeiten und – da ein Package immer als Einheit in den Arbeitsspeicher geladen wird – eventuell erhöhtem Speicherverbrauch.

C.2.2 Unbenannte Blöcke

Jeder PL/SQL-Block besteht aus maximal drei Teilen, die durch vier Schlüsselworte begrenzt werden. Die im vorangehenden Abschnitt beschriebenen Arten von PL/SQL-Blöcken unterscheiden sich durch den Aufbau der ersten Zeile, die übrige Struktur ist jedoch in allen Fällen identisch. Die nachfolgende Abbildung zeigt zunächst die Struktur eines unbenannten PL/SQL-Blockes:

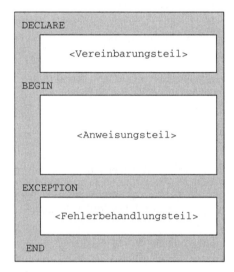

Abbildung C.1: Struktur eines unbenannten PL/SQL-Blockes

Das Schlüsselwort DECLARE leitet den *Vereinbarungsteil* ein. In ihm werden die Objekte bekanntgemacht, die im Block verwendet werden sollen. Dabei kann es sich um Variablen, selbst definierte Datentypen oder auch Hilfsprozeduren handeln. Der Vereinbarungsteil wird in Abschnitt C.3 genauer besprochen.

Das Schlüsselwort BEGIN leitet den *Anweisungsteil* ein. Er enthält sämtliche SQL- und PL/SQL-Anweisungen, die ausgeführt werden sollen. Der Anweisungsteil wird in Abschnitt C.4 genauer besprochen.

Das Schlüsselwort EXCEPTION leitet den *Fehlerbehandlungsteil* ein. Beim Auftreten eines Fehlers wird automatisch in diesen Teil gesprungen, sofern er vorhanden ist, und nach einer Vorschrift für die Behandlung des aufgetretenen Fehlers gesucht. Der Fehlerbehandlungsteil wird in Abschnitt C.5 genauer besprochen.

C Einführung in PL/SQL

Das Schlüsselwort END schließt den PL/SQL-Block.

Nicht alle Teile eines PL/SQL-Blockes sind zwingend erforderlich. Vereinbarungs- und Fehlerbehandlungsteil können fehlen. Bei unbenannten Blöcken fehlen dann auch die Schlüsselworte DECLARE und EXCEPTION.

Nachfolgend werden einige Beispiele für den Aufbau unbenannter PL/SQL-Blöcke gegeben. Diese enthalten einige Sprachelemente, die erst später vorgestellt werden – ein Sachverhalt, der jedoch dem Verständnis ihrer Struktur nicht im Wege stehen sollte.

Als Beispiel für einen unbenannten PL/SQL-Block mit Minimalstruktur soll ein Block erstellt werden, der – nach dem berühmten und oft kopierten Vorbild des C-Lehrbuches von Kernighan und Ritchie – den Text »Hello world.« ausgibt. Starten Sie dafür SQL*Plus, den Server Manager oder das SQL Worksheet, geben Sie die Anweisungsfolge

```
begin
  dbms_output.put_line ('Hello World.');
end;
```

ein und starten Sie sie. Wenn Sie daraufhin zwar die Meldung

```
Statement processed.
```

erhalten, aber nicht den erwarteten Text, so geben Sie die Anweisung

```
SET SERVEROUTPUT ON
```

ein und starten Sie den PL/SQL-Block erneut.

Im zweiten Schritt soll dem PL/SQL-Block ein Vereinbarungsteil hinzugefügt werden. Modifizieren Sie ihn daher folgendermaßen:

```
declare
  txtbuf    varchar2(80);
begin
  txtbuf := 'Hello world.';
  dbms_output.put_line (txtbuf);
end;
```

Um dem Block einen Fehlerbehandlungsteil hinzufügen und die Fehlerbehandlung auch in Aktion sehen zu können, wird die einfache Ausgabe eines Textes nun durch eine Datenbankabfrage ersetzt, die davon ausgeht, daß die in diesem Buch verwendeten Beispieltabellen existieren und daß der Benutzer, unter dem Sie sich bei der Datenbank angemeldet haben, das Leserecht für diese Tabellen besitzt:

```
declare
  txtbuf    varchar2(80);
begin
  select bez
  into txtbuf
  from addwes.gebiet
  where abk = 'L';
```

```
    dbms_output.put_line ('Sachgebiet: ' || txtbuf);
exception
  when others then
    dbms_output.put_line (
      'Dieses Sachgebiet gibt es nicht!'
    );
end;
```

Wenn Sie beim Versuch, diesen Block auszuführen, die Fehlermeldung

```
from addwes.gebiet
          *
ORA-06550: line 6, column 9:
PLS-00201: identifier 'ADDWES.GEBIET' must be declared
ORA-06550: line 4, column 4:
PL/SQL: SQL Statement ignored
```

erhalten, so existiert entweder keine dem Benutzer ADDWES gehörende Tabelle namens GEBIET oder Sie dürfen nicht darauf zugreifen. Diese Fehlermeldung wird beim Übersetzen des PL/SQL-Codes und nicht durch den Fehlerbehandlungsteil des Blockes erzeugt. Endet die Abarbeitung dagegen mit der Ausgabe des Textes

```
Statement processed.
Sachgebiet: Literatur
```

so sind alle für die fehlerfreie Übersetzung und Abspeicherung erforderlichen Voraussetzungen vorhanden und Sie können nun einen zur Laufzeit auftretenden Fehler provozieren. Ändern Sie dazu die WHERE-Klausel der SQL-Anweisung in:

```
where abk = 'X'
```

Einen Eintrag mit dieser Sachgebietsabkürzung gibt es in der Tabelle nicht. Dadurch wird ein Fehler und durch diesen der Sprung in den Fehlerbehandlungsteil ausgelöst, wie sich an der Ausgabe der im Block festgelegten Fehlermeldung erkennen läßt.

C.2.3 Prozeduren und Funktionen

PL/SQL-Programmeinheiten weisen die gleiche Struktur auf wie unbenannte Blöcke, doch gelten für sie folgende Besonderheiten:

- Das Schlüsselwort DECLARE wird durch eine Kopfzeile ersetzt, die den Typ der Programmeinheit, ihren Namen, den Datentyp des Rückgabewerts (nur bei Funktionen) und eine Parameterliste (optional) enthält.
- Durch die Spezifikation des Namens in der Kopfzeile wird der Block zu einem benannten Block. Die Kopfzeile darf daher selbst dann nicht weggelassen werden, wenn kein Vereinbarungsteil erforderlich ist.
- Die abschließende END-Anweisung kann durch den Namen der Programmeinheit ergänzt werden. Dies hat zwar keinerlei funktionale Be-

deutung, sondern dient nur der besseren Übersicht. Dennoch wird beim Übersetzen eine Fehlermeldung ausgegeben, wenn die in der Kopfzeile und in der END-Anweisung verwendeten Namen nicht übereinstimmen.

In der Kopfzeile einer Prozedur wird das Schlüsselwort DECLARE durch das Schlüsselwort PROCEDURE ersetzt und danach der Name der Prozedur sowie die Parameterliste angegeben. Den Übergang zum Vereinbarungs- und Anweisungsteil bildet das Schlüsselwort IS oder AS[2]:

```
procedure ueberweisung (
  von_konto    in number,
  zu_konto     in number,
  betrag       in number
) is
begin
  [...]
end;
```

Bei Funktionen wird das Schlüsselwort PROCEDURE durch FUNCTION ersetzt und eine RETURN-Klausel hinzugefügt, die den Datentyp des Rückgabewertes bekanntmacht:

```
function add (p1 in number, p2 in number) return number is
begin
  return (p1 + p2);
end;
```

Sollen PL/SQL-Prozeduren oder -Funktionen in der Datenbank abgespeichert werden, muß dies mit einer CREATE-Anweisung veranlaßt werden[3]. Wenn Sie die Prozedur schrittweise entwickeln und zwischendurch testen wollen oder eine neue Version einer bereits im Einsatz befindlichen Prozedur erstellen, empfiehlt sich die Verwendung von CREATE OR REPLACE, weil Sie sich dadurch das explizite Löschen der alten Version ersparen:

```
create or replace procedure bsp1a as
begin
  dbms_output.put_line ('Hello world.');
end bsp1a;
```

Die Syntax für den Aufruf von Prozeduren und Funktionen hängt von dem Werkzeug ab, von dem aus er durchgeführt wird. Die Kommandozeilenwerkzeuge bieten dafür die Anweisung EXECUTE:

```
execute bsp1a;
```

---

[2]. Die beiden Schlüsselworte sind funktional gleichwertig und können nach Belieben verwendet werden. In den Skripten, die Sie auf der dem Buch beigegebenen CD finden, wird nach einem CREATE OR REPLACE das Schlüsselwort AS, ansonsten das Schlüsselwort IS verwendet, weil dies der gesprochenen englischen Sprache am nächsten kommt.

[3]. Das Voranstellen von CREATE OR REPLACE entfällt aber beim Arbeiten mit dem *Procedure Builder*.

Dabei wird vorerst vorausgesetzt, daß die Prozedur von demjenigen aufgerufen wird, der sie erstellt hat. Über einige Punkte, die zu beachten sind, wenn Prozeduren und Funktionen nicht nur von ihrem Eigentümer, sondern auch von anderen Anwendern genutzt werden sollen, unterichtet Abschnitt C.6.3. Die Syntax für Prozeduraufrufe über die ODBC-Schnittstelle und vom PL/SQL Web Toolkit aus wird in den jeweiligen Kapiteln dieses Buches vorgestellt.

C.2.4 Packages

Ein Package wurde bereits definiert als Zusammenfassung mehrerer Prozeduren und Funktionen, die thematisch zusammengehören. Oracle liefert zusammen mit dem Oracle Server eine große Zahl vorgefertigter Packages aus. Angesprochen und benutzt wurde bereits die Prozedur PUT_LINE aus dem Package DBMS_OUTPUT. In den Kapiteln 6 bis 9 dieses Buches wird das Arbeiten mit denjenigen Packages vorgestellt, die Bestandteil des PL/SQL Web Toolkit sind. Hier soll es jedoch primär darum gehen, wie man selbst Packages erstellen kann.

Jedes Package besteht aus einer *Package Specification* und einem *Package Body*. Der Package Body enthält die Implementierung des Package. Alle darin angelegten Objekte (Variablen, Konstanten, Prozeduren, Funktionen) sind nur intern sichtbar. Die Package Specification enthält Beschreibungen all der Objekte, die auch von außen sichtbar sein sollen. Interne Sichtbarkeit von Objekten bedeutet, daß lediglich die im Package zusammengefaßten Prozeduren und Funktionen auf sie zugreifen können. Sichtbarkeit von außen bedeutet, daß auf die Objekte auch von einer Prozedur zugegriffen werden kann, die selbst nicht zum Package gehört, aber die darin implementierte Funktionalität nutzen möchte.

Aus dieser Teilung ergeben sich interessante Möglichkeiten für den Entwickler: Globale Variablen oder Konstanten können sowohl – nur intern sichtbar – im Package Body als auch – von außen sichtbar – in der Package Specification angelegt werden. Prozeduren und Funktionen, die direkt aufrufbar sein sollen, können in der Package Specification bekanntgemacht, für andere, die nur als Hilfsprozeduren dienen, kann dies dagegen unterlassen werden.

Das folgende Beispiel zeigt das für den Aufbau eines Package namens ANHANG_C erforderliche Grundgerüst. Darin wird zugleich eine von zwei syntaktischen Möglichkeiten für das Einfügen von Kommentaren vorgestellt: Zwei unmittelbar aufeinanderfolgende Bindestriche bewirken, daß der Rest der Zeile als Kommentar interpretiert wird.

```
-----------------------------------------------------------
-- Package Specification
-----------------------------------------------------------

create or replace package anhang_c as
```

```
    -- Spezifikation der Prozeduren

end anhang_c;
/

-------------------------------------------------------------
-- Package Body
-------------------------------------------------------------

create or replace package body anhang_c as

    -- Implementierung der Prozeduren

end anhang_c;
```

Wie bei Prozeduren und Funktionen, so kann auch hier den END-Anweisungen, die Package Specification und Package Body abschließen, der Name des Package hinzugefügt werden. Der Schrägstrich nach dem Abschluß der Package Specification ist erforderlich, damit an dieser Stelle zunächst einmal die Package Specification in der Datenbank angelegt wird. Geschieht dies nicht, führt die folgende CREATE-Anweisung zu einer Fehlermeldung. Viele Entwickler ziehen es allerdings vor, Package Specification und Package Body in zwei getrennten Dateien anzulegen und diese getrennt auszuführen. Dadurch wird nicht nur der bei Packages leicht sehr umfangreich werdende Code auf zwei Dateien verteilt. Es hat auch den Vorteil, daß die Zeilennummern, die ausgegeben werden, wenn beim Übersetzen Fehler auftreten, leichter nachzuvollziehen sind. Oracle zählt nämlich die Zeilen selbst dann für Specification und Body getrennt, wenn sich beide in einer Datei befinden.

Bei der Implementierung der Prozeduren und Funktionen innerhalb des Package Body gelten alle im vorangehenden Abschnitt aufgestellten Regeln. Der einzige syntaktische Unterschied besteht darin, daß nicht jede Programmeinheit mit einem eigenen CREATE-Kommando angelegt wird, sondern nur ein CREATE-Kommando für den gesamten Package Body abgesetzt wird. Für das folgende Beispiel wurden die in Abschnitt C.2.2 erstellten unbenannten Blöcke in Prozeduren umgewandelt und diese zu Bestandteilen des Package ANHANG_C gemacht.

```
create or replace package body anhang_c as

    procedure bsp1a is
    begin
      dbms_output.put_line ('Hello world.');
    end bsp1a;

    procedure bsp1b is
      txtbuf   varchar2(80);
    begin
      txtbuf := 'Hello world.';
```

```
    dbms_output.put_line (txtbuf);
  end bsp1b;

  procedure bsp1c is
    txtbuf   varchar2(80);
  begin
    select bez
    into txtbuf
    from addwes.gebiet
    where abk = 'X';
    dbms_output.put_line ('Sachgebiet: ' || txtbuf);
  exception
    when others then
      dbms_output.put_line (
        'Dieses Sachgebiet gibt es nicht!'
      );
  end bsp1c;

end anhang_c;
```

Wenn Sie die voranstehenden Kommandos in einem PL/SQL-Skript zusammengestellt haben, dann können Sie dieses Skript zwar ausführen und den Package Body anlegen, Sie sind jedoch nicht in der Lage, die darin enthaltenen Prozeduren aufzurufen, weil sie bisher nur intern sichtbar sind. Um dies zu ändern, müssen die Prozeduren in der Package Specification nach außen hin sichtbar gemacht werden, was in diesem Fall wenig Mühe kostet:

```
create or replace package anhang_c as

  procedure bsp1a;
  procedure bsp1b;
  procedure bsp1c;

end anhang_c;
```

Nachdem Sie dieses Skript ebenfalls zur Ausführung gebracht haben, können Sie die Prozeduren aufrufen, indem Sie den Namen des Package vor den Namen der Prozedur setzen und beide Komponenten durch einen Punkt trennen:

```
execute anhang_c.bsp1a;
```

C.3 Der Vereinbarungsteil

Im Vereinbarungsteil eines Blockes werden diejenigen Objekte angelegt, die innerhalb des Blockes bekannt sein sollen. Es sei zunächst daran erinnert, daß sich Vereinbarungsteile an verschiedenen Stellen befinden können:

- Der Vereinbarungsteil einer Prozedur oder Funktion befindet sich zwischen der Kopfzeile und dem Schlüsselwort BEGIN. Die darin bekanntgemachten Objekte sind in der gesamten Programmeinheit zugänglich.

- Der Vereinbarungsteil eines unbenannten Blockes befindet sich zwischen den Schlüsselworten DECLARE und BEGIN. Auch unbenannte Blöcke, die innerhalb einer Programmeinheit angelegt werden, können eigene Vereinbarungsteile aufweisen. Die darin bekanntgemachten Objekte sind jedoch lediglich innerhalb des unbenannten Blockes zugänglich.

- Zu Beginn des Package Body kann ein Vereinbarungsteil angelegt werden. Die darin bekanntgemachten Objekte sind allen zum Package gehörenden Programmeinheiten zugänglich.

- Schließlich kann ein Vereinbarungsteil zu Beginn der Package Specification angelegt werden. Die darin bekanntgemachten Objekte sind sowohl allen zum Package gehörenden als auch den das Package von außen ansprechenden Programmeinheiten zugänglich.

Im Vereinbarungsteil können unstrukturierte Objekte (Variablen, Konstanten), strukturierte Objekte (PL/SQL-Tabellen, Records), Datentypen und Programmeinheiten bekanntgemacht werden. In diesem Abschnitt wird auf unstrukturierte und strukturierte Objekte eingegangen. Sinn und Verwendungsweise von Programmeinheiten, die im Vereinbarungsteil angelegt werden, wird in Abschnitt C.6.2 erklärt.

C.3.1 Unstrukturierte Objekte

Für das Anlegen von Variablen stehen zunächst einmal alle im Sprachumfang von SQL enthaltenen Datentypen zur Verfügung:

```
vnum    number;
vchr    character(1);
vvch    varchar2(80);
vdat    date;
vlng    long;
```

Wie in SQL, so kann beim Datentyp NUMBER und muß bei den Datentypen CHARACTER sowie VARCHAR2 die Anzahl der Zeichen begrenzt werden. Ein wichtiger Unterschied besteht darin, daß die Anzahl der Zeichen beim Datentyp VARCHAR2 in SQL auf 2000, in PL/SQL jedoch auf 32 KB begrenzt ist. Dafür ist allerdings auch die Länge von LONG- und LONG RAW-Werten in PL/SQL auf 32 KB begrenzt.

Der Vereinbarungsteil

Darüber hinaus bietet PL/SQL weitere Datentypen an. Zu ihnen gehören ein Datentyp für logische Werte (BOOLEAN) sowie numerische Datentypen (BINARY_INTEGER, ab V7.3 zusätzlich PLS_INTEGER), die im Gegensatz zum Datentyp NUMBER, der einzelne Ziffern abspeichert, mit binären Zahlenwerten arbeiten und daher eine bessere Performance bieten.

Variablen können beim Anlegen mit einem Ausgangswert initialisiert werden:

```
vbin    binary_integer   := 0;
vvch    varchar2(80)     := '';
vlog    boolean          := TRUE;
```

Durch Hinzufügen des Schlüsselwortes CONSTANT vor dem Datentyp kann eine spätere Veränderung des Ausgangswertes verhindert werden:

```
PI      constant number  := 3.1415;
```

Eine besonders interessante Möglichkeit beim Anlegen von Variablen, die Ergebnisse von Datenbankabfragen aufnehmen sollen, besteht darin, sich statt einer expliziten Angabe des Datentyps auf den Datentyp der zugrundliegenden Spalte zu beziehen:

```
v_nr       autor.nr%type;
v_name     autor.name%type;
v_vorname  autor.vorname%type;
```

Um sicherzustellen, daß die Applikation auch dann funktionstüchtig ist, wenn sie nicht vom Eigentümer der Tabelle gestartet wird, kann mit der üblichen Syntax der Eigentümer hinzugefügt werden:

```
v_nr       addwes.autor.nr%type;
```

Eine solche Vereinbarung garantiert, daß Typ und Größe der angelegten Variablen immer mit der Basisspalte übereinstimmen und reduziert dadurch die Fehleranfälligkeit und den für die Pflege der Applikationen erforderlichen Aufwand.

C.3.2 Strukturierte Objekte

Wie die meisten anderen Programmiersprachen, unterstützt auch PL/SQL die Zusammenfassung mehrerer gleichartiger oder ungleichartiger Werte zu einer Datenstruktur. Die Zusammenfassung mehrerer gleichartiger Werte wird in anderen Programmiersprachen als Feld, Array oder Matrix bezeichnet. In PL/SQL heißt sie *PL/SQL-Tabelle*. Die Zusammenfassung ungleichartiger Werte zu einem Objekt heißt, wie üblich, *Record*.

Die Ersetzung des weithin gebrauchten Begriffs »Array« durch den zunächst einmal unverständlicheren Begriff »PL/SQL-Tabelle« soll auf eine Besonderheit hinweisen, durch die sich eine PL/SQL-Tabelle von einem Array unterscheidet, durch die sie aber andererseits einer Datenbank-Tabelle ähnlich wird. Ein Array zeichnet sich dadurch aus, daß die Anzahl seiner

Komponenten beim Anlegen vorgegeben wird und daß die einzelnen Komponenten über einen Indexwert identifiziert werden, der lückenlos von einem Minimalwert bis zu einem Maximalwert aufsteigt. Beide Merkmale gelten für PL/SQL-Tabellen nicht. Weder muß beim Anlegen die Anzahl der Komponenten bekanntgemacht werden noch müssen die verwendeten Indexwerte eine lückenlose Folge bilden. Eine PL/SQL-Tabelle leistet also zwar das, was in anderen Programmiersprachen ein Array leistet, das Konzept dahinter läßt sich jedoch leichter begreifen, wenn man dabei an eine Datenbank-Tabelle mit einer Primärschlüsselspalte und einer Wertspalte denkt. Auch in eine Datenbank-Tabelle lassen sich ja beliebig viele Datensätze mit beliebigen Primärschlüsselwerten einfügen, solange die Primärschlüsselwerte nur eindeutig sind.

Eine PL/SQL-Tabelle wird in zwei Schritten angelegt. Der erste ist die Vereinbarung eines Datentyps, der die Struktur der PL/SQL-Tabelle beschreibt. Sie ist erforderlich, damit PL/SQL-Tabellen als Parameter an andere Programmeinheiten übergeben werden können.

```
type autor_liste is
  table of autor.name%type
  index by binary_integer;
```

Der zweite Schritt ist das Anlegen eines Objekts von dem eben vereinbarten Typ:

```
liste1    autor_liste;
```

Das Ergebnis dieser beiden Schritte ist eine Datenstruktur, die einer Tabelle mit einer Nummern- und einer Namensspalte ähnelt, deren Elemente jedoch – wie bei Arrays üblich – über Indexnummern angesprochen werden:

```
liste1(1) := 'Böll';
```

Elemente unterschiedlichen Datentyps können in einem Record zusammengefaßt werden. Das Anlegen von Record-Objekten erfolgt analog zu dem von PL/SQL-Tabellen in zwei Schritten:

```
type autor_info is record (
  name      autor.name%type,
  vorname   autor.vorname%type,
  gebjahr   autor.gebjahr%type
);
info1   autor_info;
```

Die einzelnen Komponenten werden angesprochen, indem man ihren Namen an den Namen des Objekts anhängt und beide Teile durch einen Punkt trennt:

```
info1.name    := 'Böll';
info1.vorname := 'Heinrich';
info1.gebjahr := 1917;
```

Da Records häufig benutzt werden, um aus einer Tabelle eingelesene Datensätze zu speichern, kann auch angegeben werden, daß der Aufbau eines Record-Objekts dem Aufbau eines Datensatzes der Tabelle entsprechen soll:

```
info2    autor%rowtype;
```

PL/SQL-Tabellen und Records lassen sich bei Bedarf auch zu einer aus Records bestehenden Tabelle oder einem aus PL/SQL-Tabellen bestehenden Record verbinden.

C.4 Der Anweisungsteil

C.4.1 Wertzuweisungen, Ein- und Ausgabe

Die Zuweisung eines Wertes an eine Variable wurde bereits in einigen Beispielen und bei der Besprechung der Initialisierung von Variablen im Vereinbarungsteil vorgeführt. Die einzige Schwierigkeit daran ist der Zuweisungsoperator :=, den man leicht mit dem Vergleichsoperator = verwechseln kann. Auf der rechten Seite des Zuweisungsoperators können sämtliche SQL-Operatoren und -Funktionen verwendet werden:

```
vnum := (a + b) / (a - b);
vvch := 'Ergebnis: ' || to_char (vnum);
vdat := to_date ('27.01.1957', 'DD.MM.YYYY');
```

Im Sprachumfang von PL/SQL ist die Ein- und Ausgabe von Daten nicht enthalten. Das liegt daran, daß derartige Funktionalität im Bereich der Datenbankprogrammierung überhaupt nicht erforderlich ist und im Bereich der Applikationsentwicklung von den Werkzeugen, in deren Kontext PL/SQL-Programmierung stattfindet, geleistet wird. Das Fehlen derartiger Funktionalität stellt aber auch nur in einer einzigen Situation ein Problem dar: wenn Anwender – wie beim Erlernen von PL/SQL – mit einem Kommandozeilenwerkzeug arbeiten.

Als Abhilfe für diesen Fall ist das von Oracle mitgelieferte Package DBMS_OUTPUT gedacht. Es ist nicht notwendig, dieses hier genauer vorzustellen, da in den Beispielen lediglich die Prozedur PUT_LINE benötigt wird. Sie erwartet eine Zeichenkette als Eingabeparameter und gibt diesen, sofern in einem Kommandozeilenwerkzeug wie SQL*Plus, Server Manager oder SQL Worksheet gearbeitet wird, auf dem Bildschirm aus:

```
dbms_output.put_line ('Hello world.');
```

C.4.2 Programmablaufkontrolle

Anweisungen für die Programmablaufkontrolle gehören zu den typischen Bestandteilen einer prozeduralen Programmiersprache und spielen darin eine wichtige Rolle. Die Notwendigkeit der Ablaufsteuerung wird denn auch in der Regel als erstes Argument angeführt, wenn zu begründen ist, warum SQL um prozedurale Elemente erweitert werden mußte.

Zu den einfachsten Formen der Programmablaufkontrolle gehört die *bedingte Verzweigung*. In dem folgenden Beispiel wird das aktuelle Datum (inklusive Uhrzeit) eingelesen, daraus die Uhrzeit-Komponente extrahiert und eine zeitabhängige Meldung ausgegeben. Die Syntax der dafür verwendeten SELECT-Anweisung wird im nächsten Abschnitt besprochen. Sie sollte jedoch nicht schwer zu verstehen sein.

```
procedure bsp2a is

  v_date    date;

begin

  select sysdate into v_date from dual;

  if to_char(v_date,'hh24:mi') > '17:00' then
    dbms_output.put_line ('Es wird Zeit, nach Hause zu gehen!');
  else
    dbms_output.put_line ('Weiterschlafen!');
  end if;

end;
```

Für den Aufbau der Vergleichsbedingungen werden die Vergleichsoperatoren und die logischen Operatoren aus dem Sprachumfang von SQL übernommen.

Eine eigene Anweisung für die *Mehrfachauswahl* – wie etwa die case-Anweisung in PASCAL oder die switch-Anweisung in C – existiert nicht. Sie muß unter Verwendung von ELSIF programmiert werden:

```
v_time := to_char (v_date, 'hh24:mi');

if v_time between '08:30' and '12:30' then
  dbms_output.put_line ('Es ist Vormittag.');
elsif v_time between '12:31' and '13:00' then
  dbms_output.put_line ('Es ist Mittagspause.');
elsif v_time between '13:01' and '17:00' then
  dbms_output.put_line ('Es ist Nachmittag.');
else
  dbms_output.put_line ('Es ist keine Arbeitszeit.');
end if;
```

Schleifen werden in jedem Fall unter Verwendung der Anweisungen LOOP und END LOOP aufgebaut, jedoch werden drei Formen unterschieden. Die erste Form ist die Zählschleife, bei der durch Angabe eines Start- und eines Endwertes die Anzahl der Schleifendurchläufe festgelegt wird.

```
procedure bsp2c is
begin
  for i in 1..10 loop
    dbms_output.put_line (
      'Dies ist der ' || to_char (i, '99') || '. Schleifendurchlauf.'
    );
  end loop;
end bsp2c;
```

Der Name des Schleifenzählers (hier: i) kann frei gewählt werden. Es ist jedoch nicht notwendig, dafür explizit eine Variable zu vereinbaren. Vielmehr wird jede Schleifenzählvariable implizit als numerische Variable angelegt. Die Angabe einer Schrittweite ist nicht möglich, jedoch kann durch Hinzufügen des Schlüsselwortes REVERSE die Zählrichtung umgekehrt werden:

```
for i in reverse 1..10 loop
```

Beachten Sie, daß trotz der umgekehrten Zählrichtung die niedrigere Zahl an erster, die höhere an zweiter Stelle steht. Die Vertauschung von Start- und Endpunkt spiegelt sich also in der Syntax nicht wider.

Als zweite Form ist die WHILE-Schleife zu nennen, bei der die Anzahl der Durchläufe nicht explizit, sondern über eine Fortsetzungsbedingung festgelegt wird:

```
procedure bsp2d is

  ziel    binary_integer := 0;
  i       binary_integer := 10;
  txtbuf  varchar2(11)   := ' Durchläufe';

begin

  while i > ziel loop
    dbms_output.put_line (
      'Noch ' || to_char (i, '99') || txtbuf ||
      ' bis zum Ziel.'
    );
    i := i - 1;
    if i = 1 then
      txtbuf := ' Durchlauf ';
    end if;
  end loop;

  dbms_output.put_line ('>>> Angekommen!');

end bsp2d;
```

Die Prüfung der Fortsetzungsbedingung erfolgt bei der WHILE-Schleife immer zu Beginn eines jeden Schleifendurchlaufs. Eine eigene Schleifenform für die Prüfung am Ende des Schleifendurchlaufs existiert nicht, jedoch bietet die dritte Schleifenform die Möglichkeit, eine derartige Schleife selbst aufzubauen. Diese dritte Form besteht aus einer Endlosschleife, in die an einer vom Programmierer festzulegenden Stelle eine EXIT-Anweisung eingebaut wird:

```
loop
  dbms_output.put_line (
    'Noch ' || to_char (i, '99') || txtbuf ||
    ' bis zum Ziel.'
  );
  i := i - 1;
  exit when i = 0;
  if i = 1 then
    txtbuf := ' Durchlauf ';
  end if;
end loop;
```

Die Anweisung

```
exit when i = 0;
```

stellt eine Abkürzung für die Anweisung

```
if i = 0 then
  exit;
end if;
```

dar und kann jederzeit durch diese ausführlichere Form ersetzt werden. Daraus ergibt sich, daß es bei Verwendung von Verzweigungen möglich ist, mehrere EXIT-Anweisungen innerhalb eines Schleifenrumpfes zu verwenden.

Abschließend sei darauf hingewiesen, daß in PL/SQL nicht die übliche zweiwertige Logik gilt, die als mögliche Ergebnisse eines logischen Ausdrucks nur die Werte TRUE und FALSE kennt, sondern eine dreiwertige Logik, in der noch der Wert (oder eher: Un-Wert) NULL hinzukommt. Das ist insbesondere dann zu beachten, wenn aus der Datenbank ermittelte Werte Bestandteile von Vergleichsausdrücken sind und es sich bei den zugrundeliegenden Spalten nicht um NOT NULL-Spalten handelt. Unter diesen Bedingungen kann es vorkommen, daß mindestens ein Glied des Vergleichsausdrucks ein *Null Value* ist, was dazu führt, daß das Ergebnis des Vergleichs weder TRUE noch FALSE, sondern NULL ist.

Die folgende Prozedur bietet ein Beispiel dafür. Sie soll prüfen, ob das Todesjahr eines Autors aufgrund einer fehlerhaften Eingabe vor dem Geburtsjahr liegt:

```
procedure bsp2f (p_autorname in varchar2) is

  v_gebjahr    autor.gebjahr%type;
  v_gestjahr   autor.gestjahr%type;

begin
```

```
    select gebjahr, gestjahr
    into v_gebjahr, v_gestjahr
    from autor
    where name = p_autorname;

    if v_gebjahr <= v_gestjahr then
      dbms_output.put_line ('Eintragung in Ordnung.');
    elsif v_gebjahr > v_gestjahr then
      dbms_output.put_line ('Eintragung fehlerhaft.');
    elsif v_gestjahr is null then
      dbms_output.put_line ('Todesjahr nicht angegeben.');
    end if;

end;
```

Starten Sie diese Prozedur, die im Package ANHANG_C enthalten ist, zunächst mit

`execute anhang_c.bsp2f ('Böll');`

Das Ergebnis sollte die Meldung

`Eintragung in Ordnung.`

sein. Starten Sie die Prozedur dagegen mit der Anweisung

`execute anhang_c.bsp2f ('Grass');`

so wird die Meldung

`Todesjahr nicht angegeben.`

auf dem Bildschirm erscheinen. Würde der zweite ELSIF-Zweig weggelassen, so würde die Prüfung gar kein Resultat ergeben. Das wäre in diesem konkreten Fall nicht schlimm, weil eine nicht vorhandene Eintragung auch nicht fehlerhaft sein kann, doch gilt das keineswegs in allen Fällen.

C.4.3 Einbindung von Datenbankabfragen

PL/SQL-Variablen, -Tabellen und -Records erhalten in vielen Fällen ihre Werte nicht durch explizite Wertzuweisungen, sondern durch Datenbankabfragen. Wie zentral dieses Thema ist, läßt sich daran erkennen, daß die Wertzuweisung durch Datenbankabfrage bereits in einigen Beispielen verwendet werden mußte.

PL/SQL bietet unterschiedliche syntaktische Alternativen für die Einbindung von Datenbankabfragen. Das erste Kriterium bei der Auswahl zwischen diesen Alternativen ist die Antwort auf die Frage, ob die durch die Abfrage gelieferte Ergebnismenge aus *einem Datensatz* oder aus *mehreren Datensätzen* bestehen wird.

Eine aus nur einem Datensatz bestehende Ergebnismenge ist insbesondere dann zu erwarten, wenn die Abfrage eine WHERE-Bedingung enthält, die unter Verwendung der Primärschlüsselspalte(n) und des Gleichheitsoperators aufgebaut wurde. Ein Beispiel dafür ist die Abfrage von Autoreninformationen unter Angabe der Autorennummer. In einem solchen Fall ist zweierlei zu tun:

1. Legen Sie für jede Spalte, die in der SELECT-Klausel vorkommen soll, eine Variable an, die geeignet ist, einen Wert aus dieser Spalte aufzunehmen. Es ist unerheblich, ob Sie mehrere einfache Variablen oder einen Record verwenden.

2. Formulieren Sie die SELECT Anweisung so, wie Sie sie z.B. innerhalb von SQL*Plus aufbauen würden und schieben Sie abschließend zwischen SELECT- und FROM-Klausel eine INTO-Klausel ein, in der die von Ihnen bereitgestellten Variablen aufgeführt werden. Dabei ist es wichtig, die Spalten in der SELECT-Klausel und die entsprechenden Variablen in der INTO-Klausel in der gleichen Reihenfolge aufzuführen, da die Zuordnung über die jeweilige Position in der Liste hergestellt wird.

Ein eigenes Beispiel für diese Vorgehensweise ist hier nicht mehr erforderlich, da das zum Abschluß des vorangehenden Abschnitts angeführte BSP2F bereits den gesamten Vorgang zeigt. Jedoch sollen noch einige Anmerkungen dazu unter dem Aspekt der Datenbankabfrage nachgetragen werden:

1. Wie das Beispiel zeigt, werden in SQL-Anweisungen integrierte Variablen innerhalb von PL/SQL nicht eigens als solche gekennzeichnet. Das ist zwar in den meisten Fällen kein Problem, kann jedoch in einigen wenigen Fällen zu Verwechslungen mit gleich lautenden Spaltennamen führen. Sie sollten deshalb für die Eindeutigkeit der Namen sorgen. Ein weit verbreitetes Verfahren, das die Eindeutigkeit sicherstellt und Zusammenhänge gleichwohl erkennen läßt, besteht darin, den Spaltennamen ein oder mehrere Zeichen – z.B. v_ für Variablen, t_ für PL/SQL-Tabelle, p_ für Parameter – voranzustellen.

2. Die einfache Vorgehensweise des SELECT ... INTO ... funktioniert nur dann fehlerfrei, wenn die Ergebnismenge aus genau einem Datensatz besteht. Enthält sie keinen oder mehr als einen Datensatz, so tritt eine Fehlersituation auf, die behandelt werden muß (vgl. Abschnitt C.5).

3. Das Auftreten eines Fehlers bei mehr als einem Treffer ist nur deshalb möglich, weil Oracle nach dem ersten gefundenen Datensatz nicht abbricht, sondern nach weiteren Datensätzen sucht, die die angegebenen Kriterien erfüllen. Dies kann insbesondere dann, wenn nicht über einen Index zugegriffen wird, zu unbefriedigenden Antwortzeiten führen. In solchen Fällen sollten Sie entweder dafür sorgen, daß der erforderliche Index angelegt wird, oder eine der im weiteren Verlauf dieses Abschnitts beschriebenen Strategien für die Abfrage einer beliebig großen Datenmenge wählen und die Suche nach einem eventuell vorhandenen zweiten Datensatz unterlassen.

Wenn Sie nicht wissen, ob die Ergebnismenge aus einem Datensatz oder aus mehreren Datensätzen bestehen wird, oder wenn Sie zwar wissen, daß in ihr

Der Anweisungsteil

mehrere Datensätze enthalten sein werden, ihre genaue Anzahl jedoch nicht kennen, dann gibt es keine Möglichkeit, vorab so viele Variablen bereitzustellen wie zur Aufnahme der Ergebniswerte notwendig sein werden. In diesem Fall bleibt nur die Möglichkeit, einen Satz von Variablen bereitzustellen und die einzelnen Datensätze schrittweise anzufordern. Für ein derartiges Verfahren ist eine interne Verwaltungsstruktur erforderlich, die als *Cursor* bezeichnet wird. Sie hat die Aufgabe, sich zu merken, welche Datensätze der Ergebnismenge bereits übermittelt wurden und welche noch übermittelt werden müssen. Wie ein Cursor auf dem Bildschirm weist sie also auf die Stelle, an der man sich gerade befindet. Die Anweisungen, die erforderlich sind, um eine beliebig große Ergebnismenge bearbeiten zu können, werden deshalb oft als Anweisungen für das *Cursor Management* bezeichnet.

Im Folgenden wird der schrittweise Aufbau einer Prozedur dargestellt, in der die Anweisungen für das Cursor Management enthalten sind. Die Prozedur soll den Nachnamen eines Autors entgegennehmen und daraufhin die Titel aller in der Bibliothek vorhandenen Bücher dieses Autors ausgeben. Das Gesamtresultat ist als Prozedur BSP3A im Package ANHANG_C enthalten.

Zunächst muß für jede in der Prozedur verwendete SQL-Anweisung ein Cursor angelegt werden. Dies geschieht im Vereinbarungsteil. Da in der Tabelle BUCH nicht der Name, sondern nur die Nummer des Autors enthalten ist, und da vor der Liste der Bücher Vorname und Name des Autors ausgegeben werden sollen, sind zwei SELECT-Anweisungen erforderlich. In der ersten werden zu einem gegebenen Nachnamen der zugehörige Vorname und die zugehörige Nummer ermittelt. In der zweiten werden unter Verwendung der ermittelten Autorennummer die vorhandenen Bücher abgefragt. Beide Abfragen werden mit explizitem Cursor Management realisiert.

Eine Anweisung, mit der ein Cursor für die Abfrage der Autoreninformationen angelegt wird, könnte lauten:

```
cursor c_autor is
  select nr, name, vorname
  from autor
  where name = 'Balzac';
```

Nun soll aber der Name des Autors nicht in der Prozedur festgelegt, sondern als Parameter übergeben werden. Deshalb ist ein Cursor mit Parameter erforderlich. Der Parameter, dessen Name frei wählbar ist, muß einerseits an der Stelle der SQL-Anweisung eingetragen werden, an der er verwendet werden soll. Andererseits muß er in einer Parameterliste enthalten sein, die unmittelbar anschließend an den Namen des Cursors aufgebaut wird und in der der Datentyp der Parameters (oder: der Parameter) festgelegt wird:

```
cursor c_autor (p1 varchar2) is
  select nr, name, vorname
  from autor
  where name = p1;
```

Ebenso verhält es sich mit der zweiten Abfrage, da in ihr die zuvor ermittelte Autorennummer berücksichtigt werden muß:

```
cursor c_buch (p1 number) is
  select b.titel, v.name_kurz, b.jahr
  from buch b, verlag v
  where b.autor_nr = p1
  and   b.verlag_nr = v.nr (+)
  order by b.titel;⁴
```

Ebenfalls noch im Vereinbarungsteil wird dann für jeden Cursor ein Record angelegt, der einen eingelesenen Datensatz aufnehmen kann. Beachten Sie, daß hier im Gegensatz zu der in Abschnitt C.3.2 vorgestellten Syntax nicht <tabelle>%ROWTYPE, sondern <cursor>%ROWTYPE als Datentyp angegeben ist. Dadurch wird der Record auf diejenigen Spalten der Tabelle beschränkt, die Bestandteil der Abfrage sind. Die Namen der einzelnen Komponenten entsprechen den Spaltennamen.

```
r_autor    c_autor%rowtype;
r_buch     c_buch%rowtype;
```

Die Nutzung eines Cursors vollzieht sich nun in drei Schritten:

- Durch das *Öffnen* (OPEN) des Cursors wird die zugeordnete SQL-Anweisung aktiviert. Danach steht die Ergebnismenge zur Verfügung.

- Die Ergebnismenge kann nun schrittweise abgerufen werden. Das *Abrufen* eines einzelnen Datensatzes wird als FETCH bezeichnet.

- Ist die gesamte Ergebnismenge übertragen, kann das *Schließen* (CLOSE) des Cursors erfolgen.

Diese drei Schritte werden durch folgende Anweisungen repräsentiert:

```
open  c_autor;
fetch c_autor into r_autor;
close c_autor;
```

Dieses Grundgerüst erfordert Ergänzungen, deren Art und Umfang von der Applikation abhängen. In der Beispielprozedur beginnen sie bereits bei den OPEN-Anweisungen, weil die zu öffnenden Cursor keine einfachen, sondern Cursor mit Parametern sind. Ist dies der Fall, müssen in der OPEN-Anweisung die aktuell zu verwendenden Werte angegeben werden. Die OPEN-Anweisung hat dann eine gewisse Ähnlichkeit mit einem Prozeduraufruf:

```
open c_autor (p_autorname);
```

---

4. In der vorletzten Zeile dieser SQL-Anweisung wird ein *Outer Join* verwendet. Das ist ein Join, bei dem auch dann ein Ergebnisdatensatz generiert wird, wenn eine der beteiligten Tabellen den von ihr erwarteten Beitrag nicht liefern kann. Würde an dieser Stelle ein einfacher Join verwendet, so würden Bücher, für die noch keine Verlagsnummer eingetragen wurde, nicht Bestandteil der Ergebnismenge werden, weil aufgrund des fehlenden Eintrags kein Wert aus der Tabelle VERLAG ermittelt werden kann. Die Anweisung, einen Outer Join durchzuführen, wird markiert durch ein (+) bei derjenigen Tabelle, deren Beitrag fehlen kann.

Die FETCH-Anweisung wird in der Regel Bestandteil einer Anweisungsfolge sein, die dafür sorgt, daß mehrere FETCH-Vorgänge ausgeführt werden. Die Beispielprozedur enthält zunächst eine Anweisungsfolge, die davon ausgeht, daß nur ein Autor mit dem vom Benutzer angegebenen Namen existiert, jedoch prüft, ob dies in der Tat der Fall ist:

```
fetch c_autor into r_autor;
if c_autor%notfound or c_autor%notfound is null then
  dbms_output.put_line (
    'Es gibt keinen Autor dieses Namens.'
  );
  return;
else
  fetch c_autor into r_autor;
  if c_autor%found then
    dbms_output.put_line (
      'Es gibt mehr als einen Autor dieses Namens.'
    );
    return;
  end if;
end if;
```

Von der Standardsituation, daß zu einem gegebenen Namen genau ein Autoren-Datensatz existiert, sind zwei Abweichungen möglich. Zunächst könnte es sein, daß der angegebene Autor in der Bibliothek nicht vertreten ist und daher *kein* Datensatz existiert. Diese Möglichkeit wird unmittelbar anschließend an die erste FETCH-Anweisung geprüft. Dabei wird von dem *Cursor-Attribut* NOTFOUND Gebrauch gemacht.

Cursor-Attribute sind Variablen, die von Oracle angelegt und verwaltet werden und die es dem PL/SQL-Programmierer ermöglichen, Statusinformationen über einen Cursor abzufragen. Sie lassen sich durch Anfügen eines Prozentzeichens und des Attributnamens an den Cursornamen ansprechen:

```
c_autor%notfound
```

Bei dem Cursor-Attribut NOTFOUND handelt es sich um eine logische Variable. Sie enthält den Wert TRUE, wenn beim zuletzt durchgeführten FETCH-Versuch kein Datensatz ermittelt werden konnte, ansonsten den Wert FALSE – es sei denn, daß beim FETCH ein Fehler aufgetreten ist, der dazu führt, daß das Cursor-Attribut weder auf TRUE noch auf FALSE, sondern auf NULL steht. Die Formulierung

```
if c_autor%notfound or c_autor%notfound is null then [...]
```

berücksichtigt also die dreiwertige Logik von PL/SQL. Die an das erste FETCH anschließenden Anweisungen sorgen also dafür, daß die Prozedur abgebrochen wird (RETURN), wenn bei diesem FETCH-Versuch kein Datensatz ermittelt werden kann. Dies ist etwa der Fall, wenn Sie die Prozedur mit der Anweisung

```
execute anhang_c.bsp3a ('Schiller');
```

aufrufen. Starten Sie die Prozedur dagegen mit der Anweisung

```
execute anhang_c.bsp3a ('Mann');
```

so wirkt sich der zweite Teil der an das erste FETCH anschließenden Prüfung aus. Konnte zu dem gegebenen Namen ein Datensatz ermittelt werden, wird nämlich durch ein zweites FETCH geprüft, ob noch ein weiterer, den gleichen Namen enthaltender Datensatz existiert. In dieser Prüfung wird das Cursor-Attribut FOUND verwendet, das die Umkehrung von NOTFOUND darstellt und dazu dient, Formulierungen mit NOT NOTFOUND zu vermeiden. Stellt sich – wie im Falle des Familiennamens »Mann« – heraus, daß es mehr als einen Autor mit diesem Namen gibt, wird die Prozedur ebenfalls abgebrochen. Das ist zwar eine etwas rüde Behandlung der Bibliotheksbenutzer, die ja schließlich nichts dafür können, daß die Familie Mann mehrere Schriftsteller hervorgebracht hat, aber die Möglichkeiten der Ein- und Ausgabe von PL/SQL sind innerhalb der Kommandozeilenwerkzeuge zu beschränkt, als daß man nebenbei noch eine Rückfrage an den Benutzer implementieren könnte.

Häufiger kommt es allerdings vor, daß die FETCH-Anweisung in eine Schleife eingebettet wird, die dazu dient, sämtliche in der Ergebnismenge enthaltenen Datensätze zu übertragen. Diese hat folgende Grundform:

```
loop
   fetch c_buch into r_buch;
   exit when c_buch%notfound or c_buch%notfound is null;
   dbms_output.put_line (
      rpad (r_buch.titel, 50) ||
      rpad (r_buch.name_kurz, 20) ||
      to_char(r_buch.jahr)
   );
end loop;
```

Es handelt sich um eine Endlosschleife mit integrierter EXIT-Anweisung, wie sie in Abschnitt C.4.2 vorgestellt wurde. Die EXIT-Anweisung folgt unmittelbar auf die FETCH-Anweisung und verwendet wiederum das Cursor-Attribut NOTFOUND. An die EXIT-Anweisung schließt sich die Verarbeitung – in diesem Fall die Ausgabe – des übertragenen Datensatzes an. Bei der Ausgabe wird von der SQL-Funktion RPAD Gebrauch gemacht, die eine Zeichenkette rechts bis zu einer angegebenen Länge mit Leerzeichen auffüllt. Auf diese Weise läßt sich leicht eine tabellenförmige Ausgabe der Datensätze erreichen.

Die CLOSE-Anweisungen, durch die die Cursor wieder geschlossen werden sollen, sind in der Beispielprozedur in eine IF-Anweisung eingeschlossen, in der das Cursor-Attribut ISOPEN verwendet wird:

```
if c_autor%isopen then
   close c_autor;
end if;
```

Dieses Attribut – ebenfalls ein logischer Wert – gibt an, ob der Cursor geöffnet ist. Eine so vorsichtige Programmierung ist vor allem in komplexeren

Applikationen durchaus empfehlenswert, da der Versuch, einen nicht geöffneten Cursor zu schließen, zu einem Laufzeitfehler führt.

Das vierte und letzte Cursor-Attribut findet unmittelbar vor dem Schließen des Cursors C_BUCH Anwendung. An dieser Stelle soll dafür gesorgt werden, daß, wenn der Autor zwar bekannt ist, die Bibliothek jedoch noch nicht oder nicht mehr über Bücher dieses Autors verfügt, nicht einfach eine leere Liste, sondern eine entsprechende Meldung ausgegeben wird:

```
if c_buch%rowcount < 1 then
  dbms_output.put_line ('Derzeit keine Bücher vorhanden.');
end if;
```

Das Cursor-Attribut ROWCOUNT enthält einen numerischen Wert, der die Anzahl der bisher übertragenen Datensätze und am Ende der Übertragung die Gesamtzahl der in der Ergebnismenge enthaltenen Datensätze anzeigt. Eine Abfrage auf NULL ist in diesem Fall nicht erforderlich, da ROWCOUNT vor der Ausführung der ersten FETCH-Anweisung bereits den Wert 0 enthält.

Da die eben beschriebene Schleife für die Abarbeitung einer Ergebnismenge häufig benötigt wird, bietet PL/SQL eine kürzere syntaktische Alternative, die als *Cursor-For-Schleife (Cursor For Loop)* bezeichnet wird. Sie wird in der Prozedur BSP3B verwendet, um den Aufbau der Bücherliste zu realisieren:

```
for r_buch in c_buch (r_autor.nr) loop
  dbms_output.put_line (
    rpad (r_buch.titel, 50) ||
    rpad (r_buch.name_kurz, 20) ||
    to_char(r_buch.jahr)
  );
  v_rowcount := c_buch%rowcount;
end loop;

if v_rowcount < 1 then
  dbms_output.put_line ('Derzeit keine Bücher vorhanden.');
end if;
```

BSP3B weist gegenüber BSP3A folgende Veränderungen auf:

▶ Die explizite Vereinbarung des Records R_BUCH wurde aus dem Vereinbarungsteil entfernt. Ein dem Cursor entsprechender Record wird bei Verwendung der Cursor-For-Schleife implizit vereinbart.

▶ Die Anweisungen OPEN, FETCH, EXIT und CLOSE wurden ebenfalls entfernt. Das Öffnen des Cursors erfolgt automatisch zu Beginn, das Schließen am Ende der Schleife. Die Anweisungen FETCH und EXIT werden an den Stellen ausgeführt, an denen sie in BSP3A zu finden sind.

▶ Diese erhebliche Vereinfachung bringt den kleinen Nachteil mit sich, daß das Cursor-Attribut ROWCOUNT nach dem Ende der Schleife nicht mehr abgefragt werden kann, weil der Cursor bereits geschlossen ist. Deshalb wurde die Variable V_ROWCOUNT angelegt und im Schleifenrumpf dafür gesorgt, daß ihr jeweils der aktuelle Wert des Cursor-Attributs ROWCOUNT zugewiesen wird.

Es gibt eine dritte, noch einfachere syntaktische Variante, in der das explizite Anlegen eines Cursors vermieden und die SELECT-Anweisung in die FOR-Schleife aufgenommen wird. Sie weist neben dem Vorteil der Kürze jedoch den Nachteil ernsthafter funktionaler Beschränkungen auf. So können keine Parameter verwendet und – weil es keinen benannten Cursor gibt – die Cursor-Attribute nicht abgefragt werden. Überdies wird die Schleife bei komplexeren SELECT-Anweisungen leicht unübersichtlich. Wegen dieser Restriktionen ist es nicht möglich, eine Version der Beispielprozedur anzubieten, in der die FOR-Schleife mit integrierter SELECT-Anweisung verwendet würde. Deshalb muß hier ein Beispiel genügen, in dem auf die Übergabe eines Parameters verzichtet wird:

```
for r_buch in (
  select nr, name, vorname
  from autor
  where name = 'Böll';
)
loop
  dbms_output.put_line (
    rpad (r_buch.titel, 50) ||
    rpad (r_buch.name_kurz, 20) ||
    to_char(r_buch.jahr)
  );
end loop;
```

C.4.4 Einbindung anderer SQL-Anweisungen

In PL/SQL-Prozeduren können nicht nur Datenbankabfragen, sondern auch Datenmanipulationen durchgeführt werden. Für die Abarbeitung einer DML-Anweisung ist – wie auch für die Abarbeitung einer Datenbankabfrage – ein Cursor erforderlich, der jedoch nicht eigens angelegt werden muß und deshalb als *impliziter Cursor* bezeichnet wird. Darin gleichen DML-Anweisungen jenen Datenbankabfragen, die nur einen Datensatz zurückliefern.

Auch ein impliziter Cursor weist Cursor-Attribute auf, die abgefragt werden können. Ihre Bedeutung für den Programmierer ist jedoch geringer als beim expliziten Cursor. Der fehlende Cursor-Name wird hier durch den Bezeichner SQL ersetzt:

SQL%NOTFOUND   Das Attribut wird auf TRUE gesetzt, wenn eine DML-Anweisung keinen Datensatz verändert. Eine Prüfung dieses Attributs kann nach UPDATE- und DELETE-Anweisungen sinnvoll sein. Bei INSERT-Anweisungen wird die Tatsache, daß kein Datensatz eingefügt worden ist, in der Regel auf einen Fehler zurückzuführen und somit im EXCEPTION-Teil zu behandeln sein.

SQL%FOUND	Das Attribut wird auf TRUE gesetzt, wenn durch eine DML-Anweisung mindestens ein Datensatz bearbeitet wurde.
SQL%ROWCOUNT	Das Attribut liefert die Anzahl der Datensätze, die durch die zuletzt ausgeführte DML-Anweisung bearbeitet wurden.
SQL%ISOPEN	Das Attribut steht zwar zur Verfügung, ist aber völlig bedeutungslos, da in dem Moment, in dem es abgefragt werden kann, die SQL-Anweisung bereits abgearbeitet und der Cursor geschlossen ist.

DDL-Anweisungen sind innerhalb von PL/SQL-Prozeduren nicht zulässig, weil beim Übersetzen des PL/SQL-Codes die Existenz der angesprochenen Objekte überprüft wird, das Resultat einer innerhalb der Prozedur auszuführenden CREATE TABLE-Anweisung aber logischerweise zur Übersetzungszeit noch nicht zur Verfügung stehen kann. Zu den seltenen Fällen, in denen diese Restriktion zum Problem werden kann, gehören Situationen, in denen das Ergebnis einer Abfrage in einer temporären Tabelle zwischengespeichert werden soll. In solchen Fällen kann man das Verbot – freilich um den Preis eines wesentlich erhöhten Programmieraufwandes – durch Verwendung von *Dynamischem SQL* umgehen. Dieses Verfahren soll hier jedoch nicht beschrieben werden.

C.5 Der Fehlerbehandlungsteil

C.5.1 Exceptions

Wenn innerhalb eines PL/SQL-Blockes ein Fehler auftritt, wird eine *Exception* ausgelöst und in den am Ende des Blockes befindlichen Fehlerbehandlungsteil (*Exception Handler*) verzweigt, falls ein solcher vorhanden ist. Ist das nicht der Fall, wird eine Fehlerinformation ausgegeben und der Block beendet.

Der Aufbau eines Fehlerbehandlungsteils kann u. a. aus folgenden Gründen sinnvoll sein:

▷ Standard-Fehlermeldungen können durch eigene Texte ersetzt werden.

▷ Begonnene Transaktionen, die sich nicht zu Ende führen lassen, können zurückgerollt werden.

▷ In Verbindung mit einer geeigneten Blockstruktur kann versucht werden, das aufgetretene Problem im Dialog mit dem Anwender zu beseitigen und die Abarbeitung der Applikation fortzusetzen.

Da bei jedem Fehler in den Fehlerbehandlungsteil verzweigt wird, muß zunächst geprüft werden, welcher Fehler aufgetreten ist. Dies geschieht mit der Anweisung WHEN unter Verwendung von *Fehlernamen*. Den häufig vorkommenden Fehlern sind bereits Namen zugeordnet (*Predefined Exceptions*). Darüber hinaus kann der Programmierer jederzeit eigene Zuordnungen vornehmen – ein Vorgang, der hier jedoch nicht erörtert werden soll.

Ein Beispiel für den Aufbau eines Fehlerbehandlungsteils unter Verwendung vordefinierter Fehlernamen ist in ANHANG_C.BSP4A zu finden. Diese Prozedur erwartet die Nummer eines Autors als Eingabe und gibt Name, Vorname, Geburts- und Todesjahr aus, sofern entsprechende Einträge verfügbar sind. Im Fehlerbehandlungsteil sind vier WHEN-Anweisungen zu finden:

```
procedure bsp4a (p_autornr in varchar2) is
  [...]
begin
  [...]
exception
  when no_data_found then
    dbms_output.put_line ('Kein Eintrag vorhanden.');
  when too_many_rows then
    dbms_output.put_line ('Zu viele Einträge vorhanden.');
  when value_error then
    dbms_output.put_line ('Ungültiger Eingabewert.');
  when others then
    dbms_output.put_line (sqlerrm(sqlcode));
end bsp4a;
```

Die verwendeten Fehlernamen haben folgende Bedeutung:

NO_DATA_FOUND	Bei der Abarbeitung einer SELECT-Anweisung konnte kein Datensatz gefunden werden, der den Auswahlkriterien entsprach.
TOO_MANY_ROWS	Ein SELECT ... INTO ... liefert mehr als einen Datensatz.
VALUE_ERROR	Bei der Konvertierung einer Zeichenkette in einen numerischen Wert ist ein Fehler aufgetreten.
OTHERS	Unter diesem Bezeichner kann eine Standard-Fehlerbehandlung für alle nicht explizit aufgeführten Fehler festgelegt werden. Es ist auch möglich, im Fehlerbehandlungsteil lediglich eine WHEN OTHERS-Anweisung aufzubauen, die dann für alle Fehlersituationen zuständig ist.

Darüber hinaus werden häufig folgende Fehlernamen benötigt:

DUP_VAL_ON_INDEX	Fehler beim Einfügen eines neuen Datensatzes: Der angegebene Primärschlüsselwert existiert bereits.
INVALID_CURSOR	Dieser Fehler kann beim Arbeiten mit einem expliziten Cursor auftreten, wenn die Anweisungen für das Cur-

Der Fehlerbehandlungsteil

sor Management nicht in der richtigen Reihenfolge abgearbeitet werden (in der Regel ist das ein Hinweis auf einen Programmierfehler).

ZERO_DIVIDE   Versuch der Division durch 0.

Testen Sie die Beispielprozedur zunächst, indem Sie in der Datenbank vorhandene Nummern als Parameter mitgeben. Provozieren Sie dann durch Angabe einer nicht vorhandenen Nummer den Fehler NO_DATA_FOUND. Lösen Sie schließlich durch Angabe einer Zeichenkette wie etwa

```
execute anhang_c.bsp4a ('A');
```

die Exception VALUE_ERROR aus. Beachten Sie, daß eine Behandlung dieses Fehlers nur deshalb möglich ist, weil der Wert zunächst als Zeichenkette entgegengenommen und erst in der Prozedur konvertiert wird. Wäre der Eingabeparameter vom Typ NUMBER, so würde der Fehler bereits bei der Parameterübergabe auftreten und könnte von der Prozedur nicht behandelt werden.

Zu den von Oracle bereitgestellten Mechanismen für die Fehlerbehandlung gehören die Funktionen SQLCODE und SQLERRM. SQLCODE liefert zu jedem beliebigen Zeitpunkt die Nummer des zuletzt aufgetretenen Fehlers. SQLERRM erwartet eine Fehlernummer als Eingabe und liefert den dazugehörigen Fehlertext. Die Anweisungsfolge

```
exception
  when others then
    dbms_output.put_line (sqlerrm(sqlcode));
end;
```

kann als minimale Fehlerbehandlung betrachtet werden.

C.5.2 Block-Schachtelung

Nicht immer stellen die Verzweigung in den Fehlerbehandlungsteil und das auf die Behandlung des Fehlers folgende Verlassen des Blockes das gewünschte Verhalten dar. Es mag möglich sein, den Fehler zu korrigieren. Dann wäre es wünschenswert, die Abarbeitung des Blockes da wieder aufzunehmen, wo sie unterbrochen wurde. PL/SQL unterstützt zwar nicht den Rücksprung aus dem Fehlerbehandlungsteil in den Anweisungsteil, doch läßt sich das Block-Konzept von PL/SQL nutzen, um ein vergleichbares Ergebnis zu erzielen.

Die Prozedur ANHANG_C.BSP4B, die nachfolgend abgedruckt ist, bietet ein Beispiel für eine solche Nutzung des Block-Konzepts. Es handelt sich dabei um eine Prozedur, die den Vor- und Nachnamen eines Autors, den Titel eines in den Katalog einzutragenden Buches und das Sachgebiet, dem es zugeordnet werden soll, entgegennimmt. Nach der Ermittlung der Autorennummer und der Prüfung, ob das angegebene Sachgebiet existiert, führt sie die Eintragung durch. Das Block-Konzept wird in dieser Prozedur nicht benutzt, um einen durch eine Fehlersituation unterbrochenen Vorgang fortzusetzen, sondern dient der Ausgabe kontextbezogener Fehlermeldungen, doch bietet sie genau den Aufbau, der für eine Fortsetzung erforderlich wäre.

```
procedure bsp4b (
  p_name in varchar2,
  p_vorname in varchar2,
  p_titel in varchar2,
  p_gebiet in varchar2
) is

    v_autornr    autor.nr%type;
    insert_ok    boolean := TRUE;

begin

    ----------------------------------------------------------
    -- Abfrage der Autorennummer
    ----------------------------------------------------------

    begin
      select nr
      into v_autornr
      from autor
      where name = p_name and vorname = p_vorname;
    exception
      when no_data_found then
        dbms_output.put_line ('Autor unbekannt.');
        insert_ok := FALSE;
      when too_many_rows then
        dbms_output.put_line ('Autor mehrfach vorhanden.');
        insert_ok := FALSE;
      when others then
        dbms_output.put_line (
           'Fehler bei Prüfung des Autors:'
        );
        dbms_output.put_line (sqlerrm (sqlcode));
        insert_ok := FALSE;
    end;

    ----------------------------------------------------------
    -- Überprüfung des Sachgebiets
    ----------------------------------------------------------

    declare
      v_bez    gebiet.bez%type;
    begin
      select bez
      into v_bez
      from gebiet
      where abk = p_gebiet;
```

Der Fehlerbehandlungsteil

```
exception
  when no_data_found then
    dbms_output.put_line ('Unbekanntes Sachgebiet.');
    insert_ok := FALSE;
  when others then
    dbms_output.put_line (
      'Fehler bei Prüfung des Sachgebiets:'
    );
    dbms_output.put_line (sqlerrm (sqlcode));
    insert_ok := FALSE;
end;

-----------------------------------------------------------
-- Einfügen des neuen Buches
-----------------------------------------------------------

if insert_ok then
  insert into buch (nr, autor_nr, titel, gebiet_abk)
  values (buch$nr.nextval, v_autornr, p_titel, p_gebiet);
  commit;
  dbms_output.put_line ('Eintragung durchgeführt.');
end if;

exception

  when others then
    dbms_output.put_line (
      'Fehler beim Eintragen des Buches:'
    );
    dbms_output.put_line (sqlerrm (sqlcode));

end bsp4b;
```

Die Abfrage der Autorennummer und die Überprüfung des Sachgebiets befinden sich in zwei eigenen, unbenannten Blöcken, die Bestandteile des umgreifenden, durch die Prozedur gebildeten benannten Blockes sind. Der erste unbenannte Block enthält einen Anweisungs- und einen Fehlerbehandlungsteil, der zweite außerdem einen Vereinbarungsteil. Der entscheidende Punkt dieser Struktur liegt darin, daß bei einem Fehler innerhalb eines unbenannten Blockes in den Fehlerbehandlungsteil *dieses Blockes* verzweigt wird und daß der Block daraufhin zwar verlassen wird, das Verlassen des unbenannten Blockes aber den Rücksprung in die umgreifende Prozedur zur Folge hat. Dadurch wird die weitere Abarbeitung der Prozedur möglich. Beachten Sie, daß die Fortsetzung der Prozedur nach dem Auftreten eines Fehlers hier eigens durch Einführung einer logischen Variablen und eine IF-Anweisung vor dem INSERT unterbunden wird. Sofern das Ziel der Block-Schachtelung darin besteht, eine Fortsetzung zu erreichen, brauchen diese Anweisungen nur weggelassen zu werden.

C.6 Aufruf von Programmeinheiten

C.6.1 Aufbau von Parameterlisten

In der Terminologie der Programmiersprachen wird zwischen *formalen* und *aktuellen Parameterlisten* unterschieden.

- Eine formale Parameterliste ist Bestandteil der aufgerufenen Programmeinheit. Sie enthält Bezeichner, die allgemein Anzahl und Typ der Parameter beschreiben und die als Stellvertreter für die später zu verwendenden Werte fungieren.

- Eine aktuelle Parameterliste ist Bestandteil des Aufrufs. Sie enthält Konstanten oder Variablen, durch die die aktuell zu bearbeitenden Werte beschrieben werden.

Beide Parameterlisten müssen im Hinblick auf Anzahl, Reihenfolge und Datentyp der Parameter übereinstimmen, es sei denn, die Programmiersprache unterstützt die Festlegung von Defaultwerten für Parameter und/oder eine Kennzeichnung der Werte mit den Parameternamen.

Die Möglichkeiten des Prozedur- und Funktionsaufrufs in PL/SQL werden demonstriert in den Beispielprozeduren ANHANG_C.BSP5A und ANHANG_C.BSP5B. BSP5A zeigt zunächst die Vorgehensweise beim Prozedur- und Funktionsaufruf. Es handelt sich um eine überarbeitete Fassung von BSP4A (Ausgabe von Name und Lebensdaten eines Autors). In der Neufassung wurde die Datenbankabfrage in eine Funktion (BSP5A_F) und die Bildschirmausgabe in eine Prozedur (BSP5A_P) ausgelagert. BSP5B führt die Verwendung von Defaultwerten und intern vereinbarten Prozeduren vor. Auch dies ist kein gänzlich neues Beispiel, sondern eine umgearbeitete Fassung von BSP3B (Ausgabe aller Bücher eines Autors). Neu ist außer der Verwendung einer intern vereinbarten Prozedur eine Gruppe zusätzlicher Parameter, über die der Benutzer beim Aufruf die Breite der einzelnen Spalten festlegen kann.

In der formalen Parameterliste einer PL/SQL-Programmeinheit werden Name, Parametertyp und Datentyp eines jeden Parameters festgelegt. Dabei werden drei Pyrametertypen unterschieden:

- Das Schlüsselwort IN kennzeichnet einen *Eingabeparameter*. Beim Prozedur- oder Funktionsaufruf wird die Übergabe eines Wertes über den Parameter erwartet. Dieser Wert kann in der aufgerufenen Programmeinheit nur gelesen, jedoch nicht verändert werden.

- Das Schlüsselwort OUT kennzeichnet einen *Ausgabeparameter*. Die Übergabe eines Wertes von der aufrufenden an die aufgerufene Programmeinheit wird nicht erwartet. Der Wert des Parameters kann in der aufgerufenen Programmeinheit geändert werden.

- Die Kombination beider Schlüsselworte (IN OUT) kennzeichnet einen Parameter, der zum Datenaustausch in beiden Richtungen verwendet werden kann.

Aufruf von Programmeinheiten

Bei der Angabe des Datentyps ist die Angabe einer Obergrenze für die maximale Anzahl von Zeichen oder Stellen nicht zulässig.

```
function bsp5a_f (
    p_nr        in  number,
    p_name      out varchar2,
    p_vorname   out varchar2,
    p_gebjahr   out number,
    p_gestjahr  out number
)
return number is
[...]
```

Statt der Standard-Datentypen können auch Spaltenreferenzen oder selbst definierte Datentypen verwendet werden. Die Übergabe von PL/SQL-Tabellen oder Records ist ebenfalls möglich, sofern dafür zuvor ein Datentyp angelegt wurde.

```
function bsp5a_f (
    p_nr        in  number,
    p_name      out autor.name%type,
    p_vorname   out autor.vorname%type,
    p_gebjahr   out autor.gebjahr%type,
    p_gestjahr  out autor.gestjahr%type
)
return number is
[...]
```

Zusätzlich zum Datentyp kann ein Defaultwert angegeben werden, der verwendet wird, wenn der entsprechende Parameter in der aktuellen Parameterliste fehlt. Die Angabe von Defaultwerten und das Weglassen der entsprechenden aktuellen Parameter sind jedoch nur bei IN-Parametern zulässig.

```
procedure bsp5b (
    p_name      in varchar2,
    p_vorname   in varchar2,
    p_sp1       in number default 50,
    p_sp2       in number default 20
) is
[...]
```

Für den Aufbau der aktuellen Parameterliste gibt es drei syntaktische Varianten. Die erste wird als *positionale Notation* bezeichnet, weil die aktuelle Parameterliste lediglich aus einer Aufzählung der Werte besteht und die Position in der Liste für die Zuordnung zwischen formalem Parameter und aktuellem Wert entscheidend ist:

```
execute anhang_c.bsp5b ('Mann', 'Klaus', 40, 15);
```

Eine Alternative dazu stellt die *namentliche Notation* dar, bei der den Werten die entsprechenden Parameternamen zugeordnet werden. Diese Notation erlaubt eine beliebige Reihenfolge bei der Aufzählung der Parameter und empfiehlt sich besonders, wenn nicht alle Parameter angegeben, sondern Defaultwerte genutzt werden sollen:

```
execute anhang_c.bsp5b (
  p_name    => 'Mann',
  p_vorname => 'Klaus',
  p_sp2     => 15
);
```

Die *gemischte Notation* schließlich vereint beide Varianten. Bei ihr verwendet man die positionale Schreibweise, solange die Reihenfolge der formalen Parameterliste eingehalten wird, und wechselt zur namentlichen Notation, sobald die erste Abweichung auftritt:

```
execute anhang_c.bsp5b ('Mann', 'Klaus', p_sp2 => 15);
```

C.6.2 Allgemein zugängliche und private Programmeinheiten

Es gehört zu den allgemein anerkannten Grundsätzen der Programmierung, daß komplexe Abläufe übersichtlicher werden, wenn man sie nicht in eine einzige Programmeinheit zwängt, sondern sie auf mehrere Programmeinheiten verteilt. Eine solche Verteilung bedeutet freilich nicht, daß es für den Benutzer sinnvoll wäre, jede einzelne Programmeinheit aufrufen zu können. Vielmehr wird man ihm in der Regel einen einzigen Einstiegspunkt in Form einer Startprozedur anbieten und die übrigen Programmeinheiten als Implementierungsdetails verbergen wollen.

Bei der Vorstellung der Packages wurde bereits angedeutet, daß PL/SQL eine derartige Vorgehensweise durch die Aufteilung eines Package in Specification und Body unterstützt. Beachten Sie, um die dadurch gegebenen Vorteile nutzen zu können, folgende Regeln:

- Fassen Sie alle Prozeduren und Funktionen, die sachlich zusammengehören, in einem Package zusammen.

- Machen Sie die Programmeinheiten, die von Anwendern oder anderen Applikationen aufrufbar sein sollen (allgemein zugängliche Programmeinheiten), in der Package Specification bekannt, unterlassen Sie dies dagegen für alle Programmeinheiten, die zwar innerhalb des Package, nicht jedoch von außen aufrufbar sein sollen (private Programmeinheiten).

- Beachten Sie, daß private Programmeinheiten, die von einer anderen Programmeinheit aufgerufen werden sollen, innerhalb des Package Body vor der aufrufenden Programmeinheit angeordnet werden müssen, damit der Compiler die Korrektheit des Aufrufs überprüfen kann. Wird dies nicht beachtet, tritt beim Übersetzen eine Fehlermeldung auf. Bei allgemein zugänglichen Programmeinheiten ist der Standort innerhalb des Package Body unerheblich, da die Struktur der Parameterliste aus der Package Specification bekannt ist.

ANHANG_C.BSP5A zeigt die Anwendung dieser Regeln. Beachten Sie, daß zwar die Prozedur BSP5A in der Package Specification bekanntgemacht wurde,

Aufruf von Programmeinheiten

nicht jedoch die Funktion BSP5A_F und die Prozedur BSP5A_P, und daß BSP5A_F sowie BSP5A_P innerhalb des Package Body vor BSP5A angeordnet sind.

Kleinere Anweisungsgruppen, die innerhalb einer Programmeinheit mehrfach, außerhalb dieser Programmeinheit aber gar nicht benötigt werden, können oft mit großem Gewinn für die Übersichtlichkeit des Anweisungsteiles in einer Prozedur oder Funktion zusammengefaßt werden, die im Vereinbarungsteil der sie benötigenden Programmeinheit implementiert wird. Ein häufig vorkommender Anwendungsfall ist die Formatierung und Ausgabe einer Zeile.

Ein Beispiel dafür ist in ANHANG_C.BSP5B zu finden. Der Vereinbarungsteil dieser Prozedur enthält die Vereinbarung einer Hilfsprozedur mit dem Namen PUT_LINE. In Bezug auf die Techniken des Aufrufs und der Parameterübergabe ist dabei zweierlei zu beachten:

▷ Die Verwendung interner Prozeduren und Funktionen ist ein weiterer Anwendungsfall der Block-Schachtelung. Die Prozedur PUT_LINE ist nichts als ein in der Prozedur BSP5B enthaltener Block – im Unterschied zu den in Abschnitt C.5.2 gezeigten Beispielen für die Block-Schachtelung allerdings ein benannter, was den Vorteil hat, daß er von mehreren Stellen im Anweisungsteil aus angesprochen werden kann. Im übrigen ist der Prozeduraufruf aber so zu behandeln, als stünde an der Stelle des Aufrufs der Block selbst. Daraus folgt insbesondere, daß er auf sämtliche Objekte, die in dem ihn umgebenden Block angelegt wurden, Zugriff hat. Im Beispiel dokumentiert sich das darin, daß PUT_LINE keine Parameterliste aufweist und dennoch auf den in BSP5B angelegten Record R_BUCH sowie an BSP5B übergebene Parameter zugreift. Eine Parameterliste ist bei intern angelegten Programmeinheiten zwar möglich, in vielen Fällen aber nicht notwendig.

▷ PUT_LINE ist Bestandteil von BSP5B, somit nach außen hin nicht sichtbar und von außen nicht aufrufbar. »Außen« sind in diesem Fall selbst alle anderen zum Package ANHANG_C gehörenden Programmeinheiten.

In den Packages, die die Beispiele zu den WebServer-Kapiteln enthalten, sind zahllose weitere Anwendungsfälle für diese Technik zu finden.

C.6.3 Vergabe von Ausführungsrechten an andere Benutzer

Die in Anhang B aufgestellte Regel, daß ein Datenbankobjekt demjenigen Benutzer gehört, der es angelegt hat, daß der Eigentümer in bezug auf dieses Objekt sämtliche Rechte besitzt, alle anderen Benutzer dagegen keinerlei Zugriffsrecht haben, gilt auch für *Stored Procedures*, *Stored Functions* und *Packages*. Sollen andere Benutzer das Recht haben, diese Programmeinheiten auszuführen, muß ihnen vom Eigentümer das EXECUTE-Privileg zugeteilt werden:

```
GRANT EXECUTE ON ANHANG_C TO SCOTT;
```

Der Benutzer SCOTT, der in der voranstehenden Anweisung das Ausführungsrecht für das gesamte Package ANHANG_C erhalten hat, kann nun eine darin enthaltene Prozedur mit der Syntax

```
execute addwes.anhang_c.bsp5a (3);
```

starten oder ein Synonym anlegen, um beim Start die gleiche Syntax verwenden zu können wie der Eigentümer selbst:

```
create synonym anhang_c for addwes.anhang_c;
execute anhang_c.bsp5a (3);
```

Eine sehr wichtige Eigenschaft von PL/SQL-Programmeinheiten, die in der Datenbank abgespeichert wurden, besteht darin, daß sie auch dann, wenn sie von einem anderen Benutzer gestartet werden, so ablaufen, als wären sie vom Eigentümer gestartet worden. Das gilt insbesondere für die Rechte auf die in den Programmeinheiten angesprochenen Tabellen. Hat der Benutzer SCOTT das Ausführungsrecht für das Package ANHANG_C bekommen, dann ist es nicht erforderlich, ihm zusätzlich noch Objektprivilegien für die Tabellen AUTOR, BUCH und VERLAG zu geben. Vielmehr besitzt er diese automatisch, aber – und das ist die Pointe – nur während der Abarbeitung einer in ANHANG_C enthaltenen Prozedur. Vor dem Start und nach Beendigung der Prozedur besitzt er sie dagegen nicht. Einer der vielen Vorteile von in der Datenbank abgespeicherten PL/SQL-Programmeinheiten besteht also darin, daß sie eine aufgabenbezogene Rechtevergabe ermöglichen.

D Einführung in die Konfiguration von SQL*Net V2

D.1 Die Oracle-Netzwerkprodukte 519
D.2 Konfiguration und Administration
    im Überblick 522
D.3 Erstellung und Nutzung von
    Konfigurationsdateien 525

D.1 Die Oracle-Netzwerkprodukte

D.1.1 Software-Struktur

Die *Oracle-Netzwerkprodukte*[1] ermöglichen Applikationen und Administrationswerkzeugen den Zugriff auf beliebige Oracle-Datenbanken innerhalb eines Netzwerks, dessen Funktionalität auf einem nicht von Oracle stammenden Netzwerkprotokoll beruht und das deshalb unabhängig von jeglicher Oracle-Software funktionstüchtig sein muß. Die Auslagerung der Kommunikationsfunktionalität in eigenständige, jedoch mit den Applikationen und Werkzeugen frei kombinierbare Netzwerkprodukte bringt den Vorteil mit sich, daß das benutzte Netzwerkprotokoll ohne Modifikation der Client- und Server-Software austauschbar ist.

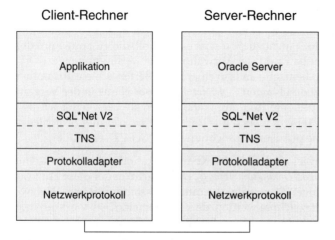

Abbildung D.1: Struktur der Oracle-Netzwerkprodukte (Basissoftware)

Die Oracle-Netzwerkprodukte, deren Zahl seit der Einführung der Version 2.0 ständig zugenommen hat, lassen sich einteilen in Basisprodukte, deren Einsatz immer notwendig ist, wenn die Verbindung eines Oracle-Client zu einem Oracle-Server möglich sein soll, und ergänzende Produkte, die die

---

1. Da das vorliegende Buch sich weder mit der Datenbank- noch mit der Netzwerkverwaltung, sondern mit der Applikationsentwicklung beschäftigt, kann es nicht das Ziel dieses Anhanges sein, erschöpfende Auskunft über die Konfiguration der Oracle-Netzwerkprodukte zu geben. Er wendet sich an Leser, die einige grundlegende Kenntnisse benötigen, um sich bei einer Oracle-Datenbank anmelden oder eine ODBC-Datenquelle konfigurieren zu können, und zeigt einen möglichst schnellen Weg zum Ziel. Daraus darf jedoch nicht abgeleitet werden, daß der hier dargestellte Weg als Regel zu empfehlen ist. So kann *SQL*Net Easy Configuration* zwar von einem Entwickler eingesetzt werden, der sich ohne großen Aufwand die erforderlichen Konfigurationsdateien verschaffen möchte, doch sollten die Konfigurationsdateien für Produktionsumgebungen in jedem Fall von einem Administrator mit dem *Network Manager* erstellt werden.

Administration vereinfachen oder Zusatzfunktionalität für besondere Anforderungen bereitstellen. Hier wird lediglich die Basissoftware vorgestellt. Sie besteht aus drei Schichten:

▶ Da die von Oracle implementierte Kommunikationssoftware eine gemeinsame Schnittstelle mit dem unabhängig von Oracle existierenden Netzwerkprotokoll aufweist, muß sie *protokollspezifische Funktionalität* enthalten. Diese ist nicht nur in einer eigenen Schicht zusammengefaßt, sondern bildet darüber hinaus ein selbständiges Produkt, das als *Protokolladapter (Oracle Protocol Adapter)* bezeichnet wird. Um alle gängigen Netzwerkprotokolle unterstützen zu können, mußte Oracle eine ganze Familie derartiger Adapter implementieren (TCP-Adapter, SPX-Adapter usw.).

▶ Die meisten Applikationen, die von Oracle selbst oder mit Hilfe von Oracle-Werkzeugen entwickelt wurden, dienen primär dem *Zugriff auf Oracle-Datenbanken*. Das Ziel jeder von ihnen durchgeführten Netzwerkkommunikation ist eine Oracle-Datenbank. Auf einige Programme trifft dies jedoch nicht zu. Somit ist es sinnvoll, die gesamte Funktionalität, die dem Aufbau und der Verwaltung von Verbindungen zu Oracle-Datenbanken dient, ebenfalls in einer gesonderten Schicht zusammenzufassen. Sie trägt den Namen *SQL*Net*. Da dieser Name in der Vorgängerversion für die gesamte Kommunikationssoftware verwendet wurde, in der aktuellen Version jedoch nur noch für eine von drei Schichten steht, wird meist die präzisere Bezeichnung *SQL*Net V2* verwendet.

▶ Der verbleibende Teil der Kommunikationssoftware ist demnach *protokoll- und datenbankunabhängig*. Die Schicht, in der diese Funktionalität zusammengefaßt wurde, könnte als »standardisierte Netzwerkschnittstelle« bezeichnet werden, da sie allgemeine Netzwerkfunktionalität wie den Verbindungsauf- und -abbau, das Senden und Empfangen von Daten oder die Fehlererkennung und -behandlung in protokollunabhängiger Weise anbietet. Sie wird als *Transparent Network Substrate (TNS)* bezeichnet.

Zu beachten ist, daß das TNS kein selbständiges Produkt darstellt – also weder extra erworben noch extra installiert werden muß –, sondern im Lieferumfang von SQL*Net V2 enthalten ist. Den drei beschriebenen Softwareschichten entsprechen also nur zwei Produkte: SQL*Net V2 (inklusive TNS) und (die Familie der) Protokolladapter.

D.1.2 Prozeß-Struktur

Die in den drei soeben beschriebenen Softwareschichten implementierte Funktionalität wird von drei Prozessen[2] benötigt:

▶ Auf dem Client-Rechner arbeitet ein Client-Prozeß die vom Benutzer gestartete Applikation ab. Um Zugriff auf das Netzwerk und über dieses Zugang zu einer Oracle-Datenbank zu erhalten, benötigt er SQL*Net, TNS und einen Protokolladapter.

▶ Der Client-Prozeß ist jedoch nicht in der Lage, allein eine Verbindung zu einem Server-Prozeß aufzubauen, da ein Server-Prozeß in der Regel erst aufgrund der vom Client ausgehenden Verbindungsanforderung gestartet wird, diese folglich nicht entgegennehmen kann. Um dieses Problem zu lösen, wird die Kommunikationsfunktionalität auf dem Server-Rechner auf zwei Prozesse (bzw. zwei Prozeßtypen) verteilt. Einer dieser Prozesse ist immer aktiv. Ihm ist eine feste und allen Client-Prozessen bekannte Netzwerkadresse zugeordnet, so daß diese sich jederzeit an ihn wenden können. Seine Aufgabe besteht darin, auf eintreffende Verbindungsanforderungen zu »hören« und sie entgegenzunehmen. Wegen dieser Aufgabe wird er als *Listener-Prozeß* bezeichnet. Er benötigt die Protokoll-Adapter- und die TNS-, nicht jedoch die SQL*Net-Funktionalität.

▶ Der zweite auf dem Server-Rechner notwendige Prozeßtyp ist der *Server-Prozeß* selbst. Er wird auf die Verbindungsanforderung hin vom Listener-Prozeß gestartet. Nach dem durch den Listener-Prozeß vermittelten Verbindungsaufbau kommunizieren Client- und Server-Prozeß aber direkt miteinander, so daß der Server-Prozeß – hierin dem Client-Prozeß gleich – die Protokoll-Adapter-, TNS- und SQL*Net-Funktionalität benötigt.

Die Beschreibung der Prozeß-Struktur läßt bereits erkennen, daß drei Voraussetzungen erfüllt sein müssen, wenn der Versuch, eine Client/Server-Verbindung aufzubauen, erfolgreich sein soll: Zunächst einmal muß überhaupt ein Listener-Prozeß aktiv sein. Sodann muß dem Listener-Prozeß eine bestimmte Netzwerkadresse zugewiesen werden. Schließlich muß ein Client-Prozeß, der gewillt ist, eine Verbindung aufzubauen, diese Listener-Adresse kennen. Es sind die Konfiguration und die Administration der Oracle-Netzwerkprodukte, durch die diese Voraussetzungen geschaffen werden.

---

2. Der Begriff »Prozeß« wird hier in einem sehr weiten, Tasks und Threads einschließenden Sinne gebraucht, um den abstrakten Begriff »Ausführungseinheit« zu vermeiden.

D.2 Konfiguration und Administration im Überblick

D.2.1 Konfigurationsdateien

Die Oracle-Netzwerkprodukte bringen zwar die Fähigkeit zum Verbindungsaufbau, zur Weitergabe von Aufträgen und zum Datenaustausch mit, doch fehlen ihnen Informationen über den Aufbau des Netzwerks, in dem sie eingesetzt werden. Derjenige Teil dieser Informationen, der die Rechner und die physischen Verbindungen zwischen ihnen betrifft, wurde vom Netzwerkadministrator bereits bei der Konfiguration des Netzwerkprotokolls bekanntgemacht. Derjenige Teil jedoch, der Listener-Prozesse und Datenbanken betrifft, ist spezifisch für die Oracle-Netzwerkprodukte, erfordert also einen eigenen Konfigurationsvorgang.

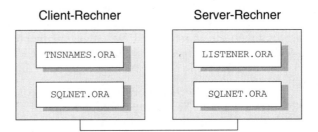

Abbildung D.2: Konfigurationsdateien auf Client- und Server-Rechnern

Bei der Konfiguration der Oracle-Netzwerkprodukte werden *Konfigurationsdateien* erzeugt und auf alle Rechner, die als Client oder Server fungieren, verteilt. Anzahl und Inhalt der Dateien sind weitestgehend unabhängig von Betriebssystem und Netzwerkprotokoll, jedoch abhängig von den eingesetzten Produkten. Sofern lediglich die Basisprodukte verwendet werden, sind folgende Konfigurationsdateien erforderlich:

▶ Wie im vorangehenden Abschnitt bereits erwähnt wurde, muß dem Listener-Prozeß eine eindeutige und gleichbleibende Netzwerkadresse zugeordnet werden. Diese Anforderung gilt für alle Netzwerkprotokolle, während die genaue Form der Netzwerkadresse protokollspezifisch ist. Daraus ergibt sich die Notwendigkeit einer Konfiguration des Listener-Prozesses. Die Konfigurationsdaten werden in einer Datei abgelegt, die den Namen LISTENER.ORA trägt.

▶ Listener-Prozesse sind nur dann von Nutzen, wenn ihre Adressen den Client-Applikationen bekannt sind. Die Konfiguration erfolgt hier so, daß ein komplettes, alle Listener-Adressen enthaltendes »Adreßbuch« erstellt und an alle Client-Rechner verteilt wird. Dieses »Adreßbuch« heißt TNSNAMES.ORA, weil es von der TNS-Schicht ausgewertet wird und Aliasnamen für die Netzwerkadressen enthält, so daß die Anwender nicht die Adressen selbst, sondern nur die Namen der für sie relevanten Datenbank-Server kennen müssen

Konfiguration und Administration im Überblick

▶ Neben diesen beiden Dateien, die für den Verbindungsaufbau von grundlegender Bedeutung sind, ist sowohl auf dem Client- als auch auf dem Server-Rechner eine weitere Konfigurationsdatei erforderlich, in der sich durch das Setzen von Konfigurationsparametern das weitere Verhalten der Netzwerkprodukte in einigen Aspekten modifizieren läßt. Die Datei trägt den Namen SQLNET.ORA.

Sowohl auf Client- als auch auf Server-Rechnern werden die benötigten Konfigurationsdateien im Verzeichnis %ORACLE_HOME%\NETWORK\ADMIN (PC-Betriebssysteme) bzw. $ORACLE_HOME/network/admin (UNIX) abgelegt. Dabei verweist ORACLE_HOME auf das Verzeichnis, das bei der Installation der Oracle-Software als Zielverzeichnis angegeben wurde und das nun die Spitze der Oracle-Verzeichnishierarchie darstellt.

D.2.2 Konfigurationswerkzeuge

Prinzipiell bieten sich mindestens vier verschiedene Methoden an, um die eben genannten Konfigurationsdateien zu erstellen:

▶ Während der Installation der Oracle-Server-Software werden im Verzeichnis %ORACLE_HOME%\NETWORK\ADMIN alle erforderlichen Konfigurationsdateien angelegt, sofern Sie nicht nur die Software installieren, sondern zugleich eine Default-Datenbank anlegen lassen. Um eine Verbindung zu dieser Datenbank aufbauen zu können, genügt es also, die auf dem Server-Rechner verfügbaren Dateien TNSNAMES.ORA und SQLNET.ORA auf die Client-Rechner zu kopieren und auf dem Server-Rechner unter Verwendung der Datei LISTENER.ORA den Listener-Prozeß zu starten. Der Preis für die geringe Mühe, die dieses Verfahren erfordert, besteht in einer Reihe schwerwiegender Restriktionen: Bei diesem Verfahren können nur Datenbanken berücksichtigt werden, die durch das Installationsprogramm angelegt wurden, nicht jedoch manuell aufgebaute Datenbanken. Damit ist bei vielen Server-Betriebssystemen die Beschränkung auf eine Datenbank pro Server-Rechner verbunden. Als Konsequenz aus der Erzeugung der Dateien im Verlauf der Installation auf *einem* Server-Rechner ist auch der Inhalt der Datei TNSNAMES.ORA – also des »Adreßbuchs« – auf Adressen von Datenbanken auf *einem* Server-Rechner beschränkt. Das Verfahren eignet sich demnach nur für die ersten Schritte nach der Installation der Oracle-Software, ist aber für produktive Umgebungen nicht geeignet.

▶ Als einfaches Konfigurationswerkzeug steht seit SQL*Net V2.2 auf der Client-Seite ein Programm namens *SQL*Net Easy Configuration* zur Verfügung. Es ermöglicht dem Anwender, sich selbst ein »Adreßbuch« aufzubauen, das nicht den im vorangehenden Abschnitt angeführten Beschränkungen unterliegt, sondern beliebig viele Adressen von Datenbanken auf beliebig vielen Server-Rechnern enthalten kann. Dieses Werkzeug ist lediglich in der Lage, Konfigurationsdateien für Client-Rechner (TNSNAMES.ORA, SQLNET.ORA), nicht jedoch solche für Server-

Rechner (LISTENER.ORA) zu erstellen, so daß die Beschränkungen auf der Server-Seite weiterhin gelten. Als nachteilig ist überdies anzuführen, daß jeder Benutzer die Datei TNSNAMES.ORA individuell erstellen muß. Diese Methode ist am ehesten für kleine Test- und Entwicklungsumgebungen, in der Regel jedoch nicht für Produktionsumgebungen geeignet.

- Mächtiger, jedoch auch komplexer als SQL*Net Easy Configuration ist der *Network Manager*. Während SQL*Net Easy Configuration ein Werkzeug »für jedermann« darstellt, basiert der Network Manager auf der Annahme, daß in Produktionsumgebungen ein einziger, mit der Struktur des gesamten Netzwerks vertrauter Administrator alle erforderlichen Konfigurationsdateien zentral erzeugt und dann auf die einzelnen Rechner verteilt. Er sollte folglich auch nur Administratoren zugänglich gemacht werden. Die zentrale Konfiguration hat den Vorteil, daß sowohl der für die Eingabe der Konfigurationsdaten erforderliche Aufwand als auch die Wahrscheinlichkeit von Inkonsistenzen reduziert wird. Als offizielles Werkzeug für die Netzwerkkonfiguration ist der Network Manager selbstverständlich in der Lage, sowohl die für die Client- als auch die für die Server-Rechner erforderlichen Konfigurationsdateien zu generieren und dabei alle vorhandenen Datenbanken – unabhängig davon, ob sie mit dem Installationsprogramm oder manuell aufgebaut wurden – zu berücksichtigen. Somit sind hier sämtliche für die anderen Methoden geltenden Restriktionen beseitigt.

- Da es sich bei den Konfigurationsdateien um einfache Textdateien handelt, kommt natürlich auch jeder beliebige Texteditor als »Konfigurationswerkzeug« in Betracht. Die Verwendung eines Editors erfordert jedoch genaue Kenntnisse der notwendigen Einträge und der dabei zu verwendenden Syntax. Von einem derartigen Vorgehen ist auch insofern abzuraten, als Oracle bei auftretenden Problemen offiziell nur dann Support gewährt, wenn ein von Oracle stammendes Konfigurationswerkzeug – also entweder SQL*Net Easy Configuration oder Network Manager – verwendet wurde.

Sie sollten sich vorab entscheiden, welches Verfahren Sie verwenden wollen, da die wechselnde Anwendung unterschiedlicher Verfahren entweder gar nicht möglich oder mit erheblichen Nachteilen verbunden ist. So akzeptiert etwa SQL*Net Easy Configuration nur Konfigurationsdateien, die auch mit diesem Werkzeug erstellt wurden und lehnt die Bearbeitung mit dem Network Manager erstellter oder gar manuell modifizierter Dateien ab. Private Modifikationen von Dateien, die mit dem Network Manager erstellt wurden, sind zwar möglich, doch sind sie in dem Moment verloren, in dem der Administrator eine neue offizielle Version der Konfigurationsdateien erzeugt und verteilt. Insofern sollten auch sie unterbleiben und Änderungswünsche dem Administrator mitgeteilt werden.

D.2.3 Administrationswerkzeuge

An Installation und Konfiguration der Oracle-Netzwerkprodukte schließt sich als letzter Schritt die Administration an. Darunter ist das Starten, Überwachen und Stoppen der Listener-Prozesse zu verstehen. Während nämlich Client-Prozesse durch die Anwender selbst und Server-Prozesse durch die Listener gestartet werden und insofern keine besonderen Maßnahmen vom Administrator erfordern, müssen diese Hilfsprozesse bereits vor der ersten Verbindungsanforderung aktiv sein und daher vom Administrator gestartet werden.

Für diesen Zweck steht das *Listener Control Utility* (LSNRCTL) zur Verfügung – ein anspruchsloses Programm, das keinerlei graphische Oberfläche erfordert und deshalb für alle Betriebssysteme und alle Protokolle in einheitlicher Weise implementiert wurde. Allerdings kann es auf einzelnen Betriebssystemen zusätzliche Administrationsmöglichkeiten geben. Dies ist etwa bei Windows NT der Fall, wo Listener-Prozesse auch über die Systemsteuerung gestartet werden können.

D.3 Erstellung und Nutzung von Konfigurationsdateien

D.3.1 Verwalten von Konfigurationsdateien mit SQL*Net Easy Configuration

Das Icon, über das Sie SQL*Net Easy Configuration starten können, befindet sich – je nach Betriebssystem, mit dem Sie arbeiten – im Ordner *Oracle für Windows*, *Oracle für Windows 95* oder *Oracle für Windows 95*. Sofern Sie unter Windows 95 oder Windows NT arbeiten und sowohl 32-Bit- als auch 16-Bit-Software von Oracle einsetzen, kann es sogar sein, daß Sie über zwei derartige Icons verfügen, von denen sich das eine in *Oracle für Windows 95* bzw. *Oracle für Windows NT*, das andere in *Oracle für Windows* befindet. Diese Situation erfordert besondere Aufmerksamkeit, weil sich hinter den beiden Icons zwei verschiedene Programme verbergen, die entweder Konfigurationsdateien für die 16-Bit- oder solche für die 32-Bit-Software – aber nicht für beide gemeinsam! – erzeugen. Ein häufiger Fehler besteht darin, mit der 32-Bit-Version von Easy Configuration eine Konfiguration einzurichten und dann die 16-Bit-Version eines Client-Programms (z.B. SQL*Plus) zu starten.

Erschrecken Sie nicht, wenn sich nach dem Doppelklick auf das Icon das Oracle-Installationsprogramm meldet. Daß SQL*Net Easy Configuration Bestandteil des Oracle Installers ist und auch für die direkte Nutzung nicht aus diesem Kontext befreit wurde, gehört zu den kleinen Überraschungen, die man gelegentlich beim Arbeiten mit Oracle-Software erlebt. Davon abgesehen, hat alles seine Richtigkeit, wie Sie spätestens dann erkennen werden, wenn sich statt der Fenster mit den Listen der installierbaren und bereits in-

D Einführung in die Konfiguration von SQL*Net V2

stallierten Produkte ein Fenster öffnet, in dem Sie wählen können, ob Sie eine neue Netzwerkadresse bekanntmachen, eine bereits existierende ändern bzw. löschen oder nur die bisher eingetragenen Adressen ansehen wollen.

*Abbildung D.3:
SQL*Net Easy
Configuration –
Auswahl der
möglichen Aktionen*

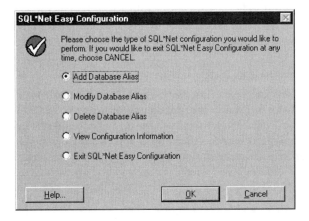

Bereits beim ersten Start verfügt SQL*Net Easy Configuration über eine aus fünf Beispieladressen bestehende Grundkonfiguration. Kontrollieren Sie dies, indem Sie im Startfenster die Option *View Configuration Information* auswählen und auf den OK-Button klicken. Das Ergebnis sollte so aussehen wie Abbildung D.4.

*Abbildung D.4:
Beispieladressen*

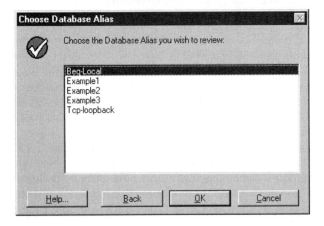

Da Sie für diese Adressen vermutlich keine Verwendung haben und sie der Übersichtlichkeit schaden, sollten Sie sie löschen, indem Sie zum Startfenster zurückkehren, die Option *Delete Database Alias* wählen und aus der Liste der vorhandenen Adressen die zu löschende auswählen. Leider ist es nicht möglich, mehrere Adressen gleichzeitig zu markieren, so daß Sie diesen Vorgang mehrfach wiederholen müssen.

Erstellung und Nutzung von Konfigurationsdateien

Um eine neue Adresse einzutragen, kehren Sie in das Startfenster zurück und wählen die Option *Add Database Alias*. Daraufhin erscheint ein Eingabefenster mit dem Titel *Choose Database Alias*. Geben Sie in das darin befindliche Textfeld einen beliebigen Namen ein, unter dem Sie die Zieldatenbank später ansprechen möchten. Im Beispiel (vgl. Abbildung D.5) ist dies Add-WesDB.

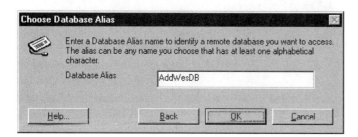

Abbildung D.5: Eingabe eines Aliasnamens für die Netzwerkadresse

Nach der Bestätigung Ihrer Eingabe erscheint ein weiteres Eingabefenster, in dem Sie das für die Netzwerkkommunikation zwischen Oracle-Client und Oracle-Server zu verwendende Netzwerkprotokoll festlegen können. Die Liste, die Sie sehen, kann sich von der in Abbildung D.6 dargestellten unterscheiden, da Easy Configuration nur diejenigen Protokolle anbietet, für die zuvor Protokolladapter installiert wurden.

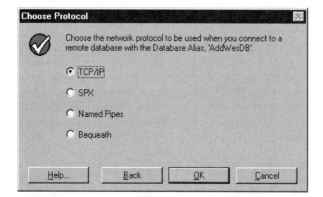

Abbildung D.6: Auswahl des Netzwerkprotokolls

Den Abschluß bildet ein drittes Eingabefenster, in dem Sie Angaben über die Lokalisierung der Zieldatenbank im Netzwerk machen müssen. Welche Fragen Ihnen gestellt werden, hängt von dem zuvor gewählten Protokoll ab, da die einzelnen Protokolle unterschiedlich strukturierte Netzwerkadressen verwenden. Abbildung D.7 zeigt das Eingabefenster für TCP/IP, in dem Sie aufgefordert werden, den Namen desjenigen Rechners, auf dem sich die Zieldatenbank befindet, sowie die ORACLE_SID des Datenbanksystems anzugeben. Setzen Sie sich, sofern Sie die ORACLE_SID nicht kennen, mit demjeni-

D Einführung in die Konfiguration von SQL*Net V2

gen in Verbindung, der die Installation der Oracle-Software durchgeführt hat. Wurde während der Installation eine Default-Datenbank aufgebaut, lautet sie vermutlich ORCL.

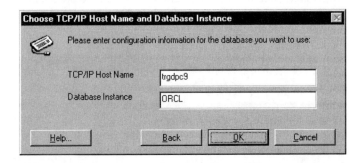

Abbildung D.7:
Angaben über die
Zieldatenbank

Alle Eingaben werden vor dem endgültigen Eintragen der Netzwerkadresse in die Datei TNSNAMES.ORA noch einmal zusammengestellt. Bestätigen Sie sie, und verlassen Sie SQL*Net Easy Configuration, sofern Sie nicht noch weitere Adressen konfigurieren wollen, über den Button *Cancel* im Startfenster.

Sollten Sie neugierig sein, was diese Aktion bewirkt hat, so öffnen Sie nun die Datei TNSNAMES.ORA im Verzeichnis %ORACLE_HOME%\NETWORK\ADMIN. Sie werden darin etwa folgenden Eintrag finden:

```
AddWesDB.world =
  (DESCRIPTION =
    (ADDRESS_LIST =
      (ADDRESS =
        (COMMUNITY = tcp.world)
        (PROTOCOL = TCP)
        (Host = trgdpc9)
        (Port = 1521)
      )
      (ADDRESS =
        (COMMUNITY = tcp.world)
        (PROTOCOL = TCP)
        (Host = trgdpc9)
        (Port = 1526)
      )
    )
    (CONNECT_DATA = (SID = ORCL)
  )
)
```

Die eigentliche Adresse – der *Connect Descriptor* – ist in den Zeilen 2 bis 19 enthalten. Da sie zu komplex ist, um vom Benutzer zur Laufzeit eingegeben zu werden, wird ihr in Zeile 1 ein *Aliasname* oder *TNS-Aliasname* zugeordnet. Dieser von Ihnen zuvor festgelegte Name dient beim Verbindungsaufbau als Bezeichner für das Datenbanksystem.

Erstellung und Nutzung von Konfigurationsdateien

Abschließend sei noch einmal darauf hingewiesen, daß Konfigurationsdateien, die Sie mit SQL*Net Easy Configuration erstellt haben und die Sie auch weiterhin mit diesem Werkzeug verwalten wollen, nicht manuell verändert werden dürfen. Easy Configuration merkt sich den letzten »legalen« Zustand der Konfigurationsdateien und begrüßt Sie, wenn es beim Start eine Abweichung davon feststellt, mit der in Abbildung D.8 gezeigten unfreundlichen Nachricht. Dies Verhalten dient vor allem Ihrer Sicherheit, denn es ermöglicht die Rückkehr zu einem funktionstüchtigen Zustand nach einer versehentlichen Beschädigung der Datei.

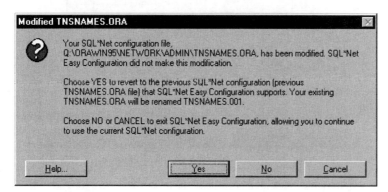

Abbildung D.8: Nachricht beim Erkennen manueller Veränderungen

D.3.2 Nutzung der Konfigurationsdateien

Vielleicht ist Ihnen aufgefallen, daß der gegen Ende des vorangehenden Abschnittes angeführte Ausschnitt aus der von SQL*Net Easy Configuration erzeugten Konfigurationsdatei TNSNAMES.ORA eine leichte Abweichung von den zuvor beschriebenen Eingaben enthält: Wurde während der Konfiguration AddWesDB als Bezeichner für die Zieldatenbank festgelegt, so lautet der TNS-Aliasname in der Konfigurationsdatei AddWesDB.world. Diese nicht gewünschte Erweiterung des Namens bleibt aber für die Benutzung ohne Folgen, sofern sich in der Konfigurationsdatei SQLNET.ORA der Eintrag

names.default_domain = world

befindet. Er führt dazu, daß der Benutzer die Adresse sowohl in der ausführlichen Form AddWesDB.world als auch in der aus der Sicht der Oracle-Netzwerkprodukte verkürzten, aus Ihrer Sicht aber ursprünglich gemeinten Form AddWesDB angeben kann. Abbildung D.9 zeigt die Verwendung der Kurzform bei der Anmeldung an eine Oracle-Datenbank mit SQL*Plus.

Abbildung D.10 zeigt die Verwendung des TNS-Aliasnamens beim Einrichten einer ODBC-Datenquelle. Hier sind die Verhältnisse ein wenig komplizierter, weil zunächst bei der Konfiguration der Oracle-Netzwerkproduk ein Aliasname für eine Netzwerkadresse und dann beim Einrichten der ODBC-Datenquelle im Grunde noch einmal ein (ODBC-)Aliasname für diesen (TNS-)Aliasnamen festgelegt wird und beide Aliasnamen gleich lauten kön-

*Abbildung D.9:
Anmeldung unter
Verwendung eines
TNS-Aliasnamens
(Kurzform)*

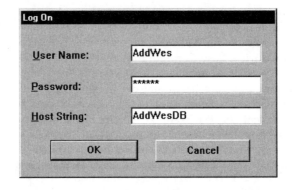

nen (wenn nicht gar sollen). Zur Unterscheidung wurde bei der in Abbildung D-10 dargestellten Konfiguration unter *SQL*Net Connect String* die Langform des TNS-Aliasnamens verwendet, doch ist die Kurzform ebenso zulässig.

*Abbildung D.10:
Einrichten einer
ODBC-Datenquelle
unter Verwendung
eines TNS-
Aliasnamens
(Langform)*

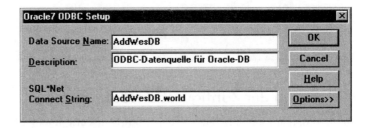

Für Benutzer, die immer oder in den meisten Fällen auf die gleiche Datenbank zugreifen, kann unter Verwendung eines TNS-Aliasnamens eine *Default-Datenbank* eingerichtet werden. Die genaue Vorgehensweise ist vom verwendeten Betriebssystem abhängig. Für 32-Bit-Software unter Windows 95 und Windows NT erfolgt die Festlegung über den Parameter LOCAL, der in der Registrierungsdatenbank unter dem Pfad

\HKEY_LOCAL_MACHINE\SOFTWARE\ORACLE

einzutragen ist. Beachten Sie, daß dieser Parameter nach der Installation noch nicht vorhanden ist, sondern von Ihnen manuell eingerichtet werden muß (Abbildung D.11).

Für 16-Bit-Software unter Windows 3.x, Windows 95 und Windows NT erfolgt die Festlegung ebenfalls mit Hilfe des Parameters LOCAL, doch ist dieser in die Konfigurationsdatei ORACLE.INI einzutragen. Die Datei befindet sich unter Windows 3.x im Windows-Verzeichnis, unter Windows 95 und Windows NT im ORACLE_HOME-Verzeichnis der 16-Bit-Software (z.B. C:\ORAWIN).

Erstellung und Nutzung von Konfigurationsdateien

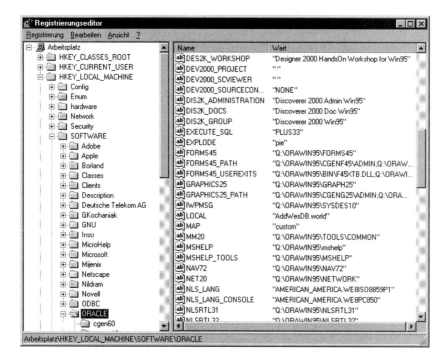

Abbildung D.11:
Festlegung einer
Default-Datenbank
(Windows 95)

Stichwortverzeichnis

OO4O siehe Oracle Objects for OLE

A
Abfragesprache 445
Access siehe Microsoft Access
Ad-hoc-Abfrage 446
Applets 368
Authentication
    Basic 346
    Digest 346

B
Bind Variables 326
Binden 154
Bookmark 254
Bound Control 88

C
Cartridge 210, 235, 361
CGI 208, 211, 290
CGI-Umgebungsvariablen 365
Client/Server-Datenbanken 31
Client-Software 32
Client-Status-Informationen 310
Column siehe Spalte
COM siehe Component Object Model
COMMIT 462
Common Gateway Interface siehe CGI
CommProc (Package) 408
Component Object Model 51
Compound Document 51
Compound File 51
Connect Descriptor 528
Constraint 452, 467, 482
Cookie 214, 248, 305, 351
CORBA 37, 214
Cursor 319, 501, 503, 506, 508
Cursor-Attribute 503
Cursor-For-Schleife 319, 505

D
Data Access Objects 49, 85, 164
    Aufruf von Stored Procedures 184
    Fehlerbehandlung 131, 189
    Navigation 103
    Objekthierarchie 100
    Transaktionsverwaltung 129

    Variablen in SQL-Anweisungen 168
    Verbindungsaufbau 101
Data Aware Controls 98
Data Control 88
Data Control Language 446
Data Definition Language 446
Data Dictionary 40, 153
Data Manipulation Language 446
Data Query Language 446
Data Source Name 41, 60
Database Buffer Cache 153
Database Connection Descriptor 220, 222, 234, 239, 309
Datenbankprogrammierung 482
Datenbank-Server 32
Datenbank-Steuerelement 88
Datensatz 448
Datentypkonvertierung 457
DCD siehe Database Connection Descriptor
DCL siehe Data Control Language
DDL siehe Data Definition Language
Default-Datenbank 530
DELETE-Anweisung 460
DESCRIBE 469
Designer/2000 392
    WebServer Generator 392
Dictionary Cache siehe Row Cache
Directory Mapping 230
DML siehe Data Manipulation Language
DSN siehe Data Source Name
DUAL (Hilfstabelle) 457
DynaDML 339, 394, 404, 405
Dynamische SQL-Anweisung 152, 312, 325, 507
Dynamische Web-Seite 207

E
Embedded SQL 447, 481
Excel siehe Microsoft Excel
Exception Handler siehe PL/SQL
Exception siehe PL/SQL

F
Feld 448
Fetch 150, 197
Field siehe Feld
Formatbefehl (Tag) 254
FoxPro siehe Microsoft FoxPro

F

Fremdschlüssel 451, 468
Funktion (PL/SQL) 484

G

Gebundenes Steuerelement 88, 184
Gemischte Notation siehe Prozeduraufruf (PL/SQL)
GET-Methode 291
GRANT-Anweisung 473
Gruppenbildung 454
Gruppenfunktionen 455

H

HTF siehe PL/SQL Web Toolkit
HTML-Seite
    Absatzgestaltung 259
    Bilder 284
    Body 254
    Formulare 289
    Frames 277
    Header 254
    Hintergrundbild 255
    Hintergrundfarbe 255
    Image Maps 285
    Links (Verweise) 269
    Listen 267
    Logische Textauszeichnung 256
    mailto 275
    Physische Textauszeichnung 257
    Sonderzeichen 259
    Tabellen 261
    Target Frame 282
    Titel 254
    Trennlinie 267
    Überschrift 254, 255
    URL siehe URL
    Verweise siehe HTML-Seite, Links
HTP siehe PL/SQL Web Toolkit
HTTP 207
HTTP Daemon 207
httpd 207

I

Image Map 248, 285
Index 470
INIT.ORA 147, 155
In-Place Activation 51
In-Process Server 52
INSERT-Anweisung 460
Internet 212
Internet Information Server 240
InterProcess Communication 51
Intersection Table 181
INTERSOLV 43, 45
Intranet 212

J

Java Interpreter 210
JavaScript 386
Join 66, 451, 468
Join-Kriterium 452

K

Katalog 153
Kommunikationssoftware 33
Konkatenation 453

L

Lesekonsistenz 465
Lesezeichen 254
Library Cache 155, 162
Listener Control Utility LSNRCTL
LISTENER.ORA 522
Listener-Prozeß 521
ListView-Steuerelement
    Visual Basic 121, 179
LiveHTML 210
Lock 464
LOCK-Anweisung 464
LSNRCTL 525

M

Master-Detail-Beziehung 156, 169
    1:n-Beziehung 180
    Darstellungsformen 178
    n:m-Beziehung 180, 181
Master-Detail-Verhältnis 475
Microsoft Access 72, 85
    Einbinden von Tabellen 72
    Importieren von Tabellen 72
Microsoft Excel 69, 85, 89
Microsoft FoxPro 85
Microsoft FrontPage 249, 391, 399
Microsoft Query 63, 69, 76, 447
Microsoft Word
    Einbinden von Tabellen 76
    Serienbriefe 78
Middleware 34, 38
MIME-Typ 232
MSysConf 199

N

Namentliche Notation siehe Prozeduraufruf (PL/SQL)
National Language Support 61
NC 213
NCA siehe Network Computing Architecture
Netscape 383
Network Computer 213
Network Computing Architecture 213
Network Manager 524

Stichwortverzeichnis

Netzwerkkommunikation
   verbindungslos 303
   verbindungsorientiert 303
   zustandslos 303
   zustandsorientiert 303
Netzwerkprodukte
   Konfigurationsdateien 522
NULL 458
Null Value 174, 449, 458, 467
NVL 459

O

Object Embedding 51
Object Linking 51
Objektprivilegien 473
Objektvariablen 88
OCI siehe Oracle Call Interface
OCX siehe OLE Control
ODBC 36, 39
   Administrator-Programm 57, 61
   API-Konformität 42
   Connect-String 92
   Datenquelle (allgemein) 41, 57, 61
   Datenquelle (persönlich) 59
   Datenquelle (systemweit) 59
   SQL-Konformität 43
   Tracing 144, 174
   Treiber (allgemein) 40
   Treiber-Manager 40
ODBC Cartridge 37, 213
ODBC.INI 61, 62
ODBC-Fähigkeit 39
ODBC-Schnittstelle 39
   Architektur 38
ODBC-Treiber
   Client-basiert 46
   Generischer 46
   Server-basiert 46
OLE Automation 52
OLE Automation Controller 52
OLE Automation Server 52
OLE Control 52
OLE2 37, 51
OO4O 37
Open Client Adapter for ODBC 36
OPI siehe Oracle Program Interface
Optimieren 474
Optimizer 154, 445, 475
Oracle Browser 447
Oracle Call Interface 34
Oracle Database Designer 393
Oracle Government und Education 395
Oracle Lite 196
Oracle Objects for OLE 37, 50, 86, 164
   Aufruf von Stored Procedures 190
   Fehlerbehandlung 134
   Klassenbibliotheken (C++) 53
   Locking 130
   Navigation 110
   Nutzungsmöglichkeiten 52
   Objekthierarchie 106
   Oracle Data Control 53
   Oracle Object Server 52
   Transaktionsverwaltung 130
   Variablen in SQL-Anweisungen 156
Oracle Power Objects 36
Oracle Program Interface 34
Oracle Web Agent 208, 210
Oracle Web Developer's Toolkit 209, 210
Oracle Web Listener 207, 228
Oracle WebServer 37
   Cartridges 210
   Cartridges (Einbindung zusätzlicher) 361
   Datenbankabfragen 310
   Erstkonfiguration 219
   Fehler-Dateien 309
   Installation 215
   Java Interpreter 210
   Konfigurationsdateien 238, 348
   Protokolldateien 239
   Schrittweises Anzeigen der Ergebnismenge 313
   Standard-Fehler-Seite 307, 308
   Web Request Broker 210, 235, 240
   Zugriffsbeschränkung 346
Oracle7 Server 32
Oracle-Netzwerkprodukte 519
ORACONST.TXT 125, 128, 130, 157
Outer Join 502
Out-of-Process Server 52
OWA 209
OWA Replacement Cartridge 376, 383, 396
OWA_COOKIE siehe PL/SQL Web Toolkit
OWA_IMAGE siehe PL/SQL Web Toolkit
OWA_OPT_LOCK 338
OWA_PATTERN siehe PL/SQL Web Toolkit
OWA_TEXT siehe PL/SQL Web Toolkit
OWA_UTIL siehe PL/SQL Web Toolkit
OWAREPL siehe OWA Replacement Cartridge

P

Package 398, 484, 489, 514, 515
   Body 285, 489, 514
   Specification 285, 344, 489, 514
PageAhead 44
Parsen 153, 190, 474
Pass-Through Query 95, 116, 126, 130, 133, 148, 189

PC-Datenbanken 31
Personal Oracle 32
PL/SQL 477, 481
    Exception 307
    Exception Handler 307
PL/SQL Agent 210, 220, 222, 228
    Anwendungsfehler 306
    Systemfehler 306
PL/SQL Web Toolkit 210, 224, 247
    Einbindung von Applets 368
    Ergänzung durch selbst erstellte Funktionen 367
    HTF 248, 253
    HTP 248, 253
    OWA_COOKIE 248, 353
    OWA_IMAGE 248
    OWA_PATTERN 248
    OWA_TEXT 248
    OWA_UTIL 248, 310, 326, 361, 393
PL/SQL-Block
    Anweisungsteil 485
    Aufruf 484
    Benannter Block 484
    Erforderliche Privilegien 483, 515
    Fehlerbehandlungsteil 485, 507
    Funktion 484
    Kommentar 489
    Konstanten 492, 493
    Parameterübergabe 484
    Programmablaufkontrolle 495
    Programmeinheit 484
    Prozedur 484
    Unbenannter Block 484
    Variablen 492, 495, 500
    Vereinbarungsteil 485, 492
PL/SQL-Programmeinheit siehe PL/SQL-Block
PL/SQL-Skript
    Texterstellung 483
    Übersetzung 483
PL/SQL-Tabelle 108, 323, 328, 493
Positionale Notation siehe Prozeduraufruf (PL/SQL)
POST-Methode 291
Power Objects 482
Precompiler 447
Primärschlüssel 449, 451, 467
Procedure Builder 483, 488
Protokolladapter 33, 520, 527
Prozedur (PL/SQL) 484
Prozeduraufruf (PL/SQL)
    gemischte Notation 514
    namentliche Notation 398, 513
    positionale Notation 398, 513

Q
QueryDef 151, 172

R
Realm 347
Record (PL/SQL) 493
Record siehe Datensatz
Registry
    Windows 95 62
    Windows NT 62
Rekursive SQL-Anweisung 151, 153
Relation 445
Remote Data Objects 50
REVOKE-Anweisung 473
ROLLBACK 462, 469
Rollback-Segment 469
Row Cache 153
Row Level Locking 464
RowID 75

S
Schnittstelle 33
SELECT-Anweisung 450
Semantische Datenbank 467, 481
Sequence siehe Sequenz
Sequenz 116, 184, 471
Server Manager 447, 483
Server Side Includes 210
Server-Software 32
SGA 153
Shared Pool 153, 155, 474
Spalte 448
Spyglass Server 208
SQL 445
SQL Access Group 38
SQL Worksheet 447, 483
SQL*DBA 447
SQL*Net 33, 520
SQL*Net Easy Configuration 523, 525
SQL*Net V2 520
SQL*Plus 447, 475, 483
SQL-Anweisung
    dynamisch 325
    Optimieren 474
    Parsen 474
    statisch 324
    Verwendung von Variablen 475
SQLCODE 308, 509
SQLERRM 308, 509
SQLNET.ORA 523, 529
SQL-Skript 447
SSI siehe Server Side Includes
Standardsoftware 38, 48
Statische SQL-Anweisung 152, 324
Statische Web-Seite 207
Steuerelement
    gebunden 88, 184
    ungebunden 88, 184

Stored Function 484, 515
Stored Procedure 89, 182, 484
    Zugriffsrechte 515
System Data Source 59
System Global Area 153
Systemprivilegien 473
Systemtabellen 153

T

Tabelle 445, 448
Table Level Locking 464
Table siehe Tabelle
Tag siehe Formatbefehl
Temporäres Segment 469
TKPROF 149, 161
TNS 520
TNS-Aliasname 528, 529
TNSNAMES.ORA 522, 528, 529
Transaktion 462
Transparent Network Substrate 520
TreeView-Steuerelement
    Visual Basic 121, 122, 179

U

Umlaute 125
Ungebundenes Steuerelement 88, 184
Uniform Resource Locator siehe URL
UPDATE-Anweisung 460
UPI siehe User Program Interface
URL 219, 269, 274
User Data Source 59
User Program Interface 34

V

VBA 164
VBScript 386

VBX 52
View 470
Virtuelles Dateisystem 229, 230, 234, 271, 310
Visual Basic 53, 85
Visual Basic Custom Control 52
Visual Basic for Applications 164
Visual Editing 51
Visual FoxPro siehe Microsoft FoxPro

W

WAW siehe Web Application Wizard
Web Agent siehe Oracle Web Agent
Web Application Wizard 394, 404, 406
    Generatorkomponente 407
    Master-Detail-Beziehung 422
    Schnipsel-Technik 410, 424
    Seitenstruktur 410, 424
Web Developer´s Toolkit siehe Oracle Web Developer´s
    Toolkit
Web Listener siehe Oracle Web Listener
Web Request Broker 210, 228
WebAlchemy 393, 394, 395, 426
Web-Seite
    dynamisch 207
    statisch 207
WebServer Extension siehe WebServer Erweiterung
WebServer Manager 228, 346, 348
WebServer siehe Oracle WebServer
WebServer-Erweiterung 210
WebView 396
Windows 3.1x 59, 61
Windows 95 59, 61
Windows NT 59, 61

THE SIGN OF EXCELLENCE

Oracle 7.3

verwalten, optimieren und vernetzen

Uwe Herrmann, Dierk Lenz, Günter Unbescheid

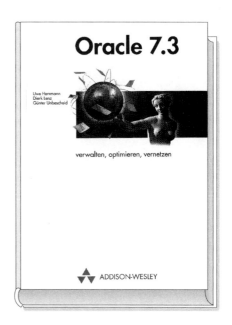

Das Buch wendet sich an Datenbankverwalter und Datenbankdesigner, die einen detaillierten Einblick in die Möglichkeiten und Techniken der Verwaltung, Optimierung und Vernetzung von Datenbanken benötigen. Dabei werden nicht nur die technischen Details auf der Grundlage der Version 7.3 dargestellt, sondern ebenso die strukturierte, vorausschauende Planung, die für einen sinnvollen und optimierten Einsatz der Technologie notwendig ist, behandelt.

Die Schwerpunkte des Buches sind:
- Grundkonzepte des Oracle Server
- Datenbankverwaltung: Sicherheitskonzepte, Backup und Recovery, logische Strukturen
- Zugriffsoptimierung, der Oracle Optimizer
- Datenbankoptimierung
- Replikation, Aufbau einer verteilten Datenbank
- Einsatz der Oracle Netzwerkprodukte
- Oracle im Internet

480 S., 1997, 79,90 DM, geb.
ISBN 3-8273-1097-0

THE SIGN OF EXCELLENCE

Relationale Datenbanken und SQL

Konzepte der Entwicklung und Anwendung

Günter Matthiesen, Michael Unterstein

Aus der Sicht des Anwendungsentwicklers und Benutzers werden grundlegende Konzepte der Datenbanktechnologie und ihre Umsetzung bei der Entwicklung und Anwendung von Informationssystemen für die Praxis erläutert. Im Mittelpunkt stehen dabei die relationalen Datenbanken.

Neben der Vermittlung der erforderlichen theoretisch-konzeptionellen Grundlagen legen die Autoren besonderen Wert auf den hohen praktischen Gehalt des Buches, der durch die durchgängige Orientierung an einer Fallstudie erzielt wird. Das Buch richtet sich an Datenbankentwickler, Verantwortliche der betrieblichen Datenverarbeitung und EDV-Organisatoren sowie Studierende der Informatik

305 S., 1997, 49,90 DM, geb.
ISBN 3-8273-1167-5

THE SIGN OF EXCELLENCE

Relationale Datenbanken

Theorie und Praxis, inkl. SQL-2

Hermann Sauer

Sie lernen das relationale Modell ebenso kennen wie die interne Arbeitsweise. Auch anspruchsvollere Themengebiete wie Performance, Recovery, Lockmechanismen, Transaktionssteuerung, verteilte Datenbanken, Designprinzipien und der SQL-2-Standard werden anschaulich erläutert. Ein Leitfaden für die Beurteilung und Auswahl relationaler Datenbanksysteme rundet die Darstellung ab.

300 S., 3. überarb. Aufl. 1995
59,90 DM, geb.
ISBN 3-89319-821-0

THE SIGN OF EXCELLENCE

Visual Basic 5

Programmiertechniken,
Datenbanken, Internet

Michael Kofler

Die Orientierung von Visual Basic hin zu professionellen Anwendungen setzt sich auch in Version 5 fort. Das spiegelt sich auch in der Neukonzeption dieses Standardwerks wieder: Nach einer detaillierten Beschreibung der Programmiersprache und der elementaren Steuerelemente setzt das Buch jetzt Schwerpunkte bei Datenbank- und Internet-Anwendungen. Neue Themen sind unter anderem der effiziente Zugriff auf den Microsoft SQL-Server, die Programmierung von ActiveX-Steuerelementen und deren Verwendung im Internet sowie die Möglichkeiten von Object Automation und HTMLHelp.

1175 S., 1997, geb., 99,90 DM, mit CD
ISBN 3-8273-1225-6

THE SIGN OF EXCELLENCE

Matlab für Ingenieure

Systematische und
praxisnahe Einführung

Adrian B. Biran,
Moshe M. G. Breiner

Dieses Buch zeigt, wie Matlab verwendet werden kann, um Ingenieursprobleme zu lösen. Speziell werden die Fähigkeiten in den Bereichen Systemmodellierung, Regelungstechnik und Signalverarbeitung demonstriert. Die zweite überarbeitete und erweiterte Auflage enthält verglichen mit dem englischsprachigen Original einige Ergänzungen zur Regelungstechnik und zur aktuellen Version 4.2. Außerdem wurde auf der CD ein Programm zur Simulation von Regelkreisen unter Verwendung von GUI-Tools hinzugefügt.
Übersetzung aus dem Amerikanischen
496 S., 2. Auflage 1997
geb., 79,90 DM
ISBN 3-8273-1135-7

»Lehrbücher Wirtschaftsinformatik«

Herausgegeben von Prof. Dr. Karl Kurbel

Die »Lehrbücher Wirtschaftsinformatik« wenden sich an Studierende der Wirtschaftsinformatik, Betriebswirtschaftslehre, Informatik sowie angrenzender Disziplinen an Universitäten und Fachhochschulen. Die Reihe deckt das Gebiet der Wirtschaftsinformatik in der Breite ab. In zunächst neun Bänden, die sukzessive erscheinen, behandeln renommierte Wissenschaftler und Kenner des Faches zentrale Themen der Wirtschaftsinformatik in jeweils in sich abgeschlossenen Bänden. Neben methodischen Grundlagen werden Anwendungen in wichtigen Zweigen der Wirtschaft, z.B. im Finanzdienstleistungssektor, im Handel und in der Industrie didaktisch aufbereitet und in Lehrbuchform vermittelt.

Dr. Peter Jaeschke, Prof. Dr. Andreas Oberweis
Entwicklung betrieblicher Informationssysteme
ISBN 3-8273-1003-2

Prof. Dr. Günter Müller
**Unternehmenskommunikation:
Telematiksysteme für vernetzte Unternehmen**
ISBN 3-8273-1006-7

Prof. Dr. Eberhard Stickel
Informationsmanagement
ISBN 3-8273-1004-0

Prof. Dr. Günther Pernul, Prof. Dr. Rainer Unland
Unternehmensdatenmodellierung und Datenbanksysteme
ISBN 3-8273-1002-4

Dr. Claus Rautenstrauch
Effiziente Gestaltung von Arbeitsplatzsystemen
ISBN 3-8273-1000-8

Prof. Dr. Karl Kurbel
Programmierung und Softwaretechnik
ISBN 3-8273-1001-6

Prof. Dr. Dimitris Karagiannis
Einführung in Künstliche Intelligenz und Softcomputing
ISBN 3-8273-1005-9

Prof. Dr. Freimut Bodendorf
Informationssysteme im Finanzdienstleistungssektor
ISBN 3-8273-1008-3

Prof. Dr. Bernd Scholz-Reiter
Industrielle Informationssysteme
ISBN 3-8273-1007-5

THE SIGN OF EXCELLENCE

Addison-Wesley im Internet...

»www.addison-wesley.de« –

Hier halten wir stets aktuelle Informationen über unsere Produkte und weitere Aktivitäten bereit.

Schauen Sie doch 'mal vorbei.

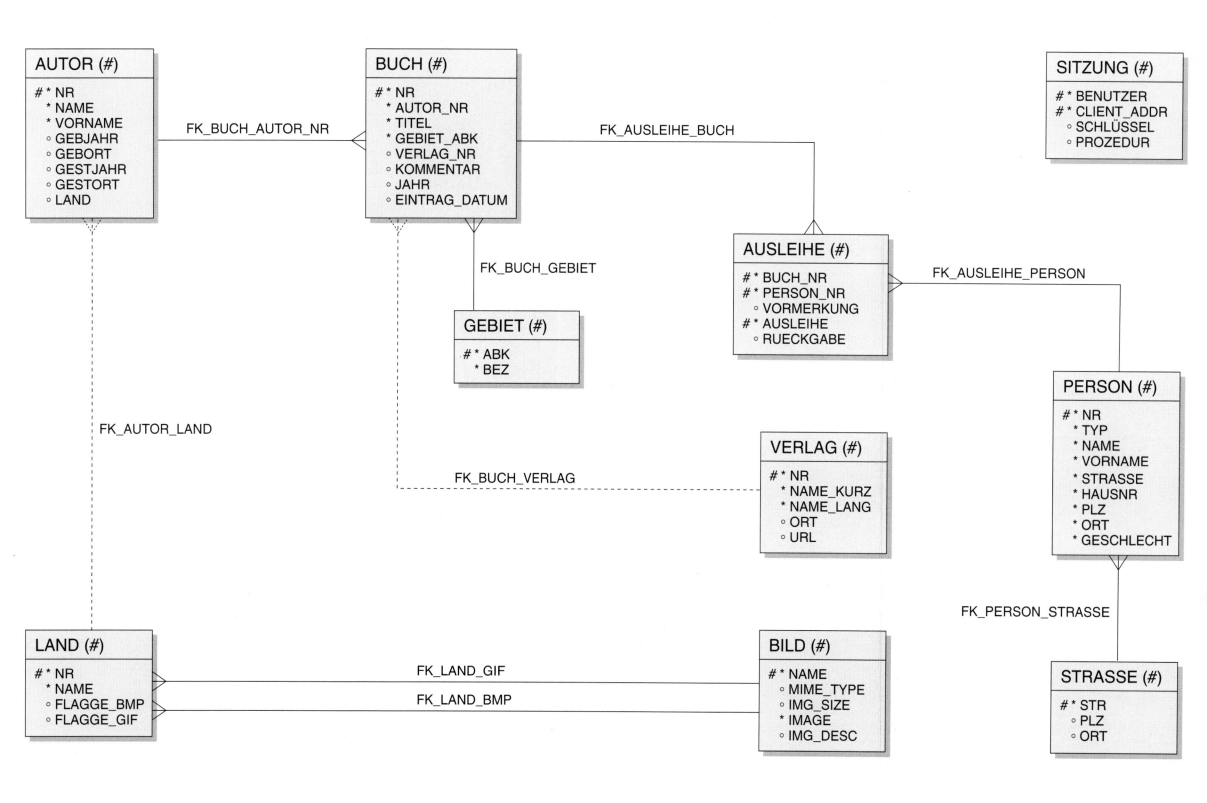